KB220492

안 보면 영원히 손해 볼

성경 해석
바로잡기
500

칼빈, 바빙크, 박윤선, 성경해석학자들,
이단 연구가들이 지적한

안 보면 영원히 손해 볼

성경 해석
바로잡기
500

윤광원 지음

일러두기

1. 본문에서 인용한 성경 본문은 대한성서공회 개역 개정판이 아닌 개역 한글판을 사용하였습니다. 개역 개정판이 개역 한글판의 문제점들을 보완하고 현대에 맞는 언어로 번역한 점은 장점이지만, 성경 원문을 더욱더 정확하게 번역했다는 점을 인정하기 어렵기 때문입니다. 대한예수교장로회(합동)는 제96회 총회에서 "번역이나 표현의 차이를 인정한다 할지라도 진리의 오역과 왜곡은 절대 용납할 수 없다. 이 때문에 우리는 '개역 한글 성경'을 여전히 선호한다. 진리 전파와 수호를 위해서 성경 원문의 뜻을 충실하게 살리면서 이 시대 사람들의 신령한 교훈에 전혀 손상되지 않는 성경이 필요하다."라며 개역 한글 성경 사용을 결의하였습니다.

2. 더욱 친숙하고 부드러운 느낌이 들도록 대화체를 사용했습니다.

3. 칼빈의 성경주석이나 『기독교 강요』를 인용한 경우는 특별히 해당 본문의 영역(英譯)을 확인할 수 있도록 일일이 찾아서 각주로 제시했습니다.

4. 성경 해석에 있어서 잘못된 점이 있으면 언제든지 바로잡을 것입니다. 합당한 근거를 가지고 지적해 주시면 감사하겠습니다.

들어가는 말

어느 대형교회 목사의 설교에 대한 단상

지금은 은퇴했지만, 어느 대형교회의 담임으로 시무하던 A 목사의 설교 한 편을 일부가 아닌 전부를 그대로 소개하고,[1] 그의 성경 해석에 대하여 여러 가지 반문을 제기함으로써 성경 해석의 필요성과 중요성을 상기해 봅니다.

자화상을 바꾸면 운명이 바뀐다, A 목사, 롬 4:17∼25

등산하는 사람들은 산을 오르다 보면 특별한 현상을 보게 됩니다. 소나무들은 소나무들끼리, 자작나무는 자작나무끼리, 단풍나무는 단풍나무끼리 모여서 자라고 있음을 볼 수 있는 것입니다. 새들도 마찬가지입니다. 참새는 참새끼리, 까치는 까치끼리 모여 움직입니다. 물고기들도 같습니다. 명태 떼는 명태 떼끼리, 멸치 떼는 멸치 떼끼리 무리를 지어 함께 놀고 있습니다. 이것을 우리는 무리의 법칙이라고 합니다.

인간의 삶도 이와 마찬가지입니다. 미국같이 세계의 각종 인종이 모여 사는 곳에는 백인촌이 있는가 하면, 흑인촌, 멕시코인촌이 있어 각각 집단을 이루며 거주하고 있습니다. 한 개인의 삶과 그의 운명도 그의 내적인 삶의 내용에 따라 환경이 조성되는 것은 당연한 이치입니다.

사람들은 모두 다 자기의 마음 판에 자화상을 그리며 삽니다. 그리고 의식적이든 무의식적이든 자기가 그린 자화상을 따라 말하고 생각하고 행동합니다. 용감한 자화상을 가지고 있으면 말과 행동을 용감하게 합니다. 그러나 비열하고 비굴한 자화상을 갖고 있으면 비열하고 비굴하게 행동하게 되는 것입니다.

이와 같이 사람의 마음에 그려 있는 자화상을 따라 환경이 조성되고 운명이 형성됩니다. 즉 자기 자화상은 거기에 알맞은 환경을 자기 주위에 불러들입니다. 이것이 또한 다름 아닌 무리

---

[1] 이 설교는 여러 인터넷 사이트에서 쉽게 검색할 수 있지만, 일부를 인용하여 왜곡했다는 오해의 소지를 원천적으로 차단하기 위하여 전문을 인용함.

의 법칙인 것입니다.

그러므로 자기의 운명과 환경을 변화시키기 위해서는 무엇보다도 자기의 마음 판에 그려진 자화상을 좋게 바꾸어야만 합니다. 나쁜 자화상을 가지고 좋은 삶의 환경을 기대하는 것은 가시나무에서 무화과나무 열매를 기대하는 것과 같습니다. 좋은 삶의 환경을 끌어들이는 힘은 내 마음속에 좋은 자화상을 갖는 것입니다.

1. 패배주의적 자화상

많은 사람이 자신에 관해 죄인이라는 자화상을 가지고 있습니다. '나는 죄인이다. 별 도리없이 죄의 종노릇을 한다. 나는 의롭게 살 수가 없다' 하는 자화상을 가지고 있는 사람은 아무리 애를 써도 죄악된 삶에서 벗어날 수가 없습니다. 끼리끼리 모이는 법칙에 따라 동류인 각종 죄가 함께 거하기 위해서 찾아오기 때문입니다. 죄는 '야, 여기 우리 친구가 있다, 함께 모이자.'라고 말합니다.

그 마음에 숨은 자화상이라는 것이 이렇게 무서운 힘을 발휘합니다. 자기는 더러운 사람, 거룩하지 못한 사람이라는 자화상을 가지고 있는 사람은 언제나 더러운 생각과 말을 하며 거룩하지 못한 생활을 합니다. 그것은 더러운 것이 집단을 이루어 그 사람과 같이 살게 되었기 때문입니다.

자기의 자화상을 변화시키지 않는 한 거기에서 벗어날 도리가 없는 것입니다. 귀신들이 모여서 득실득실 끓게 하는 것을 막을 수가 없는 것입니다.

어떤 사람은 늘 자기가 병자라고 자랑삼아 말합니다. '나는 병약하다, 폐가 나쁘다, 심장이 나쁘다. 위장이 나쁘다. 우리 집안에는 이런 병력이 있다.' 등. 이런 사람들은 마음속에서 자신을 언제나 병약한 자로 봅니다. 그래서 늘 보약을 먹고 몸에 좋다는 것은 다 해봅니다. 그러나 절대 건강해지지 않습니다.

왜냐하면, 동류끼리 모인다고 자기 자화상이 병약한 사람은 모든 병을 다 불러오기 때문입니다. '병아, 오너라, 너희들은 내 친구다, 함께 거하자.' 쇠가 쇠붙이를 끌어당기는 것처럼 자화상은 자기와 똑같은 환경을 끌어당기는 것입니다. 그러므로 이러한 사람은 병약한 삶에서 벗어날 수가 없습니다.

성경은 '무릇 지킬만한 것보다 더욱 네 마음을 지키라. 생명의 근원이 이에서 남이니라.'라고 말씀하고 또 '사람이 마음에 가득한 것이 밖으로 나오느니라.'라고 말씀합니다.

어떤 사람은 자기를 실패자요, 가난뱅이로 보는 자화상을 가지고 있습니다. '나는 무엇을 해도 실패한다, 나는 가난뱅이다.' 제가 가난한 나라에 가서 복음을 증거 할 때 한결같이 발견할 수 있는 것은 이러한 가난한 의식입니다. '우리는 조상 대대로 가난하다. 우리는 가난을 벗어날 수 없다.'라는 생각 속에서 삽니다.

이것을 저는 동남아나 남미에서 강하게 느꼈습니다. 칠레에는 칠레와 아르헨티나를 경계 짓는 '안데스'라는 큰 산맥이 있는데 이 산맥의 길이가 우리 한국의 4~5배 됩니다. 이 긴 산맥이 모두 동, 구리입니다. 이 구리는 지구 종말 때까지 캐도 다 캘 수 없을 정도의 양이라고 합니다. 그런데도 가난합니다. 국민이 가난의식에서 벗어나지 못하기 때문입니다.

또 파라과이에는 산과 들에 자생하는 들풀 같은 것이 있는데 이 뿌리에는 고구마 같은 것이 달려 있습니다. 삶으면 맛도 우리 고구마나 감자와 비슷한데 영양분이 풍부합니다. 아무리 캐어도 잘 퍼져서 산야에 깔려있습니다. 파라과이는 식량 걱정이 없는 나라입니다.

그런데 이것이 꼭 만나와 같아서 그날 캐서 그날 먹어야지 하루만 지나도 말라서 못 먹게 됩니다. 파라과이 만나입니다. 이것의 자생력이 어찌 강한지 심고 가꾸지 않아도 무진장 생겨납니다. 그런데도 이 나라가 잘 살지 못합니다. 그 이유가 무엇이겠습니까? 가난의식 때문입니다. 자신들은 백인보다 연약하고 실패자라는 식의 패배의식이 얼마나 무서운 것인가를 저는 이번에 남미에서 뼈저리게 느꼈습니다. 이런 의식에서 벗어나지 않는 한, 거지 근성을 버릴 수가 없고 거지 귀신들이 득실득실 끓지 않을 수가 없습니다.

어떠한 사람은 자기가 미움받고 버림받았다고 보는 자화상을 가지고 있습니다. '사람들이 나를 미워한다, 나는 버림받았다, 어릴 때부터 우리 부모가, 친척이, 주위 사람들이 날 사랑하지 않았다.' 이러한 자화상을 가진 사람들은 가는 곳마다 사람들과 싸우고 부딪치고 미움받고 소외되어 눈물을 흘립니다.

이런 사람은 결혼생활을 해도, 사회생활을 해도, 어느 곳에 가도 그런 운명과 환경을 만들어 놓고서는 '아이고 내 팔자야, 내 팔자는 왜 이렇게 기구하냐?'라고 합니다. 그러나 팔자가 기구한 것이 아니고 자화상이 기구한 것입니다. 그 자화상을 바꾸기 전에는 그 운명과 환경을 다른 것으로 개조할 수가 없습니다.

공포의 자화상을 가진 사람이 있습니다. 욥을 보십시오. 욥은 그렇게 잘 살면서도 늘 마음속에 자식과 재산을 다 잃고 몸은 병들고 부인에게 버림을 당하는 자기 모습을 그리며 두려워서 떨었습니다. 그리고 결국에는 마음속에 가진 부정적인 자화상 그대로 되었습니다. 자식들을 다 잃어버리고, 재산 다 잃고, 몸은 병들고, 부인에게는 버림받았습니다. 그때 욥이 뭐라고 했습니까? '내 두려워하던 것이 내게 임하고, 내 무서워하던 그것이 내게 미쳤구나.'라고 했습니다. 마음속에 그런 자화상이 있으니까 그런 운명과 거친 환경이 그의 생활 속에 다가왔다고 욥은 스스로 고백한 것입니다.

'내가 암에 걸리겠지, 관절염에 걸리겠지, 아이고 심장병인가 보다, 죽으려나 보다.'라고 자꾸 이렇게 부정적으로 모든 일이 안 될 것을 생각하고 그것을 그려보는 사람들이 있습니다. 그런 사람들은 빨리 그 속에서 탈출해야 합니다. 거기에 머물러 있어선 안 됩니다.

열등의식과 좌절감 속에 있는 사람들도 있습니다. 이런 사람은 무시당하고 어려움만 당하는 그런 것을 체험하게 됩니다. 자화상이 그렇기 때문에 그런 것을 끌어오고 또 자기가 끌려갑니다.

이러므로 패배주의적인 자화상에서 하루속히 벗어나야 합니다. 그리고 사람이 자기 자화상을 새롭게 고치려면 예수 믿고 하나님께 돌아와야 합니다. 고린도후서 5장 10절은 "누구든지 그리스도 안에 있으면 새로운 피조물이라 이전 것은 지나갔으니 보라, 새것이 되었도다."라고 말씀하십니다. 새것이 되는 그런 자화상을 만들어야 합니다.

2. 자화상을 바꾸면 운명이 바뀐다.

사람들은 그리스도의 십자가 밑에 와서 종교를 얻는 줄로 생각하는데, 그렇지 않습니다. 날 위해서 십자가에 몸을 찢고 피를 흘리신 그리스도를 바라볼 때 성령의 능력으로 그러한 변화가 다가오게 되는 것입니다. 힘으로도 되지 않고 능으로도 되지 않는 역사가 마음속에 일어나는 것입니다.

그것은 바로 죄를 짓고 불의하고 추악하고 버림을 받아야 마땅한 내가 그리스도의 피로 죄를 용서받고 이제 용서받은 의인이 되었다는 자화상을 얻게 되는 역사입니다.

그리고 내 생애 속에 의가 둘러 진치고 의인끼리 모이게 되는 것입니다. 또 거룩한 자화상을 가질 수가 있습니다. '그리스도의 보혈이 나를 씻고 성령이 내게 거하고 있으니 나는 하나님과 화해하고 거룩함을 입었다. 이제는 음란하고 방탕하고 추하고 세속적인 곳에는 갈 수 없다.' 이러한 자화상을 가진 사람은 자연적으로 추하고 더러운 것이 싫어집니다. 거룩한 것이 좋아집니다.

옛날에 돼지우리와 같은 곳에서 즐기며 살던 것이 이제는 기가 막힙니다. 아예 담배 연기도 맡기 싫습니다. 이와 같은 변화는 그리스도의 십자가를 통해서 자기의 자화상이 달라질 때 그의 생애 속에 일어나게 되는 것입니다.

병자들이 건강을 얻기 위해서는 그리스도 안에서 건강하게 된 자신의 모습을 힘차게 가져야 합니다. 그리스도께서 우리의 병을 짊어지시고 채찍에 맞으심으로 우리가 나음을 입었다는 이 사실을 마음속에 깊이 받아들여야 합니다.

저는 칠레나 파라과이에서 설교할 때에 그들에게 이 사실을 굉장히 강하게 인식시키려고 애를 썼습니다. 남미 대중들은 지식이 많지 않고 단순하여 깊고 복잡한 설교를 하면 못 알아듣습니다. 아주 짧은 문장으로 아주 간단하게, 그러나 그것을 기관총처럼 퍼부어야 합니다. 그러면서 자꾸 강조하고 또 강조합니다.

이렇게 모든 사람에게 '당신들은 병과 상관이 없다. 병은 이미 십자가에서 다 청산되었다. 당신은 이미 법적으로 병에서 해방된 사람이다.'라고 자화상을 심어줍니다. 그리고 난 다음 예수님 이름으로 기도하고 당신 마음에 그리스도를 믿음으로 새롭게 된 그 모습대로 행하라고 할 때 목발을 던져 버리고, 휠체어에서 일어나고, 못 쓰던 팔도 올라가는 기적이 일어난 것입니다.

이번에 제가 본 기적 중에 가장 큰 기적은 간이 나빠 복수가 차서 몸이 아이를 가진 것처럼 된 부인이 고침을 받은 일이었습니다. 기도하자마자 그 부인 몸의 복수가 빠지기를 시작하여 순식간에 홀쭉하게 된 것입니다.

그리고 한 부인은 이마에 혹이 달려 있었는데 기도하고 난 다음에 혹이 사라지고 빨간 점만 남았습니다. 저 자신 눈으로 보면서도 믿어지지 않았습니다. 이것은 하나님 말씀을 듣고 난 다음에 병에서 해방되었다는 자화상을 가지고 기도할 때에 하나님의 능력이 얼마나 크게 나타나는가를 보여주는 것입니다. 끼리끼리 모입니다. 마음속에 건강한 자기 모습을 확실히 받아들이고 믿을 때 건강이 다가오게 되는 것입니다.

병은 떠나갑니다. 병은 '야, 여기는 우리 있을 곳이 못 된다. 이제 우리 친구가 아니니 가자.'라고 하고 건강이 '우리 친구에게로 돌아가자.'라고 하며 돌아오는 것입니다. 무리의 법칙인 것입니다. 그렇기 때문에 복 받고 형통한 자화상을 가져야 합니다. 우리는 예수 그리스도 안에서 모든 저주가 다 속량 되고 우리는 저주의 여리고를 떠나서 그리스도를 따라가는 새로운 사람이 되었다는 것을 알아야 합니다.

거지 옷을 다 벗어버리고, 동냥하던 삶을 던져 버리고, 눈을 뜨고 그리스도를 따라서 여리고를 떠나간 바디매오와 같이 우리의 저주의 삶은 그리스도를 통해서 떠나가 버리고 아브라함의 복을 가득히 받은 자기 모습을 보아야 합니다. 야훼는 '나의 목자시니 내가 부족함이 없다. 내 잔이 넘친다. 내 영혼이 잘됨같이 범사에 잘되며 강건한 사람이 되었다.'라는 이러한 확신을 하고 그러한 자화상을 바라보며 "할렐루야" 하고 나갈 때 끼리끼리 모이는 것처럼, 하나님 축복의 은혜가 그 사람 속에 임하게 되는 것입니다.

우리는 항상 천국을 소유한 자화상을 가지고 살아야 합니다. 천국은 우리의 것입니다. 하나님께서 우리를 흑암의 권세에서 건져 내사 하나님의 사랑의 아들 나라로 옮겨주신 것입니다. 하나님이 우리 아버지가 되시고 예수님이 우리 임금이 되시고 성령께서 하늘나라의 권세가 되시고 천군 천사가 우리를 둘러 진치고 사는 이러한 모습을 늘 마음속에 생각해야 합니다.

우리는 약한 자가 아닙니다. 우리는 천국 속에 들어와 있는 것입니다. 그리고 이 천국을 소유하고 사는 사람들이 장차에는 영원한 천국으로 들어간다는 이러한 자화상을 굳세게 잡고 살 때 우리는 이 세상으로 말미암아 낙심하지 않습니다. 우리의 겉 사람은 후패하나 속 사람은 날로 새로운 모습으로 살아갈 수 있는 것입니다

3. 긍정적인 자화상을 고백하라.

마음속에 가진 자화상은 강하게 고백해야 합니다. 아브라함을 보십시오. 나이 많아 늙은 아브라함을 하나님이 밤중에 깨워 일으키셔서 하늘의 별들을 세게 하고 주님은 "저 수없이 많은 하늘의 별들처럼 네 자손도 그와 같이 많으리라."라고 말씀하셨습니다. 이 말씀을 들은 아브라함은 자신이 수없이 많은 자손의 아버지가 되었다는 새로운 자화상을 얻게 되었습니다.

자기 나이가 100살인 것과 사라의 나이가 90살이라는 것도 다 잊어버렸습니다. 자기가 큰 민족의 아버지가 된 모습을 마음속에 받아들이고 그것을 입으로 강하게 고백했습니다. 아브람이 아니라 아브라함, 많은 민족의 조상이요, 사래가 아니라 사라, 많은 자식의 어머니라는 하나님께 얻은 자화상을 입술로 강하게 고백했습니다.

사람들은 이 말을 듣고 비웃었지만, 그들이 이 자화상을 계속 고백할 때에 하나님의 능력이 나타나서 결국 아들 이삭을 낳게 된 것입니다.

자화상을 입술로 고백한다는 것은 대단히 중요합니다. 욥은 완전히 패배적인 자화상을 입술

로 고백했습니다. "내 무서워하는 것이 내게 임하고 내 두려워하는 것이 내 몸에 미쳤다."라고 이러한 고백은 강도 높게 그를 도적질하고 죽이고 멸망시키는 파멸을 가져오고 만 것입니다.

여러분, 고백은 위력을 가지고 있습니다. '사람이 그 마음에 믿어 의에 이르고 입으로 시인하여 구원에 이른다.'라고 했습니다. 또 '무엇이든 땅에서 매면 하늘에서 매일 것이요 땅에서 풀면 하늘에서 풀린다.'라고 했는데 우리가 매고 푸는 것은 입술의 말로써 하는 것입니다.

땅에서 긍정적으로 묶으면 하늘에서도 그대로 묶어진다는 것입니다. '내 입에 이른 말로 내게 묶였으며 내 입의 말로 내가 사로잡혔다.'라고 말하고 있는 입술의 고백, 이것은 자기 마음속의 자화상을 어떠한 역경 속에서도 긍정적으로 강하고 담대하게 고백하는 것입니다.

눈엔 아무 증거 안 보이고 귀에는 아무 소리 안 들리고 흑암이 둘러 진치더라도 내 입술의 고백을 부정적으로 되게 해서는 안 됩니다. 항상 긍정적으로 강하고 담대하게 해야 합니다.

설교는 일종의 고백입니다. 불신앙의 군중 앞에서 강하게 주의 말씀을 고백하고 난 다음 기도할 때 그 불신앙은 사라지고 수많은 사람이 회개하고 병 고침 받는 기적이 일어나는 것입니다. 강한 입술의 고백 때문에 그런 것입니다.

의심이 꽉 들어찼거나 부정적인 설교를 한 다음에 그런 긍정적인 결과를 얻을 수는 없는 것입니다. 놀랄만한 강한 긍정적인 입술의 고백인 말씀을 증거 할 때 하나님의 위대한 성령의 기적이 나타나게 되는 것입니다.

이러므로 우리는 강한 입술의 고백을 하고 매일 자화상을 새롭게 하고 깊은 감사를 드려야 합니다. 매일 기도할 때에 자기 모습을 고백하고 감사해야 합니다. '나는 주의 보혈로 정결케 되었습니다. 주님이 채찍에 맞으심으로 나는 건강합니다. 주께서 나의 가난과 저주를 짊어지셨고 사망과 음부를 철폐하셨으므로 나는 복의 사람, 영생 천국의 백성이 되었습니다.'라고.

인간은 자기의 가슴 판에 새겨진 자화상을 따라 언어 행동을 하고 살 뿐 아니라 그 자화상은 자기와 같은 동류를 끊임없이 끌어모읍니다. 그 때문에 환경과 운명은 밖에서 형성되는 것보다 우리의 마음속에서부터 시작한다는 것을 알게 되시기를 주의 이름으로 축원합니다.

이 설교를 읽으면서 어떻게 수십만 명이 수십 년을 이런 식의 설교를 듣고 "아멘"을 연발할 수 있었는지 언뜻 이해할 수가 없습니다. 그것은 기적이 아닐까요? 그 가운데는 신학을 공부한 목사들도 많고 성경을 열심히 읽고 공부하는 신자들도 부지기수로 많을 터이니 더욱 이해하기 어렵습니다.

율법과 대조하여 아브라함을 예로 들어 믿음을 설명하는 롬 4:17~25를 어떻게 아브라함의 믿음을 좋은 자화상으로 해석할 수 있는지 알 수가 없습니다. 아브라함의 믿음이 좋은 자화상이라는 근거는 본문은 물론 어디에서도 도무지 찾을 수 없습니다.

끼리끼리 모이는 무리의 법칙이라는 것이 무엇인지는 알 수 없지만, 좋은 자화상을 가진 사람들끼리 모이고 나쁜 자화상을 가진 사람들끼리 모인다는 주장은 성경적 근거를 찾을 수 없고, 본문과 무슨 상관이 있는지도 의문입니다.

나쁜 자화상을 가지고 좋은 삶의 환경을 기대하는 것을 가시나무에서 무화과나무 열매를 기대하는 것과 같다고 연결하는 것도, 예수님께서 비유하신 의도와 무슨 상관이 있는지 의문입니다.

죄악에서 벗어나거나, 마음을 지키거나, 귀신들이 모여서 득실득실 끓게 하는 것을 막는 등 운명을 바꾸는 길이 자기의 자화상을 변화시키는 것이라는 주장도 이해할 수가 없습니다. 그런 주장이 심리학적으로는 설명이 가능할지 모르겠으나 성경적인 근거가 있을까요? '무릇 지킬만한 것보다 더욱 네 마음을 지키라. 생명의 근원이 이에서 남이니라.'라는 성경 본문이 과연 그런 주장의 근거가 될 수 있을까요?

욥은 잘 살면서도 늘 마음속에 자식과 재산을 다 잃고 몸은 병들고 부인에게 버림을 당하는 자기 모습을 그리며 두려워서 떠는 부정적인 자화상을 가지고 있었기 때문에, 자식들을 다 잃어버리고 재산도 다 잃고 몸은 병들고 부인에게는 버림받았다는 해석을 하면서, 욥 3:25의 '나의 두려워하는 그것이 내게 임하고 나의 무서워하는 그것이 내 몸에 미쳤구나.'를 근거로 제시하는 데에는 아연실색(啞然失色)하지 않을 수 없습니다.

'병자들이 건강을 얻기 위해서는 그리스도 안에서 건강하게 된 자신의 모습을 힘차게 가져야 한다.'라는 주장도 이상하지만, 그것이 그리스도께서 '우리의 병을 짊어지시고 채찍에 맞으심으로 우리가 나음을 입었다.'라는 말씀과 연결하는 것도 이해할 수 없습니다. 사 53:5의 '그가 채찍에 맞음으로 우리가 나음을 입었도다.'라는 말씀이 과연 병자들이 건강하게 된다는 뜻일까요? '당신들은 병과 상관이 없다. 병은 이미 십자가에서 다 청산되었다. 당신은 이미 법적으로 병에서 해방된 사람이다.'라는 자화상을 심어주고, '예수님의 이름으로 기도하고 당신 마음에 그리스도를 믿음으로 새롭게 된 그 모습대로 행하라고 할 때 병자들이 나았다.'라는 주장도 믿기 어렵습니다.

'야훼는 나의 목자시니 내가 부족함이 없다. 내 잔이 넘친다. 내 영혼이 잘됨같이 범사에 잘되며 강건한 사람이 되었다.'라는 이러한 확신을 품고 그러한 자화상을 바라보며 "할렐루야" 하고 나갈 때 소경이었던 바디매오처럼 눈을 뜨는 복을 받을 수 있을까요? 또 장차 영원한 천국으로 들어간다는 자화상을 굳세게 잡고 사는 것을 어떻게 '우리의 겉 사람은 후패하나 속사람은 날로 새롭다.'라는 말씀과 연결할 수 있을까요?

나이 많아 늙은 아브라함이 '저 수없이 많은 하늘의 별들처럼 네 자손도 그와 같이 많으리라.'라는 하나님의 약속을 믿은 것이, 자신이 수없이 많은 자손의 아버지가 되었다는 새로운 자화상을 얻게 된 것이라고 해석하는 것도 기상천외(奇想天外)합니다. '자기 나이가 100살인 것과 사라의 나이가 90살이라는 것도 다 잊어버리고, 자기가 큰 민족의 아버지가 된 모습을 마음속에 받아들이고 하나님께 얻은 자화상을 입술로 강하게 고백했을 때, 하나님의 능력이 나타나서 결국 아들 이삭을 낳게 되었다.'라는 해석도 마찬가지입니다.

욥이 완전히 패배적인 자화상을 입술로 고백하여 '내 무서워하는 것이 내게 임하고 내 두려워하는 것이 내 몸에 미쳤다.'라고 말했을 때, 강도 높게 그를 도적질하고 죽이고 멸망시키는 파멸을 가져오고 만 것이라는 해석도 기(氣)가 차지만, 이 사실이 '사람이 그 마음에 믿어 의에 이르고 입으로 시인하여 구원에 이른다.'라는 말씀과, '무엇이든 땅에서 매면 하늘에서 매일 것이요, 땅에서 풀면 하늘에서 풀린다.'라는 말씀으로 연결한 것에는 경악(驚愕)을 금할 수 없습니다. 그 말씀의 뜻이 과연 땅에서 긍정적으로 묶으면 하늘에서도 그대로 묶어진다는 뜻일까요?

A 목사는 '설교는 일종의 고백이기 때문에 불신앙의 군중 앞에서 강하게 주의 말씀을 고백하고 난 다음 기도할 때 그 불신앙은 사라지고 수많은 사람이 회개하고 병 고침 받는 기적이 일어난다.'라고 주장합니다. 이런 주장은 성경적으로 너무도 생소합니다.

A 목사의 성경 해석과 주장은 어디에서 온 것일까요? 윌리엄 제임스, 큄비, 애니 릭스 밀리츠, 로버트 슐러, 조엘 오스틴 등과 같이 성경 말씀의 의도와는 전혀 상관없이 인간의 필요에 초점을 맞추어 성경을 해석하는 부류는 아닐까요?

미국의 로버트 슐러(1926~2015)는 1955년에 단돈 500달러를 가지고 하나님의 필요가 아닌 '인간의 필요(human-need)'를 찾아서 캘리포니아에서 사역을 시작했습니다. 1977년 슐러는 가든 그로브에서 2,600만 달러 공사비로 1만 개의 유리 조각 건물 '수정 대성당(Cathedral)'을 세웠습니다. 그의 TV '권능의 시간(Hour of Power)' 설교는 전 세계 180개국에서 매주 2천만 명이 시청했습니다. 한국의 많은 목회자가 앞다투어 그를 흉내 내었고 그 결과 단기간에 대형교회들을 만들어냈습니다. 그는 죄를 말하는 것을 금기시했습니다. 왜냐하면, 그것은 인간의 자존심을 상하게 한다고 여겼기 때문입니다. 그는 모든 인간의 문제는 자존심의 결핍으로부터 발생하기 때문에, 문제를 해결하기 위해서는 자존심을 높여 주어야 한다고 주장하면서 '자존감(Self-Esteem)', '자애감(Self-Love)'의 신학을 만들어냈습니다.

또 조엘 오스틴 목사는 『Your Best Life Now』(2004)로 유명해졌는데, 그 책은 미국에서만 400만 권이 팔렸고, 한국에서는 '긍정의 힘'(2005)이라는 제목으로 번역 출판되어 최단 시일 내에 50만 권의 판매 기록을 올렸습니다. 그의 신학은 한 마디로 믿음의 말로 자신의 필요를 채울 수 있다는 '믿음의 말씀(the Word of Faith)'이라고 할 수 있는데, 이는 애니 릭스 밀리츠의 '믿음의 신학'에 근거한 것으로, '질병과 고난은 바르지 못한 생각에서 비롯된다.'라는 퀸비의 주장에 '적극적인 긍정의 힘을 통해서 자신이 원하는 현실을 만들 수 있다.'라는 주장으로 확대 발전시킨 것입니다. 윌리엄 제임스(William James, 1840~1910)는 '생각이 바뀌면 행동이 바뀌고, 행동이 바뀌면 습관이 바뀌고, 습관이 바뀌면 인격이 바뀌고, 인격이 바뀌면 운명이 바뀐다.'라는 유명한 말을 남겼는데 이 말 또한 그 초점이 인간의 필요를 충족시키는 데 맞추어져 있습니다.

신앙생활과 성경

신앙생활은 개인의 생각과 욕구와 필요, 개인의 가치관을 따라 임의로 하는 것이 아니라 성경의 가르침을 따라 자신의 삶을 살아내는 것입니다. 그 성경의 가르침은 신앙과 삶에 있어서 제1원리이거나 가장 중요한 원리가 아니라 유일한 규범(Sola fidei regula)입니다. 그것은 성경을 '신앙의 제일 규범(Prima fidei regula)' 정도로 보고 교부들의 언행이나 고대 신조, 종교회의의 결정, 구전 등을 성경에 버금가는 권위로 인정하는 천주교와는 구별되게 성경에 절대 권위를 둔다는 뜻입니다.

신앙생활과 성경 해석의 중요성

그런데 성경을 신앙과 삶에 있어서 유일한 규범으로 받아들인다고 하더라도 성경을 어떻게 해석하느냐에 따라 신앙과 삶의 모습은 전혀 다를 수 있고, 수많은 신학적 논쟁들이나 이단과 사이비에 대한 시시비비, 신앙의 옳고 그름도 결국은 성경 해석과 결코 무관할 수 없습니다. 따라서 성경 해석은 정통과 이단을 좌우하고, 영혼(구원, 영생)의 문제가 달려 있으며, 영원까지 영향을 끼칠 수 있는 중대한 일이므로 결코 가볍게 여길 일이 아닙니다.

벧후 1:20은 '먼저 알 것은 경의 모든 예언은 사사로이 풀 것이 아니니'라고 했고, 벧후 3:16은 '또 그 모든 편지에도 이런 일에 관하여 말하였으되 그중에 알기 어려운 것이 더러 있으니 무식한 자들과 굳세지 못한 자들이 다른 성경과 같이 그것도 억지로 풀다가 스스로 멸망에 이르느니라.'라고 했으며, 딤후 2:15는 '네가 진리의 말씀을 옳게 분변하며 부끄러울 것이 없는 일군으로 인정된 자로 자신을 하나님 앞에 드리기를 힘쓰라.'라고 했습니다.

성경 해석의 의식적, 무의식적 전제에 대한 성찰

성경 해석은 해석하는 사람의 의식적, 무의식적 전제에 좌우될 수밖에 없습니다. 따라서 이에 대한 성찰이 진지하게 이루어져야 합니다. 인간의 세속적 필요와 욕구가 성경 해석의 전제가 된다면 그 성경 해석은 하나님의 뜻과는 무관할 수밖에 없습니다. 기복신앙이나 번영신학, 자유주의나 사회주의, 합리주의나 실용주의, 어떤 철학이나 세속적 목적이 전제되면 그 성경 해석은 그런 렌즈로밖에 볼 수 없습니다. 자신의 철학이나 가치관에 맞는 성경 본문만을 찾아내어 선택하거나, 성경 본문에 자신의 철학이나 가치관을 뒤섞어 놓거나, 자신의 필요나 욕구나 소원을 투사하여 성경을 왜곡할 위험성이 큽니다.

또 성경을 읽고 자신 안에서 일어나는 어떤 생각이나 느낌이 마치 하나님의 뜻이며 성경 본문의 의미라고 주관적으로 해석하는 일이 아무렇지도 않게 발생할 수 있습니다. 성경을 해석하는 사람에 따라 성경 본문의 의미가 이현령비현령(耳懸鈴鼻懸鈴)이 된 지는 교회 안에서 오래된 일입니다. 성경은 자기가 하고 싶은 말을 하기 위하여 도용하는 수단이 되고 말았습니다. 더 이상 성경은 빛의 원천이 아니라 혼동의 원천이 되고 있습니다(버나드 램). 현대 목회 전선에서 비상이 걸렸다면 그것은 다름 아닌 성경 본문과 강단에서 선포되는 메시지의 주파수가 일치하지 않는 것입니다(김의원). 대부분의 신자는 성경은 이렇게도 해석할 수 있고 저렇게도 해석할 수 있는 것으로 인식하고 있는 것은 아닐지 염려됩니다. 목회자들 사이에서는 이미 그렇게 받아들이고 있는 것은 아닐까 우려하지 않을 수 없습니다.

성경 해석은 청중 중심이 되어서도 안 되지만 해석자 중심이 되어서도 안 됩니다. 본문이 의도하는 것, 곧 하나님의 뜻이 중심이 되어야 합니다. 성경 본문에서 하나님의 뜻은 이것도 될 수 있고 저것도 될 수 있는 것이 아니라 하나일 뿐입니다. 청중이나 해석자 중심이 되면 이렇게도 해석할 수 있고 저렇게도 해석할 수도 있을 것이지만, 적어도 하나님의 뜻을 찾는다면 그럴 수 없습니다.

성경이 정확무오한 하나님의 말씀임을 믿고 강조한다고 하더라도 성경 본문의 의도를 따라 정확하고 바르게 해석하지 않는다면, 성경은 이 세상살이에 어떤 도움을 주는 수단이 될 수는 있을지언정 구원(생명)과는 무관합니다. 너무도 많은 경우, 자주 들어왔던 설교나 성경 해석을 아무런 검토도 하지 않고, 교회 생활 속에서 굳어진 전통이 곧 성경의 말씀이라고 받아들이며, 그것에 절대 권위를 두는 어리석음을 범할 수 있습니다. 그 결과는 잘못된 신앙으로 갈 수밖에 없고, 신앙의 모든 수고와 충성과 헌신조차도 헛된 것이 될 것입니다.

성경 해석에 대한 도서출판의 현실적인 필요

성경연구, 성경 해석, 성경 난제 해설 등에 대한 도서들이 시중에 제법 많이 출판되었습니다. 이는 감사한 일입니다. 그런데도 이런 종류의 도서를 또 출판하는 것이 무슨 의미가 있으며, 어떤 정당성이 있을까를 고민해 보지 않을 수 없습니다.

신학자뿐만 아니라 목회자와 신학생에서 교사나 일반 신자에게까지 성경을 어떻게 해석할 것인가를 아는 것은 중요하고도 필요합니다. 그러나 그것은 전문적인 신학자에게도 절대 쉽지 않은 일입니다. 대다수의 신자들, 어쩌면 보통의 목회자들에게조차도 현실적으로 원하고 필요로 하는 것은 성경 해석에 대한 이론을 전문적으로 배우고 그것을 적용하는 훈련을 하는 것보다는 건전하고 바른 신학의 안목으로 성경 본문을 구체적으로 해석한 보다 많은 예문일 것입니다.

본서는 해석학 이론이나 성경 해석의 원리나 방법을 소개하려는 것이 아니라, 성경을 해석하고 가르치고 설교하는 데 손쉽게 바로 사용할 수 있도록, 잘못 해석되고 있는 성경 본문에 대하여 그것을 지적하고 바른 해석을 제시하려는 것입니다.

40여 년의 신앙생활과 30여 년의 설교 가운데 잘못 해석해 왔던 성경 본문들, 100여 권의 성경 해석과 설교에 관련된 서적들에서 지적된 오석들, 이단들의 왜곡된 성경 해석들을 정리하였습니다. 혼자 누리기에는 너무 아까운 생각이 들어 책으로 출판하여 더욱 많은 분과 나누고 싶습니다.

특별히 박윤선(朴允善, 호: 正岩, 1905~1988)의 주석들[2], 칼빈(John Calvin, 1509~1564)의 주석들[3]과 설교들과 『기독교 강요』[4], 바빙크(Herman Bavinck, 854~1921)의 『개혁 교의학』[5]으로 성경 본문의 해석이 바른 것인지 일일이 검토하였습니다. 특별히 칼빈의 주석들과 『기독교 강요』는 영역본(英譯本)을 제시하여 직접 확인할 수 있도록 했습니다.

끝으로 칼빈의 신학과 성경해석에 눈을 뜨도록 도와주신 칼빈 성경해석의 권위자이신 안명준 교수님과 바빙크에 관심을 두게 하신 故 박윤선 목사님과 많은 분량, 까다로운 내용을 편집하는 데 수고를 아끼지 않은 신수빈 대리님께 감사드립니다.

---

2) 정암 박윤선 박사는 한국교회가 배출한 위대한 칼빈주의 신학자로서 박형룡 박사와 쌍벽을 이루는 신학자로 평가받고 있다. 박형룡 박사는 『교의 신학』 총서를 완성한 조직신학자로서 조직신학 분야에서 청교도적 개혁신학 체계를 정립했다면, 박윤선 박사는 성경 66권의 주석을 완성한 성경신학자로서 성경 신학 분야에서 개혁신학적 주석을 정립하는 데 큰 공헌을 하였다. (윤광원, "정암 박윤선 박사의 생애와 성경해석방법", 안명준 외 저, 『칼빈 신학과 한국 신학』 서울: 도서출판 기쁜날, 2009, 431.)

3) 칼빈은 1540년 로마서 주석을 필두로 하여 1565년 에스겔 주석까지 25년간을 성경주석에 정성을 쏟았는데, 그 내용의 대부분은 칼빈 자신이 세운 제네바 아카데미에서 직접 강의한 것으로서, 당시 개혁파 전통의 교회들에 막대한 영향을 주었다. 그는 성경 본문에만 집중하여 철저하게 성경 저자의 의도를 파악하려고 하였다. 그는 고대 및 현대 이교도(비기독교인)의 저술들, 교부들과 천주교, 성경의 가경이나 1세기 유대 문헌들, 종교개혁자들의 성경 해석을 소개하면서, 그 가운데 잘못된 성경 해석에 대하여, 성경 원어에 따른 문법적 문맥과 역사적 배경을 바탕으로 분명하고 구체적으로 바로 잡았다. 칼빈의 반대자였던 아르미니우스(Arminius)조차도 "나는 학생들에게 성경 다음으로 칼빈 주석을 정독하라고 되풀이하여 가르친다. 나는 칼빈이 성경의 해석에서 비교할 수 없이 뛰어나고, 그의 주석이 교부들의 저작 모두보다 높이 평가되어야 한다고 확신한다." 라고 할 만큼 칼빈의 성경 해석은 최상의 일관성을 가지고 있었고, 그러면서도 경이적인 신선함과 새로운 감각으로 일관성에 너무 얽매이지 않았다.

4) 칼빈의 『기독교 강요』와 그의 저술들은 성경을 가장 가치 있고 분명한 사고 판단의 근거로 삼는 신학 체계를 갖추었다. 칼빈은 성경을 그의 신학 사상의 최고의 근거로 삼았고 성경의 충실한 해석자가 되는 길을 최고의 신학 방법으로 채택하였다. 그는 성경 이상을 말하려 하지 않았는데, 그 이유는 그것이 단지 사색이기 때문이며, 성경 이하를 말하려 하지 않았는데, 그 이유는 성경을 빈약하게 만들기 때문이었다. 이 점에서는 G. 하크니스(Georgia Harkness)도 가장 성경적인 가치(사상) 체계가 칼빈에 의해 정립되었으며 칼빈만큼 영구적인 공헌을 남긴 이는 없었다고 평가하였으며, 미터(H. Henry Meeter) 또한 이에 동의하였다. 그의 『기독교 강요』는, 스피츠가 평가한 바와 같이, 기독교 신학을 체계적으로 정리한 책으로 프로테스탄트들의 요람이 되었고, 그의 친구들과 적들을 망라하여 모든 서구 사상에 거대한 영향을 주었다. 포드 루이스 배틀즈(Ford Lewis Battles)도 『기독교 강요』 영역판 서론에서, 『기독교 강요』는 수 세대에 걸쳐 인류의 신앙과 행동 양태를 형성하면서 인류 역사에 지대한 영향을 끼친 몇 권의 책들 가운데 하나로서, 성경 진리의 독보적 해석이며 복음주의적 신앙의 보루로 격찬을 받았다고 평가하였다. 『기독교 강요』에 대하여 아더 C. 쿠스탕스(Arthur C. Custance)는 신약성경 이후 교리 신학에 대한 가장 영향력 있는 단행본이라고 평가하였다. 필립 샤프(Philip Schaff) 또한 『기독교 강요』는 기독교 문헌 중 가장 귀중하고 영원히 남아야 할 책이라고 격찬하였다. 또한, 김재성이 평가한 대로 칼빈의 『기독교 강요』는 성경의 모든 중요한 가르침들을 하나도 놓치지 않고 요약하여 제시하려고 노력한 거대한 업적으로서, 세계 교회가 믿어야 할 보편적인 기독교의 핵심 진리를 종합적으로 찾아서 정리하여 가장 명쾌한 성경적 체계와 해석을 세워놓았기에 교파와 교단을 초월하여 참고하지 않을 수 없다. 『기독교 강요』는 23년 동안 끊임없이 개정되었음에도 신앙과 사상에 있어서 중대한 차이가 없는 것은 처음부터 성경에 철저하게 충실하면서 성경의 진리를 그대로 믿고 자기 사상에 의지하지 않았기 때문이었다. 이와 같은 이유로 칼빈이 『기독교 강요』와 그의 저작들에 표현한 신학 사상은 성경적이라고 할 수 있다. 『기독교 강요』야말로 천주교 신학뿐만 아니라 기독교 신학의 전반적인 내용을 철저하게 성경으로 분석하고 해체하고 해석한 신학적 명작이라고 할 수 있다. 그런 의미에서 볼 때 『기독교 강요』는 가장 순수한 기독교 신앙, 가장 순결한 성경적 진리를 집약한, 성경의 안내서로서 부족함이 없다(윤광원, 『존 칼빈의 자기부정의 렌즈로 본 신앙생활의 핵심』 파주: 한국학술정보, 2009, 41~44).

5) 바빙크는 네덜란드 정통 개혁주의 신학자이며 목사로 아브라함 카이퍼와 미국의 벤저민 워필드와 더불어 세계 3대 칼빈학자로 평가받고 있다. 이상웅 교수는 '1930년대 박윤선 박사는 바빙크의 화란어 전집을 구매하여 귀국한 이래 자신의 성경주석 전권에 걸쳐서 바빙크의 저술을 인용해주었고, 박형룡 박사는 1942년 만주에서부터 시작하여 1972년 총신에서 은퇴하기까지 긴 세월 동안 조직신학 강의를 하면서 완성한 『교의 신학』 전집 속에서 바빙크의 신학을 직간접적으로 소개해 주었고', '그렇게 직간접적으로 소개된 바빙크의 개혁신학 사상은 지난 반세기 이상 한국 장로교 목회자들에게 영향을 미쳐왔고, 교회 강단에서 직간접적으로 소개되어 오기도 했으며', '그러한 바빙크의 『개혁 교의학』은 개혁교회 신자들이 무엇을 믿어야 하는지 그 교의적 내용을 성경적 근거를 따지고, 신학사적으로 폭넓은 검토를 하고, 개혁주의 관점에서 정확하게 정리해 준 명저'라고 소개하였다(이상웅, "역사적 개혁주의 견고히 세우다", 기독신문, http://www.kidok.com, 2016.05.24.)

◆ 목 차 ◆

신약성경

마태복음

누가복음

요한복음

로마서

고린도 전후서

구약성경

창세기

하나님의 창조는 영원 전부터 무형의 존재가 있었는데 그 가운데서 유형의 존재를 만드신 것일까요?

창 1:1 태초에 하나님이 천지를 창조하시니라.
  2 땅이 혼돈하고 공허하며 흑암이 깊음 위에 있고, 하나님의 신은 수면에 운행하시니라.

아니면 이 세상이 새롭게 바뀌어 이전과는 다른 모습을 가지게 되었다는 뜻일까요? 창 1:2의 '땅이 혼돈하고 공허하며'라는 말씀이 이것을 부정합니다. 여기에서 사용된 '토후'와 '보후'는 텅 비고 혼돈된 어떤 것이나, 헛되고 전혀 무가치한 것을 나타내는 단어이기 때문입니다. 이 땅은 아리스토텔레스적 의미의 재료도 아니고, 일차 재료도 아니며, 이교도들의 우주 진화론적 혼돈, 피조된 혼돈이 아닙니다.[1] '공허'로 번역한 '토후'는 이사야에 자주 등장하여, 어디서나 공허한 공간, 모든 것이 자취도 없고 형체도 없는 장소를 생각하게 하고, '혼돈'으로 번역한 '보후'는 사 34:10과 렘 4:23에서 발견되는데, 두 번 다 '공허'와 연관된 동일한 생각을 표현합니다.[2] 창 1:2의 땅의 상태는 실증적으로 황폐화한 땅이 아니라 아직 형성되지 않은 땅, 빛이나 생명이나 유기적 존재나 사물들의 형태나 형체도 없는 것이었습니다.[3]

또 여기에서 사용된 창조는 짜 맞추거나 모양을 만들어 낸다는 뜻의 '야차르'가 아니라 아무것도 없는 데서 지어내는 것을 의미하는 '바라'로서 성경이 말하고자 하는 것은 하나님께서 이 세상을 무(無)로부터 만드셨다는 사실입니다.[4] 창조('바라')란 아무것도 없는 가운데서 하나님께서 천지를 지으신 사실을 가리킵니다.[5] 따라서 무형의 물체가 영원 전부터 존재했다거나, 세상이 새롭게 장식되어 이전의 형태와는 다른 모습을 갖게 되었다는 주장은 성경의 내용과 다릅니다.[6] 하나님은 매번 새로운 형태를 구성할 때, 이

---

1) Herman Bavinck, *Gereformeerde Dogmatiek 2*, 박태현 역, 『개혁 교의학 2』 (서울: 부흥과 개혁사, 2014), 598, 이후로는 『개혁 교의학 2』 등으로 표기함.

2) 『개혁 교의학 2』, 599.

3) 『개혁 교의학 2』, 599.

4) "When God in the beginning created the heaven and the earth, the earth was empty and waste. He moreover teaches by the word "created," that what before did not exist was now made; for he has not used the term 'yatsar' which signifies to frame or forms but 'bara' which signifies to create. Therefore his meaning is, that the world was made out of nothing." (칼빈의 성경주석 영문은 John Calvin, *COMMENTARY ON THE BOOK OF GENESIS*, The Ages Digital Library Commentary, Books for the Ages, AGES Software・Albany, OR USA Version 1.0 © 1998을 사용하였고, 이후 칼빈의 성경주석 영문은 본 자료를 사용하며, *Comm.* Genesis 1:1 등으로 표기함)

5) 박윤선, 『성경주석 창세기』 2판 (서울: 영음사, 1989), 73.

미 기존의 것에 연관하실지라도, 더 높은 단계의 것은 단지 내재적 능력에 의해 더 낮은 단계의 것으로부터 산출되지 않습니다.[7] 하나님은 말씀과 성령의 능력으로 천지를 무(無)로부터 창조하셨습니다.[8]

그렇다면 사람들이 왜 그런 주장을 할까요? 사람들은 자신이 주인이 되고 주권자가 되기를 원하기 때문에, 하나님의 창조와 주권을 어찌하든지 이 세상과 자신의 삶에서 약화시키거나 배제하려고 합니다. 진화론이 대중성을 가지고 지지를 받는 가장 중요한 이유도, 모든 것을 자연적인 현상으로 설명할 수 있다는 것을 전제로 하는 진화론을 받아들인다면 하나님의 창조와 개입, 하나님의 주권을 부정하고 인간 자신을 그 자리에 앉힐 수 있다고 생각하기 때문입니다.[9] 그러나 분명한 것은 인간은 결코 창조자도 아니고 주인도 아닙니다.

'엘로힘' 하나님은 삼위 하나님을 표현한 것일까요?

창 1:1 태초에 하나님이 천지를 창조하시니라.
　　　2 땅이 혼돈하고 공허하며 흑암이 깊음 위에 있고 하나님의 신은 수면에 운행하시니라.

여기에서 사용된 하나님은 복수명사인 '엘로힘'으로 표현되었기 때문에 그런 유추가 가능한 것처럼 보이고, 그래서 그런 주장을 하는 사람들이 많습니다. 그러나 '엘로힘'이라는 복수형의 이름이 삼위일체를 증명하거나 다신론을 회상시키는 것을 포함하는 것이 아니라 신성의 충만함과 생명의 풍성함을 나타냅니다.[10]

'엘로힘'이라는 복수형의 이름이 삼위일체를 증명한다고 주장을 하는 사람들은 아리우스파에 대항하여 성자와 성령의 신성을 이 단어로 입증하려고 하지만, 그럴 경우, 사벨리우스의 오류에 미혹될 수 있습니다.[11] 왜냐하면, 창 1:1에서 사용된 복수명사 '엘로

---

6) *Comm.* Genesis 1:1, Hence the folly of those is refuted who imagine that unformed matter existed from eternity; and who gather nothing else from the narration of Moses than that the world was furnished with new ornaments, and received a form of which it was before destitute.

7) 『개혁 교의학 2』, 600.

8) John Calvin, *Institutes of the Christian Religion*, ed. John T. McNeil, tr. Ford Lewis Battles (Philadelphia: The Westminster Press, 1960), 1권 14장 20절, "From this history we shall learn that God by the power of his Word and Spirit created heaven and earth out of nothing;" 이후로는 *Inst.*, 1. 14. 20 등으로 표기함.

9) James Montgomery Boice, *Foundations of the Christian Faith*, 지상우 역, 『기독교 강요 교리설교(하)』 (서울: 크리스천 다이제스트, 2005), 895, 이후로는 『기독교 강요 교리설교(하)』 등으로 표기함.

10) 『개혁 교의학 2』, 324.

11) *Comm.* Genesis 1:1, They think that they have testimony against the Arians, to prove the Deity of the Son and of the Spirit, but in the meantime they involve themselves in the error of Sabellius,

힘'이 창 1:2에서 그대로 '엘로힘의 신'으로 사용되었기 때문에, '엘로힘'을 삼위 하나님으로 해석하면 성자와 성령이 성부로부터 났음을 부정하여 삼위 사이에 어떤 구별도 없애게 됩니다.12) 그렇다면 여기에서 사용된 복수명사 '엘로힘'은 삼위 하나님을 나타내기 위한 것이 아니라, 하나님께서 세상을 창조하실 때 행사하신 권능을 나타내기 위함이라고 보아야 합니다.13) 물론 이것이 성부 하나님의 창조 사역에 성자와 성령께서 함께 하셨다는 것을 부정하는 것은 아닙니다.

창 1:3의 빛은 무엇을 뜻할까요?

창 1:3 하나님이 가라사대, 빛이 있으라 하시매 빛이 있었고

이 빛이 자연계의 물리적 빛일까요? 그렇다면 창 1:14~19의 말씀과 모순됩니다. 따라서 이 빛은 자연계의 물리적 빛이라고 말할 수 없고, 하나님의 자기 계시의 방편으로서의 말씀의 계시로 이해할 수 있습니다.14) 태양은 그 빛으로 온 땅을 밝게 비춰줄 뿐만 아니라 모든 생물을 그 열로써 양육하고 소생시키는 위대한 일을 하지만, 그것은 하나님의 도구이기 때문에 하나님은 그것이 없이도 홀로 일하실 수 있습니다.15) 이 빛은 해와 달보다 먼저 창조된 것으로, 이 사실을 통하여 하나님께서는 해와 달이 없이도 빛을 비추어 주실 수 있다는 것을 보여 주셨습니다.16) 본문은 태양이 아니라도 존재할 수 있는 빛이 창조된 것을 말씀합니다.17)

---

12) *Comm.* Genesis 1:1, because Moses afterwards subjoins that the Elohim had spoken, and that the Spirit of the Elohim rested upon the waters. If we suppose three persons to be here denoted, there will be no distinction between them. For it will follow, both that the Son is begotten by himself, and that the Spirit is not of the Father, but of himself. For me it is sufficient that the plural number expresses those powers which God exercised in creating the world. Moreover I acknowledge that the Scripture, although it recites many powers of the Godhead, yet always recalls us to the Father, and his Word, and spirit, as we shall shortly see. But those absurdities, to which I have alluded, forbid us with subtlety to distort what Moses simply declares concerning God himself, by applying it to the separate Persons of the Godhead.

13) *Comm.* Genesis 1:1, This, however, I regard as beyond controversy, that from the peculiar circumstance of the passage itself, a title is here ascribed to God, expressive of that powers which was previously in some way included in his eternal essence.

14) 한제호, 『성경의 해석과 설교』 (서울: 진리의 깃발, 1995), 12.

15) *Comm.* Genesis 1:3, No creature has a force more wondrous or glorious than that of the sun. For besides lighting the whole earth with its brightness, how great a thing is it that by its heat it nourishes and quickens all living things! ⋯ Yet the Lord, to claim the whole credit for all these things, willed that, before he created the sun, light should come to be and earth be filled with all manner of herbs and fruits [Gen. 1:3, 11, 14].

16) *Comm.* Genesis 1:3, Therefore the Lord, by the very order of the creation, bears witness that he holds in his hand the light, which he is able to impart to us without the sun and moon.; *Inst.*, 1. 16. 2: Therefore a godly man will not make the sun either the principal or the necessary cause of these things which existed before the creation of the sun, but merely the instrument that God uses because he so wills; for with no more difficulty he might abandon it, and act through himself.

17) 박윤선, 『성경주석 창세기』 2판, 77.

해와 달이 없이 식물이 존재할 수 있고 열매를 맺을 수 있을까요?

창 1:11 하나님이 가라사대, 땅은 풀과 씨 맺는 채소와 각기 종류대로 씨 가진 열매 맺는
　　　 과목을 내라 하시매 그대로 되어
　　12 땅이 풀과 각기 종류대로 씨 맺는 채소와 각기 종류대로 씨 가진 열매 맺는 나무
　　　 를 내니, 하나님의 보시기에 좋았더라.
　　13 저녁이 되며 아침이 되니 이는 셋째 날이니라.

자연법칙으로는 빛이 없으면 식물이 존재하거나 열매를 맺을 수 없습니다. 현대인들은 자연법칙에 어긋나면 받아들이지 않으려고 합니다. 그러나 하나님으로서는 하실 수 있습니다. 현대인들은 자연법칙에 어긋나면 받아들이지 않으려고 하는 한편, 자연법칙을 초월하는 신을 추구하는 딜레마에 빠져 있습니다.

하나님께서는 모든 일을 하나님께서 하신다는 사실을 알게 하시려고 해와 달을 사용하지 않으시고, 해와 달을 만드시기 전에 먼저 식물을 만드셨음이 분명합니다.[18] 물론 성경이 그것을 설명하지는 않습니다. 그러나 그런 해석은 얼마든지 가능합니다. 해와 달은 하나님께서 사용하시는 도구이며 식물이 존재하고 열매를 맺는 제2, 제3의 원인일 뿐이고, 해와 달 자체가 스스로 빛을 발하는 것도 아니므로, 우리는 모든 것의 근원이 되시는 하나님만으로 만족해야 하며, 중간 원인과 둘째 원인은 단지 모든 것의 근원 되시는 하나님으로부터 창조된 것임을 알아야 합니다.[19]

성경은 이차적인 원인은 제일 원인인 하나님께 절대적으로 복속되고, 그런데도 이 복속 가운데 진정하고 참된 원인으로 머문다고 가르칩니다.[20] 제일 원인과 이차적 원인은 구별된 두 개의 원인이지만, 제일 원인은 이차적 원인을 파괴하지 않고 이차적 원인에게 현실을 제공하며, 이차적 원인은 단지 도구들이 아니라 진정하고 본질적인 원인이기도 합니다.[21]

---

18) *Comm.* Genesis 1:11, We now see, indeed, that the earth is quickened by the sun to cause it to bring forth its fruits; nor was God ignorant of this law of nature, which he has since ordained: but in order that we might learn to refer all things to him he did not then make use of the sun or moon.

19) *Comm.* Genesis 1:11, We acknowledge, it is true, in words, that the First Cause is self-sufficient, and that intermediate and secondary causes have only what they borrow from this First Cause; but, in reality, we picture God to ourselves as poor or imperfect, unless he is assisted by second causes.

20) 『개혁 교의학 2』, 763.

21) 『개혁 교의학 2』, 764.

'징조'라는 단어를 예언하는 일의 근거로 삼을 수 있을까요?

창 1:14 하나님이 가라사대, 하늘의 궁창에 광명이 있어 주야를 나뉘게 하라. 또 그 광명으로 하여 징조와 사시와 일자와 연한이 이루라.

그렇게 주장하는 사람들은 태양과 달과 별의 운행을 보고 모든 것을 예언하려고 합니다. 그러나 여기에서 '징조'란 말은 우리의 상상에 따라 무엇을 유추해 내는 징조가 아니라, 어떤 일에 대한 징조로 자연의 질서에 속한 것을 의미하는 평범한 뜻으로 사용되었습니다.[22] 사 44:25에서는 하나님은 '거짓말하는 자의 징조를 폐하신다.'라고 하셨으며, 렘 10:2에서는 하나님은 '열방의 길을 배우지 말라. 열방인은 하늘의 징조를 두려워하거니와 너희는 그것을 두려워 말라.'라고 말씀하셨습니다.

하나님은 한 분이신데 어떻게 '우리'라는 표현을 사용할 수 있을까요?

창 1:26 하나님이 가라사대, 우리의 형상을 따라 우리의 모양대로 우리가 사람을 만들고 그로 바다의 고기와 공중의 새와 육축과 온 땅과 땅에 기는 모든 것을 다스리게 하자 하시고

다신론에 대한 설명일까요? 신천지의 주장처럼 '우리'가 '하나님과 천사'이거나, '하나님의 교회'의 주장처럼 '우리'가 '남자와 여자', 즉 부부 하나님을 뜻할까요? 아니면 장엄의 복수나 자기 사려의 복수일까요? 또는 하나님께서 하늘의 천사들에게 말씀하셨기 때문일까요?

유대인들은 복수형에서 천사들을 생각했고, 영지주의자들은 창조적으로 활동하는 '아이온들'이 하나님에게서 나오는 것을 허용했으며, 아리우스주의자들은 성자를 창조자와 피조물 사이의 중간적 존재로 만들었고, 중세의 많은 학자는 창조에 있어서 피조물의 협력 가능성을 수용하려는 경향을 보였는데, 그것은 창조자와 피조물을 혼합하려는 것이기 때문에 중간적 존재를 인정하지 않는 성경의 입장과는 다릅니다.[23]

한 하나님 안에 복수 위격이 존재하지 않는다면, 모세가 이러한 말씀을 도입한 것은 무의미하고 어리석은 일이 되고 말 것입니다.[24] 성경은 성부 하나님만이 아니라 성자

---

22) *Comm.* Genesis 1:14, But confutation is easy: for they are called signs of certain things, not signs to denote whatever is according to our fancy. What indeed does Moses assert to be signified by them, except things belonging to the order of nature?
23) 『개혁 교의학 2』, 527~528.

예수님도 창조주이심을 말씀합니다(요 1:1~14). 또 창 1:2에서는 성령께서 하나님의 동반자이셨음을 말씀합니다. 성경은 창조 사역을 삼위일체 세 위격 모두에게 돌립니다.[25] 그러므로 여기에서 '우리'는 삼위일체 하나님을 뜻한다고 볼 수 있습니다. 비록 신약에 와서야 삼위일체 하나님을 분명하게 가르친다고(마 3:16~17, 고후 13:13, 벧전 1:2) 하더라도, 계시의 점진성을 고려한다면 창 1:26의 '우리'가 삼위일체 하나님을 뜻한다는 것을 부정할 수는 없습니다.[26]

하나님의 형상은 무엇이며 하나님의 모양과 어떤 관계가 있을까요?

> 창 1:26 하나님이 가라사대, 우리의 형상을 따라 우리의 모양대로 우리가 사람을 만들고 그로 바다의 고기와 공중의 새와 육축과 온 땅과 땅에 기는 모든 것을 다스리게 하자 하시고

하나님의 형상이 무엇일까요? 고후 4:4, 골 1:15, 히 1:3은 그리스도를 하나님의 형상이라고 말씀합니다. 그러나 이것이 본문에서 의미하는 것이라고 보기는 어렵습니다. 여기에서 '우리'를 삼위일체 하나님으로 본다면 더욱 그렇습니다. 또 고전 11:7의 '남자는 하나님의 형상과 영광이니'라는 말씀을 가지고 '하나님의 형상은 남자'라고 해석하는 것은 더욱 곤란합니다. 고전 11:7에서 바울은 하나님의 형상 자체에 대하여 논하는 것이 아니라 단순히 가정적인 질서의 문제만을 국한해서 말하고 있기 때문입니다. 또는 창 1:26 하반절의 '그로 바다의 고기와 공중의 새와 육축과 온 땅과 땅에 기는 모든 것을 다스리게 하자 하시고'와 연결해서 인간에게 부여된 통치력을 하나님의 형상으로 해석하기도 합니다. 물론 이 통치가 하나님의 형상에 따른 창조와 매우 긴밀하게 연관되고 직접 주어진 것은 분명하지만,[27] 그러나 그것은 하나님께서 인간을 하나님의 청지기로서 세상을 통치하게 하신 것으로 하나님 형상의 일부분에 불과합니다.[28] 인간 존재 전체와 하나님의 형상에 관한 내용 전체를 통치에 둔 소시누스파는 너무 멀리 나갔습니다.[29]

---

24) *Inst.*, 1. 13. 24: I know that many censorious persons laugh at us for deriving the distinction of the persons from Moses' words, where he introduces God as speaking thus: "Let us make man in our own image" [Gen. 1:26]; yet pious readers see how uselessly and absurdly Moses would have introduced this conversation, so to speak, if not more than one person subsisted in the one God.

25) 『개혁 교의학 2』, 528.

26) 서춘웅, 『성경 난제 해설·구약』 3판 (서울: 크리스천 서적, 2008), 89.

27) 『개혁 교의학 2』, 700.

28) 『개혁 교의학 2』, 665.

29) 『개혁 교의학 2』, 700.

아담이 창조되었을 때 그 완전성은 하나님의 형상이라고 표현되었고, 그것은 인간을 다른 피조물들 위에 두는, 인간을 다른 피조물들로부터 구별시키는 그런 것이었습니다.30) 그러나 인간은 타락으로 하나님의 형상이 파괴되었기 때문에, 그것을 다시 회복함으로써 본래 그것이 어떤 것이었는지 판단할 수 있는데, 그것은 성령의 거듭남으로 회복된 하나님의 형상은 의와 참된 거룩함입니다(골 3:10, 엡 4:24).31) 그런데 그것은 일부를 전체로 표현한 제유법으로 보아야 하는데, 그 이유는 그것은 하나님 형상의 주요 속성이기는 하지만 전부는 아니기 때문입니다. 그러므로 하나님의 형상은 온전해진 우리의 성품이라고 보아야 합니다.32) 하나님의 형상이란 의와 진리로 거룩함으로 지으심을 받은 것입니다.33)

여기에 또 하나 해결해야 할 문제는 형상과 모양의 관계입니다. 형상과 모양이 다르다고 해석하는 사람도 있고, 같다고 해석하는 사람도 있습니다. 형상('첼렘')은 원형과 모사의 형상을 의미하고, 모양('데무트')은 본보기와 모조의 모양을 의미하며, '첼렘'의 개념은 보다 고정되고 '데무트'의 개념은 더욱 유동적이며, '첼렘'에서는 원형의 관념이 지배적인 반면, '데무트'에서는 이상의 관념이 지배적이며, '데무트'는 '첼렘'에 대한 더 자세한 규정이고 강조와 보충입니다.34) 두 단어는 분명히 동일한 것은 아니지만, 그 둘 사이에는 본질적이고 내용적인 차이가 있는 것은 아닙니다.35)

창세기는 동일한 내용을 반복하면서 '모양'이라는 말은 나오지 않고 '형상'만 나오는 것을 확인할 수 있습니다. 창 1:27에서도 '하나님이 자기 형상 곧 하나님의 형상대로 사람을 창조하시되', 창 5:1에서도 '하나님이 사람을 창조하실 때 하나님의 형상대로 지으시되', 창 9:6에서도 '이는 하나님이 자기 형상대로 사람을 지었음이니라.'라고 말씀합니다. 또 창 5:3에서는 하나님의 형상에 관한 것은 아니지만 '모양 곧 형상'이라는 표현을 볼 수 있습니다('아담이 130세에 자기 모양 곧 자기 형상과 같은 아들을 낳아 이름을 셋

---

30) *Inst.*, 1. 15. 3: Accordingly, the integrity with which Adam was endowed is expressed by this word, when he had full possession of right understanding, when he had his affections kept within the bounds of reason, all his senses tempered in right order, and he truly referred his excellence to exceptional gifts bestowed upon him by his Maker. ⋯ From this we may gather that when his image is placed in man a tacit antithesis is introduced which raises man above all other creatures and, as it were, separates him from the common mass.

31) *Comm.* Genesis 1:14, Paul says that we are transformed into the image of God by the gospel. And, according to him, spiritual regeneration is nothing else than the restoration of the same image. (Colossians 3:10, and Ephesians 4:23.)

32) *Comm.* Genesis 1:14, That he made this image to consist in righteousness and true holiness, is by the figure synecdochee; for though this is the chief part, it is not the whole of God's image. Therefore by this word the perfection of our whole nature is designated,

33) 박윤선, 『성경주석 창세기』 2판, 84.

34) 『개혁 교의학 2』, 663.

35) 『개혁 교의학 2』, 663.

이라 하였고'). 이러한 사실은 '형상'과 '모양'은 다른 것이 아니라 같은 뜻을 가진 다른 단어를 반복하여 사용함으로 강조하는 수사법이라고 보아야 합니다.[36] 히브리어에는 한 가지를 표현하기 위해 두 낱말을 사용하는 반복법이 흔한데, 본문은 그런 경우이기 때문에 난해하게 철학적으로 따지는 것은 어리석은 일입니다.[37]

하나님은 아버지와 어머니로 존재하실까요?

> 창 1:26 하나님이 가라사대, 우리의 형상을 따라 우리의 모양대로 우리가 사람을 만들고 그로 바다의 고기와 공중의 새와 육축과 온 땅과 땅에 기는 모든 것을 다스리게 하자 하시고
> 27 하나님이 자기 형상 곧 하나님의 형상대로 사람을 창조하시되 남자와 여자를 창조하시고

'하나님의 교회'는 창 1:26의 하나님은 '엘로힘(Elohim)'으로 복수이기 때문에 하나님이 하나가 아닌 둘 이상의 하나님을 뜻하고, 창 1:27의 '하나님의 형상대로 사람을 창조하시되 남자와 여자를 창조'하셨다는 뜻은 하나님의 형상이 남자와 여자라는 의미이니, 하나님은 아버지 하나님과 어머니 하나님이 존재한다고 주장합니다. 과연 그럴까요?

엘로힘은 엘의 복수형이므로 전통적으로 삼위일체론의 흔적이라고 해석해왔습니다. 또 하나님 명칭의 복수형은 히브리어의 존귀와 위엄을 나타내는 '존칭의 복수형'입니다. 히브리 어법에는 단수로 존재하는 하늘, 성전 같은 존엄한 대상을 단수형이 아닌 복수형으로 표현하기 때문입니다. 하나님께서 남자와 여자로 존재하시기 때문에 복수로 표시한 것이 아니라는 말입니다.

성경 어느 곳에서도 하나님께서 남성과 여성으로 존재하거나 부부관계가 성립한다는 근거를 찾을 수 없습니다. 고대 근동의 이집트나 바벨론이나 가나안의 다신론적 종교에서는 신들의 아버지와 신들의 어머니가 등장하였고, 바알 종교에서도 남신 바알과 여신 아세라라는 남녀 양성 신관이 존재했습니다. 그러나 성경에는 그런 내용이 전혀 없습니다. 인간이 남자와 여자가 있듯이 하나님도 아버지와 어머니로서 존재한다는 것은 하나

---

36) *Inst.*, 1. 15. 3: Also, there is no slight quarrel over "image" and "likeness" when interpreters seek a nonexistent difference between these two words, except that "likeness" has been added by way of explanation.

37) *Inst.*, 1. 15. 3: First, we know that repetitions were common among the Hebrews, in which they express one thing twice; then in the thing itself there is no ambiguity, simply man is called God's image because he is like God. Accordingly, those who thus phil. osophize more subtly over these terms appear to be ridiculous:

님의 유일성과 초월성을 부정하고 인간의 관점에서 하나님을 보는 잘못된 주장입니다.

본문은 하나님의 형상이 '남자와 여자'라는 것을 말하는 것이 아니라 단지 하나님의 형상대로 지은 사람을 남자와 여자로 지으셨다는 것을 말할 뿐입니다. 이 사실은 다른 번역본들을 보면 더욱 분명하게 이해할 수 있습니다.[38]

> HCSB: So God created man in His own image; He created him in the image of God; He created them male and female.
>
> NASB: God created man in His own image, in the image of God He created him; male and female He created them.
>
> KJV: So God created man in his [own] image, in the image of God created he him; male and female created he them.
>
> ISV: So God created mankind in his own image; in his own image God created them; he created them male and female.
>
> ASV: And God created man in his own image, in the image of God created he him; male and female created he them.

하나님께서 인간에게 '문화명령(cultural mandate)'을 하셨을까요?

> 창 1:28 하나님이 그들에게 복을 주시며 그들에게 이르시되, 생육하고 번성하여 땅에 충만하라, 땅을 정복하라, 바다의 고기와 공중의 새와 땅에 움직이는 모든 생물을 다스리라 하시니라.

많은 사람이 이 본문을 하나님께서 인간에게 주신 '문화명령(cultural mandate)'이라고 이해합니다. 과연 그럴까요?

이 말씀은 아담에게만 아니라 노아와 아브라함과 야곱에게도 똑같이 주셨습니다. 창 1:28에는 '그들에게 복을 주시며 그들에게 이르시되'라고 되어 있고, 창 9:1에는 '하나님이 노아와 그 아들들에게 복을 주시며 그들에게 이르시되'라고 되어 있으며, 창 17:2에는 '내가 내 언약을 나와 너 사이에 세워 너로 심히 번성케 하리라 하시니'라고 되어 있고, 창 35:11에는 '그에게 이르시되 나는 전능한 하나님이니라. 생육하며 번성하라. 국민

---

38) 영어 성경은 쌍반점(semicolon)을 사용하여, 하나님께서 사람을 창조하셨다는 내용과 그들을 남자와 여자로 만드셨다는 내용이 의미상 서로 관련된 독립된 절의 연결임을 분명하게 밝히고 있음.

과 많은 국민이 네게서 나고 왕들이 네 허리에서 나오리라.'라고 했습니다.

그렇다면 이 말씀은 명령의 차원이 아니라 언약의 차원이고, 하나님의 언약으로서의 복을 의미한다고 보아야 합니다. 이 언약과 언약으로서의 복은 인간이 수행하고 개발하는 문화가 아닙니다. 물론 이 복은 명령의 형태로 주어졌지만, 이때의 명령은 히브리어 수동명령의 형식으로 하나님이 수행하실 것을 의미합니다.

'모든'이 무제한이라는 뜻일까요?

> 창 1:29 하나님이 가라사대, 내가 온 지면의 씨 맺는 모든 채소와 씨 가진 열매 맺는 모든 나무를 너희에게 주노니 너희 식물이 되리라.

그렇다면 선악을 알게 하는 나무의 열매는 그 가운데서 제외되기 때문에 그렇게 해석할 수 없습니다. 창 7:4의 '지금부터 칠 일이면 내가 사십 주야를 땅에 비를 내려 나의 지은 모든 생물을 지면에서 쓸어버리리라.'라는 말씀에서도 '모든'을 무제한으로 해석하면 방주에 들어간 노아의 식구들과 생물들이 있었기 때문에 그렇게 해석할 수 없고, 창 24:36의 '나의 주인의 부인 사라가 노년에 나의 주인에게 아들을 낳으매 주인이 그 모든 소유를 그 아들에게 주었나이다.'라는 말씀에서도 '모든'을 무제한으로 해석하면 창 25:6의 '자기 서자들에게도 재물을 주어 자기 생전에 그들로 자기 아들 이삭을 떠나 동방 곧 동국으로 가게 하였더라.'라는 말씀과 모순이 되기 때문에 그렇게 해석할 수 없으며, 출 9:25의 '우박이 애굽 온 땅에서 사람과 짐승을 무론하고 무릇 밭에 있는 것을 쳤으며 우박이 또 밭의 모든 채소를 치고 들의 모든 나무를 꺾었으되'라는 말씀에서도 '모든'을 무제한으로 해석하면 이스라엘에 속한 사람과 짐승과 채소와 나무도 포함되기 때문에 그렇게 해석할 수 없고, 신 2:14의 '가데스 바네아에서 떠나 세렛 시내를 건너기까지 삼십팔 년 동안이라. 이때에는 그 시대의 모든 군인이 여호와께서 그들에게 맹세하신 대로 진중에서 다 멸절되었나니'라는 말씀에서도 '모든'을 무제한으로 해석하면 여호수아와 갈렙은 제외되기 때문에 그렇게 해석할 수 없습니다.[39]

고전 15:22의 '아담 안에서 모든 사람이 죽은 것같이 그리스도 안에서 모든 사람이 삶을 얻으리라.'라는 말씀에서는 앞의 '모든'은 무제한의 '모든'을 의미하지만, 뒤의 '모든'은 무제한의 '모든'을 의미하지 않고 그리스도 밖에 있는 사람들을 제외한 사람들만을

---

39) 박희천, 『손 더듬이 성경 해석학-성경이 성경을 해석한다』 (서울: 요단출판사, 1997), 319∼323.

의미합니다.40) 그러므로 '온', '모든', '다' 등의 단어를 해석할 때는 앞뒤 문맥을 살펴서 바르게 해석해야 합니다. 그것은 이런 단어만이 아니라 다른 단어들도 그런 경우가 많습니다. 따라서 항상 단어를 문자적으로만 해석하지 말고 문맥을 따라서 해석해야 합니다.

'안식'의 의미가 육체적 쉼을 의미할까요?

창 2:3 하나님이 일곱째 날을 복 주사 거룩하게 하셨으니 이는 하나님이 그 창조하시며 만드시던 모든 일을 마치시고 이날에 안식하셨음이더라.

하나님은 사람들의 태만을 기뻐하셔서 일곱째 날을 휴일로 지키도록 명령하신 것이 아니라 오히려 다른 모든 일에서 벗어나 창조주 하나님께만 쉽게 전념하도록 세상의 모든 장애물에서 벗어나게 하는 거룩한 휴식을 명령하신 것입니다.41) 이 안식은 영적인 안식이며, 영적인 안식은 육신의 금욕이기 때문에 하나님의 자녀들은 더 이상 이기적으로 살거나 자신의 기호에 탐닉해서는 안 되며, 따라서 이 안식은 예수님의 강림으로 폐지된 것이 아니라 세상 끝날 때까지 계속되어야 합니다.42) 사람의 안식은 무동작 상태나 단지 일을 하지 않는 것을 의미하지 않고, 하나님을 예배하며 하나님을 즐거워하는 것을 목적으로 다른 일들을 쉬는 것입니다.43)

'하나님'이라는 호칭이 '여호와 하나님'이란 호칭으로 바뀐 이유는 각기 다른 두 문서를 편집했기 때문일까요?44)

창 2:4 여호와 하나님이 천지를 창조하신 때 천지의 창조된 대략이 이러하니라.

---

40) 박희천, 『손 더듬이 성경 해석학-성경이 성경을 해석한다』, 323~324.
41) *Comm.* Genesis 2:3, The design of the institution must be always kept in memory: for God did not command men simply to keep holiday every seventh day, as if he delighted in their indolence; but rather that they, being released from all other business, might the more readily apply their minds to the Creator of the world.
42) *Comm.* Genesis 2:3, Lastly, that is a sacred rest, which withdraws men from the impediments of the world, that it may dedicate them entirely to God. Therefore when we hear that the Sabbath was abrogated by the coming of Christy we must distinguish between what belongs to the perpetual government of human life, and what properly belongs to ancient figures, the use of which was abolished when the truth was fulfilled. Spiritual rest is the mortification of the flesh; so that the sons of God should no longer live unto themselves, or indulge their own inclination. So far as the Sabbath was a figure of this rest, I say, it was but for a season; but inasmuch as it was commanded to men from the beginning that they might employ themselves in the worship of God, it is right that it should continue to the end of the world.
43) 박윤선, 『성경주석 창세기』 2판, 92.
44) 아래 내용 중 일부는 강병도 편, 『카리스 종합주석 제1권 창세기 1~6장』 (서울: 기독지혜사, 2003), 335~336에서 발췌하였음.

창세기 제1장 전체는 하나님의 호칭을 '엘로힘'으로 사용하고 있다가 창 2:4부터는 '여호와 엘로힘'으로 바뀝니다. 그 이유에 대하여 문서설을 주장하는 학자들은 창세기의 자료가 각기 다른 문서에서 왔기 때문이라고 주장합니다.

그러나 성경은 일관되게 문서설의 주장과는 다르게 여러 문서가 편집된 것이 아니라 모세의 단일 저술이라고 증거합니다. 수 8:31, 23:6, 왕하 14:6, 대하 25:4, 느 8:1은 '모세의 율법책'으로, 대하 35:12, 스 6:18, 느 13:1은 '모세의 책'으로, 단 9:11은 '하나님의 종 모세의 율법'으로, 눅 2:22, 요 7:23, 행 13:39, 15:5, 28:23은 '모세의 율법'이라고 말합니다. 그렇다면 다른 저자들의 문서들을 편집한 것이 아니라, 단일 저자가 다른 목적을 가지고 호칭을 바꾸어 사용했다고 보는 것이 타당합니다.

창세기 1장에서는 하나님은 우주 만물의 창조자로 설명되고 있어서 하나님의 전지전능성과 권능을 강조하는 호칭인 '엘로힘'을 사용하였다면, 창 2:4부터는 아담과 하와와 개인적 계약을 맺으심으로서 은혜와 언약의 하나님이신 '여호와 엘로힘'으로 사용한 것입니다. 이와 같이 하나님의 이름에 대한 다른 호칭이 사용된 것은 다른 문서들의 편집이기 때문이 아니라 변화된 호칭을 통하여 하나님께서 인간을 다루어 가시는 양상, 즉 태도와 방식의 변화를 나타내려는 의도와 목적이 그 이유라는 것을 알 수 있습니다.

사람이 생령이 되었다는 말이 살아있는 영(Living Spirit)이 되었다는 뜻일까요?

> 창 2:7 여호와 하나님이 흙으로 사람을 지으시고 생기를 그 코에 불어 넣으시니 사람이 생령이 된지라.

히브리어로 보면 '네페쉬 하야'로 '살아있는 목숨'이란 뜻입니다.[45] NIV, NASB 등은 'a living being'으로 번역했고, KJV는 'a living soul'로 번역했습니다. 우리말 성경 중에도 현대인의 성경은 '산 존재'로, 새 번역과 쉬운 성경은 '생명체'로 번역했습니다. 개역개정은 하단에 히브리어로는 '생물'이란 뜻이라고 덧붙이고 있습니다. 시 22:20의 영혼도 마찬가지로 생명, 또는 목숨이라고 번역해야 맞고, 고전 15:45의 '산 영'도 역시 같은 뜻입니다.[46] 헬라어로 ψυχή는 살아있는 영(Living Spirit)이 아니라 'a living being' 또는 'a living soul'입니다.[47] 우리말 성경은 영, 혼, 영혼, 목숨, 생명 등을 혼용하고 있어 혼란을

---

45) 안유섭, 『원어로 여는 성경』 (서울: 도서출판 프리셉트, 1999), 24.
46) 안유섭, 『원어로 여는 성경』, 24～25.
47) 안유섭, 『원어로 여는 성경』, 24.

주고 있으므로 원어와 영역본, 다른 번역본 등을 면밀히 살펴서 구별해야 합니다.

사람이 생령이 되었다는 말은 단순히 생존하기 시작했다는 뜻이고,[48] 생명을 가지게 되었다는 뜻입니다.[49] 생기는 삶의 원리이고 생령은 인간의 본질이며, 이 둘을 통하여 인간에게 고유하고 독립적인 위치를 제공하고, 범신론과 유물론을 피합니다.[50]

'정녕 죽으리라.'라는 말은 영이 죽으리라는 뜻일까요?

> 창 2:16 여호와 하나님이 그 사람에게 명하여 가라사대, 동산 각종 나무의 실과는 네가 임의로 먹되
>   17 선악을 알게 하는 나무의 실과는 먹지 말라. 네가 먹는 날에는 정녕 죽으리라 하시니라.

영이라는 것은 죽지 않는 존재입니다. 영으로는 죽지 않지만, 영적으로는 죽는다고 해야 합니다. 죄는 하나님과의 교제를 깨뜨린 것으로, 영적인 죽음입니다.[51] 같은 말 같지만, 영적으로 죽는다는 말은 영의 타락을 뜻합니다.[52]

여기에서 말하는 죽음이 무엇인가를 알려면 죽음의 반대편으로부터 살피면 되는데, 그럴 경우, 인간이 하나님으로부터 받은 생명은 올바른 판단력과 감정을 다스리는 고유한 통제력이 자리 잡은 영혼과 전혀 결함이 없는 신체였으나, 타락으로 말미암아 이런 상태에서 쫓겨나서 죽음과 다름없는 지경에 이르렀으므로, 죽는다는 말은 죽음이 인간을 사로잡고 다스리는 상태가 된다는 뜻으로 해석할 수 있습니다.[53] 인간은 타락으로 말미암아 올바른 판단력과 감정을 다스리는 고유한 통제력이 자리 잡은 영혼과 전혀 결함이 없는 신체에서 벗어났습니다. 그것이 죽음입니다.

---

48) *Comm.* Genesis 2:7, For Moses intended nothing more than to explain the animating of the clayey figure, whereby it came to pass that man began to live.
49) 박윤선, 『성경주석 창세기』 2판), 94.
50) 『개혁 교의학 2』, 693.
51) 『개혁 교의학 3』, 194.
52) 안유섭, 『원어로 여는 성경』, 34.
53) *Comm.* Genesis 2:16, But it is asked, what kind of death God means in this place? It appears to me, that the definition of this death is to be sought from its opposite; we must, I say, remember from what kind of life man fell.

아담과 그 아내가 두려워한 이유는 무엇일까요?

창 3:7~12

육체적으로 벌거벗은 것 때문일까요? 그것은 아닙니다. 그들이 타락하기 전에는 그렇지 않았기 때문입니다(창 2:25). 그들이 부끄러워하고 두려워한 이유는 죄책 때문이었습니다. 하나님은 전지하시기 때문에 그 앞에서는 죄를 감출 수가 없습니다. 하나님은 우리를 포함하여 모든 자연 만물에 대하여 과거와 현재와 미래의 모든 것을 다 아시기 때문입니다.

사 66:18a 내가 그들의 소위와 사상을 아노라.

시 139:1 여호와여, 주께서 나를 감찰하시고 아셨나이다.
2 주께서 나의 앉고 일어섬을 아시며 멀리서도 나의 생각을 통촉하시오며
3 나의 길과 눕는 것을 감찰하시며 나의 모든 행위를 익히 아시오니
4 여호와여, 내 혀의 말을 알지 못하시는 것이 하나도 없으시니이다.

히 4:13 지으신 것이 하나라도 그 앞에 나타나지 않음이 없고 오직 만물이 우리를 상관하시는 자의 눈앞에 벌거벗은 것같이 드러나느니라.

욥 38:2 무지한 말로 이치를 어둡게 하는 자가 누구냐?
3 너는 대장부처럼 허리를 묶고 내가 네게 묻는 것을 대답할지니라.
4 내가 땅의 기초를 놓을 때 네가 어디 있었느냐? 네가 깨달아 알았거든 말할지니라.
5 누가 그 도량을 정하였었는지 누가 그 준승을 그 위에 띄웠었는지 네가 아느냐?
6 그 주초는 무엇 위에 세웠으며 그 모퉁이 돌은 누가 놓았느냐?

하나님께서 전지하시다는 사실은 우리를 불편하게 하고, 타락한 인간들에게는 불안감과 두려움을 자아내게 합니다.[54]

---

54) 『기독교 강요 교리설교 (상)』, 173.

창 3:16은 죄에 대한 하나님의 심판과 무관할까요?

창 3:16 또 여자에게 이르시되, 내가 네게 잉태하는 고통을 크게 더하리니 네가 수고하고
자식을 낳을 것이며 너는 남편을 사모하고 남편은 너를 다스릴 것이니라 하시고

이 말씀은 남녀평등과 여성의 권리를 옹호하는 처지에 있는 사람들에게는 못마땅합니다. 따라서 그들은 원문의 의미와 그 말이 사용된 출처 등을 추적하면서 랍비의 전통을 따라 부주의하게 번역한 것이라고 주장합니다. 과연 그럴까요?

이 구절은 하와의 죄에 대한 하나님의 심판에 관한 내용이라는 것을 전제로 하여 해석해야 합니다. 하와는 먼저 사탄의 유혹에 넘어가서 하나님의 명령을 어기고 선악을 알게 하는 나무의 열매를 따 먹었습니다. 그뿐만 아니라 남편도 같은 죄에 빠지게 했습니다. 하와가 주도적으로 죄를 범했습니다. 굳이 표현한다면 하와와 아담은 주범과 종범의 관계입니다. 그러므로 하나님께서 하와를 남편에게 종속시키시고 지배받게 하시는 심판을 내리신 것은 당연합니다.

이 구절을 죄에 대한 하나님의 심판과 무관한 것처럼 해석하려는 것은 잘못된 것입니다. 신약성경도 아내는 남편을 존경하고 그에게 순복해야 하며, 남편은 아내를 이해하고 사랑하라고 말씀합니다(엡 5:22~23). 성경은 여자가 가르치는 것과 남자를 주관하는 것을 허락지 않는데, 그 이유는 '아담이 먼저 지음을 받고 하와가 그 후며, 아담이 꾀임을 보지 아니하고 여자가 꾀임을 보아 죄에 빠졌음이라.'라고 말씀합니다(딤전 2:12~14). '너는 남편을 사모하고 남편은 너를 다스릴 것이니라.'라는 말씀은 '마치 하나님께서 여자는 자유로운 자가 아니며 자기 멋대로 행동해서도 안 되는 존재로, 오직 남편의 권위에 순종하고 뜻에 따라야 한다고 말씀하시는 것과 똑같은 효력을 지닙니다.[55]

죽음은 하나님의 창조질서일까요(K. Barth)?[56]

창 3:19 네가 얼굴에 땀이 흘러야 식물을 먹고 필경은 흙으로 돌아가리니 그 속에서 네가
취함을 입었음이라. 너는 흙이니 흙으로 돌아갈 것이니라 하시니라.

---

55) *Comm.* Genesis 3:16, For this form of speech, "Thy desire shall be unto thy husband," is of the same force as if he had said that she should not be free and at her own command, but subject to the authority of her husband and dependent upon his will; or as if he had said, 'Thou shalt desire nothing but what thy husband wishes.'

56) 박윤선, 『성경주석 창세기』 2판, 113~115.

그렇다면 죽음은 죄와 무관한 것일까요? 그렇게 해석하는 것은 창 3:17과 모순됩니다. 성경은 분명히 '아담에게 이르시되 네가 네 아내의 말을 듣고 내가 너더러 먹지 말라 한 나무 실과를 먹은즉'이라고 말씀합니다. 창 3:17b~19은 창 3:17a의 결과입니다. 그 결과 가운데 하나가 죽음입니다. 죄악 때문에 죽음이 들어왔다는 것은 성경의 분명한 가르침입니다(롬 5:12, 고전 15:56).

'너는 흙이니 흙으로 돌아갈 것이니라.'라는 말씀이 인간의 본성에 대한 선언이기 때문에, 죽음이 우발적인 것이 아닌 것처럼 생각할 수도 있지만, 만일 그렇다면 하나님께서 왜 그렇게 말씀하셨는지를 대답하는 것은 매우 어렵습니다. 죽음이 인간의 본성이라면 아담이 죄를 짓지 않았더라도 그의 몸과 영혼은 분리될 수밖에 없었다고 생각할 수는 있지만, 그러나 성경은 분명히 죽음은 죄의 결과라고 선언합니다(창 2:7, 3:19, 롬 5:12, 6:23, 고전 15:21, 26, 56).[57] 만일 죽음이 창조질서라고 한다면 창 2:17의 '네가 먹는 날에는 정녕 죽으리라.'라는 말씀이나 고전 15:26의 '맨 나중에 멸망 받을 원수는 사망이니라.'라는 말씀과도 모순이 됩니다.[58] 그러므로 펠라기우스파, 소시누스파, 항변파 등과 더불어, 인간은 죽을 수밖에 없는 존재로 창조되었고, 죽음은 물질적 유기체와 더불어 자동으로 주어졌기 때문에, 그것은 정상적이고 자연적인 상태라고 말하는 것은 잘못된 것입니다.[59]

하나님은 동물의 제사만 받으실까요?

창 4:3 세월이 지난 후에 가인은 땅의 소산으로 제물을 삼아 여호와께 드렸고
   4 아벨은 자기도 양의 첫 새끼와 그 기름으로 드렸더니 여호와께서 아벨과 그 제물은 열납하셨으나
   5 가인과 그 제물은 열납하지 아니하신지라. 가인이 심히 분하여 안색이 변하니

본문은 하나님은 피가 동반되지 않는 제사는 받지 않으시기 때문에 제물을 농산물이

---

57) *Comm.* Genesis 3:19, Since what God here declares belongs to man's nature, not to his crime or fault, it might seem that death was not superadded as adventitious to him. And therefore some understand what was before said, 'Thou shalt die,' in a spiritual sense; thinking that, even if Adam had not sinned, his body must still have been separated from his soul. But, since the declaration of Paul is clear, that 'all die in Adams as they shall rise again in Christ,' (1 Corinthians 15:22,) this wound also was inflicted by sin. Nor truly is the solution of the question difficult, - 'Why God should pronounce, that he who was taken from the dust should return to it.' For as soon as he had been raised to a dignity so great, that the glory of the Divine Image shone in him, the terrestrial origin of his body was almost obliterated.
58) 박윤선, 『성경주석 창세기』 2판, 108~109.
59) 『개혁 교의학 2』, 699.

아니라 양으로 드려야 한다는 뜻일까요? 농산물도 제물로 드릴 수 있었기 때문에 그렇게 해석할 수 없습니다. 제물은 땅의 소산(창 4:3)과 양들(창 4:4), 가축과 새들이었고(창 8:20, 15:9), 인간 제사는 금지되었습니다(창 22:12).[60]

그러면 본문은 분노하면 죄를 짓게 된다는 말씀일까요? 분노하지 말라는 말씀일까요? 아니면 형제를 미워하지 말라, 형제에 대하여 책임을 지라, 또는 형제와 우애하라는 말씀일까요? 또는 살인하지 말라는 말씀일까요? 물론 그런 의미들을 본문에서 찾아낼 수 있습니다.

그러나 그것이 초점일까요? 그것이 말씀의 본 의도일까요? 그렇게 보기는 어렵습니다. 성경에 근거한 것 같지만 성경의 의도를 벗어난 것은 성경에 근거한 것이라고 말할 수 없습니다. 성경의 의도를 벗어나서 부수적인 것들에 초점을 맞춘다면 그것은 성경을 왜곡시킬 위험성이 있습니다. 분노와 증오와 살인과 책임회피, 이 모든 것들이 사실은 그 이전에 하나님과의 관계가 잘못된 데서 출발한 것입니다.

가인의 제사가 하나님께 열납 되지 않은 것은 하나님과의 관계가 잘못된 데 그 원인이 있었습니다. 그로부터 다른 모든 문제가 연달아 발생한 것입니다. 그래서 성경은 단지 제물만을 언급하지 않고 '여호와께서 아벨과 그 제물은 열납하셨으나, 가인과 그 제물은 열납하지 아니하신지라.'라고 사람과 그 제물을 함께 언급함으로써 제사를 드리는 자의 인격을 함께 언급하고 있습니다.[61]

히 11:4에서는 여기에 대하여 '믿음으로 아벨은 가인보다 더 나은 제사를 하나님께 드림으로 의로운 자라 하시는 증거를 얻었으니 하나님이 그 예물에 대하여 증거하심이라. 저가 죽었으나 그 믿음으로써 오히려 말하느니라.'라고 말씀합니다. 아벨의 제물이 받아들여진 것은 더 나은 제사를 하나님께 드렸기 때문이었고, 그렇게 할 수 있었던 것은 그가 믿음으로 드렸기 때문입니다. 하나님께서 제물을 받으시거나 받지 않으심은 제물의 종류나 양의 문제가 아니라 믿음의 문제이며, 그것은 곧 제물을 드리는 사람의 문제라는 것을 알 수 있습니다. 그래서 성경은 굳이 '여호와께서 아벨과 그 제물은 열납하셨으나, 가인과 그 제물은 열납하지 아니하신지라.'라고 사람과 제물을 연결 짓고 있음을 확인하게 합니다. 아무리 정성을 다하고 화려한 제물을 드린다고 하더라도 자신을 먼

---

60) 『개혁 교의학 3』, 403.

61) *Comm.* Genesis 4:4, We must, however, notice the order here observed by Moses; for he does not simply state that the worship which Abel had paid was pleasing to God, but he begins with the person of the offerer; by which he signifies, that God will regard no works with favor except those the doer of which is already previously accepted and approved by him.

저 하나님께 드리지 않는 것은 불신의 결과에서 나온 것입니다. 오늘날 많은 사람이 신앙생활을 아벨처럼 하지 않고 가인처럼 합니다. 자신은 드리지 않고 제물만 드립니다. 믿음은 없고 의식(儀式)만 있습니다. 그런 제물과 그런 의식은 하나님께 열납 될 수 없습니다. 이 말은 제물과 의식이 필요 없다거나 중요하지 않다는 뜻이 아닙니다. 자신을 드리는 것이 전제되지 않은 제물, 믿음이 전제되지 않은 의식은 하나님 앞에서는 의미가 없다는 뜻입니다. 본문은 하나님께서 사람의 행위보다도 그 사람을 먼저 열납하시며, 그 첫째 기초는 살아있는 믿음이라는 것을 가르쳐줍니다.[62]

여호와의 이름을 불렀다는 말이 하나님을 여호와로 이름을 지었다는 뜻일까요?

> 창 4:26 셋도 아들을 낳고 그 이름을 에노스라 하였으며 그때 사람들이 비로소 여호와의 이름을 불렀더라.

아니면 하나님을 여호와로 불렀다는 뜻일까요? 여호와의 이름을 불렀다는 표현은 성경에 많이 등장합니다.

> 왕상 18:24 너희는 너희 신의 이름을 부르라. 나는 여호와의 이름을 부르리니 이에 불로 응답하는 신, 그가 하나님이니라. 백성이 다 대답하되 그 말이 옳도다.

> 왕하 5:11 나아만이 노하여 물러가며 가로되, 내 생각에는 저가 내게로 나아와 서서 그 하나님 여호와의 이름을 부르고 당처 위에 손을 흔들어 문둥병을 고칠까 하였도다.

여기에 보면 '여호와의 이름을 부른다.'라는 말이 '기도한다.'라는 뜻임을 알 수 있습니다. 시 99:6 개역 성경은 이 사실을 친절하게 '간구'라고 번역했습니다.

> 시 99:6 그 제사장 중에는 모세와 아론이요, 그 이름을 부르는 자 중에는(among those who called upon) 사무엘이라. 저희가 여호와께 간구하매(they called) 응답하셨도다.

또 시 116:4은 '기도'라고 번역했습니다.

---

62) *Inst.*, 3. 14. 8: Do you see that he points out how the Lord is favorable to men before he has regard for their works? ⋯ From this it is evident that the first foundation lies in true and living faith.

"내가 여호와의 이름으로 기도하기를(I called), 여호와여! 주께 구하오니 내 영혼을 건지소서 하였도다."

최의원은 '그때 사람들이 비로소 여호와의 이름을 불렀더라.'를 당시에 '여호와의 이름으로 간구하기 시작하였다.'라고 번역했습니다.[63] 박윤선은 '예배드리며 기도하며 찬송하는 종교적 행위'라고 주석했습니다.[64] 시 80:17~18, 시 105:1, 시 116:12~13, 17, 사 12:4에서는 '주의 이름을 부른다.'라는 말이 문맥상 '감사'를 뜻합니다. 시 79:6, 욜 2:32에서는 '주의 이름을 부른다.'라는 말이 '하나님의 계심을 인정한다.'라는 뜻입니다. 창 12:8, 창 26:25에서는 '주의 이름을 부른다.'라는 말이 '하나님께 제사 드리는 행위'를 뜻합니다. 이는 하나님께 대한 전체적인 예배를 '부르다.'라는 말로 표현한 것으로, 이는 일종의 제유법입니다.[65]

그렇다면 셋이 아들을 낳고 그 이름을 에노스라고 한 때, 처음으로 예배했다는 뜻이 됩니다. 그러나 이렇게 해석하면 이미 아벨의 제사가 언급되었기 때문에 모순이 생깁니다. 물론 그때 비로소 하나님의 이름을 여호와로 불렀다고 해석해 버리면 그런 모순은 없습니다. 그러나 그것은 공상에 불과합니다. 왜냐하면, 성경이 말하려고 하는 것은 신앙이 부패하고 소멸하고 있는 때, 셋의 가정을 통하여 비로소 하나님을 경배하는 생활이 다시 시작되었다는 뜻이기 때문입니다.[66]

아담 자손의 계보를 통하여 인류기원의 연대를 B. C. 4,000여 년이라고 단정할 수 있을까요?

창 5:1 아담 자손의 계보가 이러하니라. 하나님이 사람을 창조하실 때 하나님의 형상대로 지으시되

그렇게 추측하는 사람들이 있지만, 그것은 정확하지 않습니다. 왜냐하면, 생략된 족보가 있기 때문입니다. 예를 들면 마 1:8의 '요람은 웃시야를 낳고'라는 기록은 대상

---

63) 최의원, 『새 즈믄 우리말 구약성경』 (서울: 도서출판 신앙과 지성, 2005), 19.
64) 박윤선, 『성경주석 창세기』 2판, 119.
65) *Comm.* Genesis 4:26, In the verb 'to call upon,' there is a synecdochee; for it embraces generally the whole worship of God.
66) *Comm.* Genesis 4:26, It is a foolish figment, that God then began to be called by other names; since Moses does not here censure depraved superstitions, but commends the piety of one family which worshipped God in purity and holiness, when religions among other people, was polluted or extinct.

3:11~12과 비교해 볼 때 3세대(아하시야, 요아스, 아마샤)가 생략되어 있고, 눅 3:35~36에는 아박삿과 살라 사이에 '가이난'이 등장하지만, 창 10:22~24에 실린 노아의 족보에서는 생략되어 있으며, 창세기 5장의 경우에도 가인은 생략되어 있습니다.[67] 그렇다면 성경 족보에 생략된 부분들이 이외에도 있을 가능성이 큽니다. 성경의 족보는 하나님의 구원 역사에 필요한 인물들만 열거하고 있다고 보아야 합니다. 그러므로 족보로 인류기원의 연대를 추측하는 것은 정확하지도 않을 뿐만 아니라 의미도 없습니다.[68]

하나님과 동행한다는 말이 하나님과 함께 걷는다는 뜻일까요?

창 5:22 므두셀라를 낳은 후 삼백 년을 하나님과 동행하며 자녀를 낳았으며

창 5:24 에녹이 하나님과 동행하더니 하나님이 그를 데려가시므로 세상에 있지 아니하였더라.

창 6:9 노아의 사적은 이러하니라. 노아는 의인이요 당세에 완전한 자라. 그가 하나님과 동행하였으며

만일 그렇다면 어떻게 하나님과 함께 걸을 수 있을까요? 하나님과 동행한다는 말을 문자적으로 하나님과 함께 걷는다고 해석하는 것은 무리입니다. 암 3:3의 '두 사람이 의합지 못하고야 어찌 동행하겠으며'라는 말씀을 보면, 동행한다는 말은 의합한다(have agreed to do so)는 뜻이므로, 하나님과 동행한다는 말은 하나님의 뜻에 의합한다는 뜻이 됩니다.[69] 그것은 거룩한 생활입니다.[70] 다른 사람들의 삶을 따라가거나 자기가 원하는 대로 사는 것은 일반인들이 살아가는 삶입니다. 그러나 그리스도인은 하나님의 뜻에 따르는 거룩한 삶, 하나님과 동행하는 삶을 살아야 합니다.

하나님의 신(神)이 영원히 사람과 함께하지 아니하신다는 뜻이 무엇일까요?

창 6:3 여호와께서 가라사대, 나의 신이 영원히 사람과 함께 하지 아니하리니 이는 그들이 육체가 됨이라. 그러나 그들의 날은 일백이십 년이 되리라 하시니라.

---

67) 강병도 편, 『카리스 종합주석 제1권 창세기 1~6장』, 654.
68) 강병도 편, 『카리스 종합주석 제1권 창세기 1~6장』, 654.
69) 박희천, 『손 더듬이 성경 해석학-성경이 성경을 해석한다』, 181.
70) *Comm.* Genesis 5:22, Hence we ought the more diligently to notice the brief description of a holy life, contained in the words, "Enoch walked with God."

하나님의 영이 인간의 몸 안에 머무르시는 것을 원하시지 않았다는 뜻일까요? 아니면 하나님께서 더 이상 그분의 영으로 인간을 다스리시는 수고를 하시지 않을 것을 의미한 것일까요?

고전 2:14은 '육에 속한 사람은 하나님 성령의 일을 받지 아니하나니 저희에게는 미련하게 보임이요 또 깨닫지도 못하나니, 이런 일은 영적으로라야 분변함이니라.'라고 말씀합니다. 하나님의 영은 육신적인 성품의 정반대되는 위치에 계십니다.[71] 육체, 육, 육신적인 성품은 인간의 부패성을 의미하고, 하나님은 그런 인간의 부패성과 함께하실 수 없습니다. 육신적인 성품 가운데서 거룩한 어떤 모습을 띠는 덕행이 있어서 다른 사람들보다 탁월하다고 하더라도, 그 행위의 근원을 깊이 살펴보면 부패했기 때문에 하나님께서 함께하실 수 없습니다.[72]

인간의 부패성 때문에 하나님은 그 수명을 120년으로 제한하셨을까요?

> 창 6:3 여호와께서 가라사대, 나의 신이 영원히 사람과 함께 하지 아니하리니, 이는 그들이 육체가 됨이라. 그러나 그들의 날은 일백이십 년이 되리라 하시니라.

창 11:10~32에 보면 홍수 이전의 수명이 120년보다 훨씬 길었다는 것을 확인할 수 있습니다. 셈은 600년, 아르박삿은 438년, 셀라는 433년, 에벨은 464년, 벨렉은 239년, 르우는 239년, 스룩은 230년, 나홀은 148년, 데라는 205년을 향수 하였습니다. 아브라함은 175년을 살았고 모세도 123년을 살았습니다. 인간의 수명이 120년이 될 것이라는 뜻과는 거리가 멀다는 것을 알 수 있습니다. 그렇다면 이 말씀은 홍수가 나기까지 하나님이 주신 심판의 유예기간이며 회개의 기간이기 때문에, 노아가 심판의 메시지를 받고 무려 120년 동안 배를 만들면서 사람들에게 홍수 심판을 알림으로써 회개의 기회를 주셨다는 뜻이 됩니다.[73] 이 말씀은 120년이 지난 후에 심판이 있으리라는 뜻입니다.[74]

---

71) *Comm.* Genesis 6:3, The Lord here seems to place his Spirit in opposition to the carnal nature of men.

72) *Inst.*, 3. 14. 1: But if anyone among them excels in that decency of morals which has some appearance of holiness among men, still, because we know that God cares nothing for outward splendor, we must penetrate to the very source of the works if we should wish these to have any value for righteousness. We must investigate deeply, 1 say, from what disposition of the heart these works come forth.

73) 윤석준, 『한국교회가 잘못 알고 있는 101가지 성경 이야기 (2)』 (서울: 부흥과 개혁사, 2011), 418.

74) 박윤선, 『성경주석 창세기』 2판, 132.

하나님은 후회도 하시고 근심도 하실까요?

창 6:6 땅 위에 사람 지으셨음을 한탄하사 마음에 근심하시고
7 가라사대, 나의 창조한 사람을 내가 지면에서 쓸어버리되 사람으로부터 육축과 기는 것과 공중의 새까지 그리하리니, 이는 내가 그것을 지었음을 한탄함이니라 하시니라.

하나님은 사람을 창조하신 것을 한탄하셨고(창 6:6), 사울을 왕 삼으신 것에 대하여 후회하셨으며(삼상 15:11), 이스라엘에게 재앙을 내리시려고 결정하셨던 것을 돌이키셨고(렘 18:8), 니느웨에 대한 심판도 돌이키셨습니다(욘 3:4, 10).

한편 삼상 15:29에서는 '하나님은 거짓이나 변개함이 없으시니 그는 사람이 아니시므로 결코 변개치 않으신다.'라고 말씀합니다. 하나님은 전지전능하시고 절대 주권을 가지고 계신 분이시기 때문에 후회하시거나 근심하신다는 말은 성립될 수 없습니다. 하나님께서 예측하실 수 없거나 기대하지 못한 일들이 일어날 수 없기 때문입니다.

그러나 그런데도 성경이 하나님께서 후회하셨다는 단어를 사용한 것은 '인간적인 어투'로 하나님의 마음을 그렇게 표현한 것입니다.[75] 우리가 하나님을 그대로 이해할 수 없기 때문에 성경은 사람들의 이해를 돕기 위해 그런 표현들을 종종 사용했습니다.[76] 후회란 표현은 우리가 이해할 수 있도록 우리의 능력에 맞추어 적응하는 방식으로 하나님께서 자신을 설명하는 방식입니다.[77] 하나님께서 죄를 얼마나 미워하시며 싫어하시는가를 한탄이나 후회나 근심이나 슬픔이란 표현으로 나타내신 것입니다. 성경은 즐거움, 기쁨, 슬픔, 근심, 분노, 두려움, 사랑, 자비, 긍휼, 은혜, 관용, 질투, 후회, 미움, 진노, 복수 등 인간적인 감정들이 하나님 안에도 있다고 말하는데, 그것은 신인동형적인 표현이라고 할 수 있습니다.[78]

---

75) 박윤선, 『성경주석 창세기』 2판, 132.

76) *Comm.* Genesis 6:6, The repentance which is here ascribed to God does not properly belong to him, but has reference to our understanding of him. For since we cannot comprehend him as he is, it is necessary that, for our sakes he should, in a certain sense, transform himself.

77) *Inst.*, 1. 17. 13: What, therefore, does the word "repentance" mean? Surely its meaning is like that of all other modes of speaking that describe God for us in human terms. For because our weakness does not attain to his exalted state, the description of him that is given to us must be accommodated to our capacity so that we may understand it. Now the mode of accommodation is for him to represent himself to us not as he is in himself, but as he seems to us.

78) 『개혁 교의학 2』, 115.

노아 홍수 이전에는 동물은 먹을 수 없었을까요?

창 9:3 무릇 산 동물은 너희의 식물이 될지라. 채소같이 내가 이것을 다 너희에게 주노라.

노아 홍수 이전에도 동물을 식물(食物)로 먹을 수 있었을 가능성이 있는데, 그 이유는 제사를 위해 동물을 죽일 수 있었다는 것과 옷이나 천막을 만들기 위한 가죽을 얻기 위해 동물을 죽였다면 그 고기를 금할 이유가 없었기 때문입니다.[79] 만일 하나님께서 창 9:3에서 비로소 육식에 대한 권한을 주셨다면, 그 이전에는 이것이 비합법적인 것으로 정죄 되었을 것입니다.[80] 그러나 분명한 근거 구절은 없으며, 그렇다고 먹을 수 있었다는 근거 구절도 없습니다. 그렇다면 하나님의 공적인 허락 없이 동물을 식물로 먹었으나 이제는 하나님께서 공적으로 허락하신 것이 아닐까 추론할 수 있습니다.

그렇다면 왜 하나님께서 공적으로 동물을 식물로 먹을 수 있도록 허락하셨을까요? 인류의 건강을 위해서라든가, 모든 금수와 곤충과 어류가 사람을 두려워하게 하기 위해서라든가, 사람이 동물을 다스리며 식물(食物)로 먹게 하심으로써 사람이 동물에게서 진화되었다는 진화론적 이론의 위험성을 우려하심이라는 주장들이 있습니다. 그러나 그런 분명한 근거를 찾기는 어렵습니다. 그렇다면 단지 '하나님의 은총으로' 우리에게 주어진 것이라고 보아야 합니다.[81]

아브람이 복의 근원이 된다는 말은 세속적으로 성공하고 번영한다는 뜻일까요?

창 12:2 내가 너로 큰 민족을 이루고 네게 복을 주어 네 이름을 창대케 하리니, 너는 복의 근원이 될지라.

먼저 이 말씀을 자신에게 적용하여 '나도 복의 근원이 될 수 있다.'라고 할 수 있을까요? 복의 근원이 된다는 말은 복이 된다는 말입니다. 히브리어 원문이나 대부분의 영역본도 그렇게 되어있습니다. 개역 개정과 새 번역도 그렇게 번역했습니다. 창 12:3에 의하면 아브람이 복이 된다는 말은 아브람으로 말미암아 복을 받는다는 말입니다.

---

79) *Comm.* Genesis 9:3, But the argument is not sufficiently firm. ⋯ For since they had before offered sacrifices to God, and were also permitted to kill wild beasts, from the hides and skins of which, they might make for themselves garments and tents, I do not see what obligation should prevent them from the eating of flesh.

80) 『개혁 교의학 2』, 719.

81) *Comm.* Genesis 9:3, This ought justly to be deemed by us of greater importance, that to eat the flesh of animals is granted to us by the kindness of God;

그러나 하나님께서 아브람에게 복을 예치시키셔서 모든 세상으로 흘러넘쳐 들어가게 하시려는 것이라고 해석하는 것은 본문이 뜻하는 것을 넘어서는 것입니다.[82] 성경이 말씀하고 있는 것 이상을 넘어가는 것은 잘못된 것입니다.

그러면 아브람이 복이 된다는 말은 무슨 뜻일까요? 세속적으로 성공하고 번영한다는 뜻일까요? 아브람의 생애를 보면 삶에서 가장 큰 기쁨으로 간주하는 자기 고향과 부모와 친구들로부터 멀리 떠나야 되었고(창 12:1), 가서 살라고 명령받은 땅에 이르자 곧바로 기근에 쫓겨 다니는 신세가 되었으며(창 12:10), 도움을 구하여 찾아간 곳에서 그는 자기 생명을 보존하기 위하여 자기 아내를 내어줄 수밖에 없었습니다(창 12:11~15). 이러한 삶은 아브람의 생애 내내 일어났습니다. 그에게 복이란 세속적으로 성공하고 번영한다는 뜻으로 설명한다는 것은 불가능합니다. 갈 3:8~9은 이렇게 말씀합니다.

> 또 하나님이 이방을 믿음으로 말미암아 의로 정하실 것을 성경이 미리 알고 먼저 아브라함에게 복음을 전하되 모든 이방이 너로 인하여 복을 받으리라 하였으니 그러므로 믿음으로 말미암은 자는 믿음이 있는 아브라함과 함께 복을 받느니라.

그렇다면 아브람의 복은 세속적인 성공과 번영이 아니라 아브람이 믿음으로 의로워진 것처럼 믿음으로 의로워진다는 뜻이 됩니다.[83] 갈 3:14은 '이는 그리스도 예수 안에서 아브라함의 복이 이방인에게 미치게 하고 또 우리에게 믿음으로 말미암아 성령의 약속을 받게 하려 함이니라.'라고 말씀합니다. 그리스도 예수 안에서 이방인에게 미치게 하는 아브람의 복은 분명 믿음으로 구원받는 것, 믿음으로 의로워지는 것입니다. 그러므로 아브람에게 약속된 복은 아브람의 자손 가운데서 나실 메시아께서 구원해주시는 복으로 만민에게 미칠 복입니다.[84]

아브람이 의롭게 된 것은 무엇 때문일까요?

창 15:6 아브람이 여호와를 믿으니 여호와께서 이를 그의 의로 여기시고

---

82) *Comm.* Genesis 12:2, Some also expound it actively, as if it had been said, 'My grace shall not reside in thee, so that thou alone mayest enjoy it, but it shall flow far unto all nations. I therefore now so deposit it with thee, that it may overflow into all the world.' But God does not yet proceed to that communication, as I shall show presently.

83) 윤석준, 『한국교회가 잘못 알고 있는 101가지 성경 이야기 (2)』, 167.

84) 박윤선, 『성경주석 창세기』 2판, 182.

성경은 '여호와를 믿으니'라고 증거합니다. 물론 아브람이 하나님의 말씀, 하나님의 약속을 믿었지만, 특별히 하나님 자신을 믿었기 때문입니다.[85] 아브람이 의롭다고 칭의를 받은 것은 태어날 자손에 대한 약속을 붙들고 있었기 때문이 아니라, 하나님을 그의 아버지로 붙들고 있었기 때문인데, 그것은 신앙은 우리를 하나님과 화목하게 하는 것 이외에 다른 이유로 우리를 의롭게 하지는 않기 때문입니다.[86]

그러면 신앙이 의의 원인이 된다는 말일까요? '그의 의로 여기시고'에서 '여기시고'란 말은 히브리어 '카솨브'인데 이 단어는 그렇지 못함에도 불구하고 그렇다고 간주하여 준다는 것을 뜻합니다.[87] 롬 4:1~5은 이렇게 말씀합니다.

> 그런즉 육신으로 우리 조상 된 아브라함이 무엇을 얻었다 하리오. 만일 아브라함이 행위로써 의롭다 하심을 얻었으면 자랑할 것이 있으려니와 하나님 앞에서는 없느니라. 성경이 무엇을 말하느뇨? 아브라함이 하나님을 믿으매 이것이 저에게 의로 여기신 바 되었느니라. 일하는 자에게는 그 삯을 은혜로 여기지 아니하고 빚으로 여기거니와 일을 아니할지라도 경건치 아니한 자를 의롭다 하시는 이를 믿는 자에게는 그의 믿음을 의로 여기시나니

믿음으로 의롭다 하심을 얻는다는 말은 믿음이 의의 동인(動因)이 아니라 다만 형식적인 원인을 의미할 뿐입니다.[88] 어떤 사람들은 죄인들에게 값없이 부여되고 무가치한 자들에게 제공되는 의는 시작에 불과하고 그 후는 선행으로 의롭게 된다고 주장하는데, 그것은 잘못된 것입니다. 아브람이 소명을 받았을 때 그를 즉시 의롭다고 성경이 증거했다면, 그런 주장이 그럴듯해 보일지 모르지만, 아브람이 하나님의 부름을 받은 후 많은 햇수가 지나서야 믿음으로 의롭다 함을 얻었다고 성경은 증거합니다. 물론 성화가 칭의와 마찬가지로 믿음으로 되는 것이지만 그 둘 사이는 차이가 있습니다. 그런데도 성화도 오직 믿음으로 됩니다. 인간의 행위가 아무리 훌륭해도 죄악들이 잠재해 있고 온전할 수 없기 때문입니다.

창 15:6은 '아브람이 여호와를 믿으니 여호와께서 이를 그의 의로 여기시고'라고 했습

---

85) 박윤선, 『성경주석 창세기』 2판, 218.
86) *Comm.* Genesis, 15:6, Therefore, we do not say that Abram was justified because he laid hold on a single word, respecting the offspring to be brought forth, but because he embraced God as his Father.
87) 박윤선, 『성경주석 창세기』 2판, 219.
88) *Comm.* Genesis 15:6, To render this more intelligible, when Moses says that faith was imputed to Abram for righteousness, he does not mean that faith was that first cause of righteousness which is called the efficient, but only the formal cause; as if he had said, that Abram was therefore justified, because, relying on the paternal loving-kindness of God, he trusted to His mere goodness, and not to himself, nor to his own merits.

니다. 이 구절에서 믿음을 칭의의 원인으로 해석하려는 것은 어리석고 극악무도합니다.[89] 믿음이 원인이 되어서 그 결과로 칭의가 이루어진다는 주장은 비성경적이기 때문입니다. 이러한 주장은 칭의에 있어서 믿음을 행위로 취급하는데, 성경은 칭의에 있어서 인간의 행위와 대조적인 개념으로 믿음이란 용어를 사용했습니다. 믿음이란 인간의 행위에 근거한 인과율이 아니고, 하나님께서 원인이 되시고, 그 결과를 인간에게 이루시는 하나님의 방법입니다.[90] 이러한 해석이 맞는 것은 로마서를 통해서 확인됩니다. 바울은 믿음이 의로 여겨지는 자는 행위로 칭의를 받은 것이 아니라는 사실을 롬 4:1~8을 통하여 추리해 내고 있습니다. 아브람은 할례를 받기 이전에 구원을 받았고(창 17:10~14, 창 15:6), 율법이 주어지기 400여 년 전에 의롭다 하심을 얻었다는(갈 3:17~18) 사실은 구원이 인간의 행위와 전혀 무관하다는 것을 분명하게 보여줍니다. 롬 3:21은 행위로 의롭다 하심을 받는다는 것을 부인하고, 인간이 받은 칭의는 타고난 본능에 의해서 행하는 도덕적으로 선한 행위뿐만 아니라, 신자들이 행할 수 있는 모든 선한 행위들까지도 일체 배제합니다.[91]

또 요일 3:14의 '형제를 사랑하기 때문에 죽음에서 생명으로 들어간 것을 안다.'라는 말씀도 형제를 사랑하는 그 사랑 자체의 행위가 구원의 원인이라는 뜻이 아닙니다.[92] 사랑이 성령의 특별한 열매인 것처럼, 사랑은 또한 중생의 확실한 상징임이 틀림없지만, 그것은 단지 구원의 상징이지 구원의 원인은 아닙니다. 사랑이 우리의 구원을 더욱 확증하여 줌으로, 구원의 확신이 행위에 있다는 그럴듯한 논증이 성립될 수 있다고 생각할 수도 있습니다. 그러나 믿음은 하나님의 은혜의 모든 조력을 받음으로 확고하게 될지라도 믿음은 오직 하나님의 자비에 언제나 기초합니다.[93] 비록 모든 사람이 자신의 행위로부터 자신의 신앙에 대한 증거를 갖지만, 신앙이 행위들에 근거 되는 것은 아니며, 행위들은 표징으로서 첨가된 후속적 증거들에 불과합니다.[94] 만일 구원의 확신을 얻기 위하여 자

89) *Comm.* Genesis 15:6, But it is (as I have said) monstrous, that they who have had Paul as their luminous expositor; should so foolishly have depraved this place.

90) 박영선, 『성화의 신비』 (서울: 도서출판 세움, 2006), 148.

91) *Comm.* Romans 3:21, For no doubt Abraham was regenerated and led by the Spirit of God at the time when he denied that he was justified by works. Hence he excluded from man's justification not only works morally good, as they commonly call them, and such as are done by the impulse of nature, but also all those which even the faithful can perform. Again, since this is a definition of the righteousness of faith, "Blessed are they whose iniquities are forgiven," there is no question to be made about this or that kind of work; but the merit of works being abolished, the remission of sins alone is set down as the cause of righteousness.

92) *Comm.* 1 John 3:14, But when the Apostle says, that it is known by love that we have passed into life, he does not mean that man is his own deliverer, as though he could by loving the brethren rescue himself from death, and procure life for himself; for he does not here treat of the cause of salvation,

93) *Comm.* 1 John 3:14, But the answer to this is obvious; for though faith is confirmed by all the graces of God as aids, yet it ceases not to have its foundation in the mercy of God only.

94) 이양호, 『칼빈: 생애와 사상』 (서울: 한국신학연구소, 1997), 153.

신의 행위에 의존하고 행위를 신뢰한다면 이는 표징과 근거를 혼동하는 것입니다.[95]

창 15:6 말씀은 모세 시대가 아닌 후대에 기록된 것일까요?

창 15:6 아브람이 여호와를 믿으니 여호와께서 이를 그의 의로 여기시고

이 말씀은 대단히 신학적인 사색의 결과로 보이기 때문에 그렇다고 주장합니다(Von Rad). 그러나 롬 4:1~5, 23~24은 아브라함의 칭의가 믿음에 의한 것이며 그것을 기록한 것은 의로 여기심을 받을 우리도 위함이라고 증거합니다. 따라서 아브라함의 칭의에 대한 기록은 모세가 역사적 사건 그대로를 기록한 것이지 후대의 신학적 해설이라고 주장할 수 없습니다.[96]

창 15:8 말씀은 아브람의 불신앙을 나타낼까요(Wellhausen)?

창 15:8 그가 가로되, 주 여호와여! 내가 이 땅으로 업으로 삼을 줄을 무엇으로 알리이까?

또 이 말씀은 창 15:6의 '아브람이 여호와를 믿으니 여호와께서 이를 그의 의로 여기시고'라는 말씀과 모순되기 때문에 서로 다른 기자가 기록한 것일까요(Wellhausen)?

전에는 주어진 약속들에 대하여 전혀 의문을 제기하지 않고 확신을 가졌던 아브람이 이제 와서 하나님의 말씀을 듣고도 사실인지 아닌지를 물은 것과 하나님의 말씀을 의지하지 않고 추가하여 담보되는 것, 곧 그 땅을 소유하게 되는 것에 대하여 확실하게 알려고 한 이유는 모호합니다.[97] 그러나 그런데도 아브람은 믿지 않은 것이 아니라 자신이 내적으로 압박당하고 있는 걱정을 하나님 앞에 가지고 나아옴으로써 오히려 불신이 아니라 신앙의 증거를 보인 셈입니다.[98] 아브람이 더욱 확실히 믿고자 표적을 구한 것뿐입니다.[99]

우리는 하나님의 주권을 믿습니다. 또 우리를 지키시고 보호하시며 인도하시고 책임

---

95) 윤광원, 『존 칼빈의 자기부정의 렌즈로 본 신앙생활의 핵심』 (파주: 한국학술정보, 2009), 166~167.
96) 박윤선, 『성경주석 창세기』 2판, 228.
97) *Comm.* Genesis 15:6, It may appear absurd, first, that Abram, who before had placed confidence in the simple word of God, without moving any question concerning the promises given to him, should now dispute whether what he hears from the mouth of God be true or not. Secondly, that he ascribes but little honor to God, not merely by murmuring against him, when he speaks, but by requiring some additional pledge to be given him.
98) *Comm.* Genesis 15:6, He does not, however, reject, on account of its difficulty, what might have appeared to him incredible, but brings before God the anxiety by which he is inwardly oppressed. And therefore his questioning with God is rather a proof of faith, than a sign of incredulity.
99) 박윤선, 『성경주석 창세기』 2판, 222.

져 주실 것도 믿습니다. 그러나 힘들고 어려운 현실 속에서 내적으로 압박당하고 있는 걱정이 있고 두려움이 있고 낙심이 있습니다. 그것을 가지고 우리는 하나님 앞에 나아갑니다. 그것은 불신이 아니라 오히려 신앙의 증거일 수 있습니다.

출애굽은 4대째일까요, 6대째일까요?

창 15:16 네 자손은 사 대만에 이 땅으로 돌아오리니, 이는 아모리 족속의 죄악이 아직 관영치 아니함이니라 하시더니

하나님은 아브람의 자손이 애굽에서 4대만에 돌아올 것이라고 말씀하셨지만, 대상 2:1∼9과 마 1:3∼4에 의하면 유다, 베레스, 헤스론, 람, 암미나답, 나손으로 6대가 됩니다. 서로 모순되는 것 같습니다. 그러나 창 15:16의 히브리어 '도르'는 평생을 의미하고, 창 15:13에서 이미 '여호와께서 아브람에게 이르시되 너는 정녕히 알라. 네 자손이 이방에서 객이 되어 그들을 섬기겠고 그들은 400년 동안 네 자손을 괴롭게 하리니'라고 했으니, 여기에서 4대는 400년임을 알 수 있습니다.[100]

아브라함이 구한 것은 '소돔과 고모라'의 구원이었을까요?

창 18:20∼25

이 말씀의 의도가 소돔과 고모라를 위해 아브라함이 기도한 것처럼 우리도 이 세상을 위해 기도하자는 뜻일까요? 아니면 우리는 이 사회의 의인 열 명이 되어 이 사회의 멸망을 막자는 뜻일까요?

아브라함이 어떤 내용으로 하나님께 물었는지 살펴보면 답이 나옵니다. 아브라함은 '주께서 의인을 악인과 함께 멸하시려 하나이까?'라고 반문합니다(창 18:23). 또 '의인을 악인과 함께 죽이심은 불가하오며 의인과 악인을 균등히 하심도 불가하니이다. 세상을 심판하시는 이가 공의를 행하실 것이 아니니이까?'라고도 반문합니다(창 18:25). 이러한 반문은 창 18:17∼19에서 하나님께서 아브라함을 통하여 '하나님의 도를 지켜 의와 공

---

100) 서춘웅, 『성경 난제 해설·구약』 3판, 192; *Comm.* Genesis 15:16, Even then the Amorites had become unworthy to occupy the land, yet the Lord not only bore with them for a short time, but granted them four centuries for repentance.; 박윤선, 『성경주석 창세기』 2판, 225.

도를 행하게 하려고 택함을 받은 사람들의 나라를 이루실 것'이라고 약속하셨기 때문에 당연히 나올 수밖에 없었습니다.[101]

아브라함의 관심은 의와 공도의 나라였지 소돔과 고모라 자체에 있지 않았습니다. 아브라함의 관심은 오직 하나님의 심판 가운데 의인이 악인과 함께 멸망하지 않는 것이었기 때문에, 그는 하나님께서 공의로우시므로 의인과 악인을 똑같이 여겨 함께 죽이시는 것은 불가하지 않느냐고 반문했습니다. 그는 의와 공도의 나라에 정반대되는 소돔과 고모라 자체에는 관심이 없었기 때문에 '소돔과 고모라를 불쌍히 여겨주옵소서.'라고 기도하지 않았습니다. 물론 하나님은 의인 까닭에, 의인을 보호하시기 위해 심판을 늦추십니다. 그것은 예수님께서 비유로 말씀하신 것처럼, 곡식을 보호하기 위하여 곡식 가운데 있는 가라지를 당장 뽑지 않는 것과 같습니다.

아브라함의 기도는 그 도시들을 징계하지 말아 달라고 부탁할 만큼 확대된 것이 아니고, 다만 그 도시들을 멸망시키시는 중에 적어도 의인들만큼은 멸망시키지 말아 달라고 간구한 것이었습니다.[102] 아브라함이 의로운 사람들과 섞여 있는 악한 자들을 하나님의 심판으로부터 피하게 하려고 간구한 것이 아니라, 오직 그가 간절히 원한 것은 그 도시들을 심판하시는 중에서도 남은 선한 자들이 이 형벌에서 감면되는 것이었습니다.[103] 물론 우리는 이 죄악된 세상을 위해서도 기도해야 합니다. 박윤선은 창 18:24을 근거로 아브라함의 기도가 의인들의 구원을 위한 기도인 것이 사실이지만, 소돔과 고모라의 모든 사람을 위한 기도인 것도 사실이라고 주석했습니다.[104] 본문은 사회 참여나 사회 구원에 대하여 말하려는 의도는 전혀 없으므로 그런 차원에서 접근해서는 안 되고, 공의로우신 하나님과 그 공의로우신 하나님께서 세우시는 의와 공의의 나라에 초점을 맞추어야 합니다.[105]

창조주 하나님도 잘 모르시는 일이 있을까요?

창 18:21 내가 이제 내려가서 그 모든 행한 것이 과연 내게 들린 부르짖음과 같은지 그렇지 않은지 내가 보고 알려 하노라.

---

101) 윤석준, 『한국교회가 잘못 알고 있는 101가지 성경 이야기 (1)』 (서울: 부흥과 개혁사, 2010), 68.
102) *Comm.* Genesis 18:22, I answer, that the prayers of Abraham did not extend so far as to ask God not to scourge those cities, but only not to destroy them utterly;
103) *Comm.* Genesis 18:22, Abraham, therefore, does not desire that the wicked, being mixed with the righteous, should escape the hand of God: but only that God, in inflicting public punishment on a whole nation, should nevertheless exempt the good who remained from destruction.
104) 박윤선, 『성경주석 창세기』 2판, 255.
105) 윤석준, 『한국교회가 잘못 알고 있는 101가지 성경 이야기 (1)』, 71.

성경에 '알다'와 관련하여 번역된 히브리어와 헬라어는 40여 가지나 되는데, 그중 본문의 '알려 하노라'는 히브리어 '야다'의 번역으로 '모르는 것이 있다.'라는 뜻이 아니라, 알고 있는 것을 경험과 실험을 통해 완전히 이해한다는 뜻입니다.[106] 하나님은 소돔과 고모라에 가 보시기 전에도 그 도시들의 죄악상을 잘 알고 계시지만, 그런데도 거기에 가셔서 알아보시겠다고 말씀하시는 것은 하나님께서 자신을 낮추셔서 사람의 모양으로 말씀하신 것입니다.[107] 하나님의 아심에는 인간의 구원과 심판에 대한 부분도 포함됩니다. 하나님은 소돔과 고모라의 죄악을 다 아셨습니다.

결국 '알려 하노라.'라는 이 말씀의 참된 근본적 의미는 하나님께서 인간의 타락상을 친히 알아보려 하신다는 의미가 아니라, 오히려 아브라함과의 대화를 통하여, 인간에게 회개의 기회를 주시며, 참고 기다리시는 긍휼의 하나님이심을 말씀하시려는 것입니다.[108] 하나님은 인간의 죄악에 대하여 우리가 도저히 파악할 수 없을 만큼 참으시는데, 본문은 그것을 인간의 방법대로 표현한 것입니다.[109]

롯이 소돔 성문에 앉아 있었던 이유가 무엇이었을까요?

> 창 19:1 날이 저물 때 그 두 천사가 소돔에 이르니 마침 롯이 소돔 성문에 앉았다가 그들을 보고 일어나 영접하고 땅에 엎드리어 절하여

아브라함으로부터 천사의 방문 소식을 미리 듣고 마중 나온 것일까요? 성경은 롯이 성문에 앉아 있었던 이유에 대하여 침묵하고 있어서 그 이유를 단정하는 것은 성급하지만, 롯은 손님들을 자기 집으로 모시려고 날마다 하던 습관대로 그렇게 하였거나, 양 떼를 우리에 들어가게 할 때 그 일에 함께 참여하기 위하여 목자들을 만나려고 성문에 앉아 있었을 가능성을 부정할 수는 없습니다.[110]

또 하나의 가능성은 롯이 재판을 하기 위해 성문에 앉아 있었을 가능성인데, 그 이유는 성문의 역할 중 재판을 빼놓을 수 없기 때문입니다.[111] 당시에는 재판할 일이 있으면

106) 조덕영, "창조주 하나님도 잘 모르는 일이 있나요?", 크리스천 투데이, 2018.12.12, http://www.christiantoday.co.kr/news/318383
107) 박윤선, 『성경주석 창세기』 2판, 254.
108) 조덕영, "창조주 하나님도 잘 모르는 일이 있나요?", 크리스천 투데이, 2018.12.12, http://www.christiantoday.co.kr/news/318383
109) *Comm.* Genesis 18:21, Since, however, such forbearance of God cannot be comprehended by us, Moses introduces Him as speaking according to the manner of men.
110) *Comm.* Genesis 19:1, yet, as Moses is silent respecting the cause, it would be rash to affirm this as certain. ⋯ but the conjecture is not less probable, that he had come forth to meet his shepherds, in order to be present when his sheep were folded.
111) 류모세, 『열린다 성경(하)』, 45.

성문에 앉아 있는 장로들에게 나아왔는데(신 21:18~21, 신 22:15, 신 22:24), 성문에서는 장로들의 재판에 따라 공의를 세우기도 하지만 온갖 부조리와 부정부패가 행해지기도 했고, 압살롬 같은 경우는 성문 길 곁에서 재판관이 되어 송사가 있어 왕에게 재판하러 오는 사람들의 마음을 사로잡기도 했기 때문에, 아모스 선지자는 '성문에서 정의를 세우라.'라고 촉구했습니다(암 5:15).[112] 아무튼, 롯이 '소돔 성문에 앉았다.'라는 말은 그가 소돔에서 비록 이방인이었지만 성문에 앉아 재판할 수 있는 사회적 신분에 있었을 가능성이 큽니다.[113]

창 19:5의 '상관하다.'라는 말이 동성애가 아니라 '사귄다.'라는 뜻일까요?

창 19:4 그들의 눕기 전에 그 성 사람 곧 소돔 백성들이 무론 노소하고 사방에서 다 모여 그 집을 에워싸고
　　　5 롯을 부르고 그에게 이르되, 이 저녁에 네게 온 사람이 어디 있느냐? 끌어내라. 우리가 그들을 상관하리라.

　　우리말로 '상관하다.'로 번역된 히브리어 '야다'는 '경험을 통해 상대방을 안다.'라는 뜻이기 때문에 어떤 사람들은 '상관하다.'라는 뜻을 단순히 '사귀다'로 이해하여, 이 말은 필연적으로 누구와 성관계를 가진다는 말이 아닐 수도 있다고 주장합니다. 그러나 소돔과 고모라에 대한 구절의 문맥에서 보면 그 말은 분명 성관계를 의미합니다. 그 이유를 들면 다음과 같이 정리할 수 있습니다.[114]

1) 창세기에서 이 말은 12번 중의 10번이 '성관계를 갖다.'라는 의미로 사용되었습니다.
2) 롯이 아우성치는 소돔 사람들에게 남자를 가까이 아니 한, 두 딸을 주겠다고 했는데 (창 19:8), 여기에서 '남자를 가까이 아니 한'은 '남자를 안 적이 없는', 즉 '남자와 동침한 적이 없는'이라는 뜻이므로 이 말은 분명 성적인 의미로 사용한 것입니다.
3) 창 18:20에서 하나님께서 밝힌 소돔 멸망의 원인인 '그 죄악이 심히 중하니'라는 표현으로 미루어 볼 때 '야다'가 단순히 '사귀다.'라는 의미가 아니라 성적 사악함에 대한 지적으로 보아야 합니다.
4) 창 19:7에서 롯이 '이런 악한 일'이라고 표현한 것을 보면 여기에서도 역시 '야다'가 단순히 '사귀다.'라는 의미가 아니라 성적 사악함에 대한 지적으로 보아야 합니다.
5) 만일 소돔 사람들의 의도가 성적인 것이 아니었다면 처녀 딸들을 성적 희롱의 대상으

112) 류모세, 『열린다 성경(하)』, 46~53.
113) 류모세, 『열린다 성경(하)』, 55.
114) 강병도 편, 『카리스 종합주석 제3권 창세기 16~23장』(서울: 기독지혜사, 2003), 351~352.

로 주겠다고 제의할 이유가 없습니다.

  6) 하나님께서는 이미 창 19:8의 사건이 있기 전에 창 18:16~33이 가리키듯이 소돔과 고모라를 멸하시기로 정하셨습니다.

따라서 결과적으로 하나님께서는 그들이 아직 범하지 않은 죄, 즉 손님에 대한 박해의 죄보다는, 그들이 이미 범한 죄, 즉 동성애 때문에 이 도시들에 대한 심판을 선언하셨다고 주장하는 것이 훨씬 더 합리적인 해석입니다.

성경은 동성애에 대하여 엄격히 금합니다(레 18:20~22, 20:10, 18, 롬 1:26~27, 고전 6:9, 딤전 1:9~10). 따라서 우리는 동성애를 관대하게 보아서는 안 되며 교회가 동성애를 하나의 다른 생활 방식 정도로 보고 포용해서도 안 됩니다. 그러므로 교회는 동성애자까지도 사랑할 수는 있으나 그의 행동은 죄임을 지적해 주어야 하며, 회개하고 정상적인 생활 방식으로 돌아올 수 있도록 이끌어 주어야 합니다.

사라가 아브라함에게 하갈과 그 아들을 내어 쫓으라고 요구한 것은 잘못된 것일까요?

창 21:8~12

본문이 말하려는 것이 무엇일까요? 가정의 평화를 위해서는 첩을 얻으면 안 된다는 것일까요? 첩을 얻는 것은 하나님의 뜻이 아니므로 가정생활에 어려움을 겪는다는 것일까요? 물론 그런 말이 그 자체로는 틀리지 않습니다. 그러나 본문이 말하려는 것이 그것일까요? 아니면 사라의 잘못을 고발하려는 것일까요? 물론 아무리 첩의 아들이라고 하더라도 자기 아들을 놀린 것 정도로 내어 쫓는 것은 지나칩니다. 인간적으로 보면 하나님께서 어떻게 그러실 수 있을까 이해하기 어렵고 충격적입니다. 후처에게 아량을 보이고 포용하는 것이 마땅합니다. 그러나 본문이 말하려는 것이 그것일까요? 성경은 그것을 말하려는 아무런 의도도 없습니다. 그러면 무엇을 말하려는 것일까요? 창 21:12의 하나님 말씀은 전혀 다릅니다.

갈 4:22~30은 아브라함 가정의 두 여자와 그 아들들 간의 사건을 율법과 복음과의 관계를 보여주는 모형으로 해석합니다. 하나님께서 사라의 편을 드신 것은 사라가 윤리 도덕적으로 옳기 때문이 아닙니다. 하갈에게서 난 자식은 율법을 상징하고, 사라에게서 난 자식은 복음을 상징하기 때문입니다. 갈 4:22~30은 창 21:8~12을 해석하는 기준입니다. 하나님께서 하갈과 그 아들을 쫓아내라고 말씀하시는 이유는 율법은 복음과 함께 유업을 받을 수 없기 때문입니다. 하갈과 사라에게서 나온 자식들은 인간의 인위적인 노력으로, 곧 율법으로 탄생한 종과 하나님의 약속으로, 곧 복음으로 난 자유자를 각각 상징합니다. 이러한 해석은 성경의 해석입니다. 그러므로 성경의 해석을 따라야 합니다. 만일 창세기 16~21장의 이야기를 아브라함의 가정사로 읽으면 그 교훈이란 가정의 불화를 막기 위한 대처 방법, 또는 가정의 화평을 위한 방법 정도가 되고 말 것이며, 그렇게 되면 하나님의 구원에 대한 어떤 내용도 없게 되어 다만 윤리 도덕만 남게 되므로 그런 식으로 해석하는 것은 잘못된 것입니다.[115]

롬 9:6~9도 본문의 문제를 다루고 있습니다. 이스라엘에게서 난 자들이라고 다 이스라엘도 아니고, 아브라함의 씨라고 다 그 자녀가 아닙니다. 육신의 자녀가 하나님의 자녀가 아니라 오직 약속의 자녀만이 하나님의 자녀로 인정됩니다. 그 이유는 교리적으로 순수하고 합법적인 근원에서 난 자들만이 하나님의 자녀가 될 수 있기 때문입니다.[116]

하갈의 방황에 대한 하나님의 개입은 무엇을 뜻할까요?

창 21:13~21

본문이 말하려는 것이 무엇일까요? 하나님께서 내일 일을 알지 못하고 정처 없이 방황하며 통곡하는 하갈의 사정을 아시고 도우시며 그 아들 이스마엘의 미래를 열어주셨듯이, 우리도 내일 일을 알지 못하고 정처 없이 방황하며 통곡할 수 있지만, 하나님은 우리의 사정을 아시고 도우시며 우리의 미래를 열어주실 것이기 때문에, 실망하지 말고 하나님을 의지하고 믿음으로 나아가야 한다는 것일까요? 이런 식의 해석이 감동을 줄 수는 있을지 모르겠으나 그것이 성경의 의도일까요? 하갈의 방황에 대하여 하나님께서 개입하셨던 방식과 똑같은 방식으로 다른 사람들에게도 개입하실까요? 하갈의 방황에 대한 하나님의 개입을 일반화시킬 수 있을까요? 하갈의 방황에 대한 하나님의 개입을 성도의 방황에 대한 하나님의 개입에 동일하게 적용할 수 있을까요? 본문에 그런 의도가 담겨 있을까요? 하갈의 방황에 대한 하나님의 개입을 창세기에 기록한 일차적인 이유가 무엇일까요?

---

115) 윤석준, 『한국교회가 잘못 알고 있는 101가지 성경 이야기 (1)』, 190.

116) *Inst.*, 4. 2. 3: For if they boast of outward profession, Ishmael also was circumcised; if they contend for antiquity, he was the first-born: yet we see him repudiated. If a reason be sought, Paul points out that only those born of the pure and lawful seed of doctrine are accounted God's children [Rom. 9:6~9].

갈 4:21～29은 여기에 대한 분명한 답을 제공합니다. 하갈과 이스마엘은 하나님께서 은혜로 거저 주신 구원의 비밀을 거부하고 인간의 힘과 노력으로 하나님의 백성이 되고자 하는 자들, 곧 율법 아래 있고자 하는 자들을 대표하고, 사라와 이삭은 약속을 따라 하나님의 백성이 된 은혜 아래 있는 자들을 대표합니다.117) 은혜 아래 있는 자들은 율법 아래 있고자 하는 자들에게 핍박을 받습니다. 창세기 21장을 피상적으로 보면 하갈과 이스마엘이 피해자처럼 보이지만, 갈라디아서 4장을 보면 피해자는 이삭으로 뒤바뀝니다. 본문은 치정에 얽힌 가정불화나 장자와 서자의 충돌에 대한 에피소드가 아니라 구속사에 대한 것이므로, 아브라함이 하갈과 이스마엘을 쫓아낸 이유를 육체를 따라 난 이스마엘이 하나님의 약속에 따라 난 이삭을 핍박했기 때문이라고 해석해야 합니다.118) 하나님은 인간의 힘과 노력으로 하나님의 백성이 되고자 하는 자들, 곧 율법 아래 있고자 하는 자들을 배척하시고 심판하십니다.

물론 하나님은 모든 민족에게 햇빛과 비를 골고루 내리시며 모두에게 은혜를 베푸십니다(마 5:45). 하나님은 그분의 선택된 자들에게만 계실 뿐만 아니라 나그네들에게도 임재하시면서 그들에게도 현저한 복을 허락해 주시는데, 여기에서 인간들이 성장하고 그들이 빛을 향유하며 하늘의 일반적인 공기를 즐기며 땅은 인간들에게 식량을 공급해 주시는데, 이는 모든 것이 전적으로 하나님께 귀속되어야 한다는 것을 보여줍니다.119)

아브라함이 이삭을 번제로 드린 사건은 가장 소중한 것을 바치라는 뜻일까요?

창 22:1～14

본문이 말하려고 하는 것이 그것일까요? 아브라함은 가장 소중한 독자 이삭까지도 하나님께 드렸으니, 우리도 그렇게 가장 소중한 것조차도 하나님께 드려야 한다는 것을 말하려는 것일까요? 물론 아브라함에게 있어서 독자 이삭은 가장 소중했습니다. 또 우리는 가장 소중한 것조차도 하나님께 드려야 합니다. 문제는 본문이 그것을 말하려는 것일까요? 창 22:5의 '돌아오리라(나슈바).'는 1인칭 복수이므로 '우리가 돌아오리라.'라는 말입니

---

117) 이승진, 『설교를 위한 성경 해석』(서울: 기독교문서선교회, 2008), 16.
118) 이승진, 『설교를 위한 성경 해석』), 16～17.
119) *Comm.* Genesis 21:20, He is present with his elects whom he governs by the special grace of his Spirit; he is present also, sometimes, as it respects external life, not only with his elect, but also with strangers, … Hence, however, this general doctrine is inferred; that it is to be entirely ascribed to God that men grow up, that they enjoy the light and common breath of heaven, and that the earth supplies them with food.

다.[120] 개역 개정은 '이에 아브라함이 종들에게 이르되 너희는 나귀와 함께 여기서 기다리라. 내가 아이와 함께 저기 가서 예배하고 우리가 너희에게로 돌아오리라 하고'로 정확하게 번역했습니다. 아브라함과 이삭이 하나님께 경배하고 아브라함이 홀로 돌아오는 것이 아니라, 이삭과 함께 돌아오겠다는 뜻입니다. NIV, NLT, NASB 등 영역본들도 같은 의미로 번역했습니다(NIV: He said to his servants, "Stay here with the donkey while I and the boy go over there. We will worship and then we will come back to you.").

그러면 아브라함이 그렇게 말한 이유가 무엇일까요? 이삭을 하나님께 번제로 드리느냐면 혼자 돌아올 수밖에 없었을 터인데 어떻게 그렇게 말할 수 있었을까요? 이삭과 사환들 앞에서 차마 혼자 돌아올 것이란 사실을 말하기가 어려워서 그랬을까요? 히 11:17~19은 이렇게 말씀합니다.

> 아브라함은 시험을 받을 때 믿음으로 이삭을 드렸으니 저는 약속을 받은 자로되 그 독생자를 드렸느니라. 저에게 이미 말씀하시기를 네 자손이라 칭할 자는 이삭으로 말미암으리라 하셨으니 저가 하나님이 능히 죽은 자 가운데서 다시 살리실 줄로 생각한지라. 비유컨대 죽은 자 가운데서 도로 받은 것이니라.

롬 4:17도 '기록된바 내가 너를 많은 민족의 조상으로 세웠다 하심과 같으니 그의 믿은바 하나님은 죽은 자를 살리시며 없는 것을 있는 것같이 부르시는 이시니라.'라고 말씀합니다. 그렇다면 창 22:1~14은 가장 소중한 것까지도 하나님께 드리라는 말씀이 아니라, 어떤 상황에서도 하나님의 약속은 이루어진다는 것을 믿어야 한다는 말씀입니다. 하나님은 아브라함의 종 엘리에셀이나 하갈에게서 얻은 이스마엘이 아니라, 불가능 가운데 오직 하나님의 은혜와 능력으로 낳은 이삭을 통해서 큰 민족을 이루게 하시겠다고 약속하셨습니다. 그런데 이삭을 번제로 드리라고 명령하셨습니다. 하나님의 약속과 명령이 서로 상충하는 상황에서 아브라함은 가장 소중한 독자 이삭을 하나님께 번제로 드리느냐 그렇지 않느냐로 고민한 것이 아니라, 하나님의 약속과 명령이 서로 충돌하는데, 그렇다면 어떻게 하나님께서 자신의 약속을 이루실 수 있을까에 대하여 고민했습니다.[121] 물론 이삭을 죽여 번제로 드리는 일은 아버지로서 자식에 대한 애착심을 끊는 일이고, 남편으로서 아내에게서 자식을 빼앗아 가는 일이며, 자신의 손으로 자식을 죽임으

---

120) 박윤선, 『성경주석 창세기』 2판, 277~278.
121) 윤석준, 『한국교회가 잘못 알고 있는 101가지 성경 이야기 (2)』, 25~26.

로 세상 사람들 앞에서 잔인한 아버지라는 비난을 견뎌내야 하는 힘든 일이었고, 자신의 모든 소망이 끊기는 고통스러운 일이었습니다. 그러나 아브라함은 하나님의 명령대로 이삭을 번제로 드리기로 했습니다. 어떻게 그것이 가능했는지를 히브리서는 설명합니다. 하나님은 이삭을 능히 죽은 자 가운데서 다시 살리실 줄로 믿었기 때문입니다. 고후 1:20은 '하나님의 약속은 얼마든지 그리스도 안에서 예가 되니 그런즉 그로 말미암아 우리가 아멘 하여 하나님께 영광을 돌리게 되느니라.'라고 말씀합니다. 물론 이 말씀을 아브라함이 알았을 수는 없었겠지만, 그러나 그런 믿음이 있었습니다.[122] 그런 믿음으로 이삭을 번제로 드린 것은 자신을 부인하는 행위를 보여준 것입니다.[123] 그러므로 창 15:6의 아브라함의 이신득의(以信得義)에 대한 언급이 없이 단지 헌신(물질, 기도나 봉사 등의 노력)을 촉구하는 뜻으로 본문을 해석하는 것은 잘못된 것입니다.

아브라함이 묘지를 산 행동은 영적인 것으로 만족할 줄 모르는 현실주의일까요 (Von Rad)?

창 23:12~18

히 11:8~16은 아브라함이 '땅에서는 외국인과 나그네로라 증거' 하였고, '더 나은 본향을 사모하니 곧 하늘에 있는 것이라.'라고 증거합니다. 본문은 아브라함의 현실주의를 보여주는 것이 아닙니다. 아브라함은 모든 것을 모든 곳에서 그리고 모든 사람으로부터 받지 않으려는 철칙을 끝까지 준수했습니다.[124] 아브라함은 그 땅을 기업으로 약속받았음에도 불구하고, 그 땅의 지극히 적은 부분도 자유로 취하지 않고 굳이 땅값을 지급함으로써, 끈덕지게 나그네의 위치를 표명함으로써 도리어 내세사상을 증명한 것입니다.[125] 그러므로 아브라함이 묘지를 산 행동은 영적인 것이며, 만족할 줄 모르는 현실주의라는 Von Rad의 주장은 터무니가 없습니다.

---

122) *Comm.* Genesis 22:2, For although the declaration of Paul, that 'all the promises of God in Christ are yea and Amen,' was not yet written, (2 Corinthians 1:20,) it was nevertheless engraven on the heart of Abraham. Whence, however, could he have had this hope,

123) *Comm.* Genesis 22:12, And as Abraham showed that he feared God, by not sparing his own, and only begotten son; so a common testimony of the same fear is required from all the pious, in acts of self-denial.

124) *Comm.* Genesis 23:11, He had been presented with considerable gifts both by the king of Egypt and the king of Gerar, but he observed this rule; that he would neither receive all things, nor in all places, nor from all persons.

125) 박윤선, 『성경주석 창세기』 2판, 288.

팥죽 한 그릇에 장자의 명분을 팔았다는 뜻이 무엇일까요?

창 25:34 야곱이 떡과 팥죽을 에서에게 주매 에서가 먹으며 마시고 일어나서 갔으니 에서가 장자의 명분을 경홀히 여김이었더라.

에서는 팥죽 한 그릇에 장자의 명분을 팔았습니다. 팥죽이란 말이 관용적으로 어떤 의미로 사용되었는지 알면 에서가 장자의 명분을 얼마나 경홀히 여겼는지 이해할 수 있습니다. 헐값에 땅을 판 경우에 '팥죽 받고 땅을 팔았다.'라고 하며, 딸을 낮은 신분의 사람에게 시집을 보내면 '팥죽 한 그릇에 딸을 주었다.'라고 하며, 학식이 있는 사람이 다른 이들의 기대에 미치지 못하는 행동을 하면 '그 사람 팥죽 단지에 빠졌다.'라고 하며, 몹시 가난한 사람을 보면 '팥죽 한 그릇도 얻을 수 없는 사람'이라고 혀를 찹니다.[126]
에서는 바로 자신의 장자 명분을 그런 하찮은 팥죽 한 그릇에 팔아넘긴 것입니다. 그것은 육에 속한 것을 중대시하고 신령한 것을 경홀히 취급한 것이며,[127] 무한히 값진 은혜를 무가치하게 여긴 것입니다.[128]

하나님께서 이삭에게 복을 주시고 아브라함과 맺은 언약을 지키시는 것은 그들이 순종하고 율법을 지키는 것에 의해 좌우되었을까요?

창 26:1~5

성경에는 순종의 선물로서 복을 주신다는 표현들이 많습니다. 그러면 순종이 복을 받는 조건이 된다는 뜻일까요? 만일 그렇다면 은혜로 구원받는 것이 아니라 행위로 구원을 받는다는 말이 됩니다. 그것은 성경 전체의 은혜 교리에 어긋납니다. 하나님은 일방적으로 계약을 맺으시고 그 계약에 대한 의무를 자신에게 지우시고 그 계약을 지키셨습니다(창 15:12~21).
순종은 하나님께서 하신 약속의 복을 받기 위한 조건이 아니라 약속에 참여한 증거이기 때문에, 하나님께서 언약하시고 복을 주시는 것이 은혜인 것같이, 순종도 사실은 하

---

126) Barbara M. Bowen, *Strange Scriptures That Perplex Western Mind*, 김지찬 역, 『성경에 나타난 기이한 표현들』 2판 (서울: 생명의말씀사, 1996), 115.
127) 박윤선, 『성경주석 창세기』 2판, 300.
128) *Comm.* Genesis 25:34, Truly, that we may know what is declared immediately after, that he accounted the incomparable benefit of which he was deprived as nothing.

나님의 은혜 안에서 이루어집니다. 이미 언약 안에 들어온 사람은 하나님의 언약에 대한 순종의 의무와 책임이 있으므로, 순종의 행위로 구원받기 위해서가 아니라, 구원받았기 때문에 구원받은 자로서 그에 합당하게 순종해야 합니다. 아브라함의 믿음과 순종도 그 자신의 선물이 아니고 하나님의 은혜의 산물입니다.[129] 아브라함은 그의 순종이 조건이 되어서 복을 받게 된 것이 아니며, 하나님은 신실한 자들에게 그들의 공로를 초월하여 무상으로 복을 주십니다.[130] 그것이 본문의 의도입니다.

시기하는 사람들을 대적하지 않고 양보하고 손해를 보면, 시기하는 자들도 더 이상 시기하지 않게 될까요?

창 26:12~25

시기하는 사람들을 대적하지 않고 양보하고 손해를 보면 하나님께서 번성하게 하실까요? 물론 시기하는 사람들을 대적하지 않고 양보하고 손해를 보면, 시기하는 자들도 더 이상 시기하지 않는 경우도 있을 것입니다. 그러므로 시기하는 사람들을 대적하지 않고 양보하고 손해를 보아도 하나님께서 은혜를 베푸신다는 교훈을 얻을 수 있습니다. 그러나 그것이 본문의 의도일까요?

창 26:24은 '그 밤에 여호와께서 그에게 나타나 가라사대, 나는 네 아비 아브라함의 하나님이니 두려워 말라. 내 종 아브라함을 위하여 내가 너와 함께 있어 네게 복을 주어 네 자손으로 번성케 하리라 하신지라.'라고 기록되어 있습니다. 하나님은 아브라함과 맺은 언약을 지키시기 위해 이삭에게 은혜를 베푸셨습니다. 하나님은 언약에 신실하신 분이십니다. 하나님은 언약을 어기시는 법이 없습니다. 하나님은 아브라함을 위하여 맺은 언약을 지키시기 위하여 이삭에게 복을 주셨습니다.

블레셋 사람들이 이삭의 우물들을 막았다고 하나님께서 하신 약속이 방해받거나, 반대로 이삭이 시기하는 사람들을 대적하지 않고 양보하고 손해를 보았다는 것이 하나님의 약속을 견고하게 하는 것도 아닙니다. 하나님은 이삭에게 나타나셔서 아브라함에게

---

129) 박윤선, 『성경주석 창세기』 2판, 302.

130) *Comm.* Genesis 26:5, Moses does not mean that Abraham's obedience was the reason why the promise of God was confirmed and ratified to him; but from what has been said before, (Genesis 22:18,) where we have a similar expression, we learn, that what God freely bestows upon the faithful is sometimes, beyond their desert, ascribed to themselves; that they, knowing their intention to be approved by the Lord, may the more ardently addict and devote themselves entirely to his service:

맺으신 언약을 새롭게 상기시키시면서, 그 약속이 이삭과 그 후손들에게도 남겨져야 할 영구적인 것임을 말씀하셨습니다.[131] 성경은 그것을 말씀하고 있습니다.

축복을 받으려면 별미를 준비해야 할까요?

창 27:1~29

본문이 말하려는 것이 인간적인 수단과 방법이 필요하다는 말씀일까요? 신령한 것을 사모한다면 그것을 얻기 위하여 수단 방법 가릴 필요가 없다는 말씀일까요?

하나님은 에서와 야곱이 태어나기도 전에 이미 야곱에게 장자권을 주시기로 작정하셨고, 이삭과 리브가에게 예고하셨습니다(창 25:23). 또 에서는 야곱에게 장자의 명분을 팥죽 한 그릇에 팔았을 뿐만 아니라(창 25:31~34), 하나님을 알지 못하고 우상을 섬기는 이방 여인들을 아내로 삼아 부모의 근심거리가 되었습니다(창 26:34~35). 그런데도 이삭은 에서에게 장자의 축복을 주려고 했습니다. 창 27:4의 '마음껏 축복한다.'라는 말이 그런 뜻입니다.[132] 더구나 에서에게 장자의 축복을 하기 위해 별미를 요구한 것은, 하나님의 뜻과는 상관없이, 오직 육적인 장자에 대한 맹목적 애착에 지배받고 있음을 보여줍니다.

그러나 하나님은 인간의 계획과 애착과 도모에 좌우되시는 분이 아니십니다. 그렇다고 하나님은 리브가와 야곱의 간교한 속임수를 통하여 하나님의 뜻을 이루신 것도 아닙니다. 만일 그렇다면 리브가와 야곱의 간교한 속임수가 하나님의 뜻을 이루는 데 어떤 역할을 한 것이 되고, 그것이 정당화될 수 있을 것입니다. 그러나 성경은 어디에도 그렇게 말씀하지 않습니다. 리브가와 야곱의 간교한 속임수는 죄악입니다. 야곱이 장자의 축복을 받는 것이 하나님의 뜻이고 그것이 이미 그들에게 알려졌음에도 불구하고, 마치 자신들이 나서서 무슨 역할을 해야만 될 것으로 착각하여 간교한 속임수를 꾸몄지만, 그것이 한 역할은 없습니다. 하나님은 인간의 죄악을 통하여 자기 뜻을 이루시는 것이 아니라, 본래 하나님의 작정에 따라 그 뜻을 이루십니다. 또한, 야곱과 리브가의 죄악에도 불구하고 하나님은 그 작정하신 것을 취소하시지 않고 이루셨습니다. 물론 그들의 죄악으로 인하여 그들은 그에 상당한 보응을 받았습니다.

---

131) *Comm.* Genesis 26:24, This preface is intended to renew the memory of all the promises before given, and to direct the mind of Isaac to the perpetual covenant which had been made with Abraham, and which was to be transmitted, as by tradition, to his posterity.
132) 박윤선, 『성경주석 창세기』 2판, 306.

야곱이 하나님을 만난 사건은 무엇을 뜻할까요?

창 28:10~22

본문은 야곱이 에서를 피해 외삼촌 라반의 집으로 가다가 벧엘에서 노숙하는 중에, 꿈에 하나님께서 찾아오셔서 아브라함에게 주셨던 약속(창 12:1~3)을 다시 말씀하시자 하나님을 경배한 내용입니다. 이 본문이 말하려는 것이 무엇일까요? 야곱처럼 자신의 생존 기반을 포기하고 미지의 세계를 향하여 열린 마음을 가질 때 하나님을 만날 수 있다는 말씀일까요? 미래를 알 수 없는 불안과 공포 속에 처하더라도, 하나님은 우리를 찾아오셔서 희망찬 미래를 약속하신다는 말씀일까요? 고난 중에 있는 우리에게 찾아오셔서 복을 약속하시는 하나님을 경배하고, 그 약속이 실현되는 것을 목도하기 위해서는 십일조를 해야 한다는 말씀일까요?

본문은 하나님께서 아브라함에게 하셨던 약속을 야곱에게 다시 재확인시키시는 내용입니다. 하나님은 이 계시 사건을 통하여 하나님의 나라를 세우시기 위하여 자기 백성들을 설득하시며 완성해 가시는 성실하신 분이심을 보여주심으로써, 하나님의 구원과 하나님 나라의 건설은 절대 포기하지 않으시는 하나님의 신실하심에 있다는 것을 가르쳐 주셨습니다.[133] 하나님을 그렇게 알고 믿는다면 하나님을 경배하지 않을 수 없고 헌신하지 않을 수 없습니다.

야곱의 외삼촌 집에서의 삶은 직장생활의 모범을 제시하기 위한 것일까요?

창 30:25~32

본문은 무엇을 말씀하려는 것일까요? 야곱처럼 직장생활을 해야 한다는 말씀일까요? 야곱은 부지런히 열심히 일했고, 주인을 복되게 했으며, 순리대로 대화를 통해 문제를 해결했고, 꿈 있는 직장생활을 하였으니 우리도 그렇게 직장생활을 해야 한다고 해석해도 될까요? 물론 그런 교훈들을 본문에서 찾아낼 수도 있을 것입니다.

그러나 본문의 의도가 그것일까요? 성경은 이렇게도 해석할 수 있고 저렇게도 해석할 수 있는 그런 것이 아닙니다. 그렇다면 성경이 하나님의 계시로서 유일한 권위를 가질

---

133) 이승진, 『설교를 위한 성경 해석』, 40.

수 없습니다. 성경은 오직 단 하나의 의미를 지니고 있습니다.[134]

성경은 해석하는 사람이 자기의 주관을 따라, 자신의 개인적인 시각으로 다양하게 해석할 수 있다고 생각하는 시대에 살고 있지만, 만일 그렇다면 성경이 어떻게 절대적인 권위를 가질 수 있을까요? 성경의 절대적인 권위를 인정하지 않는다면 할 말은 없습니다. 그러나 성경의 절대적인 권위를 인정하지 않는다면, 그것은 적어도 성경적인 신학이나 신앙이라고는 말할 수 없습니다. 성경은 야곱의 삶을 통하여 야곱을 드러내려는 의도를 가진 것이 아니라, 야곱의 삶을 통하여 하나님의 계시를 드러내려는 의도를 가졌습니다. 본문은 하나님은 창 3:15의 약속이 야곱에게 이르러서도 중단되지 않고 이어진다는 언약 계승에 대한 하나님의 신실성을 드러내고 있습니다.[135]

라헬이 아버지 라반의 드라빔을 도둑질한 이유가 무엇일까요?

> 창 31:34 라헬이 그 드라빔을 가져 약대 안장 아래 넣고 그 위에 앉은지라. 라반이 그 장막에서 찾다가 얻지 못하매

라이프 성경 사전에 의하면 드라빔은 가정의 수호신이나 점치는 일에 사용된 우상으로, 일정한 형태로 정해진 것이 없이 사람이나 짐승 모양을 하기도 하였고, 크기 또한 일정하지 않아 휴대할 수 있을 만큼 작은 것에서부터(창 31:17~50) 사람의 키만큼 큰 것도 있었습니다(삼상 19:16). 드라빔은 가나안 사람들의 대중적인 우상이 되었고, 이스라엘 역사에서도 자주 발견되었습니다(겔 21:21, 호 3:4, 슥 10:2). 성경에서는 단순히 '우상'(삼상 19:13~16)으로도 번역되었습니다. 메소포타미아에서는 드라빔이 집안에 다산과 풍요를 가져다주고, 부친의 드라빔을 소유한 자는 재산을 상속받는 풍습도 있었습니다.

그렇다면 라헬은 자기 남편 야곱이 장인인 라반의 집에서 14년이나 봉사했으니 상속자가 되는 것이 너무나 당연하다고 생각했을 것이고, 그래서 자기 남편을 자기 아버지의 직계 자손으로 만들고 상속자가 되게 해서, 라반의 소유를 유산으로 받을 수 있는 권리를 주장할 수 있도록 가족 신인 드라빔을 훔친 것이라고 보아야 할 것입니다.[136]

---

134) 여기에 대한 자세한 설명은 L. Berkhof, *Principles of Biblical Interpretation*, 윤종호, 송종섭 역, 『성경 해석학』 개역판 (서울: 개혁주의신행협회, 1992), 61~65를 참고 바람.
135) 소재열, 『성경 해석과 강해 설교』 (서울: 도서출판 말씀사역, 1994), 275.
136) Barbara M. Bowen, 101.

목숨을 걸고 기도하면 마침내 축복을 받아낼 수 있을까요?

창 32:22~32

본문이 말하려는 것이 그것일까요? 야곱이 천사와 목숨 걸고 씨름하여 마침내 축복을 받아내었으니 우리도 그와 같이 목숨 걸고 기도하면 마침내 축복을 받아낼 수 있다는 뜻일까요? 인간의 속된 야망을 달성하기 위하여 하나님께 열심히 기도하면, 결국 물권과 인권과 영권의 영광과 권세와 능력을 받을 것으로 생각한다면, 그렇게 해석할 것입니다.

그러나 마틴 루터는 똑같은 본문으로 하나님께서 야곱에게 찾아오셔서 그와 대적하시며 싸우시는 것은, 야곱의 마음속에 있는 신앙과 불신앙의 갈등과 번민이 결국 야곱을 죽음의 위기 상황으로 몰고 갔다고 보았기 때문에, 교회와 씨름하시고 교회와 대적하시며 교회를 위기 상황으로 몰고 가시는 하나님, 교회와 대적하시는 하나님을 바라보았습니다.[137] 하나님은 야망과 권력에 대한 욕망이 자리를 잡은 야곱의 환도뼈를 치셔서 야곱이 하나님의 약속을 믿는 믿음 안에서 이스라엘로 새롭게 태어나게 하셨습니다.

요셉의 형들이 요셉을 미워한 것은 야곱이 요셉을 편애했기 때문일까요?

창 37:3 요셉은 노년에 얻은 아들이므로 이스라엘이 여러 아들보다 그를 깊이 사랑하여 위하여 채색 옷을 지었더니
　　　4 그 형들이 아비가 형제들보다 그를 사랑함을 보고 그를 미워하여 그에게 언사가 불평하였더라.

'이스라엘이 여러 아들보다 요셉을 깊이 사랑하여 위하여 채색 옷을 지었다.'라는 뜻이 무엇일까요? 단순히 귀한 옷, 비싼 옷을 만들어 주었다는 뜻일까요? 단순히 편애했다는 뜻일까요? 사막에서 유목 생활을 하는 베두인족에 의하면 채색 옷(매우 긴 소맷자락이 달린 옷, a long-sleeved garment)은 부족마다 단지 두 사람만 입을 수 있는 특권이 있었는데, 한 사람은 부족의 족장이고 다른 한 사람은 족장이 후계자로 지명한 사람이었습니다.[138]

따라서 야곱이 요셉에게 채색 옷을 입힌 것은 그가 가장 사랑한 라헬의 장자인 요셉을 자신의 후계자로 정했다는 것을 뜻하기 때문에, 요셉의 형들로서는 단지 이스라엘이

---

137) 이승진, 『설교를 위한 성경 해석』, 128~129.
138) Barbara M. Bowen, 52.

요셉을 편애한 것 때문만이 아니라, 부족을 지배하는 족장의 계승권이 어린 동생인 요셉에게 넘어간 것 때문에 분노하며 요셉을 미워하지 않을 수 없었습니다.[139)

요셉은 비전의 사람이었을까요?

창 37:5~11

많은 사람이 요셉은 비전의 사람이라고 생각합니다. 그렇게 생각하는 근거는 요셉의 꿈 이야기 때문일 것입니다. 우리말 꿈은 장래 희망이나 비전이라는 말로 사용되기도 합니다. 영어권에서도 'dream'은 자신이 장차 되고 싶은 소망을 뜻하는 말로 사용됩니다. 그래서 요셉을 꿈의 사람, 곧 비전의 사람으로 생각합니다. 그러나 성경 어디를 보아도 요셉이 그런 희망이나 소망이나 비전을 지녔다는 것을 명시적으로 언급한 곳은 없습니다. 물론 요셉이 어떤 상황에서도 신실하게 살려고 노력한 것은 분명합니다. 그러나 어떤 희망이나 비전을 좇아갔다고 주장하는 것은 억측에 불과합니다. 더구나 요셉이 애굽의 총리가 될 꿈을 꾸었다고 말하기는 더욱 불가능합니다. 그가 애굽의 총리가 된 것은 그가 꿈을 꾸고 그 꿈을 향해 매진했기 때문이 아니라 하나님 구속사의 한 과정이었습니다. 이 세상에서의 성공을 꿈꾸는 사람들이 요셉을 그 모델로 삼으려는 것은 전혀 신앙적이지 않습니다. 성경은 요셉의 입을 통하여 그것을 분명하게 선언합니다.

> 창 45:7 하나님이 큰 구원으로 당신들의 생명을 보존하고 당신들의 후손을 세상에 두시려고 나를 당신들 앞서 보내셨나니
> 8 그런즉 나를 이리로 보낸 자는 당신들이 아니요 하나님이시라. 하나님이 나로 바로의 아비로 삼으시며 그 온 집의 주로 삼으시며 애굽 온 땅의 치리자로 삼으셨나이다.

그러면 성경적 의미에서 꿈은 무엇을 의미할까요? 꿈은 계시의 방편이었습니다. 성경에 등장하는 예언이나 이상, 환상, 꿈은 모두 계시와 관련된 단어들입니다. 어느 경우도 희망이나 소망이나 비전을 뜻하는 경우는 없습니다.[140) 물론 그런 식으로 번역한 번역본들이 있을 뿐입니다.

---

139) Barbara M. Bowen, 53.
140) 윤석준, 『한국교회가 잘못 알고 있는 101가지 성경 이야기 (2)』, 39.

대를 잇기 위해서는 근친상간도 허용될 수 있을까요?

창 38:12~19

본문은 요셉을 통한 하나님의 구원 역사 중간에 끼어 있습니다. 내용은 대를 잇기 위하여 다말이 시아버지와 근친상간했다는 이야기입니다. 이 본문이 말하려는 것이 무엇일까요? 대를 잇기 위해서는 근친상간도 허용될 수 있다는 것을 말하려는 것일까요? 아니면 성적 타락에 대한 고발일까요?

하나님은 하나님의 나라에 대한 인간의 무관심이나 실수나 죄악에도 불구하고 상식을 뛰어넘어 하나님의 구원계획을 이루어가십니다. 율법과 예언서에서 이스라엘에 대한 하나님의 자비로운 약속이 분명하게 될 때마다, 하나님께서는 백성(개인적으로나 민족적으로 모두)의 죄까지도 기꺼이 용납하실 의향이 있으시다는 것을 볼 수 있습니다.[141] 본문의 초점은 거기에 있을 뿐입니다. 성경을 해석할 때 가장 중요한 것은 본문의 초점이 무엇인지에 관심을 가지는 것입니다. 본문의 의도와 초점에서 벗어나면 성경을 왜곡할 수 있습니다.

요셉과 보디발의 아내의 사건은 유혹을 뿌리치고 피해야 한다는 것을 가르칠까요?

창 39:7~18

요셉과 보디발의 아내의 사건은 세속적 윤리교육을 위한 가르침을 담고 있지 않습니다. 물론 유혹이 왔을 때 뿌리치고 피해야 합니다. 요셉의 경우는 그런 바람직한 모범입니다. 요셉은 모든 것을 다 잃을지도 모르는 위험 속에서도, 보디발의 아내의 끈질긴 유혹을 뿌리쳤던 것은, 하나님과 자신의 주인에게 죄를 범하지 않기 위함이었습니다. 우리는 본문을 통하여 당연히 그런 가르침을 받아야 합니다.

그러나 본문은 그런 차원에서 기록된 것이 아닙니다. 아브라함과 그의 후손들의 소명을 통하여 일관되게 나타내신 하나님의 주권적 구속 역사를 다루고 있습니다.[142]

---

141) *Inst.*, 4. 1. 24: And (not to tarry over individual examples) as often as promises of divine mercy are manifested in the Law and the Prophets toward the Israelites, so often does the Lord prove that he shows himself willing to forgive the offenses of his people!

142) 한제호, 『성경의 해석과 설교』, 99.

야곱이 저주한 레위에게 모세는 왜 신 33:8~11에서 축복했을까요?

창 49:5~7, 신 33:8~11

레위 지파는 세겜인에 대한 대량학살과 같은 호전적이고 잔인한 성품과 악을 도모한데 대한 대가로(수 21:1~40) 이스라엘의 48개 성읍에 흩어져 살게 되었고(수 21장), 결코 그들의 소유로 땅을 분배받지 못하고 나머지 지파 중에서 나누어 준 분깃을 얻었을 뿐인데, 그것은 세속적인 면에서 레위 지파는 과거에 용맹스럽던 칼의 세력을 상실한 것입니다.[143]

그러나 그것이 다가 아닙니다. 레위 지파가 흩어져서 다시는 시므온 지파와 결합해서 세속적인 힘을 발휘하지 못한 것과 이 땅의 물질을 소유하지 못한 것은 세속적으로는 저주일 수 있지만, 그런데도 하나님은 자비와 사랑으로 레위의 잔인한 살인죄에 대한 심판도 복으로 바꾸어, 모세의 축복에서 드러났듯이, 제사장의 지파로 이스라엘 온 지파의 축복을 위해 아름답게 사용하셨습니다.[144]

유다 지파에서 왕이 계승될 것이라는 언약에도 불구하고 사울이 왕이 된 것은 모순일까요?

창 49:10 홀이 유다를 떠나지 아니하며 치리자의 지팡이가 그 발 사이에서 떠나지 아니하시기를 실로가 오시기까지 미치리니 그에게 모든 백성이 복종하리로다.

이 구절은 메시아가 오시기까지 열두 지파 중에서 유다 지파에서 왕이 계승될 것이라는 뜻으로 해석합니다. 그렇다면 '왜 이스라엘의 첫 번째 왕은 유다 지파가 아닌 베냐민 지파의 사울이 되었는가?'라는 의문이 생깁니다. 물론 사울이 이스라엘의 첫 번째 왕인 것은 맞습니다. 그러나 그것은 하나님께서 선택하신 왕이 아니었습니다. 사울은 이스라엘 백성이 선택한 왕이었고 하나님은 버려두신 것입니다.

하나님 언약의 성취는 모순됨도 없을 뿐만 아니라 불가능도 없습니다. 모세를 통하여 언약하신 약속이 400년이 훨씬 넘어서, 천한 양치기 가문에서, 그것도 많은 형제 중에서 가장 어린 막내 다윗에게서 성취되었다는 것은 인간의 기술이나 노력이 아니라 하나님

---

143) 서춘웅, 『성경 난제 해설·구약』 3판, 256~257.
144) 서춘웅, 『성경 난제 해설·구약』 3판, 257~258.

의 언약 성취라는 것을 분명하게 보여줍니다.[145]

요셉의 인생은 처세술이나 인생 성공에 대한 가르침일까요?

창 50:15~21

본문이 말하려는 것이 무엇일까요? 하나님의 약속을 믿고 겸손과 절제로 주변 사람들을 지혜롭게 대하여 결국 성공적인 삶을 살았던 요셉을 본받아서 성공하는 그리스도인이 되라는 말씀일까요?

본문은 처세술이나 인생 성공에 관하여는 관심이 없습니다. 하나님은 사람들의 시기와 질투, 모함과 핍박과 무관심에도 불구하고, 요셉의 기구한 인생도 선하게 사용하셔서 하나님의 나라를 주권적으로 세우셨습니다. 창 50:20은 그것을 분명하게 밝힙니다. 요셉은 그의 생각을 하나님께 돌림으로써 형들의 배신과 불의를 마음속에 간직하는 대신에 잊을 수 있었고, 자신을 해하려는 모든 것들을 선으로 바꾸셔서 만민의 생명을 구원하시는 하나님을 확신하며, 형들을 오히려 위로할 수 있었습니다.[146]

하나님은 죄의 시작과 지속하는 과정을 전능하신 힘으로 억제, 제한, 규제, 판단하시고, 심판하심으로 종결지으시며, 죄를 허용하시는 경우에도 그것을 지도하심으로 죄가 의도하고 바라는 바와는 달리 하나님의 경륜을 시행하시고 하나님 이름의 영광을 위하여 사용하십니다.[147]

그러므로 우리도 요셉같이 하나님 약속의 성취가 전혀 불가능해 보이는 죄악된 세상 속에서도, 실망하지 말고 믿음으로 신실하게 하나님의 명령과 뜻에 따라 현실을 살아내야 합니다. 그렇게 할 때 오직 하나님께서 섭리 가운데 자신의 언약을 신실하게 지키시며 하나님의 나라를 이루어 가시는 것을 보게 될 것입니다.

---

145) *Inst.*, 1. 8. 7: Who would have anticipated that a king was to come forth from the lowly house of a herdsman? And since there were seven brothers in the family, who would have marked the youngest for the honor? How could he have any hope of the Kingdom? Who would say that his anointing had been determined by human art or effort or prudence, and was not rather the fulfillment of heavenly prophecy?

146) *Inst.*, 1. 17. 8: If Joseph had stopped to dwell upon his brothers' treachery, he would never have been able to show a brotherly attitude toward them. But since he turned his thoughts to the Lord, forgetting the injustice, he inclined to gentleness and kindness, even to the point of comforting his brothers and saying: "It is not you who sold me into Egypt, but I was sent before you by God's will, that I might save your life" [Gen. 45:5, 7~8 p.]. "Indeed you intended evil against me, but the Lord turned it into good." [Gen. 50:20, cf. Vg.]

147) 『개혁 교의학 2』, 768.

출애굽기

권세에 복종하지 않고 거짓말한 산파들에게 어떻게 하나님께서 은혜를 베푸실 수 있을까요?

출 1:15~21

모든 권세는 하나님으로부터 난 것이기 때문에 권세를 거스르지 말라고 성경은 분명하게 말씀합니다(롬 13:1~2). 그렇다면 히브리 산파들은 이 명령을 어긴 것이 분명합니다. 또 거짓말하는 것은 십계명에도 분명하게 금지되었고, 거짓말은 하나님께서 미워하십니다(잠 12:22). 그런데도 그러한 히브리 산파들에게 하나님은 은혜를 베푸셨습니다. 그 이유가 무엇일까요?

이 문제는 본문을 자세히 살펴보면 오해가 풀립니다. 히브리 산파들이 이스라엘의 집에 도착했을 때는 이미 아들을 낳은 후였습니다. 따라서 왕에게 한 말은 완전한 거짓말이 아니며, 왕의 명령을 어긴 것은 아닙니다. 그러나 그들의 대답은 변명입니다. 산파들은 이스라엘의 남자아이들을 살리려고 의도적으로 시간을 지체했거나, 아기를 낳은 후에야 그 집에 도착했을 것입니다. 그렇다면 히브리 산파들이 왕명을 어기고 거짓말까지 한 것으로 볼 수 있습니다. 이 사실은 출 1:17의 '그러나 산파들이 하나님을 두려워하여, 애굽 왕의 명을 어기고 남자를 살린지라.'라는 말씀으로 확인할 수 있습니다.

그렇다면 하나님께서 그들에게 은혜를 베푸신 이유가 무엇일까요? 그것은 히브리 산파들이 세상의 왕보다도 하나님을 더 두려워했기 때문입니다(출 1:17). 출 1:21은 그들이 '하나님을 경외하였으므로 하나님이 그들의 집을 왕성케 하신지라.'라고 증거합니다. 히브리 산파들은 하나님을 두려워했기 때문에, 하나님을 경외했기 때문에 하나뿐인 자기 목숨을 담보로 감히 이스라엘의 남자아이들을 죽이라는 왕명을 어기고, 그 사실에 대하여 거짓말을 할 수 있었습니다. 이런 경우는 심판의 대상이 될 수 없습니다. 세상 권력이 하나님의 말씀에 거스르는 명령을 내릴 때는 목숨을 걸고라도 어길 수 있습니다. 또 어떤 행위가 외적으로 하나님의 말씀을 어기는 것이라고 하더라도 그것이 오히려 하나님을 두려워하기 때문이라면 그것은 당연히 그렇게 해야 합니다. 그것이 신앙입니다. 히브리 산파들이 한 거짓말은 악인의 꾀를 좇지 않으려는 은폐 행위였기 때문에, 외적으로는 제9계명을 어긴 것이라고 하더라도 그것은 신앙의 행위였습니다.[148]

외적인 형식이나 문자적으로 어떤 규정을 지키느냐 어기느냐는 것은 세상의 법이나 윤리에서는 매우 중요하지만, 신앙은 그 차원을 넘어서는 일입니다. 물론 세상의 법이나 윤리를 무시하거나 가볍게 여겨도 된다는 말은 아닙니다. 다만 신앙은 그런 것들로 묶여 있을 수 없는 차원이기 때문에, 많은 경우 그런 것들을 어기지 않을 수 없는 상황이 생길 수도 있고, 그런 경우에 얼마든지 그로 인한 위험과 불이익을 감수할 수 있어야 합니다. 그것은 이 세상의 힘을 두려워하는 것보다, 하나님을 두려워하는 마음이 더욱 클 때 가능한 신앙의 행위입니다.

모세의 살인은 감정적 실수였을까요?

> 출 2:11 모세가 장성한 후에 한번은 자기 형제들에게 나가서 그 고역함을 보더니 어떤 애굽 사람이 어떤 히브리 사람 곧 자기 형제를 치는 것을 본지라.
> 12 좌우로 살펴 사람이 없음을 보고 그 애굽 사람을 쳐 죽여 모래에 감추니라.

모세가 애굽 사람을 쳐서 죽인 사건에 대하여 어떻게 보아야 할까요? 어떤 사람들은 실수로 죽였다고 말합니다. 정말 그럴까요? 그렇다면 왜 좌우로 살펴 사람이 없음을 보고 그 애굽 사람을 쳐 죽였을까요? 좌우로 살펴 사람이 없음을 보고 행한 것이기 때문에 실수라고 볼 수 없고, 모세가 작심하고 벌인 일이라고밖에 달리 설명할 수 없습니다.[149] 그러면 모세가 분노를 참지 못하여 애굽 사람을 죽였을까요?

이 사건을 다른 성경은 어떻게 설명하고 있을까요? 행 7:22~24은 '모세가 애굽 사람의 학술을 다 배워 그 말과 행사가 능하더라. 나이 사십이 되매 그 형제 이스라엘 자손을 돌아볼 생각이 나더니 한 사람의 원통한 일 당함을 보고 보호하여 압제 받는 자를 위하여 원수를 갚아 애굽 사람을 쳐 죽이니라.'라고 평가합니다. 원통한 일을 당하는 하나님의 백성을 보호하여 '자기 형제 이스라엘 자손을 돌아본 것'으로 평가합니다.[150] 전혀 악한 일로 평가하지 않고 있습니다. 행 7:25은 '저는 그 형제들이 하나님께서 자기의 손을 빌려 구원하여 주시는 것을 깨달으리라고 생각하였으나'라고 설명합니다. 모세는 계획적인 범행을 저질렀고, 그 범행조차도 하나님께서 자기의 손을 빌려 자기 형제들을 구원하여 주신다는 것을 깨달으리라고 생각하고 행했습니다.[151] 스데반은 모세가 격렬

148) 박윤선, 『성경주석 출애굽기』 2판 (서울: 영음사, 1987), 17.
149) 윤석준, 『한국교회가 잘못 알고 있는 101가지 성경 이야기 (2)』, 46.
150) 윤석준, 『한국교회가 잘못 알고 있는 101가지 성경 이야기 (2)』, 47.

한 감정에 애굽 사람을 죽이게 된 것이 아니라, 그가 그의 민족의 보복자와 구원자가 되도록 하나님께 부르심을 받았다는 것을 알았기 때문에, 그렇게 한 것임을 증거하고 있습니다.[151]

히 11:24~25은 모세의 행위에 대하여 잠시 죄악의 낙을 누리는 것을 포기하고 그리스도를 위하여 수모를 받은 것으로 설명합니다. 이러한 사실을 알면 비로소 왜 바로가 모세를 죽이려고 했는지 이해할 수 있습니다. 애굽의 왕자인 모세는 당시에 사람 하나쯤 죽여도 아무 문제가 되지 않는 사회적 지위에 있었기 때문에, 행 7:22~25과 히 11:24~25의 설명이 없다면, 왕자인 모세가 사람 하나 죽였다고 바로가 모세를 죽이려고 했다는 것을 이해하기 어려울 것입니다.[153]

신을 벗으라는 뜻이 무엇일까요?

출 3:5 하나님이 가라사대, 이리로 가까이하지 말라. 너의 선 곳은 거룩한 땅이니 네 발에서 신을 벗으라.

예배할 때는 신을 벗어야 한다는 뜻일까요? 아니면 교회에 들어올 때는 신을 벗어야 한다는 뜻일까요? 오늘날 현대식 건물에 장의자를 놓고 거기에 앉아서 예배하는 교회들은 대부분 신을 벗지 않고 예배합니다. 그렇다면 그것이 잘못된 것일까요?

하나님은 "이리로 가까이하지 말라. 너의 선 곳은 거룩한 땅이니 네 발에서 신을 벗으라."라고 명령하심으로써 경탄과 두려움으로 인해 겸손한 마음이 되도록 만드셨고, 모세는 맨발이 됨으로써 마음이 더욱 경건한 감정에 젖게 되었으며, 모세가 이런 외적인 행동 때문에 하나님을 경배하게 되었고, 그리하여 하나님의 존전에 나아가서 떨면서 간구하게 되었다는 사실을 알 수 있습니다.[154] 모든 사람에게 모세와 똑같은 명령이 내려진 것은 아니지만, 이것이 모든 의식의 목적이라는 것을 깨닫도록 하고, 또한 반면에 지나치게 미신에 빠지지 않도록 조심해야 하며, 특별한 사례에서 일반적인 결론을 내리는 잘

---

151) 윤석준, 『한국교회가 잘못 알고 있는 101가지 성경 이야기 (2)』, 48.

152) *Comm.* Exodus 2:12, For Stephen (Acts 7:25) bears witness that Moses was not impelled by a rash zeal to stay the Egyptian, but because he knew that he was divinely appointed to be the avenger and deliverer of his nation.

153) 윤석준, 『한국교회가 잘못 알고 있는 101가지 성경 이야기 (2)』, 49.

154) *Comm.* Exodus 3:4, by commanding him to put off his shoes, he prepares him to humility, by admiration and fear. … Moses is commanded to put off his shoes, that by the very bareness of his feet his mind might be disposed to reverential feelings; … Whence we gather, that he was instructed by the outward sign of adoration to enter into the presence of God as a trembling suppliant.

못을 범해서는 안 되겠습니다.[155]

'우리는, 하나님 앞에 나아갈 때 자신의 행실은 조금도 의지할 것 없고, 맨발로 서듯이 하나님 앞에 서야 하고, 나의 행한 일 가운데 옳은 것 같은 것도 벗어야 하며, 율법 아래서 신던 신은 이제 다 더럽혔으니 완전히 벗어야 하므로, 우리는 잘못한 것도 벗어야 하고, 잘 한 것도 벗어야만 하나님 앞에 설 수 있습니다.'[156]

물론 우리는 예배 때, 또는 예배당에 들어갈 때 신을 벗을 수 있습니다. 그것이 미신이 아니라 거룩하신 하나님 앞에서 죄인으로서 가져야 할 반응으로서 하는 것이라면 합당한 것입니다.

거룩하신 하나님의 이름은 부르면 안 될까요?

출 3:15 하나님이 또 모세에게 이르시되, 너는 이스라엘 자손에게 이같이 이르기를 나를 너희에게 보내신 이는 너희 조상의 하나님 곧 아브라함의 하나님, 이삭의 하나님, 야곱의 하나님 여호와라 하라. 이는 나의 영원한 이름이요 대대로 기억할 나의 표호니라.

유대 전통에 의하면 거룩하신 하나님의 이름을 감히 부를 수 없다고 하여 하나님의 이름이 나오는 곳을 모두 '주'를 의미하는 '아도나이'로 표기했습니다. 과연 그것이 옳은 것일까요?

종교 개혁기에 와서 1518년 갈라티누스에 의해 처음으로 하나님의 이름을 '여호와'라고 부르자는 시도가 있었지만, 그것은 맛소라 학파들이 편의상 붙여 놓은 것을 그대로 따라 읽은 것으로 정확한 발음은 아닙니다.[157] 최근에는 하나님의 이름에 관한 많은 연구가 진행되어, 원래의 발음에 가장 근접한 것이 '야훼'가 아닐까 추측합니다.[158]

영역본들을 보면 'The LORD, Jehovah, Yahweh' 등으로 번역하고 있고, 한글번역본들은 '여호와, 야훼' 등으로 번역하고 있으며, 새 번역과 쉬운 성경은 생략했습니다. 새

---

155) *Comm.* Exodus 3:4, And although the same command is not given to all which was given to Moses, still let us learn, that this is the object of all ceremonies, that the majesty of God, being duly and seriously perceived in our minds, may obtain its rightful honor, and that he may be regarded in accordance with his dignity. ⋯ In the meantime, however, since we are too prone to superstition, these two errors must be avoided; lest, in our gross imaginations, we should, as it were, draw down God from heaven, and affix him to places on earth; and, also, lest we should account that sanctity perpetual which is only temporary.

156) 박윤선, 『성경주석 출애굽기』 2판, 30~31.

157) 윤석준, 『한국교회가 잘못 알고 있는 101가지 성경 이야기 (2)』, 428.

158) 윤석준, 『한국교회가 잘못 알고 있는 101가지 성경 이야기 (2)』, 428.

찬송가는 예전 찬송가의 가사 중 일부는 '여호와'를 그대로 보존하였지만(5장, 73장, 12장), 많은 경우 '여호와'를 '하나님' 또는 '주 하나님'으로 바꾸었습니다(131장, 14장, 35장, 70장, 383장, 377장, 568장).[159] 이것이 과연 바람직한 것일까요?

아닙니다. 출 3:15은 '여호와'는 하나님의 영원한 이름이며 대대로 기억할 하나님의 표호라고 말씀했고, 호 12:5에서도 '여호와'는 하나님을 기억하게 하는 이름이라고 말씀하셨으므로, 하나님의 이름인 '여호와'를 생략하거나 '하나님'이나 '주'라고 일반 명사화하는 것은 잘못된 것입니다.[160] 하나님은 자신의 이름을 묻는 모세에게 '아브라함의 하나님, 이삭의 하나님, 야곱의 하나님', 곧 '언약의 하나님'으로 소개하면서 자신의 이름을 '여호와'라고 말씀하셨는데, 이는 '여호와'라는 하나님의 이름은 '아브라함의 하나님, 이삭의 하나님, 야곱의 하나님', 곧 '언약의 하나님'을 상기시켜 주기 위한 이름이라는 뜻이기 때문에, 생략하거나 일반 명사화해서는 안 됩니다.[161] 출애굽기 6장에 보면 이렇게 기록되어 있습니다.

> 출 6:2 하나님이 모세에게 말씀하여 가라사대, 나는 여호와라.
> 3 내가 아브라함과 이삭과 야곱에게 전능의 하나님으로 나타났으나 나의 이름을 여호와로는 그들에게 알리지 아니하였고
> 4 가나안 땅 곧 그들의 우거하는 땅을 주기로 그들과 언약하였더니
> 5 이제 애굽 사람이 종으로 삼은 이스라엘 자손의 신음을 듣고 나의 언약을 기억하노라.
> 6 그러므로 이스라엘 자손에게 말하기를, 나는 여호와라. 내가 애굽 사람의 무거운 짐 밑에서 너희를 빼내며 그 고역에서 너희를 건지며 편 팔과 큰 재앙으로 너희를 구속하여
> 7 너희로 내 백성으로 삼고 나는 너희 하나님이 되리니 나는 애굽 사람의 무거운 짐 밑에서 너희를 빼어낸 너희 하나님 여호와인 줄 너희가 알지라.
> 8 내가 아브라함과 이삭과 야곱에게 주기로 맹세한 땅으로 너희를 인도하고 그 땅을 너희에게 주어 기업으로 삼게 하리라. 나는 여호와라 하셨다 하라.

하나님께서 자신의 이름을 '여호와'라고 알리시면서 언약을 따라 이스라엘을 구속하셔서 자기 백성 삼으시는 특별한 사역을 계시하셨다면, '여호와'라는 하나님의 이름을 생략하거나 일반적인 명칭인 '주'나 '하나님'으로 바꾸는 것은 바람직하지 않습니다.[162]

159) 윤석준, 『한국교회가 잘못 알고 있는 101가지 성경 이야기 (2)』, 430~431.
160) 윤석준, 『한국교회가 잘못 알고 있는 101가지 성경 이야기 (2)』, 432.
161) 윤석준, 『한국교회가 잘못 알고 있는 101가지 성경 이야기 (2)』, 432~433.
162) 윤석준, 『한국교회가 잘못 알고 있는 101가지 성경 이야기 (2)』, 433.

유대인들이 감히 '여호와'라는 이름을 말하거나 기록하지 못하고 대신에 '아도나이'라는 이름을 사용하는 것은 분명 터무니없는 미신이었습니다.[163]

하나님께서 바로의 마음을 강팍하게 하신 것은 하나님의 허용일까요?

출 4:21 여호와께서 모세에게 이르시되 네가 애굽으로 돌아가거든 내가 네 손에 준 이적을 바로 앞에서 다 행하라. 그러나 내가 그의 마음을 강팍하게 한즉 그가 백성을 놓지 아니하리니

하나님께서 바로의 마음을 강팍하게 하셨기 때문에, 바로가 이스라엘 백성을 놓아주지 않을 것이라는 말씀은 출 4:21뿐만 아니라 출 7:3, 출 9:12, 출 10:1, 20, 27, 출 11:10, 출 14:4, 8, 17에서도 반복적으로 나옵니다. 반면 출 7:13~14, 22, 출 8:15, 19, 32, 출 9:7, 34~35, 출 13:15 등에서는 바로가 자신의 마음을 강팍하게 했다고도 말씀합니다.

그렇다면 바로가 마음을 강팍하게 한 것이 하나님의 역사였듯이 바로 자신의 행위였을까요?[164] 또 하나님께서 바로의 마음을 강팍하게 하셨을지라도, 그 책임이 하나님께 있는 것이 아니라 바로에게 있는 이유는, 하나님은 이미 강팍한 바로의 마음을 내버려 두신 것이지 억지로 강팍하게 하신 것은 아니었기 때문일까요?[165]

하나님께서 사람들의 마음을 강팍하게 하신 것을, 악한 자들을 버리심으로써 사탄에 의해 눈이 멀게 되도록 허용하신 것같이, 하나님의 허용이라고 해석할 수 있지만, 성경은 하나님의 공정한 심판에 의해 눈이 멀고 비정상적이 되었다고 분명하게 표현했기 때문에, 그런 해석은 불합리합니다.[166]

사람들은 예정보다는 예지와 허용을 선호하지만, 성경은 분명히 예정에 있어서 선택뿐만 아니라 유기도 하나님의 행위라고 표현합니다.[167] 하나님은 가인을 거부했고(창 4:5), 가나안을 저주했고(창 9:25), 이스마엘을 쫓아냈고(창 21:12, 롬 9:7, 갈 4:30), 에서를 미워했고(창 25:23~26, 말 1:2~3, 롬 9:13, 히 12:17), 이방인들로 자기 길을 가도

---

163) *Comm.* Exodus 6:2, It is certainly a foul superstition of the Jews that they dare not speak, or write it, but substitute the name "Adonai;"

164) 서춘웅, 『성경 난제 해설·구약』 3판, 283~284.

165) 서춘웅, 『성경 난제 해설·구약』 3판, 285.

166) *Inst.*, 1. 18. 2: These instances may refer, also, to divine permission, as if by forsaking the wicked he allowed then~ to be blinded by Satan. But since the Spirit clearly expresses the fact that blindness and insanity are inflicted by God's just judgment [Rom. 1:20~24], such a solution is too absurd. It is said that he hardened Pharaoh's heart [Ex. 9:12], also that he made it heavy [ch. 10:1] and stiffened it [chs. 10:20, 27; 11:10; 14:8].

167) 『개혁 교의학 2』, 490.

록 허용했으며(행 14:16), 심지어 자기 백성과 특별한 사람들을 거절하셨습니다(신 29:28, 삼상 15:23, 26, 16:1, 왕하 17:20, 23:27, 시 53:5, 78:67, 89:38, 렘 6:30, 14:19, 31:37, 호 4:6, 9:17).[168] 하나님의 이러한 소극적인 거절 가운데서도, 종종 적극적인 행동이 드러나는데, 그것은 미워함(말 1:2~3, 롬 9:13), 저주(창 9:25), 강퍅하게 함(출 4:21, 7:3, 9:12, 10:20, 27, 11:10, 14:4, 신 2:30, 수 11:20, 삼상 2:25, 시 105:25, 요 12:40, 롬 9:18), 어리석고 완고하게 함(왕상 12:15, 삼하 17:14, 시 107:40, 욥 12:14, 사 44:25, 고전 1:19), 보지 못하고 듣지 못하게 함(사 6:9, 마 13:13, 막 4:12, 눅 8:10, 요 12:40, 행 28:26, 롬 11:8) 등입니다.[169]

하나님은 분명히 바로의 마음을 강퍅하게 하셨습니다(출 4:21, 7:3, 9:12, 10:1, 20, 27, 11:10, 14:4, 8, 17). 하나님은 심판자이시고 사탄은 그 대행자이며, 하나님의 섭리는 모든 인간의 계획들과 일들에 대한 결정적 원리입니다.[170] 우리는 여기에서 하나님의 심판은 매우 심오하다는 사실을 기억하고 하나님의 심판을 불평하지 말고 존경해야 하며, '하나님께서 행하신다.'라는 것을 '허락하신다.'라는 의미로 대치시켜 해석함으로써 하나님으로부터 재판장의 권위를 빼앗지 말아야 합니다.[171]

이스라엘 백성이 홍해를 걸어서 건널 수 있었던 이유는 갈대 바다였기 때문일까요?[172]

출 13:17 바로가 백성을 보낸 후에 블레셋 사람의 땅의 길은 가까울지라도 하나님이 그들을 그 길로 인도하지 아니하셨으니 이는 하나님이 말씀하시기를 이 백성이 전쟁을 보면 뉘우쳐 애굽으로 돌아갈까 하셨음이라.
18 그러므로 하나님이 홍해의 광야 길로 돌려 백성을 인도하시매 이스라엘 자손이 애굽 땅에서 항오를 지어 나올 때

홍해는 히브리어 '얌 수프'인데 '수프'는 '갈대(reeds)' 혹은 '골풀(rushes)' 또는 '해

---

168) 『개혁 교의학 2』, 490.
169) 『개혁 교의학 2』, 490.
170) *Inst.*, 1. 18. 2: To sum up, since God's will is said to be the cause of all things, I have made his providence the determinative principle for all human plans and works, not only in order to display its force in the elect, who are ruled by the Holy Spirit, but also to compel the reprobate to obedience.
171) *Comm.* Exodus 4:24, But if the cause be often concealed from us, we should remember that God's judgments are not without reason called a "great deep," and, therefore, let us regard them with admiration and not with railing. But those who substitute his permission in the place of his act, not only deprive him of his authority as a judge, but in their repining, subject him to a weighty reproach.
172) 아래 내용의 일부는 강병도 편, 『카리스 종합주석 제8권 출애굽기 8~15장』 (서울: 기독지혜사, 2004), 567~568에서 발췌하였음.

초'의 뜻인데, 대부분의 자유주의 학자들은 그 가운데 '수프'를 '갈대(reeds)' 혹은 '골풀 (rushes)'로만 해석하려고 합니다. 그렇게 하려는 이유는 홍해는 깊은 바다가 아니라 갈 대숲이나 갈대가 있는 얕은 늪지대이기 때문에, 애굽의 병거는 그곳에 빠져서 달릴 수 없었지만, 이스라엘 백성은 무사히 탈출할 수 있었다고 주장하기 위함입니다.

그러나 '수프'는 '갈대(reeds)' 혹은 '골풀(rushes)'의 뜻만 있는 것이 아니라 '해초'의 뜻도 있어서 그렇게 고집하는 것은 잘못입니다. 히브리어 사전에서는 '해초'라는 뜻이 먼저 나옵니다. 그렇다면 홍해는 말라버린 바닷속의 땅 위에 붙어 있는 해초들의 바다라 고 볼 수 있습니다. 또 이스라엘이 건넌 곳이 홍해라고 불리게 된 것은 헬라어의 Ἐρυθρὰ θάλασσα에서 유래된 것이기도 합니다. 오늘날 학자들이 주장하는 '얌 수프'의 위치는 홍 해, 수에즈 운하, 수에즈만, 아카바만 등 무려 아홉 군데나 됩니다. 역사가 요셉푸스는 현재의 홍해가 분명하다고 주장합니다. 성경에서 홍해라고 불리는 수에즈만과 아카바만 은 모두 평균 수심이 491m나 되는 깊은 바다입니다.

특별히 하나님께서 이스라엘 백성이 전쟁을 보면 뉘우쳐 애굽으로 돌아갈까, 블레셋 사람 땅의 길이 가까움에도 불구하고 그 길로 인도하지 아니하시고 홍해의 광야 길로 돌려 백성을 인도하셨다는 성경의 증거를 보면, 자유주의 학자들의 주장이 얼마나 잘못 되었는지를 알 수 있습니다. 이스라엘 백성이 홍해를 걸어서 건널 수 있었던 이유는 갈 대 바다였기 때문이 아닙니다. 출애굽기 14장의 말씀처럼 하나님께서 큰 동풍으로 밤새 도록 바닷물을 물러가게 하셔서, 물이 갈라져 바다가 마른 땅이 되었기 때문에, 이스라 엘 백성이 홍해를 걸어서 건널 수 있었던 것이 분명합니다.

광야의 만나 사건은 필요한 양식을 주신다는 뜻일까요?

출 16:1~12

이 사건의 의미가 무엇일까요? 하나님은 광야의 이스라엘 백성에게 만나로 먹이셨던 것같이 오늘날 우리에게도 필요한 양식을 주실 것이니 염려하거나 원망하지 말고 일용 할 양식을 주실 하나님을 신뢰하라는 뜻일까요? 물론 하나님은 우리에게 필요한 양식을 주십니다(마 6:25~32).

그러나 신 8:3은 만나로 먹이신 이유에 대하여 '너를 낮추시며 너로 주리게 하시며 또 너도 알지 못하며 네 열조도 알지 못하던 만나를 네게 먹이신 것은 사람이 떡으로만 사는 것이 아니요, 여호와의 입에서 나오는 모든 말씀으로 사는 줄을 너로 알게 하려 하심이니라.'라고 가르쳐줍니다. 하나님의 백성은 떡으로만 사는 것이 아니라 여호와의 입에서 나오는 모든 말씀으로 산다는 것을 가르쳐 주시려고, 광야에서 40년 가까이 만나로 먹이셨다고 말씀합니다. 예수님은 오병이어의 표적을 행하신 후 자신을 만나에 비유하시면서 생명의 떡이라고 말씀하셨고(요 6:30~35), 또 성만찬으로 그 사실을 다시 한번 확인시켜주셨습니다(요 6:47~59, 마 26:17~30, 막 14:22~26, 눅 22:14~23).

바울은 그 만나를 '신령한 식물'(고전 10:3)이라고 부르고 있는데, 그것은 우리에게 영생을 주는 그리스도의 몸의 한 모형이라는 의미였습니다.[173] 광야시대에 이스라엘 백성이 하늘로부터 내리는 신령한 양식인 만나를 통하여 이 땅에 생존했던 것처럼, 오늘날 하나님께서 예수 그리스도 안에서 베푸시는 구원의 은혜를 양식 삼아서 살아가는 것이 신자의 생존방식입니다.[174] 오병이어의 표적을 이해하지 못한 유대인들이 예수 그리스도를 자신들의 육적인 양식을 해결해 줄 세상 임금으로 삼으려고 할 때, 예수님께서 피하신 것도 바로 그런 이유 때문이었습니다.[175]

구약시대는 율법을 지킴으로 구원받았을까요?

출 19:5 세계가 다 내게 속하였나니 너희가 내 말을 잘 듣고 내 언약을 지키면 너희는 열국 중에서 내 소유가 되겠고
6 너희가 내게 대하여 제사장 나라가 되며 거룩한 백성이 되리라. 너는 이 말을 이스라엘 자손에게 고할지니라.

구약시대 사람들도 신약시대 사람들과 똑같은 방법으로 구원받았고, 구원의 방법도 같을 뿐만 아니라 구원의 근거도 같았는데, 다만 구약시대의 사람들은 그리스도를 기다리며 앞을 바라보았습니다.[176] 구약시대의 제사는 예수님을 예표 하였기 때문입니다.

또 많은 사람이 구약시대 사람들은 유대인이었기 때문에 구원받았다고 생각하는데, 그렇다면 혈통으로 구원받았다는 뜻이 되지만, 유대인이라고 해서 모두 구원받는 것은

---

173) *Comm.* Exodus 16:4, For St. Paul calls the manna "spiritual meat," (1 Corinthians 10:3) in another sense, viz., because it was a type of the flesh of Christ, which feeds our minds unto the hope of eternal life.
174) 이승진, 『설교를 위한 성경 해석』, 107.
175) 이승진, 『설교를 위한 성경 해석』, 107.
176) 『기독교 강요 교리설교 (상)』, 336.

아니라는 것을 성경이 증거하므로(롬 9:6, 요 1:12) 그것은 잘못된 생각입니다.[177]

또 어떤 사람들은 구약시대 사람들은 율법을 지켜서 구원받았다고 생각하는데, 이러한 생각은 아브라함과 사라 등 율법이 주어지기 이전의 사람들에 대하여 설명할 수 없습니다.[178] 이러한 견해는 자신의 구원을 스스로 성취하고 싶어 하는 인간의 본능에는 들어맞지만 성경적이지 않고, 사실 율법은 이에 대하여 정죄할 뿐입니다.[179] 율법은 택한 백성들을 그리스도로부터 분리하려고 주어진 것이 아니라, 그리스도께서 오실 때까지 그들의 마음을 준비시켜 줄 뿐만 아니라, 그리스도의 도래가 너무 지체됨으로 그들이 약해지지 않도록 주님을 바라는 마음에 불을 붙이고, 그들의 기대감을 강화해 주기 위한 목적에서 주어진 것이므로, 율법을 통하여 그리스도를 바라보지 못하고 율법 그 자체에 매인다면 그것은 잘못된 것입니다.[180] 모세는 아브라함의 자손들에게 약속된 복을 폐기하는 입법자로 세워진 것이 아니라, 율법을 통하여, 그 조상들과 맺었고 또 그들이 거저 받은 은혜의 언약을 거듭 상기시키며 언약을 새롭게 하려고 보내진 자였습니다.[181]

또 어떤 사람들은 구약시대 사람들은 제사의식이라든가 다른 의식들을 준행함으로써 구원을 받았다고 생각하는데, 구약의 제사의식이나 다른 의식들은 구원을 예표 하는 것들이기 때문에, 이러한 견해는 다른 견해보다는 좀 더 성경적 견해에 접근한다고 볼 수 있지만, 마치 오늘날 세례나 성만찬에 참여함으로 구원받는 것이 아닌 것과 같이 그 의식들 자체가 구원을 가져다준 것은 아닙니다.[182] 율법에 나타난 의식을 문자적으로 받아들이고 진리에 상응하는 그림자와 상징으로 받아들이지 않는다면 우스운 일이며, 유대인들이 삶의 지표로 삼아야 할 어떤 영적인 것이 없었다면, 그들은 이방인들이 망령된 종교의식에 빠져 있었던 것과 똑같았을 것입니다.[183]

구약시대 사람들은 유대인으로 태어남으로, 또는 율법을 지켜서, 아니면 의식을 행해서 구원받은 것이 아닙니다. 구원의 근거는 구약시대이든 신약시대이든 언제나 은혜입

---

177) 『기독교 강요 교리설교 (상)』, 336~337.

178) 『기독교 강요 교리설교 (상)』, 337.

179) 『기독교 강요 교리설교 (상)』, 337.

180) *Inst.*, 2. 7. 1: From that continuing succession of witnesses which we have reviewed it may be gathered that this was not done to lead the chosen people away from Christ; but rather to hold their minds in readiness until his coming; even to kindle desire for him, and to strengthen their expectation, in order that they might not grow faint by too long delay.

181) *Inst.*, 2. 7. 1: And Moses was not made a lawgiver to wipe out the blessing promised to the race of Abraham. Rather, we see him repeatedly reminding the Jews of that freely given covenant made with their fathers of which they were the heirs. It was as if he were sent to renew it.

182) 『기독교 강요 교리설교 (상)』, 337.

183) *Inst.*, 2. 7. 1: In short, the whole cultus of the law, taken literally and not as shadows and figures corresponding to the truth, will be utterly ridiculous. ⋯ For if something spiritual had not been set forth to which they were to direct their course, the Jews would have frittered away their effort in those matters, just as the Gentiles did in their trifles.

니다. 구원은 언제나 하나님의 주권적인 선택의 문제입니다. 로마서 4장은 전체가 이 문제에 대하여 다루고 있습니다. 유대인들은 구약시대나 오늘날이나 이방인들이 구원받는 것과 똑같은 방법으로, 즉 그리스도의 대속에 초점이 맞추어져 있는 오직 하나님의 택하심의 은혜로 구원받습니다.[184] 하나님께서 아브라함을 부르실 때 그는 유대인이 아닌 대부분 우상을 섬기던 셈족에 속한 사람이었고, 아브라함은 그 자신이 그런 우상숭배 집안 출신이었으며, 그는 그 가운데서 특별히 하나님을 애써 찾은 것도 아니었고, 그에게 구원을 베풀 어떤 장점이 있었던 것도 아니었음에도, 그가 구원받은 것은 하나님께서 그를 구원하시기로 선택하셨기 때문입니다.[185] 여호수아가 백성들에게 전한 마지막 명령에서도 언급한 바와 같이(수 24:2~14), 구원은 언제나 은혜로 말미암습니다.[186] 아브라함은 율법이 주어지기 430년 전에 살았고(갈 3:17~18), 또 하나님은 아브라함이 할례의 식을 받기 전에 그의 믿음을 통하여 의롭다고 여기셨습니다(롬 4:9~11).[187]

또 어떤 사람들은 아브라함은 비록 은혜로 구원받은 것이라고 하더라도 그 후의 구원은 육적 혈통을 따라 이루어진다고 주장하는데, 만일 그렇다면 아브라함의 모든 후손은 구원을 받았다고 결론을 내릴 수 있어야 하지만, 이스마엘은 아브라함의 후손이었지만 그가 하나님의 백성이 아니었던 것은, 구원은 육적 혈통의 문제가 아니라 하나님의 자유로운 선택의 결과이기 때문입니다.[188] 하나님은 모든 사람에게 똑같은 특권을 주시지는 않습니다.

또 어떤 사람들은 이스마엘은 애굽인 몸종인 하갈에게서 난 혼혈이고 이삭만이 유대인 부모로부터 태어났기 때문이라고 주장하지만, 야곱과 에서는 똑같이 유대인 부모에게서 태어났음에도 불구하고 야곱은 선택을 받았고 에서는 선택을 받지 못했다는 것도, 구원은 오직 하나님 자신의 자유로운 선택에 의한다는 것을 증거합니다(롬 9:10~13).[189] 한 마디로 요약하면 구원의 근거는 혈통이나 율법의 준수나 의식의 준행이 아니라 오직 전적으로 하나님의 자유로운 선택에 있습니다. 그런데도 하나님은 구원의 조건들로서가 아니라 선택된 자들이 앞으로 걸어가야 할 길로서 의무들을 부과하십니다.[190]

---

184) 『기독교 강요 교리설교 (상)』, 338.
185) 『기독교 강요 교리설교 (상)』, 338.
186) 『기독교 강요 교리설교 (상)』, 338~339.
187) 『기독교 강요 교리설교 (상)』, 339.
188) 『기독교 강요 교리설교 (상)』, 340.
189) 『기독교 강요 교리설교 (상)』, 340.
190) 『개혁 교의학 3』, 248.

'여인을 가까이 말라.'라는 뜻이 무엇일까요?

출 19:15 모세가 백성에게 이르되 예비하여 제삼일을 기다리고 여인을 가까이 말라 하니라.

이스라엘 백성들은 하나님과 언약 관계로 들어가기 위해 준비를 해야 했는데, 그 가운데 '여인을 가까이 말라.'라는 내용이 있습니다. 그 말은 성교를 금하라는 뜻입니다. 그러면 왜 그런 명령을 내리셨을까요? 고전 7:5에서는 기도에 전념하기 위해서 일시적으로 성관계를 금하고 있음을 알 수 있습니다. 부부간의 성관계는 죄가 아니지만, 기도에 전념하기 위해 일시적으로 성관계를 금할 수 있습니다. 그렇다면 본문의 경우도 그런 차원에서 이해할 수 있을까요?

이 경우는 조금 다릅니다. 가나안 종교의 경우는 신전에서의 간음을 하나의 종교의식으로 행했습니다. 그들은 바알과 그 아내인 아스다롯이 성적인 관계를 맺을 때 비가 내린다고 믿었기 때문에, 바알과 아스다롯이 성적인 관계를 맺도록 자극하기 위해서 신전에서 직업적인 창기를 두고 간음을 행했습니다.[191]

그러므로 하나님은 이것을 금하심으로써 바알을 섬기는 방식으로 하나님을 섬기는 것을 금하셨습니다. 많은 기독교 신자들이 다른 종교와 같은 방식으로 신앙생활을 하는데, 그것은 기독교 신앙이 무엇인지 전혀 모르는 것이며 잘못된 것입니다. 형식은 기독교인데 내용은 다른 종교일 위험성이 모든 사람에게 있습니다. 형식은 기독교인데 내용은 합리주의일 수 있고, 실존주의일 수 있고, 실용주의일 수 있고, 유교일 수 있고, 무속신앙일 수도 있습니다. 형식은 기독교인데 내용은 심리학일 수 있고, 사회주의일 수 있고, 민족주의일 수도 있습니다. 이 문제에 대하여 우리는 진지하게 우리 자신과 교회들을 살펴야 할 것입니다. 인간의 철학과 종교를 섬기는 방식으로 신앙 생활하지 않도록 세심하게 분별하고 서로 도와야 할 것입니다.

제1계명은 하나님보다도 더 낮게 여기는 신을 두지 말라는 뜻일까요?

출 20:3 너는 나 외에는 다른 신들을 네게 있게 말지니라.

하나님께 모두 돌려드려야 할 신성(神性)의 일부를 다른 것에 돌리는 것은 제1계명을

---

191) 서춘웅, 『성경 난제 해설·구약』 3판, 313.

어기는 것입니다.[192] 하나님은 그의 신성의 영광을 감소시키거나 모호하게 만드는 모든 불경건과 미신을 멀리하고, 하나님께 돌려드려야 할 것들을 다른 신들에게 조금도 넘겨주지 말라고 명령하셨습니다.[193] 하나님은 우리 마음의 한 부분만을 원하시지 않고 전부를 원하시기 때문에 우리는 하나님을 전심으로 섬겨야 합니다.[194] 제1계명은 그것을 가르쳐줍니다. 하나님을 상대적으로 더 잘 섬겨야 한다든지, 단지 우선순위를 두어야 한다는 식의 생각은 잘못된 것입니다. 하나님은 우리의 일부이거나 중요한 한 부분이 아니라 전부이기 때문입니다. 하이델베르크 요리 문답 94~95번과 웨스트민스터 대요리 문답 104~106은 여기에 대하여 명확하고 구체적으로 가르쳐줍니다.

하이델베르크 요리 문답

94. '제1계명에서 하나님이 요구하시는 것이 무엇입니까?'

'나의 구원을 잃어버릴 위험성이 있어서 나는 모든 우상숭배와 마술과 미신적인 제사를 피하고 성자들이나 피조물들에 기도하는 것을 피하고 버려야 합니다. 그리고 유일하신 참하나님만을 올바르게 인정하고 신뢰하며 겸손과 인내심을 가지고 모든 선을 받기를 원하며 나의 온 마음을 가지고 하나님을 사랑하고 두려워하며 존경하는 것입니다. 간단히 말해서 무슨 일이든지 하나님의 뜻을 거스르는 일이라면 결단코 행하지 않는 것입니다.'

95. '우상숭배란 무엇입니까?'

'우상숭배란 자신의 말씀을 통하여 자신을 계시하신 유일하고 참되신 하나님 대신에 하나님과 동등하게 그 무엇을 신뢰하거나 만들어 소유하는 일입니다.'

웨스트민스터 대요리 문답

104 '제1계명에서 요구하는 의무는 무엇입니까?'

'제1계명이 요구하는 의무는 하나님께서 홀로 참되신 하나님이시며, 우리의 하나님이심을 알고 인정하며, 따라서 그만을 생각하고, 명상하며, 기억하고, 높이고, 존경하고, 경배하며, 택하고, 사랑하고, 원하고, 경외함으로 그를 예배하고, 영화롭게 하고, 그를 믿고, 의지하며, 바라고, 기뻐하며, 즐거워하고, 그를 위한 열심을 가지며, 그를 부르며, 모든 찬송과 감사를 드리고, 전인격적으로 그에게 완전히 순종하고, 복종하며, 그를 기쁘시게 하려고 범사에 조심하고, 무슨 일에든지 그를 노엽게 하였으면 그것을 슬퍼하며, 그와 겸손히 동행하는 것입니다.'

---

192) *Comm.* Exodus 20:3, and moreover an impious transgression of this precept, to choose for themselves patrons in whom some part of the Deity should be lodged; because if God have not alone the pre-eminence, His majesty is so far obscured.

193) *Inst.*, 2. 8. 16: To effect this, he enjoins us to put far from us all impiety and superstition, which either diminish or obscure the glory of his divinity. ⋯ Therefore, in forbidding us to have strange gods, he means that we are not to transfer to another what belongs to him.

194) 박윤선, 『성경주석 출애굽기』 2판, 146.

105 '제1계명에 금한 죄들이 무엇입니까?'

'제1계명에 금한 죄들은, 하나님을 부인하거나 모시지 않는 무신론, 참하나님 대신에 다른 신을 두거나 유일신보다 여러 신을 가지거나 예배하는 우상숭배, 하나님을 하나님으로, 그리고 우리의 하나님으로 모셔 고백하지 않고, 이 계명이 요구하는 하나님께 마땅히 드릴 것을 무엇이든지 제하거나 소홀히 하는 것, 그에 대한 무지, 망각, 오해, 그릇된 의견들, 무가치하고 악한 생각들, 그의 비밀을 감히 호기심으로 캐내려는 것, 모든 신성 모독, 하나님을 미워하는 것, 자기 사랑, 자아 추구, 우리 마음과 뜻, 혹은 정서를 과도히 무절제하게 다른 일들에 두고, 전적 또는 부분적으로 하나님에게서 떠나게 하는 것, 헛되이 경솔하게 믿는 것, 불신앙, 이단, 그릇된 신앙, 불신뢰, 절망, 완악, 심판에 대한 무감각, 마음의 강퍅, 교만, 뻔뻔스러움, 육에 속하는 안일감, 하나님을 시험하는 것, 불법적인 수단을 쓰는 것, 인간적 수단에 의뢰하는 것, 육정에 속한 기쁨과 즐거움, 부패하고 맹목적이며 무분별한 열심, 미지근함과 하나님에 대한 무감각, 하나님에게서 멀어짐과 배교하는 것, 성도들이나 천사들, 혹은 다른 피조물에 기도하거나 종교적 예배를 드리는 것, 마귀와의 모든 맹약과 의논하는 것, 그의 암시에 귀를 기울이는 것, 사람들을 우리의 신앙과 양심의 주로 삼는 것, 하나님과 그의 명령을 경시하고 멸시하는 것, 하나님의 영을 거역하고 근심되게 하는 것, 그의 경륜(사역/섭리)들에 대해서 불만하고 참지 못하며, 우리에게 임하는 재난에 대하여 어리석게 하나님을 비난하는 것, 우리가 선하거나, 선을 소유하거나, 선을 행할 수 있다는 칭송을 행운이나, 우상이나, 우리 자신이나, 또는 어떤 다른 피조물에 돌리는 것입니다.'

106 '제1계명에 있는 "나 외에"란 말에서 우리는 특별히 무슨 가르침을 받습니까?'

'제1계명에 있는 "나 외에" 또는 "내 앞에서"란 말은 만물을 보고 계신 하나님께서 다른 어떤 신을 두는 죄를 특별히 유의하시고 불쾌하게 여기신다는 것을 가르칩니다. 그래서 그것은 이 죄를 범하지 못하게 막으며, 다른 신을 두는 것이 가장 파렴치한 도발 행위로 주를 격노하게 하는 것이 되며, 또 우리가 주를 섬기는 일에 무엇을 하든지 그의 목전에서 하도록 설득시키는 논증이 됩니다.'

우상을 만들거나 형상을 만들어 섬기지 말라는 말은 하나님 이외에 다른 신이나 우상을 섬기지 말라는 뜻일까요?

출 20:4 너를 위하여 새긴 우상을 만들지 말고, 또 위로 하늘에 있는 것이나 아래로 땅에 있는 것이나 땅 아래 물속에 있는 것의 아무 형상이든지 만들지 말며,

　　5 그것들에 절하지 말며 그것들을 섬기지 말라. 나 여호와 너의 하나님은 질투하는 하나님인즉 나를 미워하는 자의 죄를 갚되 아비로부터 아들에게로 삼사 대까지 이르게 하거니와

　　6 나를 사랑하고 내 계명을 지키는 자에게는 천 대까지 은혜를 베푸느니라.

제2계명은 제1계명과 같은 뜻으로 해석할 위험성이 있습니다. 그것은 이미 천주교가 제1, 2계명을 하나로 묶은 것에서 볼 수 있습니다. 그것은 오해한 것이거나 악의적인 의도를 가지고 그렇게 왜곡한 것입니다. 우상을 만들거나 형상을 만들어 섬기지 말라는 말은 하나님 이외에 다른 신이나 우상을 섬기지 말라는 뜻이 아닙니다. 제2계명은 제1계명을 반복한 것이 아니기 때문입니다. 그 뜻은 하나님을 섬기되 우상을 섬기듯이 섬기지 말라는 것, 곧 하나님을 형상으로 만들어 섬기지 말라는 뜻입니다.

하나님께 드려야 할 경배가 미신적인 의식들에 의해 모독받는 것을 하나님은 원하시지 않습니다.[195] 미신은 하나님께 최고의 지위를 허용하면서도, 하나님의 기능들과 영광을 다른 것들에 분배시키고 산산이 흩어버려서, 하나님의 기능들과 영광을 하나님께만 돌리는 것을 방해하는 죄악이기 때문입니다.[196] 하이델베르크 요리 문답 96~98번과 웨스트민스터 대요리 문답 108~110은 여기에 대하여 명확하고 구체적으로 문답하고 있습니다.

하이델베르크 요리 문답

96. '제2계명에서 우리를 향하신 하나님의 뜻은 무엇입니까?'

'어떠한 형태로든 신의 형상을 만들지 말고 말씀을 통하여 명령하신 방법과 다르게 그를 섬기지 말라는 것입니다.'

97. '그러면 아무 형상도 만들지 말아야 합니까?'

'하나님은 눈에 보이는 어떠한 모양을 가진 분으로 그려질 수 없으며 그려져서도 안 됩니다. 피조물은 그림으로 그려질 수 있으나, 그것들이 예배의 대상이 되거나 하나님을 섬기는 수단으로 사용되지 못하도록 하나님은 그러한 형상들을 만들거나 가지지 말라고 하셨습니다.'

98. '그렇다면 그 형상들을 교회에서 학습 보조 교재로 사용하는 것도 안 됩니까?'

'그렇습니다. 우리가 하나님보다 더 현명해지려고 해서도 안 됩니다. 하나님께서는 말 못 하는 우상에 의해서가 아니라 살아있는 말씀의 전파를 통해서 자기 백성들이 가르침 받기를 원하십니다.'

웨스트민스터 대요리 문답

108. '제2계명에서 요구하는 의무들은 무엇입니까?'

---

195) *Inst.*, 2. 8. 17: The purpose of this commandment, then, is that he does not will that his lawful worship be profaned by superstitious rites.

196) *Inst.*, 1. 12. 1: But while it concedes to him the supreme place, it surrounds him with a throng of lesser gods, among whom it parcels out his functions. The glory of his divinity is so rent asunder (although stealthily and craftily) that his whole glory does not remain with him alone.

'제2계명에서 요구하는 의무들은 하나님께서 자기 말씀으로 제정하신 종교적 예배와 규례를 받아 준수하고, 순전하게 그리고 전적으로 지키는 것입니다. 특히 그리스도의 이름으로 드리는 기도와 감사, 말씀을 읽고 전파하는 것, 성례들의 거행과 받음, 교회 정치와 권징, 성직과 그것의 유지, 종교적 금식, 하나님의 이름으로 맹세하는 것, 그에게 서약하는 것, 모든 거짓된 예배를 부인하고 미워하며 반대하는 것, 각자의 지위와 사명에 따라 거짓된 예배와 모든 우상숭배의 기념물들을 제거하는 것입니다.'

109. '제2계명에서 금지된 죄들은 무엇입니까?'

'제2계명에서 금지된 죄들은 하나님께서 친히 제정하지 않으신 어떤 종교적 예배를 고안하고, 의논하며, 명령하고, 사용하고, 어떤 모양으로 인정하는 것들이며, 거짓 종교를 용납하는 것과 하나님의 삼위(三位)나 그중 어느 한 위의 형상이라도 내적으로 우리 마음속에 가지든지, 외적으로 피조물의 어떤 형상이나 모양으로 만든 것(그림, 조각상, 영상화)이며, 이 형상이나 혹은 이 형상 안에서 이것으로 말미암아 하나님을 예배하는 모든 일이며, 거짓 신들의 형상을 만들고, 그들을 예배하거나 그것들에 속한 것을 섬기는 것이며, 우리 자신들이 발명하고 취하든지, 전통을 따라서 사람들로부터 받았든지, 옛 제도, 풍속, 경건, 선한 의도, 혹은 다른 어떤 구실의 명목으로 예배에 추가하거나 삭감하여 하나님의 예배를 부패케 하는 미신적 고안, 성직 매매, 신성 모독, 하나님이 정하신 예배와 규례들에 대한 모든 태만과 경멸, 방해, 반대하는 것입니다.

110. '제2계명을 더 강화하기 위하여 그것에 첨가된 이유는 무엇입니까?'

'제2계명을 더 강화하기 위하여 첨가된 이유는 다음의 말씀에 나타나 있는 "나 여호와 너의 하나님은 질투하는 하나님인즉 나를 미워하는 자의 죄를 갚되 아비로부터 아들에게로 삼사 대까지 이르게 하거니와 나를 사랑하고 내 계명을 지키는 자에게는 천 대까지 은혜를 베푸느니라."라고 한 것입니다. 그것들은 우리 위에 있는 하나님의 주권과 우리 안에 있는 순종을 나타냅니다. 즉 모든 거짓된 예배는 영적 간음의 행위로 여기사 모든 거짓된 예배에 대한 보복적 분노와 이 계명을 범한 자들은 자기를 미워하는 자들로 여기시어 여러 대에 이르기까지 그들을 벌하기로 위협하심과 그를 사랑하고 이 계명을 지키는 자들을 높이시며, 여러 세대에 이르기까지 그들에게 자기의 자비를 약속하신 것입니다.'

아무리 하나님만 섬긴다고 하더라도 하나님을 우상이나 이방 신을 섬기듯이 섬긴다면 그것은 잘못된 것입니다. 하나님을 더 잘 섬기도록 할 목적으로 형상을 만들어 사용한다면 그것이 무슨 그렇게 큰 죄가 되겠는가 하는 의문을 품을 수도 있고, 어떤 사람들은 형상은 예배자가 하나님께 주의를 집중시킬 수 있게 한다고 주장할 수도 있으며, 이러한 행위가 하나님의 질투를 불러일으키고 그 자손 3, 4대까지 벌을 받아야 할 정도로 심각한 것인가 의아해할 수도 있습니다.[197] 그러나 하나님은 분명히 그렇게 말씀하셨습니다.

그 이유가 무엇일까요? 사람들은 하나님을 형상으로 나타낸 것이 하나님의 영광 중의 어떤 면을 나타낼 수 있다고 생각하지만, 하나님은 이 세상의 어떤 형상이나 인간의 상상에서 나오는 어떤 형상으로 나타내기에는 너무도 크고 대단한 분이시기 때문입니다.[198] 하나님은 어떤 형상으로도 전혀 표현할 수 없는 영이시기 때문에, 하나님을 형상으로 나타내는 것은 하나님을 심각하게 모독하는 것입니다.[199] 영적 이해에 만족하지 않고, 형상을 통하여 더 확실하고 더 구체적으로 하나님을 이해할 수 있다고 생각하는 것은, 어떤 형상으로도 표현할 수 없을 만큼 크신 하나님을 형상으로 표현할 수 있다고 생각하는 무지와 교만의 극치이기 때문에 그것은 저주스러운 일입니다.

모세가 율법을 받기 위해 시내산에 올라간 사이 그 산 아래에서는 백성들이 그들이 아끼던 귀금속을 아낌없이 모아서 하나님을 황소 형상으로 만들었습니다. 이 황소는 힘의 상징이었기 때문에 하나님이 능력이 있다는 것을 그렇게 표현한 것이며, 이 황소를 그들이 가장 귀하고 아끼며 사랑하는 금으로 만들어서 하나님께서 그와 같은 존재라는 고백을 담았습니다.[200] 그런데도 그러한 행위가 하나님의 진노를 불러일으켰던 것은, 하나님은 황소의 힘으로 나타낼 수 있거나 금의 가치로 나타낼 수 있다는 발상 자체가 하나님께서 어떤 분이신지 전혀 모르는 무지의 죄였기 때문입니다. 다소라도 하나님의 영광을 훼손하지 않고는 하나님을 형상화할 수 없으므로 어떤 가시적인 형체로든지 하나님을 나타내는 것은 죄입니다.[201]

하나님께서 애굽에 내리셨던 재앙들은 애굽 사람들이 섬기던 신들과 관계가 있었고, 그것은 하나님은 모든 신보다 탁월하신 분이심을 보여주신 것입니다. 하나님을 애굽 사람들이 섬겼던 신들의 범주에 넣으면 안 됩니다. 하나님을 형상으로 만든다는 것은 바로 그런 죄를 범하는 것입니다. 하나님은 우리가 이해할 수 없는 하나님을 우리의 감각에 예속시키거나 어떠한 형태로든지 감히 표시하는 것을 금하시며, 종교의 이름으로 어떤 형상이든지 숭배하는 것을 금하십니다.[202]

여기에서 하나 짚고 넘어가야 할 것이 있습니다. 그것은 우상을 만들거나 형상을 만들

---

197) 『기독교 강요 교리설교 (상)』, 298.
198) 『기독교 강요 교리설교 (상)』, 298.
199) 『기독교 강요 교리설교 (상)』, 298.
200) 『기독교 강요 교리설교 (상)』, 299.
201) *Inst.*, 1. 11. 12: and it cannot be done without some defacing of his glory.
202) *Inst.*, 2. 8. 17: The commandment has two parts. The first restrains our license from daring to subject God, who is incomprehensible, to our sense perceptions, or to represent him by any form. The second part forbids us to worship any images in the name of religion. But he briefly lists all the forms with which profane and superstitious peoples customarily represent God.

어 섬기지 말라는 말씀을 철학자들이 교묘하고 세련되게 가르친 것을 지지하려는 것으로 오해할 수 있는데, 이 계명은 오히려 이 세상 사람들이 자신의 사색에만 매달려 있는 한 하나님을 찾는데 얼마나 어리석으며 광란적인가를 더 잘 드러내기 위함입니다.[203]

부모의 죄가 가계에 흐를까요?

> 출 20:5 그것들에 절하지 말며 그것들을 섬기지 말라. 나 여호와 너의 하나님은 질투하는 하나님인즉 나를 미워하는 자의 죄를 갚되 아비로부터 아들에게로 삼사 대까지 이르게 하거니와
> 6 나를 사랑하고 내 계명을 지키는 자에게는 천 대까지 은혜를 베푸느니라.

'나를 미워하는 자의 죄를 갚되 아비로부터 아들에게로 삼사 대까지 이르게 하거니와 나를 사랑하고 내 계명을 지키는 자에게는 천 대까지 은혜를 베푸느니라.'라는 말씀의 뜻이 부모의 죄가 가계에 흐른다는 뜻일까요? 메릴린 히키는 『가계에 흐르는 저주를 끊어야 산다』에서, 이윤호는 『가계에 흐르는 저주를 이렇게 끊어라』에서 그와 같은 주장을 했습니다.[204] 메릴린 히키는 그 증거로 불신자 맥스 죽스의 가계와 청교도 중 가장 잘 알려진 조나단 에드워드의 가계를 조사하여, 불신자 맥스 죽스의 가계에서는 516명이 비참한 생활을 했고 조나단 에드워드의 가계에서는 1,394명이 모두 출세하여 하나님께 복 받은 가문이 되었다고 제시했습니다.[205]

이러한 조사는 일반화할 수 없는데, 그 이유는 한국의 경우 불신자 가운데서도 그 후손들이 세속적으로 성공하고 잘 사는 사람들이 많고, 혹시 불신자보다 신자의 후손들이 세속적으로 잘 사는 결과가 나온다고 하더라도 그것이 성경적이지는 않습니다. 성경은 무엇이라고 말씀할까요?

렘 31:29~30은 '그때 그들이 다시 이르기를, 아비가 신 포도를 먹었으므로 아들들의 이가 시다 하지 아니하겠고 신 포도를 먹는 자마다 그 이가 시같이 각기 자기 죄악으로만 죽으리라.'라고 말씀합니다. 아비가 신 포도를 먹었는데 아들의 이가 실 수는 없고, 신 포도주를 먹은 사람의 이가 신 법인데, 이 말씀은 렘 31:30 하반절에 나오는 죄의 문

---

203) *Inst.*, 1. 11. 1: It does this, not to approve what is more subtly and elegantly taught by the philosophers, but the better to expose the world's folly, nay, madness, in searching for God when all the while each one clings to his own speculations.
204) 윤석준, 『한국교회가 잘못 알고 있는 101가지 성경 이야기 (1)』, 41.
205) 윤석준, 『한국교회가 잘못 알고 있는 101가지 성경 이야기 (1)』, 41.

제에 대한 것으로 부모의 죄악 때문이 아니라 각기 자기 죄악으로만 죽는다는 말씀입니다.[206] 이스라엘 백성들은 자신들이 포로로 끌려가 고통을 당하는 것이 마치 부모의 죄 까닭이라고 여겼지만 그렇지 않다는 것입니다.

이런 말씀은 다른 곳에도 있습니다. 겔 18:2~4도 '너희가 이스라엘 땅에 대한 속담에 이르기를 아비가 신 포도를 먹었으므로 아들의 이가 시다고 함은 어찜이뇨? 나 주 여호와가 말하노라. 내가 나의 삶을 두고 맹세하노니 너희가 이스라엘 가운데서 다시는 이 속담을 쓰지 못하게 되리라. 모든 영혼이 다 내게 속한지라. 아비의 영혼이 내게 속함같이 아들의 영혼도 내게 속하였나니 죄를 범하는 그 영혼이 죽으리라.'라고 말씀함으로써, 조상의 죄 때문이 아니라 자신의 죄 때문에 그 영혼이 죽으리라고 명확하게 설명합니다.[207] 물론 출 20:5~6의 말씀대로 우리는 하나님과 언약적 관계에 있어서 우리 조상 아담의 죄악으로 인하여 저주 아래 놓였지만, 그런데도 예수 그리스도로 말미암아 그 저주에서 해방되었기 때문에, 우리 조상들의 죄악이 주술적으로 우리에게 저주를 가져다주는 것은 아닙니다.[208] 부모가 자녀에게 영향을 주는 것은 사실이지만 그 자녀들이 얼마든지 그 영향에서 벗어날 수 있습니다. '삼사 대까지' 이른다 함은, 다만 그 범죄자의 자손이 삼사 대까지 회개하지 않으면 그 죗값을 당한다는 뜻입니다.[209]

하나님도 질투하실까요?

> 출 20:5 그것들에 절하지 말며 그것들을 섬기지 말라. 나 여호와 너의 하나님은 질투하는 하나님인즉 나를 미워하는 자의 죄를 갚되 아비로부터 아들에게로 삼사 대까지 이르게 하거니와

출 34:14에서는 '여호와는 질투라 이름하는 질투의 하나님임이니라.'라고까지 말씀합니다. 성경에는 하나님께서 질투하신다는 표현이 많습니다(민 25:11, 신 4:24, 5:9, 6:15, 29:20, 32:16, 수 24:19, 슥 1:4, 8:2, 습 1:18, 3:8, 겔 35:11). 이것이 사실이라면 하나님은 질투의 하나님이시라고 할 수 있을까요? 만일 그렇다면 전적으로 거룩하신 하나님께서 질투하신다는 것은 모순된 일이 아닐까요?

---

206) 윤석준, 『한국교회가 잘못 알고 있는 101가지 성경 이야기 (1)』, 43.
207) 윤석준, 『한국교회가 잘못 알고 있는 101가지 성경 이야기 (1)』, 44.
208) 윤석준, 『한국교회가 잘못 알고 있는 101가지 성경 이야기 (1)』, 46.
209) 박윤선, 『성경주석 출애굽기』 2판, 147.

여기에서 질투라는 말은 제2계명과 관련이 있습니다. 하나님은 그의 택한 백성을 지극히 사랑하시기 때문에 그 백성을 헛된 우상에게 빼앗기실 때 질투하십니다.[210] 하나님께서 질투하신다고 할 때 그 말은 자신에게 속하지 않은 무엇을 탐내는 인간의 질투와는 다릅니다. 하나님의 질투는 그의 피조물들의 독점적인 헌신을 요구하시는 속성이고(출 34:14, 신 4:24, 5:9, 6:15), 그를 반대하는 모든 것을 대적하시는 분노의 자세이며(민 25:11, 신 29:20, 시 79:5, 계 5:13, 16:38, 42, 25:11, 습 1:18), 하나님께서 그의 백성을 지키시는 데 쓰시는 능력입니다(왕하 19:3, 사 9:7, 37:32, 욜 2:18, 슥 1:14, 8:2).[211]

그러므로 하나님의 질투는 그의 백성 된 우리를 영적으로 아내처럼 사랑하시므로, 그에게 드려야 할 사랑과 헌신을 헛된 우상에게 빼앗기는 것을 차마 보지 못하시기 때문에 나오는 선한 질투이므로 하나님의 거룩하심과 모순되지 않습니다.[212]

안식일(토요일)을 지켜야 할까요, 아니면 주일(일요일)을 지켜야 할까요?

출 20:8 안식일을 기억하여 거룩히 지키라.

안식일을 지키라는 명령은 십계명 중 네 번째 계명이고 이 계명은 의식법이 아니므로 어느 한 시대에 국한된 것이 아닙니다. 그렇다면 구약시대 이스라엘 백성에게만 해당하는 법이 아니라는 뜻입니다. 그런데도 기독교에서는 유대교와 다르게 토요일 안식일 대신에 주의 첫날인 주일(일요일)에 예배합니다. 그러면 이렇게 변하게 된 성경적인 증거가 무엇일까요?[213]

1) 예수님께서 주의 첫째 날 부활하셨습니다(마 28:1, 막 16:2, 눅 24:1, 요 20:1). 주일(일요일)은 부활의 승리를 위한 축하의 날로서 매우 중요하게 되었습니다.

2) 예수님께서 부활하신 후 부활절 주일에 제자들에게 눈으로 볼 수 있게 나타나셨으며 그들과 대화하셨습니다. 막달라 마리아에게(요 20:11~18), 예수님의 몸에 바르기 위해 향품을 가지고 갔던 다른 여인들에게(마 28:7~10), 그리고 시몬 베드로에게(눅 24:34) 나타나셨습니다. 그

---

210) 박윤선, 『성경주석 출애굽기』 2판, 147.
211) Walter C. Kaiser Jr., *Exodus*, E. B. C. Vol.2(Grand Rapids: Zondervan, 1990), 423, 서춘웅, 『성경 난제 해설·구약』 3판, 317에서 재인용.
212) 서춘웅, 『성경 난제 해설·구약』 3판, 317.
213) *Zondervan Pictorial Bible Encyclopedia*, Vol.3, 965~966(G. L. Archer, Opcit., 116~119), 서춘웅, 『성경 난제 해설·구약』 3판, 320~321에서 재인용.

리고 엠마오 도상에서 글로바와 그의 친구에게 나타나셔서 그들과 함께 걸으시면서 말씀하셨습니다(눅 24:15~32). 같은 주일 저녁에 열 제자와 그들의 친구들에게 나타나셨습니다. 이것은 신자들의 모임에서 첫 번째 나타나심이었습니다.

3) 한 주일 후 주일 밤(일요일), 그의 제자들에게 나타나셨는데 그때는 특별히 부활을 의심하던 도마에게 손과 발의 못 자국과 옆구리의 창 자국까지 보여 주심으로 부활을 믿게 하셨습니다.

4) 교회에 성령을 부어 주심이 오순절에 발생하였습니다. 십자가에 달리신 것이 금요일이었으므로 곡식단을 흔들어 바치는 헌물(부활의 상징)은 안식일 다음날(레 23:10~11) 일요일에 있었습니다. 유월절(그리스도의 희생, 고전 5:7) 49일 후의 오순절(50일) 역시 일요일에 해당합니다. 분명히 부활절, 주의 첫날에 신약교회를 탄생시킴으로 일요일을 존귀하게 하도록 선택하신 이는 바로 주님 자신이시었습니다. 물론 오순절 이후에 기독교 공동체는 전처럼 율법 책을 읽고 설교를 하며 기도하기 위해 유대인과 함께 모이므로 계속하여 제7일 안식을 축하한 것처럼 보입니다. 그러나 토요일 안식일에 크리스천들이 주의 성찬을 기념하기 위해서 구별되게 따로 모임을 한 증거는 없습니다. 그들은 토요일 회당 예배에 동참했는데 그 이유는 그들이 비록 그리스도를 믿을지라도 유대인이 되어야 한다고 느꼈기 때문이었습니다.

5) 고전 16:2에서 바울은 고린도교회에 교훈하기를 '매 주일 첫날에 너희 각 사람이 이를 얻은 대로 저축하여 두어서 내가 갈 때 연보 하지 않게 하라.'라고 했습니다. 연보는 기근으로 어려웠던 유대의 히브리인 신자들을 돕기 위한 것이었습니다. 여기서 알 수 있는 것은 고린도교회는 일요일에 모이는 관습이 있었으며 그들은 그런 주일예배와 연관하여 어떤 종류의 헌금을 수금했다는 점입니다.

6) 안식 후 첫날 떡을 떼려 하여 모였고 바울은 밤중까지 강론을 계속했습니다(행 20:5~12). 여기서 볼 수 있는 것은 드로아에 크리스천 회중이 있었고 이들은 안식 후 첫날(일요일) 예배를 정규적으로 드리고 있었던 것이 분명합니다.

7) 크리스천에게 일요일이 특별한 의미가 있는 날이라는 데 대한 마지막 언급은 계 1:10의 '주의 날에 내가 성령에 감동하여 내 뒤에서 나는 나팔 소리 같은 큰 음성을 들으니'입니다. 여기 음성은 영화 되신 그리스도 자신이신데 일요일에 그가 요한과 교제하셨습니다.

안식일이 주일로 바뀐 데 대해서 안식일(토요일)을 고집하는 제7일안식일예수재림교회 등 안식일 고수파에서는 초대교회의 예배에 대한 성경적 언급을 인정하지 않고, 콘스탄틴 대제 때까지 기독교는 주일(일요일)예배를 채택하지 않았다고 주장하며, 최초로 토요일을 일요일로 변경시킨 것은 천주교였다고 주장합니다. 그런 가정 아래 제7일안식일예수재림교회 등에서는 주일예배는 천주교를 따르는 것이며 짐승의 표를 받는 것이라고까지 비난합니다.214) 그러나 그러한 주장은 근거가 없습니다. 로마 황제였던 콘스탄틴 대제가 전 로마제국에 공식적인 안식의 날로 정하고 선포한 것을 두고, 토요일을 일요일로 변경시켰다고 주장하는 것은 잘못된 정보이거나 의도적인 왜곡일 가능성이 있습니다. 앞의 7가지 증거를 통하여 확인할 수 있듯이 초대교회 때부터 주일(일요일)은 예배의 날이요 안식의 날로 인식되어 왔기 때문입니다.

안식일은 장차 올 일의 그림자이기 때문에 어느 누구도 안식일 준수 문제로 그리스도인들을 판단하지 말아야 하고(골 2:17), 날과 달과 절기와 해를 삼가 지키는 것은 초등학문으로 돌아가는 것이며, 복음을 헛되게 만드는 것이고(갈 4:9~10), 날을 구분하는 것은 미신입니다(롬 14:5).[215] 미신을 타파하는 것이 마땅하므로 기독교는 유대인들의 성일을 폐지하였고, 그것의 폐기에 따라 교회의 질서 및 영적 건강의 수단으로 기독교의 독특한 제도가 주일이 되었습니다.[216]

초대교회 성도들이 안식을 신중하게 고려하지 않고 주일로 대치한 것이 아니라, 안식일이 예표한 참 안식의 목적과 성취가 주님의 부활에 있었고 이제 그 그림자가 성취되었기 때문에, 안식일을 주일로 대치한 것은 그리스도인으로 하여금 그 그림자 의식에 집착하지 말라는 경고의 의미가 있습니다.[217]

어떤 사람들은 안식일 계명의 의식적인 면만 폐지되었고, 도덕적인 부분 곧 칠일 중 하나를 준수하는 것은 남아있다고 주장하는데, 이것은 유대인들에 대한 비난으로서의 날짜 변경에 불과하며, 마음속에는 그날에 대한 동일한 거룩함, 곧 유대인들 사이에서 지속되어온 날들에 대한 동일한 신비를 염두에 두는 것입니다.[218] 그러나 우리는 경건이 우리 사이에서 없어지거나 약화하는 것을 막기 위하여, 빈번하고도 꾸준히 거룩한 집회로 모이고 하나님께 대한 예배를 함양할 수 있는 외적인 수단들을 사용해야 합니다.[219]

---

214) *Baker's Dictionary of Theology*(Grand Rapids: Baker, 1969), 506, 서춘웅, 『성경 난제 해설・구약』 3판 (서울: 크리스천 서적, 2008), 323에서 재인용.

215) *Inst.*, 2. 8. 33: Yet Paul teaches that no one ought to pass judgment on Christians over the observance of this day, for it is only "a shadow of what is to come" [Col. 2:17]. For this reason, he fears that he "labored in vain" among the Galatians because they still "observed days" [Gal. 4: 10~11]. And he declares to the Romans that it is superstitious for anyone to distinguish one day from another [Rom. 14:5].

216) *Inst.*, 2. 8. 33: For, because it was expedient to overthrow superstition, the day sacred to the Jews was set aside; because it was necessary to maintain decorum, order, and peace in the church, another was appointed for that purpose.

217) *Inst.*, 2. 8. 34: However, the ancients did not substitute the Lord's Day (as we call it) for the Sabbath without careful discrimination. The purpose and fulfillment of that true rest, represented by the ancient Sabbath, lies in the Lord's resurrection. Hence, by the very day that brought the shadows to an end, Christians are warned not to cling to the shadow rite.

218) *Inst.*, 2. 8. 34: They asserted that nothing but the ceremonial part of this commandment has been abrogated (in their phraseology the "appointing" of the seventh day), but the moral part remains-namely, the fixing of one day in seven.43 Yet this is merely changing the day as a reproach to the Jews, while keeping in mind the same sanctity of the day. For we still retain the same significance in the mystery of the days as pertained among the Jews.

219) *Inst.*, 2. 8. 34: But we ought especially to hold to this general doctrine: that, in order to prevent religion from either

살생을 금하고 사형제를 폐지해야 할까요?

출 20:13 살인하지 말지니라.

이 계명은 살생하지 말라는 것이 아니라 살인하지 말라는 것으로 모든 형태의 죽이는 것을 금하는 것이 아니라 사람을 죽이는 것을 금합니다. 성경은 음식물을 얻기 위하여 또는 하나님께 제사를 드리기 위하여 짐승을 죽이는 것은 전혀 금하지 않았습니다. 그러나 단순히 사람을 죽이는 것을 금하라는 뜻도 물론 아닙니다. 전쟁 시에 적군을 죽이는 일이나 중대한 범죄자를 사형에 처하는 일은 성경이 인정할 뿐만 아니라 명령하기까지 합니다.

성경의 관점에서 살인하지 말라는 말씀은 매우 넓은 의미가 있어서 부당하게 사람을 죽이는 것만이 아니라 그런 마음을 가지는 것, 표정이나 말로써 다른 사람에게 상처를 주는 것 또한 포함합니다. 그것은 외적인 행동뿐만 아니라 태도와 마음도 중요하다는 것을 가르쳐줍니다. 예수님은 형제에게 화를 내는 것, 미련한 놈(바보, 저능자)이라고 모욕하거나 '라가'(아무것도 아닌 것)라고 하는 것(경멸)과 같이 다른 사람을 비방하는 것도 살인과 동일하게 취급하심으로써(마 5:21~24), 직접 사람을 죽이는 것 이상으로 상대방을 향한 모욕과 경멸과 비방과 미움과 분노가 얼마나 큰 죄인가를 가르쳐 주셨습니다. 요일 3:15은 형제를 미워하는 자마다 살인하는 자라고 말씀합니다. 이 계명은 이웃의 생명을 구하는 데 어떤 도움이 될 만한 것을 충실히 이용토록 하고, 평화에 기여하는 것이 있으면 그것을 준비하며, 또 해로운 것은 멀리하고, 이웃이 위험에 처해 있을 때 도움의 손길을 제공하라는 것으로까지 확대해석할 수 있습니다.[220] 하이델베르크 요리 문답 105~107번과 웨스트민스터 대요리 문답 135~136번은 여기에 대하여 명확하고 구체적으로 설명하고 있습니다.

> 하이델베르크 요리 문답
> 105. '제6계명에서 우리를 향하신 하나님의 뜻은 무엇입니까?'

---

perishing or declining among us, we should diligently frequent the sacred meetings, and make use of those external aids which can promote the worship of God.

220) *Inst.*, 2. 8. 39: To sum up, then, all violence, injury, and any harmful thing at all that may injure our neighbor's body are forbidden to us. We are accordingly commanded, if we find anything of use to us in saving our neighbors' lives, faithfully to employ it; if there is anything that makes for their peace, to see to it; if anything harmful, to ward it off; b(a)if they are in any danger, to lend a helping hand.

'내 이웃을 생각이나 말이나 외모나 몸짓으로 그리고 더욱 분명하게는 실제 행동으로 얕잡아 보거나 모욕하거나 증오하거나 죽이지 않아야 하며 다른 사람들의 그러한 일에도 가담하지 말아야 합니다. 근본적으로 복수에 불타는 모든 마음을 끊어버려야 합니다. 또한, 나 자신을 해롭게 하거나 성급하게 위기에 빠뜨리지 않아야 합니다. 정부가 무기를 갖추고 있는 까닭의 하나는 바로 살인을 막기 위한 것입니다.'

106. '이 계명은 오직 살인만을 언급하는 것입니까?'

'살인을 금지함으로써 하나님께서는 살인의 근원 곧 시기, 증오, 분노, 앙심 등을 미워하신다는 것을 우리에게 가르쳐 주십니다. 하나님의 눈에는 이러한 것들이 모두 살인에 해당합니다.'라고 답합니다.

107. '그러한 방법으로 우리 이웃을 죽이지 않으면 그것으로 충분한 말입니까?'

'아닙니다. 하나님께서는 시기와 증오와 분노를 정죄하심으로써 이웃을 내 몸과 같이 사랑하고 인내와 화평과 온유와 자비와 우정으로 대하며, 할 수 있는 한 그들을 위험으로부터 보호하고 심지어 원수들에게까지 선을 베풀라고 가르쳐 주십니다.'

웨스트민스터 대요리 문답

135. '제6계명에서 요구된 의무는 무엇입니까?'

'제6계명에서 요구된 의무는 우리 자신들과 다른 사람들의 생명을 보존하기 위해 주의 깊은 연구와 합법적 노력을 아끼지 않는 것인데, 그것은 누구의 생명이든지 부당하게 빼앗아 가려는 모든 사상과 목적에 대항하고, 모든 격분을 억제하고, 그런 모든 경우와 시험과 습관을 피함으로 폭력에 대한 정당방위와 하나님의 징계를 조용한 마음과 즐거운 마음으로 참아 견디는 것, 마음의 평온, 영적 즐거움, 고기와 음료와 약과 수면과 노동과 오락을 절제 있게 사용하고, 자비로운 생각, 사랑, 동정, 온유, 양선, 친절, 화평, 부드럽고 예의 있는 말과 행동, 관용, 화목한 자세, 피해에 대한 관용과 용서, 또한 악을 선으로 갚음과 곤궁에 빠진 자들을 위로하고 구제함과 죄 없는 자를 보호하고 옹호함으로써 하는 것입니다.'

136. '제6계명에서 금지된 죄들은 무엇입니까?'

'제6계명에서 금지된 죄들은 공적 재판, 합법적 전쟁, 혹은 필요한 방위를 제외한 우리 자신들이나 다른 사람들의 생명을 박탈하는 모든 것, 합법적이며, 필요한 생명 보존의 방편을 소홀히 하거나 철회하는 것, 죄악된 분노, 증오심, 질투, 복수심, 모든 과도한 격분, 혼란케 하는 염려, 육류와 음료, 노동과 오락을 무절제하게 사용함과 격동시키는 말과 압박, 다툼, 구타, 상해와 다른 무엇이든지 사람들의 생명을 파멸하기 쉬운 것들입니다.'

우리는 의로운 분노라든지 죄에 대한 분노 등을 일반적인 분노와 구별하지만, 그것은 주님에게나 합당할 뿐 우리에게는 그것이 단지 명분일 뿐 실제로는 존재하지 않습니다.[221] 죄를 미워하고 의를 사모하며 사랑해서 분노하는 것이 아니라, 사실은 그 분노를 통하여 우리가 원하는 어떤 것을 얻기 위함이라는 사실을 우리는 부정할 수 없습니다. 그러므로 우리가 적의를 품고 미워하며 분노하고 다른 사람을 비방하는 것은, 사실은, 주님 말씀하신 대로 살인이라는 것을 알고 그 모든 것들을 멈추어야 합니다.

간음하지 말라는 말씀은 간통하지 말라는 뜻일까요?

출 20:14 간음하지 말지니라.

이 계명의 목적은 어떤 불결함이나 탐욕에 찬 육적 무절제로 인해 우리의 몸과 마음이 부정해지는 모든 것을 멀리해야 한다는 데 있습니다.[222] 그러므로 간통뿐만 아니라 결혼 이외의 어떠한 성적인 결합도 금합니다. 또 제7계명도 다른 계명들과 마찬가지로 외적인 행동뿐만 아니라 마음의 생각과 의도와도 관계가 있어서 예수님께서 말씀하신 대로 미움이 살인인 것과 마찬가지로 음욕 또한 간음과 같고(마 5:27~32), 그뿐만 아니라 아내를 버리면(이혼) 그로 간음하게 하는 것입니다(마 5:32). 하이델베르크 요리 문답 108~109번과 웨스트민스터 대요리 문답 138~139번은 여기에 대하여 명확하고 구체적으로 설명하고 있습니다.

> 하이델베르크 요리 문답
> 108. '제7계명에서 우리를 향하신 하나님의 뜻은 무엇입니까?'
> '하나님께서는 모든 불륜한 행위를 정죄하십니다. 따라서 우리도 그것을 미워하고 거룩한 혼인을 통한 생활에 있어서나 독신으로 살든지 순결하게 살고 규모 있게 살아야 할 것을 가르치고 있습니다.'
> 109. '이 계명에서 하나님은 오직 간음과 같은 추악한 죄만을 금하신 것입니까?'
> '우리의 몸과 영혼은 성령께서 거하시는 거룩한 전(殿)이므로 하나님께서는 우리의 몸과 영혼이 정결하고 성결하기를 원하십니다. 그래서 하나님은 모든 불륜한 행동을 금하고 표정이나 말이나 생각이나 욕망 또한 그 이외에 무엇이든지 다른 사람을 그러한 곳으로 끌어가게 하는 것을 금하고 있습니다.'

---

221) 『기독교 강요 교리설교 (상)』, 311~312.
222) *Inst.*, 2. 8. 41: To sum up, then: we should not become defiled with any filth or lustful intemperance of the flesh.

웨스트민스터 대요리 문답

138. '제7계명에서 요구된 의무는 무엇입니까?'

'제7계명에서 요구된 의무는 몸, 마음, 애정, 말과 행동에서의 정결, 우리 자신들과 다른 사람들의 정절을 보존하는 것, 눈과 모든 감각 기관에 대한 조심, 절제, 정결한 친구와의 사귐, 단정한 복장, 금욕의 은사 없는 자들의 결혼, 부부의 사랑과 동거, 우리의 직업에 근실한 노력, 모든 경우의 부정을 피함과 그 시험들을 저항하는 것입니다.'

139. '제7계명에서 금지된 죄들은 무엇입니까?'

'제7계명에서 금지된 죄들은 요구된 의무들을 등한히 하는 외에, 간음, 음행, 강간, 근친상간, 남색, 모든 부자연스러운 정욕, 모든 부정한 상상과 생각, 목적, 애정, 모든 부패한 혹은 추잡한 교제, 혹은 그것에 귀를 기울이는 것, 음탕한 표정, 뻔뻔스러운 추태, 경솔한 행동, 단정치 못한 옷차림, 합법적 결혼의 금지와 불법적 결혼의 시행, 매음을 허락, 관용, 보존하며, 음녀들에게 가는 것, 독신 생활에 얽매이는 서약, 결혼의 부당한 지연, 일시에 한 사람 이상의 아내나 남편을 가지는 것, 부당한 이혼 혹은 버림, 게으름, 포식, 술 취함, 음란한 친구의 교제, 음탕한 노래, 서적, 그림, 춤, 연극과 우리 자신이나 다른 사람들에게 음란을 자극하는 것이나 음란의 행위를 하는 모든 것들입니다.'

오늘날 성(性, sex)에 대한 세상의 기준은 성경의 기준과 매우 큰 차이가 있습니다. 상품 광고는 물론이고 드라마와 영화는 성(性)을 미끼로 사람들의 관심을 끌려고 합니다. 현대의 쾌락주의는 성(性)의 자유와 실험을 부르짖고, 쾌락 제일주의가 인간의 철학이 되어 자신을 즐겁게 해주는 것이라면 그것이 곧 좋은 것이고 옳은 것이고 바른 것이 된 시대에 살고 있습니다.[223] 이제 인권이라는 이름으로 이혼과 간통이 대부분의 나라에서 합법화되었고, 동성애도 소위 선진국이라는 나라들을 중심으로 합법화되었으며, 한국도 그런 움직임이 강하게 일어나고 있습니다. 서로가 합의만 하면 이혼도 간통도 동성애도 정당한 것이 되었고, 이혼이나 간통이나 동성애에 대해서 비난하거나 책망하거나 심지어 기분 나쁜 시선을 보내는 것조차 죄가 되고 처벌을 받는 시대가 되었습니다. 이런 상황에서 성경의 가르침은 고루하고 시대에 뒤떨어진 낡은 것이며 심지어 잘못된 것이라는 주장까지 확산하고 있습니다.

특별히 영국의 로빈슨, 플레처, 콕스, 파이크와 같은 잘 알려진 신학자들과 그 밖의 사람들에 의하여 주장되고 있는 신도덕주의(New Morality)는 성경의 윤리에 강하게

---

223) 『기독교 강요 교리설교 (상)』, 312~313.

도전하고 있어서 특별히 경계해야 합니다.224) 그들은 윤리적으로 옳고 그름은 성경적 기준과 같은 미리 결정된 어떤 윤리적 기준에 의해서 판단되는 것이 아니라 윤리적 상황 그 자체에 의해서 결정되는 것이며, 어떤 윤리적 상황에서나 유일하고도 절대적인 기준은 사랑에 대한 욕구이고, 그것을 충족시켜 주는 것이라면 다른 사람에게 직접 해를 끼치지 않는 한 무슨 일이든지 옳으며, 다른 사람에게 직접 해를 끼치는지 아닌지는 오직 그 상황에서만 결론을 내릴 수 있다는 확신을 하고 도덕성에 접근합니다.225) 이들의 주장에 따르면 간통이나 간음이나 거짓말이나 도둑질이나 이전에 불법적인 행위로 여겨졌던 모든 일이 반드시 나쁜 일은 아니라는 결론이 나올 수 있는데, 이러한 주장은 우리가 완전하지 않은 이상 옳을 수 없습니다.226) 우리의 사랑은 온전하지 못하며 우리는 신실하지 못하고 충실하지 못하며, 우리의 사랑에서 이기적인 것을 뺄 수 있는 사람은 아무도 없으므로, 하나님께서 가르쳐 주신 기준을 뛰어넘는 인간의 기준이란 존재할 수 없습니다.227)

도적질이 왜 하나님께 죄를 짓는 것일까요?

출 20:15 도적질하지 말지니라.

다른 사람들이 정당하게 소유한 것들은 하나님께서 주신 것들이기 때문에(약 1:17), 그것을 훔치는 것은 그것을 나누어주신 하나님의 뜻을 거역하는 것이므로 하나님께 죄를 짓는 것입니다.228) 사악한 계략으로 남의 소유를 빼앗는 것은 하나님의 분배하심을 속임수로 챙겨두는 것이 되기 때문에 그것은 사람에게만이 아니라 하나님께 죄를 짓는 것입니다.229)

우리는 하나님께서 주신 개인의 소유권을 존중해야 합니다. 물론 개인의 생명은 그가 소유한 물질의 풍부함에 있는 것이 아님을 믿음으로 고백하고 세상에 나타내기 위하여, 또는 소유에 대한 집착을 끊기 위하여 개인 소유를 포기할 수도 있지만, 그것은 개인의

---

224) 『기독교 강요 교리설교 (상)』, 313.
225) 『기독교 강요 교리설교 (상)』, 313.
226) 『기독교 강요 교리설교 (상)』, 314.
227) 『기독교 강요 교리설교 (상)』, 314.
228) 『기독교 강요 교리설교 (상)』, 315.
229) *Inst.*, 2. 8. 45: For this reason, we cannot by evil devices deprive anyone of his possessions without fraudulently setting aside God's dispensation.

자유로운 결정에 의한 자발적인 것이어야 합니다. 공동체 생활을 한다고 하더라도 개인 소유는 구분되고 존중되어야 하고 다른 사람의 재산을 침해해서는 안 됩니다. 더구나 사회주의는 용납될 수 없습니다.

제8계명도 다른 계명들과 마찬가지로 남의 물건을 훔친 것뿐만 아니라, 시간적으로나 정신적으로 손해를 끼치는 것도 포함한다는 것을 명심해야 합니다. 하이델베르크 요리 문답 110~111번과 웨스트민스터 대요리 문답 141~142번은 여기에 대하여 명확하고 구체적으로 설명하고 있습니다.

하이델베르크 요리 문답

110. '제8계명에서 하나님이 금하시는 것은 무엇입니까?'

'하나님께서는 단지 법률로 금지된 공공연한 도둑질과 강도질만을 금하신 것이 아닙니다. 하나님의 눈에 비치는 도둑질이란 비록 그것이 겉으로는 합법적으로 보일지라도 실제로는 이웃을 속이는 모든 행위 즉 저울과 자와 되를 속이는 일, 사기, 위조, 폭리, 또는 하나님이 금지한 기타 모든 수단이 포함됩니다. 그뿐만 아니라 하나님께서는 모든 탐욕과 자신의 은사들을 무분별하게 낭비하는 모든 일을 금하십니다.'

111. '이 계명에서 하나님은 당신에게 무엇을 요구하십니까?'

'내 이웃의 유익을 위하여 최선을 다하고 다른 사람들이 내게 해주기를 바라는 대로 남들을 대하며 가난한 사람들을 도울 수 있도록 열심히 일하는 것입니다.'

웨스트민스터 대요리 문답

141. '제8계명에서 요구된 의무는 무엇입니까?'

'제8계명에서 요구된 의무는 사람과 사람 사이의 계약들과 거래에 있어서 진실하고, 신실하며, 공의롭게 행하는 것과 각자에게 마땅히 주어야 할 것을 주는 것이며, 정당한 소유주로부터 불법하게 점유한 물건을 배상할 것이며, 우리들의 재능과 다른 사람들의 필요에 따라 아낌없이 주기도 하고, 빌려주는 것이며, 이 세상 재물에 대한 우리의 판단과 의지와 애정을 절제하는 것이며, 우리의 성질의 유지에 필요하고 편리하며, 형편에 맞는 것들을 얻고 보존하며 사용하고 처리하려는 주의 깊은 용의(用意)와 연구를 하는 것이며, 정당한 직업과 그것에 근면하는 것이며, 검약함과 불필요한 소송과 보증서는 일이나 기타 그와 같은 약속들을 피하는 것과 우리 자신의 것뿐만 아니라 다른 사람들의 부와 부동산을 구하여 보존하고 증진하기 위하여 모든 공정하고 합법적인 수단으로 노력하는 것입니다.'

142. '제8계명에서 금지된 죄들은 무엇입니까?'

'제8계명에서 금지된 죄들은 요구된 의무들을 등한히 하는 일 외에 도적, 강도 행위, 납치,

장물 소유, 사기 행위, 속이는 저울질과 치수 재기, 땅의 경계표를 부당하게 옮기는 것, 사람들 사이에 맺어진 계약이나 신탁에 대한 불공정과 불성실한 것, 억압, 착취, 고리대금, 뇌물, 소송 남용, 불법적 봉쇄와 추방, 물가 인상을 위한 매점, 부당한 값을 부르는 일과 우리의 이웃에게 속이는 것을 그에게서 취하거나 억류해 두거나, 우리 자신을 부유하게 하기 위한 다른 모든 일에 불공평하거나 죄악된 방법들과 탐욕과 세상 재물을 과도하게 소중히 여기고 좋아하는 것이며, 그것을 얻어 보존하고 사용하면서 의심하고 괴롭게 하는 염려와 노력, 타인의 번영에 대하여 질투하며, 또 그와 같이 게으름, 방탕, 낭비적 노름과 다른 방법으로 우리들의 부동산에 대하여 부당한 편견을 가지는 것이며, 우리 자신을 속여 하나님께서 우리에게 주신 재물의 바른 사용과 안위를 갖지 못하게 하는 것입니다.'

'너는 층계로 내 단에 오르지 말라.'라는 말의 뜻이 무엇일까요?

출 20:26 너는 층계로 내 단에 오르지 말라. 네 하체가 그 위에서 드러날까 함이니라.

단순히 층계로 제단에 오르지 말라는 뜻일까요? 출 20:26 하반절에 보면 하체가 드러날 수 있기 때문이라고 그 이유를 설명합니다. 층계를 오를 때 바람에 옷자락이 날려서 하체가 드러날 수 있으므로 층계로 제단에 오르는 것을 금했습니다.

하체를 드러내는 일은 가나안 종교에서 흔한 일이었고, 그것은 남신과 여신의 성관계를 부추기도록 자극할 목적으로 의도되어 가나안 제사장들에 의해 종교적 의식으로 행해졌던 은밀한 간음을 의미했습니다. 이러한 사실은 가나안의 여신들, 아스다롯, 아나스, 그리고 아세라의 성기들이 다양한 묘사로 강조되었다는 것이 고고학적 발견으로 확인되었습니다.[230]

이러한 일이 하나님 앞에서는 결코 있을 수 없었기 때문에, 모세는 후에 예배를 주관하는 제사장들에게 베로 고의를 만들어 허리에서부터 넓적다리까지 이르게 하여 하체를 가리게 하였고, 그렇게 하지 않고 회막이나 제단에 가까이하여 거룩한 곳에서 섬기면 죄를 지어 죽게 된다고 경고했습니다(출 20:41~43).[231] 하나님은 우리가 하나님 앞에 나아갈 때, 하나님 앞에서 살 때 인간의 정욕에서 떠나 순결하고 정숙하게 살기를 원하십니다.

---

230) 서춘웅, 『성경 난제 해설 · 구약』 3판, 332.
231) 서춘웅, 『성경 난제 해설 · 구약』 3판, 332.

출 21:22~23은 낙태는 살인이 아니라는 근거 구절일까요?

출 21:22 사람이 서로 싸우다가 아이 밴 여인을 다쳐 낙태케 하였으나 다른 해가 없으면 그 남편의 청구대로 반드시 벌금을 내되 재판장의 판결을 좇아서 낼 것이니라. 23 그러나 다른 해가 있으면 갚되 생명은 생명으로,

낙태를 시킨 경우는 살인과는 다르게 벌금만 내도록 함으로써 출생하지 않은 아이는 인격으로 간주하지 않았다는 것을 보여주는 것일까요? 그런 식으로 해석하는 사람들은 이 구절이 낙태를 인정하는 것으로 봅니다. 과연 그럴까요?

우리말로 번역된 낙태는 히브리어 '야트사'로 낙태가 아니고 출산을 뜻하기 때문에 '낙태케 하였으나'라는 영역으로는 'so that she gives birth prematurely'라고 번역할 수 있으며, 태 속의 아이를 죽게 한 것이 아니라 조산을 하게 한 경우를 의미합니다.[232] 그럴 경우에는 그 여인의 남편이 청구하는 바를 따라 반드시 벌금을 내되 재판장의 판결을 따라서 내라는 것입니다.

만일 낙태라면 출 21:23의 규정대로 생명은 생명으로 갚아야 합니다. 낙태죄 폐지 촉구 집회를 열고 헌법재판소의 낙태죄 위헌 결정을 촉구하는 사람들 가운데, 성경은 태아를 인격으로 취급하고 있지 않는다고 주장하는 낙태 찬성자들이 늘어나고 있지만, 본문은 결코 태아는 인격이 아니라거나 그 가치에서 어머니보다 못하다고 말하지 않습니다. 본문은 낙태를 가리킨 것이 아니라 조산하게 된 경우이기 때문에, '다쳐'라는 말은 어머니에게 제한되지 않으며 어머니나 아기에게 모두 지속적인 해가 없다면, 가해자가 그 남편에게 제삼자에 의해 정해진 보상을 해야 한다는 뜻일 뿐, 결코 어머니나 조산아 사이를 구분하거나, 어머니와 태아 혹은 조산아 사이에 인격적인 차이를 두고 있다는 것을 의미하지 않습니다.[233] 출 21:22의 경우는 조산을 의미하며, 조산이란 산모나 유아 모두를 허약하게 만들기 때문에 그 손해에 대한 배상청구는 남편이 맡도록 규정하고 있습니다.[234]

---

232) 서춘웅, 『성경 난제 해설・구약』 3판, 335.
233) 서춘웅, 『성경 난제 해설・구약』 3판, 335.
234) *Comm.* Exodus 21:22, But, since it could not fail but that premature confinement would weaken both the mother and her offspring, the husband is allowed to demand before the judges a moneypayment, at their discretion, in compensation for his loss;

하나님은 보복을 허용하실까요?

출 21:23 그러나 다른 해가 있으면 갚되 생명은 생명으로,
　　　24 눈은 눈으로, 이는 이로, 손은 손으로, 발은 발로,
　　　25 데운 것은 데움으로, 상하게 한 것은 상함으로, 때린 것은 때림으로 갚을지니라.

이 말씀은 보복의 법으로 불리는 것으로 레 24:19~20과 신 19:21에도 나오는데, 과연 이 말씀이 보복의 법일까요? 만일 그렇다면 레 19:18의 '원수를 갚지 말며 동포를 원망하지 말며 이웃 사랑하기를 네 몸과 같이 하라. 나는 여호와니라.'라는 말씀과 모순됩니다.[235] 그러면 무슨 뜻일까요?

출 21:22 하반절의 '재판장의 판결을 좇아서 낼 것이니라.'라는 말씀은 범죄자에 대한 취급을 재판장이 함으로써 사적인 형벌이나 보복이 금지되어 있다는 것을 알 수 있습니다. 출 21:26~22:30의 내용을 보면 보복에 관한 내용이 아니라 배상에 관한 내용임을 알 수 있습니다. 성경의 법은 결코 보복의 원리나 원수를 갚는 것을 목적으로 하지 않습니다. 피해자나 약자의 권리와 보호를 위한 것이며, 개개인의 사사로운 시행법이 아니라 판결에서 재판관을 인도해 주는 공적이고 법적인 원리를 말합니다.[236]

이 법은 죄 있는 자에게 처벌을 부과할 것을 명령하고 있지만, 보복해서는 안 되고 증오심에 불타서 악을 악으로 갚아서도 안 된다고 가르쳐 주는데, 그 이유는 이 법은 복수심을 자극하려는 의도가 아니라 처벌에 대한 공포로 모든 폭력을 억제하려는 것이기 때문입니다.[237]

물론 살인의 경우에는 배상(속전) 대신에 '생명은 생명으로' 갚아야 합니다. 민 35:31은 이 사실을 '살인죄를 범한 고살자의 생명의 속전을 받지 말고 반드시 죽일 것이며'라고 명시합니다.

---

235) 서춘웅, 『성경 난제 해설·구약』 3판, 336.
236) 서춘웅, 『성경 난제 해설·구약』 3판, 337.
237) *Comm.* Exodus 21:22, But although God commands punishment to be inflicted on the guilty, still, if a man be injured, he ought not to seek for vengeance; for God does not contradict Himself, who so often exhorts His children not only to endure injuries patiently, but even to overcome evil with good. The murderer is to be punished, or he who has maimed a member of his brother; but it is not therefore lawful, if you have unjustly suffered violence, to indulge in wrath or hatred, so as to render evil for evil.

이자를 받거나 이윤을 추구하는 것은 하나님의 뜻에 어긋날까요?

출 22:25 네가 만일 너와 함께한 나의 백성 중 가난한 자에게 돈을 꾸이거든 너는 그에게 채주같이 하지 말며 변리를 받지 말 것이며

이 구절은 분명히 '너와 함께한 나의 백성 중 가난한 자에게 돈을 꾸이거든'(If you lend money to My people, to the poor among you,)이라고 제한을 두고 있습니다. 그러면 하나님의 백성 중 가난한 자 이외에는 이자를 받거나 이윤을 추구해도 될까요?

마 25:27의 달란트 비유와 눅 19:23의 므나 비유에서는 이자를 받는 것이 합법적임을 보여 주지만, 과도한 이자로 재산을 많아지게 하는 것은 잘못된 것입니다(잠 28:8).

하나님을 형상화하는 것은 무엇이 잘못된 것일까요?

출 32:1~5

이스라엘 백성의 잘못이 무엇일까요? 그들은 하나님이 아닌 다른 신들을 섬겼을까요? 아닙니다. 하나님을 섬겼습니다. 그들은 애굽 땅에서 인도하여 낸 신(神)이라는 정확한 신앙고백도 했습니다. 그들이 하나님을 '힘(능력)'과 '번성(생산)'의 상징인 금송아지로 형상화한 것은 문제가 있지만, 그들이 그렇게 한 것은 하나님을 배신한 것이 아니라, '하나님은 우리의 능력과 번성을 가져다주는 분'이라는 믿음의 고백이었습니다. 그들은 그러한 믿음의 고백을 표현하기 위해 귀중품인 금고리를 내어놓는 데 헌신을 다했습니다. 그뿐만 아니라 그 앞에 단을 쌓고 절일을 선포하고 이튿날에 일찍이 일어나 번제를 드리며 화목제를 드리고 즐거워했습니다. 우리식으로 표현하면 정성을 다해 열심히 축제의 예배를 드린 것입니다.

그런데 여기에 대하여 하나님은 어떤 반응을 보이셨습니까? '너희가 비록 나를 조금 잘못 알기는 했지만, 너희 마음은 가상하구나! 그 열심과 정성과 헌신을 보니 기쁘구나!' 라고 반응하셨습니까? 아닙니다. 출 32:7~9은 하나님의 반응을 잘 보여줍니다.

> 여호와께서 모세에게 이르시되 너는 내려가라. 네가 애굽 땅에서 인도하여 낸 네 백성이 부패하였도다. 그들이 내가 그들에게 명한 길을 속히 떠나 자기를 위하여 송아지를 부어 만들고 그것을 숭배하며 그것에게 희생을 드리며 말하기를, 이스라엘아 이는 너희를 애

굽 땅에서 인도하여 낸 너희 신이라 하였도다. 여호와께서 또 모세에게 이르시되 내가 이 백성을 보니 목이 곧은 백성이로다.

하나님은 '부패하였도다.', '내가 그들에게 명한 길을 속히 떠나', '자기를 위하여 송아지를 부어 만들고 그것을 숭배하며', '목이 곧은 백성이로다.'라고 진노하셨습니다. 이것이 무엇을 뜻할까요? 하나님은 인간의 생각과 인간의 방식에 따라 자기 소견에 좋은 대로 하나님을 섬기는 것을 '부패하다.', '하나님의 명한 길을 떠난 것이다.', '우상을 숭배하는 것이다.', '목이 곧다.'라고 말씀하십니다. 하나님은 성경에 기록된 대로, 하나님께서 가르쳐 주신 대로 섬기지 않는 모든 신앙의 행위에 대하여 진노하십니다.

사사기 17장에는 미가가 우상을 만든 이야기가 나옵니다. 미가가 만든 신상은 하나님을 상징하며 하나님을 섬기기 위해 만든 것이었습니다. 미가는 바알이나 아세라를 섬긴 것이 아니라 분명히 하나님을 섬겼습니다. 그러나 그것은 하나님의 말씀과는 상관없이 자기 나름대로 섬긴 것입니다. 성경의 가르침과는 상관없이 열심과 정성과 헌신만 중요하게 여기는 한국교회의 상황을 연상시킵니다.

삿 17:6은 그때의 이스라엘의 상황을 사람마다 자기 소견에 옳은 대로 행하였다고 고발합니다. 하나님을 형상화한다는 것은 하나님을 왜곡시키는 행위입니다. 유럽인들은 합리주의로, 미국인들은 실용주의로, 한국인은 기복주의로 하나님을 왜곡합니다. 민족주의자들은 민족주의로, 사회주의자들은 사회주의로, 심리학자는 심리학으로 하나님을 왜곡합니다. 사람마다 자기 소견에 옳은 대로 하나님을 왜곡합니다. 제2계명의 '하나님을 형상화하지 말라.'라는 명령을 어기는 것입니다. 우리는 부디 자기 소견에 옳은 대로 하나님을 왜곡시켜 섬기는 우상숭배에서 벗어나, 하나님의 기록된 말씀을 바르게 알고 그에 합당하게 하나님을 섬기는 복된 삶을 살아야 합니다.

하나님도 자기 뜻을 돌이키실까요?

출 32:14 여호와께서 뜻을 돌이키사 말씀하신 화를 그 백성에게 내리지 아니하시니라.

그렇다면 삼상 15:29의 '이스라엘의 지존자는 거짓이나 변개함이 없으시니 그는 사람이 아니시므로 결코 변개치 않으심이니이다.'라는 말씀이나, 말 3:6의 '나 여호와는 변역지 아니하나니 그러므로 야곱의 자손들아, 너희는 소멸하지 아니하느니라.'라는 말씀이나, 또는 히 6:17의 '하나님은 약속을 기업으로 받는 자들에게 그 뜻이 변치 아니함을 충분히 나타내시려고 그 일에 맹세로 보증하셨나니'라는 말씀과도 모순됩니다.

그러면 하나님께서 뜻을 돌이키신다는 말씀을 어떻게 해석해야 할까요? 하나님께서 뜻을 돌이키신다는 것은 있을 수 없는 일입니다. 그것은 인간에게나 가능한 일입니다. 그러면 하나님께서 변하실 수 없는 이유는 무엇일까요? 변한다거나 바꾼다는 것은 시간적 순서가 전제될 때 가능한데, 하나님은 영원하시며 시간을 초월해 계시기 때문에 그것은 있을 수 없습니다. 또 변한다는 것은 더 좋은 모습이나 더 나쁜 모습으로 달라지는 것을 뜻하는데 하나님은 항상 동일하시고 완전하신 분이시기 때문에 하나님께는 변하신다는 것이 있을 수 없습니다. 변한다는 것은 무엇인가 부족하거나 모르는 부분이 있었다는 것을 전제로 해야 하는데 하나님은 전지전능하신 분이시기 때문에 하나님께는 변하신다는 것이 있을 수 없습니다. 따라서 '여호와께서 뜻을 돌이키신다.'라는 말은 하나님께서 인격적이신 분이시라는 것을 그렇게 표현한 것이라고 해석해야 합니다.

레위기

부정한 짐승을 먹지 말라고 명령한 이유가 건강 때문일까요?

레 11:1~47

만일 건강과 관련되어 있다면 구약시대나 유대인뿐만 아니라 오늘날 우리도 레위기의 규정을 따라서 토끼나 돼지, 미꾸라지나 장어 등은 먹지 말아야 할 것입니다. 과연 그럴까요? 그것은 성경 어디에도 근거가 없습니다.

본문에도 건강에 관한 내용은 전혀 없고, 단지 정결하므로 먹을 수 있고 부정하기 때문에 먹지 말아야 한다고만 말씀할 뿐입니다. 먹지 못할 짐승에 관한 규정에서 그 이유가 레 11:10~20, 23, 41~43에서는 가증하기 때문이고, 레 11:24~36, 38~40에서는 부정하기 때문이며, 레 11:44은 더럽히기 때문이라고 말씀합니다. 신약성경에서는 음식에 관한 규정들이 다 폐지되었습니다(행 15:1~15, 마 15:17~20, 고전 8:1~13, 10:23~33). 물론 다른 사람의 신앙적 유익을 위해 절제하거나 금할 수는 있습니다.

그렇다면 레위기의 음식 규정은 우리에게 아무런 의미도 없는 말씀일까요? 레위기는 제사와 정결에 관한 책이라고 할 수 있고 이 둘은 '거룩'을 주제로 합니다. 제사와 정결의 규례들은 우리에게 거룩을 가르쳐주려는 것입니다. 거룩이란 말은 구별, 분리를 뜻합니다. 하나님의 백성은 세상과 구별, 분리되어야 합니다. 음식에 관한 규정들도 역시 그것과 관련되어 있습니다. 신자는 세상과 달라야 하고 구별되어야 합니다.[238]

먹어도 좋다고 허용된 음식들이 건강에 좋다는 것을 의학적으로 증명할 수 있을지는 모르지만, 하나님께서 마치 의사의 직분을 수행하듯이 건강을 생각해서 이런 규정을 주셨다고 생각하는 것은 이 율법의 효력과 용도를 왜곡시키는 것이므로, 우리는 다만 레위기 전체의 주제인 거룩의 문맥에서 부정한 음식과 정한 음식의 규정을 이해해야 합니다.[239] 부정한 짐승의 식용을 금지한 이유는 다른 데 있는 것이 아니라, 이방의 온갖 부정한 것에서 물러나 있게 하는 데 있었습니다.[240]

하나님은 외부적인 것들(음식물)에 대해서도 정과 부정의 의미를 부여하여 하나님의 백성의 구별된 생활을 장려함으로써 우상을 섬기는 민족들과 가까이 교제하지 못하도록 하셨고, 또 성결의 도를 가르쳐서 신약의 복음을 지향한 영적 준비를 이루게 하셨습니다.[241]

율법을 완벽히 지킴으로 구원을 받을까요?

레 18:5 너희는 나의 규례와 법도를 지키라. 사람이 이를 행하면 그로 인하여 살리라. 나는 여호와니라.

율법을 완벽히 지킴으로 영생을 얻을 수 있을까요? 행위 구원이 가능할까요? 물론 성경은 율법 준수와 순종을 강조합니다. 그뿐만 아니라 율법 준수와 순종에 복을 조건으로 달고 있는 것도 사실입니다. 성경은 죄인에 대한 심판을 선언할 뿐만 아니라, 또한 타락 후 인간에게 영생의 길로서 완전한 순종을 요구하셨습니다.[242]

---

238) 윤석준, 『한국교회가 잘못 알고 있는 101가지 성경 이야기 (2)』, 215.

239) *Comm.* Leviticus 11:2, Those who imagine that God here had regard to their health, as if discharging the office of a Physician, pervert by their vain speculation the whole force and utility of this law. I allow, indeed, that the meats which God permits to be eaten are wholesome, and best adapted for food; but, both from the preface, - in which God admonished them that holiness was to be cultivated by the people whom He had chosen, - as also from the (subsequent) abolition of this law, it is sufficiently plain that this distinction of meats was a part of that elementary instruction f37 under which God kept His ancient people.

240) *Comm.* Leviticus 20:25, Whence it follows, that for no other reason were they prohibited from eating those animals, except that they thence may learn to take more diligent heed, and to withdraw themselves far from all the pollutions of the Gentiles.

241) 박윤선, 『성경주석 레위기 민수기』 2판 (서울: 영음사, 1987), 88.

242) 『개혁 교의학 3』, 276.

그러나 그것이 구원이나 영생의 조건일까요? 레위기 18장은 구원받은 하나님의 백성을 상대로 하고 있어서 '이를 행하면 그로 인하여 살리라.'라는 말씀은 칭의의 의미보다는 성화의 의미입니다.[243] 행위로 구원받을 사람은 아무도 없습니다. 본문에서 '살리라.'라는 말은 구원이나 영생의 의미가 아니라, 이미 믿는 하나님의 백성들이 하나님의 법을 따르고 순종할 때 하나님의 은혜와 복을 누리며 산다는 의미입니다(레 26:3~13, 신 28:1~14).[244]

율법에서 약속한 것들은 하나님께서 복음을 통해서 도와주시지 않는다면, 수포로 돌아갈 수밖에 없습니다.[245] 율법의 약속에는 율법을 지킨다는 조건이 붙어 있고, 율법을 지켜야만 약속도 성취되는데, 이 조건은 결코 성취될 수 없어서, 하나님께서는 의의 일부를 우리의 행위에 맡기고 남은 부분을 하나님의 사랑으로 보충하시는 방법으로가 아니라, 다만 그리스도만을 통하여 의롭다 함을 얻게 하셨습니다.[246]

그러면 율법을 성취할 경우 의를 획득할 수 있다는 말은 터무니없는 것일까요? 성경이 인간의 행위에 따라서 의롭게 된다는 점을 부정하는 것은, 율법 자체가 불완전하거나 그것이 완전한 의에 대한 교훈을 담고 있지 않기 때문이 아니라, 이 약속이 인간의 타락과 죄와 연약성으로 말미암아 무효하게 되기 때문입니다.[247] 그러므로 롬 10:4은 믿음을 통해 그리스도의 은혜에서 의를 찾도록 가르쳐줍니다.

동성애 금지는 의식법이기 때문에 폐지되었으며, 동성애가 금지되었던 것은 단지 자식을 낳지 못하는 것 때문일까요?

레 18:22 너는 여자와 교합함같이 남자와 교합하지 말라. 이는 가증한 일이니라.

레 20:13 누구든지 여인과 교합하듯 남자와 교합하면 둘 다 가증한 일을 행함인즉 반드시

---

243) 서춘웅, 『성경 난제 해설·구약』 3판, 376.
244) 서춘웅, 『성경 난제 해설·구약』 3판, 377.
245) *Inst.*, 3. 17. 2: In this way, the promises also that are offered us in the law would all be ineffectual and void, had God's goodness not helped us through the gospel.
246) *Inst.*, 3. 17. 2: For this condition, that we should carry out the law-upon which the promises depend and by which alone they are to be performed-will never be fulfilled. Thus the Lord helps us, not by leaving us a part of righteousness in our works, and by'supplying part out of his loving-kindness, but by appointing Christ alone as the fulfillment of righteousness.
247) *Comm.* Leviticus 18:5, The cause of this error was, because they feared that thus the righteousness of faith might be subverted, and salvation grounded on the merit of works. But Scripture does not therefore deny that men are justified by works, because the Law itself is imperfect, or does not give instructions for perfect righteousness; but because the promise is made of none effect by our corruption and sin. Paul, therefore, as I have just said, when he teaches that righteousness is to be sought for in the grace of Christ by faith, (Romans 10:4,) proves his statement by this argument, that none is justified who has not fulfilled what the Law commands. ··· Foolishly, then, do some reject as an absurdity the statement, that if a man fulfills the Law he attains to righteousness; for the defect does not arise from the doctrine of the Law, but from the infirmity of men, as is plain from another testimony given by Paul. (Romans 8:3.)

죽일지니 그 피가 자기에게로 돌아가리라.

신명기 11장과 14장에 언급된 금지된 음식에 대한 의식법은 행 10:15에 따르면 폐지된 것임을 알 수 있습니다. 그러나 동성애 금지의 경우는 신약시대에 와서도 여전히 폐지되지 않았음을 성경을 통해서 확인할 수 있습니다. 롬 1:26~27은 동성애에 대하여 신랄하게 정죄합니다. 고전 6:9~10에서는 하나님의 나라를 유업으로 받지 못하는 죄목 가운데 남색(동성애)이 포함된 것을 확인할 수 있습니다. 딤전 1:10과 유 1:7에서도 동성애가 죄임을 분명히 밝힙니다. 그러므로 동성애가 다른 의식법처럼 신약시대에는 폐지되었다는 주장은 잘못된 것입니다.

또 동성애를 금지하는 것이 단지 자식을 낳지 못하기 때문이라는 주장은 성경 어디에도 근거가 없습니다. 물론 그런 차원에서도 동성애가 잘못된 것임을 주장할 수는 있습니다. 믿는 자들이 자녀를 많이 낳아서 신앙으로 잘 교육하는 것도 필요하고 중요합니다. 특별히 출산율이 급감하고 있는 상황에서 이런저런 세속적인 이유로 자녀를 낳지 않거나 적게 낳으려고 하는 것은 잘못된 것입니다. 이슬람의 인구가 급증하는 가장 큰 이유는 그들의 출산율이 높기 때문이고, 기독교인의 인구가 급감하는 이유 중의 하나는 출산율의 저하 때문이라는 주장은 일리가 있습니다. 여기에 대하여 우리는 진지하게 생각해 보아야 합니다.

그러나 이런 주장은 고전 7:7~8, 25~26, 32, 34의 말씀에 대하여 설명할 수 없습니다. 예수님의 '어미의 태로부터 된 고자도 있고, 사람이 만든 고자도 있고, 천국을 위하여 스스로 된 고자도 있도다. 이 말을 받을 만한 자는 받을지어다.'(마 19:12)라는 말씀과도 맞지 않습니다.

민수기

나실인의 서원은 긴 머리를 금지한 고전 11:14과 서로 모순될까요?

민 6:5 그 서원을 하고 구별하는 모든 날 동안은 삭도를 도무지 그 머리에 대지 말 것이라. 자기 몸을 구별하여 여호와께 드리는 날이 차기까지 그는 거룩한즉 그 머리털을 길게 자라게 할 것이며 나실인의 서원을 하고 자기 몸을 구별하여 여호와께 드리는 사람이 지켜야 할 규례 중의 하나는 삭도를 머리에 대지 않는 것이었습니다. 머리털을 깎지 않고 기르는 것은 그가 온전히 하나님께 바침이 되었고, 자기 위에 계신 하나님의 권위를 인식한다는 표시였기 때문에(고전 11:10), 나실인이 머리를 기른 것은 그가 온전히 하나님께 바침이 되어 하나님의 권위를 인식한다는 표식이었습니다.[248]

그런데 고전 11:14은 '만일 남자가 긴 머리가 있으면 자기에게 욕되는 것을 본성이 너희에게 가르치지 아니하느냐?'라고 반문합니다. 그렇다면 민 6:5과 고전 11:14은 서로 모순될까요? 일반적인 규범으로는 남자는 여자의 복장을 하지 않고(신 22:5), 여자처럼 긴 머리를 하지 않아야 합니다(고전 11:14). 그렇게 해야 하는 이유는 하나님은 남녀가 구별되기를 원하시기 때문입니다.

그러나 예외가 있습니다. 머리를 깎는 것은 남성의 표시이며 본성이지만, 나실인의 경우에는 머리를 기르게 하여 눈으로 볼 수 있는 표식을 함으로써, 태만 또는 망각으로 인해 서원한 것을 지키지 못하게 되는 일이 없도록 훈련하려는 것이었습니다.[249] 나실인은 긴 머리를 하지만 여인의 옷을 입지는 않았습니다. 이 경우는 남녀의 구별을 전도시키거나 혼란시키려는 목적이 아니라, 하나님만 섬기려는 특별한 목적으로 한 것이었기 때문에, 서원이 끝날 때는 머리를 잘라 화목제의 제단에 던졌고 계속해서 머리를 기르지는 않았습니다(민 6:18~21).[250]

하나님의 역사는 인간이 긍정적으로 사고하느냐 부정적으로 사고하느냐에 좌우될까요?

민 13:30 갈렙이 모세 앞에서 백성을 안돈시켜 가로되, 우리가 곧 올라가서 그 땅을 취하자 능히 이기리라 하나
　　31 그와 함께 올라갔던 사람들은 가로되, 우리는 능히 올라가서 그 백성을 치지 못하리라. 그들은 우리보다 강하니라 하고

이 본문이 말하고자 하는 것은 무엇일까요? 긍정적 사고를 해야 한다는 뜻일까요? 긍

---

248) 박윤선, 『성경주석 레위기 민수기』 2판, 191.
249) *Comm.* Numbers 6:6, But this reason satisfies myself, that God would constantly exercise them in the faithful performance of their vow by this visible sign. It is a mark of manhood to cut the hair, and this, as Paul says, a natural feeling dictates. (1 Corinthians 11:14.) Therefore, the dedication of the Nazarites was shewn conspicuously by their heads, lest they should fail in their own vows through carelessness or forgetfulness.
250) 서춘웅, 『성경 난제 해설·구약』 3판, 399.

정적으로 사고하는 사람은 모든 것을 긍정적으로 보기 때문에 하나님께서 역사하시고, 부정적으로 사고하는 사람은 모든 것을 부정적으로 보기 때문에 하나님께서 역사하시지 않으신다는 의미일까요?

그것은 다분히 심리학적인 시각에서 성경을 해석한 결과일 뿐입니다. 성경은 여호수아와 갈렙이 긍정적인 사고를 하는 사람이라고 말한 적이 없습니다. 나머지 10명의 정탐꾼이 부정적인 사고를 하는 사람이라고 말한 적도 없습니다. 성경에서 그들에 대한 기록을 통해 그런 것을 확인할 수 없습니다. 또 긍정적으로 사고하는 사람은 모든 것을 긍정적으로 보기 때문에 하나님께서 역사하신다는 근거도 성경에는 없습니다. 부정적으로 사고하는 사람은 모든 것을 부정적으로 보기 때문에 하나님께서 역사하시지 않으신다는 근거도 성경에는 없습니다. 여호수아와 갈렙이 '능히 이기리라.'라고 말한 것은 그들이 긍정적인 사고를 했기 때문이 아니라 하나님의 약속을 믿었기 때문입니다.

여호수아와 갈렙이 '오직 여호와를 거역하지 말라.'라고 말한 이유는, 이미 하나님께서 주신다고 약속하셨는데 그것을 믿지 못하고 가나안 땅에 들어갈 수 없다고 말하는 것은, 하나님을 거역하는 것이기 때문이었습니다. 긍정적 사고와 믿음을 같은 것으로 보는 것은 성경적인 근거가 없습니다. 불신자 가운데서도 긍정적으로 사고하는 사람들을 얼마든지 볼 수 있습니다.

10명의 정탐꾼은 모세가 명령한 대로 그 땅의 주민들이 강한지 약한지, 성읍들은 요새로 되어있는지에 대하여 보고할 때, 사실이 아니거나 스스로 확신하지 않는 것은 아무 것도 보고하지 않았습니다.[251] 민 13:27~29의 보고는 전혀 거짓도 없고 사실적이고 구체적입니다. 그러나 그들의 보고는 세속적인 상황과 조건으로 가나안 땅을 파악한 것들입니다. 물론 현실적인 상황과 조건들에 대하여 정확하게 파악하는 것은 중요하고 필요합니다. 그러나 문제는 하나님의 약속이나 하나님께서 어떤 상황 가운데서도 그 약속을 이루실 수 있는 분이신가에 대한 신앙은 전혀 없었다는 사실입니다. 믿음이란 현실적인 상황과 조건들에 의존하는 것이 아니라, 하나님의 약속과 하나님께 달려있다는 것을 받아들이는 것입니다. 그것은 긍정적 사고나 부정적 사고의 문제가 아닙니다. 물론 하나님의 뜻과 하나님의 약속에 대하여는 긍정적이어야 하겠지만, 죄에 대하여는 오히려 부정적이어야 합니다. 긍정은 좋고 신앙적이며, 부정은 나쁘고 불신앙이라는 식의 생각은 잘

---

251) *Comm.* Numbers 13:25, and, whether they were strong or weak, and also whether the cities were fortified; and they relate nothing which was not true and fully ascertained by them. In a word, at first sight their relation contains nothing worthy of reprehension.

못된 것입니다. 무엇에 대하여 긍정적이고, 무엇에 대하여 부정적이냐가 중요합니다. 이 세상과 죄에 대하여 부정적인 것은 결코 나쁜 것이 아닙니다.

제비뽑기는 성경적일까요?

> 민 26:55 오직 그 땅을 제비 뽑아 나누어 그들의 조상 지파의 이름을 따라 얻게 할지니라. 56 그 다소를 막론하고 그 기업을 제비 뽑아 나눌지니라.

제비뽑기는 성경에서 종종 사용되었습니다. 성경에는 제비뽑기로 땅을 분배하거나 사람을 선택하거나 어떤 결정을 내린 경우들이 있습니다. 몇 가지 경우를 살펴보면 선출(삿 20:9, 삼상 10:19~24, 느 11:1, 레 16:8~10, 행 1:23~26), 할당이나 배당(느 10:35, 삿 20:8~10), 분배(나 3:10), 논쟁의 종식(잠 18:8) 등을 위하여 사용되었습니다.[252] 또 재앙이 누구로 말미암았는지를 알아내거나(욘 1:7), 누구의 죄인지를 알아내거나(수 7:1~26), 누구의 잘못인지를 알아내는 데에도(삼상 14:43~46) 사용되었습니다. 잠 16:33은 '사람이 제비는 뽑으나 일을 작정하기는 여호와께 있느니라.'라고 말씀하심으로써 하나님께서 제비뽑기 가운데서도 개입하신다는 것을 가르쳐줍니다. 그렇다면 오늘날 우리가 어떤 선택을 하거나 결정을 할 때, 선거할 때, 논쟁을 종식할 때, 누구의 죄인지를 알아낼 때, 하나님의 뜻을 알기 위해 제비를 뽑는 것이 정당한 방법이 될 수 있을까요?[253]

물론 선거 때마다 벌어지는 여러 가지 부정적인 일들 때문에 그런 주장을 하는 것에 대해서는 충분히 이해할 수 있고 나름대로 장점도 있으며, 제비뽑기로 그런 문제 일부를 완화할 수는 있을 것입니다. 그러나 또 다른 부작용이 일어날 수밖에 없습니다. 왜냐하면, 그것은 다수결이냐 제비뽑기냐의 문제가 아니라, 인간의 죄악성의 문제이기 때문입니다. 교회 선거의 타락상에서 제비뽑기의 정당성을 찾는 것은 출발이 잘못된 것입니다.

제비뽑기는 특별히 계시 시대에 있어서 사용되었고 그런 일이 많았지만, 그것이 어느 시대에나 하나님의 계시 방법이라고 말할 수는 없습니다.[254] 성경이 완성된 이후에는

---

252) 서춘웅, 『성경 난제 해설·구약』 3판, 1202.
253) 김성일은 교회에서의 모든 결정은 다수결이 아니라 제비뽑기를 통하여 이루어져야 하며, 다수결은 바벨론 통치방법의 연장선에 있는 인본주의적인 방법이라고 주장했습니다(『신앙계』, 1992년 1월호). 박광재는 '제비뽑기선교회'까지 만들어 이 운동을 벌이고 있습니다(『현대종교』, 1994년 6월호, 48). 1993년 8월 30일 극동방송 '1188', 한국교회를 진단하는 대담프로에서는 제비뽑기를 제2의 종교개혁으로 극찬했습니다(소재열, 『성경 해석과 강해 설교』, 121~122).
254) 박윤선, 『성경주석 레위기 민수기』 2판, 298~299.

제비뽑기는 계속해서 하나님의 계시를 알려주는 방법이 될 수 없습니다.[255] 하나님께서 제비뽑기라는 방법을 사용하신 것은 성경적인 사실이 분명하지만, 그렇다고 하여 지금도 제비뽑기라는 방법을 사용하는 것이 성경적이라고 해석하는 것은 잘못입니다. 왜냐하면, 제비뽑기를 일반화하는 것이 성경적이라는 사실을 성경을 통하여 확인할 수 없기 때문입니다. 무조건 제비뽑기를 비난하는 것은 무분별한 소치이지만, 아무런 근거도 없이 제비뽑기하는 것도 미신적이며 마술사와 다를 바 없습니다.[256] 성경과 기도와 성령의 내적 증거들을 통하여 알 수 있는 경우들이 많음에도 불구하고 이것을 간과하면서, 제비뽑기를 하나님의 뜻을 아는 보편적인 방편으로 사용하는 것은 잘못된 것입니다. 특별히 성경에서 분명하고 구체적으로 말씀하고 있음에도 불구하고 제비뽑기를 통하여 하나님의 뜻을 알려고 한다면, 그것은 요행수나 자신의 바람이나 소망을 억지로 하나님의 뜻이라고 주장하는 데 사용될 위험성이 있습니다.[257]

딸의 서원을 아버지 아래 둔 것과 여자의 서원을 남편 아래 둔 것은 여성에 대한 차별 대우일까요?

민 30:3~16

민수기 30장은 서원에 관한 내용인데, 그 가운데 결혼하지 않은 딸은 그 아버지가 허락하지 않으면 그가 한 약속이나 서원은 지키지 않아도 되며, 결혼한 여자의 경우는 그 남편이 허락하지 않으면 그가 한 약속이나 서원은 지키지 않아도 된다고 규정하고 있습니다. 이 규정은 여성에 대한 차별 대우를 뜻하는 것일까요?

미성년인 여자의 경우는 그를 지도하는 권한이 아버지에게 있고, 결혼한 여자의 경우는 남편의 순종 아래 있기 때문에(고전 11:9, 14:34, 벧전 3:5, 딤전 2:11), 그가 한 약속이나 서원이 제한을 받는 것이지, 그것이 여성에 대한 차별 대우를 뜻하는 것이라고 할 수는 없습니다.[258]

민 30:9에 '과부나 이혼당한 여자의 서원이나 무릇 그 마음을 제어하려는 서약은 지

---

255) 박윤선, 『성경주석 잠언(상)』 2판 (서울: 영음사, 1987), 284.
256) *Comm.* Jonah 1:7, Then what I have said is clear enough, that those have been too superstitious who have condemned all casting of lots without exception. ⋯ But when any one adopts the lot without any reason, he is no doubt superstitious, and differs not much from the magician or the enchanter.
257) 서춘웅, 『성경 난제 해설·구약』 3판, 1203.
258) 박윤선, 『성경주석 레위기 민수기』 2판, 322.

킬 것이니라.'라는 규정을 보면 이 규정이 여성에 대한 차별 대우를 뜻하지 않는다는 것을 알 수 있습니다. 그러면 왜 그런 규정이 있었을까요? 아버지와 남편은 그 가정의 안전에 대한 법적인 책임이 있었기 때문입니다. 이 규정은 남자와 여자의 어떤 권위의 소재를 밝히기 위한 것이 아니라 서원으로 인한 가정의 경제적 위험 부담을 막기 위한 것이었습니다.[259]

살인자는 임의로 죽여도 될까요?

민 35:19 피를 보수하는 자가 그 고살자를 친히 죽일 것이니 그를 만나거든 죽일 것이요

이 구절은 고의적인 살인자를 죽이되 복수하려는 자가 그 살인자를 만나면 친히 죽이라고 되어있습니다. 친히(직접) 죽이라는 규정 때문에 살인자를 임의로 죽여도 되는 것처럼 생각할 수도 있습니다. 적어도 민 35:19만 보면 그렇게 해석할 수 있습니다. 과연 그럴까요?

고의로 죽였는지 실수로 죽였는지를 판단하는 것은 결코 쉬운 일이 아닙니다. 그것은 죽은 자의 가족이 판단할 일이 못 됩니다. 공적인 재판을 통해서 판단해야 합니다. 민 35:12에 보면 살인자는 어떤 자이든지 신중한 재판을 받게 되어있고, 또 민 35:30에 보면 증인들의 증언이 있어야 했습니다. 그러므로 살인자를 임의로 죽일 수 있다는 뜻이 아니라 공정한 재판을 통해서 고의적으로 살인을 했다는 판결이 내려져서, 재판정에서 그 살인자를 죽여도 좋다고 넘겨 줄 때('만나거든'이란 말의 뜻) 보복자가 사형을 집행할 수 있다는 의미로 해석해야 합니다.[260] 그것은 개인적 보복이 아니라 법적인 보복이며, 또한 신 13:9의 '너는 용서 없이 그를 죽이되 죽일 때 네가 먼저 그에게 손을 대고 후에 뭇 백성이 손을 대라.'라는 말씀으로 볼 때, 원고가 단독으로 죽이는 것이 아니라 군중이 모두 합세하여 죽이되, 원고가 먼저 손을 대는 것을 뜻합니다.[261]

---

259) 서춘웅, 『성경 난제 해설·구약』 3판, 442.
260) 서춘웅, 『성경 난제 해설·구약』 3판, 445.
261) 박윤선, 『성경주석 레위기 민수기』 2판, 346.

신명기

하나님이 한 분이시라는 말씀은 삼위일체 하나님을 부정한다는 뜻일까요?[262]

신 6:4 이스라엘아, 들으라. 우리 하나님 여호와는 오직 하나인 여호와시니

유대인들과 그리스도인들은 똑같이 하나님께서 한 분이시라는 것을 믿습니다. 구약성경뿐만 아니라 신약성경도 하나님은 한 분이심을 말씀합니다.

> **고전 8:4** 그러므로 우상의 제물 먹는 일에 대하여는 우리가 우상은 세상에 아무것도 아니며 또한 하나님은 한 분밖에 없는 줄 아노라.
> 5 비록 하늘이나 땅이나 신이라 칭하는 자가 있어 많은 신과 많은 주가 있으나
> 6 그러나 우리에게는 한 하나님 곧 아버지가 계시니 만물이 그에게서 났고 우리도 그를 위하여 또한 한 주 예수 그리스도께서 계시니 만물이 그로 말미암고 우리도 그로 말미암았느니라.

> **엡 4:6** 하나님도 하나이시니 곧 만유의 아버지시라. 만유 위에 계시고 만유를 통일하시고 만유 가운데 계시도다.

> **약 2:19** 네가 하나님은 한 분이신 줄을 믿느냐? 잘하는 도다. 귀신들도 믿고 떠느니라.

그런데 우리는 삼위일체 하나님도 믿습니다. 이에 대하여 유대인들은 우리가 세 명의 신들을 믿는다고 비난합니다. 과연 그럴까요? 우리는 세 명의 신들을 믿는 것이 아니라 한 분이신 삼위일체 하나님을 믿습니다. 성경은 삼위일체 하나님을 증거합니다. 신학적인 표현으로 하나님은 성부, 성자, 성령의 세 위격을 가지신 한 분이십니다. 그러나 한 분이신 하나님이 성부도 되셨다, 성자도 되셨다, 성령도 되시는 것은 아닙니다. 성경은 성부, 성자, 성령 삼위로 존재하신다는 것을 '우리'라는 단어로 표현합니다.

> **창 1:26** 하나님이 가라사대, 우리의 형상을 따라 우리의 모양대로 우리가 사람을 만들고

---

262) 삼위일체에 대한 구체적이고 깊이 있는 내용은 아우구스티누스((Augustinus, 354~430)의 『삼위일체론』, 칼빈(Jean Calvin, 1509~1564)의 『기독교 강요』 3장 1~29절, 헤르만 바빙크(Herman Bavinck, 1854~1921)의 『개혁 교의학』 4부 32장을 보시기 바람.

창 11:7 자, 우리가 내려가서 거기서 그들의 언어를 혼잡하게 하여 그들로 서로 알아듣지 못하게 하자 하시고

사 6:8 내가 또 주의 목소리를 들은즉 이르시되, 내가 누구를 보내며 누가 우리를 위하여 갈꼬? 그때 내가 가로되, 내가 여기 있나이다 나를 보내소서.

성경은 그리스도도 신성한 존재이시며 곧 하나님이시라고 증거합니다.

요 1:1 태초에 말씀이 계시니라. 이 말씀이 하나님과 함께 계셨으니 이 말씀은 곧 하나님이시니라.
2 그가 태초에 하나님과 함께 계셨고

요 1:14 말씀이 육신이 되어 우리 가운데 거하시매 우리가 그 영광을 보니 아버지의 독생자의 영광이요 은혜와 진리가 충만하더라.

빌 2:5 너희 안에 이 마음을 품어라. 곧 그리스도 예수의 마음이니
6 그는 근본 하나님의 본체이시나 하나님과 동등함을 취할 것으로 여기지 아니하시고
7 오히려 자기를 비워 종의 형체를 가져 사람들과 같이 되었고
8 사람의 모양으로 나타나셨으매 자기를 낮추시고 죽기까지 복종하셨으니 곧 십자가에 죽으심이라.

요 10:30 나와 아버지는 하나이니라 하신대

요 14:9 예수께서 가라사대, 빌립아! 내가 이렇게 오래 너희와 함께 있으되 네가 나를 알지 못하느냐? 나를 본 자는 아버지를 보았거늘 어찌하여 아버지를 보이라 하느냐?

성경은 성령도 신성한 존재이시며 곧 하나님이시라고 증거합니다.

요 14:16 내가 아버지께 구하겠으니 그가 또 다른 보혜사를 너희에게 주사 영원토록 너희와 함께 있게 하시리니.
17 저는 진리의 영이라. 세상은 능히 저를 받지 못하나니 이는 저를 보지도 못하고 알지도 못함이라. 그러나 너희는 저를 아나니 저는 너희와 함께 거하심이요 또 너희 속에 계시겠음이라.

히 9:14 하물며 영원하신 성령으로 말미암아 흠 없는 자기를 하나님께 드린 그리스도의 피가 어찌 너희 양심으로 죽은 행실에서 깨끗하게 하고 살아계신 하나님을 섬기게 못 하겠느뇨.

고전 2:10 오직 하나님이 성령으로 이것을 우리에게 보이셨으니 성령은 모든 것 곧 하나님의 깊은 것이라도 통달하시느니라.
11 사람의 사정을 사람의 속에 있는 영 외에는 누가 알리요. 이와 같이 하나님의 사정도 하나님의 영 외에는 아무도 알지 못하느니라.

시 139:7 내가 주의 신을 떠나 어디로 가며, 주의 앞에서 어디로 피하리이까?
8 내가 하늘에 올라갈지라도 거기 계시며, 음부에 내 자리를 펼지라도 거기 계시니이다.
9 내가 새벽 날개를 치며 바다 끝에 가서 거할지라도
10 곧 거기서도 주의 손이 나를 인도하시며 주의 오른손이 나를 붙드시리이다.

눅 1:35 천사가 대답하여 가로되, 성령이 네게 임하시고 지극히 높으신 이의 능력이 너를 덮으시리니. 이러므로 나실 바 거룩한 자는 하나님의 아들이라 일컬으리라.

교회의 공식적인 삼위일체론의 좌우 두 경향은 아리우스주의와 사벨리우스주의라고 할 수 있습니다.[263) 아리우스주의의 핵심은 성부와 성자의 동일본질을 부인하는 것으로, 성자는 성부의 본질로부터 출생했을지라도 성부보다 열등하고 성부에 종속된다는 종속론의 형태로, 또는 성자와 성령은 피조 되었고 단지 하나님으로 불리었던 것은 그 직분 때문이라는 주장의 형태로, 또는 성자는 피조 되었고 수태되기 이전에는 존재하지 않았으며 하나님으로 태어났다가 그 임무를 준수한 후 승천하여 신적 은혜에 참여했고 성령은 다름 아닌 하나님의 능력이라고 주장하는 소시누스주의의 형태로 존재합니다.[264)

사벨리우스주의는 신적 존재의 삼위성을 부인하여 단일성을 추구하지만, 위격들 사이의 위격적 속성이 부인된다면 위격들은 서로 분리되고 결국 삼신론이 되거나, 삼위는 오로지 단 하나의 신적 존재의 세 가지 양식으로 여기는 양태론적 단일신론이 될 수밖에 없습니다.[265)

그러나 삼위는 각기 신성한 존재로, 하나님의 삼위는 서로 상이한 점을 가지고 서로에

---

263) 『개혁 교의학 2』, 363.
264) 『개혁 교의학 2』, 363~364.
265) 『개혁 교의학 2』, 365~366.

게 연관되고 있습니다.266) 우리는 삼위일체 속 서로의 관계에 대하여 정확하게 알 수는 없지만, 삼위는 본질에서 같으며, 능력과 영광도 같습니다.267) 창조의 사역은 성부, 구속의 사역은 성자, 성화의 사역은 성령으로 분리하는 사람들이 있으나, 좀 더 정확한 말은 삼위의 각 위는 서로 협력하신다는 사실을 알 수 있는데, 태초에 하나님께서 천지를 창조하셨지만(창 1:1) 예수님과 성령님께서도 동참하셨고(요 1:3, 욥 33:4), 구속의 사역과 성화의 사역도 역시 마찬가지입니다(히 9:14, 벧전 1:2).268)

성품을 다한다는 말의 뜻이 무엇일까요?

신 6:5 너는 마음을 다하고 성품을 다하고 힘을 다하여 너의 하나님 여호와를 사랑하라.

예수님은 이 말씀을 인용하여 '성품을 다하고 힘을 다하여'를 '목숨을 다하고 뜻을 다하여'라고 말씀하셨습니다(마 22:37). 또 부자 청년의 경우도 그렇게 말했고(눅 10:26), 신 6:5의 영역본 KJV, NIV, NASB도 '성품을 다하고'를 '목숨을 다하고'라고 번역한 것을 확인할 수 있습니다. 히브리어로 보아도 '성품'으로 번역된 '네페쉬'는 목숨 또는 생명으로 번역하는 것이 맞습니다. Strong's Concordance에서도 '네페쉬'의 뜻을 'a soul, living being, life, self, person, desire, passion, appetite, emotion' 등으로 설명했습니다. '성품'은 히브리어 원어에 따르면 생명 혹은 인격을 가리킵니다.269)

신 6:5과 마 22:37, 눅 10:26을 보면 이외에도 조금씩 다른 것을 볼 수 있는데, 신 6:5의 '힘을 다하여'가 마 22:37에서는 '뜻을 다하여'로, 눅 10:26에서는 '힘을 다하며 뜻을 다하여'로 대치하고 있습니다. 왜 그럴까요? 마 22:37과 눅 10:26의 '뜻'이란 말은 헬라어 διάνοια의 번역으로 이해력, 지각력을 의미하기 때문에, 예수님은 모든 지각과 이해력을 사용하여 하나님을 사랑할 것을 강조하시기 위하여 '힘을 다하여'를 '뜻을 다하여'로 표현하신 것이라고 볼 수 있습니다. 여기에 누가는 예수님의 인용에 원래 있는 신 6:5의 '힘을 다하며'를 덧붙인 것으로 보입니다.

---

266) 『기독교 강요 교리설교 (상)』, 143.
267) 『기독교 강요 교리설교 (상)』, 143.
268) 『기독교 강요 교리설교 (상)』, 144.
269) 박윤선, 『성경주석 신명기』 2판 (서울: 영음사, 1989), 52.

땅 밟기 기도는 성경적일까요?

신 11:24 너희의 발바닥으로 밟는 곳은 다 너희 소유가 되리니 너희의 경계는 곧 광야에서
부터 레바논까지와 유브라데 하수라 하는 하수에서 서해까지라.
25 너희 하나님 여호와께서 너희에게 말씀하신 대로 너희 밟는 모든 땅 사람들로 너
희를 두려워하고 무서워하게 하시리니, 너희를 능히 당할 사람이 없으리라.

일부 선교단체와 교회에서 본문을 근거로 땅 밟기 기도를 합니다. 그런 행동이 과연
성경적일까요? 이 구절을 오늘날 우리에게 적용하는 것은 잘못된 것입니다. 가나안 땅은
하나님께서 이스라엘 백성에게 이미 약속하신 땅이며, 그 땅에 들어가면 땅을 밟는 대로
그들의 소유가 될 것이라고 말씀하셨는데, 그것은 그들에게 한정된 것입니다. 여리고 성
을 함락시킨 사건도(수 6:1~21) 그 당시 이스라엘에만 해당하는 것입니다. 오늘날 우리
에게 그것을 적용하여 땅 밟기를 한다는 것은 결코 성경적이지 않습니다. 가나안의 정복
이나 여리고 성의 함락과 같은 방식은 되풀이된 적이 성경에는 없습니다. 따라서 그것을
오늘날 우리에게 적용한다거나 일반화시킬 수 없습니다.

땅 밟기 기도는 신사도 운동을 주장하는 영적 도해에서 유래하는데, 이 영적 도해라는
주장은 2차 로잔회의에서 나타났으며, 그 논리 자체가 비성경적이며 비신학적인 주장으
로서 이원론과 귀신론을 근거로 이 세상을 하나님과 사탄의 동등한 대결 구도로 봅니
다.[270] 그들은 하나님의 영역과 사탄의 영역을 지도로 표시하여 그 지역을 다스리는 귀
신들을 귀신 축사와 땅 밟기 기도, 대적 기도와 선포 기도로 쫓아냄으로써 하나님의 영
역을 확장할 수 있다고 주장하는데, 이는 영적 전쟁의 개념을 물질적이고 장소적인 개념
으로 제한하고, 하나님을 사탄과 동등하게 여김으로써, 하나님의 주권을 약화시키며, 예
수 그리스도의 대속의 십자가 복음 대신 귀신을 쫓아내는 것을 목표로 하는 비성경적인
사상입니다.[271]

이 구절은 음주를 정당화하는 근거가 될 수 있을까요?

신 14:26 무릇 너의 마음에 좋아하는 것을 그 돈으로 사되 우양이나 포도주나 독주 등 무
릇 너의 마음에 원하는 것을 구하고 거기 너의 하나님 여호와의 앞에서 너와 네

---

270) 이인규, 『평신도들이 혼동하기 쉬운 성경 50』 (파주: 카리스, 2014), 132~133.
271) 이인규, 『평신도들이 혼동하기 쉬운 성경 50』, 133.

시 104:15은 포도주를 사람의 마음을 기쁘게 하는 것으로 하나님께서 주셨다고 말씀했고, 사 55:1에서는 포도주를 영적 축복의 상징으로 묘사하고 있습니다. 가나의 혼인 잔치에서 예수님은 물로 포도주를 만들어 주셨습니다(요 2:1~12).

반면에 사 28:7~8은 술을 마시는 자들의 역겨운 모습과 더러운 욕심을 자세하게 묘사했으며, 잠 20:1과 잠 23:20~21, 29~35에서는 과음하는 자들의 저속한 야수성과 어리석음을 생생하게 묘사하고 있습니다. 특별히 제사장들은 '거룩하고 속된 것을 분별하며 부정하고 정한 것을 분별하고 또 여호와가 모세로 명한 모든 규례를 이스라엘 자손에게 가르치기 위하여' 포도주나 독주를 마시지 말아야 했습니다(레 10:8~11). 또 왕의 경우에는 '술을 마시다가 법을 잊어버리고 모든 간곤한 백성에게 공의를 굽게 할 위험성이 있으므로' 포도주나 독주를 마시지 말아야 했습니다(잠 31:4~5). 벧전 4:3은 술 취함은 주를 믿기 전의 옛 습관이라고 지적합니다. 더구나 한국의 경우에는 금주가 기독교인의 미덕으로 되어있고, 음주는 다른 기독교인들의 신앙에 거리끼는 것이기 때문에 '고기도 먹지 아니하고 포도주도 마시지 아니하고 무엇이든지 네 형제로 거리끼게 하는 일을 아니 함이 아름다우니라.'(롬 14:21)라는 바울의 자세가 필요합니다.

신 14:26의 포도주는 발효되기 전의 포도 주스였고, 유대인들은 식사와 함께 포도주를 마셨는데 포도주와 물을 1:3으로 희석하여 마셨기 때문에, 그것은 술이라기보다 음료수와 같은 성격이었으며, 독주도 증류된 술이 아니라 맥주 정도의 알코올 성분이 낮은 포도주이므로, 본문을 음주를 정당화하는 근거로 삼는 것은 잘못된 것입니다.[272]

신 15:4의 가난한 자가 없으리라는 말씀과 신 15:11의 가난한 자가 그치지 않을 것이란 말씀은 서로 모순될까요?

신 15:1~11

신 15:11의 가난한 자가 그치지 않을 것이란 말씀은 일반적인 현상에 대한 설명입니다. 예수님도 이 점에 대해서는 마 26:11에서 '가난한 자들은 항상 너희와 함께 있거니와'라고 인정하셨습니다. 물론 그것은 인간들이 하나님의 말씀대로 살지 않고 자기 욕심

---

272) 서춘웅, 『성경 난제 해설·구약』 3판, 479.

을 과도하게 채우기 때문입니다.

신 15:4의 가난한 자가 없으리라는 말씀은 '네가 만일 너의 하나님 여호와의 말씀만 듣고 내가 오늘날 네게 명하는 그 명령을 다 지켜 행하면'이란 전제를 그 조건으로 하고 있습니다. 그리고 이 말씀은 구체적으로 이웃에게 꾸어준 것은 면제년이 되면 면제해 주고, 가난한 형제에게 그 요구하는 대로 쓸 것을 넉넉히 꾸어주며, 반드시 그에게 구제하고, 구제할 때는 아끼는 마음을 품지 않는다면 가난한 사람이 없을 것이란 뜻입니다. 한 지역 교회 안에서든 교회와 교회 사이에서든 이런 신앙으로 가난한 자들, 가난한 공동체를 돌아본다면 적어도 절대 빈곤은 없을 것입니다. 예를 들면 이 땅에서 생산되는 식품들을 과식하거나 낭비하거나 허비하지 않고, 절제하고 절약하여 서로 나누어 사용한다면 이 지구상에 절대 빈곤으로 허덕이는 사람들은 사라질 것입니다.

하나님께서 일으키실 모세와 같은 한 선지자는 누구일까요?

신 18:15~18

코란의 주장대로 모하메드이거나, 신천지에서 주장하는 이만희이거나, 이단들이 주장하는 그들의 교주일까요? 성경은 오직 예수 그리스도라고 증거합니다(요 1:45, 6:14, 행 3:22, 7:37). 물론 '선지자'가 집합명사로서 모세 이후에 일어날 모든 선지자를 겸하여 가리킨 것도 사실입니다. 그러나 여기에 모하메드나 이만희가 모세와 같은 한 선지자가 될 수는 없습니다. 그 이유는 신 18:15에서는 '네 형제 중에서 나와 같은 선지자 하나를', 또 신 18:18에서는 '그들의 형제 중에 너와 같은 선지자 하나를'이라고 제한을 두고 있어서, 이스라엘 백성 가운데 있지 않은 자들은 모세와 같은 한 선지자는 될 수 없기 때문입니다.

'너희 중 네 형제 중에서'란 말은 미신을 섬기는 이방 민족을 제외하는 표현인데, 그것은 민족적인 육적 차별을 표현하는 말은 아니고, 계시 본위와 하나님의 선택적 주권을 염두에 둔 말씀이며, 그것은 예수님도 '구원은 유대인에게서 남이니라.'(요 4:22)라고 말씀하신 것을 보면 알 수 있습니다.273)

---

273) 박윤선, 『성경주석 신명기』 2판, 121.

여자는 바지를 입지 말고 남자는 치마를 입지 말아야 할까요?

신 22:5 여자는 남자의 의복을 입지 말 것이요 남자는 여자의 의복을 입지 말 것이라. 이같이 하는 자는 너의 하나님 여호와께 가증한 자니라.

그렇게 해석하여 여자가 청바지를 입지 말아야 한다는 주장을 하는 사람들도 있습니다. 과연 그렇게 해석하는 것이 옳을까요?

이스라엘에서 이성(異性)의 의복을 입는 것은 하나님을 모욕하는 의미를 담고 있었는데, 그 이유는 이성(異性)의 의복을 입는 것은 고대 가나안에서 풍요의 여신을 숭배했던 아스타르 제의(Astarte Cult)에서 있었던 관습이었기 때문입니다.[274] 가증하다는 말도 우상숭배와 관련하여 혐오스러운 것을 의미하는 단어이기 때문에, 이 본문을 가지고 여자가 청바지를 입는 것은 성경적으로 옳지 않다는 식으로 적용해서는 안 됩니다.[275] 물론 하나님께서 정하신 성(性)의 구분을 애매하게 하는 것이라면, 그것이 의복을 비롯하여 무엇이든지 금하는 것이 하나님의 창조질서를 따르는 것이라고 할 수 있습니다.

성경이 다양한 문화적, 역사적 정황 속에서 기록되었다는 것을 무시한 채 성경을 해석함으로 성경의 본래 의도를 벗어나는 경우들이 많습니다. J. Douma가 지적한 바와 같이 창 9:25의 가나안에 대한 저주를 근거로 흑인 노예제도를 정당화한 경우, 요 9:4과 11:9을 근거로 아직 낮일 때는 일을 해야 하고 낮은 12시간이기 때문에 일일 8시간 노동제도는 성경적이 아니라고 주장하는 경우, 출 20:9을 근거로 엿새 동안은 일하라고 명령하셨기 때문에 주 5일 근무제는 잘못된 것이라고 주장하는 경우, 마 20:15의 포도원 주인이 자기 것을 가지고 자기 뜻대로 할 것이 아니냐는 말씀을 근거로 노사협의회는 필요 없다고 주장하는 경우, 잠 16:33의 사람이 제비를 뽑으나 일을 작정하기는 여호와께 있다는 말씀을 근거로 제비뽑기를 거룩한 것이라 하여 놀이용으로 사용하는 것을 금하는 경우, 행 15:20의 목매달아 죽은 것과 피를 멀리하라는 명령을 근거로 블러드 소시지(Blood Sausage)를 금하는 경우 등은 성경의 본래 의도를 벗어나는 것입니다.[276]

---

274) 강병도 편, 『카리스 종합주석』 제19권 신명기 12~23장, (서울: 기독지혜사, 2005), 512.
275) 강병도 편, 『카리스 종합주석』 제19권 신명기 12~23장, 512.
276) J. Douma, *Christian Morals and Ethics*, Manitoba, Canada: Premier Publishing, no date, 31, 송인규, 『성경 어떻게 적용할 것인가』 (서울: 성서유니온선교회, 2001), 50~51 재인용.

우상숭배와 연관되지 않는 동성애는 정죄해서는 안 될까요?

신 23:17 이스라엘 여자 중에 창기가 있지 못할 것이요 이스라엘 남자 중에 미동이 있지 못할지니.

이방 종교의 경우 다산 의식과 관련하여 종교적 간음이 행해졌는데, 동성애도 이와 연관되었기 때문에 정죄 되었습니다. 그러므로 동성애가 정죄 된 것은 그것이 우상숭배와 연관되었기 때문이라는 주장이 전혀 잘못된 것은 아닙니다.

그렇다면 동성애 자체는 이교 제사와 연관이 없을 때는 정죄 되어서는 안 될까요? 성경은 이교 제사의 우상숭배와 연관이 없는 경우에도 동성애 자체를 정죄합니다. Norman Geisler와 Thomas Howe가 잘 지적한 바와 같이 '첫째, 동성애의 관습에 대한 정죄는 많은 경우 명백한 우상숭배와 상관없이 주어졌고(레 18:22, 롬 1:26~27), 둘째, 동성애가 우상숭배와 연관이 되었을 때도(신전 제사 간음) 동성애가 근본적으로 연관되지는 않았고 단지 수반되는 죄였지 동등한 죄는 아니었으며, 셋째, 성적 부정은 자주 우상숭배의 실례로 사용되었지만(호 3:1, 4:12), 그것은 우상숭배와 필연적으로 연관되지는 않았고, 우상숭배는 부도덕의 영적 형태이지만, 부도덕은 그것이 우상숭배와 연루되어 행해졌기 때문에 잘못이거나 죄가 되는 것은 아니었으며, 넷째, 우상숭배는 부도덕으로 이끌 것이지만(참고; 롬 1:22~27), 그것들은 다른 죄이며, 다섯째, 십계명까지도 우상숭배(출 20:3~4)와 성적인 죄들(출 20:14, 17) 사이는 구분하였습니다.[277]

그러므로 동성애가 우상숭배와 연관된 때가 있고 또 우상숭배는 영적인 간음으로 정죄 되기도 하지만, 동성애의 죄가 되는 것은 꼭 우상숭배와 연관이 있기 때문만은 아닙니다. 동성애는 우상숭배와 관련이 없는 경우도 그 자체로서 하나님께 가증한 죄이기 때문에, 우상숭배와 연관된 동성애만 죄가 되거나 정죄 되었다는 주장은 잘못입니다.[278]

하나님께 드리는 헌금은 출처와 상관없이 드려도 될까요?

신 23:18 창기의 번 돈과 개 같은 자의 소득은 아무 서원하는 일로든지 너의 하나님 여호와의 전에 가져오지 말라. 이 둘은 다 너의 하나님 여호와께 가증한 것임이니라.

---

277) Norman Geisler and Thomas Howe, *When Critics Ask* (Victor Books, 1992), 128, 서춘웅, 『성경 난제 해설 · 구약』 3판, 495 ~496에서 재인용.
278) 서춘웅, 『성경 난제 해설 · 구약』 3판, 496.

소득 가운데는 불법적인 것도 있고, 불법적인 것은 아니라고 하더라도 윤리적으로 받아들이기 힘든 것도 있을 뿐만 아니라, 세상 윤리 도덕적으로는 용납되더라도 신앙적으로 받아들일 수 없는 예도 있습니다. 다른 사람의 것을 훔친 경우나 사기 친 경우, 뇌물인 경우, 폭리를 취한 경우, 도박으로 번 돈, 하나님께서 금하시는 어떤 일을 통해서 얻은 수입 등은 불의한 돈이기 때문에, 그것으로 헌금을 하는 것은 가증한 것입니다.

그렇다면 경마 마권이나 복권에 당첨되어 번 돈은 어떨까요? 존 파이퍼는 복권을 '도박'이라고 말하면서 도박을 해서는 안 되는 이유는, 첫째, 도박은 영적인 자살과 같기 때문이고, 둘째, 도박은 횡령이기 때문이고, 셋째, 도박은 어리석은 심부름이기 때문이고, 넷째, 도박은 대부분 사람의 손실을 바탕으로 하기 때문이고, 다섯째, 도박은 가난한 자들에게 덫이 되기 때문이고, 여섯째, 도박보다 더 나은 대안이 있기 때문이고, 일곱째, 도박을 부추기는 정부는 우리에게 꼭 필요하고 중요한 가치를 약화시키기 때문이라고 말하면서, 복권에 당첨된다면 그 수익을 자신들의 사역에 기부하지 말라고 말합니다.[279] 하나님은 정당한 방법으로 땀 흘려 번 돈으로 헌금하는 것을 기뻐하십니다.

형제에게서는 이식을 취하지 말지만, 타국인에게는 이식을 취해도 가하다는 말씀은 민족 차별에서 나온 것일까요?

신 23:19 네가 형제에게 꾸이거든 이식을 취하지 말지니 곧 돈의 이식, 식물의 이식, 무릇 이식을 낼 만한 것의 이식을 취하지 말 것이라.
20 타국인에게 네가 꾸이면 이식을 취하여도 가하거니와 너의 형제에게 꾸이거든 이식을 취하지 말라. 그리하면 너의 하나님 여호와께서 네가 들어가서 얻을 땅에서 네 손으로 하는 범사에 복을 내리시리라.

여기에서 타국인은 본국에 국적을 가지고 거기에 경제적 기반을 가진 사람들을 가리킵니다.[280] 따라서 그들에게까지 특혜를 베풀 필요는 없습니다. 특별히 성경은 가난한 자들에게서 이식을 취하지 말라고 말씀합니다. 돈을 빌린다는 것은 그만큼 형편이 어렵다는 뜻입니다. 그러므로 그런 자들에게 돈을 빌려줄 수 있는 사람들은 그들에게 이식을 취하지 않는 것이 마땅합니다.

---

279) "존 파이퍼 목사가 말하는 '도박을 해서는 안 되는 이유' 7가지", 크리스천 투데이, 2016.01.07., http://www.christiantoday.co.kr/news/288242
280) 박윤선, 『성경주석 신명기』 2판, 146.

출 22:25은 '네가 만일 너와 함께한 나의 백성 중 가난한 자에게 돈을 꾸이거든 너는 그에게 채주같이 하지 말며 변리를 받지 말 것이며'라고 말씀했고, 겔 18:17도 '손을 금하여 가난한 자를 압제하지 아니하며 변리나 이식을 취하지 아니하여 내 규례를 지키며 내 율례를 행할진대, 이 사람은 그 아비의 죄악으로 인하여 죽지 아니하고 정녕 살겠고' 라고 말씀했습니다.

하나님은 이혼을 허락하셨을까요?

신 24:1~4

막 10:1~12, 고전 7:10~16에 의하면 이혼은 원칙적으로 허용되지 않습니다. 예수님은 한 가지 예외 규정인 간음 이외는 결코 이혼을 인정하시지 않았을 뿐만 아니라, 이혼은 원래 하나님께서 계획하신 것이 아니라고 단호하게 말씀하시면서, 모세가 이혼을 허락한 것은 사람들의 마음이 완악함으로 인하여 허용되었을 뿐이며(막 10:2~12, 마 19:1~9), 결혼에서 남녀는 둘이 한 몸이 되었으므로 하나님이 짝지어 주신 것을 사람이 나누지 못한다고 말씀하셨습니다(마 19:8~9). 더 나가서 음행한 연고 외에 아내를 버리고 다른 데 장가드는 자는 간음죄를 범하는 것이라고 말씀하셨습니다(마 19:9).

그러면 신명기 14장의 가르침은 예수님의 가르침과 모순이 될까요? 신명기 14장은 일반적인 이혼을 취급한 것이 아니라, 이미 한 번 남편으로부터 버림받은 여인의 재혼이 불가함을 취급한 것으로, 아내와 이혼했고 이혼 된 아내가 재혼했을 경우 그 남편이 죽었거나, 재혼한 남편이 다시 이혼했을 때, 전 남편은 그 여인과 다시 결혼할 수 없다는 뜻입니다.[281]

이 본문은 이혼에 대한 일반규례가 아니라 이혼을 인정하고 그 경우에 이혼된 여인이 당하는 어려움과 손해에 대해 도움을 주려고 한 것이기 때문에, 이 규례는 이혼의 허락이기보다 차라리 이혼 사실에 대한 인식이요 재혼에 관한 규례의 관행이었습니다.[282] 남편이 아내를 내보낼 때는 그 손에 이혼 증서를 들려서 내보냄으로써, 그 남편에 의한 그 이상의 조처로부터 법적으로 어떤 보호를 해 주는 것이었기 때문에, 모세의 이혼 증서는 사실 이혼을 권장하는 대신에 제어하기 위한 것이었습니다.[283] 예수님은 처음부터

---

281) 서춘웅, 『성경 난제 해설·구약』 3판, 497.
282) 서춘웅, 『성경 난제 해설·구약』 3판, 497.

있었던 결혼에 대한 하나님의 이상을 소개해 주신 데 비해, 모세는 단지 이혼의 사실만 인정했으므로 그 교훈들은 서로 모순되지 않습니다.[284]

우리 주변에는 이혼한 사람들이 많고 그 비율에 있어서 기독교인들도 별 차이가 없으며, 이혼을 심각한 죄로 여기지 않고 이혼이 정상적인 것처럼 미화되기까지 합니다. 그런 상황이기 때문에 기독교 신자에게조차도 이혼해서는 안 된다고 가르치는 것이 금기시됩니다. 그러나 아무리 현실이 그렇다고 하더라도 성경은 그렇게 말하지 않는다는 것을 분명히 알 필요가 있고, 그렇게 가르칠 필요도 있습니다. 물론 교회는 이혼한 사람들을 정죄하는 대신에 긍휼히 여기고 돌보아야 합니다. 그러나 그렇다고 그것을 정당한 것처럼 받아들이는 것은 잘못된 것입니다.

순종하면 복을 받고 거역하면 저주를 받을까요?

신 28:1 네가 너의 하나님 여호와의 말씀을 삼가 듣고 내가 오늘날 네게 명하는 그 모든 명령을 지켜 행하면 너의 하나님 여호와께서 너를 세계 모든 민족 위에 뛰어나게 하실 것이라.
　　　2 네가 너의 하나님 여호와의 말씀을 순종하면 이 모든 복이 네게 임하며 네게 미치리니

신 28:15 네가 만일 너의 하나님 여호와의 말씀을 순종하지 아니하여 내가 오늘날 네게 명하는 그 모든 명령과 규례를 지켜 행하지 아니하면 이 모든 저주가 네게 임하고 네게 미칠 것이니

하나님의 말씀에 대한 확고한 믿음이 있어야 복을 받는다는 뜻일까요? 본문은 복을 받는 비결을 가르쳐주는 데 목적이 있을까요? 아니면 이미 하나님의 은혜로 구원받은 자들이 취해야 할 적절한 반응이 무엇인지를 말하려는 것일까요? 물론 모두 일리는 있습니다. 본문이 그런 것들을 전혀 도외시했다고 보기는 어려울 것입니다.

분명한 것은 본문의 복과 저주가 궁극적인 목적이나 관심거리가 될 수 있을까 하는 것입니다. 누구도 그렇게 대답하지는 못할 것입니다. 그렇다면 본문의 복과 저주는 그 자체가 목적이 아니라 다른 목적을 위한 수단이라고 보아야 합니다. 그러면 다른 목적은 무엇

---

283) 서춘웅, 『성경 난제 해설·구약』 3판, 497.
284) 서춘웅, 『성경 난제 해설·구약』 3판, 497.

일까요? 그것은 하나님과 복된 관계를 유지하고 발전시키는 것, 하나님의 백성으로 하나님의 백성다워지고 그답게 살아가도록 하는 것이라고 보아야 합니다. 그것은 성화라는 말로 표현할 수 있습니다. 단순히 저주를 피하고 복을 받기 위한 수단으로 순종하는 것을 하나님께서 기뻐하실 리가 없습니다. 하나님은 복과 저주를 수단으로 사용하셔서 우리를 하나님께서 원하시는 하나님의 백성다운 모습으로 변화시키시기를 원하십니다.

'네가 너의 하나님 여호와께 쫓겨 간 모든 나라 가운데서'란 말씀은 이스라엘이 실제로 포로 된 처지에 있다는 말씀일까요?

신 30:1~4

Von Rad는 그렇게 주장하지만, 본문은 장래 이스라엘이 포로 된 자리에서 회개하고 본토로 귀환할 것을 뜻하는 예언입니다. Von Rad가 그런 말을 하는 것은 모세오경이 모세에 의하여 기록된 것이 아니라 포로 시대에 기록된 것이라는 것을 주장하기 위함입니다.[285]

여수룬(이스라엘)이 발로 찬 것은 구체적으로 무엇을 뜻할까요?

신 32:15 그러한데 여수룬이 살찌매 발로 찼도다. 네가 살지고 부대하고 윤택하매 자기를 지으신 하나님을 버리며 자기를 구원하신 반석을 경홀히 여겼도다.

신 32:15 하반절에 의하면 '발로 찼다.'라는 말이 '자기를 지으신 하나님을 버리며 자기를 구원하신 반석을 경홀히 여겼다.'라는 뜻이라고 할 수 있는데, 그렇다면 발로 찬 것은 결국 하나님이라고 볼 수 있습니다. 하나님을 발로 차는 것은 하나님을 버리고 경홀히 여기는 구체적인 행위이기 때문입니다.

새 번역은 '이스라엘은 부자가 되더니, 반역자가 되었다. 먹거리가 넉넉해지고, 실컷 먹고 나더니, 자기들을 지으신 하나님을 저버리고, 자기들의 반석이신 구원자를 업신여겼다.'라고 번역했습니다. 먹고사는 것, 물질이 목적인 사람들은 그 문제가 해결되면 하나님께 등을 돌리게 됩니다. 기복신앙의 위험성이 여기에 있습니다. 물론 겉으로는, 형

---

285) 박윤선, 『성경주석 신명기』 2판, 178~179.

식적으로는 그렇지 않을 수 있지만, 이 세상의 것들을 마음의 중심에 두는 사람들은 이 세상의 것들이 어느 정도 채워지면 하나님을 저버리고 업신여기는 것은 시간문제일 뿐입니다.

그래서 하나님께서는 많은 재산이나 명예나 정신적으로나 신체적으로, 좋은 일 또는 행운으로 인하여 하나님을 저버리고 업신여기는 방탕과 교만으로 날뛰지 않도록, 십자가라는 치료법으로 고삐 풀린 우리의 육을 억제하시고 굴복시키십니다.[286]

여호수아

수 1:7은 가나안의 적들에 대하여 마음을 강하게 하고 극히 담대히 하라는 뜻일까요?

수 1:7 오직 너는 마음을 강하게 하고 극히 담대히 하여 나의 종 모세가 네게 명한 율법을 다 지켜 행하고 좌로나 우로나 치우치지 말라. 그리하면 어디로 가든지 형통하리니 8 이 율법 책을 네 입에서 떠나지 말게 하며 주야로 그것을 묵상하여 그 가운데 기록한 대로 다 지켜 행하라. 그리하면 네 길이 평탄하게 될 것이라 네가 형통하리라. 9 내가 네게 명한 것이 아니냐? 마음을 강하게 하고 담대히 하라. 두려워 말며 놀라지 말라. 네가 어디로 가든지 너의 하나님 여호와가 너와 함께 하느니라 하시니라.

본문을 잘 살펴보면 그렇지 않다는 것을 쉽게 알 수 있습니다. 수 1:7 하반절의 '모세가 네게 명한 율법', 수 1:8의 '이 율법 책', 수 1:9의 '내가 네게 명한 것'을 지키는 것입니다. 본문은 가나안의 적들에 대해서는 전혀 언급하지 않고 있습니다. 물론 가나안의 적들 앞에서 마음을 강하게 하고 극히 담대히 해야 하지만, 본문에서 마음을 강하게 하고 극히 담대히 해야 할 것은 그것이 아니라 하나님께서 모세를 통하여 명하신 율법을 지키는 것입니다.

우리가 마음을 강하게 하고 극히 담대히 해야 할 것은 우리 앞의 적이 아니라 하나님의 말씀을 지키는 것입니다. 성경은 그것을 너무도 선명하게 우리에게 가르쳐줍니다. 신자들이 어떤 위험한 환경에서도 하나님의 말씀을 지키려면 극히 강하고 담대한 마음을

---

286) *Inst.*, 3. 8. 5: Thus, lest in the unmeasured abundance of our riches we go wild; lest, puffed up with honors, we become proud; lest, swollen with other good things - either of the soul or of the body, or of fortune-we grow haughty, the Lord himself, according as he sees it expedient, confronts us and subjects and restrains our unrestrained flesh with the remedy of the cross.

가져야 합니다.[287]

우리는 적들 앞에서, 어렵고 힘든 상황에서 하나님의 말씀을 버리고 인간의 생각과 지혜로 움직일 위험성이 농후합니다. 그래서 우리가 두려워해야 할 것은 어렵고 힘든 상황이 아니라, 하나님의 말씀을 버리고 인간의 생각과 지혜로 움직이는 것, 바로 그것입니다. 우리가 마음을 강하게 하고 극히 담대히 해야 할 것은 우리 앞의 적이 아니라 하나님의 말씀을 지키는 것, 바로 그것입니다.[288]

우리가 역경으로 위험한 상황 가운데 처했을 때 두려운 마음이 생길 수밖에 없지만, 그때 우리는 우리의 목적이 위험에서 벗어나는 데 있는 것이 아니라, 하나님의 명령을 순종하는 데 있다는 것을 알아야 합니다.[289] 왜냐하면, 그것이 신앙이고 그것이 하나님께서 인정하시는 것이기 때문입니다.

라합의 거짓말은 거짓말을 정당화하는 근거가 될 수 있을까요?

수 2:4~6

성경은 일관되게 거짓말을 금하고 있습니다(레 19:11, 잠언 12:22, 엡 4:25). 거짓말이나 다른 사람을 속이는 것은 일반적으로 악한 것이며 금해야 할 것입니다.

그런데도 라합의 이 행위에 대해서 성경은 믿음의 행위로 설명합니다(히 11:31, 약 2:25). 라합 뿐만 아니라 히브리 산파 십브라와 부아의 예도 마찬가지입니다(출 1:15~21). 신앙적인 이유와 목적이 있다면 그 거짓말은 예외가 될 수 있습니다. 세상에서도 덕목 간에 충돌이 일어나서 그중에 하나만 취해야 할 경우는 더 나은 것을 택할 수밖에 없습니다. 연약한 인간으로서는 충돌을 일으키는 덕목을 함께 지킬 능력이 없습니다. 그러므로 거짓말을 하는 것은 잘못이지만, 원칙적인 행동이 하나님의 뜻에 일치한 것은 선에 뒤섞여 있는 악이 악으로 전가되지 않습니다.[290] 물론 거짓말한 것에 대해서는 그에 상응하는 위험을 감수하고 그 대가를 치러야 할 것입니다. 그것은 믿음의 행위에 항상 따르는 것입니다. 라합의 경우나 히브리 산파들의 경우도 위험을 감수해야 했습니다. 거

---

287) 박윤선, 『성경주석 사기서 제1권』 2판 (서울: 영음사, 1989), 21.
288) 윤석준, 『한국교회가 잘못 알고 있는 101가지 성경 이야기 (1)』, 130.
289) *Comm.* Joshua 1:6, For it is of great consequence, when our fears are excited by impending dangers, to feel assured that we have the approbation of God in whatever we do, inasmuch as we have no other object in view than to obey his commands.
290) *Comm.* Joshua 2:6, Rahab also does wrong when she falsely declares that the messengers were gone, and yet the principal action was agreeable to God, because the bad mixed up with the good was not imputed.

짓말한 것 때문에 받아야 할 위험은 감수할 수밖에 없습니다. 거짓말한 것 때문에 치러야 할 대가가 면제되는 것은 아닙니다. 그런 위험과 대가를 피하려고 하면 믿음으로 사는 길은 점점 멀어질 수밖에 없습니다.

'애굽의 수치가 굴러가게 하였다.'라는 말은 애굽의 종살이에서 벗어났다는 뜻일까요?

수 5:2~9

이스라엘 백성이 광야 생활을 마감하고 가나안으로 들어갈 때, 요단강을 건넌 직후 다다른 곳이 길갈이었습니다. 길갈은 이스라엘이 그곳에 도착하면서 붙인 이름으로 '굴러갔다.'라는 뜻입니다. 그런 뜻의 이름을 붙인 것은 '애굽의 수치가 떠나갔기 때문'입니다.

그렇다면 '애굽의 수치가 떠나갔다.'라는 말의 뜻이 무엇일까요? 많은 사람이 그것은 애굽에서의 종살이라고 해석합니다. 그럴듯합니다. 애굽의 종살이는 분명 수치라고 말할 수 있습니다. 그러나 본문이 그것을 말하고 있을까요? 애굽이라는 말이 나왔으니 당연히 '애굽의 수치'는 '애굽에서의 종살이'라고 해석해도 될까요?

본문은 할례에 관한 내용입니다. 길갈에서 할례를 행한 이유는 수 5:7에서 '그들의 대를 잇게 하신 이 자손에게 여호수아가 할례를 행하였으니 길에서는 그들에게 할례를 행치 못하였으므로 할례 없는 자가 되었음이었더라.'라고 설명하고 있습니다. 그렇다면 '애굽의 수치가 떠나가게 하였다.'라는 말은 '할례를 행하였다.'라는 말입니다. 그러므로 '애굽의 수치'는 '할례를 행하지 못한 것'을 의미합니다.

'할례 받지 못한 자'란 말은 이방인들을 지칭하는 경멸의 의미를 담고 있었기 때문에 (삿 14:3, 15:18, 대상 10:4), '할례 없는 자가 되었다.'라는 말은 이방인처럼, 애굽 사람들처럼 되었다는 뜻입니다. 따라서 '할례 없는 자'라는 말은 이스라엘 백성에게는 매우 수치스러운 표현이었습니다. 그뿐만 아니라 할례는 이스라엘 백성이 하나님의 언약의 백성이라는 징표였기 때문에, 할례를 행치 않는 자는 하나님의 백성으로부터 끊어지게 되어 있었습니다(창 17:14). 길갈에서 할례를 행함으로 이제 이스라엘 백성은 이방인, 또는 애굽 사람과 같지 않게 되었으니 이방인의 수치, 또는 애굽인의 수치가 떠나갔다고 말할 수 있었습니다.[291] '애굽인의 수치가 굴러갔다.'라는 말은, 그들이 신령한 선택의

---

291) 윤석준, 『한국교회가 잘못 알고 있는 101가지 성경 이야기 (2)』 (서울: 부흥과 개혁사, 2011), 459.

상징인 할례를 통하여 오래전부터 그들을 보호하시던 하나님께서 그들의 자유를 회복하셨다는 것을 명백하게 나타냅니다.[292]

여리고 성 전투에서 어린아이와 짐승까지 다 죽인 것은 도덕적으로 정당화될 수 있을까요?

수 6:21 성 중에 있는 것을 다 멸하되 남녀 노유와 우양과 나귀를 칼날로 멸하니라.

여리고 성이 아무리 도덕적으로 부패하고 타락했다고 하더라도, 철없는 어린아이들이나 짐승들이 무슨 죄가 있다고 그렇게 다 죽일 수가 있는가, 반문할 수도 있습니다. 물론 윤리 도덕적으로 보면 당연히 그런 의문을 가질 수 있습니다.

그러나 여리고 성의 멸망은 도덕적으로 접근할 일이 아닙니다. 그들은 모든 종류의 혐오스러운 죄로 부도덕했고 더러워졌으며, 그것이 이스라엘을 오염시켜 영적으로나 도덕적으로 타락시킬 수 있는 위험성이 있었습니다. 그런 그들을 심판자이신 하나님께서 멸하도록 명령하신 것은 불의한 일이 아닙니다. 하나님의 말씀은 옳고 하나님의 심판은 정당하지만, 인간은 모두 죄악 중에 출생하였습니다(시 51:4~5). 여리고 성의 완전한 멸망은 그들의 죄에 대한 하나님의 심판이었기 때문에, 우리는 그 사건에 대해 왜 하나님께서 그렇게 하셨는가, 그것이 도덕적으로 정당한가를 따질 수가 없습니다. 하나님만 참되시고 의로우십니다. 의와 불의, 옳고 그름, 선과 악의 판단 기준은 우리의 생각이나 상식, 또는 세상의 윤리 도덕이 아니라 오직 하나님의 뜻, 하나님의 말씀입니다.

라합과 그 가족의 구원은 무엇을 말하려는 것일까요?

수 6:22~25

이 본문이 의도하고 있는 것은 무엇일까요? 믿음으로 살기 위해서는 거짓말을 해도 된다는 것일까요? 아니면 기생 라합이 믿음으로 자신과 자신의 가족을 구했다는 것일까요?

---

292) *Comm.* Joshua 5:9, They might, therefore, have been regarded is deserters, had not the disgrace been wiped off by the appeal to circumcision, by which the divine election was sealed in their flesh before they went down into Egypt. It was accordingly made plain by the renewal of the ancient covenant that they were not rebels against legitimate authority, nor had rashly gone off at their own hand, but that their liberty was restored by God, who had long ago taken them under his special protection.

물론 라합은 하나님께서 이미 가나안 땅을 이스라엘 백성에게 주셨음을 알았고(수 2:8), 출애굽과 홍해 사건과 요단강을 건너오기 전에 대적을 멸하신 하나님에 대하여 듣고 하나님을 믿었습니다(수 2:9~11). 성경은 이러한 라합의 믿음을 보여 줍니다. 이 믿음으로 그와 그의 가족이 구원을 받을 수 있었습니다. 이것이 본문이 말하려는 것일까요?

우리는 여기에서 한 걸음 더 나아가야 합니다. 마 1:5에 보면 라합이 등장합니다. 구속사의 관점에서 보면 하나님께서 예수 그리스도의 오심을 준비하시기 위해 하나님께서 의도를 가지시고 라합을 부르시고 예비하신 것임을 알 수 있습니다. 그것을 놓치고 라합의 믿음에 초점을 맞춘다면, 하나님의 구속 역사를 놓칠 수 있습니다.[293] 우리는 성경을 읽을 때 하나님의 일하심보다는 인간의 조건이나 공로, 인간의 잘잘못을 먼저 보는 습관이 있습니다. 인간 중심, 자기중심에서 벗어나서, 먼저 하나님의 입장, 하나님의 일하심의 관점에서 성경을 보는 것이 필요합니다. 하나님의 구속사와 경륜의 관점에서 성경을 읽는 습관이 필요합니다.

아간의 범죄에 대하여 그 자녀들까지 처형시킨 것은 신 24:16의 말씀과 모순되지 않을까요?

수 7:24~26

신 24:16은 '아비는 그 자식들로 인하여 죽임을 당치 않을 것이요 자식들은 그 아비로 인하여 죽임을 당치 않을 것이라. 각 사람은 자기 죄에 죽임을 당할 것이니라.'라고 했고, 겔 18:20은 '죄를 범하는 그 영혼은 죽을지라. 아들은 아비의 죄악을 담당치 아니할 것이요 아비는 아들의 죄악을 담당치 아니하리니 의인의 의도 자기에게로 돌아가고 악인의 악도 자기에게로 돌아가리라.'라고 말씀했기 때문에, 죄를 범한 아간만 아니라 그의 모든 아들, 딸들이 함께 죽임을 당한 것은 지나친 것이 아닐까, 또는 모순이 아닐까 반문하지 않을 수 없습니다.

여기에 대하여 아간의 자녀들도 아간의 죄에 동참했기 때문일 것이라고 말할 수도 있습니다. 만일 아간의 죄에 대해서 가족들이 알고도 묵인했다면, 그의 죄에 동참한 것이나 마찬가지이기 때문에, 온 가족이 함께 심판받는 것은 당연합니다. 그러나 성경은 그것을 분명하게 밝히지는 않습니다.

---

293) 소재열, 『성경해석과 강해설교』, 194.

사람들 사이에는 선의 결속과 악의 결속이 있어서, 앞선 세대의 축적된 물질적인 부요와 정신적인 부요를 이어받듯이, 동일한 법칙이 악에 대해서도 지배하게 하여 우리가 다른 사람의 죄와 고난에 동참하게 된다는 사실을 구약성경은 말씀합니다(창 9:25, 출 20:5, 민 14:33, 16:32, 수 7:24~25, 삼상 15:2~3, 삼하 12:10, 21, 왕상 21:21, 23, 사 6:5, 렘 32:18, 애 3:40, 5:7, 스 9:6, 마 23:35, 27:25).[294]

분명한 것은 하나님은 생명을 주신 분이시므로 생명을 취해 가실 권리가 있다는 사실입니다(신 32:39). 하나님의 구원과 심판은 우리의 이해와 판단을 뛰어넘습니다. 그것은 하나님의 주권적인 권한에 속한 일이요, 그의 기쁘신 뜻대로 하시는 역사입니다. 그것은 인간의 생각과 세상의 기준으로 판단하고 평가할 수 있는 것이 아닙니다. 믿음은 이러한 자세와 태도를 보일 때 비로소 가능합니다. 자신의 이해와 판단, 세상의 상식과 윤리 도덕을 고집하는 한 믿음이란 불가능합니다.

산당은 하나님께서 금하신 일이므로 여호수아의 에발산 제단은 정죄 받아야 할까요?

수 8:30 때에 여호수아가 이스라엘의 하나님 여호와를 위하여 에발산에 한 단을 쌓았으니

레 26:30에서는 하나님께서 산당을 허시겠다고 말씀하셨고, 민 33:51~53에서는 '이스라엘 자손에게 말하여 그들에게 이르라. 너희가 요단을 건너 가나안 땅에 들어가거든 그 땅 거민을 너희 앞에서 다 몰아내고 그 새긴 석상과 부어 만든 우상을 다 파멸하며 산당을 다 훼파하고 그 땅을 취하여 거기 거하라. 내가 그 땅을 너희 산업으로 너희에게 주었음이라.'라고 말씀하셨습니다.

또 이스라엘이 가나안에 정착해서 통일 왕국을 이룬 후에는 종교의 중심지는 예루살렘이었고, 성전에서만 예배하게 하셨습니다. 이스라엘이 분열되면서 북쪽의 여로보암 왕이 벧엘에 제단을 세우자, 벧엘은 점차 우상을 섬기는 곳이 되었고, 이스라엘 백성은 하나님을 떠나게 되었습니다. 이스라엘 역사 가운데 산당은 늘 책망의 대상이었고 개혁의 대상이었습니다.

그러나 초기에 하나님을 예배하기 위해 제단을 만든 것은 허용되었습니다. 아브라함이 제단을 만들었고 모세가 제단을 쌓았습니다. 여호수아의 에발산 제단은 모세가 이스

---

294) 『개혁 교의학 3』, 124~125.

라엘 자손에게 명령한 것이었습니다(신 27:4~7). 수 8:31도 그것을 밝힙니다. 그러므로 여호수아의 에발산 제단은 정죄의 대상이 아니라 정당한 것입니다. 계시의 점진성을 고려하지 않고 성경을 해석하면, 성경을 잘못 해석하거나 성경의 통일성에 의문을 가지고 반성경적인 주장을 할 위험성이 있습니다.

속아서 한 약속도 지켜야 할까요?

수 9:16~20

기브온 사람들은 가나안을 향해서 진군해 오는 이스라엘 백성을 크게 두려워하여 이스라엘과 평화조약을 체결함으로써 살길을 모색해야 했습니다. 그들은 가나안 거민 중의 하나였으므로 이스라엘이 그들과 평화조약을 체결하지 않을 것이 뻔하므로 먼 지방에서 왔다고 속이는 방법을 사용할 수밖에 없었습니다. 그들은 이스라엘을 속이기 위해서, 자기들이 떠날 때 신선했던 떡이 마르고 곰팡이가 났다고 그 떡을 증거품으로 제시했습니다. 여기에 대하여 이스라엘은 하나님께 묻지도 않고 사실 여부도 확인하지 않은 채, 성급하게 저들과 평화의 계약을 체결했습니다.

그들의 거짓말은 곧 발각되었지만, 그들과의 계약은 폐기할 수 없었습니다. 그 이유가 무엇이었을까요? 그것은 그 계약이 하나님 여호와의 이름으로 엄숙하게 맹세하였기 때문이었습니다. 이스라엘은 그들과 조약을 체결하기 전에 먼저 그 일에 대하여 하나님께 묻지 않았기 때문에, 여호와의 이름으로 맹세한 약속을 지키지 않을 수 없었습니다. 이 약속의 의무를 지키지 않고 기브온 사람 몇을 죽인 것 때문에, 사울에게는 하나님의 심판이 임했습니다(삼하 21:1~14).

그러므로 우리는 무슨 일을 결정할 때 먼저 하나님께 물어야 합니다. 겉으로 보이는 것으로 성급하게 결정하지 말고, 신중하게 살피고 하나님께 지혜를 구해야 합니다. 당장 현실적으로 유익할 것이란 인간적인 계산으로 성급하게 약속을 하는 것은, 더구나 하나님의 이름으로 약속을 하는 것은 어리석은 일입니다. 또한, 그렇게 한 약속이라고 하더라도 그 약속은 하나님의 이름으로 신실하게 지켜야 합니다.

사사기

본문은 민족을 구한 에훗의 용기와 지혜를 본받으라는 것일까요?

삿 3:21 에훗이 왼손으로 우편 다리에서 칼을 빼 왕의 몸을 찌르매
22 칼자루도 날을 따라 들어가서 그 끝이 등 뒤까지 나갔고 그가 칼을 그 몸에서 빼
어내지 아니하였으므로 기름이 칼날에 엉기었더라.
23 에훗이 현관에 나와서 다락문들을 닫아 잠그니라.

아니면 폭군은 죽여도 된다는 말씀일까요? 또는 정당한 보복과 살인에 대한 성경적 근거일까요?

본문의 의도는 그렇지 않습니다. 삿 3:12에 보면 이스라엘이 하나님 앞에 악을 행하므로 모압왕 에글론을 강성하게 하셔서 이스라엘을 대적하게 하셨다고 증거합니다. 삿 3:15에 보면 그 후 이스라엘 자손이 하나님께 부르짖자 하나님께서 한 구원자 에훗을 세우셨고 그를 통하여 이스라엘을 모압으로부터 구해주셨습니다. 본문은 윤리 도덕적 모범을 제시하려는 데 그 의도가 있는 것이 아니라, 하나님의 심판과 구원을 말씀하는 데 목적이 있습니다. 본문의 의도는 하나님의 백성이라도 악을 행하면 하나님의 심판을 받지만, 반면에 회개하고 부르짖으면 하나님께서 긍휼히 여기시고 구해주신다는 것을 가르치려는 데 있습니다.[295] 그러므로 본문을 폭군은 죽여도 된다거나, 또는 정당한 보복과 살인에 대한 성경적 근거로 삼는 것은 성경의 의도와는 다릅니다.

삿 4:8절의 바락의 말은 그의 겁약과 불신앙에서 나온 것일까요(G. Bush)?

삿 4:8 바락이 그에게 이르되 당신이 나와 함께 가면 내가 가려니와 당신이 나와 함께 가지
아니하면 나는 가지 않겠노라.
9 가로되, 내가 반드시 너와 함께 가리라. 그러나 네가 이제 가는 일로는 영광을 얻지
못하리니 이는 여호와께서 시스라를 여인의 손에 파실 것임이니라 하고 드보라가
일어나 바락과 함께 게데스로 가니라.

---

295) 소재열, 『성경 해석과 강해 설교』, 198.

그렇다면 히 11:32~33이 바락을 믿음으로 나라들을 이긴 인물로 증거한 것과 모순됩니다. 바락은 하나님의 지시에만 의존해야 승리할 줄 믿었기 때문에, 하나님의 지시를 받는 선지자 드보라의 동행을 원했습니다.[296] 그렇다면 삿 4:8은 바락의 나약함이 아니라 도리어 그의 겸손과 신앙을 보여주는 것이라고 보아야 합니다. 또한, 삿 4:9의 이 전쟁으로는 바락이 영광을 얻지 못한다는 말씀도 바락의 겁약과 불신앙 때문에 영광을 얻지 못한다는 뜻이 아니라, 야빈왕의 장군 시스라가 야엘이란 여인에게 죽게 될 것에 대한 예언으로 보아야 합니다.[297]

하나님의 뜻을 알기 위해서 징표(표적)를 구하는 것이 정당할까요?

삿 6:36~40

본문은 하나님의 뜻을 알기 위해서 징표(표적)를 구하는 것이 정당하다는 근거 구절이 될 수 있을까요? 물론 기드온이 징표를 구한 것을 잘못이라고 말할 수는 없습니다. 박윤선은 그 이유를 4가지로 설명합니다.[298]

> 첫째는 그의 기도는 사욕을 위한 것이 아니고 하나님의 뜻을 확실히 알고자 한 것이었기 때문이고,
> 둘째는 표적을 보고자 하는 그 기도는 하나님께 순종하려고 하는 목적에서 시작되었기 때문이고,
> 셋째는 그의 기도를 하나님께서 응답해 주신 사실 때문이고,
> 넷째는 그의 기도의 목적은 하나님의 존재나 능력을 시험해보려는 것이 아니고, 자기가 받은 사명에 대하여 더욱 확고한 믿음을 얻고 그 사명을 수행하기 위함이었기 때문입니다.

그러면 오늘날도 동일하게 그런 식으로 하나님께 징표(표적)를 구하는 것이 정당할까요? 계시 시대와는 달리 오늘날은 하나님께서 이미 기록된 성경 말씀과 환경을 통하여 자기 뜻을 알려주시기 때문에 기드온처럼 어떤 표적을 징표로 구할 필요가 없습니다. 완성된 성경은 우리가 하나님의 뜻을 알고 행하기에 완전하고 충분하기 때문입니다. 물론 오늘날에도 기드온과 같은 기도(요구)에 하나님께서 긍휼히 여기셔서 어떤 표적을 징표

---

296) 70인 역을 보면 이러한 해석이 더욱 분명해짐: Judges 4:8, And Barak said to her, "If you will go with me, I will go, and if you will not go, I will not go, for I do not know the day on which the Lord will send his angel on a good journey with me."
297) 박윤선, 『성경주석 사기서 제1권』 2판, 211.
298) 박윤선, 『성경주석 사기서 제1권』 2판, 231~232.

로 보여주실 수는 있습니다. 그러나 그것을 일반화시킬 수는 없습니다. 성경 말씀을 제쳐두고 꿈을 꾸고 환상을 보고 하나님의 음성을 들어서 하나님의 뜻을 알려고 하는 것은, 자칫 잘못된 은사주의나 신비주의에 빠질 위험성과 함께 사탄의 미혹에 넘어갈 수 있다는 것을 유념해야 합니다.

기드온과 300명의 군사가 미디안의 군사들과 싸워 승리한 것은 하나님께 대한 특별한 신앙과 용기 때문일까요?

삿 7:1~25

본문은 기드온과 300명의 군사가 메뚜기의 수다함같이 많은 미디안의 군사들과 싸워 승리한 내용입니다. 본문이 말하려는 것이 무엇일까요? 기드온과 300명의 군사가 하나님께 대한 특별한 신앙과 용기로 메뚜기의 수다함같이 많은 미디안의 군사들과 싸워 승리했던 것같이, 우리도 그런 신앙과 용기를 가져야 한다는 것일까요? 목이 말라 물을 마실 때도 무릎을 꿇고 물속에 고개를 숙여 마시는 대신에, 물을 손으로 움켜 입에 대고 핥으면서 주위에 대한 경계심을 늦추지 않는 영적인 긴장감과 오직 하나님께만 무릎을 꿇을 수 있는 믿음을 본받아야 한다는 것을 가르치려는 것일까요?

삿 7:2에서 하나님은 '너를 좇은 백성이 너무 많은즉 내가 그들의 손에 미디안 사람을 붙이지 아니하리니 이는 이스라엘이 나를 거슬러 자긍 하기를 내 손이 나를 구원하였다 할까 함이니라.'라고 말씀합니다. 22,000명의 군사를 300명으로 줄이게 하신 이유는 이스라엘의 승리가 군사의 숫자에 있는 것이 아니라 하나님의 능력에 있음을 보여주시려는 것입니다. 또 300명도 22,000명 중에 용감한 자들을 고른 것이 결코 아닙니다. 이방 나라와의 전쟁에 개입하셔서 그 승리는 이스라엘 백성의 실력과 능력에 달린 것이 아니라, 오직 하나님의 손에 달렸음을 분명하게 보이시기 위해, 보잘것없을 만큼 적은 수인 300명까지로 군사 수를 줄이게 하신 것입니다. 이런 의도를 무시하고 300명의 용사를 뽑기라도 한 것처럼 주장하는 것은 잘못된 것입니다. 더구나 무기는 다른 것이 아니라 나팔과 항아리와 횃불이었습니다. 이것을 이상하게 무슨 특별한 속임수 전술로 해석하는 사람들도 있는데, 그 주장도 그럴듯하지만, 억지일 뿐입니다.

우리의 구원, 우리의 승리는 우리의 선행과 노력과 능력 때문이 아니라, 하나님의 은혜와 능력과 주권 때문입니다. 나팔과 항아리와 횃불로 무장한 300명의 초라한 군사로도 메뚜기의 수다함같이 많은 미디안의 군사들과 싸워 승리하게 하실 수 있는 하나님이시라면, 어떤 불가능한 상황 가운데서도 우리의 구원을 능히 완성하실 수 있습니다.

사사 입다는 딸을 번제로 하나님께 드렸을까요?

> 삿 11:30 그가 여호와께 서원하여 가로되, 주께서 과연 암몬 자손을 내 손에 붙이시면
> 31 내가 암몬 자손에게서 평안히 돌아올 때 누구든지 내 집 문에서 나와서 나를 영접하는 그는 여호와께 돌릴 것이니 내가 그를 번제로 드리겠나이다 하니라.

많은 사람은 입다가 성급하게 서원을 함으로써 자기 딸을 번제로 하나님께 드릴 수밖에 없는 비극적인 상황을 맞이했다고 해석합니다. 그러나 성경은 사람을 번제로 드리는 것을 금합니다. 레 18:21은 '너는 결단코 자녀를 몰렉에게 주어 불로 통과케 말아서 너의 하나님의 이름을 욕되게 하지 말라. 나는 여호와니라.'라고 하였고, 신 12:31은 '너의 하나님 여호와께는 네가 그와 같이 행하지 못할 것이라. 그들은 여호와의 꺼리시며 가증히 여기시는 일을 그 신들에게 행하여 심지어 그 자녀를 불살라 그 신들에게 드렸느니라.'라고 하였으며, 신 18:10~11은 '그 아들이나 딸을 불 가운데로 지나게 하는 자나 복술자나 길흉을 말하는 자나 요술하는 자나 무당이나 진언자나 신접자나 박수나 초혼자를 너희 중에 용납하지 말라.'라고 하였습니다. 입다가 이러한 율법을 알지 못했을 리가 없었을 것이기 때문에, 사람을 번제로 하나님께 드리겠다고 서원했을 가능성은 매우 적습니다.[299]

삿 11:39의 '두 달 만에 그 아비에게로 돌아온지라. 아비가 그 서원한 대로 딸에게 행하니 딸이 남자를 알지 못하고 죽으니라.'라는 표현은 입다가 서원한 대로 딸을 번제로 드렸기 때문에 남자를 알지 못하고 죽었다고 해석하기 쉽습니다. 그러나 이 구절은 '현대인의 성경'의 번역대로 '두 달 만에 자기 아버지에게 돌아왔다. 입다는 자기가 맹세한 것을 이행하였으며 그 딸은 영영 처녀 신세가 되고 말았다.'라는 뜻입니다. 성막에서 봉사하는 여인들은 처녀로 자신을 하나님께 드렸는데(출 38:8, 삼상 2:22), 입다의 딸도 그런 경우라고 할 수 있습니다. 입다가 슬퍼했던 이유는 자신의 딸을 불에 태워서 하나님께 제물로 드리게 되었기 때문이 아니라, 무남독녀인 자신의 딸을 결혼시키지 못하고 평생 처녀로 성막에서 봉사하게 된 까닭이고, 또 그것은 입다에게는 대가 끊기는 일이었기

---

299) 박윤선, 『성경주석 사기서 제1권』 2판, 271.

때문이었습니다.[300] 입다가 하나님께서 금하신, 인간을 번제로 드리는 일을 서원하였고 그 서원을 실행했었다면, 히 11:32에서 그를 믿음의 영웅 중 하나로 열거할 수는 없었을 것입니다.

삼손이 이방인 여인과 결혼하는 것은 하나님의 뜻이었을까요?

삿 14:1~4

율법은 이방인과의 결혼을 엄격하게 금하고 있습니다(출 34:16, 신 7:3~4). 만일 삼손이 이방인 여인과 결혼하는 것이 하나님의 뜻이었다면, 하나님은 모순되게 행하시는 분이 되고 맙니다. 그러므로 삼손이 이방인 여인과 결혼하는 것은 본래 하나님의 뜻도 아니고, 율법을 어긴 것이기 때문에 잘못된 것입니다. 그러면 왜 삼손이 이방인과 결혼한 것이 하나님에게서 나온 것이라고 말할 수 있었을까요?

하나님은 율법의 말씀도 무시하시면서 필요한 일을 행하시는 분이 아니시지만, 하나님은 또한 율법의 말씀도 무시하고 자기 뜻을 고집하는 삼손에게 자기 뜻대로 하도록 허용하시면서도 자신의 거룩하신 뜻을 능히 이루시는 분이십니다.[301] 삼손은 이방 블레셋 여인과의 결혼을 통하여 블레셋으로부터 부당한 대우를 받음으로써 자신의 잘못을 깨달을 필요가 있었습니다.[302] 눅 15:11~21에서 예수님께서 비유로 드신 바와 같이, 둘째 아들에게 깨닫고 돌아오기 위한 과정이 필요한 것을 알고 아들의 요구대로 유산을 미리 준 것과 같습니다. 이런 맥락에서 삼손이 이방 여인과의 결혼이 하나님에게서 나온 것이라고 말할 수 있습니다.

삼손의 죽음은 자살을 정당화하는 근거 구절이 될 수 있을까요?

삿 16:30 가로되 블레셋 사람과 함께 죽기를 원하노라 하고 힘을 다하여 몸을 굽히매 그 집이 곧 무너져 그 안에 있는 모든 방백과 온 백성에게 덮이니 삼손이 죽을 때 죽인 자가 살았을 때 죽인 자보다 더욱 많았더라.

---

300) 서춘웅, 『성경 난제 해설·구약』 3판, 553.
301) 박윤선, 『성경주석 사기서 제1권』 2판, 286.
302) 서춘웅, 『성경 난제 해설·구약』 3판, 556.

생명의 주인은 하나님이십니다. 자기 마음대로 자신의 목숨을 포기하는 것은 하나님의 주권에 대한 도전입니다. 그러면 사람들은 왜 자살을 할까요? 삶에 대한 소망이 끊어졌기 때문일 것입니다. 더 이상 살아야 할 이유를 찾을 수 없기 때문일 것입니다. 또는 과중한 인생의 짐과 책임의 중압감을 견딜 수 없어서 자살이라는 막다른 골목을 택했을 것입니다. 오죽하면 자살했을까 동정하지 않을 수 없지만, 그렇다고 그것이 신앙적으로 용납될 수 있는 것은 아닙니다. 어떤 명분으로도 자살은 정당화될 수 없습니다.

그러면 삼손의 경우는 어떨까요? 이 일에 대하여 히 11:32은 삼손이 믿음으로 행했다고 해석합니다. 삼손은 자살한 것이 아닙니다. 믿음으로 생명을 버리는 길을 택한 것입니다. 예수님은 선한 목자로서 양들을 위하여 자기 목숨을 버리신다고 말씀하셨습니다(요 10:11, 17). 또 친구를 위하여 생명을 버리면 이에서 더 큰 사랑이 없다고도 말씀하셨습니다(요 15:13). 삼손의 죽음은 자살이 아니라 자기 백성을 위하여 생명을 내어놓은 것입니다. 삶에 대한 소망이 끊어졌다거나 과중한 인생의 짐과 책임의 중압감을 피하려고 자살한 것이 아닙니다. 삼손은 믿음으로 자기 백성을 위하여 자기 생명을 내어놓음으로써 블레셋에 대한 하나님의 심판과 이스라엘 백성의 구원을 위한 도구로 사용되었습니다.[303] '삼손이 죽을 때 죽인 자가 살았을 때 죽인 자보다 더욱 많았더라.'라는 표현은 성경이 삼손이 죽으면서도 사명(블레셋 사람에 대한 하나님의 심판)을 다하였다고 평가한 것입니다.[304]

룻기

룻기의 주제는 효도일까요?

룻 1:16 룻이 가로되, 나로 어머니를 떠나며 어머니를 따르지 말고 돌아가라. 강권하지 마옵소서. 어머니께서 가시는 곳에 나도 가고 어머니께서 유숙하시는 곳에서 나도 유숙하겠나이다. 어머니의 백성이 나의 백성이 되고 어머니의 하나님이 나의 하나님이 되시리니
17 어머니께서 죽으시는 곳에서 나도 죽어 거기 장사 될 것이라. 만일 내가 죽는 일

---

303) 서춘웅, 『성경 난제 해설·구약』 3판, 559.
304) 박윤선, 『성경주석 사기서 제1권』 2판, 303~304.

외에 어머니를 떠나면 여호와께서 내게 벌을 내리시고 더 내리시기를 원하나이다.

많은 사람이 룻기의 주제나 의미가 좋은 고부 관계, 착한 며느리, 효도와 같은 것들이라고 생각합니다. 그런데 그렇다면 군이 성경의 내용이 될 이유가 없어집니다. 그리스도는 사라지기 때문입니다. 조금만 주의해서 룻기를 읽게 되면 룻기는 언약 백성과 하나님의 관계, 오실 메시아에 관한 책이라는 것을 알 수 있습니다. 룻기는 사사들이 치리하던 때의 이야기로 '사람마다 자기 소견에 옳은 대로 행하던' 사사 시대를 배경으로 합니다. 그 시대는 하나님이 왕이 아니라 각자가 왕이 되어 자신이 원하는 대로 살았습니다.

룻 1:1의 사사들이 치리하던 때 그 땅에 흉년이 들었다는 것은, 레위기 26장과 신명기 28장에 의하면 언약적 심판을 뜻합니다. 또 룻 1:1의 유다 베들레헴에 한 사람이 그 아내와 두 아들을 데리고 모압 지방에 가서 우거 하였다는 것도, 레위기 26장에 의하면 언약적 심판을 뜻합니다.

그러나 그런 시대는 끝납니다. 어떻게 끝납니까? '어머니의 백성이 나의 백성이 되고 어머니의 하나님이 나의 하나님이 되시리니 어머니께서 죽으시는 곳에서 나도 죽어 거기 장사 될 것이라, 만일 내가 죽는 일 외에 어머니를 떠나면 여호와께서 내게 벌을 내리시고 더 내리시기를 원하나이다.'라는 믿음으로 하나님의 백성이 된 믿음의 여인 룻과 그리스도를 예표 하는 보아스의 구속행위를 통해서입니다. 그렇게 해석할 수 있는 이유는 보아스가 엘리멜렉의 가정을 회복하기 위하여 기업을 무르는 행위인 '고엘'은 그리스도의 구속을 예표하고, '기업 무르는 자'('고엘', 원형은 '가알')는 구속자라는 뜻이기 때문입니다(출 6:6에서는 '속량'으로, 사 43:1에서는 '구속'이라고 번역)[305].

그러므로 룻기를 고부 관계, 착한 며느리, 효도, 그런 정도로 해석해 버린다면, 풍성하신 그리스도의 구속 보물들로 가득 찬 하나님의 말씀을 고작 미담이나 신변잡기로 격하시키는 죄를 범할 수 있습니다.[306]

모압 여인 룻은, 암몬 사람과 모압 사람은 영원히 하나님의 총회에 들어올 수 없다는 신 23:3의 말씀과 모순되는데, 어떻게 다윗이 룻의 증손이 될 수 있었을까요?

룻 4:21 살몬은 보아스를 낳았고 보아스는 오벳을 낳았고

305) 윤석준, 『한국교회가 잘못 알고 있는 101가지 성경 이야기 (1)』, 196.
306) 윤석준, 『한국교회가 잘못 알고 있는 101가지 성경 이야기 (1)』, 198.

22 오벳은 이새를 낳았고 이새는 다윗을 낳았더라.

룻기에 나오는 족보에 의하면 다윗은 보아스의 증손인 것을 알 수 있습니다. 다윗은 보아스와 모압 여인인 룻의 증손인데, 그것은 신 23:3의 말씀에 의하면 문제가 있습니다. 신 23:1~8에는 이스라엘 총회에 들어올 수 없는 부적격자들을 열거하였는데, 암몬 사람과 모압 사람은 영원히 하나님의 총회에 들어올 수 없다고 규정되어 있기 때문입니다.

그렇다면 이 구절을 어떻게 해석해야 할까요? 다윗은 제사장밖에 먹을 수 없는 진설병을 먹었으나 용납이 되었던 것을 예수님은 지적하셨습니다(마 12:4, 막 2:26, 눅 6:4). 일반적인 규정과 그 예외에 대한 성경의 균형과 조화에 대하여 이해할 필요가 있습니다. 율법과 도덕을 초월하는 은혜와 믿음의 원리를 보아야 합니다.

사무엘 상·하

사무엘 상 1장은 한 불임 여성이 기도로 아들을 낳았다는 이야기일까요?

삼상 1:20 한나가 잉태하고 때가 이르매 아들을 낳아 사무엘이라 이름하였으니 이는 내가 여호와께 그를 구하였다 함이더라.

기도가 중요하고 하나님께서 우리의 기도를 들어주신다는 사실도 중요합니다. 물론 우리는 한나와 같은 처지에 있을 때 탄식하며 하나님께 기도해야 합니다. 또 하나님께서 우리를 긍휼히 여기시고 은혜로 우리의 기도에 응답해 주신다는 사실도 믿어야 합니다. 그러나 한나의 이야기가 그것을 말하려는 의도로 성경에 기록되었을까요?

성경은 하나님의 구속 역사입니다. 아무리 한 개인이나 한 가정의 사소한 이야기처럼 보이는 내용조차도 모두 하나님의 구속 역사를 다루고 있습니다. 그렇지 않다면 굳이 성경에 등장할 이유가 없습니다. 사무엘 상 앞부분을 보면 사사 시대의 특징인 사람마다 자기 소견에 옳은 대로 행하였다는 것을(삿 17:6) 대제사장 엘리 집안의 타락을 통하여 보여줍니다. 대제사장의 집안이 타락했다면 이스라엘 모두가 타락했다는 뜻이기도 합니다. 사무엘 상 2장에 보면 엘리와 그 아들들의 타락을 구체적으로 열거하고 있으며, 사무엘 상 4장에 보면 법궤를 주술적으로 사용하다가 블레셋에 빼앗긴 내용이 나옵니다.

이러한 상황 가운데서 하나님은 사무엘을 준비하셔서 이스라엘을 구하십니다.

그러므로 불임 여성 한나와 그로부터 출생한 사무엘의 이야기는 거대한 구속 역사의 맥락에서 이해해야 합니다. 불임 여성은 하나님의 권능과 구속을 나타내시는 도구로 종종 등장합니다. 아브라함의 아내 사라, 이삭의 아내 리브가, 야곱의 아내 라헬이 그 대표적인 예입니다. 이는 하나님의 나라를 세우는 하나님의 구속은 인간의 힘이 아니라 하나님의 권능으로 하신다는 것을 가르치시기 위함입니다.[307] 불임 여성 한나에게서 하나님의 권능으로 사무엘이 태어나는 과정은, 개인의 문제로 고통받던 한 여인이 하나님의 은혜로 문제를 해결 받았다는 것을 보여주려는 것이 아니라, 하나님의 권능으로 각자가 자신이 왕이 되어 자기 소견에 좋은 대로 행하던 사사 시대를 종식하시고, 그 가운데서 하나님의 백성을 구속하신다는 사실을 보여주려는 것입니다.[308]

이 사실은 사무엘 상 2장 한나의 기도에서 선명하게 구체적으로 드러납니다. 만일 개인의 문제로 고통받던 한 여인이 하나님의 은혜로 문제를 해결 받았다는 이야기라면, 한나는 그 사실에 관하여 감사하는 내용으로 기도해야 할 터인데, 한나의 기도에는 그런 내용이 전혀 없고, 다만 오직 하나님께서 왕이시란 것밖에 없습니다.[309] 사람이 왕이 아니라 하나님만이 왕이시란 것이 한나의 고백입니다. 그래도 개인의 문제로 고통받던 한 여인이 하나님의 은혜로 문제를 해결 받았다는 식으로 성경을 해석한다면, 그것은 사사 시대처럼 자신이 왕이 되어 자기 좋을 대로 성경을 해석하는 것으로 밖에는 달리 말할 수가 없을 것입니다.

삼상 1:27~28은 헌아식에 대한 근거 구절이 될 수 있을까요?

삼상 1:27 이 아이를 위하여 내가 기도하였더니 여호와께서 나의 구하여 기도한 바를 허락하신지라.
    28 그러므로 나도 그를 여호와께 드리되 그의 평생을 여호와께 드리나이다 하고 그 아이는 거기서 여호와께 경배하니라.

일부 교파(성결교회 등)에서는 신학적인 차이로 유아세례를 부정하면서 대신에 헌아식을 시행하는데, 그들은 삼상 1:27~28을 그 근거 구절로 삼고 있습니다. 과연 본문은

---

307) 윤석준, 『한국교회가 잘못 알고 있는 101가지 성경 이야기 (1)』, 203.
308) 윤석준, 『한국교회가 잘못 알고 있는 101가지 성경 이야기 (1)』, 204.
309) 윤석준, 『한국교회가 잘못 알고 있는 101가지 성경 이야기 (1)』, 205.

헌아식을 지지할까요?

한나가 사무엘을 하나님께 바친 사건은 그가 서원한 대로 자신의 자녀를 완전하고 취소할 수 없게 하나님께 드린 것입니다. 따라서 한나는 일 년에 한 번 자녀를 방문할 수는 있었지만, 사무엘은 부모를 만나러 집에 갈 수 없었습니다. 그러므로 하나님께 자녀를 평생 드린 것과 부모가 자녀를 경건하게 기르도록 용기를 주는 의식이라고 할 수 있는 오늘날의 헌아식은 같을 수 없습니다.[310] 그러므로 한나가 사무엘을 하나님께 드리되 평생을 드린 것을 헌아식의 근거로 삼는 것은 지나친 것입니다.

여호와를 알지 못한다는 말이 하나님의 존재를 지식적으로 모른다는 뜻일까요?

삼상 2:12 엘리의 아들들은 불량자라 여호와를 알지 아니하더라.

엘리의 아들들은 제사장의 아들로 태어났습니다. 밤낮으로, 자나 깨나 제사장인 아버지의 제사 업무를 보면서 자랐습니다. 그들이 적어도 하나님의 존재를 지식적으로 모른다는 것은 상식적으로 불가능합니다. 그렇다면 구절 앞부분의 엘리의 아들들이 불량자라는 말에서 힌트를 얻을 수 있습니다.

현대인의 성경은 '그들은 여호와를 두렵게 여기지 않았고'라고 번역했고, 새 번역은 '그들은 주님을 무시하였다.'라고 번역했습니다. 그들은 하나님이 계시다는 것을 지식적으로는 알았지만, 하나님을 알지 못하는 사람들처럼 행동하는 불량한 자들이라는 의미입니다.[311] 그들은 '여호와를 알지 아니하는' 사람들로서 하나님을 인정하지도 않고 두려워하지도 않는 비류의 자식들, 곧 배교자들이었습니다.[312] 그들은 딛 1:16의 '하나님을 시인하나 행위로는 부인하니 가증한 자요 복종치 아니하는 자요, 모든 선한 일을 버리는 자'라고 할 수 있습니다.

교회 생활에 익숙하고 성경의 내용을 지식적으로는 상당한 정도로 알며, 입으로는 하나님을 시인하지만, 행동으로는 하나님을 두려워하지 않고 무시하면서, 자기 마음대로 자신의 욕심을 따라 사는 사람들이 의외로 많은 시대에 살고 있습니다. 그런 신앙생활이 일반적인 것처럼 여겨지는, 엘리 시대와 방불한 시대에 살면서 우리는 그러한 삶이 정상인 것처럼 여겨서는 안 될 것입니다.

---

310) 서춘웅, 『성경 난제 해설·구약』 3판, 574.
311) 박희천, 『손 더듬이 성경 해석학-성경이 성경을 해석한다』, 108.
312) 박윤선, 『성경주석 사기서 제2권』 2판, 38.

하나님도 약속을 철회할 수 있을까요?

삼상 2:27~30

하나님은 레위 지파 중에서 아론의 가문이 제사장이 되도록 정하셨고(출 27:21, 출 29:9), 이와 같은 하나님의 약속은 아론의 가문인 비느하스를(민 25:6~15) 거쳐 엘리에게 제사장 직분이 계승되었는데, 이제 하나님께서 엘리 가문의 제사장 직분을 박탈하시겠다고 말씀하십니다. 그 이유는 삼상 2:29에 열거된 대로 '하나님께 드리는 제물과 예물을 짓밟고 자기 아들들을 하나님보다 더 중히 여겨 백성들이 드리는 가장 좋은 것으로 스스로 살찌게 하는 죄'를 범했기 때문입니다.

그렇다면 인간의 죄로 인하여 하나님의 약속도 철회될 수 있다는 뜻일까요? 물론 성경은 하나님께서 자신의 약속을 번복하시는 경우들을 기록하고 있습니다(삼상 15:11, 35, 창 6:6, 신 32:36, 삿 2:18, 대하 12:12, 렘 15:6, 18:7~10, 겔 33:11~20, 욘 3:10). 반면 롬 11:29은 '하나님의 은사와 부르심에는 후회하심이 없느니라.'라고 말씀하고, 약 1:17도 '그는 변함도 없으시고 회전하는 그림자도 없으시니라.'라고 말씀합니다. 그렇다면 무슨 뜻일까요?

하나님은 인격적이시고 공의로운 분이시기 때문에 인간의 순종과 불순종의 반응에 따라 복을 주시기도 하시고, 징계하시거나 저주를 하시기도 하십니다. 그런 면에서 하나님의 약속과 계획은 가변적이고 불완전한 것처럼 보일 수 있습니다. 그러나 하나님의 섭리를 향하여 나아가는 역사는 점진적으로 진행되는 과정에서 인간의 순종과 불순종, 세상의 조건과 상황에 따라 하나님의 뜻이 다양하게 나타날 수 있지만, 구속사적으로 진행되어 가는 하나님의 신적 경륜과 섭리는 변화되거나 철회되지는 않습니다.[313]

본문은 하나님께서 아론의 후손이 제사장 직분을 수행하지 못하게 하신다는 뜻이 아니라, 이다말의 후손인 엘리 가문의 제사장 직분을 박탈하여 새로운 제사장으로서 사무엘을 세우시겠다는 뜻입니다. 사무엘 이후에는 다시 엘르아살의 후손들이 제사장직을 이어가게 됨으로써 아론의 후손에게 하신 하나님의 약속은 불변했습니다. 이 약속은 멜기세덱의 반차에서 참되신 대제사장으로 오신 예수 그리스도로 말미암아 대제사장의 직분이 단번에 영원히 완성될 때까지 변함없는 약속이었습니다(히 5:10, 7:11, 17, 27,

---

313) 강병도 편, 『카리스 종합주석 제25권 사무엘상 1~15장』 (서울: 기독지혜사, 2009), 144.

10:12~14).[314]

삼상 3:7은 사무엘이 아직 어려서 지식적으로 여호와를 알지 못했다는 뜻일까요?

삼상 3:7 사무엘이 아직 여호와를 알지 못하고 여호와의 말씀도 아직 그에게 나타나지 아니한 때라

앞의 구절들을 보면 그 말은 성립될 수 없습니다. 삼상 1:28에서는 사무엘이 '여호와께 경배하니라.'라고 했고, 삼상 2:11에서는 '그 아이는 제사장 엘리 앞에서 여호와를 섬기니라.'라고 했으며, 삼상 3:1에서는 '아이 사무엘이 엘리 앞에서 여호와를 섬길 때는'이라고 말씀하고 있기 때문입니다.

그렇다면 사무엘이 아직 여호와를 알지 못했다는 말의 뜻은 삼상 3:7 하반절의 '여호와의 말씀이 아직 그에게 나타나지 아니한 것'을 의미한다고 볼 수 있습니다. NIV는 'Now Samuel did not yet know the LORD: The word of the LORD had not yet been revealed to him.'이라고 번역하여 그 의미가 명확합니다.[315] 사무엘은 지식적으로는 하나님을 알고 엘리 아래서 하나님을 섬겼지만 아직은 하나님의 음성을 듣지는 못했는데, 성경은 그것을 '사무엘이 아직 여호와를 알지 못하고'라고 표현하고 있습니다.[316]

삼상 6:12은 우리도 암소처럼 좌우로 치우치지 않고 하나님 말씀을 곧바로 행해야 한다는 뜻일까요?

삼상 6:12 암소가 벧세메스 길로 바로 행하여 대로로 가며 갈 때 울고 좌우로 치우치지 아니하였고 블레셋 방백들은 벧세메스 경계까지 따라 가니라.

본문의 배경은 블레셋이 이스라엘과의 전쟁에서 승리하고 언약궤를 빼앗아 갔는데, 그 언약궤가 가는 곳마다 재앙이 내리자 그들은 그 재앙이 하나님으로 말미암은 것인지 아닌지를 알아보기 위해 젖 나는 암소 둘을 그 송아지로부터 떼어서 언약궤를 실은 수레를 끌게 했습니다. 그들은 암소들이 그 송아지들 때문에 슬피 울며 저항하는 대신에

---

314) 강병도 편, 『카리스 종합주석 제25권 사무엘상 1~15장』, 145.
315) 콜론(:)은 앞 문장의 내용에 대하여 부연설명을 할 때 사용하고, 세미콜론(;)은 두 문장을 연결해주는 and, so, but, because, while 등의 의미로 등위 접속사로 사용됨.
316) 박희천, 『손 더듬이 성경 해석학-성경이 성경을 해석한다』, 109.

곧바로 벧세메스로 간다면, 언약궤가 가는 곳마다 내린 재앙은 하나님으로 말미암았을 것이라고 생각했습니다.

여기에서 암소들은 거룩한 열정과 사명감을 가지고 송아지에게 가고자 하는 욕망을 뿌리치면서, 비록 슬퍼서 울기는 했지만, 좌우로 치우치지 않고 하나님의 도구로 헌신한 것일까요? 물론 그렇게 해석하여 신앙에 대한 어떤 열정과 사명감을 불러일으킬 수는 있을 것입니다. 그러나 그것은 성경을 바르게 해석한 것도 하나님의 뜻도 아닙니다. 암소들은 아무 영문도 몰랐을 것입니다. 무슨 거룩한 열정과 사명감이 그 짐승들에게 있었을까요? 더구나 암소들은 하나님의 방법이 아닌 이방인 블레셋 사람들의 방식, 곧 불법한 방식으로 언약궤를 실은 수레를 끌었습니다. 암소들은 다만 사람들이 시키는 대로 했고, 그것은 하나님의 역사였습니다. 무슨 거룩한 열정과 사명감을 말하는 것은, 이미 해석하는 사람들이 자신들의 생각을 짐승들에게 이입시킨 것에 불과합니다.

도덕적이고 인본주의적인 해석은 아무리 감동적이고 설득력이 있어서 성도들을 헌신하고 충성하도록 이끈다고 하더라도, 그것은 잘못된 것입니다. 성도들을 헌신하고 충성하도록 이끈다고 하면 그것이 무슨 상관이 있겠느냐는 생각은 다분히 실용주의적인 것이며, 그것은 결코 성경적이지 않습니다. 천주교적인 의식, 복장, 장식 등이나, 신사도 운동에서 행하고 있는 일들, 심지어 불교나 힌두교에서 행하고 있는 종교적 방법들조차도, 성도들을 헌신하고 충성하도록 이끈다는 명분으로 끌어들이는 것은 매우 우려스러운 일입니다.

왕정은 하나님의 뜻이 아니었을까요?

삼상 8:6~9

하나님은 왕정을 싫어하실까요? 창 17:6에 보면 하나님께서 아브라함을 부르시면서 그가 큰 민족을 이루게 하시겠고 그에게서 왕들이 나올 것이라고 말씀하셨으며, 또 창 49:10에 보면 하나님께서 야곱을 통해 그의 아들들에게 주실 장래 복을 약속하신 내용 가운데 '홀이 유다를 떠나지 아니하며 치리자의 지팡이가 그 발 사이에서 떠나지 아니하시기를 실로가 오시기까지 미치리니 그에게 모든 백성이 복종하리로다.'라고 하셨습니다. 신 17:14~20을 보면 왕을 세울 때 반드시 이스라엘 형제 중에서 하나님 여호와의 택하신 자를 왕으로 세울 것이며, 왕은 말(馬)과 아내와 은금을 많이 두지 말 것이며, 율법서를 등사하여 평생에 자기 옆에 두고 읽어서 하나님 여호와 경외하기를 배우며, 율법의 모든 말과 이 규례를 지켜 행할 것이라고 말씀하셨습니다.

이 말씀들을 보면 아브라함에게서 왕들이 나오고, 유다 지파에서 이스라엘을 다스릴 왕이 나오게 하시겠다는 것이 하나님의 뜻이며, 왕을 세우는 것이 하나님의 뜻을 어기는 것이 아님을 알 수 있습니다. 성경은 하나님의 지혜의 섭리에 따라서 왕들이 통치한다고 명백하게 주장하며(참조, 잠 8:15), 왕을 존경하라고 특별히 명령합니다(잠 24:21, 벧전 2:17).[317]

그렇다면 본문은 창 17:6, 49:10, 신 17:14~20과 모순되는 것일까요? 삼상 8:8의 '내가 그들을 애굽에서 인도하여 낸 날부터 오늘날까지 그들이 모든 행사로 나를 버리고 다른 신들을 섬김같이 네게도 그리하는도다.'라는 말씀을 보면, 이스라엘 백성이 왕을 요구한 것은 왕정 자체에 대한 요구가 아니라, 하나님의 통치를 따르는 대신에 다른 신들을 섬김같이, 사사들을 통하여 하나님께서 통치하시는 것을 거부한 것입니다. 그들이 왕정을 원한 것은 궁극적으로 하나님을 믿지 못하고, 하나님으로 만족하지 못하여 다른 신들을 구하던 우상숭배의 악습에서 나온 것입니다.[318] 그러므로 하나님께서 '나를 버려 자기들의 왕이 되지 못하게 함이니라.'라고 말씀하신 것입니다.

사람의 행위에 따라 하나님의 뜻이 좌우될 수 있을까요?

삼상 13:13 사무엘이 사울에게 이르되 왕이 망령되이 행하였도다. 왕이 왕의 하나님 여호와께서 왕에게 명하신 명령을 지키지 아니하였도다. 그리하였더라면 여호와께서 이스라엘 위에 왕의 나라를 영원히 세우셨을 것이거늘
14 지금은 왕의 나라가 길지 못할 것이라. 여호와께서 왕에게 명하신 바를 왕이 지키지 아니하였으므로 여호와께서 그 마음에 맞는 사람을 구하여 그 백성의 지도자로 삼으셨느니라 하고

사울 왕조가 영원할 수도 있었는데, 사울 왕이 제사장을 기다리지 않고 스스로 번제를 드렸기 때문에 사울의 대에서 왕조가 끊긴 것일까요? 그렇다면 사람의 행위에 따라서

---

317) *Inst.*, 4. 20. 7: But to forestall their unjust judgments, Scripture expressly affirms that it is the providence of God's wisdom that kings reign [cf. Prov. 8:15], and particularly commands us to honor the king [Prov. 24:21; I Peter 2:17].
318) 박윤선, 『성경주석 사기서 제2권』 2판, 60~61.

하나님의 뜻이 좌우될 수 있다는 주장이 가능해집니다. 과연 그럴까요?

그러나 창 49:10에 의하면 이미 사울이 속한 베냐민 지파가 아닌 다윗이 속한 유다 지파를 통한 왕권의 계승이 하나님의 뜻임을 확인할 수 있습니다. 그렇다면 서로 모순되는 것일까요? 삼상 3:13은 사울이 하나님의 뜻에 신실하게 순종했더라면 어떻게 되었을 것이라는 가정일 뿐입니다. 하나님의 뜻은 절대적이기 때문에 인간의 순종이나 불순종 자체가 하나님의 뜻을 좌우하는 것은 아닙니다.

그러나 또한 하나님은 인간의 자유의지를 존중하십니다. 그러면서도 하나님은 하나님의 뜻대로 이루시는 분이십니다. 마치 유능한 지도자일수록 다른 사람들의 자유를 최대한 보장하면서도 자기 뜻을 이루어가는 것에 비유할 수 있습니다. 하나님은 전능자이시니 인간의 자유를 억압하지 않으시고 온전히 허용하시면서도 하나님의 뜻을 능히 이루실 수 있습니다.

하나님도 후회하실까요?

> 삼상 15:11 내가 사울을 세워 왕 삼은 것을 후회하노니 그가 돌이켜서 나를 좇지 아니하며 내 명령을 이루지 아니하였음이니라 하신지라. 사무엘이 근심하여 온 밤을 여호와께 부르짖으니라.

성경에는 하나님께서 한탄하셨다거나(창 6:6), 후회하셨다거나(삼상 15:11), 뜻을 돌이키셨다는(렘 18:8, 욘 3:4, 10, 사 38:1, 5, 왕하 20:1, 5) 말씀이 나옵니다. 그래서 많은 사람은 하나님께서 인간사를 영원한 작정에 의하여 정해 놓으신 것이 아니라, 각 개인의 공로에 따라서나 하나님께서 그를 정당하고 의롭게 여기시는 것에 따라서 이렇게도 혹은 저렇게도 행하신다고 주장합니다.[319]

그러나 하나님께서는 전지전능하시기 때문에 후회하실 수 없습니다. 만일 하나님께서 사울이 불순종할 줄 모르고 왕으로 세웠는데 이제 사울이 불순종하자 후회하셨다면, 하나님은 전지하신 분이 아니라는 말이 되기 때문에, 그렇게 해석할 수 없습니다. 하나님께서는 사울이 그러리라는 것을 다 아시고, 사울이 속한 베냐민 지파가 아닌 유다 지파를 통하여 이스라엘의 왕들이 나오리라는 것을 미리 말씀하셨습니다(창 49:8~10).

---

319) *Inst.*, 1. 17. 12: Hence many contend that God has not determined the affairs of men by an eternal decree, but that, according to each man's deserts or according as he deems him fair and just, he decrees this or that each year, each day, and each hour.

민 23:19은 '하나님은 인생이 아니시니 식언치 않으시고 인자가 아니시니 후회가 없으시도다. 어찌 그 말씀 하신 바를 행치 않으시며 하신 말씀을 실행치 않으시랴?'라고 말씀하심으로 하나님은 후회하시지 않으신다는 것을 분명하게 가르쳐주셨습니다. 삼상 15:29은 분명하게 '이스라엘의 지존자는 거짓이나 변개함이 없으시니 그는 사람이 아니시므로 결코 변개치 않으심이니이다.'라고 말씀합니다. 그런데 이 말씀은 사울을 왕으로 삼은 것을 후회하신다는(삼상 15:11) 문맥에 이어지는 말씀입니다. 그렇다면 외관상 모순처럼 보이는데, 이 모순처럼 보이는 두 내용을 어떻게 조화시킬 수 있을까요?

하나님은 자신의 거룩하고 온전한 뜻을 변함없이 이루어 가시지만, 반면 인간의 모든 행동에 대하여 인격적인 반응을 보이시는 분이시기 때문에, 사울 왕의 불순종에 대하여 실망하시는 감정적인 반응을 보이신 것입니다.[320] 삼 15:11의 '후회'라는 단어는 '유감스럽게 여김'을 가리킵니다.[321] 그러므로 '후회'라는 말은 우리가 이해할 수 있도록 우리의 능력에 맞추어, 하나님 자신의 모습 그대로가 아니라 우리에게 외면적으로 보이는 모습대로 자신을 소개하는, 인간적인 용어로 하나님을 묘사하는 표현 방식으로 이해해야 합니다.[322]

삼상 15:22은 예배가 필요 없다거나 중요하지 않다는 말일까요?

삼상 15:22 사무엘이 가로되, 여호와께서 번제와 다른 제사를 그 목소리 순종하는 것을 좋아하심같이 좋아하시겠나이까? 순종이 제사보다 낫고 듣는 것이 수양의 기름보다 나으니

구약의 제사는 오늘의 예배와 같이 신앙의 행위 중 빼놓을 수 없을 만큼 중요합니다. 예배 없는 신앙생활을 생각할 수 없을 만큼, 구약시대에는 제사 없는 신앙생활은 생각할 수 없었습니다. 하나님은 번제와 매일의 제사를 드리라고 거듭 요청하셨습니다(출 29:18, 36). 레위기 1~7장에서는 제사법에 대하여 상세하게 설명하고 있습니다. 하나님은 제사를 원하셨습니다. 하나님은 예배를 기뻐하십니다.

---

320) 서춘웅, 『성경 난제 해설·구약』 3판, 594.
321) 박윤선, 『구약주석 사기서』 (제2권) 재판 (서울: 영음사, 1987), 88.
322) *Inst.*, 1. 17. 13: What, therefore, does the word "repentance" mean? Surely its meaning is like that of all other modes of speaking that describe God for us in human terms. For because our weakness does not attain to his exalted state, the description of him that is given to us must be accommodated to our capacity so that we may understand it. Now the mode of accommodation is for him to represent himself to us not as he is in himself, but as he seems to us.

그러나 그 제사나 예배가 단순한 형식이 되거나 의식에 그친다면 그것은 진정한 의미에서 제사도 예배도 될 수 없습니다. 그러므로 본문은 제사나 예배 자체가 필요 없다거나 중요하지 않다는 뜻이 아니라, 형식적이고 의식적인 제사나 예배에 대하여 부정적으로 말씀하는 것입니다. 제사 행위는 하나님께 대한 순종을 다짐하는 의미를 내포하기 때문에[323] 제사 드리는 자의 순종이 없는 제사나 제물은 의미가 없습니다. 이러한 의미에서 성경은 순종이 제사보다 낫다고 반복하여 말씀합니다(사 1:10∼11, 13, 렘 7:21∼26, 호 6:6, 암 5:21∼24, 미 6:6∼8, 시 50:9, 51:19). 오늘날 예배나 헌금이 하나님께 대한 순종이나 하나님의 말씀에 대한 순종의 다짐이 없이 형식적으로 드려지거나, 마치 뇌물처럼 자신의 소원을 청탁하는 식으로 드려지고 있는 것은 매우 안타까운 일입니다.

하나님께서는 거짓말을 하도록 사무엘을 격려하셨을까요?

삼상 16:1∼4

하나님께서는 사무엘에게 다윗을 왕으로 기름 부으라고 말씀하시면서, 사울이 알면 그를 죽일 것을 우려하는 사무엘에게, 송아지를 끌고 가서 제사 드리러 왔다고 말하라고 말씀하셨습니다. 이는 사울을 속이기 위하여 사무엘 선지자로 거짓말을 하게 하신 것으로 볼 수도 있으며, 그렇다면 어떤 경우는 거짓말이 정당화될 수 있다는 뜻이 될 수도 있습니다. 과연 그럴까요?

사무엘이 새 왕이 될 사람에게 기름을 붓게 할 목적에서 어린 암소를 취해 그 지역에 가서 제사를 드리게 한 것은 사무엘의 안전을 위한 하나님의 처방이었습니다. 언제나 진리를 다 밝히고 말해야 하는 것은 아니며, 죽음의 위험성을 피하기 위한 것이라고 하더라도 진리의 한 부분을 드러내지 않는 것은 거짓말일 수도 있지만, 항상 거짓말이 되는 것은 아닙니다.[324] 또한, 여호와께 제사 드리러 간 것도 사실이었고, 다른 목적도 있었다는 것을 일부러 말할 필요는 없었습니다. 사무엘은 하나님의 뜻을 이루기 위한 목적에서 그것을 방해할 불필요한 사실을 말할 필요는 없었기 때문에, 하나님께서 사무엘을 격려하신 것은 거짓말을 하라는 것이 아니라 방해받지 않도록 지혜롭게 말하라는 뜻입니다.[325]

---

323) 박윤선, 『구약주석 사기서』 (제2권) 재판, 90.
324) 서춘웅, 『성경 난제 해설·구약』 3판, 602.
325) 서춘웅, 『성경 난제 해설·구약』 3판, 603.

'버렸다.'라는 말의 뜻이 무엇일까요?

삼상 16:7 여호와께서 사무엘에게 이르시되, 그 용모와 신장을 보지 말라. 내가 이미 그를 버렸노라. 나의 보는 것은 사람과 같지 아니하니 사람은 외모를 보거니와 나 여호와는 중심을 보느니라.

사울을 버리셨던 것처럼 완전히 쓸모없는 인간으로 버리셨다는 뜻일까요? 삼상 16:8~10을 보면 그렇지 않음을 알 수 있습니다.

> 삼상 16:8 이새가 아비나답을 불러 사무엘의 앞을 지나게 하매 사무엘이 가로되, 이도 여호와께서 택하지 아니하셨느니라.
> 9 이새가 삼마로 지나게 하매 사무엘이 가로되, 이도 여호와께서 택하지 아니하셨느니라.
> 10 이새가 그 아들 일곱으로 다 사무엘 앞을 지나게 하나 사무엘이 이새에게 이르되 여호와께서 이들을 택하지 아니하셨느니라 하고

여기에 보면 삼상 16:7의 '버렸노라.'라는 말이 삼상 16:8~10에서 '택하지 아니하셨느니라.'라고 바뀐 것을 볼 수 있습니다. 그러므로 '버렸노라.'라는 말이 왕으로 '택하지 아니하셨다.'라는 뜻임을 알 수 있습니다.[326] 시 78:67~68의 '또 요셉의 장막이 싫어 버리시며 에브라임 지파를 택하지 아니하시고 오직 유다 지파와 그 사랑하시는 시온산을 택하시고'에서도 같은 표현을 확인할 수 있습니다.[327] 이와 같이 앞뒤 문맥을 보면 그 뜻이 명확해지는 경우가 많으므로 성경을 해석할 때는 항상 앞뒤 문맥을 따라서 해석할 뿐만 아니라, 성경 전체의 통일성을 따라서 해석해야 합니다. 그렇게 할 때 성경을 오석하거나 왜곡하는 잘못을 피할 수 있습니다.

다윗이 물맷돌을 잘 던지는 실력을 갖추었기 때문에 하나님께 귀하게 쓰임 받을 수 있었을까요?

삼상 17:38~49

다윗과 골리앗의 대결에 대한 사건은 성경 내용 중에 비기독교인들에게까지도 널리

---

326) 박희천, 『손 더듬이 성경 해석학-성경이 성경을 해석한다』, 111.
327) 박희천, 『손 더듬이 성경 해석학-성경이 성경을 해석한다』, 111~112.

알려진 이야기 가운데 하나입니다. 그러면 이 사건을 통하여 성경이 말씀하려는 것이 무엇일까요? 다윗이 평소에 물맷돌을 잘 던지는 실력을 갖추었기 때문에 하나님께 귀하게 쓰임 받을 수 있는 절호의 기회를 놓치지 않았던 것처럼, 기회가 될 때 하나님께 귀하게 쓰임 받을 수 있도록 평소에 실력을 갖추어야 한다는 것을 가르치려는 것일까요? 아니면 다른 사람 흉내 내지 말고 자신이 잘 할 수 있는 것이 무엇인지를 잘 파악하여 사용하면 성공할 수 있다는 말씀일까요? 그것은 불신자들이나 해야 할 해석입니다. 아니면 다윗과 같이 하나님을 믿는 신앙으로 도전하라는 뜻일까요? 물론 그것이 인간적으로 보면 일리가 있습니다. 그런 해석이 사람들에게 위로와 소망과 담대함을 줄 수 있습니다. 그러나 본문이 과연 그것을 말씀하려는 것일까요?

성경을 해석할 때 하나님 대신에 인간에게 초점을 맞추는 것은 잘못된 것입니다. 성경은 위인전이 아닙니다. 하나님의 구원 역사입니다. 인간의 충성과 헌신에 관한 이야기가 아니라 하나님의 일하심에 관한 이야기입니다. 물론 신앙의 어떤 모범으로서 성경의 인물들을 살피고 자신에게 적용하는 것은 잘하는 일입니다. 그러나 그것이 초점은 아닙니다. 웨스트민스터 소요리 문답 1~3에 귀를 기울인다면, 신앙과 성경을 해석하는 기본 지침이 무엇인지를 분명하게 알 수 있을 것입니다.

1. (문) 인간의 제일 되는 목적은 무엇입니까?
   (답) 인간의 제일 되는 목적은 하나님을 영화롭게 하며, 영원토록 그를 즐거워하는 것입니다.
2. (문) 어떻게 우리가 하나님을 영화롭게 하며 즐거워해야 하는지 우리를 지도해 주시기 위하여 하나님께서 무슨 규범을 주셨습니까?
   (답) 구약과 신약성경 안에 담겨 있는 하나님의 말씀이 어떻게 우리가 그를 영화롭게 하며 즐거워해야 하는지 우리를 지도해 주는 유일한 규범입니다.
3. (문) 성경은 주로 무엇을 가르칩니까?
   (답) 성경은 주로 사람이 하나님에 대하여 무엇을 믿어야 하며, 하나님께서 사람에게 요구하는 의무가 무엇인지를 가르칩니다.

하나님을 버리고(삼상 10:19) 대신에 사울을 왕으로 세운 이스라엘에서 하나님은 완전히 떠난 것처럼 보였습니다. 그러나 하나님은 이스라엘을 포기하신 것은 아니었습니다. 하나님께서 참된 믿음을 가진 자들을 통해서 약속하신 하나님의 나라를 세우신다는 사실을, 하나님께서 블레셋과의 전투에 개입하시고 다윗을 통해 그 전쟁에서 승리하게 하신 사건을 통하여 구체적으로 보여주셨습니다.[328] 오늘날 한국교회가 이스라엘 같은 모습이라고 할지라도 우리가 실망할 필요가 없는 것은, 하나님은 하나님 나라를 건설하시는 일을 포기하지 않으시고 참된 믿음을 가진 자들을 통해서 반드시 이루실 것이기 때문입니다.

요나단과 다윗은 동성연애를 했을까요?

삼상 18:1 다윗이 사울에게 말하기를 마치매 요나단의 마음이 다윗의 마음과 연락되어 요나단이 그를 자기 생명같이 사랑하니라.
2 그날에 사울은 다윗을 머무르게 하고 그 아비의 집으로 다시 돌아가기를 허락지 아니하였고
3 요나단은 다윗을 자기 생명같이 사랑하여 더불어 언약을 맺었으며
4 요나단이 자기의 입었던 겉옷을 벗어 다윗에게 주었고 그 군복과 칼과 활과 띠도 그리하였더라.

요나단은 다윗을 자기 생명같이 사랑했습니다. 삼상 20:41에는 요나단과 다윗이 피차 입을 맞추고 같이 울었다고 말합니다. 삼하 1:26에서는 요나단이 다윗을 사랑함이 여인의 사랑보다 더 컸다고 말합니다. 이러한 사실을 근거로 하여 요나단과 다윗은 동성애적 경향이 있어서 결국 동성연애를 했다고 주장하는 사람들이 있습니다. 심지어 요나단이 자기의 입었던 겉옷을 벗은 것을, 성교하기 위하여 옷을 벗은 것으로 해석하기도 합니다. 과연 그럴까요?

다윗의 처첩들은 모두 여성들이었습니다. 다윗이 만일 동성애적 성향이 있었다면 성적 상대 중에 여성들 이외에 동성들이 있어야 했지만 그런 일이 전혀 없었습니다. 요나단과 다윗 사이에 있었던 사랑의 표현들은 동성애가 아니라 친구 간에도 얼마든지 할 수 있었던 우정의 표현 행위였습니다. 그것을 동성애라고 해석하는 것은 억지에 불과합니다. 더구나 요나단이 다윗 앞에서 옷을 벗은 것은 단지 겉옷이었으며, 그것을 다윗에게 준 것은 왕위 승계에 대한 상징적 의미였습니다. 서로 입을 맞춘 것은 동성애의 표현이 아니라 그 당시 문화적으로 우정의 표현이었습니다. 성경을 성경으로 해석하지 않고 자신들의 생각과 가치관을 성경적으로 정당화하기 위한 방식으로 성경에 접근하는 것은 잘못된 것입니다.

---

328) 이승진, 『설교를 위한 성경해석』, 42.

다윗과 요나단의 관계는 참된 우정, 좋은 친구의 표본일까요?

삼상 18:3 요나단은 다윗을 자기 생명같이 사랑하여 더불어 언약을 맺었으며
　　　　 4 요나단이 자기의 입었던 겉옷을 벗어 다윗에게 주었고 그 군복과 칼과 활과 띠도 그리하였더라.

많은 사람이 다윗과 요나단의 관계에서 참된 우정, 좋은 친구의 표본을 보려고 합니다. 성경이 말하려고 하는 것이 과연 그것일까요?

사울은 왕이고 요나단은 그다음 왕위를 계승할 왕자였습니다. 다윗은 사울 왕에게 쫓기는 목숨이 위태한 상황이었고, 요나단은 다윗을 도와주고 살려주어야 할 상황이었습니다. 그런데 요나단은 다윗을 어떻게 대합니까? 삼상 18:4에 보면 정반대로 요나단이 오히려 다윗에게 신하로서 왕에게 예를 갖추는 것과 같은 행동을 합니다. 삼상 20:14～16에 보면 언약을 맺는데 그 내용을 보면 언뜻 이해하기 어렵습니다. 왜냐하면, 언약이란 일반적으로 상호 이익을 교환하는 방식으로 이루어지는 법인데, 이 언약에서는 일방적으로 다윗이 요나단과 그 가족들에 대하여 보호해 줄 것을 약속하는 것이 그 내용이기 때문입니다. 이 언약은 삼상 23:16～18에서 다시 한번 확인됩니다. 이것은 친구의 우정 관계가 아니라 군신 관계에서나 맺는 언약이라고밖에 달리 말할 수 없습니다. 왜 그렇습니까? 요나단은 하나님께서 다윗을 왕으로 삼으신 것을 받아들였기 때문입니다. 사울은 그것을 받아들이지 못하여 다윗을 죽이려고 하였지만, 요나단은 그것을 믿음으로 받아들인 것입니다.[329]

물론 요나단은 다윗의 좋은 친구로서 참된 우정의 표본인 것도 분명합니다. 그러나 성경이 말하려는 것은 그 이상이라는 것을 보아야 합니다. 우리는 성경을 통하여 세속적인 어떤 훌륭한 모범을 찾을 수 있지만, 성경은 거기에 머물거나 그것을 목적으로 기록된 것이 아니라는 것을 늘 유념해야 합니다.

---

329) 윤석준, 『한국교회가 잘못 알고 있는 101가지 성경 이야기 (1)』, 222.

‘요나단이 자기의 입었던 겉옷을 벗어 다윗에게 주었다.’라는 말의 의미가 무엇일까요?

> 삼상 18:4 요나단이 자기의 입었던 겉옷을 벗어 다윗에게 주었고 그 군복과 칼과 활과 띠도 그리하였더라.

겉옷은 그 사람의 사회적 신분과 권위를 나타냈습니다. 로마 시대에는 겉옷을 갈아입음으로써 새로운 신분과 권위가 주어졌습니다. 바울은 예수 그리스도를 믿음으로 새로운 신분이 주어진 그리스도인들의 변화를 새로운 겉옷을 입는 것으로 묘사했습니다(롬 13:11~14, 갈 3:27, 엡 4:22~24, 골 3:9~10).

요나단이 자신의 겉옷을 벗어 다윗에게 주었다는 것은, 다윗에게 자신의 차기 왕의 신분과 권위를 이양한다는 의미였습니다. 요나단은 사울을 이어 왕위에 오를 위치에 있었지만, 하나님의 뜻은 요나단이 아니라 다윗에게 있었음을 알고 믿음으로 그것을 받아들였습니다. 엘리야가 엘리사에게 자신의 겉옷을 남긴 것도, 역시 선지자로서의 모든 권위와 영감을 엘리사에게 물려준다는 의미가 들어있었습니다. 예수님께서 유월절을 앞두고 예루살렘에 들어오실 때 군중들은 자기들의 겉옷을 길에 펴면서 열렬히 환영했는데(막 11:8~10), 이러한 군중들의 행위도 자신들의 권위를 내려놓고 예수님의 권위에 순종하겠다는 의미였습니다. 우리는 성경을 해석할 때, 어떤 행위가 성경이 기록될 당시에는 어떤 의미를 담고 있었는지 살필 필요가 있습니다. 그렇지 않으면 우리 시대의 생각과 의미로 성경을 잘못 해석할 위험성이 있기 때문입니다.

다윗이 사울 왕을 죽인 것도 아니고 옷자락만 베었는데 왜 마음이 찔렸을까요?

> 삼상 24:4 다윗의 사람들이 가로되, 보소서 여호와께서 당신에게 이르시기를 내가 원수를 네 손에 붙이리니 네 소견에 선한 대로 그에게 행하라 하시더니 이것이 그날이니이다. 다윗이 일어나서 사울의 겉옷자락을 가만히 베니라.
> 5 그리한 후에 사울의 옷자락 벰으로 인하여 다윗의 마음이 찔려

다윗이 사울 왕을 피해 추종자들과 함께 엔게디 광야의 한 동굴에 있었을 때 사울 왕이 발을 가리러(뒤를 보기 위해, 용변을 보기 위해) 들어왔습니다. 다윗에게는 사울 왕을 죽일 절호의 기회가 주어졌지만, 죽이지 않고 옷자락만 베었습니다. 그런데 그것 때문에

다윗은 마음에 찔렸습니다. 사울 왕을 죽인 것도 아니고 옷자락만 베었는데 왜 마음이 찔렸을까요? 삼상 18:4에서 살펴본 바와 같이 겉옷은 신분과 권위의 상징이었기 때문이었습니다.

'여호와 앞에서'의 뜻이 무엇일까요?

> 삼하 6:16 여호와의 궤가 다윗성으로 들어올 때 사울의 딸 미갈이 창으로 내다보다가 다윗 왕이 여호와 앞에서 뛰놀며 춤추는 것을 보고 심중에 저를 업신여기니라.

사람 앞이 아니라 하나님 앞이란 뜻일까요? 미갈이 다윗이 여호와 앞에서 뛰놀며 춤추는 것을 보았다는 말은 전혀 그런 뜻으로 해석할 수 없습니다. 만일 그렇다면 미갈이 심중에 다윗을 업신여기지 않았을 것입니다.

앞부분을 보면 '여호와의 궤 앞'이란 것을 금방 알 수 있습니다. 출 16:33도 그다음 구절을 보면 여호와 앞이 '증거판 앞'임을 알 수 있고, 수 6:8도 바로 앞 구절과 다음 구절을 보면 여호와 앞이 '언약궤 앞'임을 알 수 있으며, 대상 13:8도 바로 앞 구절을 보면 여호와 앞이 '하나님의 궤 앞'임을 알 수 있습니다.[330] 앞에서 살펴본 본문들은 모두 영적으로 하나님 앞이 아니라 법궤(언약궤, 증거판) 앞임을 알 수 있습니다.

또 레 1:3, 4:4은 여호와 앞이 '회막문 앞'임을 알 수 있고, 레 4:6, 17은 여호와 앞이 '성소의 장 앞'임을 알 수 있으며, 레 4:7은 여호와 앞이 '회막 안'임을 알 수 있고, 레 16:12은 여호와 앞이 '여호와의 단(향단) 앞'임을 알 수 있습니다.[331]

물론 창 6:11, 17:1, 출 5:1, 10:3, 19:3 등 대부분의 경우에는 사람 앞이 아니라 영적으로 하나님 앞이란 뜻입니다. 그러므로 앞뒤 살피지 않고 사람 앞이 아니라 영적으로 하나님 앞이란 뜻으로 해석하지 말고, 문맥에 따라 앞뒤를 살펴 해석해야 합니다. 물론 일반적으로 법궤(언약궤, 증거판) 앞, 회막문 앞, 성소의 장 앞, 회막 안, 여호와의 단(향단) 앞 등이 영적으로 하나님 앞을 상징합니다.

미갈이 다윗 왕을 업신여긴 이유가 무엇일까요?

> 삼하 6:16 여호와의 궤가 다윗 성으로 들어올 때 사울의 딸 미갈이 창으로 내다보다가 다

---

330) 박희천, 『손 더듬이 성경 해석학-성경이 성경을 해석한다』, 308~310.
331) 박희천, 『손 더듬이 성경 해석학-성경이 성경을 해석한다』, 310~311.

윗 왕이 여호와 앞에서 뛰놀며 춤추는 것을 보고 심중에 저를 업신여기니라.

왕이 체통 없이 행동했다고 생각했기 때문입니다. 그렇다면 무엇이 왕으로서 체통 없는 행동이었을까요? 규모가 큰 행진의 선두에는 행렬의 선두에 반라(半裸)의 광대가 우스꽝스러운 몸짓으로 춤을 추는 것은 당시에 흔히 볼 수 있는 모습이었는데, 그것은 누구를 위한 행진이든 그에게 경의를 표하기 위한 축하 순서였으며, 오직 종들이나 하는 일이었습니다.332) 미갈의 눈에는 다윗의 행동이 마치 종들처럼 그렇게 행동한 것으로 여겨졌습니다. 그러므로 미갈로서는 왕이 체통 없이 행동했다고 생각하는 것은 당연합니다.

그러나 다윗은 자신을 종으로 낮추어서 하나님을 경외하는 마음을 그렇게 표현한 것입니다. 다윗에게는 그것이 믿음으로 행한 일이었기 때문에 결코 수치스러운 일이 아니었지만, 미갈은 그것을 세속적인 시각에서 판단했기 때문에 매우 수치스러운 행동으로 여겼습니다. 그래서 심중에 다윗 왕을 업신여겼습니다.333) 우리가 믿음으로 행한 일이 세속적인 기준으로 보면 얼마든지 체통 없고 수치스럽게 보일 수 있습니다. 그것 때문에 업신여김을 받을 수도 있습니다. 그래서 많은 경우에 우리는 믿음으로 행하는 일들에 대하여 머뭇거리고 사람들의 눈치를 보기도 합니다. 그러나 우리는 사람들이 어떻게 보느냐보다는 하나님께서 어떻게 보실까를 생각해야 합니다.

열왕기 상·하

나단과 밧세바의 모의는 정치적 암투였을까요?

왕상 1:11~14

본문은 나단과 밧세바의 정치적 모의처럼 보입니다. 아도니야가 솔로몬보다 먼저 선수를 쳐서 스스로 왕이 되고, 다윗의 측근이었던 요압 장군과 제사장 아비아달 등이 아도니아 편에 섭니다. 이 문제로 나단과 밧세바가 모의해서 다윗을 통하여 솔로몬을 왕으

---

332) Barbara M. Bowen, 24.
333) Barbara M. Bowen, 24.

로 세우게 하여, 결국 솔로몬의 승리로 돌아갑니다. 겉모습만 보면 정치적 암투로 보이는데, 과연 그럴까요?

하나님은 다윗의 뒤를 이어 누가 왕이 될 것인지를 이미 말씀하셨습니다(대상 22:9~10). 그렇다면 본문은 정치적 모의, 정치적 암투가 아니라 신앙적 싸움에 대한 것임을 알 수 있습니다. 아도니야, 요압, 아비아달은 하나님의 뜻과는 상관없이 자신들의 정치적 목적을 위해 아도니야를 왕으로 세운 것이고, 나단과 밧세바, 사독, 브나야 등은 하나님의 뜻을 이유로 아도니야 편에 서지 않고 솔로몬을 왕으로 세우는 일에 관여했던 것입니다. 아도니야와 그를 좇았던 사람들은 하나님의 뜻조차도 인간들의 힘을 모으면 얼마든지 뒤집을 수 있다고 생각했을 것입니다. 아도니야는 인간적으로 보면 왕위 계승 순위상 서열이 가장 높았기 때문에, 백성들도 쉽게 동조할 것이므로 그 정당성을 확보할 수 있으리라고 판단했을 것입니다. 그러나 그것은 신앙에서 나온 것이 아니었습니다. 그것은 하나님의 뜻을 거역하는 것이었고 불신앙이었습니다. 반면에 솔로몬의 편에 섰던 사람들은, 물론 그것이 자신들에게 현실적으로 유익한 면도 있었겠지만, 하나님의 뜻에 따른 신앙적인 행위였습니다.

교회 안에서도 얼마든지 편이 갈릴 수 있습니다. 그럴 경우, 대개는 자신에게 유리하다고 여기는 편에 서거나 인맥을 따릅니다. 그럴 경우, 우리는 세력을 모으거나 명분이 있으면 이길 것으로 생각하기 쉽습니다. 물론 세력을 모으는 것도, 그럴듯한 명분을 세우는 것도 중요하고 필요합니다. 그러나 모든 일은 결국 하나님의 뜻대로 된다는 것을 성경은 누누이 말씀합니다. 그러므로 먼저 하나님의 뜻이 무엇인지 분별하여 그 뜻을 따라야 합니다. 불리하게 여겨지거나 세속적인 명분이 약하더라도 하나님의 뜻을 따르는 편에 서야 합니다. 그럴 경우, 본문의 경우처럼 성공할 수도 있지만, 때로는 실패할 수도 있습니다. 그러나 그 실패는 잠정적인 것임을 알아야 합니다. 실패가 두려워서 실리와 명분이 있거나 세력이 큰 편에 서는 것은 신앙적인 행동이 아닙니다.

솔로몬의 재판이 그의 지혜를 보여주기 위함이었을까요?

왕상 3:16~28

본문이 말하려는 의도가 솔로몬이 하나님께서 주신 지혜로 재판을 지혜롭게 잘 하였다는 것일까요? 물론 솔로몬은 하나님으로부터 전무후무한 지혜를 은혜로 받았고, 그 결과 지혜로운 재판을 했습니다.

그러나 본문이 기록될 당시의 상황은 유대가 바벨론에 포로로 끌려가 모진 고난 가운데 있는 상태였습니다. 그들은 그런 상황으로 인하여 하나님의 존재와 일하심에 대하여 의구심이 있었습니다. 본문은 그런 하나님의 백성에게 하나님께서 그렇게 하실 수밖에 없었던 하나님의 마음을 이야기하려는 것입니다. 친엄마처럼 자신의 자식을 살리기 위하여 자신의 자식을 포기해야 했던 것 같은 마음으로, 하나님은 하나님의 백성을 살리시기 위하여 자기 백성을 포기하셨다는 것을 본문은 말하려고 합니다. 그러므로 본문은 솔로몬의 재판이 그의 지혜를 보여주기 위함이 아니라, 하나님의 마음을 보여주기 위함임을 알 수 있습니다. 성경은 우선적으로 어떤 인간을 증거하는 데에는 관심이 없습니다. 성경은 하나님이 어떤 분이시며 어떻게 일하시는가에 관심이 있습니다.

솔로몬의 성전건축은 하나님의 뜻이었을까요?

왕상 5:5 여호와께서 내 부친 다윗에게 하신 말씀에 내가 너를 이어 네 위에 오르게 할 네 아들 그가 내 이름을 위하여 전을 건축하리라 하신 대로 내가 내 하나님 여호와의 이름을 위하여 전을 건축하려 하오니

여기에서 '다윗에게 하신 말씀에 내가 너를 이어 네 위에 오르게 할 네 아들 그가 내 이름을 위하여 전을 건축하리라.'라는 말씀의 뜻은 무엇일까요? 여기에서 '네 위에 오르게 할 네 아들'은 다윗의 아들 솔로몬이 아닙니다. 또 '내 이름을 위하여 전을 건축하리라.'라는 말씀도 건물로서의 성전이 아닙니다.

그것을 어떻게 알 수 있을까요? 역대기 상 17장은 그것을 분명하게 설명합니다. 대상 17:4~5에서 하나님은 분명하게 다윗에게 '너는 나의 거할 집을 건축하지 말라. 내가 이스라엘을 올라오게 한 날부터 오늘날까지 집에 거하지 아니하고 오직 이 장막과 저 장막에 있으며 이 성막과 저 성막에 있었나니'라고 말씀하셨습니다. 하나님은 다윗에게 성전을 건축하지 말라고 말씀하셨습니다. 하나님은 또 대상 17:6에서 '이스라엘 어느 사사에게 내가 말하기를 너희가 어찌하여 나를 위하여 백향목 집을 건축하지 아니하였느냐고 말하였느냐?'라고 반문하십니다. 하나님은 누구에게도 성전을 건축하라고 말씀하시지 않았습니다. 또 대상 17:10에서는 '여호와가 너를 위하여 집을 세울지라.'고 말씀하

셨습니다.

그러면 대상 17:11~12의 '네 수한이 차서 네가 열조에게로 돌아가면 내가 네 뒤에 네 씨 곧 네 아들 중 하나를 세우고 그 나라를 견고하게 하리니 저는 나를 위하여 집을 건축할 것이요, 나는 그 위를 영원히 견고하게 하리라.'라는 말씀은 무슨 뜻일까요? 다윗의 씨 곧 그 아들 중 하나인 솔로몬이 하나님을 위하여 '집'을 건축할 것이라는 말씀일까요? 여기에서 '집'은 나라를 가리킨 것이고, 다윗의 씨 곧 그 아들 중 하나는 솔로몬이 아니라 메시아를 뜻합니다. 대상 17:12의 '나는 그 위를 영원히 견고하게 하리라.'라는 말씀이 그것을 뒷받침합니다. 또 예수님도 요 2:19~22에서 성전을 헐라고 말씀하셨고, 그 성전이 예수님의 육체임을 성경은 분명하게 말씀합니다. 하나님은 건물로서의 성전건축을 원하시거나 기뻐하시지 않으셨습니다.

건물로서의 성전건축은 오히려 성령을 거스르는 행위입니다. 그것은 또 어떻게 알 수 있을까요? 역시 성경 말씀을 통하여 확인할 수 있습니다. 사 66:1은 '여호와께서 이같이 말씀하시되 하늘은 나의 보좌요 땅은 나의 발등상이니 너희가 나를 위하여 무슨 집을 지을꼬? 나의 안식할 처소가 어디랴?'라고 말씀합니다. 행 7:46~50은 사 66:1을 인용하면서 솔로몬의 성전건축에 대하여 행 7:51에 '목이 곧고 마음과 귀에 할례를 받지 못한 사람들아, 너희가 항상 성령을 거슬러 너희 조상과 같이 너희도 하는 도다.'라고 책망합니다.

건물로서의 성전을 짓는 것이 마치 하나님께서 기뻐하시는 것처럼 예배당 건축에 적용하는 것은 성령을 거스르는 행위라는 것을 알아야 합니다. 그것은 목이 곧고 마음과 귀에 할례를 받지 못한 사람들이 하는 일입니다. 그것은 자기만족이나 자기 자랑에 불과합니다. 물론 예배와 신앙교육을 위한 건물이 필요 없다거나 예배당을 아무렇게나 지어도 된다는 뜻은 결코 아닙니다. 얼마든지 예배와 신앙교육을 위한 예배당과 시설을 시대와 형편에 맞게 건축해야 하고 그 일을 위하여 헌금하고 봉사해야 합니다. 그러나 그것이 성전이 될 수는 없습니다.

솔로몬의 성전건축과 관련하여 하나님께서 하시고자 하셨던 중요하고 필요한 말씀은 무엇이었을까요?

왕상 6:11 여호와의 말씀이 솔로몬에게 임하여 가라사대,
  12 네가 이제 이 전을 건축하니 네가 만일 내 법도를 따르며 내 율례를 행하며 나의 모든 계명을 지켜 그대로 행하면 내가 네 아비 다윗에게 한 말을 네게 확실

히 이룰 것이요

13 내가 또한 이스라엘 자손 가운데 거하며 내 백성 이스라엘을 버리지 아니하리라 하셨더라.

본문은 솔로몬의 성전건축에 관한 내용 가운데 삽입구입니다. 왕상 6:10에서 왕상 6:14로 이어지는 것이 내용상, 문맥상 자연스러운데 왕상 6:11~13이 그 가운데 삽입되어 있습니다. 그 이유가 무엇일까요? 성전건축과 관련하여 하나님께서 하시고자 하는 중요하고 필요한 말씀이 있었다는 뜻입니다. 그러면 하나님께서 하시고자 하는 중요하고 필요한 말씀이 무엇이었을까요? 그것은 성전건축이 아니라 하나님의 법도를 따르며 하나님의 율례를 행하며 하나님의 모든 계명을 지켜 그대로 행하는 것이었습니다.

본문에 보면 '내', '나의'라는 수식이 법도, 율례, 계명에 모두 붙어 있음을 확인할 수 있습니다. 중요하고 필요한 것은 성전건축이 아니라 하나님의 법도, 율례, 계명을 따르고 지키고 행하는 것입니다. 법도, 율례, 계명을 따르고, 지키고, 행하는 것은 다른 단어를 사용하고 있지만 같은 의미를 다른 단어로 사용한 것입니다. 이러한 수사법은 강조를 위한 것입니다. 신앙생활에서 중요한 것은 우리의 정성과 열심을 담은 종교적 행위가 아니라 하나님 뜻대로 사는 것입니다. 물론 우리의 충성과 헌신과 감사의 표현으로 예배당을 건축하거나 어떤 사업을 할 수 있고 그것이 중요하고 필요합니다. 그러나 더 중요하고 더 필요한 것은 그런 신앙의 행위들이 하나님의 말씀을 따르고, 지키고, 행하는 차원에서 행해지고 있느냐 하는 것입니다. 그것이 없이 단지 자신들의 만족과 자랑과 어떤 인간적인 명분을 위한 것이라면, 그것은 적어도 하나님 앞에서는 아무 의미가 없으며 책망받을 일에 불과합니다.

이스라엘 12지파 중 한 지파는 사라졌을까요?

왕상 11:31 여로보암에게 이르되, 너는 열 조각을 취하라. 이스라엘 하나님 여호와의 말씀이 내가 이 나라를 솔로몬의 손에서 찢어 빼앗아 열 지파를 네게 주고

32 오직 내 종 다윗을 위하고 이스라엘 모든 지파 중에서 뺀 성 예루살렘을 위하여 한 지파를 솔로몬에게 주리니

북이스라엘에게는 10지파를 주셨고 남유다는 1지파를 주셨다면, 이스라엘 12지파 중

한 지파는 사라진 것일까요? 남유다에 약속된 지파는 베냐민 지파였고, 북이스라엘에 약속된 10지파는 르우벤, 갓, 아셀, 납달리, 므낫세, 잇사갈, 스불론, 단, 에브라임, 시므온 지파였습니다. 그렇다면 유다 지파가 빠져 있습니다. 그런데 유다 지파는 다윗이 속한 지파였고, 베냐민 지파는 유다 지파로 언급하기도 하며 두 지파는 때로는 한 지파로 간주하기도 했습니다.[334]

왕상 12장은 젊은 사람들보다는 경험이 많은 사람들의 말에 귀를 기울여야 한다는 말씀일까요?

왕상 12:6~15

르호보암 왕은 노인들의 자문을 거부하고 자기와 함께 자라난 젊은 사람들의 말을 따랐습니다. 그 결과 백성들의 마음이 르호보암을 떠났습니다. 그렇다면 이 본문은 노인들의 말을 들어야 한다거나 경험이 많은 사람들의 말에 귀를 기울여야 한다는 것을 말하려는 것일까요? 물론 노인들의 말, 경험이 많은 사람들의 말을 경청하고 그것이 옳다면 받아들여야 하고, 노인이나 경험이 많은 사람을 공경해야 합니다. 그러면 젊은 사람들의 말은 경청하거나 존중하지 않아도 될까요? 아닙니다. 그들의 의견도 경청하고 존중하고 옳다면 받아들여야 합니다. 나이가 많고 경험이 많다고 항상 옳은 것도 아니고, 어리고 경험이 없다고 항상 그른 것도 아닙니다.

그러므로 본문을 노인들의 말을 들어야 한다거나 경험이 많은 사람들의 말에 귀를 기울여야 한다는 것으로 해석해서는 안 됩니다. 르호보암이 노인들의 자문을 거부하고 자기와 함께 자라난 젊은 사람들의 말을 따르도록 하나님께서 르호보암의 판단력을 흐리게 하셨으므로 만일, 노인들의 말보다는 젊은 사람들의 말이 옳았다면 르호보암은 노인들의 말을 따랐을 것입니다.[335] 르호보암의 잘못된 선택은 이미 하나님께서 솔로몬에게 말씀하신 것을 이루시는 과정이었습니다(왕상 11:11~13, 26~39). 그것은 하나님께서 하신 것입니다. 하나님은 르호보암을 젊은이들의 조언으로 무분별하게 만드심으로, 결국 르호보암 자신의 미련으로 인하여 나라를 빼앗기게 하셨습니다.[336]

---

334) 서춘웅, 『성경 난제 해설·구약』 3판, 686.
335) 윤석준, 『한국교회가 잘못 알고 있는 101가지 성경 이야기 (1)』, 254.
336) *Inst.*, 1. 17. 7: He drives Rehoboam mad by the young men's advice that through his own folly he may be despoiled of the kingdom [I Kings 12:10, 15].

이 사실을 왕상 12:15은 '왕이 이같이 백성의 말을 듣지 아니하였으니 이 일은 여호와께로 말미암아 난 것이라. 여호와께서 전에 실로 사람 아히야로 느밧의 아들 여로보암에게 고한 말씀을 응하게 하심이더라.'라고 증거합니다.[337] 그러므로 우리는 우리에게 어떤 유익한 것을 택하도록 자극을 받을 때마다, 또 반대로 우리의 생각과 마음이 해롭다고 생각되는 것을 피하게 될 때마다, 그것이 하나님의 특별한 은혜라는 것을 알아야 합니다.[338]

'등불을 주신다.'라는 말이 무슨 뜻일까요?

왕상 15:4 그 하나님 여호와께서 다윗을 위하여 예루살렘에서 저에게 등불을 주시되 그 아들을 세워 후사가 되게 하사 예루살렘을 견고케 하셨으니

팔레스타인 사람들은 어두운 방에서는 잠을 자려고 하지 않았습니다. 왜냐하면, 불이란 선이 악을 이기고 생명이 죽음을 정복할 것이라는 상징이었기 때문에, 식구가 죽었거나 집이 비어 있지 않은 한 결코 어두운 법이 없었습니다.[339] 그래서 욥은 '악인의 빛은 꺼지고 그 불꽃은 빛나지 않을 것이요, 그 장막 안의 빛은 어두워지고 그 위의 등불은 꺼질 것이요'라고 했으며(욥 18:5~6), 잠언은 '의인의 빛은 환하게 빛나고 악인의 등불은 꺼지느니라.'라고 했습니다(잠 13:9).[340] 그러므로 하나님께서 다윗을 위하여 등불을 주신다는 말은 다윗의 왕국이 계속 이어질 것이라는 뜻이 됩니다. 왕상 15:4 하반절의 '그 아들을 세워 후사가 되게 하사 예루살렘을 견고케' 하셨다는 말씀이 바로 그런 뜻이라는 것을 확인시켜 줍니다. NIV는 이러한 뜻이 잘 드러나도록 번역함으로 이 사실을 확인해줍니다.

Nevertheless, for David's sake the LORD his God gave him a lamp in Jerusalem by raising up a son to succeed him and by making Jerusalem strong.

---

337) 윤석준, 『한국교회가 잘못 알고 있는 101가지 성경 이야기 (1)』, 254.
338) *Inst.*, 2. 4. 6: Yet I do not think this part ought to be neglected: to recognize that whenever we are prompted to choose something to our advantage, whenever the will inclines to this, or conversely when~ ever our mind and heart shun anything that would otherwise be harmful-this is of the Lord's special grace.
339) Barbara M. Bowen, 68~69.
340) Barbara M. Bowen, 68~69.

엘리야의 제안에 바알 선지자들과 백성들이 모두 그 제안을 기꺼이 받아들인 이유가 무엇일까요?

왕상 18:24 너희는 너희 신의 이름을 부르라. 나는 여호와의 이름을 부르리니 이에 불로 응답하는 신, 그가 하나님이니라. 백성이 다 대답하되, 그 말이 옳도다.

여호와와 바알 중에 누가 참 신인가를 가리기 위한 엘리야의 제안에 바알 선지자들과 백성들이 모두 그 제안을 기꺼이 받아들인 이유는, 엘리야의 제안이 그들에게 유리하다고 판단했기 때문일 것입니다. 만일 엘리야가 바알 선지자들에게 불리한 제안을 했더라면 기꺼이 받아들이지 않았을 것입니다.

그들은 바알을 '불을 내리는 능력의 신'으로 믿었기 때문에 그들이 생각하기에 엘리야의 제안은 자신들에게 유리하다고 판단했습니다. 그래서 엘리야의 제안을 기꺼이 받아들였지만, 그 결과 그들의 믿음은 헛된 것이며 오직 하나님만이 '불로 응답하는 신'이심이 밝혀졌습니다.

엘리야가 허리를 동이고 이스르엘로 들어가는 곳까지 아합 앞에서 달려간 이유가 무엇일까요?

왕상 18:45 조금 후에 구름과 바람이 일어나서 하늘이 캄캄하여지며 큰비가 내리는지라. 아합이 마차를 타고 이스르엘로 가니
　　　　46 여호와의 능력이 엘리야에게 임하매 저가 허리를 동이고 이스르엘로 들어가는 곳까지 아합 앞에서 달려갔더라.

그 이유를 알기 위해서는 당시의 문화를 이해해야 합니다. 지위가 높은 사람들은 그들의 앞, 또는 그들의 말 앞에서 달려갈 사람을 고용했는데, 그 이유는 그것이 그들에게 존경을 표현하는 행위였기 때문입니다.[341] 허리를 동였다는 것은 늘어진 옷이 달리는 데 방해가 되지 않도록 옷을 허리춤에 넣었다는 말입니다.

그러면 엘리야가 왜 그런 행동을 했을까요? 아합은 잘 아는 대로 하나님의 선지자들을 핍박하고 바알 선지자들을 따랐던 악한 왕이었습니다. 그런데도 엘리야가 그렇게 행동했던 이유는 무엇일까요? 아합이 비록 악한 왕이었지만 하나님께서 세우신 권세였기

---

341) John Phillips, *Bible Explorer's Guide*, 한봉래 역, 『말씀의 올바른 해석』 (서울: 전도출판사, 2000), 71~72.

때문입니다.342) 아합의 악은 하나님께서 알아서 처리하실 것입니다.

또 갈멜산에서의 대결로 바알 선지자들이 모두 백성들에 의해 죽임을 당한 상황에서 반란이 일어날 위험성이 있었습니다. 하나님의 뜻은 왕에 대한 반역이나 반란이 아니라 회개이기 때문에, 백성들에게 그것을 분명하게 알려주고, 또 극히 겸손하게 아합을 보호하기를 원했고, 아합의 회개를 바랐기 때문에 엘리야는 아합 앞에서 그렇게 행동했습니다.343)

엘리야가 이세벨을 피하여 광야로 들어간 사건을 기록한 성경의 의도는 무엇일까요?

왕상 19:1~4

엘리야가 바알 선지자들을 모두 죽인 후에, 이 소식을 들은 이세벨이 사자를 엘리야에게 보내어 죽이겠다고 말할 때, 그는 생명을 위하여 광야로 도망하여 하나님께 죽기를 구했습니다. 이 말씀을 어떻게 해석해야 할까요? 어려울 때는 광야, 아무도 없는 곳에 가서 기도해야 한다고 해석해야 할까요? 아니면 우리가 힘들고 어려울 때 그 짐이 너무 버거워서 하나님께 죽기를 기도할 수밖에 없지만, 하나님은 그런 엘리야를 위로해주셨듯이 우리를 위로해주실 것이라고 해석해야 할까요? 또는 사람들은 죽음을 두려워하지만, 엘리야는 죽음을 두려워하지 않고 바알 선지자들을 죽였던 만큼, 이제 죽음을 소원할 수도 있다고 해석해야 할까요?

그렇다면 엘리야의 기도는 정당한 것일까요? 하나님은 엘리야의 기도를 들어주시지 않으셨습니다. 물론 하나님께서 천사를 보내셔서 어루만지며 먹을 것을 주어 힘을 얻게 하셨습니다. 그러나 단순히 위로가 목적은 아니었습니다. 천사가 이렇게 말합니다. "일어나서 먹으라. 네가 길을 이기지 못할까 하노라."(왕상 19:7)

엘리야의 길이 무엇입니까? 우상과의 싸움이 아닙니까? 지금 엘리야는 이세벨의 위협에 겁이 나서 마치 전쟁터에서 군무를 이탈한 것같이, 우상과의 싸움을 포기하고 광야로 도망쳐서 하나님께 죽기를 구하고 있었습니다.344) 물론 그 심정을 이해하지 못하는 것은 아닙니다. 또 하나님께서 그런 하나님의 자녀들을 위로하신다는 것도 맞습니다. 그러나 본문의 의도는 그것을 말하려는 것이 아니라, 아무리 힘들고 어려워도 우상과의 싸움을 포기해서는 안 된다는 말씀이 아닐까요?345)

---

342) John Phillips, 71.
343) John Phillips, 71.
344) 소재열, 『성경 해석과 강해 설교』, 93.

엘리야가 낙담한 이유가 무엇이었을까요?

왕상 19:1~19

본문이 말하려는 것은 무엇일까요? 엘리야가 교만하고 독선적이라는 것을 말하려는 것일까요? 그렇게 해석하는 사람들은 하나님께서 무릎을 바알에게 꿇지 아니하고 바알에게 입을 맞추지 아니한 자 칠천 인을 남겨두셨음에도 불구하고, 오직 엘리야 자신만 남았고 자신은 하나님을 위하여 '열심히 특심'하다고 말했기 때문이라고 주장합니다. 정말 엘리야가 교만하고 독선적이라는 말이 맞을까요? 오직 엘리야 자신만 남았다는 말은 적어도 외형적으로는 틀린 말이 아닙니다. 외부적으로 드러나게 활동하는 선지자는 하나도 없었습니다. 왜냐하면, 외부적으로 드러나게 활동하는 선지자들은 모두 이세벨에게 죽임을 당했기 때문입니다. 왕상 18:13을 보면 바알에게 무릎을 꿇지 아니하고 바알에게 입을 맞추지 아니한 자들은 숨겨져 있었습니다. 그러나 엘리야 당시에는 그렇지 않을 수도 있습니다. 또 칠천 인은 숨겨져 있는 것이 아니라 장차 심판 가운데서도 하나님께서 남기시겠다는 것이었습니다. 그렇다면 엘리야의 말은 교만이라기보다 비참한 현실에 대한 탄식이라고 하는 것이 더 합당할 것입니다.[346]

어떤 사람들처럼 엘리야가 갈멜산에서 바알과 아세라 선지자 850명과 싸워서 큰 승리를 맛보았지만, 어려움에 직면하자 큰 승리 뒤에 오는 공허감과 불안으로 인해 매우 절망하게 되었다고 해석합니다. 그렇게 해석하는 사람들은 엘리야가 이세벨의 위협을 피해 도망쳤고 로뎀 나무 아래서 죽기를 구했기 때문이라고 말합니다. 그럴까요? 아닙니다. '엘리야야! 네가 어찌하여 여기 있느냐?'(왕상 19:9, 13)라는 하나님의 물음에 '이는 이스라엘 자손이 주의 언약을 버리고 주의 단을 헐며 칼로 주의 선지자들을 죽였음이오며'라고 대답합니다. 엘리야가 낙담한 것은 성공 후의 공허감 때문이 아니라, 바알과 아세라 선지자들을 다 죽였음에도 불구하고 여전히 이스라엘의 패역이 그대로 있었기 때문이었습니다. 하나님의 선지자가 하나님의 말씀을 불순종하는 패역한 자들을 보게 될 때 겪는 낙심을 엘리야는 말하고 있을 뿐입니다.[347]

---

345) 소재열, 『성경 해석과 강해 설교』, 94.
346) 윤석준, 『한국교회가 잘못 알고 있는 101가지 성경 이야기 (1)』, 152.
347) 윤석준, 『한국교회가 잘못 알고 있는 101가지 성경 이야기 (1)』, 154.

엘리야가 자기의 겉옷을 엘리사 위에 던졌다는 말이 무슨 뜻일까요?

왕상 19:19 엘리야가 거기서 떠나 사밧의 아들 엘리사를 만나니 저가 열두 겨리 소를 앞세
우고 밭을 가는데 자기는 열둘째 겨리와 함께 있더라. 엘리야가 그리로 건너가
서 겉옷을 그의 위에 던졌더니

값비싼 선물을 주었다는 뜻일까요? 물론 당시에는 옷감이 흔하지 않았고, 서민에게는
겉옷은 매우 소중한 재산적 가치가 있었습니다. 그러나 그 의미는 그렇게 단순하지는 않
습니다. 성경에서 어떤 경우에 겉옷을 주었는지 살펴보면 그 뜻을 알 수 있습니다.

출 29:29 아론의 성의는 아론의 후에 그 아들들에게 돌릴지니 그들이 그것을 입고 기름 부음
으로 위임을 받을 것이며

민 20:26 아론의 옷을 벗겨 그 아들 엘르아살에게 입히라. 아론은 거기서 죽어 그 열조에게
로 돌아가리라.

사 22:21 너의 옷을 그에게 입히며 네 띠를 그에게 띠워 힘 있게 하고 네 정권을 그의 손에
맡기리니 그가 예루살렘 거민과 유다 집의 아비가 될 것이며

겉옷을 준다거나 던진다거나 입힌다는 것은 그의 직무를 맡긴다는 의미인 것을 알 수
있습니다. 엘리야의 경우 그 앞 구절들을 보면 더욱 분명해집니다.

왕상 19:15 여호와께서 저에게 이르시되, 너는 네 길을 돌이켜 광야로 말미암아 다메섹에 가
서 이르거든 하사엘에게 기름을 부어 아람 왕이 되게 하고
16 너는 또, 님시의 아들 예후에게 기름을 부어 이스라엘 왕이 되게 하고 또 아벨므흘라 사
밧의 아들 엘리사에게 기름을 부어 너를 대신하여 선지자가 되게 하라.

갑절의 영감을 달라는 뜻이 무엇일까요?

왕하 2:9 건너매 엘리야가 엘리사에게 이르되, 나를 네게서 취하시기 전에 내가 네게 어떻게
할 것을 구하라. 엘리사가 가로되, 당신의 영감이 갑절이나 내게 있기를 구하나이다.

엘리사는 엘리야가 승천하기 전에 엘리야의 영감을 자신에게 주되 갑절이나 달라고 요구합니다. 그 뜻이 무엇이었을까요? 양적으로 엘리야보다 두 배나 많은 영감을 달라는 것이었을까요?

신 21:17을 보면 장자 상속자에게 다른 아들들보다 두 배를 주도록 규정하고 있는 것을 확인할 수 있습니다. 엘리사가 엘리야보다 두 배나 많은 영감을 달라고 요구한 것은 단순히 엘리야보다 양적으로 두 배로 많은 영감을 달라는 의미라기보다는, 엘리야의 합법적인 후계자로 삼아달라는 의미입니다.[348]

엘리사가 자기를 조롱하는 아이들을 저주한 것은 그의 잔인함과 옹졸함을 보여주는 것일까요?

왕하 2:23 엘리사가 거기서 벧엘로 올라가더니 길에 행할 때 젊은 아이들이 성에서 나와서 저를 조롱하여 가로되, 대머리여 올라가라 대머리여 올라가라 하는지라.
24 엘리사가 돌이켜 저희를 보고 여호와의 이름으로 저주하매 곧 수풀에서 암곰 둘이 나와서 아이 중의 사십이 명을 찢었더라.
25 엘리사가 거기서부터 갈멜산으로 가고 거기서 사마리아로 돌아왔더라.

본문은 자신의 권세를 사용하여 버릇없는 아이들을 지나치게 벌하는 선지자의 잔인함과 옹졸함을 지적하는 것일까요? 엘리사는 벧엘로 올라가는 길을 걷고 있었습니다. 벧엘은 여로보암이 자기 백성들이 예루살렘으로 가서 예배하는 것을 막기 위해 만든 북이스라엘의 예배 장소입니다. 백성들은 하나님께 예배한다고 하지만 그곳은 비합법적인 제사장들의 주관 아래 금송아지를 모신 제단에서 예배했습니다.

그들은 엘리사를 자기들의 원수로 여겼습니다. 따라서 엘리사를 조롱한 아이들은 단지 엘리사가 대머리이기 때문이 아니라 하나님의 선지자였기 때문입니다. 아이들이 엘리사를 향하여 "나가라."거나 "떠나라."라고 말하는 대신에 "올라가라."라고 말한 것도 엘리사도 엘리야처럼 하늘에 올라가 보라는 조롱이었습니다. 아이들의 조롱은 반역적인 우상 숭배자들의 조롱이었으며, 그것은 하나님의 심판을 초래한 것입니다.[349]

엘리사를 조롱한 아이들은 철없는 아이들이 아니라 젊은 청년들이었으며, 그들이 엘리사를 조롱한 것은 하나님의 선지자를 멸시한 것이고, 그것은 결국 하나님을 반대하는 배교 행

348) 서춘웅, 『성경 난제 해설·구약』 3판, 701; 박윤선, 『구약주석 사기서』 (제3권) 재판, 454.
349) Daniel M. Doriani, *Getting the Message*, 정옥배 역, 『해석, 성경과 삶의 의미를 찾다』 (서울: 성서유니온선교회, 2011), 39.

동이었기 때문에 엘리사의 저주는 잔인함과 옹졸함이 아니라 하나님의 심판이었습니다.[350]

히스기야가 죽을병에서 나아 15년을 더 산 것은, 하나님께 간절히 기도하면 죽을병도 나을 수 있다는 뜻일까요?[351]

왕하 20:1~7

왕하 20:6은 '내가 네 날을 15년을 더할 것이며 내가 너와 이 성을 앗수르 왕의 손에서 구원하고 내가 나를 위하고 또 내 종 다윗을 위하므로 이 성을 보호하리라 하셨다 하라 하셨더라.'라고 말씀합니다. 또 왕하 21:1에서는 히스기야의 아들 므낫세가 12세에 왕위에 올랐다고 말씀합니다. 히스기야의 생명이 15년 연장된 상황에서 낳은 아들이 그 뒤를 이어 왕위에 올랐다는 계산이 나옵니다. 그렇다면 본문이 말하려는 것은 단순히 죽을병도 간절히 기도하면 하나님께서 생명을 연장해 주신다는 것이 아니라, 하나님은 하나님 자신과 다윗을 위하여, 다윗과 언약하신 것을 신실하게 지키시기 위하여 히스기야의 생명을 15년 연장해 주셨다는 것을 알 수 있습니다.[352] 그것은 본문이 하나님의 구속적 계시를 드러내는 성경 전체의 맥락 가운데 있다는 데서 쉽게 알 수 있습니다. 이와 같은 사실은 다음 성경 구절들이 뒷받침해 줍니다.

> 대하 7:18 내가 네 나라 위를 견고케 하되 전에 내가 네 아비 다윗과 언약하기를 이스라엘을 다스릴 자가 네게서 끊어지지 아니하리라 한 대로 하리라.

> 대하 21:7 여호와께서 다윗의 집을 멸하기를 즐기지 아니하셨음은 이전에 다윗으로 더불어 언약을 세우시고 또 다윗과 그 자손에게 항상 등불을 주겠다고 허하셨음이더라.

> 왕상 11:36 그 아들에게는 내가 한 지파를 주어서 내가 내 이름을 두고자 하여 택한 성 예루살렘에서 내 종 다윗에게 한 등불이 항상 내 앞에 있게 하리라.

> 왕하 8:19 여호와께서 그 종 다윗을 위하여 유다 멸하기를 즐기지 아니하셨으니 이는 저와 그 자손에게 항상 등불을 주겠다고 허하셨음이더라.

---

350) 박윤선, 『구약주석 사기서』 (제3권) 재판, 459.
351) 삼상 15:11의 해석을 보시기 바람.
352) 소재열, 『성경 해석과 강해 설교』, 189.

역대 상·하

다윗이 성전을 지을 수 없었던 이유는 그가 살인자였기 때문이었을까요?

대상 22:8 여호와의 말씀이 내게 임하여 이르시되, 너는 피를 심히 많이 흘렸고 크게 전쟁
하였느니라 네가 내 앞에서 땅에 피를 많이 흘렸은즉 내 이름을 위하여 전을 건
축하지 못하리라.

9 한 아들이 네게서 나리니 저는 평강의 사람이라. 내가 저로 사면 모든 대적에서
평강하게 하리라. 그 이름을 솔로몬이라 하리니 이는 내가 저의 생전에 평안과
안정을 이스라엘에 줄 것임이니라.

10 저가 내 이름을 위하여 전을 건축할지라. 저는 내 아들이 되고 나는 저의 아비가
되어 그 나라 위를 이스라엘 위에 굳게 세워 영원까지 이르게 하리라 하셨나니

다윗이 성전을 짓고 싶었지만 그렇게 하지 못한 이유는 그가 피를 심히 많이 흘렸고
크게 전쟁을 하였기 때문이라고 성경은 기록하고 있습니다. 그러면 솔로몬은 어떻습니
까? 솔로몬은 살인하지 않았나요? 아도니아, 요압, 시므이 등이 솔로몬에 의해 살해되었
습니다. 다윗이 살인자라는 이유로 성전을 지을 수 없었다면 솔로몬도 마찬가지여야 합
니다. 그러면 대상 22:8은 무슨 뜻일까요?

대상 22:9~10에 보면 솔로몬이 성전을 건축할 수 있게 된 것은 대적에서 평온을 얻
게 되었기 때문이라고 설명합니다. 대상 22:9에 보면 이러한 사실이 '한 아들이 네게서
나리니 저는 평강의 사람이라.', '내가 저로 사면 모든 대적에서 평강하게 하리라.', '그
이름을 솔로몬이라 하리니 이는 내가 저의 생전에 평안과 안정을 이스라엘에 줄 것임이
니라.'라는 말씀으로 3번 반복하여 강조된 것에서 확인할 수 있습니다. 이 사실은 왕상
5:3~5에서도 확인할 수 있습니다. 다윗이 성전을 건축하지 못한 것은 '사방의 전쟁으로
인하여'였고, 솔로몬이 성전을 건축할 수 있었던 것은 하나님께서 '사방의 태평을 주시
매 대적도 없고 재앙도 없었기' 때문입니다. 성경 본연의 뜻보다는 '살인은 나쁘다.'라는
식의 도덕적 견해를 가지고 성경을 보게 되면 성경을 바르게 해석할 수 없습니다.[353]

또한, 대상 22:10은 솔로몬이 메시아의 예표로 계시된 말씀입니다.[354] 그렇다면 성전
을 건축한다는 의미가 무엇이며 과연 성전건축은 솔로몬에게 주어진 하나님의 뜻이었을

---

353) 윤석준, 『한국교회가 잘못 알고 있는 101가지 성경 이야기 (1)』, 228.
354) 박윤선, 『구약주석 사기서』 (제2권) 재판, 264.

까요? 왕상 5:5의 '다윗에게 하신 말씀에 내가 너를 이어 네 위에 오르게 할 네 아들 그가 내 이름을 위하여 전을 건축하리라.'라는 말씀에서 '네 위에 오르게 할 네 아들'은 다윗의 아들 솔로몬일까요? 또 '내 이름을 위하여 전을 건축하리라.'라는 말씀도 건물로서의 성전일까요?

대상 17:4~5에서 하나님은 분명하게 다윗에게 '너는 나의 거할 집을 건축하지 말라.'라고 말씀하셨고, 또 대상 17:8에서 '이스라엘 어느 사사에게 내가 말하기를 너희가 어찌하여 나를 위하여 백향목 집을 건축하지 아니하였느냐고 말하였느냐?'라고 반문하셨습니다. 하나님은 누구에게도 성전을 건축하라고 말씀하신 적이 없었고, 오히려 대상 17:10에서는 '여호와가 너를 위하여 집을 세울지라.'라고 말씀하셨습니다.

그러면 대상 17:11~12의 '네 수한이 차서 네가 열조에게로 돌아가면 내가 네 뒤에 네 씨 곧 네 아들 중 하나를 세우고 그 나라를 견고하게 하리니, 저는 나를 위하여 집을 건축할 것이요 나는 그 위를 영원히 견고하게 하리라.'라는 말씀은 무슨 뜻일까요? 여기에서 '집'은 나라를 가리키고, 다윗의 씨 곧 그 아들 중 하나는 솔로몬이 아니라 메시아를 뜻합니다.[355] 대상 17:12의 '나는 그 위를 영원히 견고하게 하리라.'라는 말씀이 그것을 뒷받침하고, 또 예수님도 요 2:19~22에서 성전을 헐라고 말씀하셨고 그 성전이 예수님의 육체임을 성경은 분명하게 말씀하셨습니다. 하나님은 건물로서의 성전건축을 원하시거나 기뻐하시지 않으셨습니다.

건물로서의 성전건축은 오히려 성령을 거스르는 행위라고 하는 사실을, 행 7:46~50은 사 66:1을 인용하면서, 솔로몬의 성전건축에 대하여 행 7:51에서 '목이 곧고 마음과 귀에 할례를 받지 못한 사람들아, 너희가 항상 성령을 거슬러 너희 조상과 같이 너희도 하는 도다.'라고 책망하셨습니다.

하나님의 권위가 조롱받으며 하나님을 반역하는 죄가 만연되어 있음에도 불구하고 하나님께서 이 세상의 주권자시라고 할 수 있을까요?

대상 29:11 여호와여, 광대하심과 권능과 영광과 이김과 위엄이 다 주께 속하였사오니 천지에 있는 것이 다 주의 것이로소이다. 여호와여, 주권도 주께 속하였사오니 주는 높으사 만유의 머리이심이로다.

---

355) 박윤선, 『구약주석 사기서』 (제2권) 재판, 188.

이 세상에서 일어나는 일들을 보면 하나님께서 이 세상의 주권자이시라는 것에 대하여 동의하기가 쉽지 않지만, 그러나 성경은 어디에나 하나님이 이 세상의 주권자라고 분명하게 말씀합니다. 물론 우리가 이해하기 어렵고, 하나님께서 왜 자신의 권위가 조롱받고 하나님을 반역하는 데도 관대하게 두시는가에 대하여 이상하게 생각할 수도 있지만, 그렇다고 하나님께서 주권자가 아니라고 말할 수 없는 것은 성경이 분명하게 확인시켜 주기 때문입니다.356)

> 시 24:1 땅과 거기 충만한 것과 세계와 그중에 거하는 자가 다 여호와의 것이로다.

> 시 46:10 이르시기를 너희는 가만히 있어 내가 하나님 됨을 알지어다! 내가 열방과 세계 중에서 높임을 받으리라 하시도다.

> 시 47:7 하나님은 온 땅의 왕이심이라 지혜의 시로 찬양할지어다.
> 8 하나님이 열방을 치리하시며 하나님이 그 거룩한 보좌에 앉으셨도다.

물론 하나님의 주권이 인간을 비하하는 측면이 있어서 사람들은 하나님의 주권에 대하여 지적으로 이해하지 못할 뿐만 아니라 싫어하지만, 그러나 인간의 자율권 추구는 하나님에 대한 근본적인 반역으로 인간의 특성이기도 합니다.357) 인간의 자율권 추구는 오늘날의 문화에서 특별히 눈에 띄게 나타나는 현상입니다.358)

교회조차도 이보다 더 나은 상태라고 볼 수 없는 것은, 하나님의 사랑과 자비, 선하심에 대해서는 강조하지만, 하나님의 주권에 대해서는 다루지 않으려고 하고, 전도에서는 더욱 심각하여 구원이 하나님의 주권에 있는 것이 아니라 인간 개인의 선택과 결단, 곧 인간의 주권에 있는 것처럼 말하기 위하여, 우리가 받아들일 것인지 거부할 것인지를 결정할 수 있는 '초대'라는 단어를 사용하고 있다는 사실입니다.359) 하나님의 권위에 전적으로, 무조건 복종해야 한다는 말은 좀처럼 듣기 어렵습니다. 심지어 해방신학은 설교의 강조점을 압제적인 사회 구조와 권력자들로부터의 해방에 두고 있는데, 이 해방은 스프로울의 지적대로 결국은 하나님의 주권적인 권위에 대항하는 것을 함축하고 있습니다.360)

---

356) 『기독교 강요 교리설교 (상)』, 147~148.
357) 『기독교 강요 교리설교 (상)』, 149.
358) 『기독교 강요 교리설교 (상)』, 149~150.
359) 『기독교 강요 교리설교 (상)』, 150.
360) 『기독교 강요 교리설교 (상)』, 150.

사람들이 하나님의 주권에 대한 교리를 싫어하는 근본적인 이유는 주권자 되시는 하나님을 원하지 않고, 자율적 인간, 자신이 주권자가 되기를 원하기 때문입니다.[361] 따라서 어떤 권위도 인정하기를 싫어하고 거부합니다. 오늘날 권위의 붕괴는 프리드리히 니체, 장 폴 사르트르, 알베르 카뮈, 하이데거와 같은 실존주의 작가들의 작품을 통해 모든 외적인 속박에서 벗어날 때라야, 심지어 하나님이 배제될 때라야 비로소 자기 자신을 발견하고 진정한 인간이 된다는 사상으로부터 심화하였는데, 이러한 실존철학의 관점에서는 하나님은 인간을 속박하는 존재로서 추방되어야 할 대상입니다.[362]

인간은 창조된 때부터 하나님처럼 되고 싶어 했는데, 이는 자율적인 인간, 하나님의 주권적 통치를 받지 않는, 자신이 주권자가 되는 것을 의미합니다.[363] 인간은 어디에서든지 자신이 주권자가 되고 싶어 하고, 자신이 주권자가 되지 않으면 모든 것이 의미가 없다고 생각하고, 그래서 그런 상황을 싫어합니다. 그래서 자율적인 인간, 하나님의 주권적 통치를 받지 않는 자신이 주권자가 될 수 있다는, 곧 하나님같이 될 수 있다는 사탄의 미혹에 빠졌습니다. 그 결과 사탄이 말한 것처럼 된 것이 아니라, 오히려 죄의 속박을 받게 되었기 때문에, 인간의 자율권, 인간의 주권이라는 것은 결국 죄의 종이 되게 하는 것에 불과하게 되었습니다. 심지어 우리의 죄를 대신 지시려고 오신 예수님을 십자가에 못 박는 데 사용할 뿐이었습니다.

하나님은 자연법을 정하셨지만, 그 자연법은 절대적인 것이 될 수 없는데, 그 이유는 하나님은 자연법의 통제를 받지 않으시며 때로는 이적이라 부르는 일을 예기치 못하게 행하시기도 하시기 때문입니다.[364] 하나님은 홍해를 갈라지게 하셔서 이스라엘 백성이 건너게 하시고, 다시 제자리에 돌아오게 하셔서 애굽 군대를 멸절시키셨으며, 여리고 성의 벽들을 무너지게 하시고 태양을 세워두시기도 하시며, 오병이어의 기적을 행하시고 죽은 자들을 살리시기도 하시는 등 자연에 대한 자신의 주권을 나타내 보이셨습니다.[365] 또 하나님은 사람의 마음도 주관하시기 때문에, 바로의 마음을 강퍅하게 하시고 어떤 사람들의 마음은 부드럽게 하시며, 어떤 사람은 구원하시기로 작정하셨습니다.[366]

---

361) 『기독교 강요 교리설교 (상)』, 150.
362) 『기독교 강요 교리설교 (상)』, 150~151.
363) 『기독교 강요 교리설교 (상)』, 151.
364) 『기독교 강요 교리설교 (상)』, 148.
365) 『기독교 강요 교리설교 (상)』, 148.
366) 『기독교 강요 교리설교 (상)』, 149.

역대기 하 5장은 예배당 건축을 위한 설교 본문으로 사용해도 좋을까요?

대하 5:2~14

이 말씀을 바르게 해석하려면 먼저 역사적인 배경을 자세히 살펴볼 필요가 있습니다. 이 말씀의 역사적 배경은 두 가지로 나누어서 살펴야 합니다. 한 가지는 솔로몬의 성전 봉헌이라는 사건이 벌어진 시대의 역사적 배경이고, 다른 한 가지는 역대기를 기록할 때의 역사적 배경입니다. 역대기는 바벨론 포로기 이후에 기록되었습니다. 아마도 포로에서 돌아온 사람이 기록한 것으로 보입니다. 그러므로 우리는 두 가지 역사적 배경을 모두 고려하여 이 말씀을 읽어야 합니다.

먼저 솔로몬이 실제로 이 성전을 봉헌할 때는 이스라엘이 최고의 절정기를 누릴 때였습니다. 부왕(父王) 다윗의 탁월한 통치로 인하여 솔로몬은 튼튼한 정치적 기반 위에서 나라를 다스렸습니다. 솔로몬의 통치 이후에 나라는 더욱 부강해졌고, 이제 드디어 숙원 사업이었던 성전도 완공하였습니다. 그런 상황에서 백성들은 선하시고 자비하신 하나님을 찬송합니다. 아마 이스라엘 백성들은 말로 다 형언할 수 없는 감격 가운데 이 찬송가를 불렀을 것입니다.

이제 역대기가 기록된 시점의 역사적 배경을 살펴보겠습니다. 역대기는 바벨론 포로기 이후에 기록되었습니다. 그때는 예루살렘 성전이 무너진 이후입니다. 바벨론의 침략으로 예루살렘은 폐허가 되었고, 수많은 백성이 포로로 끌려갔습니다. 그리고 이제 백성들은 포로지에서 돌아와 예루살렘을 바라보고 있었습니다. 폐허가 된 예루살렘에서, 무너진 성전 터 위에서 이스라엘 백성들은 지금 이 노래를 부르고 있었습니다. "선하시도다. 그의 자비하심이 영원히 있도다." 나라가 융성할 때 이런 찬송가를 부르는 것은 그리 어려운 일이 아닙니다. 그러나 나라가 멸망한 때 하나님의 선하심과 자비하심을 노래하는 것은 결코 쉬운 일이 아닙니다.

이런 역사적 배경을 생각한다면 이 말씀을 통해 역대기 기자가 우리에게 말하려는 메시지를 바르게 이해할 수 있습니다. 그것은 바로 나라를 빼앗기고 성전이 무너진 이 상황에서도 여전히 하나님은 선하시고 자비하시다고 찬송할 수 있느냐는 것입니다. 교회가 부흥하고 우리의 삶이 형통할 때만이 아니라, 처절하게 실패하고 넘어진 절망의 상황에서도 여전히 하나님의 선하심과 자비하심을 찬송할 수 있느냐는 것입니다. 이런 메시지를 생각한다면 오늘날 목회자들이 이 말씀을 예배당 건축을 위한 설교 본문으로 사용하는 것은, 역대기 기자가 의도한 것과는 거리가 멀어도 한참 먼 것입니다. 실은 이 말씀은 고난 속에서도 여전히 하나님의 선하심을 찬송하라고 당부하는 역대기 기자의 도전인 것입니다.

하나님은 이스라엘의 통일을 원하지 않으셨을까요?

> 대하 11:1 르호보암이 예루살렘에 이르러 유다와 베냐민 족속을 모으니 택한 용사가 십팔만이라. 이스라엘과 싸워 나라를 회복하여 르호보암에게 돌리려 하더니
> 2 여호와의 말씀이 하나님의 사람 스마야에게 임하여 가라사대,
> 3 솔로몬의 아들 유다 왕 르호보암과 유다와 베냐민의 이스라엘 무리에게 고하여 이르기를
> 4 여호와의 말씀이 너희는 올라가지 말라. 너희 형제와 싸우지 말고 각기 집으로 돌아가라. 이 일이 내게로 말미암아 난 것이라 하셨다 하라 하신지라. 저희가 여호와의 말씀을 듣고 돌아가고 여로보암을 치러 가지 아니하였더라.

남유다가 북이스라엘과 싸워 나라를 회복하려 하는 데 대하여 하나님께서 반대하시는 것을 보면 그런 것 같습니다. 과연 그럴까요? 하나님께서 이스라엘의 통일을 원하시지 않았다고 성경은 말씀하지 않았습니다. 하나님께서 원하시지 않은 것은 남유다와 북이스라엘이 동족으로서 전쟁하는 것이었습니다. 대하 10:15과 대하 11:4에 보면 남유다와 북이스라엘로 분단된 것이 하나님으로 말미암아 난 것이라고 말씀합니다. 그렇다고 그것이 이스라엘이 통일되지 않는 것, 곧 동족의 분열이 하나님의 뜻이라는 말씀은 아닙니다. 그것은 하나님의 뜻이 아니라 징계였습니다. 이스라엘의 분열은 하나님의 뜻이 아니라 솔로몬과 르호보암의 죄에 그 이유가 있었습니다. 동족 간에 전쟁을 벌이지 말라는 말씀이 동족 간의 통일을 원하시지 않는 것으로 해석하는 것은, 하나님께서 그렇게 말씀하시는 의도가 무엇인지 간과한 것입니다.

에스라

결혼한 이방 여인과 그 자녀들을 내보내는 것이 정당한 것일까요?

스 10:1~3

신 24:1~4에는 아내에게 수치 되는 일이 있음을 발견하고 그를 기뻐하지 아니하면 내보낼 수 있다고 말씀하지만, 이혼은 원칙적으로 하나님께서 미워하시는 일입니다(말 2:16). 한편, 출 34:16과 신 7:3~4에서는 하나님께서 이방 여인들과의 결혼을 금하신 것을 확인할 수 있는데, 룻, 라합, 모세의 아내 구스의 여인 등이 이방 여인들이었습니다.

그렇다면 어떤 경우는 허락되고 어떤 경우는 금지되는 것일까요? 출 34:16과 신 7:3~4에서 확인할 수 있는바 하나님께서 이방 여인들과의 결혼을 금하신 이유는, 이방 여인들이 남편을 유혹하여 자신들이 섬기는 신들을 섬기게 할 위험성이 있었기 때문이었습니다. 그러므로 이방 여인과 결혼했어도 문제가 안 된 경우는, 그들이 모두 개종하여 이방 신들을 버리고 하나님을 믿었기 때문입니다. 본문에서 이방 여인들과 그 자녀를 모두 다 내보내기로 한 것도 마찬가지의 이유라고 할 수 있습니다.

여기에서 이방 여인들을 내보내는 것은 그렇다고 하더라도, 그 자녀들까지 내보내는 것은 너무 심하지 않은가 생각할 수도 있습니다. 그러나 고대 사회에서 이혼할 때 여자들은 그들의 자녀들을 맡았습니다. 그 좋은 예가 하갈과 그 아들 이스마엘의 경우입니다(창 21:14). 또 어머니와 자녀를 분리하는 것보다는 함께 내보내는 것이 더 나은 것은, 그 자녀들에게는 어머니의 양육이 더 필요하기 때문입니다.[367]

그러나 더 근본적인 이유는 우상을 섬기는 이방 여인의 자녀들은 그 어머니의 영향으로 우상숭배에 깊이 물들었을 위험성이 크기 때문입니다. 이 문제를 신약성경에서는 조금 다르게 말씀하고 있습니다. 불신 배우자가 있는데 이혼을 원하지 않을 때는 개종시킬 수 있다는 소망에서 이혼하지 말라고 권면하고 있습니다(고전 7:13~16).[368] 두 경우 모두 신앙적인 이유라는 것은 마찬가지입니다.

---

367) 서춘웅, 『성경 난제 해설·구약』 3판, 785.
368) 서춘웅, 『성경 난제 해설·구약』 3판, 785.

에스더

에스더의 이야기는 신앙으로 민족을 구한 모범일까요?

에 4:15 에스더가 명하여 모르드개에게 회답하되,
　　16 당신은 가서 수산에 있는 유다인을 다 모으고 나를 위하여 금식하되 밤낮 사흘을 먹지도 말고 마시지도 마소서. 나도 나의 시녀로 더불어 이렇게 금식한 후에 규례를 어기고 왕에게 나아가리니 죽으면 죽으리이다.
　　17 모르드개가 가서 에스더의 명한 대로 다 행하니라.

에스더는 자기 민족이 몰살당할 위기 앞에서 죽기를 각오하고 금식하며 왕에게 나아갔습니다. 왕은 규례를 어기고 나아 온 에스더를 죽이는 대신에, 오히려 사랑스럽게 여김으로 결국은 에스더의 소원을 듣게 되고, 에스더는 자기 민족을 몰살의 위기에서 구했습니다. 이 이야기를 어떻게 해석해야 할까요? 그리스도인은 자기 백성과 국가를 위하여 죽기를 각오해야 한다고 해석해야 할까요? 아니면 하나님의 백성을 위하여, 성도들(교회)을 위하여 목숨을 걸어야 한다고 해석해야 할까요? 이러한 성경 해석은 하나님이 무시된 잘못된 해석입니다. 물론 그와 같은 교훈적 요소가 전혀 없다고는 말할 수 없습니다.

에스더서를 읽으면서 많은 사람이 에스더를 멋진 믿음의 여성으로 생각하여, 에스더서의 주제가 마치 '에스더를 본받는 것'이라고 여기는데, 그러나 조금만 깊이 생각한다면 그런 생각은 할 수 없습니다. 왜냐하면, 성경의 주인공은 어떤 한 인간이 될 수 없고, 오직 하나님 한 분이시기 때문입니다.

또한, 에스더나 모르드개가 그렇게 모범적인 신앙인도 아니었습니다. 그들이 살고 있던 시대는 아하수에로(크세르크세스, B. C. 485~465) 때인데, 그때는 이스라엘의 포로귀환이 이루어진 고레스(시루스, B. C. 539~529) 때보다 훨씬 후입니다.[369] 그때는 경건한 유대인들은 누구나 포로귀환을 대망했고 귀환했는데, 그것은 레위기 26장이나 신명기 28장의 언약에 비추어 볼 때 포로로 끌려가는 것은 하나님의 심판이었고, 포로귀환은 하나님의 은혜, 새로운 출발을 위한 하나님의 기회였기 때문입니다.[370] 그러나 에스더나 모르드개는 귀환하지 않았습니다. 그 이유가 무엇이었을까요? 하나님의 은혜로

---

369) 윤석준, 『한국교회가 잘못 알고 있는 101가지 성경 이야기 (1)』, 209~210.
370) 윤석준, 『한국교회가 잘못 알고 있는 101가지 성경 이야기 (1)』, 209~210.

주어진 포로귀환 대신에, 일신의 안락을 위해 이방 땅에 안주했을 가능성이 큽니다. 포로귀환은 그동안 마련한 삶의 터전을 포기하고 모든 것을 다시 시작해야 하는 고난의 삶이었기 때문입니다. 모르드개는 이방 땅에 안주하기 위해 바벨론의 주신(主神) '마르둑'을 섬기는 자를 의미하는 이름을 가졌고, 에스더는 이스라엘의 회복을 상징하는 '화석류 나무'라는 뜻의 본명 '하닷사' 대신에 페르시아식 이름을 사용했을 뿐만 아니라, 그들은 이스라엘로 돌아가 그 백성의 지위를 회복하는 대신에, 이방인과의 결혼도 불사하고 바사 제국의 권세자가 되어 부귀영화를 누리고자 아하수에로의 왕후가 되려고 시도했습니다.[371] 그래서 그들은 굳이 자신들이 어떤 민족이며 어떤 종족인지를 말하지 않았습니다. J. R. 비스케르커의 표현대로 그들의 모습은 '카멜레온이 환경에 따라 몸 색깔을 바꾸는 것처럼 환경에 순응하는 것이 그들의 살아가는 방식'이었습니다.[372] 그런데도 하나님은 그들의 마음을 바꾸셔서 이스라엘을 구원하시는 도구로 사용하셨습니다.

욥기

기독교인은 시작이 미약하더라도 나중에는 심히 창대하게 될까요?

욥 8:7 네 시작은 미약하였으나 네 나중은 심히 창대하리라.

이 말의 뜻이 무엇일까요? 액자로 걸어놓은 성경 구절 중에 가장 으뜸이 아닐까 생각될 만큼 애용하는 구절이기 때문에, 우리는 더더욱 이 말의 뜻을 분명하게 알 필요가 있습니다. 우리는 먼저 이 말을 누가 했는가를 알아야 합니다. 앞부분을 보면 하나님의 말씀이 아닙니다. 욥을 비난한 욥의 친구 수아 사람 빌닷의 말입니다. 물론 하나님의 말씀이나 욥의 말이 아니라 빌닷의 말이기 때문에 문제가 있다는 것은 아닙니다. 빌닷의 말이라도 얼마든지 옳고 좋을 수도 있습니다.

그러면 하나님은 욥과 그의 친구들의 말을 어떻게 판단하셨을까요? 하나님은 욥의 친구들 말이 욥같이 정당하지 못하고 우매하다고 반복해서 말씀하셨습니다(욥 42:7~8). 그렇다

---

371) 윤석준, 『한국교회가 잘못 알고 있는 101가지 성경 이야기 (1)』, 211~213.
372) J. R. Wiskerke, *Purim: Outlines on Esther*, 고재수 역, 『그래도 하나님은 승리하신다』 (서울: SFC, 2000), 윤석준, 『한국교회가 잘못 알고 있는 101가지 성경 이야기 (1)』, 213에서 재인용.

고 하더라도 욥의 나중이 심히 창대하게 되었으니 '네 시작은 미약하였으나 네 나중은 심히 창대하리라.'라는 말이 틀렸다고 말하기는 어렵지 않으냐고 반문을 할 수도 있습니다.

그러나 이 말이 나온 앞의 전제들을 보면 옳지 않다는 것을 쉽게 알 수 있습니다. 빌닷은 욥이 고난을 겪는 것은 죄 때문이므로, 죄를 고백하고 하나님을 부지런히 구하며 전능하신 이에게 빌고 또 청결하고 정직하면, 하나님께서 정녕 돌아보시고 형통하게 하시며, 시작은 미약하였으나 네 나중은 심히 창대하리라는 뜻으로 말했습니다. 욥의 나중이 심히 창대하게 된 것은 빌닷의 말(욥 8:4~6)을 따랐기 때문이 아닙니다. 그것은 오직 하나님의 은혜입니다.

그리고 욥의 나중이 심히 창대하게 된 것을 모든 신자에게 일반화시킬 수도 없습니다. 어떤 경우는 빌닷의 말처럼 되지 않을 수도 있습니다. 바울이 그 대표적인 경우입니다. 히브리서 11장에 나오는 믿음의 선배들 가운데 대부분은 그렇습니다. 빌닷의 말이 위로가 되고 힘이 될지는 모르나, 그것은 하나님의 말씀도 아니고 성경적이지도 않습니다.

한(恨)한다는 말이 무슨 뜻일까요?

욥 42:6 그러므로 내가 스스로 한하고 티끌과 재 가운데서 회개하나이다.

한탄한다는 뜻일까요? 히브리어는 '마아쓰'인데 한탄한다는 뜻과는 거리가 멉니다. '싫어하다.', '멸시하다.', '하찮게 여기다.'라는 뜻입니다.[373] NIV에서는 'despise(얕보다, 경멸하다, 몹시 싫어하다.)'로, KJV는 'abhor(몹시 싫어하다, 경멸하다, 혐오하다.)'로, NASB는 'retract(움츠러지다.)'로 번역했습니다. 그러므로 욥이 스스로를 경멸했다, 하찮게 여겼다, 혐오했다는 뜻으로 번역하는 것이 더 적합합니다.

시편

'내 의의 하나님'이 무슨 뜻일까요?

시 4:1 내 의의 하나님이여 내가 부를 때 응답하소서. 곤란 중에 나를 너그럽게 하셨사오니

---

373) 안유섭, 『원어로 여는 성경』, 58.

나를 긍휼히 여기사 나의 기도를 들으소서.

NIV의 번역대로 'O my righteous God'이라는 뜻일까요? 물론 하나님은 의로우십니다. 그러나 여기에서 내 의의 하나님이란 말은 '나를 의롭게 하시는 하나님'이란 뜻입니다. 여기서 '의'란 다윗이 자신에 대한 인간들의 고의적이고 못된 행동을 불평하면서 하나님을 증인으로 내세우는 떳떳한 주장입니다.[374] 시편 4편은 다윗이 압살롬의 반란으로 쫓길 때 지은 것으로 보입니다. 그 상황에서 백성들은 다윗이 죄를 범하여 하나님께 버림을 받았다고 정죄합니다. 그러나 하나님은 다윗의 의를 인정해 주시고 증명해 주실 유일한 분이셨습니다. 그렇다고 다윗이 전혀 죄가 없는 의인이라는 것을 하나님께서 밝혀 주신다거나, 완전히 의롭게 만들어 주신다는 뜻은 아닙니다. 아무도 하나님 앞에서 완전히 의로운 사람은 없기 때문입니다.

또 시편에는 '내 구원의 하나님'이라는 표현이 자주 등장하는데(시 18:46, 25:5, 27:9, 38:22 등), 그 뜻이 '나를 구원해주시는 하나님'이라는 것을 분명히 알 수 있습니다. 그렇다면 같은 방식으로 '내 의의 하나님'이란 말도 '나를 의롭게 하시는 하나님'이란 뜻임을 확인할 수 있습니다.[375] 그렇다면 시 109:1의 '나의 찬송하는 하나님'이란 개역과 개역 개정 성경의 번역도 '나의 찬송의 하나님'으로 수정해야 뜻이 정확합니다.[376] NIV가 'O God, whom I praise'으로, NASV와 KJV가 'O God of my praise'라고 번역한 바와 같이 '내가 찬송하는 하나님'이 아니라, '나로 찬송하게 하시는 하나님', 고난 속에서 신음할 때 내 기도에 응답하시고 구원해주셔서 너무 감사하여 '나에게 찬송하게 하시는 하나님'이십니다.[377]

'새 노래'란 새로 지은 노래를 의미할까요?

시 33:3 새 노래로 그를 노래하며 즐거운 소리로 공교히 연주할지어다.

시 40:3 새 노래 곧 우리 하나님께 올릴 찬송을 내 입에 두셨으니 많은 사람이 보고 두려워하여 여호와를 의지하리로다.

---

374) *Comm.* Psalms 4:1, Righteousness, therefore, is here to be understood of a good cause, of which David makes God the witness, while he complains of the malicious and wrongful conduct of men towards him;
375) 박희천, 『손 더듬이 성경 해석학-성경이 성경을 해석한다』, 196~197.
376) 박희천, 『손 더듬이 성경 해석학-성경이 성경을 해석한다』, 197~198.
377) 박희천, 『손 더듬이 성경 해석학-성경이 성경을 해석한다』, 199.

새로 지은 노래가 아니라, 귀하고 선택된 노래, 하나님께서 내리신 은혜에 합당한 노래, 새로운 일, 예기치 못한 일을 이루셔서 마침내는 모든 것을 새롭게 하시는 하나님의 행위(사 42:9, 43:18~19, 계 21:5)를 찬양하는 노래를 의미합니다.378)

의인은 죄를 전혀 짓지 않는 사람일까요?

시 34:15 여호와의 눈은 의인을 향하시고 그 귀는 저희 부르짖음에 기울이시는 도다.
　　　16 여호와의 얼굴은 행악하는 자를 대하사 저희의 자취를 땅에서 끊으려 하시는 도다.
　　　17 의인이 외치매 여호와께서 들으시고 저희의 모든 환난에서 건지셨도다.
　　　18 여호와는 마음이 상한 자에게 가까이하시고 중심에 통회하는 자를 구원하시는 도다.
　　　19 의인은 고난이 많으나 여호와께서 그 모든 고난에서 건지시는 도다.

본문에 보면 하나님은 그 눈을 의인에게 향하시고 의인의 부르짖음에 귀를 기울이시며 환난에서 건지시고 그 모든 고난에서 건지신다고 찬양합니다. 그러면 여기에서 의인은 누구일까요? 죄를 전혀 짓지 않는 사람일까요? 아니면 도덕적으로 흠이 없는 사람일까요?

시 34:18에 보면 하나님은 의인을 모든 환난에서 건지셨듯이(시 34:17, 19), 마음이 상한 자에게 가까이하시고, 중심에 통회하는 자를 구원하십니다. 여기에서 건지신다는 말과 구원하신다는 말은 표현이 다르지만, 의미는 같습니다. 건진다는 말 '나쌀'과 구원한다는 말 '야사'는 같은 뜻으로 사용될 수 있습니다. 그러면 의인은 마음이 상한 자나 중심에 통회하는 자와 어떻게 다릅니까? 다르지 않습니다. 의인을 마음이 상한 자나 중심에 통회하는 자로 다르게 표현한 것입니다. 의인은 곧 마음이 상한 자 또는 중심에 통회하는 자를 뜻합니다. 주님도 같은 의도의 말씀을 하셨습니다(눅 18:13~14).379) 그러므로 의인은 죄를 전혀 짓지 않거나 도덕적으로 흠이 없는 사람이 아니라, 죄를 범했다고 하더라도 마음이 상한 자, 중심에 통회하는 자를 뜻합니다.380)

---

378) *Comm.* Psalms 33:3, it is not wonderful that he exhorts the righteous to sing a new, that is, a rare and choice song.; *Comm.* Psalms 40:3, He uses the word new in the sense of exquisite and not ordinary, even as the manner of his deliverance was singular and worthy of everlasting remembrance.

379) 눅 18:13 세리는 멀리 서서 감히 눈을 들어 하늘을 우러러보지도 못하고 다만 가슴을 치며 가로되, 하나님이여 불쌍히 여기옵소서, 나는 죄인이로소이다, 하였느니라. 14 내가 너희에게 이르노니 이 사람이 저보다 의롭다 하심을 받고 집에 내려갔느니라. 무릇 자기를 높이는 자는 낮아지고 자기를 낮추는 자는 높아지리라 하시니라.

380) 박희천, 『손 더듬이 성경 해석학-성경이 성경을 해석한다』, 119.

성도들이 하나님의 도우심을 청할 때, 간혹 자기 의를 내세우는 듯한 표현들을 사용한 것을 볼 수 있지만(시 86:2, 왕하 20:3), 그 의미는 그들이 죄를 전혀 짓지 않았다는 것이 아니라, 자기들이 중생하여 하나님의 종이요 자녀임이 증명되었고, 하나님께서는 자기들에게 은혜를 베푸시겠다고 약속하셨다는 것을 의미할 뿐입니다.381) 그러므로 위와 같은 해석이 가능합니다.

'주의 인자하심이 하늘에 있고'의 뜻이 무엇일까요?

시 36:5 여호와여, 주의 인자하심이 하늘에 있고 주의 성실하심이 공중에 사무쳤으며

주의 인자하심이 하늘에 존재한다는 뜻일까요? 주의 인자하심이 우리가 전혀 미칠 수 없는 먼 하늘에 있다면 부족하고 연약하고 죄악된 우리는 어떻게 될까요?

그 말은 그런 뜻이 아닙니다. 다음 병행구에서도 짐작할 수 있듯이 하늘까지 이를 만큼 크다는 뜻입니다. NASB는 'Your lovingkindness, O LORD, extends to the heavens, Your faithfulness reaches to the skies.'라고 적절하게 번역했습니다. 시 57:10의 '대저 주의 인자는 커서 하늘에 미치고 주의 진리는 궁창에 이르나이다.'라는 말씀에서도 그 사실을 확인할 수 있습니다.382) 주의 인자하심이 하늘에 있다는 말은 하나님의 인자하심이 마치 하늘같이 높다는 의미입니다.383)

'땅을 차지한다.', '땅을 기업으로 받는다.'라는 말이 부동산을 차지한다는 의미일까요?

시 37:11 오직 온유한 자는 땅을 차지하며 풍부한 화평으로 즐기리로다.

시 37:22 주의 복을 받은 자는 땅을 차지하고 주의 저주를 받은 자는 끊어지리로다.

---

381) *Inst.*, 3. 20. 10: Now the saints sometimes seem to shout approval of their own righteousness in calling upon God for help. For example, David says: "Keep my life, for I am good" [Ps. 86:2 p.]; and similarly, Hezekiah: "Remember. … O Lord, I beseech thee, how I have walked before thee in truth. … and have done what is good in thy sight" [II Kings 20:3 p.; cf. Isa. 38:3]. By such expressions they mean nothing else but that by their regeneration itself they are attested as servants and children of God to whom he promises that he will be gracious.

382) 박희천, 『손 더듬이 성경 해석학-성경이 성경을 해석한다』, 201.

383) *Comm.* Psalms 36:5, In saying that the goodness of God is unto the heavens, David's meaning is, that in its greatness it is as high as the heavens.

시 37:29 의인이 땅을 차지함이여 거기 영원히 거하리로다.

시 37:34 여호와를 바라고 그 도를 지키라. 그리하면 너를 들어 땅을 차지하게 하실 것이라. 악인이 끊어질 때 네가 목도하리로다.

마 5:5 온유한 자는 복이 있나니 저희가 땅을 기업으로 받을 것이요.

현세적이고 기복적인 신앙을 가진 사람이라면 당연히 그렇게 해석할 것입니다. 과연 그럴까요? 이 세상에서 땅(부동산)의 차지는, 피해는 있는 힘을 다해 물리치고 손해 볼 것 같으면 당장 앙갚음을 하는 그런 자들의 것이지만, 그들은 모든 것을 소유하고 있으면서도 실상은 아무것도 소유하지 못하고, 하나님의 자녀들에게는 발붙일 땅이 없더라도 하나님의 보호를 받고 안전하게 살아가며 마지막 날 천국을 유업으로 물려받을 때까지는 이것으로 자족합니다.[384] 의인은 이 세상에서 일어나는 말썽과 변화에 둘러싸여 있으나, 그런데도 하나님은 그들을 자기 날개 아래 보전하시며, 또한 하늘 아래에서는 지속적이거나 확고한 것이 아무것도 없을지라도, 마치 그들이 하늘에 피해 있는 것처럼 하나님은 그들을 안전하게 지키고 계십니다.[385]

하나님께서 아신다는 말씀의 뜻이 지적으로 아신다는 뜻일까요?

시 37:18 여호와께서 완전한 자의 날을 아시니 저희 기업은 영원하리로다.

똑같은 히브리어 단어를 시 1:6에서는 '인정하시나니'로 번역했고, 시 104:4의 '사특한 마음이 내게서 떠날 것이니 악한 일을 내가 알지 아니하리로다.'에서도 '알지 아니하리로다.'란 말씀도 '인정하지 아니하리로다.'라는 뜻이며, 암 3:2의 '내가 땅의 모든 족속 중에 너희만 알았나니'라는 말씀도 인정했다는 뜻이고, 마 7:23의 '내가 너희를 도무지

---

384) *Comm.* Matthew 5:5, Those who warmly repel any attacks, and whose hand is ever ready to revenge injuries, are rather the persons who claim for themselves the dominion of the earth. … While they lead so stormy a life, though they were a hundred times lords of the earth, while they possess all, they certainly possess nothing. For the children of God, on the other hand, I answer, that though they may not plant their foot on what is their own, they enjoy a quiet residence on the earth. … Though exposed to every species of attack, subject to the malice of wicked men, surrounded by all kinds of danger, they are safe under the divine protection. They have already a foretaste, at least, of this grace of God; and that is enough for them, till they enter, at the last day, into the possession of the inheritance of the world.

385) *Comm.* Psalms 37:29, that although they are surrounded by the troubles and changes which occur in this world, yet God preserves them under his wings; and although there is nothing lasting or stable under heaven, yet he keeps them in safety as if they were sheltered in a secure haven.

알지 못하니'라는 말씀도 인정하지 않는다는 뜻입니다.[386]

나 1:7의 '자기에게 의뢰하는 자들을 아시느니라.'의 경우도 똑같은 히브리어 단어를 사용했지만, 책임지시고 돌보시며 구원해주시고 건져주시며 도와주신다는 뜻이고, 딤후 2:19의 '주께서 자기 백성을 아신다 하며'의 경우는 주께서 자기 백성을 끝까지 버리지 아니하시고 돌보신다는 뜻입니다.[387] 같은 단어라도 문맥에 따라 다른 의미로 사용될 수 있습니다.

다윗이 밧세바를 간음하고 그 남편 우리아를 전쟁터에 내보내 살인교사(殺人敎唆)한 것이 어찌 주께만 죄를 범한 것일까요?

시 51:4 내가 주께만 죄를 범하여 주의 목전에 악을 행하였사오니 주께서 말씀하실 때 의로우시다 하고 판단하실 때 순전하시다 하리이다.

다윗은 밧세바를 간음하고 그 남편 우리아를 전쟁터에 내보내 살인교사(殺人敎唆)했습니다. 그는 분명히 밧세바와 우리아에게 죄를 지었습니다. 그런데도 '주께만 죄를 범'하였다고 말합니다. 다윗은 왜 그렇게 말했을까요? 밧세바와 우리아에게 죄를 지은 것을 부정하는 것일까요? 아니면 모든 사람의 눈에 숨겨졌기 때문에 그렇게 말한 것일까요? 아니면 그 당시에 왕으로서 그 정도의 죄는 사람들이 죄로 취급도 하지 않았다는 뜻일까요?

그런 뜻은 아닙니다. 인간에 대한 범죄는 그에 앞서 하나님께 죄를 범한 것이라는 의미입니다. 눅 15:21에서 탕자가 하늘과 아버지께 죄를 지었다고 말하는 것과 같습니다. 인간에 대한 죄는 그것으로 그치는 것이 아니라 하나님께 대한 죄입니다. 물론 그것이 영화 '밀양'에서처럼 하나님께만 용서받으면 된다는 식의 생각을 지지하는 것은 아닙니다. 먼저 하나님께 용서를 받아야 하지만, 인간에게도 용서를 받아야 하고 배상할 것은 배상해야 합니다.

이 말씀은 온 세상이 다윗을 용서해 주고 이해하고 듣기 좋은 소리를 한다고 하더라도 그런 소리는 아무런 위안도 주지 못하고, 오직 다윗의 눈과 그의 영혼은 하나님을 향해 있다는 것을 뜻합니다.[388]

---

386) 박희천, 『손 더듬이 성경 해석학-성경이 성경을 해석한다』, 276~277.
387) 박희천, 『손 더듬이 성경 해석학-성경이 성경을 해석한다』, 277~278.
388) *Comm.* Psalms 51:4, But I conceive his meaning to be, that though all the world should pardon him, he felt that God was

하나님께서 제사를 즐겨 아니하시고 번제를 기뻐 아니하신다는 뜻이 무엇일까요?

시 51:16 주는 제사를 즐겨 아니하시나니 그렇지 않으면 내가 드렸을 것이라. 주는 번제를 기뻐 아니하시나이다.
        17 하나님의 구하시는 제사는 상한 심령이라. 하나님이여 상하고 통회하는 마음을 주께서 멸시치 아니하시리이다.

하나님께서 동물의 희생 제물을 금하셨다는 뜻일까요? 물론 희생 제물에 대하여 부정적으로 평가하고 있는 구절들이 많습니다(시 40:7, 50:13~14, 69:31~32, 잠 27:3, 사 1:11~17, 렘 7:21~23, 호 6:6 등).

그러나 구약의 속죄에 대한 가르침은 짐승의 제물을 바치게 되어있습니다. 그러므로 본문을 하나님께서 동물의 희생 제물을 금하셨다는 의미로 해석하는 것은 지나친 것입니다. 그렇다면 왜 다윗은 하나님께서 제사를 즐겨 아니하시고 번제를 기뻐 아니하신다고 말씀하셨을까요?

아무리 최선의 제물이라고 하더라도 상한 심령, 상하고 통회하는 마음이 없다면 하나님께서 미워하십니다.[389] 하나님은 제사나 제물을 금하시거나 기뻐하지 않으시는 것이 아니라, 참된 제사, 참된 제물을 원하십니다.[390] 그것은 제사나 제물 이전에 예배자의 상하고 통회하는 마음이 필요하다는 뜻입니다. 이런 맥락에서 하나님께서 가인과 그 제물은 받지 아니하시고 아벨과 그 제물은 받으신 것을 이해할 수 있고(창 4:3~5), 제사보다 순종을 더 원하신다는 말씀도 같은 맥락에서 이해할 수 있습니다(삼상 15:14~15, 22).[391]

유대인들은 제물이 죄를 보상한다고 믿었지만, 율법은 그들이 자기들의 공로를 의지하는 데서 떠나 그리스도께서 치르신 단번의 보상으로 향하도록 의도되었기 때문에, 하나님은 제사 드릴 것을 명령하셨고, 다윗은 그것을 등한히 여기지 않았으며, 그것은 다윗과 하나님의 온 교회에 중대한 도움이 된다는 것을 보여주었습니다.[392] 그러므로 다

---

the Judge with whom he had to do, that conscience hailed him to his bar, and that the voice of man could administer no relief to him, however much he might be disposed to forgive, or to excuse, or to flatter. His eyes and his whole soul were directed to God, regardless of what man might think or say concerning him.

389) 서춘웅, 『성경 난제 해설·구약』 3판, 890.
390) 서춘웅, 『성경 난제 해설·구약』 3판, 891.
391) 서춘웅, 『성경 난제 해설·구약』 3판, 891.
392) *Comm.* Psalms 51:16, In proclaiming that the sacrifices made expiation for sin, the Law had designed to withdraw them from all trust in their own works to the one satisfaction of Christ; ⋯ God had enjoined the observance of sacrifice, and David was far from neglecting it. He is not to be understood as asserting that the rite might warrantably be omitted, or that God would absolutely reject the sacrifices of his own institution, which, along with the other ceremonies of the Law, proved

윗은 제사 드리는 일에 성실하기는 했지만, 세상의 죄를 속량하신 그리스도께서 치르신 보상에 전적으로 의지하여, 자기는 보상을 위하여 아무것도 가져올 수 없고 값없이 주신 화해에 완전히 의존하고 있음을 정직하게 선언한 것입니다.[393]

'신을 던진다.'라는 말이 무슨 뜻일까요?

시 60:8 모압은 내 목욕통이라. 에돔에는 내 신을 던지리라. 블레셋아, 나로 인하여 외치라 하셨도다.
시 108:9 모압은 내 목욕통이라. 에돔에는 내 신을 던질지며 블레셋 위에서 내가 외치리라 하셨도다.

팔레스타인 사람들은 신을 개나 마찬가지로 부정한 것으로 여겼기 때문에 '신발'이란 단어는 남에게 큰 모욕을 줄 때나 사용했습니다. 따라서 에돔에 신을 던진다는 말은 에돔을 최대한 모욕하고 조롱한다는 의미였습니다.[394]

반대로 거룩한 곳에서는 신을 벗어야 했습니다. 출 3:5의 '하나님이 가라사대, 이리로 가까이하지 말라. 너의 선 곳은 거룩한 땅이니 네 발에서 신을 벗으라.'라는 말씀이나, 수 5:15의 '여호와의 군대 장관이 여호수아에게 이르되 네 발에서 신을 벗으라. 네가 선 곳은 거룩하니라. 여호수아가 그대로 행하니라.'라는 말씀은 그런 의미로 이해할 수 있습니다.[395]

시 82:1은 하나님 이외의 다른 신들을 인정한다는 근거 구절이 될 수 있을까요?

시 82:1 하나님이 하나님의 회 가운데 서시며 재판장 중에서 판단하시되
(개역 개정: 하나님은 신들의 모임 가운데에 서시며 하나님은 그들 가운데에서 재판하시느니라)

시 97:7에서도 '너희 신들아, 여호와께 경배할지어다.'라고 했고, 시 138:1에서도 '내가 전심으로 주께 감사하며 신들 앞에서 주께 찬양하리이다.'라는 표현이 나오지만, 신

---

important helps, as we have already observed, both to David and the whole Church of God.
393) *Comm.* Psalms 51:16, Diligent as he was, therefore, in the practice of sacrifice, resting his whole dependence upon the satisfaction of Christ, who atoned for the sins of the world, he could yet honestly declare that he brought nothing to God in the shape of compensation, and that he trusted entirely to a gratuitous reconciliation.
394) Barbara M. Bowen, 85.
395) Barbara M. Bowen, 84~85.

6:4은 '이스라엘아, 들으라. 우리 하나님 여호와는 오직 하나인 여호와시니'라고 말씀합니다.

그렇다면 하나님의 회(신들)는 무엇을 뜻할까요? 하나님 이외의 다른 신들일까요? 아니면 천사들일까요? '하나님이 하나님의 회 가운데 서시며'와 '재판장 중에서 판단하시되'라는 병행 구절입니다. 따라서 하나님의 회(신들)는 재판장들이라고 해석할 수 있습니다. 그런 해석이 옳다는 것은 본문 다음 구절들인 시 82:2~4에서 확인할 수 있습니다.

> 시 82:2 너희가 불공평한 판단을 하며 악인의 낯 보기를 언제까지 하려느냐? (셀라)
> 3 가난한 자와 고아를 위하여 판단하며 곤란한 자와 빈궁한 자에게 공의를 베풀지며
> 4 가난한 자와 궁핍한 자를 구원하여 악인들의 손에서 건질지니라 하시는 도다.

또 시 82:6의 '내가 말하기를 너희는 신들이며 다 지존자의 아들들이라 하였으나'라는 말씀은 재판장들을 향한 것이므로 재판장들을 신들이라고 표현했다는 것을 알 수 있습니다.

히브리 사람들은 일반적으로 '하나님'이란 칭호를 사용해서 모든 진귀하고 뛰어난 것들을 찬양했고, 따라서 이 신적 존재에 대한 칭호가 하나님의 위엄에 특별한 증거를 나타내고 있는 높은 지위에 오른 임금들을 가리켰기 때문에, 이 신들이란 명칭이 뒤에 나오는 재판장을 가리키는 것으로 볼 수 있습니다.[396] 그러나 이 말씀을 천사들에게 적용하는 것은 지나치게 공상적인 생각으로 신중히 검토하지 않은 것입니다.[397]

'종의 눈이 그 상전의 손을, 여종의 눈이 그 주모의 손을 바람같이'란 무슨 뜻일까요?

시 123:2 종의 눈이 그 상전의 손을, 여종의 눈이 그 주모의 손을 바람같이 우리 눈이 여호와 우리 하나님을 바라며 우리를 긍휼히 여기시기를 기다리나이다.

팔레스타인에서는 말로 하지 않고 손뼉을 침으로써 종을 부르고, 시킬 일이 있으면 말

---

[396] *Comm.* Psalms 82:1, I indeed grant that it is quite common for the Hebrews to adorn with the title of God whatever is rare and excellent. But here it would appear, from the scope of the passage, that this name of the Divine Being is applied to those who occupy the exalted station of princes, in which there is afforded a peculiar manifestation of the majesty of God; … But here, as also a little after, the name gods is to be understood of judges, on whom God has impressed special marks of his glory.

[397] *Comm.* Psalms 82:1, To apply it to angels is a fancy too strained to admit of serious consideration.

로 하지 않고 손짓으로 했기 때문에, 종의 눈은 상전의 손을 유심히 살펴야 했고, 여종은 주모의 손을 항상 바라보아야 했습니다.[398] 우리의 눈이 하나님을 그렇게 바라보아야 합니다.

또 '손'은 '도움' 또는 '권능'을 나타내는 말이므로 손을 바라본다는 말은 능력 있는 자에게 도움과 보호를 기대한다는 뜻이 됩니다. 그리고 '종' 또는 '여종'은 적어도 옛날에는 지극히 치욕적이고 비천하기 그지없는 위치에 있었기 때문에, 그들은 주인의 도움과 보호를 기대할 수밖에 없었습니다.[399] 여기에서 시편 기자는 하나님 앞에서 우리가 그런 '종' 또는 '여종'처럼 우리의 주인 되신 하나님의 도움과 보호를 기대할 수밖에 없다는 것을 고백하고 있습니다.

'수고의 떡'이 수고해서 얻은 떡일까요?

시 127:2 너희가 일찍이 일어나고 늦게 누우며 수고의 떡을 먹음이 헛되도다. 그러므로 여호와께서 그 사랑하시는 자에게는 잠을 주시는도다.

고생고생해서 얻은 떡일까요? 왕상 22:26~27에 보면 '이스라엘 왕이 가로되, 미가야를 잡아 부윤 아몬과 왕자 요아스에게로 끌고 돌아가서 말하기를, 왕의 말씀이 이놈을 옥에 가두고 내가 평안히 돌아올 때까지 고생의 떡과 고생의 물로 먹이라 하라.'라는 비슷한 표현이 나옵니다. 사 30:20에도 '주께서 너희에게 환난의 떡과 고생의 물을 주시나 네 스승은 다시 숨기지 아니하시리니 네 눈이 네 스승을 볼 것이며'라는 비슷한 표현이 나옵니다.

살펴본 대로 '수고의 떡'은 '고생의 떡'이나 '환난의 떡'과 마찬가지로 고생고생해서 번 떡이 아니라, 질이 안 좋은 떡을 뜻합니다.[400] '수고의 떡'이란 말은 '떡은 힘들고 어려운 수고를 들여야 얻을 수 있다는 의미'와 '불안한 마음을 가지고 먹는 떡을 의미한다.'고 해석할 수 있는데, 그렇다면 '수고의 떡'이란 자기 손으로 벌어 생활을 유지하기도 어려운 쪼들린 자들이 불안한 마음으로 먹는 떡을 의미한다고 볼 수 있습니다.[401] 일

---

398) Barbara M. Bowen, 82.
399) *Comm.* Psalms 123:2, The same explanation is equally applicable to the case of handmaids. Their condition was indeed shameful and degrading; but there is no reason why we should be ashamed of, or offended at being compared to slaves, provided God is our defender, and takes our life under his guardianship; … As to the word hand, it is very well known to be put for help.
400) 박희천, 『손 더듬이 성경 해석학-성경이 성경을 해석한다』, 202.
401) *Comm.* Psalms 127:2, The expression, the bread of sorrows, may be explained in two ways, either as denoting what is

찍 일어나서 늦게까지 일하며 질이 안 좋은 값싼 떡을 먹으면서(먹을 것 못 먹고 입을 것 못 입으면서) 수고해도 하나님께서 은혜를 베푸시지 않으면 그 인생은 헛됩니다.

'계시다.'라는 말이 존재한다는 뜻일까요?

시 139:7 내가 주의 신을 떠나 어디로 가며 주의 앞에서 어디로 피하리이까?
　　　　8 내가 하늘에 올라갈지라도 거기 계시며 음부에 내 자리를 펼지라도 거기 계시니이다.

그렇다면 하나님은 천국에도 계시고 지옥에도 계신다는 뜻이 될까요? 다윗은 자신이 어디로 가든지 항상 하나님의 눈길이 자신을 따라 움직인다는 뜻으로 그런 표현을 사용한 것입니다.[402] 누구도 하나님을 피할 수는 없습니다. 하나님의 눈은 어디서든지 악인과 선인을 감찰하십니다(잠 15:3). 그곳이 하늘이든지 또는 음부라고 하더라도 어디서든지 하나님의 눈을 피할 수 없으며, 우리의 마음조차도 하나님 앞에서 다 드러납니다(잠 15:11). 하나님은 천지 중에 충만하시므로 누구라도 자기를 은밀한 곳에 숨길 수 없습니다(렘 23:24).

잠언

하나님을 경외하면 머리가 좋아질까요?

잠 1:7 여호와를 경외하는 것이 지식의 근본이거늘 미련한 자는 지혜와 훈계를 멸시하느니라.

본문은 하나님을 경외하면 똑똑해진다는 뜻일까요? 그렇다면 하나님을 경외하는 사람들은 모두 머리가 좋아지고 똑똑해져야 하는데 과연 그럴까요? 그런 것 같지는 않습니다. 그래서 어떤 사람들은 성경이 말하는 지식은 단순한 지식이 아니라 삶에 대한 통찰력으로 지식과는 다르다고 강조합니다. 얼핏 들으면 그럴듯해 보입니다. 그러나 과연 그럴까요? 하나님을 경외하는 사람들은 삶에 대한 통찰력이 뛰어날까요? 물론 하나님을

---

　　　acquired by hard and anxious toil, or what is eaten with disquietude of mind; just as we see parsimonious and close-handed persons, when they have scarcely tasted a bit of bread, pulling back their hand from their mouth.

402) *Comm.* Psalms 139:7~10, David means in short that he could not change from one place to another without God seeing him, and following him with his eyes as he moved.

경외하는 자에게 하나님께서 지식을 얻도록 도와주시고 또 삶에 대한 통찰력도 주십니다. 그것을 부정할 수는 없습니다.

그러나 지식을 얻고 통찰력을 얻는 길은 오히려 세상의 지식이나 지혜에 관한 책들을 읽거나 탁월한 강의들을 듣거나 어떤 훈련을 하는 것이 더 낫지 않을까요? 본문이 말하려는 것은 '하나님을 경외하는 것'이 곧 하나님께서 말씀하시는 '지식'이라는 사실입니다. 똑똑해지는 것이 지식이 아니라, 하나님을 경외하는 것이 지식이고 지혜입니다.[403] 잠언에서 말하는 지혜와 지식은 과학적 지식 또는 이 세속적인 지혜가 아니라, 모두 하나님을 중심으로 한 영적인 지식을 가리킵니다.[404]

하나님을 공경하면 번영할까요?

잠 1:33 오직 나를 듣는 자는 안연히 살며 재앙의 두려움이 없이 평안하리라.

정말 그럴까요? 잠 3:9~10에서도 '네 재물과 네 소산물의 처음 익은 열매로 여호와를 공경하라. 그리하면 네 창고가 가득히 차고 네 즙틀에 새 포도즙이 넘치리라.'라고 말씀합니다. 그럴까요? 물론 그런 신자들도 있습니다. 그러나 항상 번영을 가져오지는 않습니다. 어떤 신자들은 하나님을 향한 신실함 때문에 고난과 심지어 순교를 당합니다.

잠 10:3~4에는 '여호와께서 의인의 영혼은 주리지 않게 하시나 악인의 소욕은 물리치시느니라. 손을 게으르게 놀리는 자는 가난하게 되고 손이 부지런한 자는 부하게 되느니라.'라고 하셨지만 그렇지 않은 신자들도 있습니다. 그리고 모든 가난이 게으름 때문만은 아닙니다.

잠 13:21에는 '재앙은 죄인을 따르고 선한 보응은 의인에게 이르느니라.'라고 하셨지만 그렇지 않은 신자들도 있습니다. 번영이 반드시 경건의 증거는 아닙니다. 경건하지만 가난한 사람도 있고, 모든 부자가 경건한 것은 더더욱 아닙니다.

잠 17:2에는 '슬기로운 종은 주인의 부끄러움을 끼치는 아들을 다스리겠고 또 그 아들 중에서 유업을 나눠 얻으리라.'라고 하셨지만, 과연 그런 일들이 얼마나 될까요?

잠 22:6에는 '마땅히 행할 길을 아이에게 가르치라. 그리하면 늙어도 그것을 떠나지 아니하리라.'라고 하셨지만, 그럴 수도 있지만 모두 그럴까요? 그러면 잘못된 아이들은

---

403) 윤석준, 『한국교회가 잘못 알고 있는 101가지 성경 이야기 (1)』, 248.
404) 박윤선, 『성경주석 잠언 (상)』 재판 (서울: 영음사, 1987), 34.

모두 부모 탓일까요? 바른 아이들은 모두 부모가 잘 가르쳐서 그럴까요?

위의 잠언 말씀들은 절대 법칙으로 고려될 수 없습니다. 왜냐하면, 예외가 있거나 어떤 경우는 일반적이지 않은 예도 있기 때문입니다. 잠언은 그렇게 하면 반드시 어떻게 된다거나 어떤 약속이 주어진다는 것이 아니라, 지혜롭고 조심스럽게 관찰하여 얻은 진리입니다.405) 일반 은총의 관점에서도 이해가 가능한 경우가 많은 이유도 그렇습니다. 물론 일반 계시와는 다릅니다. 단순히 인간의 지혜만을 드러내는 것이 아니라, 성경의 계시에 따라 걸러진 지혜이며 성령의 인도하심을 따라 기록된 지혜입니다. 잠언은 신적인 관점에서 삶에 대하여 지혜로우면서도 일반적인 진리를 표현하는 짧고 간결한 어구입니다.406) 잠언의 이러한 속성 때문에 예외의 가능성은 항상 있습니다. 그런 까닭에 욥은 이러한 문제를 놓고 그의 친구들과 치열한 논쟁을 벌였습니다.407)

잠 5:15~16은 물을 잘 보존하라는 뜻일까요?

잠 5:15 너는 네 우물에서 물을 마시며 네 샘에서 흐르는 물을 마시라.
   16 어찌하여 네 샘물을 집 밖으로 넘치게 하겠으며 네 도랑물을 거리로 흘러가게 하
      겠느냐?

본문은 물을 잘 보존하라는 근거 구절이 될 수 있을까요? 그럴 수 없다는 것은 바로 다음 구절인 '그 물로 네게만 있게 하고 타인으로 더불어 그것을 나누지 말라.'라는 말씀을 통해서 확인할 수 있습니다. 여기 나오는 물이 문자적으로 물을 뜻한다면 물을 나누지 말라는 말씀은 성경 전체의 맥락에도 맞지 않습니다. 이어지는 잠 5:18~20의 '네 샘으로 복되게 하라. 네가 젊어서 취한 아내를 즐거워하라. 그는 사랑스러운 암사슴 같고 아름다운 암노루 같으니 너는 그 품을 항상 족하게 여기며 그 사랑을 항상 연모하라. 내 아들아, 어찌하여 음녀를 연모하겠으며 어찌하여 이방 계집의 가슴을 안겠느냐?'라는 말씀을 보면 이 물은 '젊어서 취한 아내'를 뜻한다는 것을 알 수 있습니다. 그렇다면 이 구절은 아내를 집 밖으로(거리로) 창기처럼 내보내서는 안 되고, 또 자기 아내만으로 만족해야 한다는 뜻이 됩니다.

---

405) Rover H. Stein, *A Basic Guide to Interpreting the Bible,* 배성진 역, 『성경해석학』 (서울: 기독교문서선교회, 2011), 105.
406) Rover H. Stein, 106.
407) Rover H. Stein, 106.

보증을 서지 않는 것이 신앙적일까요?

잠 11:15 타인을 위하여 보증이 되는 자는 손해를 당하여도, 보증이 되기를 싫어하는 자는 평안하니라.

잠언에서는 여러 곳에서 보증을 서지 않는 것이 지혜로운 것이며 보증은 서지 말아야 할 것으로 말씀합니다.

> 잠 6:1 내 아들아, 네가 만일 이웃을 위하여 담보하며 타인을 위하여 보증하였으면
> 2 네 입의 말로 네가 얽혔으며 네 입의 말로 인하여 잡히게 되었느니라.

> 잠 11:15 타인을 위하여 보증이 되는 자는 손해를 당하여도, 보증이 되기를 싫어하는 자는 평안하니라.

> 잠 17:18 지혜 없는 자는 남의 손을 잡고 그 이웃 앞에서 보증이 되느니라.

> 잠 20:1 타인을 위하여 보증이 된 자의 옷을 취하라. 외인들의 보증이 된 자는 그 몸을 볼모 잡힐지니라

> 잠 22:26 너는 사람으로 더불어 손을 잡지 말며 남의 빚에 보증이 되지 말라.

그러나 보증을 서지 않는 것이 과연 신앙적이며 성경적일까요? 앞의 구절들을 자세히 살펴보면 보증을 서지 말아야 할 대상이 타인, 이웃, 외인인 것을 확인할 수 있습니다. 잘 알지도 못하는 사람, 믿을 수 없는 사람에게 보증을 서는 것은 어리석은 일입니다. 인간은 그 죄성으로 인하여 보증을 서 준 자의 은혜를 쉽게 배반할 수 있습니다. 그러므로 함부로 보증을 서는 것은 큰 손해를 가져올 수 있습니다.

그러나 자녀라든가 가족이라든가 친한 친구라면 어떻게 해야 할까요? 보증을 서는 것이 마땅합니다. 보증을 선다는 것은 상대방에 대하여 보증을 선 만큼 자신이 책임을 지겠다는 약속입니다. 우리는 이런 각오로 보증을 서야 합니다. 그런 각오 없이 보증을 서는 것은 잘못된 것입니다.

이 말씀은 보증을 일률적으로 금하는 것이 아니라, 자기 능력으로 감당할 수 없는 보증을 하지 말라는 것이며, 감당할 힘이 없으면서 보증이 되는 자는 허위를 행하는 것이기

때문에 금지해야 하고, 남을 도울 능력만 있다면 필요한 보증을 하는 것이 선한 일이며, 예수님은 무수한 죄인들을 위하여 그들의 죄짐을 담당하시고 하나님 앞에서 보증이 되셨으므로(히 7:22), 보증을 서는 것이 일률적으로 잘못된 것이라고 말할 수 없습니다.408)

하나님을 경외하는 자의 집과 후손은 부요와 재물이 있을까요?

잠 15:6 의인의 집에는 많은 보물이 있어도 악인의 소득은 고통이 되느니라.

시 112:1 할렐루야, 여호와를 경외하며 그 계명을 크게 즐거워하는 자는 복이 있도다.
　　　2 그 후손이 땅에서 강성함이여, 정직자의 후대가 복이 있으리로다.
　　　3 부요와 재물이 그 집에 있음이여, 그 의가 영원히 있으리로다.

성경은 의인의 집에는 많은 보물이 있다(NASB: Great wealth is in the house of the righteous,)고 말씀합니다. 여호와를 경외하며 그 계명을 크게 즐거워하는 자의 집에는 부요와 재물이 있다고 말씀합니다. 이 말씀이 무슨 뜻일까요? 의인의 집에는, 여호와를 경외하며 그 계명을 크게 즐거워하는 자의 집에는 예외 없이 모두 부요와 재물이 많다는 뜻일까요?

잠 16:8 적은 소득이 의를 겸하면 많은 소득이 불의를 겸한 것보다 나으니라.

시 37:16 의인의 적은 소유가 많은 악인의 풍부함보다 승하도다.

이 말씀은 의인의 집에 재물이 적을 수도 있다는 말씀입니다. 그러므로 어떤 구절의 말씀이 성경 전체와 조화를 이루는지 잘 살펴서 해석해야 합니다.409)

진리는 사고서 팔지 말아야 할까요?

잠 23:23 진리를 사고서 팔지 말며 지혜와 훈계와 명철도 그리할지니라.

돈을 주고 진리를 배우되 돈 받고 진리를 가르치지는 말아야 할까요? 그럴듯하지만

---

408) 박윤선, 『성경주석 잠언 (상)』 재판, 159~160.
409) 박희천, 『손 더듬이 성경 해석학-성경이 성경을 해석한다』, 342.

과연 그런 뜻일까요? 물건을 사면 자신의 소유가 되지만, 팔면 다른 사람의 소유가 됩니다. 그렇다면 사고서 팔지 말라는 말은 진리를 온전히 자신의 것으로 만들라는 뜻입니다. 그것은 진리를 귀하게 여기고 하찮게 여기지 말라는 뜻이기도 합니다. 마 14:44의 밭에 감춰진 보화의 비유와 마 14:45~46의 극히 값진 진주의 비유와 같이 자기의 소유를 다 팔아 보화, 또는 진주를 사듯이 진리를 사되 그것을 귀하게 여겨 온전히 자기의 소유로 삼아야 한다는 뜻입니다. 물론 이 비유들은 보화, 또는 천국에 대한 비유입니다. 우리는 천국을, 구원을, 영생을, 진리의 말씀을 무엇보다도 귀하게 여기고 온전히 자신의 소유로 삼아야 합니다.

천국(구원, 영생)은, 진리의 말씀은 은혜로 값없이 받기 때문에, 하찮게 여길 위험성이 있습니다. 그러나 우리는 마 19:29의 '집이나 형제나 자매나 부모나 자식이나 전토'로 그것을 산 것 이상으로 귀하게 여겨야 합니다. 더욱 중요한 것은 바울의 고백처럼 열심히 진리를 전파하고 전파한 후에, 자신이 도리어 버림이 될까 두려워하여 자기 몸을 쳐서 진리의 말씀에 복종시키는 것입니다(고전 9:27). 열심히 다른 사람들을 전도하고 진리의 말씀을 가르쳤는데, 막상 자신은 진리의 말씀대로 살지도 않고 귀하게 여기지도 않고 심지어 신앙에서 떠난다면 그것은 참으로 어리석은 것입니다.

그렇다면 다른 사람에게 진리를 가르치지 말아야 할까요? 또는 은혜로 값없이 받았으니 돈을 받고 가르치지는 말아야 할까요? 우리는 열심히 진리를 전하고 가르치되, 은혜로 값없이 받았으니 그렇게 해야 합니다. 그러나 그것이 물론 진리를 전하고 가르치는 일군들이 그들의 생계를 위하여 삯을 받는 것을 금해야 한다는 뜻은 아닙니다. 딤전 5:18은 '성경에 일렀으되 곡식을 밟아 떠는 소의 입에 망을 씌우지 말라 하였고 또 일군이 그 삯을 받는 것이 마땅하다 하였느니라.'라고 말씀합니다.

숯불을 원수의 머리에 쌓아 놓는다는 말의 뜻이 무엇일까요?

잠 25:21 네 원수가 배고파하거든 식물을 먹이고 목말라하거든 물을 마시게 하라.

22 그리하는 것은 핀 숯으로 그의 머리에 놓는 것과 일반이요 여호와께서는 네게 상을 주시리라.

롬 12:20 네 원수가 주리거든 먹이고 목마르거든 마시게 하라. 그리함으로 네가 숯불을 그 머리에 쌓아 놓으리라.

이 말은 대개 다음 세 가지로 해석됩니다.410)

　첫째, 원수에게 악을 선으로 갚을수록 하나님께서 원수의 머리 위에 진노의 숯불을 차곡차곡 쌓아두신다는 것입니다. 이 해석은 원수의 머리에 하나님께서 진노의 숯불을 차곡차곡 쌓아두실 것을 바라고 선을 행하는 꼴이 되므로 그것은 위선이 될 수밖에 없습니다. 위선은 도리어 하나님의 진노를 살 일이기 때문에 그런 해석은 잘못된 것입니다.

　둘째, 핀 숯은 성령의 불을 의미하고 핀 숯을 닿는다는 것은 성령을 받는다는 것을 의미하기 때문에 원수에게 선을 베풀면 성령의 불로 말미암아 원수가 곧 회개하리라는 것입니다. 이는 지나친 알레고리입니다. 이런 식으로 성경을 해석하면 이현령비현령(耳懸鈴鼻懸鈴)이 되고 말 것입니다.

　셋째, 핀 숯을 머리 위에 올리면 얼굴이 뜨거워지듯이 원수에게 선을 행하면 원수도 스스로 낯이 뜨거워져서 자책감을 느끼고 회개하리라는 것입니다(새 번역: '이렇게 하는 것은, 그의 낯을 뜨겁게 하는 것이며', 현대인의 성경: '그러면 네 원수는 머리에 숯불을 놓은 것같이 부끄러워 견딜 수 없을 것이며'). 앞의 두 경우보다는 설득력이 있어 보입니다. 그러나 우리의 선한 행실로 죄인을 회개와 구원에 이르도록 할 수는 없습니다. 그것은 오직 하나님의 은혜로 되는 것입니다.

성경을 해석할 때는 기록될 당시의 생활을 아는 것이 필요합니다. 유대인들은 빵을 굽는 화덕의 불을 완전히 끄지 않고, 다음날 요리를 위해 항상 불씨를 남겨두었는데, 가끔씩은 화덕을 잘못 관리하여 불이 완전히 꺼지는 예도 있었습니다.411) 그런 경우 화덕을 머리에 이고 다른 집에 가서 불씨를 얻어올 수밖에 없는데, 원수의 집에 불씨를 얻으러 온 것을 보면 다른 이웃들로부터 거절을 당한 것으로 보입니다.412) 절박한 상황이라 원수에게라도 와서 아쉬운 소리를 할 수밖에 없는 경우인데, 이런 경우에 그 머리에 있는 화덕에 핀 숯을 쌓아 놓는다면, 따뜻한 사랑을 받은 원수는 양심에 가책을 받아 부끄러워할 것입니다. 그것은 물론 하나님께 상 받을 일입니다. 그래서 원수가 배고파하거든 식물을 먹이고 목말라하거든 물을 마시게 하는 것은 핀 숯으로 그의 머리에 놓는 것과 일반이라고 할 수 있습니다.

---
410) 류모세, 『열린다 성경 난해 구절 1』(서울: 규장, 2014), 181~183.
411) 류모세, 『열린다 성경 난해 구절 1』, 184.
412) 류모세, 『열린다 성경 난해 구절 1』, 184.

'어리석은 것을 따라 대답하지 말라.'와 '어리석은 것을 따라 대답하라.'라는 상반된 말씀의 뜻은 무엇일까요?

잠 26:4 미련한 자의 어리석은 것을 따라 대답하지 말라. 두렵건대 네가 그와 같을까 하노라.
　　5 미련한 자의 어리석은 것을 따라 그에게 대답하라. 두렵건대 그가 스스로 지혜롭게 여길까 하노라.

'어리석은 것을 따라 대답하지 말라.'와 '어리석은 것을 따라 대답하라.'라는 말씀은 서로 모순처럼 보입니다. 이 말씀은 미련한 자를 상대할 때는 두 가지 지혜로서 침묵해야 할 경우도 있고 대답해야 할 경우도 있다는 뜻입니다.[413] 우리가 사는 세상은 매우 복잡하여 한 가지 방식으로만 살 수 없고 상황에 따라서 다르게 대처해야 할 경우가 많습니다. 그러므로 우리는 어리석은 자를 대할 때도 어떤 경우에는 어리석은 것을 따라 대답하지 않음으로써 우리의 품위를 떨어뜨리지 않도록 해야 하지만, 어떤 경우에는 미련한 자가 스스로 지혜롭게 여기지 않도록 어리석은 것을 따라 대답하기도 해야 합니다. 바울도 어리석은 자들에게는 어리석은 것을 따라 말함으로써 그들이 스스로 어리석게 여기지 않도록 했습니다(고전 11:16~17, 12:11).

'비 오는 날에 이어 떨어지는 물방울'이란 무엇을 말할까요?

잠 27:15 다투는 부녀는 비 오는 날에 이어 떨어지는 물방울이라.

팔레스타인에 내리는 비는 평평한 지붕 사이로 스며들어 방 전체에 셀 수도 없이 많은 곳에 물이 떨어지기 때문에, 하루 종일 밤낮을 가리지 않고 뚝뚝 떨어지는 물방울은 매우 귀찮은 일이었습니다.[414] 이와 같이 다투는 부녀도 매우 귀찮게 한다는 뜻입니다. 이런 경우 우리는 상대방의 불의에 대하여 대항하지 말거나 침묵해야 하는 것은 아니지만, 다툼으로 문제를 해결하려고 해서는 안 됩니다. 남편으로 더불어 의견이 충돌되었을 때는, 다투는 대신에 여성으로서 지켜야 할 온유의 덕으로 남편을 설득해야 합니다.[415]

---

413) 박윤선, 『성경주석 잠언 (하)』 재판 (서울: 영음사, 1987), 474.
414) Barbara M. Bowen, 38~39.
415) 박윤선, 『성경주석 잠언 (하)』 재판, 493.

'오른손으로 기름을 움키는 것 같다.'라는 말이 무슨 뜻일까요?

잠 27:16 그를 제어하기가 바람을 제어하는 것 같고 오른손으로 기름을 움키는 것 같으니라.

팔레스타인 지역에 살던 사람들이 사용하던 기름(향수)은 매우 진해서 길거리를 지나다닐 때 그 냄새를 풍기지 않을 수 없었고, 이 향수는 귀한 것이었기 때문에 오른손을 사용했습니다.[416] 오른손은 하나님께 속했고 왼손은 사탄에게 속했다고 생각했기 때문입니다. 그러므로 본문은 오른손으로 향수를 발랐다면 그것을 숨길 수 없듯이, 다투는 여인도 숨길 수 없다는 뜻이 됩니다.[417]

묵시가 없으면 백성이 방자히 행한다는 뜻이 비전이 없으면 망한다는 뜻일까요?

잠 29:18 묵시가 없으면 백성이 방자히 행하거니와 율법을 지키는 자는 복이 있느니라.

물론 어느 단체나 조직체이든지 비전이 없으면 그 장래가 밝지는 못할 것입니다. 그러나 여기서 '묵시가 없으면 방자히 행한다.'라는 말이 그런 뜻일까요?

'묵시'란 단어를 NASB나 KJV에서는 'vision'으로 번역했으나, NIV나 HCSB에서는 'revelation'으로 번역했습니다. 공동번역, 새 번역, 현대인의 성경 등도 계시로 번역했습니다. 묵시란 선지자의 환상(이상)이나 하나님의 말씀으로부터 오는 계시를 뜻합니다. 성령에 의하여 영적으로 보는 것을 뜻합니다.[418] 삼상 3:1, 시 89:19, 사 1:1, 단 8:1~2, 13, 15~17, 26에서는 '이상'으로 번역했고, 사 29:7에서는 '환상'으로 번역했으며, 렘 14:14에서는 '계시'로 번역했습니다.

또 '방자히 행한다.'라는 말도 '망한다.'거나 '죄에서 죽는다.'라는 뜻이 아니라, '고삐 풀린 망아지처럼 제멋대로 날뛴다.'라는 뜻입니다. 출 32:25에 보면 이스라엘 백성이 모세가 없는 사이 금송아지를 만들어 놓고, 그것을 하나님이라 부르며 제사를 지내고 먹고 마시며 뛰어놀았습니다. 그런 상황을 '방자'하다고 표현합니다. 하나님의 계시, 하나님의 말씀이 없으면 육체적 욕구에 따라 문란하게 살 수밖에 없습니다. 잠 29:18의 상반절인 '묵시가 없으면 백성이 방자히 행하거니와'라는 말씀과 잠 29:18의 하반절인 '율법을 지

---

416) Barbara M. Bowen, 39~40.
417) Barbara M. Bowen, 40.
418) 박윤선, 『성경주석 잠언 (하)』 재판, 539.

키는 자는 복이 있느니라.'라는 말씀이 서로 대조적이라는 것을 안다면(NASB: Where there is no vision, the people are unrestrained, But happy is he who keeps the law.), 묵시가 없다는 말이 율법이 없다는 것임(율법을 지키지 않는다는 것임)을 쉽게 알 수 있습니다. 여기에서 묵시는 인간의 소원과 욕망을 담은 꿈이 아니라, 분명히 하나님의 말씀입니다.[419]

전도서

전 1:18은 지혜나 지식이 필요 없다는 말일까요?

전 1:18 지혜가 많으면 번뇌도 많으니 지식을 더하는 자는 근심을 더하느니라.

지혜나 지식이 없으면 행복하다는 말일까요? 잠언은 지혜를 발견하고 지식을 더하는 자가 행복하다고 말하고(잠 3:13), 지혜는 장수와 부귀와 즐거움과 평강과 생명 나무라고까지 말합니다(잠 3:16~18).

그렇다면 본문은 무엇을 말하려는 것일까요? 전 1:14은 '내가 해 아래서 행하는 모든 일을 본즉 다 헛되어 바람을 잡으려는 것이로다.'라고 말함으로써, 이 지혜와 지식은 하나님을 떠난 이 세상에 한정된 지혜와 지식임을 뜻합니다. 잠 1:7은 참된 지혜의 근본은 하나님을 경외하는 것이라고 가르쳐줍니다. 하나님을 떠난 지혜는 바람을 잡으려는 것 같아서 헛되고 번뇌와 근심을 더하게 하며, 사람을 교만하게 할 뿐입니다(고전 8:1).

하나님을 경외하지 않으면서 이 세상 지혜만 많이 소유한 자는 교만함으로 그 심령에 평안이 없고, 지식이 많으면 많을수록 거기에 비례하여 자신의 무지를 발견하기 때문에, 번뇌도 많을 수밖에 없습니다.[420]

웃음은 미친 것이며 희락은 아무 쓸 데가 없을까요?

전 2:2 내가 웃음을 논하여 이르기를 미친 것이라 하였고 희락을 논하여 이르기를 저가 무엇을 하는가 하였노라.

419) 『개혁 교의학 4』, 369.
420) 박윤선, 『성경주석 전도서 아가서』 재판 (서울: 영음사, 1987), 29.

전 7:3에서도 '슬픔이 웃음보다 낫다.'라고 했습니다. 예수님도 '화 있을진저, 너희 이제 웃는 자여, 너희가 애통하며 울리로다.'라고 하셨습니다(눅 6:25). 반면에 전 8:15에서는 '이에 내가 희락을 칭찬하노니, 이는 사람이 먹고 마시고 즐거워하는 것보다 해 아래서 나은 것이 없음이라.'라고 했습니다.

그렇다면 웃음을 미친 것이라거나 희락이 아무 쓸 데가 없다는 말은 무슨 뜻일까요? 전 2:2에 이어지는 전 2:3~11을 보면 전도자는 자신을 즐겁게 하려고 술에 취하거나 사업을 크게 하거나, 집들을 짓거나 포도원을 심거나, 여러 동산과 과원을 만들고 그 가운데 각종 수목을 심거나 삼림에 물을 주기 위해 못을 파거나, 노비를 사기도 하고 집에서 나게도 하거나, 소와 양 떼를 누구보다도 많게 하거나 은금과 보배를 쌓거나 처첩들을 많이 두는 등, 눈이 원하는 것을 금하지 않고 마음이 즐거워하는 것을 막지 아니했습니다. 그런데 그 결과는 다 헛되고 무익한 것이었습니다(전 2:11). 웃음과 쾌락을 인생의 목적으로 삼고 그것을 추구하는 인생은 헛될 수밖에 없습니다. 그런 인생은 영적으로 죽음에 이르게 할 뿐입니다(딤전 5:6).[421]

솔로몬이 육체적 쾌락주의를 미쳤다고 결론을 내린 이유는, 첫째로 쾌락주의는 사람으로 하나님을 떠나게 만들고(욥 21:12~14), 하나님보다 그것을 더 사랑하는 데 떨어지게 하기 때문이며(딤후 3:4), 둘째로 쾌락주의는 결국 사람으로 더욱 비애에 빠지게 하기 때문입니다(딤전 5:6).[422]

전 2:24은 쾌락주의를 정당화하는 근거 구절이 될 수 있을까요?

전 2:24 사람이 먹고 마시며 수고하는 가운데서 심령으로 낙을 누리게 하는 것보다 나은 것이 없나니 내가 이것도 본즉 하나님의 손에서 나는 것이로다.

성경은 쾌락주의를 정죄합니다(눅 12:19~20, 고전 10:7). 이 문제에 대해서는 전 2:2~11을 통하여 전도자는 충분히 설명하고 있습니다. 그렇다면 본문의 뜻은 무엇일까요?

딤전 6:6~8은 '그러나 지족하는 마음이 있으면 경건이 큰 이익이 되느니라. 우리가 세상에 아무것도 가지고 온 것이 없으매 또한 아무것도 가지고 가지 못하리니, 우리가 먹을 것과 입을 것이 있은즉 족한 줄로 알 것이니라.'라고 말씀합니다. NIV도 이런 뜻으

---

421) 서춘웅, 『성경 난제 해설·구약』 3판, 969.
422) 박윤선, 『성경주석 전도서 아가서』 재판, 30.

로 'A man can do nothing better than to eat and drink and find satisfaction in his work. This too, I see, is from the hand of God,'라고 번역했습니다. 현대인의 성경도 '사람이 먹고 마시며 자기 일에 만족을 느끼는 것보다 더 좋은 것이 없으나 나는 이것도 하나님께서 주시는 것임을 깨달았다.'라고 번역했습니다. 열심히 수고하여 얻은 결과를 하나님께서 주신 복으로 알고 자족하는 삶보다 더 좋은 것은 없습니다. 살전 5:16~18에서 '항상 기뻐하라. 쉬지 말고 기도하라. 범사에 감사하라. 이는 그리스도 예수 안에서 너희를 향하신 하나님의 뜻이니라.'라는 말씀도 이런 맥락에서 이해할 수 있습니다.

전 3:19은 인간과 동물이 같다는 뜻일까요?

전 3:19 인생에 임하는 일이 짐승에게도 임하나니 이 둘에게 임하는 일이 일반이라. 다 동일한 호흡이 있어서 이의 죽음같이 저도 죽으니 사람이 짐승보다 뛰어남이 없음은 모든 것이 헛됨이로다.

본문은 개와 고양이를 가축에서 제외하거나, '반려'견이나 '반려'묘라고 취급하는 등 인간과 애완동물이 차이가 없는 것처럼 주장하는 근거 구절이 될 수 있을까요? 물론 죽는다는 점에서는 차이가 없습니다. 육신적인 차원에서 보면 같습니다. 해 아래서의 수고가 헛된 점에서도 마찬가지입니다.

그러나 인간은 육체를 떠나서 주님과 함께하며(고후 5:8), 부활의 영광 가운데 거합니다(요 5:28~29, 계 20:4~6). 육체의 죽음에서는 인간이나 애완동물이나 동물, 신자나 불신자의 차이가 없지만, 영적인 면에서는 인간의 죽음은 동물과 같을 수 없으며, 신자의 죽음은 불신자의 죽음과 같을 수 없습니다.

전 7:16은 적당하게 죄를 지어도 괜찮다는 뜻일까요?

전 7:16 지나치게 의인이 되지 말며, 지나치게 지혜자도 되지 말라. 어찌하여 스스로 패망케 하겠느냐?
17 지나치게 악인이 되지 말며, 우매자도 되지 말라. 어찌하여 기한 전에 죽으려느냐.

이 말씀은 중용 또는 중도를 가르치고 있는 것일까요? 물론 세속적으로 보면 그럴듯합니다. 우리는 우로나 좌로 치우치지 않아야 합니다(신 5:32, 17:11, 28:14, 수 1:7, 23:6).

그러나 그 뜻이 적당히 살아도 된다는 뜻은 아닙니다. 또 하나님은 '내가 거룩하니 너희도 거룩할지어다.'(레 11:45)라고 말씀합니다. 예수님께서도 '그러므로 하늘에 계신 너희 아버지의 온전하심과 같이 너희도 온전하라.'(마 5:48)라고 말씀합니다. 그렇다면 본문은 적당하게 의롭기도 하고 적당하게 죄를 지어도 되며, 적당히 지혜롭게 살기도 하고 적당히 어리석게 살아도 된다는 것을 말하려는 것이 아니라, 참되지 못한 거짓된 의와 지혜에 대한 경고라고 보아야 합니다. 그런 의와 지혜는 바리새주의적인 것으로 자기 의와 지혜를 내세우려고 하나님의 지혜와 의를 복종하지 않기 때문입니다(롬 10:3).

아가서

'문틈으로 손을 들이민다.'라는 말이 무슨 뜻일까요?

아 5:4 나의 사랑하는 자가 문틈으로 손을 들이밀매 내 마음이 동하여서

팔레스타인 지방에서는 자물통이 문 안쪽에 걸려 있었기 때문에, 문을 열고 안으로 들어가기 위해서는 문에 낸 구멍에 손을 들이밀고 열쇠로 자물통을 열어야 했습니다. 그러므로 '문틈으로 손을 들이민다.'라는 말은 다름이 아니라 자물통을 열고 들어오기 위해 문에 낸 구멍으로 손을 들이민다는 뜻입니다.[423]

'엄위함이 기치를 벌인 군대 같다.'라는 말의 뜻이 무엇일까요?

아 6:4 내, 사랑아 너의 어여쁨이 디르사 같고 너의 고움이 예루살렘 같고 엄위함이 기치를 벌인 군대 같구나.

여인의 아름다움이 사람을 홀릴만하다는 뜻일까요(Karl Budde)? 여자의 아름다움이 위험한 공격무기처럼 생각된다는 뜻일까요(G. Gerleman)?

아가서의 내용인 솔로몬과 술람미 여인의 결혼이 그리스도와 교회의 영적인 연합의 모형이기 때문에 아가서는 모형적인 해석의 원리를 따라야 합니다. 그렇다면 이 여인의 엄위함은 영적인 의미를 지니고 있고, 그것은 교회의 영적 위엄이라고 해석해야 합니다.[424]

---

423) Barbara M. Bowen, 95.

이사야

사 1:3은 그리스도께서 나셨을 때 소와 나귀가 경배할 것을 예언한 것일까요?

사 1:3 소는 그 임자를 알고 나귀는 주인의 구유를 알건마는 이스라엘은 알지 못하고 나의
　　　백성은 깨닫지 못하는 도다 하셨도다.

천주교의 이러한 주장은 성경의 진정한 의미를 제외하는 것을 예사로이 여기는 어리
석음이며 스스로 고안해 낸 거짓입니다. 왜냐하면, 예언자는 이적을 말하려는 의도가 있
는 것이 아니라 자연의 질서를 말하고 있으며, 그 질서를 뒤엎는 자들은 괴물로 간주할
수 있기 때문입니다.[425] 이사야 선지자가 소와 나귀를 하나님의 백성 이스라엘과 비교
한 것은, 그렇게 함으로써 더욱더 엄하게 이스라엘 백성이 짐승들보다도 더 어리석다는
것을 책망하기 위함입니다.[426]

우리(한국인)는 윤리 도덕적으로 인간으로서는 도저히 용납할 수 없는 경우에 '짐승만
도 못하다.'라는 말을 사용합니다. 사 1:3은 신앙적으로 도저히 용납할 수 없는 정도에 해
당하는 경우를 지적하는 것으로 볼 수 있습니다. 하나님의 형상으로 지음을 받고 하나님
의 특별한 사랑의 대상으로 선택되었음에도, 하나님의 주인 되심을 모르거나 무시한다면
그것은 소나 나귀만도 못한 일입니다. 한국식으로 표현하면 개나 돼지만도 못한 것입니
다. 현대 그리스도인들은 자기 중심성이 어느 때보다도 강하여 하나님의 주인 되심을 부
정하고 자신이 자기 삶의 주인이라고 여깁니다. 이런 상황에서 사 1:3 말씀은 당시의 유
대인들뿐만 아니라, 현대 그리스도인들을 향하신 하나님의 탄식이며 책망이기도 합니다.

왜 관원들은 소돔으로, 백성들은 고모라로 구분하여 말씀하시는 것일까요?

사 1:10 너희 소돔의 관원들아, 여호와의 말씀을 들을지어다. 너희 고모라의 백성아, 우리

---

424) 박윤선, 『성경주석 전도서 아가서』 2판, 116.

425) *Comm.* Isaiah 1:3, The papists, who are accustomed to set aside the true meaning of the Scriptures, and to spoil all the mysteries of God by their own fooleries, have here contrived an absurd fable; for they have falsely alleged that the oxen and asses in the stall worshipped Christ when he was born; by which they show themselves to be egregious asses. … For here the Prophet does not speak of miracles, but of the order of nature, and declares, that those who overturn that order may be regarded as monsters.

426) *Comm.* Isaiah 1:3, This comparison marks the more strongly the criminality of the revolt; for the Lord might have compared his people to the Gentiles; but he is still more severe when he compares them to dumb beasts, and pronounces them to be more stupid than the beasts are.

하나님의 법에 귀를 기울일지어다.

소돔과 고모라는 이사야 선지자가 예언했던 시기보다 1,500년 전에 이미 멸망한 성읍들입니다. 물론 유다를 소돔과 고모라라고 부르고 계시다는 것쯤은 쉽게 알 수 있습니다. 유다가 소돔과 고모라처럼 타락했다는 것을 책망하시는 말씀입니다.

그런데 소돔은 4 성읍 중 지도적 위치에 있었고 고모라와 아드마, 스보임은 일반 백성들이 모여 사는 성읍이었기 때문에, 소돔은 관원들을, 고모라는 백성들을 빗댄 것입니다. 소돔의 죄악은 교만과 육체의 정욕과 무자비한 행위인데(겔 16:49~50) 유대의 관원들은 그런 지도자들이었고, 또한 그 백성들은 고모라처럼 악했습니다.[427] 관원들에게는 소돔의 이름을 붙이고, 백성들에게는 고모라의 이름을 붙여 구별하는 것이 무슨 차이가 있음을 지적하는 것이 아니라, 죄책에 있어서 관원들과 백성들 사이의 차이가 소돔과 고모라 사이에 있는 차이나 별반 다르지 않다는 뜻입니다.[428]

유다는 지도자들이 타락하고 그 결과로 백성들도 타락했습니다. 지도자나 백성이나 별반 다르지 않았습니다. 지도자의 위치에 있던 소돔의 타락을 나머지 도시들도 답습하다가 모두 함께 망했습니다. 소돔의 관원들과 고모라의 백성들은 역사상 사라졌지만, 제2, 제3의 소돔의 관원들과 고모라의 백성들은 여전히 존재하고, 소돔과 고모라가 멸망했던 그 길을 걷고 있는 것은 아닐까요?

사 6:1~8은 전도와 선교에 대한 소명을 다루고 있을까요?

사 6:1~8

본문은 이사야가 처음 하나님으로부터 전도의 소명을 받은 사실을 말하는 것이 아닙니다. 그는 이미 선지자의 소명을 받았습니다. 그가 선지자의 소명을 감당하기 위해 모든 방법을 다 동원했지만, 이스라엘 백성은 심히 완고한 마음으로 받아들이지 않았기 때문에 그에게는 강렬한 환상이 필요했습니다.[429] 하나님은 이사야가 설득력을 거의 나타

---

427) 박윤선, 『성경주석 이사야서 (상)』 2판 (서울: 영음사, 1989), 28.
428) *Comm.* Isaiah 1:10, When he gives to the rulers the name of Sodom, and distinguishes the people by the name of Gomorrah, this does not point out that there is a difference, but rather that their condition is alike. ··· as if he had said, that there is no greater difference between the rulers and the people than there is between Sodom and Gomorrah.
429) *Comm.* Isaiah 6:1, and every approach having been shut up by the hard-hearted obstinacy of the people, it was proper that he should burst forth in this vehement manner.

내지 못하게 될 완고한 사람들을 60년 이상 상대하게 될 것이기 때문에, 마음을 약하게 먹어 낙심하거나 사람들의 반항에 굴복하지 말아야 할 것을 경고하신 것입니다.[430]

본문은 사 6:9~13의 계시를 위한 준비에 불과합니다. 다른 성경에서 본문을 전도와 선교에 대한 소명으로 인용하거나 해석한 곳은 한 곳도 없습니다. 예수님과 사도들의 인용과 해석을 보면 그것을 알 수 있습니다. 예수님은 마 13:14~16, 막 4:12, 눅 8:10, 요 12:39~40에서 천국의 비밀이 아무에게나 허락된 것이 아니라는 차원에서 이사야의 말씀을 인용하셨고, 바울은 행 28:26~28에서 구원이 유대인들에게서 이방인으로 보내진 줄을 알라는 뜻에서 이사야의 말씀을 인용했습니다. 이러한 신약성경의 인용과 해석을 유의한다면 본문을 선교의 소명에 대한 순종만을 강조하는 것으로 해석할 수는 없을 것입니다.[431]

예수님을 '영존하시는 아버지'라고 할 것이라는 말씀의 뜻이 무엇일까요?

사 9:6 이는 한 아기가 우리에게 났고 한 아들을 우리에게 주신 바 되었는데 그 어깨에는 정사를 메었고 그 이름은 기묘자라, 모사라, 전능하신 하나님이라, 영존하시는 아버지라, 평강의 왕이라 할 것임이라.

이 말씀은 예수 그리스도의 탄생에 대한 예언의 말씀으로 예수님께서 전능하신 하나님이심을 증거합니다. 정통적인 기독교인들은 삼위일체 하나님을 믿기 때문에 예수님을 성자 하나님으로 믿는데, 본문에서는 예수님을 '영존하시는 아버지'라 할 것이라고 말씀합니다. 이 말씀의 뜻은 무엇일까요?

그것은 예수님의 영원한 부성적(父性的) 사랑을 뜻합니다.[432] 예수님은 아버지처럼 사랑하시고 돌보시며 보호하시는 영존하시는 아버지이십니다.[433] '아버지'라고 하는 칭호는 창조주 대신 사용되었는데, 이는 그리스도께서 만세에 걸쳐 그의 교회를 존속시키시며, 또한 그 몸과 각 지체에 불멸성을 부여하셨기 때문입니다.[434]

---

430) *Comm.* Isaiah 6:9, It was a grievous stumblingblock, that he must endure such obstinacy and rebellion in the people of God, and that not only for a year or two, but for more than sixty years. On this account he needed to be fortified, that he might be like a brazen wall against such stubbornness. The Lord, therefore, merely forewarns Isaiah that he will have to do with obstinate men, on whom he will produce little effect; but that so unusual an occurrence must not lead him to take offense, and lose courage, or yield to the rebellion of men; that, on the contrary, he must proceed with unshaken firmness, and rise superior to temptations of this nature.
431) 한제호, 『성경의 해석과 설교』, 99.
432) 박윤선, 『성경주석 이사야서 (상)』 2판, 111.
433) 서춘웅, 『성경 난제 해설·구약』 3판, 1007.

'계명성'이 사탄일까요?

사 14:12 너 아침의 아들 계명성이여! 어찌 그리 하늘에서 떨어졌으며, 너 열국을 엎은 자여! 어찌 그리 땅에 찍혔는고?

많은 사람이 사탄이라고 알고 있고, 심지어 사탄의 이름이 '루시퍼'라고 알고 있습니다. 그럴까요? 앞뒤 문맥을 보면 '계명성'은 바벨론을 뜻합니다. 이사야 14장은 하나님께서 바벨론의 심판에 관하여 말씀하신 내용이기 때문입니다.

'루시퍼'라는 이름은 성경에서 찾을 수 없습니다. '루시퍼'라는 말은 라틴어역 성경에 등장하는 데 그 말은 '빛을 가져오는 자, 금성, 샛별, 계명성'을 라틴어로 옮긴 것입니다(Quomodo cecidisti de cælo, Lucifer, qui mane oriebaris? corruisti in terram, qui vulnerabas gentes?). 바벨론을 계명성이라고 한 것은 그 독재자가 남보다 화려하고 밝게 단장했기 때문입니다.[435]

앞뒤 문맥을 따를 때 이 구절은 어디로 보나 바벨론 왕과 관련된 언급이 분명하므로, 루시퍼가 마귀의 왕이요, 또한 선지자가 그에게 그렇게 명명했다고 추측하는 것은 참으로 무지한 결과입니다.[436]

또 계 22:16은 예수님을 계명성, 새벽별이라고 부르는데, 그것은 곧 라틴어로 '루시퍼'라는 단어이기 때문에 예수님이 라틴어로는 '루시퍼'가 되는 셈입니다.[437] 그래도 '루시퍼'가 사탄의 이름이라고 주장한다면 참으로 무식한 것입니다. 계명성이 하늘에서 떨어졌다는 말도 천국에서 떨어졌다는 말이 아니라, 영화를 누렸던 상태에서 형벌을 받게 되었다는 뜻입니다.

---

434) *Comm.* Isaiah 9:6, The name Father is put for Author, because Christ preserves the existence of his Church through all ages, and bestows immortality on the body and on the individual members.

435) *Comm.* Isaiah 14:12, He employs an elegant metaphor, by comparing him to Lucifer, and calls him the Son of the Dawn; and that on account of his splendor and brightness with which he shone above others

436) *Comm.* Isaiah 14:12, The exposition of this passage, which some have given, as if it referred to Satan, has arisen from ignorance; for the context plainly shows that these statements must be understood in reference to the king of the Babylonians. But when passages of Scripture are taken up at random, and no attention is paid to the context, we need not wonder that mistakes of this kind frequently arise. Yet it was an instance of very gross ignorance, to imagine that Lucifer was the king of devils, and that the Prophet gave him this name. But as these inventions have no probability whatever, let us pass by them as useless fables.

437) 윤석준, 『한국교회가 잘못 알고 있는 101가지 성경 이야기 (2)』 (서울: 부흥과 개혁사, 2011), 425.

'하나도 그 짝이 없는 것이 없으리니'라는 말씀이 성경 말씀은 서로 짝이 있다는 뜻일까요?

사 34:16 너희는 여호와의 책을 자세히 읽어보라. 이것들이 하나도 빠진 것이 없고 하나도 그 짝이 없는 것이 없으리니, 이는 여호와의 입이 이를 명하셨고 그의 신이 이것들을 모으셨음이라.

신천지, '하나님의 교회', 천부교 등 대부분의 이단뿐만 아니라 많은 목사님조차 그렇게 해석합니다. 과연 그럴까요? 앞의 문맥을 보면 전혀 그렇지 않습니다. 사 34:1~15을 보면 그것은 성경 말씀의 짝이 아니라, 동물들의 짝을 말할 뿐입니다.

하나님께서 보수하시는 날, 시온의 송사를 위하여 신원하실 해에 에돔은 황폐화되어 새들과 들짐승들이 차지할 것인데, 그것들(새들과 들짐승들)이 짝(암수 짝)이 없는 것이 없을 것이라고 말씀합니다. 왜냐하면, 하나님께서 명하셨고 하나님의 신(神)이 이것들을 모으셨기 때문입니다. 사 34:16은 앞의 예언된 내용이(사 34:1~4 열국에 대한 심판, 사 34:5~15 에돔에 대한 심판) 확실하게 이루어질 것을 강조하는 말씀으로, 하나님의 주권적 심판, 하나님의 주권을 분명하게 선포합니다.

사 34:15만을 보면 여호와의 책이 짝이 있다는 말씀처럼 보일 수도 있지만, 앞뒤의 구절을 함께 읽어보면 그 뜻이 아님을 분명하게 알 수 있습니다. 본문의 '너희는 여호와의 책을 자세히 읽어보라. 이것들이 하나도 빠진 것이 없고 하나도 그 짝이 없는 것이 없으리니'라고 한 말에서, '이것들'이라는 지시대명사는 말씀을 가리키는 것이 아니라 사 34:14~15에 나오는 짐승들을 가리키는 말이기 때문에, 이 구절의 '짝'을 바로 해석한다면 '이런 짐승들이 짝이 없는 것이 없다.'라고 해야 합니다.[438] 만일 본문의 지시대명사 '이것들'을 말씀이라고 해석한다면, 사 34:17의 '여호와께서 그것들을 위하여 제비를 뽑으시며 친 수로 줄을 띠어 그 땅을 그것들에 나눠주셨으니 그것들이 영원히 차지하며 대대로 거기 거하리라.'라는 말씀에서도 '그것들'이라는 지시대명사를 말씀이라고 해석해야 하는데, 그렇다면 하나님께서 말씀에 땅을 나눠주시고 거하게 하셨다는 엉터리 해석이 될 수밖에 없습니다.[439]

이사야서는 B. C. 700년경에 기록되었는데, 그 당시에는 신약성경은 당연히 없었고,

---

438) 이인규, 『평신도들이 혼동하기 쉬운 성경 50』, 142~143.
439) 이인규, 『평신도들이 혼동하기 쉬운 성경 50』, 143.

구약성경도 하나의 책으로 묶이지 않았기 때문에 구약과 신약의 성경 말씀이 서로 짝을 이루고 있다고 주장하는 것은 억지에 불과합니다.[440] 본문의 다른 번역들을 비교해 보면 짝이 말씀이 아니라 짐승들임을 분명하게 알 수 있습니다.

공동번역: 야훼의 기록을 찾아내어 읽어보아라. 이런 모든 짐승이 빠짐없이 기록되어 있으리라. 그것들은 직접 야훼의 입에서 떨어진 분부를 받아 그의 입김으로 몰려온 것들이다.

표준 새 번역: 주의 책을 자세히 살펴보아라. 이 짐승들 가운데서 어느 것 하나 빠진 것 없겠고, 하나도 그 짝이 없는 짐승이 없을 것이다. 주께서 친히 입을 열어 그렇게 되라고 명하셨고 주의 영이 친히 그 짐승들을 모으실 것이기 때문이다.

현대어 번역: 여기 여호와의 책에 기록된 것은 모두 에돔 땅에서 그대로 이루어질 것이다. 독자들은 그 책을 자세히 읽어보아라. 여기에 기록된 짐승 가운데에서 빠진 것이 하나도 없을 것이다. 그 짝이 빠져 있는 것도 하나 없을 것이다. 여호와께서 명령하신 그대로 주님의 신이 직접 그 짐승들을 불러다 놓으셨다.

현대인의 성경: 너희는 여호와의 책을 자세히 읽어보아라. 이 동물 중에 하나도 빠진 것이 없고 그 짝이 없는 것이 없으니 이것은 여호와께서 그렇게 되도록 명령하셨고 성령께서 그것들을 함께 모으셨기 때문이다.

확인한 바와 같이 어느 성경의 번역문을 보아도 말씀의 짝으로 번역하지 않고 짐승들의 짝으로 번역했습니다. 이 말씀은 앞의 예언에 기록된 동물들이 하나도 빠짐없이 후일에 반드시 그 땅(에돔)을 점령할 것이라는 말씀이며, 하나님의 예언 중 하나도 성취되지 않을 것이 없다는 뜻입니다.[441]

하나님은 유대인들을 굳세게 만들어 하나님께서 약속하신 것을 끈기 있게 기다리게 하시며, 에돔인과 교회의 다른 대적자들에 대한 모든 예언이 결국 실제로 성취되리라는 것을 완전히 믿게 하시려고 이 말씀을 하셨습니다.[442] 그렇습니다. 하나님의 약속은 동

---

440) 이인규, 『평신도들이 혼동하기 쉬운 성경 50』, 143~144.
441) 박윤선, 『성경주석 이사야서 (하)』 2판, 333.
442) *Comm.* Isaiah 34:16, Such appears to me to be the natural meaning of the Prophet, and by these words he intended to fortify the Jews, patiently to look for what the Lord promised, and fully to believe that all that had. been foretold about the Edomites and the other adversaries of the Church would at length be actually fulfilled, since Moses was a credible witness, that God would always be the avenger of his people.

물들에 대한 짝의 부분에서까지도 하나의 어김도 없이 완전히 성취됩니다.

'상한 갈대를 꺾지 아니하며 꺼져가는 등불을 끄지 아니한다.'라는 말의 뜻이 무엇일까요?

사 42:3 상한 갈대를 꺾지 아니하며 꺼져가는 등불을 끄지 아니하고 진리로 공의를 베풀 것이며

당시 목자들은 홀로 사막에서 많은 시간을 보내면서 그 무료함을 달래기 위해 갈대풀을 두 개 맞붙여서 속을 비게 한 후에 겉에 구멍을 뚫어 피리를 만들어 불었는데, 실수로 땅에 떨어뜨려 밟기라도 하면 아무 쓸모도 없게 부러졌습니다. 그런 상한 갈대 피리를 버리지 않고 부러진 부분을 묶고 싸매어 연주하기도 했는데, 상한 갈대를 꺾지 아니한다는 말이 바로 그런 뜻입니다. 이와 같이 죄로 말미암아 부러진 상한 죄인은 아무 쓸모가 없어서 버릴 수밖에 없음에도 불구하고, 하나님은 사랑하셔서 깨어진 삶을 회복시켜 주십니다.[443]

그러면 '등불을 끄지 아니한다.'라는 말은 무슨 뜻일까요? 기름이 다한 심지에는 연기가 납니다. 심지가 타서 새 심지로 갈아야 할 상황이지만, 주인은 이에 동의하지 않고 기름만 채워주면 아직 쓸 만하다고 여기는데, 이것이 하나님께서 우리를 대하시는 자세입니다.[444] 주님은 비록 인간들이 비틀거리고 넘어진다고 하더라도, 심지어 흔들리거나 형편없게 된다고 하더라도 즉시 쓸모없는 자들로 여겨 버리지 않으시고, 그들을 더 강하고 더 확고하게 만드실 때까지 오래 참으십니다.[445]

성경에서 동방(사 46:11, 24:15, 41:1~2, 계 7:2~3, 16:12), 해 돋는 곳(사 41:25, 59:19), 땅끝(사 41:9), 땅 모퉁이(사 41:9)는 한국을 뜻하고, 북방(렘 1:14, 4:6)은 북한을 뜻할까요?

사 46:11 내가 동방에서 독수리를 부르며 먼 나라에서 나의 모략을 이룰 사람을 부를 것이라. 내가 말하였은즉 정녕 이룰 것이요 경영하였은즉 정녕 행하리라.

---

443) Barbara M. Bowen, 88.
444) Barbara M. Bowen, 88.
445) *Comm.* Isaiah 42:3, Although men therefore totter and stumble, although they are even shaken or out of joint, yet he does not at once cast them off as utterly useless, but bears long, till he makes them stronger and more steadfast.

‘전도관’의 박태선, ‘통일교’의 문선명, ‘기독교복음선교회’의 정명석, ‘영생교회’의 조희성, 안식교 출신 ‘엘리야복음선교원’의 박명호, ‘하나님의 교회’의 안상홍, ‘신천지’의 이만희, ‘새빛등대교회’의 김풍일, ‘천국전도복음회’의 구인회 등 한국 출신의 이단 교주들은 ‘동방’에 대한 해석을 모두 동일하게 성경에 예언된 ‘동방, 해 돋는 곳, 땅끝, 땅 모퉁이’는 한국인데, 그 동방의 의인은 바로 자기 자신이라고 주장합니다. 또 북방을 북한이라고 주장하기도 합니다. 과연 그럴까요?

성경에는 동방에 대하여 ‘시날 평지’(창 11:2), ‘아라바’(수 12:3)로 기록되어 있는 것을 보면, 성경에서 말하는 ‘동방’은 오늘날의 ‘아라비아를 중심으로 한 중동 지역’을 말하고 있음을 알 수 있습니다. 성경 66권이 각기 다른 시대에 다른 사람에 의해 기록이 되었어도 성경에 나오는 ‘동방’은 창세기에서나 여호수아서에서나 이사야서에서나 일관되게 지금의 중동 지역으로 해석할 수 있습니다. 그 이유는 성경에서 말하는 동방은 중국이나 인도를 기준으로 한 동쪽 방향인 한국이 아니라, 이스라엘을 기준으로 한 동쪽 방향인 중동 지역을 의미하기 때문입니다.

또 사 46:11에(동방에서 독수리를 부르며 먼 나라에서 나의 모략을 이룰 사람) 나오는 ‘동방의 독수리’나 ‘모략을 이룰 사람’은 한국의 이단 교주들이 아니라, 이스라엘 백성들을 바벨론 포로에서 해방시켜 성전건축을 하게 했던 바사 왕 ‘고레스’를 가리킵니다. 왜냐하면, 사 44:28과 사 45:1이 ‘고레스’라고 분명하게 그 이름까지 언급하기 때문입니다.

신 28:49에는 ‘곧 여호와께서 원방에서, 땅끝에서 한 민족을 독수리가 나는 것같이 너를 치러 오게 하시리니 이는 네가 그 언어를 알지 못하는 민족이오.’라고 했는데, 여기에서 땅끝 원방은 바벨론을 가리키는 지명입니다(사 39:3). 또 렘 50:41에는 ‘보라 한 족속이 북방에서 오고 큰 나라와 여러 왕이 격동을 받아 땅끝에서 오나니’라고 했는데, 여기서는 땅끝을 동방이 아닌 북방이라고 했습니다. 역시 여기에서도 먼 곳 또는 지구의 끝을 뜻합니다. 또 남방 여왕은 땅끝에서 왔다고 했는데(마 12:42), 여기에서도 땅끝은 동방이 아닌 남방입니다. 땅끝은 한국이나 어떤 지역을 말하는 것이 아니라, 이스라엘을 기준으로 하여 먼 곳 또는 지구의 끝까지라는 표현입니다.

성경에는 또 북방에 대한 기록이 여러 곳에 나와 있습니다. ‘그 북방 경계는 요단에서부터 여리고 북편으로 올라가서 서편 산지를 넘어서 또 올라가서 벧아웬 황무지에 이르며’(수 18:12)에서는 북방의 경계가 요단에서부터라고 되어있습니다. 또 ‘딸 애굽이 수치를 당하여 북방 백성의 손에 붙임을 입으리로다.’(렘46:24)에서는 북방이 바벨론입니다. 렘 50:9에는 '보라 내가 큰 연합국으로 북방에서 일어나 나와서 바벨론을 치게 하리니 그들이 항오를 벌이고 쳐서 취할 것이라. 그들의 화살은 연숙한 용사의 화살 같아서 헛되이 돌아오지 아니하리로다.'라고 하였는데, 여기에서 북방은 메대와 바사(페르시아) 연합국을 뜻합니다. 겔 38:6에는 '고멜과 그 모든 떼와 극한 북방의 도갈마 족속과 그 모든 떼 곧 많은 백성의 무리를 너와 함께 끌어내리라.'라고 하였는데, 여기에서는 북방이 도갈마 족속입니다. 성경에서 방향을 말하는 지명들 즉 동방, 서방, 남방, 북방, 땅끝 등은 결코 중국이나 한국을 중심으로 한 것이 아니라, 이스라엘 땅인 팔레스타인을 중심으로 하여 동서남북과 먼 곳을 말합니다. 그래서 성경에서 말하는 북방이란 이스라엘 북쪽에 있는 수도 다메섹이 있는 시리아 쪽을 말합니다. 겔 47:15~17은 '이 땅 지계는 이러하니라. 북방은 대해에서 헤들론 길로 말미암아 스닷 어귀까지니 곧 하맛과 브로다며 다메섹 지계와 하맛 지계 사이에 있는 시브라임과 하우란 지계 곁에 있는 하셀핫디곤이라. 그 지계가 바닷가에서부터 다메섹과 지계에 있는 하살에논까지요. 그 지계가 또 극북방에 있는 하맛 지계에 미쳤나니 이는 그 북방이오.'라고 말씀합니다.

'손바닥에 새긴다.'라는 말이 무슨 뜻일까요?

> 사 49:15 여인이 어찌 그 젖 먹는 자식을 잊겠으며 자기 태에서 난 아들을 긍휼히 여기지 않겠느냐? 그들은 혹시 잊을지라도 나는 너를 잊지 아니할 것이라.
> 16 내가 너를 내 손바닥에 새겼고 너의 성벽이 항상 내 앞에 있나니.

당시에는 글을 쓰거나 읽을 줄 아는 사람들이 매우 드물었기 때문에, 그런 상황에서 집을 멀리 떠난 아들을 생각나게 해 주는 표를 갖기 위해 어머니가 할 수 있는 방법은, 문신을 새겨주는 사람에게 가서 아들을 생각나게 해 줄 수 있는 문신을 손바닥에 바늘로 새기는 것이었습니다.[446] 그 문신은 물로 닦아지지도 않고 닳아 없어지지도 않았기 때문에, 살아있는 동안은 언제든지 남아있고 언제나 보면서 아들을 생각할 수 있었습니다.[447] 그러므로 하나님께서 '내가 너를 내 손바닥에 새겼다.'라고 말씀하시는 것은 우리를 절대 잊지 않고 기억하시겠다는 뜻이 됩니다.

하나님께서 자신의 손바닥에 새긴다는 말씀은 언제나 기억하신다는 뜻만 아니라, 무

---

446) Barbara M. Bowen, 41~42.
447) Barbara M. Bowen, 42.

슨 일을 하시든지 그가 택하신 백성에게 유익하도록 만사를 만들어 가신다는 뜻입니다.[448] '나는 내 손을 볼 때마다 거기에 있는 너를 바라보지 않을 수 없다. 곧 나는 너를 마음에 새기고 있는 만큼 어떠한 망각으로도 너를 지워버릴 수 없다. 한마디로 나는 나를 망각하기 전에는 너를 잊을 수 없다'라는 뜻입니다.[449]

예수 그리스도의 상하심이 우리의 육신적 질병 치료를 위함일까요?

> 사 53:5 그가 찔림은 우리의 허물로 인함이요 그가 상함은 우리의 죄악으로 인함이라. 그가 징계를 받음으로 우리가 평화를 누리고, 그가 채찍에 맞음으로 우리가 나음을 입었도다.

그리스도의 십자가(찔림과 징계받음과 채찍에 맞음)로 말미암아 우리는 죄로 인한 상함(저주와 파멸과 죽음)으로부터 구원(생명의 회복)을 받게 되었습니다. 물론 이 말이 질병 치료가 중요하지 않다거나 필요 없다거나 십자가 대속과 무관하다는 의미는 아닙니다. 그것이 십자가 대속의 본질이거나 핵심이거나 영혼 구원과 균형을 이루어야 할 만큼 대등한 것이거나 구원의 차원에서 비교의 대상이 될 수 있는 정도의 것이 결코 될 수 없다는 뜻입니다.

그리스도의 십자가로 말미암은 구원의 은혜를 죄로부터의 구원과 질병으로부터의 구원과 가난으로부터의 구원으로 대등하게 나눌 수 있다거나, 이 세 가지가 온전한 구원(Full Gospel)의 요소인 것처럼 주장하는 것은 잘못된 것입니다. 구원받았어도 질병으로부터 고통을 당할 수도 있고 경제적으로 어려울 수도 있습니다. 적어도 초대교회나 신앙의 자유가 없는 지역이나 시대에는 더더욱 그렇습니다. 신앙의 자유가 보장되고 기독교 인구가 다수를 차지한다고 하더라도, 진실한 그리스도인들은 자기를 부정하고 자기 십자가를 지는 삶을 살기 때문에 경제적으로나 신체적으로는 힘들 수 있습니다.

---

448) 박윤선, 『성경주석 이사야서 (하)』 2판, 481.
449) *Comm.* Isaiah 49:16, I cannot look at my hands without beholding thee in them; I carry thee engraved on my heart, so that no forgetfulness can efface thee; in a word, I cannot forget thee without forgetting myself.

안식일에 발을 금한다는 말이 무슨 뜻일까요?

사 58:13 만일 안식일에 네 발을 금하여 내 성일에 오락을 행치 아니하고 안식일을 일컬어 즐거운 날이라, 여호와의 성일을 존귀한 날이라 하여 이를 존귀하게 여기고 네 길로 행치 아니하며 네 오락을 구치 아니하며 사사로운 말을 하지 아니하면 14 네가 여호와의 안에서 즐거움을 얻을 것이라. 내가 너를 땅의 높은 곳에 올리고 네 조상 야곱의 업으로 기르리라. 여호와의 입의 말이니라.

이사야는 한 부분으로 전체를 나타내는 비유법을 써서 전반적인 인간 생활을 그렇게 표현한 것이기 때문에, '발을 금한다.'라는 말은 '만일 네가 네 진로를 더 이상 계속하지 않고 네 길을 봉쇄하려거든 네 자신의 뜻대로 걷지 말라.'라는 점을 당부한 것입니다.[450] 그러므로 안식일을 지키는 의미는 자기부정에 있으며 진정한 자기부정은 모든 불의하고 악한 행위, 모든 정욕과 악한 생각들을 삼가는 것이므로[451] 안식일은 단순히 노동을 그치고 육체적으로 쉬는 것 이상의 의미가 있습니다. 하나님은 이스라엘 백성이 안식일을 준수하면 다윗 왕국의 영구성을 보장해 주시겠다고 말씀하셨습니다. 하나님께서 안식일 준수를 그렇게 중요하게 여기신 이유는 단순히 의식을 있는 그대로 지키는 것보다 훨씬 위대하고 뛰어난 영적인 이유가 있기 때문입니다. 그것은 안식일 준수는 이스라엘에 대한 성별(성화)의 상징이며, 이는 우리 자신의 이성과 사상들과 육의 감정들을 포기하는 자기부정에 의하여 하나님께 자신을 통치하시도록 내어 맡기는 것을 배우도록 하는 데 있기 때문입니다.[452]

---

450) *Comm.* Isaiah 58:13, for by a figure of speech, ill which a part is taken for the whole, he denotes the whole course of human life; as it is very customary to employ the word "going" or "walking" to denote our life. He says, therefore, "If thou cease to advance in thy course, if thou shut up thy path, walk not according to thine own will,'" etc.

451) *Comm.* Isaiah 58:13, As he formerly included under the class of fasting all ceremonies and outward masks, in which they made their holiness to consist, and showed that they were vain and unprofitable; so in this passage he points out the true observation of the Sabbath, that they may not think that it consists in external idleness but in true self-denial, so as to abstain from every act of injustice and wickedness, and from all lusts and wicked thoughts. ··· Certain classes of duties are again enumerated by him, by which he shows clearly that the true observation of the Sabbath consists in self-denial and thorough conversion.

452) *Comm.* Jeremiah 17:24~25, When therefore the Prophet thus speaks, If ye carry no burden through the gates of this city, that is, If ye observe the sabbath-day, the perpetuity of the kingdom shall be secured to you,···when he thus speaks, he had doubtless, as I have said, a regard to a true observance of the day, which consists not in the naked rite, but included something greater and more excellent, even that they might learn by self-denial to render themselves up to God to be ruled by him; for God will not work in us, unless we first renounce our own reason and the thoughts and feelings of our flesh.

'구속자가 야곱 중에 죄과를 떠나는 자에게 임하리라.'라는 말씀은 회개가 하나의 선행이 되어 칭의의 근거가 된다는 뜻일까요?

사 59:20 여호와께서 가라사대, 구속자가 시온에 임하며 야곱 중에 죄과를 떠나는 자에게 임하리라.

이에 대하여 천주교 신학에서는 칭의가 한편으로는 사죄에, 또 한편으로는 회개에 의존한다고 보았습니다.[453] 그들은 회개가 하나의 선행이 되어 칭의의 근거가 된다고 주장합니다. 물론 하나님과 화해하려면 우리는 먼저 회개해야 합니다. 사 56:1에서는 '공평과 의를 행하라. 구원이 가까웠다.'라고 말씀하셨고, 사 59:20에서는 '구속자가 야곱 중에 죄과를 떠나는 자에게 임하리라.'라고 말씀하셨으며, 사 55:6∼7에서는 '찾고 부르고, 악인은 그 길을 버리고 불의한 자는 그 생각을 버리고 여호와께로 돌아오라. 그리하면 그가 긍휼히 여기시리라.'라고 말씀하셨고, 행 3:19에서는 '회개하고 돌이켜 너희 죄 없이 함을 받으라.'라고 말씀하셨는데, 이런 말씀들은 우리의 회개가 근거가 되어 우리의 죄가 용서받을 자격이 생긴다는 뜻이 아니라, 하나님은 사람들이 회개할 수 있도록 끝까지 자비를 베푸시기로 결정하시고, 만일 그들이 은혜를 얻고 싶으면 어느 방향으로 나아가야 하는지를 알리신다는 의미입니다.[454] 사죄에 기초하는 구원이 우리의 회개에 의존하는 것이 아니라, 회개가 구원과 뗄 수 없도록 결합되어 있습니다.[455] 하나님께서 죽음에서 건지시기를 원하시는 사람은 누구든지 중생케 하시는 성령으로 살리시는데, 그것은 회개가 구원의 원인이 아니라, 이미 믿음과 하나님의 자비에서 분리할 수 없는 것으로 간주되었기 때문입니다.[456]

---

453) *Comm.* Isaiah 59:20, Papists overturn the whole doctrine of salvation, by mingling and confounding pardon of sin with repentance; … Thus they make our justification to depend partly on the pardon of sins and partly on repentance.

454) *Inst.*, 3. 3. 20: He says, "Do judgment and righteousness, for salvation has come near." [Isa. 56:1p.] Again, "A redeemer will come to Zion, and to those in Jacob who repent of their sins." [Isa. 59:20.] Again, "Seek the Lord while he can be found, call upon him while he is near; let the wicked man forsake his way and the unrighteousness of his thoughts; let him return to the Lord, and he will have mercy upon him." [Isa. 55:6∼7p.] Likewise, "Turn again, and repent, that your sins may be blotted out." [Acts 3:19.] Yet we must note that this condition is not so laid down as if our repentance were the basis of our deserving pardon, but rather, because the Lord has determined to have pity on men to the end that they may repent, he indicates in what direction men should proceed if they wish to obtain grace.

455) *Comm.* Isaiah 59:20, Hence infer, that we cannot be reconciled to God through the blood of Christ, unless we first repent of our sins; not that salvation, which is founded on the pardon of sins, depends on our repentance; but repentance is joined to it in such a manner that it cannot be separated.

456) *Inst.*, 3. 3. 21: Whomsoever God wills to snatch from death, he quickens by the Spirit of regeneration. Not that repentance, properly speaking, is the cause of salvation, but because it is already seen to be inseparable from faith and from God's mercy, when, as Isaiah testifies, "a redeemer will come to Zion, and to those in Jacob who turn back from iniquity" [Isa. 59:20].

예레미야

렘 1:5은 영혼선재설을 지지하는 구절일까요?

렘 1:5 내가 너를 복중에 짓기 전에 너를 알았고, 네가 태에서 나오기 전에 너를 구별하였고, 너를 열방의 선지자로 세웠노라 하시기로

예레미야가 복중에 임신되기 전부터 하나님께서 아셨고 구별하셨다면, 예레미야는 영혼으로 존재했다는 뜻일까요? 모르몬교는 이 본문에 호소하여 예레미야는 임신 되기 전부터 실제로 영아(spirit child)였으며 지성으로 존재했다고 주장하고 있지만, 그럴 만한 문맥적인 근거는 없습니다.[457]

렘 1:5 상반절의 '알았고'가 렘 1:5 하반절에 '구별하였고'로 반복되었습니다. 여기에서 '알았고'라는 말이 곧 '구별하였고'라는 뜻임을 알 수 있습니다. 본문이 강조하려는 것은 하나님의 주권적 선택과 예정에 대한 것으로, 하나님께서 예레미야가 나기도 전에 그에 대해 생각하고 계셨으며 선지자가 되도록 계획하셨다는 뜻입니다. 그러므로 하나님께서 아셨다는 말은 지식적 개념을 의미하는 것이 아니라, 작정(예정)하셨다는 의미로 해석해야 합니다.[458] 여기서 앎이란 단순히 예지를 뜻하는 것이 아니라, 하나님께서 모든 개개인을 자기 뜻에 따라 택하심과 동시에 그들을 지명하여 성별하시는 예정임을 알아야 합니다.[459]

갈린 기둥은 십자가 우상일까요?[460]

렘 10:3 열방의 규례는 헛된 것이라. 그 위하는 것은 삼림에서 벤 나무요 공장의 손이 도끼로 만든 것이라.
   4 그들이 은과 금으로 그것에 꾸미고 못과 장도리로 그것을 든든히 하여 요동치지 않게 하나니

---

457) D. A. Carson, *Exegetical Fallacies*), 2nd. 박대영 역, 『성경 해석의 오류』 (서울 : 성서유니온선교회, 2002), 153.
458) 박윤선, 『성경주석 예레미야서 (상)』 2판 (서울: 영음사, 1989), 24.
459) *Comm.* Jeremiah 1:5, and thus we perceive that knowledge is not mere prescience, but that predestination, by which God chooses every single individual according to his own will, and at the same time appoints and also sanctifies him;
460) 아래 내용의 일부는 진용식(jin-bible@hanmail.net), "과연 정통 삼위일체관인가?(2)", <교회와신앙>, 2019년 01월 22일, www.amennews.com에서 발췌하였음.

5 그것이 갈린 기둥 같아서 말도 못 하며 걸어 다니지도 못하므로 사람에게 메임을 입느니라. 그것이 화를 주거나 복을 주지 못하나니 너희는 두려워 말라 하셨느니라.

'하나님의 교회'는 렘 10:3~5에서 우상을 '갈린 기둥'이라고 했기 때문에 우상은 바로 십자가를 가리키는 것이라고 주장합니다. 그들은 십자가는 기독교에서 사용하기 전에 이교도들이 사용한 것이기 때문에 우상이고, 십자가를 교회의 상징으로 사용하는 것은 기독교회가 이방 종교를 흡수할 만큼 타락되었다는 증거이며, 예수님의 죽음을 조장했던 마귀의 계획에 동참하고 있다는 것을 간접적으로 시사해 주는 가증한 행위라고 주장합니다. 과연 그럴까요?

먼저 갈린 기둥이 십자가라는 주장은 근거가 없습니다. 여기에서 '갈린'은 '갈다.', '연마하다.'의 히브리어 '미크솨'라는 단어로서 '주형 된', '둥글게 한'이라는 뜻이기 때문에 갈린 기둥이 십자가(cross)라고 해석할 수 없습니다.[461] '갈린 기둥'을 '엇갈리다.'의 뜻으로 잘못 알고 십자가라고 주장하는 것은 한 마디로 무지에서 나온 것입니다. '하나님의 교회'는 이 사실을 알고 '갈린 기둥'이 '갈아서 만든 십자가'라고 주장하게 되었지만, 이 역시 그들의 무지를 다시 한번 드러내었는데, 그 이유는 '갈린 기둥'은 '갈아서 만든 십자가'가 아니라 아세라 목상과 같이 조각되고 다듬어서 만든 나무인형이나 허수아비와 같은 형태를 뜻하기 때문입니다.[462]

십자가는 기독교에서 사용하기 전에 이교도들이 사용한 것이기 때문에 우상이라는 주장도 잘못된 것입니다. 물론 십자가 표식이 이교도들이 사용한 흔적들이 있지만, 기독교의 십자가 표식은 이교도들이 어떻게 사용했던지, 또는 어떤 의미로 사용했던지 상관없이 십자가에서 이루어진 예수 그리스도의 구속의 은총을 의미하는 것으로 사용하고 있습니다. 또 이교도들이 먼저 사용했던 것이라고 해서 우상이라고 주장한다면, 유럽의 우상 숭배자들이 신전에 들어갈 때 우상을 숭배하는 의식으로 머릿수건을 사용했고, 그것이 유래가 되어 천주교에서 사용하고 있는 여자들의 머릿수건을 '하나님의 교회'에서 사용하고 있으니, 그들은 자기들 스스로 우상을 숭배하고 있다는 것을 주장하는 꼴이 됩니다.

하나님 외에 다른 것을 신앙의 대상으로 했을 때 우상이라고 할 수 있지만, 기독교에서 십자가는 그리스도에 대한 상징물이지 결코 신(神)으로 섬기거나 숭배의 대상으로 삼

461) 이인규, 『평신도들이 혼동하기 쉬운 성경 50』, 57.
462) 이인규, 『평신도들이 혼동하기 쉬운 성경 50』, 58.

지 않습니다. 십자가를 상징물로 사용한다고 해서 우상이라고 한다면 국가를 상징하는 국기도 우상이 될 것이고, 모든 마크나 인형도 다 우상이 된다는, 말도 안 되는 주장을 해야 할 것입니다. 혹시 십자가 자체에 무슨 효력이 있는 것으로 믿고 십자가를 부적처럼 생각하거나 십자가를 숭배하는 사람이 있다면, 물론 그 사람은 복음을 모르는 사람이요 참 기독교인이 아닐 것입니다.

십자가는 '하나님의 교회'가 주장하는 것처럼 431년 이후부터 사용한 것이 아닙니다. 3세기 초(200년경) 테르툴리아누스(Tertullianus)의 십자가에 대한 기록이 있고,[463] 특히 로마의 카타콤에서 휴대용 십자가가 발견되었는데, 그곳에는 'Crux est vita mithi; mors, inimice tibi'(나에게 십자가는 생명이지만, 오 원수여 마귀여, 너에게는 죽음이다)라는 기록이 남아있습니다.

그리스도를 여호와라고 하는 것은 양태론이며 성부 수난설일까요?[464]

렘 23:5 나 여호와가 말하노라. 보라, 때가 이르리니 내가 다윗에게 한 의로운 가지를 일으킬 것이라. 그가 왕이 되어 지혜롭게 행사하며 세상에서 공평과 정의를 행할 것이며 6 그의 날에 유다는 구원을 얻겠고 이스라엘은 평안히 거할 것이며 그 이름은 여호와 우리의 의라 일컬음을 받으리라.

예수 그리스도께서 구약에서 여호와로 현현하셨다고 주장한다면 양태론, 또는 성부수난설이 될까요? '여호와'는 성부 하나님만의 이름이라고 주장하는 것은 잘못입니다. '여호와'는 신격의 명칭으로 삼위 하나님께 다 적용되기 때문입니다. 렘 23:6은 분명하게 그리스도의 이름을 '여호와 우리의 의'라고 말씀합니다. 그리스도는 인간보다 탁월한 분이시며 하나님의 독생자로서 성부 하나님과 하나이며 동일한 본질이며 영광이며 영원이며 신성하기에 '여호와'라고 불리는 것입니다.[465] '여호와'라는 이름이 성경에서 성부 외에 그 누구에게도 절대 적용되지 않는다는 주장은 이단 '여호와의 증인'의 주장과 같습니다. '여호와'가 성부 하나님께만 적용된다고 하는 이 사상은 칼빈 당시의 이단이었

---

463) 교문사 편, 『기독교 대백과사전 10권』, (서울: 기독교문사, 1996), 705.

464) 아래 내용의 일부는 진용식(jin-bible@hanmail.net), "과연 정통 삼위일체관인가?(2)", <교회와신앙>, 2019년 01월 22일, www.amennews.com에서 발췌하였음.

465) *Comm.* Jeremiah 23:6, Why then is he called Jehovah? we hence conclude that there is something in him more excellent than what is human; and he is called Jehovah, because he is the onlybegotten Son of God, of one and the same essence, glory, eternity, and divinity with the Father.

던 세르베투스의 '반삼위일체론'이었습니다.

'여호와'라는 명칭은 그리스도께도 적용되기 때문에, 그리스도는 만군의 여호와이시며, 성령님도 참된 여호와이십니다. 성경은 성자에게 신적 명칭들을 적용하여 '여호와', '하나님'이라고 칭합니다(렘 23:5,6, 욜 2:32, 사 9:6, 40:3, 행 2:21, 딤전 3:16).[466] '여호와'는 성부 하나님만의 명칭이 아니라 성자에게도 사용하는 명칭입니다. 그리스도도 자기가 자존 하시는 하나님이심을 밝히기 위해 여호와의 희랍어 역인, '나는 있다.'라는 이름으로 자기가 구약의 여호와이심을 밝히셨고, '주(퀴리오스)'로서 구약의 여호와와 동등하고 동일하신 분이심을 말씀하셨습니다.[467]

하나님(엘로힘)은 '복수' 형태로 되어있어서, 예수님에게도 해당하지만, '여호와'는 단수로 되어있어서 성부 하나님께만 해당한다는 주장도 잘못되었습니다. 단수형 이름은 성부 하나님의 이름이며 복수형 이름은 삼위 하나님의 이름일까요? 복수형만 예수님께 사용된 것이 아니라 단수형도 예수님께 사용되었습니다. 구약의 하나님이라는 히브리어 단어의 복수형은 '엘로힘'이고, 단수형은 '엘'인데, 단수형 하나님 '엘'은 구약에 약 240여 회나 사용되었습니다. 사 9:6의 '이는 한 아기가 우리에게 났고 한 아들을 우리에게 주신 바 되었는데, 그의 어깨에는 정사를 메었고 그의 이름은 기묘자라, 모사라, 전능하신 하나님이라, 영존하시는 아버지라, 평강의 왕이라 할 것임이라.'에서는 '전능하신 하나님'이 바로 단수형 하나님(엘)이지만, 단수형 하나님(엘)이 예수님께 사용되었습니다.

성경은 복수형 하나님(엘로힘)을 '여호와'라고 하였습니다. 출 3:15은 '하나님(엘로힘)이 또 모세에게 이르시되 너는 이스라엘 자손에게 이같이 이르기를 너희 조상의 하나님(엘로힘) 여호와 곧 아브라함의 하나님(엘로힘), 이삭의 하나님(엘로힘), 야곱의 하나님(엘로힘)께서 나를 너희에게 보내셨다 하라. 이는 나의 영원한 이름이요, 대대로 기억할 나의 칭호니라.'라고 되어있습니다. 구약성경에 '하나님(엘로힘) 여호와'라고 호칭한 곳은 무려 700곳이 넘습니다. '엘로힘'이 '여호와'라면 당연히 예수님도 여호와란 말이 성립됩니다. 예수님도 '엘로힘'이시지만 또한 여호와이십니다.

웨스트민스터 신앙고백 제2장 3항에서 '성부께서는 아무에게서도 출생하셨거나 나오지 않으시고 성자께서는 성부에게서 영원히 출생하셨으며 성령께서는 성부와 성자에게서 나오신다.'라고 한 바와 같이, 예수님은 '자존자'가 아닌 하나님이 된다는 주장도 잘

---

466) 박형룡, 『조직신학 4권』 (서울: 개혁주의출판사, 2017), 240.
467) 서철원, 『교의신학 2』 (서울: 쿰란출판사, 2018), 41.

못되었습니다. 성자께서 성부에게서 출생하셨다는 것을 인간의 출생과 같은 의미로 해석하면 안 됩니다. 성자께서는 영원히 출생하셨기 때문에, 성부가 먼저이고 성자가 나중이라고 시간적인 차이로 해석해서는 안 됩니다. 영원에서는 '먼저'니 '나중'이니 하는 것을 찾아서는 안 되기 때문에, 성부의 영원성은 또한 성자의 영원성이기도 합니다. 여호와라는 명칭은 어디서나 그리스도께 적용되었으므로, 그리스도의 존재는 신격에 관한 한 자존 하시는 분이십니다. 성부는 그가 하나님이 아닌 한 성부가 될 수 없으며, 성자 또한 그가 하나님이 아닌 한 성자가 될 수 없으므로 신격은 절대적인 의미에서 자존 하신다고 우리는 고백하며, 따라서 우리는 성자가 하나님이시기 때문에 자존 하신다고 고백합니다. 예수님은 '자존자'이십니다. 그리스도도 자기가 자존 하시는 하나님이심을 밝히기 위해 여호와의 희랍어 역인 ἐγώ εἰμι라는 이름으로 자기가 구약의 여호와이심을 밝혔습니다.[468] '아브라함이 나기 전부터 내가 있느니라.'(요 5:58)라는 예수님의 말씀은 그의 존재 근거가 그 자신 안에 있다는 것을 보여주시며, 또 광야에서 여호와께서 모세에게 자신을(영원부터) '스스로 있는 자'(출 3:14)로 알리신 이름 '여호와'를 회상하게 하는 말씀입니다.[469]

'부르짖으라.'라는 말이 큰 소리로 기도하라는 뜻일까요?

> 렘 33:3 너는 내게 부르짖으라. 내가 네게 응답하겠고 네가 알지 못하는 크고 비밀스러운 일을 네게 보이리라.

여기에 해당하는 단어는 '자악'이지만 본문에 사용된 단어는 '카라'이며, '자악'은 영어로 Cry out이나 Shout에 해당하지만, '카라'는 Call to입니다.[470] NIV, KJV, NASB 모두 Cry out이나 Shout가 아니라 Call to(Call unto)로 번역했습니다. 공동번역은 '(나를) 불러라.'로, 새 번역은 '(나를) 부르면'으로 바르게 번역했습니다. 그러므로 '부르짖으라.'는 말은 간절하고 열렬히 기도하라는 뜻입니다.[471]

물론 기도할 때 큰 소리로 부르짖을 수도 있고 통곡할 수도 있지만, 그렇게 해야만 기도가 응답을 받을 수 있다거나 하나님께서 기뻐하신다거나 기도의 효과가 빠르다고 여

---

468) 서철원, 『교의신학 2』, 41.
469) 박형룡, 『조직신학 4권』, 51.
470) 안유섭, 『원어로 여는 성경』, 89~90.
471) 박윤선, 『성경주석 예레미야서 (하)』 2판 (서울: 영음사, 1989), 387.

긴다면, 그것은 다분히 인간적인 생각이거나 이교도적인 주장에 불과합니다. 기도의 응답은 부르짖어 기도하느냐 아니냐에 달린 것이 아닙니다. 그것은 전적으로 하나님께 달려있습니다. 또한, 기도하는 사람의 신앙과 자세와 행위와 관계가 있습니다.

잠 28:9 사람이 귀를 돌이키고 율법을 듣지 아니하면 그의 기도도 가증하니라.

사 59:2 오직 너희 죄악이 너희와 너희 하나님 사이를 내었고 너희 죄가 그 얼굴을 가려서 너희를 듣지 않으시게 함이니

시 66:18 내가 내 마음에 죄악을 품으면 주께서 듣지 아니하시리라.

요일 3:22 무엇이든지 구하는 바를 그에게 받나니 이는 우리가 그의 계명들을 지키고 그 앞에서 기뻐하시는 것을 행함이라.

큰 소리로 부르짖는 것이 기도한 것 같고 마음도 후련할지는 모르나, 다른 사람들과 함께 기도하는 모임에서 그렇게 기도하는 것은 절제해야 할 것입니다. 물론 성격상 그렇게 기도하는 것이 좋은 사람은 다른 사람에게 방해가 되지 않는 곳에서 그렇게 하는 것은 아무 문제가 없을 것입니다. 문제는 큰 소리로 부르짖어야 응답받는다는 생각은 성경적이지 않고 다분히 이방 종교적인 것이라는 사실입니다.

에스겔

'소금을 뿌리지 아니하였고 너를 강보로 싸지도 아니하였다.'라는 말은 무슨 뜻일까요?

겔 16:4 너의 난 것을 말하건대 네가 날 때 네 배꼽 줄을 자르지 아니하였고 너를 물로 씻어 정결케 하지 아니하였고 네게 소금을 뿌리지 아니하였고 너를 강보로 싸지도 아니하였나니
　　5 너를 돌아보아 이 중의 한 가지라도 네게 행하여 너를 긍휼히 여긴 자가 없었으므로 네가 나던 날에 네 몸이 꺼린 바 되어 네가 들에 버려졌느니라.

당시에 신생아는 거친 소금으로 문질러서 강하게 하였고, 40일 동안 팔과 다리를 몸에다 밀착시켜 강보에 싸서 휘어지지 않게 했습니다. 본문에서 그렇게 하지 않았다는 것은 버려졌다는 뜻입니다.[472] 겔 16:5 하반절에 '네가 들에 버려졌느니라.'라는 말에서 그것을 확인할 수 있습니다. 겔 16:4 상반절에 있는 표현도 같은 의미로 볼 수 있습니다. 예루살렘의 본래 상태가 그러했습니다.[473]

안식일을 주신 목적이 무엇일까요?

> 겔 20:12 또 나는 그들을 거룩하게 하는 여호와인 줄 알게 하려 하여 내가 내 안식일을 주어 그들과 나 사이에 표징으로 삼았었노라.
> 13 그러나 이스라엘 족속이 광야에서 내게 패역하여 사람이 준행하면 그로 인하여 삶을 얻을 나의 율례를 준행치 아니하며 나의 규례를 멸시하였고 나의 안식일을 크게 더럽혔으므로 내가 이르기를 내가 내 분노를 광야에서 그들의 위에 쏟아 멸하리라 하였으나
> 14 내가 내 이름을 위하여 달리 행하였었나니 내가 그들을 인도하여 내는 것을 목도한 열국 앞에서 내 이름을 더럽히지 아니하려 하였음이로라.

겔 20:12의 말씀처럼 하나님은 하나님의 백성을 거룩하게 하시는 분이시라는 것을 알게 하려 하심입니다. 안식일의 의미는 하나님의 백성이 이방 민족들과 구별되어 하나님의 특별한 소유가 되었다는 것을 확인하는 데 있었습니다. 그래서 안식일 준수를 자기부정의 차원에서 설명할 수 있습니다. 안식일은 자신을 죽이는 표시이며, 하나님은 이러한 죽임을 통하여 우리를 거룩하게 만드십니다. 우리가 자연적인 상태에 머물면 우리는 다른 사람들과 혼합되어 불신자들로부터 구별되지 못하기 때문에, 자신을 죽이는 의미인 진정한 안식일 준수를 통하여 우리가 우리 자신과 세상에 대하여 죽고, 또한 자기부정을 연습하게 하심으로써 하나님은 우리를 거룩하게 하십니다.[474] 그러므로 자신들의 의지를 만족시키고 관철하면서도, 다만 외형적으로만 모든 일을 중단하는 것으로 안식일을

---

472) *Comm.* Ezekiel 16:4~5, He afterwards adds, they were not rubbed with salt; for salt is sprinkled on the body of an infant to harden the flesh, while care must be taken not to render it too hard; and this moderate hardness is effected by the sprinkling of salt. The full meaning is, that the Jews at their birth were cast out with such contempt, that they were destitute of the necessary care which life requires.

473) Barbara M. Bowen, 42.

474) *Comm.* Ezekiel 20:12, But if we desire to understand the matter better, we ought first to lay it down that the Sabbath was the sign of mortification. God, therefore, sanctifies us; because when we remain in our natural state we are there mixed with others, and have nothing different from unbelievers: hence, therefore, it is necessary to begin by dying to ourselves and the world, and by exercising self-denial; and this depends on the grace of God.

지켰다고 생각하는 것은 위선이며, 안식일의 목적인 자기부정과는 정반대의 길을 가는 것입니다.[475)

다니엘

다니엘서 1장은, 다니엘처럼 세상을 따르기보다는 하나님의 말씀을 따르면 하나님께서 지켜주시고 출세하게 하신다는 말씀일까요?

단 1:8~16

아니면 다니엘처럼 지혜롭게 처신함으로 하나님의 말씀을 지키는 데 방해가 되는 것들을 제거할 수 있다고 해석해야 할까요? 또는 다니엘과 그 친구들처럼 행하면 하나님께서 지켜주시고 구해주신다고 해석해야 할까요? 물론 이러한 해석에는 좋은 교훈들이 포함되어 있습니다. 본문을 통하여 그런 교훈들을 얻는 것은 결코 잘못된 것은 아닙니다.

그러나 과연 본문이 그런 것들을 말하려고 할까요? 이스라엘 백성들은 바벨론에 포로로 끌려왔습니다. 그런 상황에서 그들은 하나님이 과연 계시는가, 하나님께서 자신들의 삶에 개입하시고 주관하시는가, 이스라엘의 하나님이 바벨론에도 계시는가, 하나님은 바벨론 사람들이 섬기는 신들보다 강하신가에 대하여 회의적인 생각이 들 수밖에 없었습니다. 본문은 하나님은 과연 계시고, 그들의 삶에 친히 개입하시고 주관하시며, 바벨론에도 계시고 바벨론 사람들이 섬기는 신들보다 강하시다는 것을 보여줍니다. 하나님은 과연 살아계셔서 사람들의 마음을 부드럽게도 하시고, 평범한 음식으로도 더 건강하게도 하시고, 풀무불 가운데서도 구하시고, 사자 굴속에서도 구하신다는 것을 보여줍니다.

그러나 모든 신자에게 그와 같이 동일하게 역사하시는 것은 아닙니다. 하나님 말씀대로 순종함으로 오히려 더 어려울 수도 있고 죽임을 당할 수도 있습니다. 그것은 각자를 향하신 하나님의 계획과 뜻에 달려있습니다. 분명한 것은 하나님은 다니엘과 그 친구들의 생애를 통하여 하나님의 개입하시고 도우시며 구원하시는 능력을 분명하게 보여주신 것입니다.[476)

---

475) *Comm.* Ezekiel 20:13, For hypocrites think they have discharged every duty by abstaining from all work; but the Prophet replies that this is a mere laughing-stock, since they fast on a Sabbath for strife and contention, and then that they gratify their will, which is opposed to self-denial.

'때와 법을 변개코자 할 것이며'라는 말은 콘스탄틴의 안식일 변경과 십계명의 변경을 말하는 것일까요?[477]

단 7:25 그가 장차 말로 지극히 높으신 자를 대적하며 또 지극히 높으신 자의 성도를 괴롭게 할 것이며 그가 또 때와 법을 변개코자 할 것이며 성도는 그의 손에 붙인 바 되어 한 때와 두 때와 반 때를 지내리라.

안식일을 지켜야 한다고 주장하는 사람들은 주일을 지키는 것이 다니엘 7장의 예언 성취라고 주장하면서, '때와 법을 변개코자 할 것이며'라는 말은 콘스탄틴의 안식일 변경과 십계명의 변경을 말하는 것이라고 해석합니다. 과연 그럴까요?

그들은 다니엘 7장의 네 짐승을 네 나라로 해석합니다. 그중에 넷째 짐승이 나오는데 이는 넷째 나라인 로마를 가리키고, 그 짐승에게서 나온 열 뿔은 로마에서 일어날 열 나라를 의미하며, 이 열 뿔 중에서 작은 뿔은 교황권을 의미하고, 또 작은 뿔이 나올 때 세 뿔이 뽑히는 것으로 되어있는데 이는 세 나라를 교황권이 정복시킨 것이라고 해석합니다. 그리고 때와 법을 변개코자 할 것이라는 말씀이 가톨릭의 교황권이 안식일을 변경시킬 것이라는 예언이기 때문에, 결국 '콘스탄틴의 321년 칙령'은 예언의 성취라고 주장합니다.

이들의 말대로 콘스탄틴이 안식일을 변경시켰다면 작은 뿔이 콘스탄틴이라는 말인데, 콘스탄틴은 교황권이 나올 때(538년)보다 200년 전의 사람이므로 그들의 주장은 억지 주장임을 알 수 있습니다.

본문의 '때'는 아람어 '제만'으로 정해진 기한(기간)을 나타내고, 얼마간의 중간시기를 비유적으로 표현한 것이며,[478] 해(365일)나 안식일과는 전혀 다른 말입니다. '제만'은 어디에도 안식일이나 절기에 대하여 사용되지 않았습니다. 본문은 적그리스도가 하나님의 때(기한)에, 하나님께서 왕들을 세우시며 폐하시는 것을 대적하여, 왕들을 자의로 세우고 폐하려 한다는 뜻입니다.

본문의 '법'은 '다트'라는 아람어로 왕의 포고된 법을 말하며, 다니엘서에는 8회 사용

---

476) 소재열, 『성경 해석과 강해 설교』, 97.

477) 아래 내용의 일부는 진용식(jin-bible@hanmail.net), "다니엘 7:25의 때와 법의 변개가 안식일 변경 예언인가?", <교회와 신앙>, 2001년 08월 01일, www.amennews.com에서 발췌하였음.

478) *Comm.* Daniel 70:25, Those who consider a "time" to mean a "year," are in my opinion wrong. They cite the fortytwo months of the Apocalypse, (Revelation 13:5,) which make three years and a half; but that argument is not conclusive, since in that case a year will not consist of 365 days, but the year itself must be taken figuratively for any indeterminate time. It is better then to keep close to the Prophet's words. A "time," then, is not put for a certain number of months or days, nor yet for a single year, but for any period whose termination is in the secret counsel of God.

되었는데 1회만 하나님의 율법에 대하여 기록되었고(단 6:5), 그 외에는 왕의 법을 말합니다(단 2:9, 13, 15, 6:8, 12, 15, 7:25). 본문에서도 역시 세상의 일반법을 말하는 것이 분명합니다. 그러므로 본문의 법을 변개시키려고 했다는 말은, 적그리스도가 세상의 법도 마음대로 바꾸는 일을 할 것이라는 뜻입니다.

소선지서(호세아-말라기)

선지자가 음란한 여자 혹은 매춘부와 결혼하는 것이 가능할까요?

호 1:2 여호와께서 비로소 호세아로 말씀 하시니라. 여호와께서 호세아에게 이르시되 너는 가서 음란한 아내를 취하여 음란한 자식들을 낳으라. 이 나라가 여호와를 떠나 크게 행음함이니라.

신 23:17은 '이스라엘 여자 중에 창기가 있지 못할 것이요 이스라엘 남자 중에 미동이 있지 못할지니'라고 말씀합니다. 또 매춘부가 아니라도 성적으로 문란하여 매춘부처럼 행동했다면 돌로 쳐 죽이라고 말씀합니다(신 22:20~21).

그렇다면 하나님께서 하나님의 거룩한 선지자인 호세아에게 매춘부와 결혼하라고 명령하시는 것은 모순처럼 보입니다. 그래서 이 결혼이 실제가 아니라 가설적이라거나 영적인 것이라고 해석하기도 합니다. 그러나 그렇게 해석할 수 있는 근거는 없습니다. 또 고멜이 결혼 당시에는 매춘부가 아니었다고 해석하기도 합니다. 그럴 가능성도 있지만, 그러나 그것도 분명한 근거는 없습니다. 고멜을 음란한 아내 또는 매춘부라고 한 것은 비록 처음에는 매춘부가 아니었을지라도 그녀의 마음은 이미 매춘부와 다름이 없었기 때문에 그렇게 표현했을 것이라는 해석도 가능성이 없는 것은 아닙니다. 그렇다고 하더라도 하나님께서 호세아에게 '음란한 아내를 취하여 음란한 자식들을 낳으라.'라고 명령하신 것은 이해하기가 쉽지 않습니다.

분명한 것은 하나님은 죄악된 명령을 내리실 리가 없다는 것과 하나님께서 하나님의 율법과 어긋나 보이는 것을 명령하신다고 하더라도, 우리가 그것을 이해하기 어려울 뿐이지 거기에는 결코 모순될 수 없는 하나님의 깊고 높은 뜻이 있다는 사실입니다. 또한, 매춘부와의 결혼이 무조건 금지된 것도 아니라는 사실도 알아야 합니다. 성경에 나오는 대표적인 매춘부와의 결혼은 살몬의 경우입니다. 살몬은 매춘부였던 라합과 결혼했으며 당당히 예수님의 족보에 들어가 있습니다(마 1:5). 또한, 매춘부였던 라합을 성경에서 믿음의 인물로 증거합니다(히 11:31).

하나님께서 인애를 원하시고 제사를 원하시지 않는다면 제사를 폐지해야 한다는 뜻일까요?

호 6:6 나는 인애를 원하고 제사를 원치 아니하며 번제보다 하나님을 아는 것을 원하노라.

인애가 제사보다 중요하지만 제사를 폐지해야 한다는 뜻은 아닙니다. 인애와 제사는 분리되어서는 안 됩니다. 무자비하게 적대감을 가지고 신랄하게 조소하며 악의를 키우면서, 다른 한편으로는 제사 드리는 것을 함께할 수는 없습니다.[479] 하나님은 인애가 결여된 제물을 기뻐하지 않으시기 때문에, 하나님 앞에서 제사 행위를 취한 것으로 족할 줄 안다면 그것은 잘못된 것입니다.[480] 하나님은 희생 제사들을 금하시지 않으셨고 오히려 명하셨습니다. 그러나 희생 제사들은 그 자체의 가치나 내재적인 효력을 통하여 하나님을 기쁘시게 한 적이 없고, 하나님을 기쁘시게 하는 것은 신앙과 사랑, 신앙과 경건입니다.[481]

욜 2:28～32의 예언은 오순절 사건을 통하여 문자적으로 성취되었을까요?

욜 2:28 그 후에 내가 내 신을 만민에게 부어 주리니 너희 자녀들이 장래 일을 말할 것이며 너희 늙은이는 꿈을 꾸며 너희 젊은이는 이상을 볼 것이며
29 그때 내가 또 내 신으로 남종과 여종에게 부어 줄 것이며
30 내가 이적을 하늘과 땅에 베풀리니 곧 피와 불과 연기 기둥이라.
31 여호와의 크고 두려운 날이 이르기 전에 해가 어두워지고 달이 핏빛같이 변하려니와
32 누구든지 여호와의 이름을 부르는 자는 구원을 얻으리니 이는 나 여호와의 말대로 시온산과 예루살렘에서 피할 자가 있을 것임이요 남은 자 중에 나 여호와의 부름을 받을 자가 있을 것임이니라.

---

479) D. A. Carson, 121.
480) 박윤선, 『성경주석 소선지서』 2판 (서울: 영음사, 1989), 45.
481) *Comm.* Hosea 6:6, The answer to this is easy, and that is, that sacrifices never pleased God through their own or intrinsic value, as if they had any worth in them. What then? Even this, that faith and piety are approved, and have ever been the legitimate spiritual worship of God.

이 예언은 오순절 사건으로 성취되었음을 행 2:14~21이 증거합니다. 그러나 문자적으로 이루어지지는 않았습니다. 피와 불과 연기 기둥도 없었고, 해가 어두워지고 달이 핏빛같이 변하는 일도 일어나지 않았습니다. 또 '너희 늙은이는 꿈을 꾸며 너희 젊은이는 이상을 볼 것'이라는 말씀도 비유적인 표현으로 그리스도께서 오신 이후로 탁월하게 소유한 지식의 빛을 뜻합니다.482) 그리스도의 나라에서 모든 신자가 하나님께 대한 더 풍부한 지식을 갖게 되리라는 것을 꿈과 이상이라는 말로 표현했습니다.483)

그 이유가 무엇일까요? 이러한 표현들은 하나님께서 역사 가운데 개입하시는 것을 묘사하기 위해 사용된 일종의 상투적 용어(stock terminology)이기 때문에, 하나님께서 개입하시고 하나님의 주권이 이 세계 왕국을 지배하는 것을 묘사하려고 할 때 사용한 이미지와 상징들은(사 24:23, 렘 4:28, 13:16, 15:9, 겔 32:7~8, 욜 2:10, 31, 3:15, 암 8:9, 합 3:11, 마 13:24~25, 27:45, 막 15:33, 눅 21:25, 23:44~45, 계 6:12) 문자적으로 해석하도록 의도되지 않았습니다.484)

암 2:1은 화장으로 장례 하는 것을 금하는 근거 구절이 될 수 있을까요?

> 암 2:1 여호와께서 가라사대, 모압의 서너 가지 죄로 인하여 내가 그 벌을 돌이키지 아니하리니, 이는 저가 에돔 왕의 뼈를 불살라 회를 만들었음이라.

초대교회에서는 시신을 화장한 경우를 찾아보기 힘들다고 전해집니다. 심지어 전염병으로 죽은 불신자의 시신까지도 전염병의 위험을 감수하면서 화장 대신 매장했다고 합니다. 그러나 성경은 명확하게 화장을 금하지 않습니다. 본문에서 모압이 하나님의 심판을 받았던 것은 화장 자체에 있었던 것이 아니라, 형제 나라인 에돔에 대한 의리를 배반하고 전쟁에서의 도리를 넘어 심지어 에돔왕의 시체를 파내어 그 뼈를 불살라 회를 만든 죄악은 인간성과 정의감을 망각한 것이기 때문입니다.485)

---

482) *Comm.* Joel 2:28, It is so in this place; as it was the usual way among the ancients that God manifested himself by dreams and visions to the Prophets, so he says, your old men shall dreams dream, and your young men shall visions see: but the Prophet no doubt sets forth under these forms of speech that light of knowledge in which the new Church excelled after Christ appeared:

483) *Inst.*, 4. 18. 4: For example: they represent turning to the Lord as ascent into Jerusalem [Isa. 2:2; Micah 4:1~2]; adoration of God, as the offering of all kinds of gifts [Ps. 68:29; 72:10~11; Isa. 60:6 ff.]; larger knowledge of him (to be given believers in the Kingdom of Christ), as dreams and visions [Joel 2:28].

484) Rover H. Stein, 113~114.

485) *Comm.* Amos 2:1, To dig up the bodies of enemies, and to burn their bones, - this is an inhuman deed, and wholly

요나의 심판 예언이 빗나갔다면 그것은 거짓 예언일까요?[486]

욘 3:4 요나가 그 성에 들어가며 곧 하룻길을 행하며 외쳐 가로되 사십일이 지나면 니느웨가 무너지리라 하였더니

요나는 니느웨가 하나님의 심판으로 무너질 것이라고 선포했습니다. 그것은 심판에 대한 예언입니다. 요나 개인의 생각이나 소원이 아니라 하나님께서 선포하라고 말씀하신 것입니다. 그런데 요나의 선포대로 되지 않았습니다. 그렇다면 요나의 심판 예언이 빗나갔기 때문에, 그것은 거짓 예언이 되고 요나는 거짓 선지자가 될까요? 그렇게 말하는 사람은 없을 것입니다. 그렇다면 예언이라는 것이 도대체 무슨 의미가 있을까요? 개인의 생각이나 소원이 아니라 하나님께서 말씀하신 것이라면 더더욱 이해하기 어려워집니다. 왜 그럴까요?

하나님의 심판은 무조건적인 것이 아니라 조건적인 것이기 때문입니다.[487] 니느웨는 회개했고, 그래서 심판은 보류되었습니다. 요나가 니느웨로 가지 않고 다시스로 가는 배를 탔던 이유도, 니느웨 사람들이 회개하여 하나님의 심판을 피할 수도 있다는 것을 알았기 때문이었습니다.[488] 욘 4:2의 '여호와께 기도하여 가로되 여호와여 내가 고국에 있을 때 이러하겠다고 말씀하지 아니하였나이까? 그러므로 내가 빨리 다시스로 도망하였사오니 주께서는 은혜로우시며 자비로우시며 노하기를 더디 하시며 인애가 크시사 뜻을 돌이켜 재앙을 내리지 아니하시는 하나님이신 줄을 내가 알았음이니이다.'라는 말씀이 이것을 확인시켜 줍니다.

하나님의 심판이 무조건적이라면 요나가 다시스로 피하려고 하지 않고 기꺼이 니느웨로 갔을 것입니다. 하나님은 심지어 아합과 같은 악한 임금에 대해서도 그가 회개했을 때 심판을 늦추셨습니다(왕상 21:17~29). 하나님은 이렇게 말씀하셨습니다.

렘 18:7 내가 언제든지 어느 민족이나 국가를 뽑거나 파하거나 멸하리라 한다고 하자.

---

barbarous. But it was more detestable in the Moabites, who had some connection with the people of Edom; for they descended from the same family; and the memory of that relationship ought to have continued, since Abraham brought up Lot, the father of the Moabites; and thus the Moabites were under an obligation to the Idumeans. ⋯ Had there been a drop of humanity in them, they would have treated more kindly their brethren, the Idumeans; but they burnt into lime, that is, into ashes, the bones of the king of Edom, and thereby proved that they had forgotten all humanity and justice.

486) 삼상 15:11의 해석을 참고하시기 바람.
487) Rover H. Stein, 111.
488) Rover H. Stein, 111~112.

8 만일 나의 말한 그 민족이 그 악에서 돌이키면 내가 그에게 내리기로 생각하였던 재앙에 대하여 뜻을 돌이키겠고

9 내가 언제든지 어느 민족이나 국가를 건설하거나 심으리라 한다고 하자.

10 만일 그들이 나 보기에 악한 것을 행하여 내 목소리를 청종치 아니하면 내가 그에게 유익케 하리라 한 선에 대하여 뜻을 돌이키리라.

'부흥케 하옵소서.'란 말은 '교회에 신자들이 많아지게 하옵소서.'라는 뜻일까요?

합 3:2 여호와여, 내가 주께 대한 소문을 듣고 놀랐나이다. 여호와여, 주는 주의 일을 이 수년 내에 부흥케 하옵소서. 이 수년 내에 나타내시옵소서. 진노 중에라도 긍휼을 잊지 마옵소서.

아니면 '신자들의 신앙이 성장하고 성숙하게 하옵소서.'라는 뜻일까요? '부흥케 하옵소서.'라는 말은 '하예후'를 번역한 것으로 직역하면 '그것을 일으키소서.'라는 말입니다.[489] 그러면 그것이 무엇일까요?

그것은 본문에서 '주의 일'인데 '주의 일'은 구체적으로 앞의 문맥에서 보면 열방에 대한 심판입니다. 그러므로 '주의 일을 이 수년 내에 부흥케 하옵소서.'라는 말은 결국 '열방에 대한 심판을 수년 내에 일으켜주옵소서'라는 뜻이 됩니다.

유다 백성은 비록 하나님께 죄를 범했지만 그래도 하나님의 백성으로서 비교적 의롭게 살려고 노력했습니다. 그런데도 유다보다 더 악한 이방 나라들에 의해 강탈당하고 짓밟히는 데 반해, 이방 나라들은 하나님을 대적함에도 유다보다 더 강하고 잘 삽니다. 여기에 대하여 하박국은 강한 의구심과 불만을 느끼고 하나님께 물었을 때, 하나님은 바벨론을 심판하시겠다고 대답하십니다(합 2:3).[490] 여기에 대하여 하박국 선지자가 두려워하며 '이 일을 수년 내에 부흥케 하옵소서.'라고 하나님께 기도한 것입니다.

하나님께서 미워하셨다는 말이 무슨 뜻일까요?

말 1:2 여호와께서 가라사대, 내가 너희를 사랑하였노라. 하나 너희는 이르기를 주께서 어떻게 우리를 사랑하셨나이까 하는 도다. 나 여호와가 말하노라. 에서는 야곱의 형이 아니냐? 그러나 내가 야곱을 사랑하였고

---

489) 안유섭, 『원어로 여는 성경』, 98.
490) 안유섭, 『원어로 여는 성경』, 98.

3 에서는 미워하였으며 그의 산들을 황무케 하였고 그의 산업을 광야의 시랑에게 붙였느니라.

롬 9:13 기록된바 내가 야곱은 사랑하고 에서는 미워하였다 하심과 같으니라.

사랑과 대립적인 의미일까요? 원수도 사랑하라고 말씀하시면서(눅 6:27) 어떻게 그럴 수 있을까요? 눅 14:26의 '무릇 내게 오는 자가 자기 부모와 처자와 형제와 자매 및 자기 목숨까지 미워하지 아니하면 능히 나의 제자가 되지 못하고'라는 말씀을 보면 이런 의미로 이해하기가 더욱 난처해집니다. 예수님께서 부모나 처자나 형제자매를 미워하거나 증오하라고 요구하신다는 것은 있을 수 없는 일입니다.

눅 14:26의 말씀이 마 10:37에서는 '아비나 어미를 나보다 더 사랑하는 자는 내게 합당치 아니하고 아들이나 딸을 나보다 더 사랑하는 자도 내게 합당치 아니하고'라고 되어있습니다. '미워하지 아니하면'을 '더 사랑하는'의 뜻으로 사용한 것을 볼 수 있습니다.[491] 하나님께서 미워하셨다는 말씀의 뜻, 또는 자기 부모와 처자와 형제와 자매 및 자기 목숨까지 미워하라고 말씀하신 뜻을 알려면 문자적인 뜻이 아니라, 그 말이 관용적으로 사용된 뜻이 무엇인지 알아야 합니다.

창 29:30을 보면 야곱이 레아보다 라헬을 더 사랑했다고 했는데, 창 29:31에서는 같은 뜻을 '레아에게 총이 없었다.'라고 했습니다. 야곱은 라헬을 더 사랑했고 레아를 덜 사랑했는데, 덜 사랑한 것을 총이 없다, 곧 미움을 받았다고 했습니다.[492] 문자적 번역에 충실한 KJV는 'And when the LORD saw that Leah was hated, he opened her womb: but Rachel was barren.'이라고 번역했습니다. 창 27:41, 신 21:15, 잠 13:24, 마 6:24, 10:37, 눅 14:26, 요 12:25 등에서도 그것을 확인할 수 있습니다. 그렇다면 미워한다는 말이 사랑과 대립적인 뜻이 아니라 덜 사랑한다는 뜻임을 알 수 있습니다. 하나님은 야곱을 더 사랑하셨고, 에서를 덜 사랑하셨으며, 야곱은 라헬을 더 사랑했고 레아를 덜 사랑했습니다.

두 주인을 섬길 수 없는 것도 하나는 더 사랑하고 다른 하나는 덜 사랑할 수밖에 없기 때문입니다. 우리는 하나님을 더 사랑하고 자기 부모와 처자와 형제와 자매 및 자기 목숨은 덜 사랑해야 합니다. 물론 그것은 믿기 전보다 자기 부모와 처자와 형제와 자매 및 자기 목숨은 덜 사랑해야 한다는 뜻은 아닙니다. 믿기 전보다 더 사랑해야 합니다. 그러나

491) Rover H. Stein, 146~147.
492) Rover H. Stein, 145~146.

자기 부모와 처자와 형제와 자매 및 자기 목숨을 하나님보다 더 사랑해서는 안 됩니다.

단어만 가지고 말한다면 하나님께서 미워하셨다는 말이 덜 사랑하셨다는 뜻이 됩니다. 그러면 본문은 단지 그런 의미일까요? 본문의 경우에는 하나님께서 선택하지 않으셨다는 뜻으로 미워하셨다는 말을 사용한 것이고, 반대로 사랑하셨다는 말은 선택하셨다는 의미로 사용된 것입니다.[493] 선지자가 말하려는 것은 야곱이 하나님에 의해 선택되었지만, 그의 형 에서는 버림받았다는 사실입니다.[494]

하나님을 시험하라는 말의 뜻이 무엇일까요?

말 3:10 만군의 여호와가 이르노라. 너희의 온전한 십일조를 창고에 들여, 내 집에 양식이 있게 하고 그것으로 나를 시험하여 내가 하늘 문을 열고 너희에게 복을 쌓을 곳이 없도록 붓지 아니하나 보라.

성경은 하나님을 시험하는 것에 대하여 긍정적으로 말하지 않습니다.

출 17:2 백성이 모세와 다투어 가로되, 우리에게 물을 주어 마시게 하라. 모세가 그들에게 이르되, 너희가 어찌하여 나와 다투느냐? 너희가 어찌하여 여호와를 시험하느냐?

민 14:22 나의 영광과 애굽과 광야에서 행한 나의 이적을 보고도 이같이 열 번이나 나를 시험하고 내 목소리를 청종치 아니한 그 사람들은

시 78:18 저희가 저희 탐욕대로 식물을 구하여 그 심중에 하나님을 시험하였으며

시 106:14 광야에서 욕심을 크게 발하며 사막에서 하나님을 시험하였도다.

행 5:9 베드로가 가로되, 너희가 어찌 함께 꾀하여 주의 영을 시험하려 하느냐? 보라, 네 남편을 장사하고 오는 사람들의 발이 문 앞에 이르렀으니 또 너를 메어 내가리라 한대

히 3:9 거기서 너희 열조가 나를 시험하여 증험하고 사십 년 동안에 나의 행사를 보았느니라.

또 하나님은 시험을 받지 않으십니다.

---

493) 박윤선, 『성경주석 소선지서』 2판, 492.
494) *Comm.* Malachi 1:2, But he says that Jacob was chosen by God, and that his brother, the firstborn, was rejected.

약 3:10 사람이 시험을 받을 때 내가 하나님께 시험을 받는다 하지 말지니, 하나님은 악에게 시험을 받지도 아니하시고 친히 아무도 시험하지 아니하시느니라.

그런데 유독 말 3:10만 하나님을 시험하라고 하는 것은 좀 이상합니다. 말 3:10에서 사용한 '시험'은 '바한'으로 '증명하다.'라는 뜻입니다.[495] KJV는 정확하게 prove로 번역했습니다.

Bring ye all the tithes into the storehouse, that there may be meat in mine house, and prove me now herewith, saith the LORD of hosts, if I will not open you the windows of heaven, and pour you out a blessing, that there shall not be room enough to receive it.

하나님을 시험하지 말라고 할 때 사용된 '시험'은 히브리어 '나싸'로 'test, tempt'라는 뜻이지만, 말 3:10의 '나를 시험하여'에서 사용된 시험은 '바한'으로 하나님 앞에서 인간의 마음을 드러냄으로써 그 상태를 증명해 보이는 것을 뜻합니다.[496]

말 4:2은 질병 치료와 관련된 말씀일까요?

말 4:2 내 이름을 경외하는 너희에게는 의로운 해가 떠올라서 치료하는 광선을 발하리니. 너희가 나가서 외양간에서 나온 송아지같이 뛰리라.

마치 하늘에서 광선이 레이저처럼 쏟아져서 병을 고치는 것처럼 생각하는 사람들이 있습니다. 우리말 성경을 문자적으로 보면 그렇게 이해하는 것도 가능하지 않을까 생각합니다. 물론 하나님께서 하나님의 이름을 경외하는 자들을 긍휼히 여기셔서 질병을 치료해 주실 수 있습니다. 그러나 본문은 앞뒤의 문맥을 볼 때 그런 뜻이라고 보기는 어렵습니다.

우선 '광선'이라는 말은 히브리어로 '카나프'인데 그 뜻은 광선이 아니라 '날개'입니다.[497] 영역본들(NIV, KJV, NASB, NLT, DBT 등)은 'wings'로 번역하고 있습니다. 이 날개라는 단어는 하나님의 보호를 뜻하는 표현으로 자주 사용되었습니다(출 19:4, 시

---

495) 안유섭, 『원어로 여는 성경』, 102.
496) 안유섭, 『원어로 여는 성경』, 102~103.
497) *Comm.* Malachi 4:2, He adds, And healing in its wings. He gives the name of wings to the rays of the sun; and this comparison has much beauty, for it is taken from nature, and most fitly applied to Christ.

17:8, 36:7, 57:1, 91:4, 룻 2:12, 마 23:37, 눅 13:34). '의로운 해가 떠올라서'는 '그리스도의 오심'을 가리키고(눅 1:78), '치료'는 '구원'을 가리키며(겔 47:12), '치료하는 광선'은 '그리스도의 구원 운동'을 가리킵니다.[498] 말라기는 그리스도의 날개 안에는 치유함이 있으리라고 말하는데, 그것은 하나님의 참다운 종이신 그리스도께서 수많은 재난을 짊어지실 것이라는 사실을 나타냅니다.[499]

말 4:2은 죄악 가운데 있던 하나님의 백성을 위해 메시아가 오셔서 자기 백성을 건지실 것이며, 이로 인해 그 건짐 받은 백성은 마치 외양간에서 나온 송아지처럼 기뻐 뛸 것이라는 말씀입니다.[500] 율법이 경건한 자들에게 그리스도의 강림을 소망하게 해주었지만, 그리스도께서 강림하실 때 그들은 더 밝은 빛을 기대하게 될 것이라는 뜻입니다.[501] 의의 태양이신 그리스도께서 복음을 통하여 빛나시며 죽음을 정복하시고, 우리에게 생명의 빛을 비추셨습니다(딤후 1:10).[502] 그러므로 하늘에서 어떤 빛이 내려서 질병을 치유 받는 것으로 해석하는 것은 본문의 뜻과는 전혀 상관이 없습니다.

---

498) 박윤선, 『성경주석 소선지서』 2판, 512.

499) *Comm.* Malachi 4:2, Malachi now says, that there would be healing in the wings of Christ, inasmuch as many evils were to be borne by the true servants of God;

500) 윤석준, 『한국교회가 잘못 알고 있는 101가지 성경 이야기 (2)』, 204.

501) *Inst.*, 2. 9. 1: By these words he teaches that while the law serves to hold the godly in expectation of Christ's coming, at his advent they should hope for far more light.

502) *Inst.*, 3. 25. 1: Christ, the Sun of Righteousness [Mal. 4:2], shining through the gospel and having overcome death, has, as Paul testifies, brought us the light of life [II Tim. 1:10].

신약성경

마태복음

성경의 족보를 가지고 성경 연대를 추정할 수 있을까요?

> 마 1:8 아사는 여호사밧을 낳고, 여호사밧은 요람을 낳고, 요람은 웃시야를 낳고

본문은 요람은 웃시야를 낳았다고 기록되어 있습니다. 이 말은 요람은 웃시야의 아버지(Joram the father of Uzziah), 또는 웃시야는 요람의 아들이라는 말일까요? 대상 3:11~12에 보면 요람과 웃시야 사이에 3대나 빠져 있는 것을 발견하게 됩니다(아사랴는 웃시야와 같음).[1] 왕상 15:3, 대상 26:24도 비슷합니다. 이것은 성경의 기록자가 실수한 것일까요? 아닙니다. 히브리 관용어에 대한 이해가 없으면 그렇게 오해할 수도 있습니다.

'아들', '아버지', '낳았다.'라는 말은 실제의 아들 또는 아버지뿐만 아니라 후손 또는 조상을 뜻하는 히브리어의 관용적인 표현입니다. 따라서 성경의 족보를 가지고 성경 연대를 추정하는 것은 정확하지 않습니다.

'동방'은 동쪽을 뜻할까요?

> 마 2:1 헤롯왕 때 예수께서 유대 베들레헴에서 나시매 동방으로부터 박사들이 예루살렘에 이르러 말하되
> 2 유대인의 왕으로 나신 이가 어디 계시뇨? 우리가 동방에서 그의 별을 보고 그에게 경배하러 왔노라 하니

성경에서 동방은 이방을 나타내는 데 자주 사용했습니다(창 29:1, 삿 6:3, 사 2:6, 24:15, 41:2, 렘 49:28, 겔 25:4).[2] 또 마지막 종말, 메시아의 날에 열국들(이방 나라들)이 돌아오는 것을 동방으로부터 오는 것으로 표현했습니다(사 43:5, 46:11).[3] 그러므로 동방으로 간다거나 동방 풍속을 좇는다거나 동방 사람과 같이 되었다는 표현 등은 모두 하나님을 떠나 이방을 향하여 갔다는 뜻이 되고, 반대로 동방으로부터 온다는 말은 하나님을 떠났던 이방인들이 하나님께 돌아오는 것을 나타냅니다.[4]

---

1) T. Norton Sterrett, *How to understand your Bible* 편집부 역, 『성경 해석의 원리』 개정 초판 (서울: 성서유니온선교회, 1999), 155.
2) 윤석준, 『한국 교회가 잘못 알고 있는 101가지 성경 이야기 (2)』 (서울: 부흥과 개혁사, 2011), 267~268.
3) 윤석준, 『한국 교회가 잘못 알고 있는 101가지 성경 이야기 (2)』, 269~270.

동방으로부터 박사들이 예수님을 경배하러 왔다는 말은 결국 구약성경의 예언이 성취되어 이방인들이 메시아께로 나아오게 되었다는 것을 뜻합니다. 동방으로부터 온 박사들은 이방인들을 대표합니다.[5]

동방박사들은 마구간이 아닌 집(the house)에 들어가 아기 예수님께 경배했을까요?

> 마 2:11 집에 들어가 아기와 그 모친 마리아의 함께 있는 것을 보고 엎드려 아기께 경배하고 보배합을 열어 황금과 유향과 몰약을 예물로 드리니라.
> 12 꿈에 헤롯에게로 돌아가지 말라 지시하심을 받아 다른 길로 고국에 돌아가니라.

Robert H. Gundry는 동방박사 세 사람이 예수님을 마구간이 아니라 집에서 만났다고 주장하면서, 그 이유는 마구간이 동방박사들처럼 품위 있는 사람들이 왕께 비싼 선물을 드리기에는 적합한 장소가 아니기 때문이라고 주장했습니다.[6] 이는 마태의 생각을 볼 수 있는 별도의 자료도 없이, 단지 신학적 동기를 상황에 맞게 조정하기 위해 마태가 '마구간'을 '집'으로 바꾸었다고 주장하는 것입니다.[7]

누가복음에는 예수님께서 말구유에서 탄생하셨다고 했는데, 마태복음에서는 동방박사들이 집에 들어가 예수님께 경배했다고 기록되어 있어서 이상하다고 생각할 수 있지만, 그 이유는 동방박사들이 방문한 시점이 예수님께서 탄생하신 후 시간이 상당히 지난 시기이기 때문에, 예수님께서 계속 구유에 계셨다고 보는 것도 무리입니다.[8]

동방박사들의 수는 세 명이며 세 가지 예물은 그리스도의 왕권, 제사장 직분, 고난(장례)을 상징할까요?

> 마 2:11 집에 들어가 아기와 그 모친 마리아의 함께 있는 것을 보고 엎드려 아기께 경배하고 보배합을 열어 황금과 유향과 몰약을 예물로 드리니라.

복음서 기자들은 동방박사들의 수에 대해서 명확하게 밝히지 않고 있습니다. 세 가지 선

---

4) 윤석준, 『한국 교회가 잘못 알고 있는 101가지 성경 이야기 (2)』, 270.
5) 윤석준, 『한국 교회가 잘못 알고 있는 101가지 성경 이야기 (2)』, 270.
6) Robert H. Gundry, *Matthew: A Commentary on His Literary and Theological Art* (Grand Rapids: Eerdmans, 1982), 31, D. A. Carson, 『성경 해석의 오류』(*Exegetical Fallacies*), 2nd. 박대영 역 (서울: 성서유니온선교회, 2002), 180~81에서 재인용 하였습니다.
7) D. A. Carson, 『성경 해석의 오류』(*Exegetical Fallacies*), 2nd. 박대영 역 (서울 : 성서유니온선교회, 2002), 180~181.
8) 박윤선, 『성경주석 공관복음 (상)』 2판 (서울: 영음사, 1989), 92.

물을 드렸다고 해서 천주교는 그 숫자를 셋으로 확정하는데 그것은 유치한 실수입니다.[9]

동방박사들이 예수님께 드린 세 가지 선물에 대하여 루터는 황금은 왕에게 적합하고, 유향은 하나님께 적합하며, 몰약은 죽은 사람에게 적합한 선물이라고 해석했는데, 여기에 대하여 박윤선은 생각할 만하다고 하였습니다.[10] 그러나 칼빈은 이는 터무니없는 소리라고 일축하면서 그 세 가지 예물은 동방의 자랑인 세 가지 특산물이라고 해석했습니다.[11]

마태복음 3장의 의도는 천국이 가까웠으니 회개해야 한다는 뜻일까요?

마 3:1~12

아니면 세례 요한처럼 사역자들은 청빈하고 겸손해야 한다는 뜻일까요? 또는 회개에 합당한 열매를 맺어야 한다는 의미일까요?

본문의 강조점은 세례 요한의 청빈하고 겸손한 삶에 있는 것도 아니고, 회개하고 그에 합당한 열매를 맺어야 한다는 말씀에 있는 것도 아닙니다. 하나님의 구원행위에 있습니다. 하나님께서 자기 백성을 구원하시기 위해 오신다는 것을 세례 요한이 선포하고 있습니다. 물론 본문에서 세례 요한의 청빈하고 겸손한 삶, 회개하고 그에 합당한 열매를 맺어야 한다는 교훈을 얻을 수 있습니다. 그것은 정당한 것입니다. 그것을 배제하지는 않습니다. 그러나 성경은 위인전이나 전기가 아니라 그런 것들을 통하여 하나님과 하나님의 구원을 계시하는 데 목표가 있습니다.

---

9) "As the Evangelist does not state what was their number, it is better to be ignorant of it, than to affirm as certain what is doubtful. Papists have been led into a childish error, of supposing that they were three in number: because Matthew says, that they brought gold, frankincense, and myrrh," (칼빈의 성경주석 영문은 John Calvin, *COMMENTARY ON THE BOOK OF GENESIS*, The Ages Digital Library Commentary, Books for the Ages, AGES Software · Albany, OR USA Version 1.0 © 1998 을 사용하였고, 이후 칼빈의 성경주석 영문은 본 자료를 사용하며, *Comm.* Matthew 2:1 등으로 표기함)

10) 박윤선, 『성경주석 공관복음 (상)』, 93.

11) *Comm.* Matthew 2:11, They make gold the symbol of his kingdom, - frankincense, of his priesthoods, - and myrrh, of his burial. I see no solid ground for such an opinion. It was customary, we know, among the Persians, when they offered homage to their kings, to bring a present in their hands. The Magi select those three for the produce of which Eastern countries are celebrated;

물로 세례를 주는 것과 성령과 불로 세례를 주는 것은 어떻게 다를까요?

마 3:11 나는 너희로 회개케 하려고 물로 세례를 주거니와 내 뒤에 오시는 이는 나보다 능력이 많으시니 나는 그의 신을 들기도 감당치 못하겠노라. 그는 성령과 불로 너희에게 세례를 주실 것이요

물세례는 성령과 불로 세례를 주는 것과 다르다는 주장은 끈질기게 명맥을 이어 오는데, 그런 주장은 잘못된 것임을 3가지 정도 지적할 수 있습니다. 첫째는 성령을 집례자들이 주는 은사로 보기 때문이고, 둘째는 요한의 세례를 쓸모없는 상징, 곧 아무런 효력이 없는 것으로 보기 때문이며, 셋째는 그리스도께서 자신의 몸으로 이 세례를 성별 하셨을 때, 그분께서 우리와 갖기로 작정하신 교제는 바로 그 상징을 통해 확정되었음에도 우리는 그리스도의 세례에 동참하지 못한다는 결론이 나오기 때문입니다.[12]

천주교와 재세례파, 소시누스파, 아르미니우스파, 많은 현대 신학자가 요한의 세례와 기독교의 세례가 본질에서 같다는 견해에 대해 반대를 했지만, 예수님과 사도들은 요한의 세례와 기독교의 세례를 구별하지 않았고, 요한의 세례를 받은 사람들을 다시 세례를 베풀지 않고 그대로 받아들였으며, 마 28:19에서 다른 세례를 도입하지 않고 다만 모든 민족으로 확대하였습니다.[13]

마 3:11, 막 1:8, 눅 3:16은 요한의 세례는 물세례이고 기독교의 세례는 성령세례와 불세례로서 서로 다르다는 생각을 불러일으키지만, 행 1:5에서는 요한의 세례가 다만 오순절에 임한 은유적으로 일컬어진 성령의 세례에 대해 대조하고 있어서, 두 가지 세례는 표시와 그 의미하는 것에 있어서 전적으로 일치한다는 것을 알 수 있습니다.[14]

행 8:16, 10:44, 11:16, 19:1~7은 두 세례가 일치하지 않는다는 근거로 제시될 수 있지만, 행 19:1~7의 경우는 요한의 세례를 받은 자들이 다시 예수의 이름으로 세례를 받은 것은 요한의 이름으로 받은 세례가 참된 본래 요한의 세례로 인정할 수 없었기 때문

---

12) *Comm.* Matthew 3:11~12, It ought not to have any weight with us, that an opinion has long and extensively prevailed, that John's baptism differs from ours. We must learn to form our judgment from the matter as it stands, and not from the mistaken opinions of men. And certainly the comparison, which they imagine to have been made, would involve great absurdities. It would follow from it, that the Holy Spirit is given, in the present day, by ministers. Again, it would follow that John's baptism was a dead sign, and had no efficacy whatever. Thirdly, it would follow, that we have not the same baptism with Christ: for it is sufficiently evident, that the fellowship, which he condescends to maintain with us, was ratified by this pledge, when he consecrated baptism in his own body.

13) Herman Bavinck, *Gereformeerde Dogmatiek 4*, 박태현 역, 『개혁 교의학 4』 (서울: 부흥과개혁사, 2014), 590, 이후로는 『개혁 교의학 4』 등으로 표기함.

14) 『개혁 교의학 4』, 590.

이었고, 행 8:16, 10:44, 11:16의 경우는 예수의 이름으로 세례를 받았지만, 그들 가운데 아무도 성령을 받지 못했고 사도들이 안수함으로 비로소 성령을 받았다는 것을 말씀할 뿐입니다.[15]

요한이 자기는 물로 세례를 주지만 그리스도께서는 성령과 불로 세례를 주시리라고 말한 것은, 세례의 종류를 구분하려고 한 것이 아니라, 다만 자기와 그리스도의 인격을 비교한 것, 곧 자기는 물로 세례를 주지만 성령으로 세례를 주시는 분은 그리스도시라고 한 것입니다.[16]

성령과 불로 세례를 주는 것은 성령을 주는 것이며, 그렇게 표현한 것은 성령은 중생시키는 일에서 불의 기능과 성격을 가진 것과 같기 때문입니다.[17] '불'이라는 용어는 불로 금을 제련하듯이 우리의 더러움을 말끔히 씻어 없앨 수 있는 일종의 속성을 표시하는 형용어구로서, '성령'이라는 말과 함께 사용된 것입니다.[18] 성령과 불로 세례를 준다는 말은 정화하고 태우는 성령의 불로 세례를 준다는 의미입니다.[19]

예수님은 요 3:5에서 '진실로 진실로 네게 이르노니 사람이 물과 성령으로 나지 아니하면 하나님 나라에 들어갈 수 없느니라.'라고 말씀하셨는데, 여기에서도 물과 같은 일을 하는 성령에 의해서 거듭난다는 말로 해석할 수 있습니다.[20] 여기에서 예수님은 물을 세례가 아니라 위로부터 태어나는 것의 속성을 묘사한 것이기 때문입니다.[21] 거듭나는 것은 위로부터 나는 것이고, 하나님으로부터 나는 것이며, 물과 성령으로 나는 것, 곧 성령으로 나는 것으로, 성령의 정결하게 하는 사역은 물로서 상징됩니다.[22] 세례와 관련하여 물과 불은 성령의 사역에 대한 상징입니다.[23]

---

15) 『개혁 교의학 4』, 591.

16) John Calvin, *Institutes of the Christian Religion*, ed. John T. McNeil, tr. Ford Lewis Battles (Philadelphia: The Westminster Press, 1960), 4권 15장 8절, "'What, then, is the meaning of John's statement that he baptizes with water but that Christ would come to baptize with the Holy Spirit and with fire [Matt. 3:11; Luke 3:16]? This can be explained in few words. John did not mean to distinguish one sort of baptism from another, but he compared his person with that of Christ-that he was a minister of water, but Christ the giver of the Holy Spirit;", 이후로는 *Inst.*, 4. 15. 8 등으로 표기함.

17) *Inst.*, 4. 16. 25: Therefore, just as to baptize by the Holy Spirit and by fire is to confer the Holy Spirit, who in regeneration has the function and nature of fire, so to be reborn of water and the Spirit is but to receive that power of the Spirit, which does in the soul what water does in the body.

18) *Comm.* Matthew 3:11, The word fire is added as an epithet, and is applied to the Spirit, because he takes away our pollutions, as fire purifies gold.

19) 『개혁 교의학 3』, 619.

20) *Inst.*, 4. 16. 25: Christ indicates here the way in which God regenerates us, namely, through water and the Spirit. It is as if he said: through the Spirit, who in cleansing and watering faithful souls performs the function of water. I therefore simply understand "water and Spirit" as "Spirit, who is water."

21) 『개혁 교의학 4』, 43.

22) 『개혁 교의학 4』, 47.

23) 『개혁 교의학 4』, 631.

돌들이 떡 덩이가 되게 하라는 사탄의 요구가 왜 시험일까요?[24)]

마 4:1 그때 예수께서 성령에게 이끌리어 마귀에게 시험을 받으러 광야로 가사

2 사십 일을 밤낮으로 금식하신 후에 주리신지라

3 시험하는 자가 예수께 나아와서 가로되, 네가 만일 하나님의 아들이거든 명하여 이 돌들이 떡 덩이가 되게 하라.

4 예수께서 대답하여 가라사대, 기록되었으되 사람이 떡으로만 살 것이 아니요, 하나님의 입으로 나오는 모든 말씀으로 살 것이라 하였느니라 하시니

예수님께서 40일간 금식하시고 주리셨습니다. 40일 금식하여 주린 상태에서 가장 시급하게 해결해야 할 문제, 가장 절박한 필요는 굶주림을 해결하는 것입니다. 예수님은 그럴 능력이 있었습니다. 예수님은 하나님이시기 때문입니다. 예수님은 그런 능력을 사용함으로써 하나님의 아들이심을 증명할 수 있었고, 자신이 하나님의 아들이심을 증거할 필요도 있었습니다. 그렇다면 마귀의 요구가 어떻게 시험이 될 수 있을까요?

만일 예수님께서 마귀의 요구대로 하셨다면 그것은 무엇을 뜻할까요? 그것은 오직 하나님만 공급자시라는 것을 부정하고 하나님께 등을 돌리는 불신앙이 될 것입니다.[25)] 사탄의 요구는 하나님의 은혜를 빵으로 제한하라는 시험이기 때문입니다.[26)] 그것은 가장 큰 시험입니다. 그래서 예수님은 '사람이 떡으로만 살 것이 아니요, 하나님의 입으로 나오는 모든 말씀으로 살 것이라 하였느니라.'라고 마귀의 시험을 물리치셨습니다.

'사람이 떡으로만 살 것이 아니요, 하나님의 입으로 나오는 모든 말씀으로 살 것'이라는 신 8:3의 말씀은 물론 우리의 몸이 떡이 없이도 성경 말씀만으로 살 수 있다는 뜻은 아닙니다. 여기에서 '말씀'은 가르침의 뜻으로가 아니라 하나님의 자연 질서의 보호와 피조물에 대한 돌보심을 뜻하기 때문입니다.[27)] 떡이 우리의 육신을 살리기 때문에 그 문제에 대하여 우리는 외면할 수 없고 외면해서도 안 됩니다. 하지만 우리의 생명이 그것에 달린 것은 아닙니다. 우리의 생명은 하나님께 달렸습니다. 배부름과 풍요를 생명으로 취급하는 것은 모두 세상 사람들이 하는 것입니다. 우리의 몸을 살리는 것은 빵이지

---

24) 아래 내용은 필자의 설교에서 발췌하였음.

25) *Comm.* Matthew 4:4, "You advise me to contrive some remedy, for obtaining relief in a different manner from what God permits. This would be to distrust God; and I have no reason to expect that he will support me in a different manner from what he has promised in his word. …"

26) *Comm.* Matthew 4:4, "… You, Satan, represent his favor as confined to bread: but Himself declares, that, though every kind of food were wanting, his blessing alone is sufficient for our nourishment."

27) *Comm.* Matthew 4:4, The word does not mean doctrine, but the purpose which God has made known, with regard to preserving the order of nature and the lives of his creatures.

만, 우리가 누리는 생명은 빵을 통해 불어 넣어 주시며 살지게 하시는 하나님의 은혜이기 때문에, 우리가 누리는 생명을 빵 자체에 돌리는 것은 잘못입니다.[28] 마귀는 배부름과 풍요를 생명으로 취급하는 불신과 불필요한 관심을 가지도록 시험합니다.[29] 이것을 잘 분별하고 우리의 모든 것이 하나님께 달려 있다는 하나님의 말씀으로 마귀의 시험을 물리쳐야 합니다.

예수님을 성전 꼭대기에 세우고 '네가 만일 하나님의 아들이거든 뛰어내리라.'라고 요구한 것은 명예에 대한 시험일까요?

> 마 4:5 이에 마귀가 예수를 거룩한 성으로 데려다가 성전 꼭대기에 세우고
> 6 가로되, 네가 만일 하나님의 아들이거든 뛰어내리라 기록하였으되 저가 너를 위하여 그 사자들을 명하시리니 저희가 손으로 너를 받들어 발이 돌에 부딪히지 않게 하리로다 하였느니라.
> 7 예수께서 이르시되 또 기록되었으되 주 너의 하나님을 시험치 말라 하였느니라 하신대

많은 사람이 명예에 대한 시험이라고 합니다. 어떻게 명예에 대한 시험이 될 수 있을까요? 예수님의 대답을 보면 그것이 명예에 대한 시험이 아니라는 것을 금방 알 수 있습니다. 이 시험은 마귀가 예수님으로 하여금 하나님을 시험하게 하려는 시험이었습니다.[30]

무리하게 대출을 받아 교회당을 건축하면서, 하나님께서 살아계시면 부도나지 않게 하실 것이라고 믿는다면, 그것은 하나님을 시험하는 것입니다. 그래서 경매로 이단에게 팔려 간 교회 건물들이 부지기수(不知其數)입니다.

사탄은 하나님을 시험하도록 시험하기 위해 성경을 왜곡하는 방법을 사용합니다. 사탄은 시 91:11~12의 '저가 너를 위하여 그 사자들을 명하사 네 모든 길에 너를 지키게 하심이라. 저희가 그 손으로 너를 붙들어 발이 돌에 부딪히지 않게 하리로다.'라는 말씀을 인용하면서, 시편의 '비의도적인 넘어짐'을 성전 꼭대기에서 '의도적으로' 뛰어내리는 것으로 왜곡시킵니다.[31] 시 91:11~12이 의도하는 바는 우리가 만들어 낸 상황, 우리

---

28) *Comm.* Matthew 4:4, Though we live on bread, we must not ascribe the support of life to the power of bread, but to the secret kindness, by which God imparts to bread the quality of nourishing our bodies.

29) *Comm.* Matthew 4:4, This declaration of Moses condemns the stupidity of those, who reckon life to consist in luxury and abundance; while it reproves the distrust and inordinate anxiety which drives us to seek unlawful means.

30) 박희천, 『손 더듬이 성경 해석학-성경이 성경을 해석한다』(서울: 요단출판사, 1997), 157.

31) William W. Kline, Crag L. Blomberg, Robert L. Hubbard, Jr., *Introduction to Biblical Interpretation.* 류호영 역, 『성경 해석학

가 어떤 특정한 방향으로 하나님께서 행동하시도록 강요하는 그런 상황을 연출함으로써 하나님께서 신실하신지를 시험하는 데 있지 않고, 하나님의 자녀들에 대한 섭리적인 보호를 보여주려는 데 있었기 때문에, 예수님은 하나님의 은혜에 대하여 임의로 추정하는 것을 엄격히 금하시고 신 6:16 말씀으로 사탄의 시험을 물리치셨습니다.[32]

우리는 성경을 곡해하거나, 성경에 모호한 점이 있는 경우를 들어 성경을 무시하려는 모든 태도에 대하여 경계해야 합니다.[33] 마귀가 우리를 속이려고 성경을 자주 흠잡고 나오거나, 불경건한 사람들이 똑같은 구실로 반기를 들고 나아와 우리의 신앙을 약화시키거나 왜곡시키려고 할 때 우리는 성경을 무기로 삼아 우리의 신앙을 굳게 지켜야 합니다.[34]

마 5:1의 산에 올라가셨다는 말과 눅 6:17의 내려오셨다는 말은 모순될까요?

마 5:1 예수께서 무리를 보시고 산에 올라가 앉으시니 제자들이 나아온지라

눅 6:17 예수께서 저희와 함께 내려오사 평지에 서시니 그 제자의 허다한 무리와 또 예수의 말씀도 듣고 병 고침을 얻으려고 유대 사방과 예루살렘과 및 두로와 시돈의 해안으로부터 온 많은 백성도 있더라

마 5:1의 εἰς τὸ ὄρος란 말은 산 위로 올라가셨다거나, 산으로 가셨다거나, 산 위로 가셨다는 뜻이 아니라, 고지로 가셨다는 뜻이며, 눅 6:17의 ἐπὶ τόπου πεδινοῦ란 말도 산악지대의 평지인 고원으로 가셨다는 뜻이기 때문에 마 5:1과 눅 6:17 사이에는 전혀 모순이 없습니다.[35]

마 5:8은 마음이 청결한 자는 자신이 하나님과 같다는 것을 볼 것이라는 뜻일까요?

마 5:8 마음이 청결한 자는 복이 있나니 저희가 하나님을 볼 것임이요

본문을 '자기 양심을 깨끗하게 하는 자는 복이 있는데, 이는 그들이 자기 자신

총론』 (서울: 생명의말씀사, 2005), 772.

32) William W. Kline, Crag L. Blomberg, Robert L. Hubbard, Jr., 772.

33) *Comm.* Matthew 4:6, Nor ought we to imitate the madness of those who throw away Scripture, as if it admitted of every kind of interpretation, because the devil misapplies it.

34) *Comm.* Matthew 4:6, Whenever Satan shall cover his deception by Scripture, and ungodly men shall labor to subvert our faith by the same means, let us borrow our armor exclusively from Scripture for the protection of our faith.

35) 자세한 내용은 D. A. Carson, 50~01을 보시기 바람.

(themselves)이 하나님과 같다는 것을 보게 될 것이기 때문이다.'라는 뜻으로 해석할 수 있을까요? 이는 재귀대명사를 부당하게 끌어들였고, 자신의 범신론으로 본문을 해석함으로써 하나님을 비인격화했을 뿐만 아니라, 하나님과 인간 사이의 존재론적 구분도 없애버렸기 때문에 잘못된 것입니다.36)

'너희는 세상의 소금'이란 말씀이 세상의 부패를 방지하는 소금이 되어야 한다는 뜻일까요?

마 5:13 너희는 세상의 소금이니 소금이 만일 그 맛을 잃으면 무엇으로 짜게 하리오? 후에는 아무 쓸데 없어 다만 밖에 버려져 사람에게 밟힐 뿐이니라.

이 말씀은 교회가 사회를 정화하는 사회적 책임과 역할을 해야 한다는 뜻일까요? 복지 제도를 발전시키고 사람들의 필요를 채워주고 약한 자들을 끌어안아 주고 사회의 부조리한 것들을 고치도록 정치적인 역할을 해야 한다는 의미일까요? 물론 교회가 그런 사회적 책임과 역할을 해야 합니다. 그러나 예수님께서 그런 의도로 이 말씀을 하셨을까요?

마 5:13 하반절의 '무엇으로 짜게 하리오?'란 말씀에서 짜게 하는 것은 무엇일까요? 음식일까요? 그렇게 이해하는 데서부터 성경 해석이 잘못될 수밖에 없습니다. 여기에서는 소금이 그 맛을 잃었을 때 그 짠맛을 무엇으로 다시 회복할 수 있겠느냐는 반문입니다.37) 이 반문은 당연히 '절대로 다시 짠맛을 회복할 수 없다.'라는 대답을 할 수밖에 없습니다. 이 말씀은 소금이 그 맛을 잃으면 음식을 짜게 할 수 없다는 뜻이 아니라, 소금이 한 번 그 맛을 잃으면 소금 자체가 짠맛을 다시 회복할 수 없다는 뜻이 됩니다.38) 그러므로 이 말씀은 소금의 속성이 잃어버린 맛을 다시 회복할 수 없는 것처럼, 예수 그리스도의 제자들도 제자다운 맛을 한 번 잃으면 다시 회복할 수 없어서, 맛을 잃은 소금이 버려질 수밖에 없듯이 제자다운 맛을 잃은 제자 또한 버려질 수밖에 없다는 경고입니다.39) 예수님의

---

36) 자세한 내용은 D. A. Carson, 137~138을 보시기 바람.
37) 소금이 짠맛을 잃는다는 뜻이 무엇일까에 대한 이해가 필요합니다. 여기에 박종환의 "소금이 맛을 잃는다?"라는 글을 요약하여 소개합니다('감리교와 제자훈련', http://blog.daum.net/mcdna/8359705, 2008.11.06.). '소금이 그 맛을 잃는다는 사실에 대하여 이해하기 위해서는 천일염이 아닌 암염에 대한 이해가 필요합니다. 사해 근처에서 나는 암염으로부터 소금을 얻는 이스라엘의 경우는 암염 속에 들어있는 소금 성분을 식용으로 사용하기 위해서 암염 덩어리를 물에 담가 소금 성분을 추출하게 되는데, 그 작업을 반복하게 되면, 암염에서 소금 성분을 추출하고 남은 찌꺼기에는 점토와 석회 성분이 많이 들어있어서 그것은 바닥에 버릴 수밖에 없습니다. 즉, 소금(암염)이 그 맛을 잃으면(소금 맛을 다 추출하고 나면) 소금 성분이 없어지고, 그 찌꺼기는 쓸데없으므로 밖에 버려져 사람에게 밟히게 됩니다.'
38) 권연경, 『네가 읽는 것을 깨닫느뇨?』 (서울: SFC출판부, 2008), 75.
39) 권연경, 『네가 읽는 것을 깨닫느뇨?』, 114.

관심은 제자들이 세상의 방부제나 조미료의 역할을 해야 한다는 것이 아니라, 제자들이 제자다운 맛을 잃고 버림받는 상황이 생기지 않아야 한다는 것입니다.[40]

마 5:13 말씀 바로 앞에는(마 5:10~12) 핍박에 대한 말씀이 나오는데, 그것은 그리스도인이 이 세상에서 믿음으로 살아가게 될 때 직면해야 하는 상황입니다. 그런 상황에서 우리는 그리스도인으로서의 맛을 버림으로써 핍박을 벗어나려는 유혹을 받을 수밖에 없는데, 만일 그때 핍박받는 것을 기뻐하고 즐거워하는 대신에 제자다운 맛을 포기함으로써 핍박을 피한다면 다시 회복할 수 없이 버려지고 심판을 받을 뿐입니다.[41]

이러한 예수님의 경고 말씀은 지나친 감이 있고, 더구나 '성도의 견인' 교리와도 조화시키기 어려워 보이기 때문에 그렇게 해석하는 것이 심히 불편합니다. 따라서 그런 불편을 해소하기 위해 '소금이다.'라는 직설법을 '소금이 되라.'라는 명령법으로 왜곡합니다.[42] 그것은 말씀의 칼에 항복하는 것이 아니라 내 칼로 말씀을 마음대로 왜곡하는 것이며, 말씀의 방패로 말씀의 칼을 교묘하게 피하는 자기방어에 불과합니다.[43]

'너희는 세상의 빛'이란 말씀이 착한 행실로 어두운 세상을 밝히라는 뜻일까요?

마 5:14 너희는 세상의 빛이라. 산 위에 있는 동네가 숨기지 못할 것이요,
　　　15 사람이 등불을 켜서 말 아래 두지 아니하고 등경 위에 두나니 이러므로 집안 모든 사람에게 비추느니라.
　　　16 이같이 너희 빛을 사람 앞에 비추게 하여 저희로 너희 착한 행실을 보고 하늘에 계신 너희 아버지께 영광을 돌리게 하라.

물론 우리는 어두운 세상을 밝히는 삶을 살아야 마땅합니다. 착한 행실이 중요하고 필요합니다. 그러나 본문이 과연 그런 뜻일까요?

마 5:14은 그리스도인들을 향하여 숨길 수 없는, 산 위의 있는 동네와 같은 세상의 빛이라고 말씀합니다. NLT는 'You are the light of the world - like a city on a hilltop that cannot be hidden.'이라고 이해하기 쉽게 번역했습니다. '산 위의 있는 동네'는 보일 수도 있고 안 보일 수도 있는 작은 동네가 아니라 많은 거대한 건물들을 포함하고 있는 도시(polis)이기 때문에 도무지 숨기지 못합니다.[44] 그러므로 예수님의 비유는 그리스도

---

40) 권연경, 『네가 읽는 것을 깨닫느뇨?』, 114.
41) 권연경, 『네가 읽는 것을 깨닫느뇨?』, 115.
42) 권연경, 『네가 읽는 것을 깨닫느뇨?』, 116.
43) 권연경, 『네가 읽는 것을 깨닫느뇨?』, 116.

인들이 숨기지 못하는 산 위의 있는 도시와 같다는 의미에서 세상의 빛이라는 표현을 사용하신 것입니다. 또 예수님은 이어서 그리스도인들을 등경 위의 등불로 비유하셨습니다. 등불을 말(μόδιος, bushel) 아래 둘(현대인의 성경: 덮어 둘) 사람은 없을 것입니다. 그렇게 하려면 등불을 켤 필요가 없기 때문입니다. 그러므로 본문은 그리스도인이 세상의 빛이 되어야 한다는 뜻이 아니라, 그리스도인의 정체 자체가 빛과 같이 숨기지 못할 존재, 사람들에게 비추는 존재라는 의미입니다.45) 따라서 빛의 역할을 하지 못하는 그리스도인은 그리스도인이 아닙니다. 오늘날 그리스도인들의 문제점은 모든 사람에게 비추는 빛으로서의 정체성을 잃은 것입니다.

율법이나 선지자를 폐하는 것이 아니라 완전케 한다는 말의 뜻이 무엇일까요?

> 마 5:17 내가 율법이나 선지자나 폐하러 온 줄로 생각지 말라. 폐하러 온 것이 아니요 완전케 하려 함이로라.
> 18 진실로 너희에게 이르노니 천지가 없어지기 전에는 율법의 일점일획이라도 반드시 없어지지 아니하고 다 이루리라.

이 말씀은 예수님의 가르침이 율법과 선지자(좁게는 모세오경과 선지서이지만 이 말은 구약성경 전체를 뜻함)를 폐하는 것이 아니라, 티끌만큼도 차이가 없고 놀랍게도 일치한다는 뜻입니다.46) 구약성경은 동시대 사람들과 마찬가지로 예수님과 사도들에게도 신적 권위를 가진 것으로 증거되고 가르쳐졌습니다.47) 구약성경을 인용할 때, '주께서 선지자로 말씀하신바' 혹은 '성령으로 말씀하시기를'이라는 표현을 사용하였고(마 1:22, 2:15, 눅 1:70, 행 1:16, 3:18, 4:25, 28:25), 히브리서는 주로 하나님 혹은 성령을 원저자로 불렀으며(히 1:5, 3:7, 4:3, 5, 5:6, 7:21, 8:5, 8, 10:16, 30, 12:26, 13:5), 예수님과 사도들은 구약성경에 대하여 결코 비판적이지 않았고 조건 없이 받아들였으며, 구약은 예수님과 사도들에게 '교리의 토대, 해답의 원천, 모든 반론의 마침'이었습니다.48)

예수님은 구약성경을 폐하러(destroy) 오신 것이 아니라 완전케(fulfill) 하시기 위해서

---

44) 권연경, 『네가 읽는 것을 깨닫느뇨?』, 120.
45) 권연경, 『네가 읽는 것을 깨닫느뇨?』, 123.
46) *Comm.* Matthew 5:17, Christ, therefore, now declares, that his doctrine is so far from being at variance with the law, that it agrees perfectly with the law and the prophets, and not only so, but brings the complete fulfillment of them.
47) 『개혁 교의학 1』, 523.
48) 『개혁 교의학 1』, 523~524.

오셨다는 말씀은, 마치 구약성경에 무슨 결함이 있어서 보완할 필요가 있다는 뜻으로 들릴 수 있습니다. 그러나 마 5:18의 '율법의 일점일획이라도 반드시 없어지지 아니하고 다 이루리라.'라는 말씀을 보면 그것은 분명 아닌 것을 확인할 수 있습니다. 이 말씀의 의도는 유대인들을 향한 복음에의 초청은 그들이 지켜온 율법의 계속된 준수를 유지하게 하며, 예수님을 반대하여 중상모략하는 자들에게는 그것이 잘못된 것이라는 것을 확인시켜 주려는 것이었습니다.[49] 예수님의 구원 사역은 율법에 어긋난 것이 아니므로, 율법과 복음이 서로 모순된다는 생각으로 하나님을 두려워하는 신앙이 약화하거나, 새로운 일을 한답시고 방자해서도 안 되었습니다.[50] 성결하고 독실한 생활의 법칙은 영원하여 불변할 수 없으며, 하나님의 공의는 율법에 포함한 그대로 항구 불변하기 때문에, 율법은 폐지된 것이 아니며 일점일획도 반드시 없어지지 않고 다 이루어질 수밖에 없습니다.[51]

물론 의식(儀式)의 측면에서는, 그것이 어떤 의미에서는 부수적이라 할 수도 있겠지만, 그것도 폐지된 것은 외형뿐이지 그 취지는 실제로 더 확증되었으며, 따라서 그리스도의 오심으로 무엇 하나 의식에서도 없어지는 것이 아니라 오히려 그 그림자 뒤에 있는 진리가 계시 되어 그림자(의식)가 더욱 보강되었습니다.[52]

율법은 신자들에게도 필요합니다. 율법은 하나님의 뜻이 무엇인가를 날마다 더 철저하게 알고 이해시키며 확신케 하는 최선의 도구가 되기 때문에, 율법을 자주 묵상함으로써 하나님의 뜻에 복종하도록 자극을 받고 강화되며 범죄의 길에 빠지지 않도록 인도함을 받습니다.[53] 아직 육신의 짐으로부터 자유로움을 얻지 못한 영적인 사람에게도 율법은 부단히 찌르는 가시가 되어, 그가 정지 상태에 머물러 있지 않고 앞으로 나아가게 합

---

49) *Comm.* Matthew 5:17, While he invites and exhorts the Jews to receive the Gospel, he still retains them in obedience to the Law; and, on the other hand, he boldly refutes the base reproaches and slanders, by which his enemies labored to make his preaching infamous or suspected.

50) *Comm.* Matthew 5:17, If we intend to reform affairs which are in a state of disorder, we must always exercise such prudence and moderation, as will convince the people, that we do not oppose the eternal Word of God, or introduce any novelty that is contrary to Scripture. We must take care, that no suspicion of such contrariety shall injure the faith of the godly, and that rash men shall not be emboldened by a pretense of novelty. In short, we must endeavor to oppose a profane contempt of the Word of God, and to prevent religion from being despised by the ignorant.

51) *Comm.* Matthew 5:17, With respect to doctrine, we must not imagine that the coming of Christ has freed us from the authority of the law: for it is the eternal rule of a devout and holy life, and must, therefore, be as unchangeable, as the justice of God, which it embraced, is constant and uniform.

52) *Comm.* Matthew 5:17, With respect to ceremonies, there is some appearance of a change having taken place; but it was only the use of them that was abolished, for their meaning was more fully confirmed. The coming of Christ has taken nothing away even from ceremonies, but, on the contrary, confirms them by exhibiting the truth of shadows: for, when we see their full effect, we acknowledge that they are not vain or useless.

53) *Inst.*, 2. 7. 12: Here is the best instrument for them to learn more thoroughly each day the nature of the Lord's will to which they aspire, and to confirm them in the understanding of it. … Again, because we need not only teaching but also exhortation, the servant of God will also avail himself of this benefit of the law: by frequent meditation upon it to be aroused to obedience, be strengthened in it, and be drawn back from the slippery path of transgression.

니다(시 19:7~8, 119:5, 105).[54] 이러한 사실에 대하여 무지한 사람들은 고후 3:7의 '돌에 써서 새긴 죽게 하는 의문의 직분'이라는 말씀을 근거로 율법 전체를 배척하는데, 그것은 율법이 죄인들에게는 죽음을 만들어내지만, 성도들에게는 한층 더 좋고 탁월한 효력을 지니게 한다는 사실을 모르기 때문입니다.[55] 어느 누구도 율법 가운데 의의 완전한 표준이 명시되어 있다는 사실을 부인할 수 없고, 우리가 표준으로 할 수 있는 모든 시대에 적용될 수 있는 영구불변의 규범은 율법이라는 것을 안다면 율법이 신자들에게는 필요 없다고 주장할 수 없습니다.[56]

물론 바울은 율법의 폐기를 분명하게 가르쳤지만(롬 7:6), 그것은 율법이 신자들에게 더 이상 바른 것을 행하라고 명령하지 않는다는 뜻이 아니라, 다만 율법이 신자들에게 전에처럼 더 이상 놀라게 하고 혼란케 함으로써 그들의 양심을 정죄하고 파멸시키지 않는다는 뜻입니다.[57] 율법은 더 이상 우리를 정죄하지 않는다는 의미에서 폐기된 것입니다.[58]

'폐한다.'라는 말과 '완전하게 한다.'라는 말은 이스라엘 랍비들이 토라 해석을 놓고 논쟁을 벌일 때 주로 사용하던 전문용어인 '메바텔'과 '메카옘'을 번역한 것인데, 랍비들은 자신의 주장과 다른 학파의 해석에 대하여 율법을 폐한다고 비판하면, 상대방 학파는 폐한(메바텔) 것이 아니라 완전케 한(메카옘) 것이라고 주장했습니다.[59] 랍비들과 다른 예수님의 율법에 대한 해석도 마찬가지로 율법을 폐한다는 비판을 받았는데, 거기에 대하여 예수님은 폐한(메바텔) 것이 아니라 완전케 한(메카옘) 것이라고 말씀하신 것입니다. 그렇다면 예수님의 말씀은 율법을 잘못 해석해서 율법의 정신을 훼손한 것이 아니고, 율법을 잘 해석해서 율법 본래의 뜻과 취지를 보존하여 잘 드러낸 것이 됩니다.

---

54) *Inst.*, 2. 7. 12: Even for a spiritual man not yet free of the weight of the flesh the law remains a constant sting that will not let him stand still.

55) *Inst.*, 2. 7. 13: Certain ignorant persons, not understanding this distinction, rashly cast out the whole of Moses, and bid farewell to the two Tables of the Law. For they think it obviously alien to Christians to hold to a doctrine that contains the "dispensation of death" [cf. II Cor. 3:7]. Banish this wicked thought from our minds! For Moses has admirably taught that the law, which among sinners can engender nothing but death, ought among the saints to have a better and more excellent use.

56) *Inst.*, 2. 7. 13: But if no one can deny that a perfect pattern of righteousness stands forth in the law, either we need no rule to live rightly and justly, or it is forbidden to depart from the law. There are not many rules, but one everlasting and unchangeable rule to live by.

57) *Inst.*, 2. 7. 14: Not that the law no longer enjoins believers to do what is right, but only that it is not for them what it formerly was: it may no longer condemn and destroy their consciences by frightening and confounding them. Paul teaches clearly enough such an abrogation of the law [cf. Rom. 7:6].

58) *Inst.*, 2. 7. 15: The law is abrogated to the extent that it no longer condemns us.

59) 장재일, 『히브리적 관점으로 다시 보는 마태복음(1~13장)』 (서울: 쿰란출판사, 2011), 208.

서기관과 바리새인보다 나은 의가 무엇일까요?

마 5:20 내가 너희에게 이르노니, 너희 의가 서기관과 바리새인보다 더 낫지 못하면 결단코
천국에 들어가지 못하리라.

여기에 나오는 의(δικαιοσύνη)는 바울이 칭의의 뜻으로 사용하고 있는 의(δικαιοσύνη)
와 동일한 단어이지만, 전가되는 법정적 의라는 의미로 사용된 것이 아니라 늘 의로운
삶을 사는 개인적 행동을 뜻합니다.[60]

서기관과 바리새인들은 하나님의 율법을 외형적인 임무에만 국한하기 때문에 그 제자
들에게 위선을 훈련시켰지만, 예수님은 그들의 허구적인 선의 허세를 제거함으로써 율
법을 그 순수한 형태로 회복시키셨습니다.[61] 마 5:20에 이어지는 살인, 간음, 맹세, 보복,
사랑, 구제, 기도, 금식 등에 대한 예수님의 말씀은(마 5:21~6:18), 그리스도인들에게 요
구되는 의가 서기관과 바리새인들이 생각하는 의의 기준보다 훨씬 높을 뿐만 아니라, 그
차원이 전혀 다른 것을 알 수 있습니다. 하나님과의 관계를 시종일관 율법적으로 이해하
여, 은혜의 여지가 전혀 남아 있지 않고 모든 삶이 행위와 보상의 범주에 의해 지배받는
데서, 예수님은 율법의 영적 의미로 되돌리셨습니다.[62] 예수님은 인간적인 규례들로부
터 구약성경의 하나님의 율법으로 되돌아감으로써 그 율법의 영적인 성격을 우리에게
다시금 알려주시고, 이 율법에 따라 판단하심으로써 위선의 가면을 벗겨내고, 윤리적인
것과 자연적인 것 사이의 연계를 깨뜨리시며, 모든 죄의 근원으로서의 마음으로 되돌아
가게 하셨습니다.[63]

예수님은 어떤 경우든지 맹세하지 말라고 말씀하셨을까요?

마 5:33~37

'도무지'라는 말이 어떤 경우든지 맹세하지 말라는 뜻일까요? 재세례파는 도무지(not
at all)를 그렇게 해석합니다. 어떤 사람들은 이 말씀을 근거로 심지어 법정에서조차 맹

---

60) D. A. Carson, 78~79.
61) *Comm.* Matthew 5:20, By confining the law of God to outward duties only, they trained their disciples, like apes, to hypocrisy. ⋯ The principal charge brought by Christ against their doctrine may be easily learned from what follows in the discourse, where he removes from the law their false and wicked interpretations, and restores it to its purity.
62) 『개혁 교의학 4』, 272.
63) 『개혁 교의학 3』, 163.

세하기를 거부하기도 합니다. 그것이 바른 것일까요? 그러나 이 말은 '맹세하다.'라는 단어에 대한 언급이 아니고, 마 5:34~35에 이어지는 맹세의 형식 곧 하늘이나 땅에 대한 언급이기 때문에 잘못된 것입니다.[64] 하나님의 이름을 부르지 않고 하늘과 땅을 두고 맹세하는 것은 하나님의 이름에는 저촉되지 않는다는 주장은 교활한 것인데, 그 이유는 직접 하나님의 이름을 사용하여 맹세하지는 않았다고 하더라도, 그것은 간접적인 형태로 하나님께 대하여 맹세한 것이기 때문입니다.[65]

예수님은 맹세를 완전히 비난하신 것이 아니라 율법의 규범을 범하는 자들만을 비난하셨습니다.[66] 율법이 거짓 맹세뿐만 아니라 헛되고 불필요한 맹세까지 금했음에도 불구하고, 당시 사람들은 그러한 율법을 어기고 거짓 맹세만을 금했기 때문에, 예수님은 마 5:34~35의 말씀을 하신 것입니다.[67]

하나님은 율법 아래에서 합법적인 것으로써 맹세를 허용하실 뿐만 아니라 필요할 경우 맹세를 하라고 명령하셨습니다(출 22:10~11).[68] 레 5:1에 의하면 맹세하라고 할 때 대답해야 하므로, 침묵하면 유죄를 인정하는 것이 되었습니다. 예수님도 침묵을 깨심으로 맹세가 적법하다는 것을 심문받으시는 자리에서 보여주셨습니다(마 26:63~64). 바울도 맹세가 요구될 경우 주저하지 않고 맹세했고 때로는 저주를 덧붙이기까지 했습니다(롬 1:9, 고후 1:23). 인간의 논쟁은 맹세의 방식으로 해결될 수 있습니다(히 6:16). 하나님의 영광을 옹호하거나 형제의 건덕을 위한 맹세라면 그것은 인정되어야 하고 사용되어야 합니다.[69]

이 말씀은 남을 속이기 위해 하나님께 맹세하는 것(하나님의 이름을 이용하는 것), 상대방을 설득하기 위하여 신앙을 이용하는 것(수단 삼는 것), 신앙을 팔아 사업하는 것에

---

64) *Inst.*, 2. 8. 26: Yet this does not refer to the word "to swear," but to the forms of oaths following thereafter. For this, also, was a part of their error, that while they swore by heaven and earth they thought they did not touch the name of God.

65) *Inst.*, 2. 8. 26: For this, also, was a part of their error, that while they swore by heaven and earth they thought they did not touch the name of God. After the chief instance of transgression, therefore, the Lord also cuts off all excuses from them in order that they may not suppose they have escaped by calling on heaven and earth, while suppressing God's name. We ought also to note this in passing: although the name of God is not expressed, yet men swear by him in indirect forms; as when they swear by the light of life, by the bread they eat, by their baptism, or by other tokens of God's generosity toward them.

66) *Inst.*, 2. 8. 26: If we understand this, we will not think that Christ condemned oaths entirely, but only those which transgress the rule of the law.

67) *Inst.*, 2. 8. 26: From these words it is clear that the people then commonly avoided perjury only, while the law forbids not only perjuries but also empty and superfluous oaths. Therefore the Lord, the surest interpreter of the law, warns that it is evil not only to swear falsely but also to swear [Matt. 5:34].

68) *Inst.*, 2. 8. 26: Now the eternal God not only permits oaths as a legitimate thing under the law (which should be sufficient), but commands their use in case of necessity [Ex. 22:10~11].

69) *Inst.*, 2. 8. 27: Thus I have no better rule than for us so to control our oaths that they may not be rash, indiscriminate, wanton, or trifling; but that they may serve a just need-either to vindicate the Lord's glory, or to further a brother's edification.

(목회도 마찬가지) 대한 경계요 경고입니다. 내 일(욕심)을 위하여 하나님을 들러리 세우지 말고(신앙의 도구화, 주객전도) 하나님, 하나님 나라, 하나님의 일을 위하여 내가 수단, 들러리가 되어야 합니다.[70] 도무지 맹세하지 말라고 하신 예수님의 의도는 모든 맹세는 하나님의 이름에 영광이 되는 방향으로 해야 하며, 하나님의 거룩한 이름을 모독하는 맹세는 모두 불법적이라는 것을 말씀하시려는 것입니다.

꾸고자 하는 자에게는 거절하지 말고 무한정으로 주어야 할까요?

마 5:42 네게 구하는 자에게 주며 네게 꾸고자 하는 자에게 거절하지 말라.

이 말씀은 마 5:38~42의 '복수하지 말라.'라는 가르침의 문맥에서 사용된 것으로, 제자들은 보복의 삶을 살아서는 안 될 뿐만 아니라 오히려 타인의 모든 요구를 들어주면서 살라는 것입니다.[71] 이 구절의 병행 구절인 눅 6:30의 '무릇 네게 구하는 자에게 주며 네 것을 가져가는 자에게 다시 달라지 말며'라는 말씀을 보면, 두 가지 요구가 아니라 한 가지 요구인 것을 알 수 있으며, 비슷한 것을 반복함으로써 요점을 더 분명하고 강력하게 하는 표현법인 것을 알 수 있습니다.[72] 예수님은 동일하게 복수하는 동해복수법을('눈은 눈으로, 이는 이로 갚으라.', 출 21:22~25, 레 24:20, 신 19:21) 뛰어넘어 보다 적극적으로 악한 자를 대적지 말고, 누구든지 오른편 뺨을 치거든 왼편도 돌려대며, 송사하여 속옷을 가지고자 하는 자에게 겉옷까지도 가지게 하고, 누구든지 억지로 오 리를 가게 하거든 그 사람과 십 리를 동행하며, 구하는 자에게 주고 꾸고자 하는 자에게 거절하지 말라고 말씀했습니다(마 5:38~42).

그러나 이 말씀이 돈을 꾸고자 하는 자에게 무한정으로 돈을 주라거나 무조건 돈을 빌려주라고 명령하는 것은 아닙니다(잠 11:15, 17:18, 22:26). 물론 돈이 있는 상태에서, 가족들이나 주변 사람들, 또는 돈을 꾸고자 하는 사람들에게 어떤 심각한 문제들이 발생할 상황이 아니라면 무조건 이웃 사랑으로 돈을 주거나 꾸어주어야 합니다. 그러나 돈을 주거나 빌려줌으로써 누군가를 해하거나 상처를 주는 등 심각한 문제가 발생할 위험성이 있다면, 그런 경우는 돈을 주거나 빌려주지 않아야 합니다. 왜냐하면, 그것이 오히려

---

70) *Comm.* Matthew 5:34, Christ, therefore, meant nothing more than this, that all oaths are unlawful, which in any way abuse and profane the sacred name of God, for which they ought to have had the effect of producing a deeper reverence.
71) 강병도 편, 『카리스 종합주석 제1권 마태복음 1~9장』 (서울: 기독지혜사, 2005), 508.
72) 강병도 편, 『카리스 종합주석 제1권 마태복음 1~9장』, 548.

이웃을 사랑하는 것이 될 것이기 때문입니다.

마 5:42의 말씀은 조금 도와주고 그것으로 자신이 해야 할 이웃 사랑을 다 한 것으로 여기지 말고, 자기 재산이 있는 한 끝까지 아낌없이 모든 사람에게 성의껏 도와주는 것을 싫어하지 말라는 뜻입니다.73) 그리스도인들은 상호의 이익과 보상을 전제하고 자신들만 사랑하는 속된 삶에서 벗어나서, 되돌려 받을 가망이 전혀 없는 사람들을 도와주는 삶을 살아야 합니다.74)

한편 이 말씀은 부당하게 빼앗긴 것에 대해서도 매정하게 되찾아서는 안 된다는 교훈도 얻을 수 있지만, 재산을 되찾을 기회가 주어졌을 때 그것을 되찾는 것을 부당하게 여겨서는 안 되며, 또 도둑들로부터 변상을 받을 때까지 잠잠히 기다리면서 고통을 받고 있으라는 말로 받아들여서는 안 됩니다.75)

구하기 전에 있어야 할 것을 하나님께서 아신다면 기도하지 않아도 될까요?

> 마 6:7 또 기도할 때 이방인과 같이 중언부언하지 말라. 저희는 말을 많이 하여야 들으실 줄 생각하느니라.
> 8 그러므로 저희를 본받지 말라. 구하기 전에 너희에게 있어야 할 것을 하나님 너희 아버지께서 아시느니라.

예수님은 구하라(기도하라)고 가르치셨고(마 7:7), 또 항상 기도하고 낙심하지 말아야 할 것을 가난한 과부의 비유를 통해서 가르쳐주셨으며, 어떤 내용으로 어떻게 기도해야 하는지도 자세히 가르쳐 주셨습니다(마 6:5~15). 예수님 자신도 길게 기도하셨고(눅 6:12), 반복하여 기도하시기도 하셨습니다(마 26:44). 그러므로 본문은 기도를 지속하거나 길게 하거나 깊은 감정으로 하는 것을 금하신다는 뜻으로 해석할 수 없습니다.76)

---

73) *Comm.* Matthew 5:42, Let us therefore hold, first, that Christ exhorts his disciples to be liberal and generous; and next, that the way of doing it is, not to think that they have discharged their duty when they have aided a few persons, but to study to be kind to all, and not to be weary of giving, so long as they have the means.

74) *Comm.* Matthew 5:42, Christ affirms that when, in lending or doing other kind offices, we look to the mutual reward, we perform no part of our duty to God. He thus draws a distinction between charity and carnal friendship. Ungodly men have no disinterested affection for each other, but only a mercenary regard: and thus, as Plato judiciously observes, every man draws on himself that affection which he entertains for others. But Christ demands from his own people disinterested beneficence, and bids them study to aid the poor, from whom nothing can be expected in return.

75) *Comm.* Luke 6:30, As to the second clause, in which Christ forbids us to ask again those things which have been unjustly taken away, it is undoubtedly an exposition of the former doctrine, that we ought to bear patiently "the spoiling of our goods." But we must remember what I have already hinted, that we ought not to quibble about words, as if a good man were not permitted to recover what is his own, when God gives him the lawful means. We are only enjoined to exercise patience, that we may not be unduly distressed by the loss of our property, but calmly wait, till the Lord himself shall call the robbers to account.

그러면 무엇을 말씀하시는 것일까요? 기도를 많이 해야, 기도의 분량을 채워야 응답 받을 수 있다는 생각이 한국 교회에 만연되어 있습니다. 과연 그럴까요? 예수님의 말씀은 여기에 대하여 분명하고 확실한 답을 줍니다. 예수님은 '기도할 때 이방인과 같이 중언부언하지 말라.'라고 말씀합니다. 중언부언(βαττολογέω)이란 말은 한 번밖에 사용되지 않아 의미 파악이 어려운데, 사전적으로는(바우어 사전) '의미나 목적 없이 쓸데없는 말을 계속 말하거나 반복하여 성과를 얻으려고 말하는 것'을 뜻합니다.[77]

그러면 사람들은 왜 중언부언할까요? 그렇게 해야 기도가 응답 된다고 여기기 때문이 아닐까요? 마 6:7 하반절의 '저희는 말을 많이 하여야 들으실 줄 생각하느니라.'라는 예수님의 말씀에서 그것을 확인할 수 있습니다. 예수님께서 요구하시는 것은 많은 말, 유창한 말로 하나님의 귀를 자극하면 하나님으로부터 무엇인가를 얻어낼 수 있다고 믿거나, 또는 사람들을 설득하듯이 하나님을 설득할 수 있다고 생각하지 말라는 것입니다.[78]

그렇다면 기도의 분량을 채워야 응답받을 수 있다는 생각은 다분히 이방적인 생각이요 성경적이지 않다는 것을 금방 알 수 있습니다. 물론 기도를 많이 해야 하고 또 반복할 수 있습니다. 그러나 중언부언해야, 말을 많이 해야, 기도의 분량을 채워야, 기도가 쌓여야 하나님께서 응답하실 것으로 생각하는 것은 잘못된 것입니다. 우리의 기도에 있어서 중요한 것은 분량이 얼마나 많은가, 얼마나 많이 반복하는가가 아니라 얼마나 하나님의 뜻에 합당하게 기도하는가 하는 것입니다.[79]

일용할 양식을 주시기를 기도하라는 것은 일상의 필요를 위하여 기도하라는 뜻일까요?

마 6:11 오늘날 우리에게 일용할 양식을 주옵시고

주님께서 가르쳐 주신 일용할 양식을 구하는 기도는 단순히 일상의 필요를 채워주시기를 기도하는 것 이상의 의미가 있습니다. 그것은 일용할 양식을 통하여 날마다 먹이시는 하나님을 바라보며 하나님의 나라와 의를 구하는 것입니다. 이 기도는 잠 30:8~9과 동일합니다.

---

76) *Inst.*, 3. 20. 29: For Christ does not forbid us to persist in prayers, long, often, or with much feeling,
77) 윤석준, 『한국 교회가 잘못 알고 있는 101가지 성경 이야기 (1)』, 391.
78) *Inst.*, 3. 20. 29: but requires that we should not be confident in our ability to wrest something from God by beating upon his ears with a garrulous flow of talk, as if he could be persuaded as men are.
79) 윤석준, 『한국 교회가 잘못 알고 있는 101가지 성경 이야기 (1)』, 394.

잠 30:8 곧 허탄과 거짓말을 내게서 멀리하옵시며 나로 가난하게도 마옵시고 부하게도 마옵시고 오직 필요한 양식으로 내게 먹이시옵소서.

9 혹 내가 배불러서 하나님을 모른다, 여호와가 누구냐 할까 하오며, 혹 내가 가난하여 도적질하고 내 하나님의 이름을 욕되게 할까 봐 두려워함이니이다.

일용할 양식만을 구하는 것은 하나님 중심의 삶, 먼저 그의 나라와 그의 의를 구하는(마 6:33) 삶을 살고자 하는 기도입니다.[80] 이러한 해석은 고전 10:31에서 '그런즉 너희가 먹든지 마시든지 무엇을 하든지 다 하나님의 영광을 위해서 하라.'라는 말씀과 조화를 이루는 해석입니다. 우리가 하나님께 구하는 것, 그리하여 은혜로 받는 모든 것은 모두 하나님의 영광을 나타내려는 의도 없이는 우리 자신을 위하여 아무것도 구하지 말아야 하는데, 그 이유는 하나님을 위해서 살고 죽는 것보다 더 합당한 일이 없기 때문입니다(롬 14:7~9).[81]

'오늘날'이란 말의 의미는 당일 필요한 것만 하나님께 구해야 한다는 것이며, 예수님께서 그렇게 기도하라고 가르치신 의도는 우리가 모두 너무도 쉽게 빠지기 쉬운 지상의 양식에 대한 탐욕을 억누르고 견제하도록 하시기 위함입니다.[82] 여기에서 '일용할 양식'은 단지 먹을 음식만을 의미하는 것이 아니라 이 세상에서 살아가는 데 필요한 모든 것을 뜻하며, 따라서 우리는 하나님께서 이 세상에서 허용하신 삶을 지켜주실 것과 거기에 필요한 것들을 주시기를 기도해야 합니다.[83] 우리는 이 세상의 무상(無常)한 것들에 대한 욕망이 무한하게 불타듯 하며, 소유가 필요 이상으로 풍부하게 될 때 쾌락, 오락, 허식, 기타 사치에 그것들을 허비하기 때문에, 하루하루 쓰기에 충분한 만큼만 구하라고 명령하십니다.[84]

---

80) 박윤선, 『성경주석 공관복음 (상)』 2판, 206.

81) *Inst.*, 3. 20. 44: Then he allows us to look after our own interests, yet under this limitation: that we seek nothing for ourselves without the intention that whatever benefits he confers upon us may show forth his glory, for nothing is more fitting than that we live and die to him [Rom. 14:7~9].

82) *Comm.* Matthew 6:11, Besides, the word sh>meron, today, means that we are to ask from God no more than is necessary for the day: f425 for there is no doubt, that he intended to restrain and guide our desire of earthly food, to which we are all immoderately addicted.

83) *Comm.* Matthew 6:11, But here it has a still more extensive meaning: for we ask not only that the hand of God may supply us with food, but that we may receive all that is necessary for the present life. The meaning is now obvious. We are first commanded to pray, that God would protect and cherish the life which he has given to us in the world, and, as we need many supports, that he would supply us with every thing that he knows to be needful.

84) *Inst.*, 3. 20. 44: The word "today," or "day by day," as it is in the other Evangelist, as well as the adjective "daily," bridle the uncontrolled desire for fleeting things, with which we commonly burn without measure, and to which other evils are added. For if a greater abundance is at hand, we vainly pour it out upon pleasure, delights, ostentation, and other sorts of excess. Therefore we are bidden to ask'only as much as is sufficient for our need from day to day, with this assurance: that as our Heavenly Father nourishes us today, he will not fail us tomorrow.

'먼저 그의 나라와 그의 의를 구하라.'라는 말씀은, 이 모든 것(물질, 이 세상, 생계와 부귀영화)을 얻기 위해서는 그 나라와 그의 의를 먼저 구하라는 뜻일까요?

마 6:33 너희는 먼저 그의 나라와 그의 의를 구하라. 그리하면 이 모든 것을 너희에게 더하시리라.
(NASB: But seek first His kingdom and His righteousness, and all these things will be added to you.)

만일 그런 식으로 해석한다면 하나님의 나라와 그의 의는 이 모든 것(물질, 이 세상, 생계와 부귀영화)을 얻기 위한 수단이 됩니다. 그런 신앙은 기복신앙이요 무속신앙입니다. 이 모든 것(물질, 이 세상, 생계와 부귀영화)이 수단이 되고 하나님의 나라와 그의 의가 목적이 되어야 합니다. 그것이 예수님께서 하신 말씀의 의도요 뜻입니다.

하나님의 나라와 그의 의를 구하면 '이 모든 것'을 주신다는 말씀은 현재의 삶에 필요한 것들은 액세서리요, 따라서 서열상 하나님 나라 다음에 오는 것이 마땅하다는 뜻입니다.[85] 하나님의 나라와 그의 의는 모든 것을 훨씬 초월하기 때문에 '이 모든 것'을 보상으로 추구할 것이 아닙니다.[86]

마 6:34은 장래에 대하여 계획을 세우거나 준비하는 것을 금한다는 뜻일까요?

마 6:34 그러므로 내일 일을 위하여 염려하지 말라. 내일 일은 내일 염려할 것이요 한 날 괴로움은 그날에 족하니라.

하루 벌어서 하루 먹고사는 것이 신앙적이라는 뜻일까요? 긍정적이고 낙관적으로 살라는 뜻일까요? 그런 의미는 없습니다. 그런 삶은 안일하고 나태하며 비현실적이기 때문에 심판의 대상입니다.

예수님은 청지기와 종의 비유에서 장래를 위하여 계획을 세우고 준비하는 것을 정당화 하셨습니다(마 24:43~47, 눅 12:42~44). 본문의 의도는 우리의 장래를 하나님께 맡기는 대신에 우리의 계획이나 준비, 물질의 축적에 맡기는 것을 정죄한 것입니다. 본문은 염려하지 말라는 마 6:25~34의 문맥에서 해석해야 합니다. 그렇다면 마 6:34은 염려

85) *Comm.* Matthew 6:33, All other things shall be added. This means, that those things which relate to the present life are but favorable appendages, and ought to be reckoned greatly inferior to the kingdom of God.
86) 『개혁 교의학 3』, 616.

하지 말라는 말씀의 결론입니다. 내일 일을 염려하느라 오늘을 신앙으로 살지 못하는 것이 잘못된 것임을 지적한 것입니다. 우리가 오늘을 신앙으로 살지 못하는 이유는 대부분 우리의 장래를 하나님께 맡기지 못하고, 우리 스스로가 준비하기 위하여 우리의 관심과 시간과 노력을 사용하기 때문입니다. 물론 장래를, 또는 노후를 대비하는 것은 잘못된 것이 아닙니다. 그러나 그것이 우리의 장래를 하나님께 맡기지 못함에서 오는 불신앙이고 그것 때문에 오늘을 신앙으로 살 수 없게 한다면 그것은 잘못된 것입니다.

비판하지 말라는 말씀은 판단을 금하라는 뜻일까요?

마 7:1 비판을 받지 아니하려거든 비판하지 말라.

롬 14:10과 고전 4:5에서도 비슷한 말씀이 나옵니다. 반면 고전 5:3에서는 바울은 음행한 자들을 이미 판단하였다고 말합니다. 고전 6:1~6에서는 특정 상황에서 교회가 판단하지 못한 점에 대하여 책망합니다. 그러므로 판단하는 것 자체를 금하라는 뜻이 아니라 부정적으로, 비판적으로 판단하는 것을 금하라는 뜻입니다.[87]

이 본문을 가지고 선악에 대한 모든 구별을 금하라는 핑계로 받아들인다면 이 말씀을 악용하는 것인데, 그 이유는 하나님 자신에게 반기를 들거나 율법을 폐기하거나 하나님의 판단을 멸시하거나 하나님의 법정을 교란하게 하지 않는 한, 모든 죄를 정죄하는 것은 허용된 일일 뿐만 아니라 의무이기 때문입니다.[88] 그러나 다른 사람들을 악의적으로 판단하거나 과도한 호기심으로 따져 묻거나 하찮은 잘못을 더없이 악독한 과오인 양 말하는 등으로 부당하게 판단하는 것은 금해야 합니다.[89]

---

87) Rover H. Stein, *A Basic Guide to Interpreting the Bible*, 배성진 역, 『성경 해석학』 (서울: 기독교문서선교회, 2011), 157.
88) *Comm.* Matthew 7:1 Hence it is evident, that this passage is altogether misapplied by those persons who would desire to make that moderation, which Christ recommends, a pretence for setting aside all distinction between good and evil. We are not only permitted, but are even bound, to condemn all sins; unless we choose to rebel against God himself, - nay, to repeal his laws, to reverse his decisions, and to overturn his judgment-seat.
89) *Comm.* Matthew 7:1, To judge, therefore, means here, to be influenced by curiosity in inquiring into the actions of others. This disease, in the first place, draws continually along with it the injustice of condemning any trivial fault, as if it had been a very heinous crime; and next breaks out into the insolent presumption of looking disdainfully at every action, and passing an unfavourable judgment on it, even when it might be viewed in a good light. We now see, that the design of Christ was to guard us against indulging excessive eagerness, or peevishness, or malignity, or even curiosity, in judging our neighbors.

하나님은 구하는 것은 무엇이든지 들어주실까요?

> 마 7:7 구하라! 그러면 너희에게 주실 것이요, 찾으라! 그러면 찾을 것이요, 문을 두드리라!
> 그러면 너희에게 열릴 것이니,
> 8 구하는 이마다 얻을 것이요, 찾는 이가 찾을 것이요, 두드리는 이에게 열릴 것이니라.

많은 사람이 본문을 그런 약속으로 받아들입니다. 특별히 건강과 부에 대하여 그렇게 하실 것이라는 약속(보장)으로 해석하기도 합니다. 또 어떤 사람들은 약 5:15을 근거로 해서, 만약 사람들이 믿음으로 구한다면 구하는 바가 이루어질 것이라고 확신합니다. 그러나 마태복음 6장을 읽고 마 7:7~8을 그렇게 해석하거나, 야고보서 4장을 읽고 약 5:15을 그렇게 해석할 수는 없을 것입니다.[90]

더욱 큰 문맥에서 볼 때 하나님은 우리가 원하는 대로 응답하시는 것이 아니라 하나님의 뜻에 일치해야 한다는 것을 알 수 있습니다(마 6:10, 약 4:15).[91] 특별히 신체상의 치유에 관한 경우, 바울에게 주신 고후 12:9의 '내게 이르시기를 내 은혜가 네게 족하도다. 이는 내 능력이 약한 데서 온전하여짐이라 하신 지라. 이러므로 도리어 크게 기뻐함으로 나의 여러 약한 것들에 대하여 자랑하리니 이는 그리스도의 능력으로 내게 머물게 하려 함이라.'라는 예수님의 대답이 그 해답이 될 것입니다.[92] 그러므로 우리가 기도해야 할 것은 우리의 필요나 욕구가 아니라 하나님의 뜻입니다.

완벽하게 하나님의 뜻대로 사는 사람만 천국에 들어갈 수 있을까요?

> 마 7:21 나더러 주여, 주여, 하는 자마다 천국에 다 들어갈 것이 아니요, 다만 하늘에 계신 내 아버지의 뜻대로 행하는 자라야 들어가리라.

그렇다면 누가 천국에 들어갈 수 있을까요? 이 구절은 율법을 완벽히 지켜야 구원을 얻는다는 교리를 가르치는 것으로 보이지만, 그러나 이 구절은 정죄의 법칙을 말하는 것입니다. 그러므로 이 구절은 은혜로 말미암는 구원의 도리에 대한 전제라고 하는 것은 맞지만, 은혜로 말미암는 구원의 도리를 부인하는 것이라고 주장하는 것은 잘못된 것입니다.[93]

---

90) William W. Kline, Crag L. Blomberg, Robert L. Hubbard, Jr., 799.
91) William W. Kline, Crag L. Blomberg, Robert L. Hubbard, Jr., 799.
92) William W. Kline, Crag L. Blomberg, Robert L. Hubbard, Jr., 799~800.
93) 박윤선, 『성경주석 공관복음 (상)』 2판, 224~225.

본문은 거짓 선지자에 대한 문맥입니다. 거짓 선지자는 아무리 주의 이름으로 선지자 노릇을 하고 귀신을 내어쫓으며 많은 능력을 행한다고 하더라도 아름다운 열매를 맺지 못합니다. 아름다운 열매를 맺지 아니하는 나무마다 찍혀 불에 던져지듯이 거짓 선지자는 천국에 들어갈 수 없습니다. 선지자 노릇을 하고 귀신을 내어쫓으며 많은 능력을 행하는 것이 중요한 것이 아니라 아름다운 열매를 맺느냐가 중요합니다.

그런데 아름다운 열매를 맺느냐 나쁜 열매를 맺느냐는 나무에 달려 있습니다. 좋은 나무마다 아름다운 열매를 맺고 못된 나무가 나쁜 열매를 맺기 때문에, 좋은 나무가 나쁜 열매를 맺을 수 없고 못된 나무가 아름다운 열매를 맺을 수 없습니다. 가시나무가 포도를 맺거나 엉겅퀴가 무화과를 맺을 수는 없습니다. 그러므로 주님은 처음부터 이미(과거형, ἔγνων, knew) 선지자 노릇을 하고 귀신을 내어쫓으며 많은 능력을 행했지만 아름다운 열매를 맺지 못하는 그들을 인정하지 않았습니다(NASB: And then I will declare to them, 'I never knew you; DEPART FROM ME, YOU WHO PRACTICE LAWLESSNESS.').

예수님을 주라고 단지 말로만 고백하거나 선지자 노릇 하며 주의 이름으로 귀신을 쫓아내며 주의 이름으로 많은 권능을 행하는 등의 외적인 행위로 천국에 들어가는 것이 아니라, 하나님 뜻대로 행하는 자만이 천국에 들어갈 수 있습니다. 왜냐하면, 하나님의 뜻대로 행하는 것과 상관없는 신앙고백이나 외적 신앙(종교적) 행위는 불법에 지나지 않기 때문입니다.

불법이란 다름이 아니라 성경(복음)이 가르쳐주는 것을 형식적으로만 지키거나 입술로만 고백하거나 종교적 행위로(선지자 노릇 하며 주의 이름으로 귀신을 쫓아내며 주의 이름으로 많은 권능을 행하는 등) 대신하는 것을 의미합니다. 하나님의 뜻은 성경(복음)이 가르쳐주는 것을 바르고 정확하게 하나님의 뜻으로 알고 마음을(heart, 외식이 아닌 진정한 의지) 다하고 목숨을(soul, 생명을 걸고) 다하고 뜻을(mind, 맹목이 아닌 분명한 이해와 통찰력으로) 다하여 순종하는 것입니다.

마 8:5~13은 가버나움 백부장의 믿음에 대하여 말하려는 것일까요?

마 8:5~13

가버나움의 백부장의 믿음에 초점을 맞추면 알미니안적인 인간 책임론으로 기울 수 있습니다. 그것은 역시 복음을 율법화하는 것으로서 잘못된 것이기 때문에, 이 본문은 백부장이 고백한 예수 그리스도 자체의 신성(마 8:8)과 메시아성(마 8:11~12)에 대한 해석에 초점을 두어야 합니다.[94]

구원받았으면 질병도 나아야 할까요?

마 8:16 저물매 사람들이 귀신 들린 자를 많이 데리고 예수께 오거늘, 예수께서 말씀으로 귀신들을 쫓아내시고 병든 자를 다 고치시니
17 이는 선지자 이사야로 하신 말씀에 우리 연약한 것을 친히 담당하시고 병을 짊어 지셨도다 함을 이루려 하심이더라.

예수님의 구속 사역 가운데는 육체의 치유도 포함될까요? 물론 질병과 죽음은 죄의 결과이기(창 2:17, 3:19) 때문에 구속 사역에 육체의 치유를 포함해야 한다고 생각할 수 있습니다.

그러나 마 8:17은 사 53:4의 인용이므로 사 53장의 문맥에서 해석해야 합니다. 그렇다면 마 8:17은 예수님의 치유 사역이 아니라 메시아의 대속적 고통과 죽음을 뜻합니다. 물론 육체적 치유를 구속 사역의 실례로 행하셨습니다. 육체적 질병을 고쳐주신 사건들은 예수 그리스도의 주권과 능력과 대속의 증거가 될 수 있습니다. 이 사역은 부가적이고 우연한 것이 아니라, 성부께서 그리스도께 수행하도록 부과하셨던 사역의 주요한 부분이었고, 이 사역으로 말미암아 그리스도의 충만한 권세와 풍성한 자비가 드러났으며, 자연 세계에서의 죄의 결과는 이 사역을 통해 맨 처음 제거되었고, 이 사역을 통해 죄와 사탄의 일이 깨어졌습니다.[95] 그러나 이 세상에서 사는 동안에 육체적 질병과 죽음으로부터 자유로운 사람은 아무도 없습니다. 구원받고 신실하게 살지만, 질병으로 고통당하는 그리스도인들도 많습니다.

마태가 기적이 아니라 그리스도의 죽음, 일시적인 축복이 아니라 영원한 영적 축복을 말하고 있는 이사야의 예언을 인용하면서, 영혼의 병을 몸의 병으로 바꾸어 놓았기 때문에 어색해 보이지만, 이것은 그리스도께서 병자에게 무엇을 베풀었는가가 아니라 그분의 질병 치료의 목적이 무엇인가에 대한 설명이라는 점을 파악하게 되면 이 문제는 어

---

94) 한제호, 『성경의 해석과 설교』 (서울: 진리의 깃발, 1995), 100.
95) 『개혁 교의학 3』, 503.

렵지 않게 풀립니다.[96) 예수님께서 육체의 질병을 고쳐주신 것은 자기 자신이 부활이요 생명이시라는 사실을 입증하는 것이므로 몸의 질병 치료와 같은 일시적인 축복에 매달리는 것은 마치 하나님의 아들이 우리 육체의 의사인 양 그 앞과 뒤를 거꾸로 뒤집어 놓는 처사가 됩니다.[97)

전도자는 돈이나 아무 준비물도 가지지 말아야 할까요?

마 10:9 너희 전대에 금이나 은이나 동이나 가지지 말고
　　 10 여행을 위하여 주머니나 두 벌 옷이나 신이나 지팡이를 가지지 말라. 이는 일군이 저 먹을 것 받는 것이 마땅함이니라.

이 말씀을 전도자들이나 목회자들의 영원한 규칙으로 해석하는 사람들도 있지만, 눅 22:36의 '이르시되 이제는 전대 있는 자는 가질 것이요, 주머니도 그리하고 검 없는 자는 겉옷을 팔아 살지어다.'라는 말씀을 보면 본문의 명령은 장기적인 안목으로 말씀하신 것이 아니라 단기간의 전도와 관련된 말씀인 것을 알 수 있습니다.[98)

말씀의 사역자들이 자신의 삶을 받는 것이 마땅하다고 예수님은 말씀하셨습니다. 그것이 원칙이지만, 바울의 경우를 보면 어떤 경우에는 재정적인 도움을 다른 그리스도인들에게 의존하였고, 어떤 경우에는 자신이 천막 만드는 일을 통하여 재정적인 필요를 해결했습니다. 그러므로 오늘날 모든 전업 복음 사역자들이 반드시 보수를 받아야 한다거나, 아니면 재정적인 문제를 스스로 해결해야 한다고 일방적으로 주장하는 것은 잘못입니다.[99) 문제는 어떻게 하는 것이 복음을 논쟁거리로 만들지 않고, 사람들을 복음으로 이끄는 데 효과적이고 덕을 세울 수 있는가에 달려 있다고 할 수 있습니다.

---

96) *Comm.* Matthew 8:17, This prediction has the appearance of being inappropriate, and even of being tortured into a meaning which it does not bear: for Isaiah does not there speak of miracles, but of the death of Christ, - and not of temporal benefits, but of spiritual and eternal grace. Now, what is undoubtedly spoken about the impurities of the soul, Matthew applies to bodily diseases. The solution is not difficult, if the reader will only observe, that the Evangelist states not merely the benefit conferred by Christ on those sick persons, but the purpose for which he healed their diseases.

97) *Comm.* Matthew 8:17, They experienced in their bodies the grace of Christ, but we must look at the design: for it would be idle to confine our view to a transitory advantage, as if the Son of God were a physician of bodies. What then? He gave sight to the blind, in order to show that he is "the light of the world," (John 8:12.) He restored life to the dead, to prove that he is "the resurrection and the life," (John 11:25.)

98) *Comm.* Matthew 10:9, As the embassy was of such a nature, that Christ wished the disciples to traverse the whole of Judea within a few days, and immediately to return to him, he forbids to carry luggage with them, by which this speed may be retarded. Some have ignorantly supposed that the rule here laid down for the ministers of the word, or for the apostles, is perpetual. We shall presently meet with a few sentences which have a more extensive reference: but the present injunctions not to carry baggage must undoubtedly be restricted to that temporary commission of which I have already spoken.

99) William W. Kline, Crag L. Blomberg, Robert L. Hubbard, Jr., 786.

십자가를 진다는 뜻이 무엇일까요?

마 10:34~39, 마 16:21~28, 막 8:31~9:1, 눅 9:22~27, 눅 14:26~27

십자가를 진다는 뜻이 무엇일까요? 자신의 실수나 게으름이나 부족함이나 못남으로 인해 어려움 당하는 것을 십자가를 지는 것으로 생각하는 사람이 있다면 그것은 잘못된 것입니다. 그것은 십자가를 지는 것과는 거리가 먼 것입니다.

그러면 무엇이 십자가를 지는 것일까요? 마 10:37(아비나 어미를 나보다 더 사랑하는 자, 아들이나 딸을 나보다 더 사랑하는 자)과 마 10:38(자기 십자가를 지고 나를 좇지 않는 자)과 마 10:39(자기 목숨을 얻는 자)은 병행구입니다. 여기에서 십자가를 진다는 뜻이 무엇인지 실마리를 찾을 수 있습니다. 여기에서는 십자가를 지지 않는 것을 말하고 있으므로, 이 말을 뒤집으면 십자가를 진다는 뜻이 무엇인지 알 수 있습니다. 그 하나는 부모나 자녀보다 주님을 더 사랑하는 것이 곧 십자가를 진다는 뜻이 됩니다. 또 하나는 주님을 위하여 자기 목숨을 잃는 것이 곧 십자가를 진다는 뜻이 됩니다.

주님은 분명히 '자기 십자가를 지고 나를 좇지 않는 자도 내게 합당치 아니하니라.'라고 말씀하셨습니다. 그 말씀은 '아비나 어미를 나보다 더 사랑하는 자는 내게 합당치 아니하고 아들이나 딸을 나보다 더 사랑하는 자도 내게 합당치 아니하고'란 말씀입니다. 그 말씀은 '자기 목숨을 얻는 자는 잃을 것이요.'란 말씀입니다. 눅 14:26~27에서는 '무릇 내게 오는 자가 자기 부모와 처자와 형제와 자매 및 자기 목숨까지 미워하지 아니하면 능히 나의 제자가 되지 못하고 누구든지 자기 십자가를 지고 나를 좇지 않는 자도 능히 나의 제자가 되지 못하리라.'라고 말씀합니다. '무릇 내게 오는 자가 자기 부모와 처자와 형제와 자매 및 자기 목숨까지 미워하지 아니하면 능히 나의 제자가 되지 못하고'라는 말씀과 '누구든지 자기 십자가를 지고 나를 좇지 않는 자도 능히 나의 제자가 되지 못하리라.'라는 말씀은 역시 병행구입니다.

마 16:24 이에 예수께서 제자들에게 이르시되, 아무든지 나를 따라오려거든 자기를 부인하고 자기 십자가를 지고 나를 좇을 것이니라.

25 누구든지 제 목숨을 구원코자 하면 잃을 것이요 누구든지 나를 위하여 제 목숨을 잃으면 찾으리라.

막 8:34 무리와 제자들을 불러 이르시되, 아무든지 나를 따라오려거든 자기를 부인하고 자기 십자가를 지고 나를 좇을 것이니라.

35 누구든지 제 목숨을 구원코자 하면 잃을 것이요 누구든지 나와 복음을 위하여 제 목숨을 잃으면 구원하리라.

눅 9:23 또 무리에게 이르시되, 아무든지 나를 따라오려거든 자기를 부인하고 날마다 제 십자가를 지고 나를 좇을 것이니라.

24 누구든지 제 목숨을 구원코자 하면 잃을 것이요 누구든지 나를 위하여 제 목숨을 잃으면 구원하리라.

또 십자가를 진다는 것은, 대적하는 자들을 육적으로 대항하지 않고 오직 영적으로만 하고, 그들을 육적으로 해롭게 하지 않고 오히려 육적으로 손해를 보고, 모든 핍박을 당하면서도 진리를 끝까지 지키는 것이기도 합니다.[100]

천국은 공격을 받아왔고 결국 공격을 하는 자들이 빼앗게 될까요?

마 11:12 세례 요한의 때부터 지금까지 천국은 침노를 당하나니 침노하는 자는 빼앗느니라. (NIV: From the days of John the Baptist until now, the kingdom of heaven has been forcefully advancing, and forceful men lay hold of it.)

본문은 침노를 당한다(βιάζεται)는 말을 어떻게 이해하느냐에 따라 달라질 수 있습니다. βιάζεται는 중간태로도 볼 수 있고 수동태로도 볼 수 있는데, 만일 수동태로 볼 경우, 천국이 힘으로 탈취되어 빼앗긴다는 의미로서 천국이 정복의 대상으로 간주되기 때문에 천국이 노력하는 자의 것이 된다는 뜻이 되고, 더구나 강제적으로 빼앗는 자의 것이 된다는 의미가 되기 때문에 그런 해석은 이해하기 어렵습니다.[101]

오히려 βιάζεται을 중간태로 보고, NIV처럼 '세례 요한의 때로부터 지금까지 천국은 힘 있게 전진하므로 위대한 결단의 사람이 천국을 붙들 수 있다.'라고 해석하는 것이 더 합당합니다.[102] 병행 구절인 눅 16:16의 '율법과 선지자는 요한의 때까지요 그 후부터는 하나님 나라의 복음이 전파되어 사람마다 그리로 침입하느니라.'라는 말씀에 비추어 보면, 하나님 나라의 복음이 전파되어 사람마다 천국을 향해 매우 강렬한 의욕을 가지고

---

100) 박윤선, 『성경주석 공관복음 (상)』 2판, 388~389.
101) 강병도 편, 『카리스 종합주석 제2권 마태복음 10~19장』 (서울: 기독지혜사, 2005), 155.
102) 강병도 편, 『카리스 종합주석 제2권 마태복음 10~19장』, 155.

침입하듯이 들어간다는 의미로 해석할 수 있습니다.103)

침노한다는 말은 마치 사람들이 난폭하게 몰려들어 하나님의 나라를 점유하고 있는 것처럼, 거대한 대중이 난폭한 자들처럼 주신 은혜를 잡아채듯이 벌떼처럼 일어나고 있다는 뜻입니다.104) 하나님께서 말씀하실 때 냉담한 태도를 보이거나 마지못해 의무감에서 하는 것이 아니라, 불타는 열정으로 주님을 사모하고 열심 있는 노력으로 모든 난관을 돌파하는 것이 필요하다는 것을 뜻합니다.105)

씨 뿌리는 비유를 마음 밭, 곧 마음의 상태인 태도에 관한 비유로 해석해도 될까요?

마 13:18~23

어떤 사람들은 그런 해석을 바탕으로 마음 밭을 옥토 밭으로 만들어야 열매를 맺을 수 있으며, 그렇게 하기 위해서는 어떻게 해야 하는지 그 방법들까지 제시하기도 합니다. 또 어떤 사람들은 '내적 치유'나 '가정사역'과 같은 심리학, 또는 상담학적으로 접근하여 세 개의 밭은 상처를 받은 마음의 상태를 말하고, 좋은 땅은 상처를 치유 받은 마음을 말한다고 풀이합니다. 과연 성경이 그것을 말하고 있을까요?

마 13:10에 보면 제자들이 예수님께서 씨 뿌리는 비유를 말씀하신 것에 대하여 그 이유가 무엇인지 묻고, 마 13:11~17에서 예수님께서 왜 비유로 말씀하셨는지 그 이유를 설명하십니다. 마 13:11에서 예수님은 '천국의 비밀을 아는 것이 너희에게는 허락되었으나 저희에게는 아니 되었나니'라고 말씀하심으로써, 여기에서 비유가 천국의 비밀이고, 천국의 비밀은 허락된 자들에게는 알아들을 수 있지만 허락되지 않은 자들에게는 알아들을 수 없도록 비유로 말씀하신다는 것을 알 수 있습니다.

그렇다면 씨 뿌리는 비유는 천국에 대한 것이라는 사실을 분명하게 확인할 수 있습니다. 마태복음 13장의 가라지 비유, 겨자씨 비유, 누룩 비유, 밭에 감추어진 보화 비유, 좋은 진주 비유, 물고기와 그물 비유 등은 모두 천국에 대한 것들이고, 그 앞부분과 사이에 씨 뿌리는 비유와 비유로 말씀하시는 이유에 대한 설명이 들어있습니다.

---

103) 강병도 편, 『카리스 종합주석 제2권 마태복음 10~19장』, 155.

104) *Comm.* Matthew 11:12, The meaning therefore is, A vast assembly of men is now collected, as if men were rushing violently forward to seize the kingdom of God; for, aroused by the voice of one man, they come together in crowds, and receive, not only with eagerness, but with vehement impetuosity, the grace which is offered to them.

105) *Comm.* Matthew 11:12, It leads men not only to give, cold and indifferent assent when God speaks, but to cherish warm affection towards Him, and to rush forward as it were with a violent struggle.

그렇다면 씨 뿌리는 비유는 무엇을 말씀할까요? 천국 말씀이 여러 종류의 사람들에게 뿌려지지만, 대부분의 사람에게는 외면당하고 환영받지 못하며, 복음을 전해도 듣지 않고 거부하거나 들어도 결실하지는 못하기 때문에 절망할 수밖에 없다는 사실과 그러나 일부는 복음을 받아들이고 결실하여 100배, 60배, 30배의 놀라운 결실을 한다는 사실입니다.

천국 말씀은 비록 대부분에게 외면당하거나 환영받지 못하지만, 그것 때문에 하나님의 나라가 쇠하거나 망하지 않는 것은, 일부 적은 수라고 하더라도 그들이 천국 말씀을 받아들여 놀라운 결실을 하기 때문입니다. 이러한 사실은 마 13:31~33의 겨자씨와 누룩 비유에서도 확인할 수 있습니다.

겨자씨 비유와 누룩 비유는 기독교 세력이 이 세상을 기독교화한다는 말씀일까요?

마 13:31 또 비유를 베풀어 가라사대, 천국은 마치 사람이 자기 밭에 갖다 심은 겨자씨 한 알 같으니
32 이는 모든 씨보다 작은 것이로되 자란 후에는 나물보다 커서 나무가 되매 공중의 새들이 와서 그 가지에 깃들이느니라
33 또 비유로 말씀하시되, 천국은 마치 여자가 가루 서 말 속에 갖다 넣어 전부 부풀게 한 누룩과 같으니라

교회의 외적 성장에 대한 비유일까요? 예수님의 의도가 거기에 있었을까요? 하나님 나라가 비록 사람이 알지 못하는 사이에 싹이 트고 크게 자라나는 겨자씨나 누룩과 같다고 할지라도, 점차로 발전하거나 윤리적 과정을 통해 완성되는 것이 아니라, 보편적 배교와 하나님과 하나님 나라에 대한 사탄의 공격에 의한 최후의 끔찍한 전쟁으로 끝난다고 성경은 증거합니다.[106]

그렇다면 현재 임한 하나님 나라(천국)는 미래에 임할 완전한 모습이 드러날 하나님 나라를 알 수 없을 만큼 작은 모습을 하고 있으므로, 하나님 나라의 영광과 권세와 능력이 보류된, 감추어진 상태로 임해 있기에 은혜가 아니면 볼 수 없다는 데 비유의 의도가 있는 것은 아닐까요?

우리는 이 비유를 통해 그리스도의 나라가 육신의 눈에는 무시를 당하게 보이지만, 무한하고 가히 평가할 수 없는 하나님의 권능으로 우리의 마음을 끌어올리신다는 사실을

---

106) 『개혁 교의학 3』, 813.

배워야 합니다.[107]

예수님께서 비유로 말씀하신 까닭이 무엇일까요?

마 13:34 예수께서 이 모든 것을 무리에게 비유로 말씀하시고 비유가 아니면 아무것도 말씀하지 아니하셨으니,
35 이는 선지자로 말씀하신바 내가 입을 열어 비유로 말하고 창세부터 감추어진 것들을 드러내리라 함을 이루려 하심이라.

이해를 돕기 위하여 잘 알고 있는 주변의 사물들을 예로 들어 설명하신 것일까요? 성경이 그렇게 설명하고 있을까요? 우리는 먼저 성경이 무엇이라고 설명하고 있는지를 살펴야 합니다. 성경 해석의 가장 중요한 원리가 무엇이어야 할까요? 적어도 성경을 하나님의 말씀으로 믿는 신자라면 성경을 성경으로 해석해야 하지 않을까요?

마 13:35에서는 '감추어진 것들을 드러내기 위함'이라고 말씀하셨습니다. 한편 앞에서는 이렇게 말씀하셨습니다.

마 13:13 그러므로 내가 저희에게 비유로 말하기는 저희가 보아도 보지 못하며 들어도 듣지 못하며 깨닫지 못함이니라.
14 이사야의 예언이 저희에게 이루었으니 일렀으되 너희가 듣기는 들어도 깨닫지 못할 것이요 보기는 보아도 알지 못하리라.
15 이 백성들의 마음이 완악하여져서 그 귀는 듣기에 둔하고 눈은 감았으니 이는 눈으로 보고 귀로 듣고 마음으로 깨달아 돌이켜 내게 고침을 받을까 두려워함이라 하였느니라.

그렇다면 예수님께서 비유로 말씀하신 이유는 이중적이라고 말할 수 있습니다. 먼저 사 6:9~10을 인용하신 마 13:14~15에서 확인할 수 있듯이 알아듣지 못하게 하려는 것입니다. 이런 경우 비유는 일종의 심판이라고 말할 수 있습니다. 예수님께서 비유로 말씀하신 이유는 일차적으로 계시를 더 잘 이해하게 하는 데 목적이 있었던 것이 아니라 악한 자들에게 계시를 이해할 수 없게 하는 데 있었습니다. 이사야의 예언은 고전 14:21~22에도 다시 인용됩니다. 무엇에 대하여 인용됩니까? 방언입니다. 방언은 믿지

---

107) *Comm.* Matthew 13:31~35, If the aspect of Christ's kingdom be despicable in the eyes of the flesh, let us learn to raise our minds to the boundless and incalculable power of God, which at once created all things out of nothing, and every day raises up things that are not, (1 Corinthians 1:28,) in a manner which exceeds the capacity of the human senses.

않는 자들을 위한 표적입니다. 계시가 비유로 주어지든 방언으로 주어지든 믿지 않는 자들에게는 알 수가 없고 그래서 일종의 심판입니다.

그러나 제자들에게는 비유가 창세로부터 감추어진 것들을 드러내는 수단으로 사용되었습니다. 성경은 복음을 비밀(고전 4:1, 엡 3:3~4, 9, 6:19, 골 4:3)이라고 말씀합니다. 그러나 하나님의 자녀들에게는 창세부터 감추어진 그 비밀이 비유를 통하여 드러납니다.

베드로와 그의 후계자들(교황들) 위에 교회가 세워졌을까요?

마 16:16 시몬 베드로가 대답하여 가로되, 주는 그리스도이시오, 살아계신 하나님의 아들이시니이다.

17 예수께서 대답하여 가라사대, 바요나 시몬아 네가 복이 있도다. 이를 네게 알게 한 이는 혈육이 아니요, 하늘에 계신 내 아버지시니라.

18 또 내가 네게 이르노니 너는 베드로라. 내가 이 반석 위에 내 교회를 세우리니 음부의 권세가 이기지 못하리라.

천주교에서는 베드로와 그의 후계자들(교황들) 위에 교회가 세워졌다고 해석합니다. 그럴까요? 성경은 교회는 오직 그리스도 위에서만 설립될 수 있다고(고전 3:11) 분명하고 확실하게 말씀하기 때문에, 교황이 다른 기초를 조작해 내는 것은 불경스러운 모독에 불과합니다.[108]

본래 모든 교회는 동등했고, 모든 주교는 로마의 주교와 동등한 지위에 있었습니다.[109] 베드로가 20~25년 동안 로마에서 지냈고, 로마교회의 주교와 온 교회의 대주교였으며, 리누스(Linus)가 베드로의 주교직과 대주교직을 이어받았다는 것은 절대 증명할 수 없습니다.[110]

그들의 잘못된 주장은 문법적으로도 밝힐 수 있습니다. 마 16:18에는 남성형과 여성형 간에 언어 유희가 있습니다. 베드로(Πέτρος)는 남성명사로 쉽게 움직여지는 작은 돌을 의미하고, 반석(πέτρα)은 여성형 명사로 산을 떠받치는 반석을 의미하기 때문에, 마 16:18에서 '너는 베드로라, 내가 이 반석 위에 내 교회를 세우리니'라는 예수님의 말씀

---

108) *Comm.* Matthew 16:19, But not to be tedious, as we must acknowledge the truth and certainty of the declaration of Paul, that the Church can have no other foundation than Christ alone, (1 Corinthians 3:11; Ephesians 2:20,) it can be nothing less than blasphemy and sacrilege when the Pope has contrived another foundation.

109) 『개혁 교의학 4』, 414.

110) 자세한 내용은 『개혁 교의학 4』, 430~432를 참고하시기 바람.

은 '너 베드로는 쉽게 움직여지는 작은 돌이지만, 나 예수는 살아있는 반석이기 때문에 네가 고백한 대로 이 단단한 반석 위에 나의 교회를 세울 것이니'라는 뜻입니다.

> ※ κἀγὼ δέ σοι λέγω ὅτι σὺ εἶ Πέτρος, καὶ ἐπὶ ταύτῃ τῇ πέτρᾳ οἰκοδομήσω μου τὴν ἐκκλησ
> ίαν, καὶ πύλαι Ἅιδου οὐ κατισχύσουσιν αὐτῆς.
> Pétros (a masculine noun) – properly, a stone (pebble), such as a small rock found along a pathway.
> pétra (a feminine noun) – "a mass of connected rock," which is distinct from (Pétros) which is "a detached stone or boulder" (A-S). (pétra) is a "solid or native rock, rising up through the earth" (Souter) – a huge mass of rock (a boulder), such as a projecting cliff.

베드로는 산헤드린 공회에 잡혀서 자기를 변론할 때 '이 예수는 너희 건축자들의 버린 돌로서 집 모퉁이의 머릿돌이 되었느니라. 다른 이로서는 구원을 얻을 수 없나니 천하 인간에 구원을 얻을 만한 다른 이름을 우리에게 주신 일이 없음이니라 하였더라.'(행 4:11~12)라고 한 말씀은 이것을 다시 한번 확인시켜 줍니다. 베드로와 그의 후계자들(교황들) 위에 교회가 세워졌다는 천주교의 주장과는 달리 그 당사자인 베드로는 예수 그리스도 위에 교회가 세워졌다고 변론합니다. 이 사실은 베드로를 통하여 벧전 2:4~5 상반절에서 반복됩니다.

> 사람에게는 버린 바가 되었으나 하나님께는 택하심을 입은 보배로운 산 돌이신 예수에게 나아와 너희도 산 돌같이 신령한 집으로 세워지고

예수님은 교회의 머릿돌이시기 때문에 예수 그리스도의 인격과 사역은 교회의 기초입니다. 그리스도 이외의 다른 기초 위에 세워진 것은 그것이 아무리 대단한 것이라고 하더라도 그것은 교회가 될 수 없지만, 반면에 아무리 보잘것없다고 하더라도 십자가 대속의 고난을 받으시고 부활하신 그리스도를 중심으로 모인 자들은 참된 교회입니다. 참된 교회의 기준은 위치와 인물의 계승이나 외적 화려함과 영광과 공간적 확대와 회원의 수적 막강함에 있는 것이 아니라, 성경적인 바른 교리의 계승입니다.[111]

---

111) 『개혁 교의학 4』, 382, 384.

마 16:19은 영적 전쟁을 선언하는 강력한 선전포고로 사용될 수 있을까요?

마 16:19 내가 천국 열쇠를 네게 주리니, 네가 땅에서 무엇이든지 매면 하늘에서도 매일 것이요 네가 땅에서 무엇이든지 풀면 하늘에서도 풀리리라 하시고

본문은 귀신들을 매고, 묶고, 결박하는 것과는 아무 상관도 없는 말씀입니다. '맨다.' 와 '푼다.'라는 히브리어 '아싸르'와 '히티르'를 문자적으로 직역한 것으로, 본문에서는 당시에 랍비들이 사용하던 전문용어로 '금지하다.'와 '허락하다.'라는 뜻이었기 때문에, 본문은 '무엇이든지 땅에서 금지된 것은 하늘에서도 금지될 것이며, 무엇이든지 땅에서 허락된 것은 하늘에서도 허락될 것이다.'라는 뜻이 됩니다.[112]

마 16:19, 18:18, 요 20:23은 그리스도께서 사도들에게 주셨던, 죄를 사하거나 사하지 않음으로써 하늘나라를 열거나 닫을 권세를 언급한 것이지만, 로마 주교들과 사제들에게 그러한 권한과 능력을 사칭하게 하신 것은 아닙니다.[113] 종교개혁은 사도직을 전수 불가능한 직분으로 견지함으로써 마 16:19, 18:18, 요 20:23에 대한 해석을 천주교와는 다르고 정당하게 취급했습니다.[114] 물론 마 18:17에서 일반적으로 교회는 반복하여 화해를 시도한 후에 회개하지 않는 형제를 이방인과 세리와 같이 여기라는 권한을 받았기 때문에, 복음을 받아들이거나 그렇지 않으면 죄를 사하거나 그렇지 않을 권세에서 교회가 전적으로 배제된 것은 아니지만, 교회가 그렇게 할 수 있는 것은 사도들이 신적 권위로 그런 징계의 규칙들을 정했고, 그리스도 자신이 교회 안에 거하시기 때문입니다.[115] 이 권세는 그리스도에 대한 고백을 근거로 성령의 조명 아래 매고 푸는, 즉 다른 사람의 죄를 용서하거나 그대로 두는 권세입니다.[116] 그런데도 천주교는 고해성사라는 성례를 통하여 고해성사가 하나의 법정이 되어, 사제가 고백 된 죄들을 '참회의 책'의 기준을 따라 판단하고, 지상이나 연옥에서 받게 될 온갖 일시적인 형벌들을 부과하며, 이 형벌들은 다시금 면죄부를 통하여 용서받을 수 있다고 주장하는데, 이는 성경적으로 전혀 근거가 없습니다.[117]

복음은 영원한 죽음의 죄로부터 자유롭게 함으로써 속박되었던 저주의 올무를 풀어주

---

112) 류모세, 『열린다 성경 난해 구절 1』 (서울: 규장, 2014), 197~203.
113) 『개혁 교의학 4』, 195.
114) 『개혁 교의학 4』, 428.
115) 『개혁 교의학 4』, 463.
116) 『개혁 교의학 4』, 498.
117) 『개혁 교의학 4』, 583~584.

고, 그 결과 하늘에 들어가게 되기 때문에 땅에서 풀린 자가 됨으로써 하늘에서도 풀린 자가 되지만, 반면 복음을 거부하는 자들은 더 무서운 심판을 받게 됩니다.[118] 복음을 요약하면 죄와 죽음의 노예였던 우리가 모두 그리스도 예수 안에 있는 구속으로 말미암아 풀려 자유를 얻고(롬 3:24), 반면 그리스도를 해방자와 구속자로 받아들이지 않는 사람들은 정죄를 받고 선고받아 영원한 사슬에 매인다는 것입니다(유 1:6).[119] 사람들이 매이며 풀린다는 것은, 어떤 사람은 신앙에 의해서 하나님과 화해를 얻으며 어떤 사람은 불신앙으로 인해서 더욱 속박을 받는다는 뜻입니다.[120]

'자기 십자가'란 무엇을 뜻할까요?

> 마 16:24 이에 예수께서 제자들에게 이르시되, 아무든지 나를 따라오려거든 자기를 부인하고 자기 십자가를 지고 나를 좇을 것이니라.

자기 십자가는 우리 자신의 질병이나, 경제적 어려움 또는 실수나 실패, 자신의 어리석음이나 못남, 못됨 등이 아닙니다. 자기 십자가를 진다는 것은 그렇게 가벼운 것들이 아닙니다. 그것은 죽는다는 의미이며, '자아의 죽음', 옛사람이라고 불리는 존재론적 측면을 죽인다는 뜻이 아니라 아주 고통스럽고 굴욕적인 죽음을 의미합니다.[121] 또 그것은 자기 자신이 아니라 다른 사람을 위하여 죽는 것을 의미합니다. 예수님은 그런 죽음인 자기 십자가를 지신 모범이십니다.

제자들은 몸으로는 예수님을 따르고 있었지만, 마음은 그렇지 않았습니다. 그들의 목적은 예수님을 따름으로써 얻어질 세속적인 성취였습니다. 메시아 왕국에서 권세를 누리겠다는 계산으로 예수님을 따랐습니다. 제자들이 누가 큰가를 놓고 다투었다는 것은 바로 그것을 분명하게 보여줍니다. 예수님께서 십자가에 돌아가실 것이라고 말씀하셨을 때 제자들은 한결같이 그것을 이해하지 못했으며, 베드로는 제자들을 대표해서 결코 그

---

118) *Comm.* Matthew 16:19, The doctrine of the Gospel is, therefore, declared to be appointed for loosing our bonds, that, being loosed on earth by the voice and testimony of men, we may be actually loosed in heaven. But as there are many who not only are guilty of wickedly rejecting the deliverance that is offered to them, but by their obstinacy bring down on themselves a heavier judgment, the power and authority to bind is likewise granted to the ministers of the Gospel.

119) *Inst.*, 4. 11. 1: For what is the sum total of the gospel except that we all, being slaves of sin and death, are released and freed through the redemption which is in Christ Jesus [cf. Rom. 3:24]? and that they who do not receive or acknowledge Christ as their liberator and redeemer are condemned and sentenced to eternal chains [cf. Jude 6]?

120) *Inst.*, 4. 6. 4: Now men are bound and loosed in no other way than when faith reconciles some to God, while their own unbelief constrains others the more.

121) D. A. Carson, 138.

런 일이 일어나도록 그냥 두지 않겠다고 나섰습니다. 그들이 그럴 수밖에 없었던 것은 모든 것을 버려두고 전적으로 예수님을 따랐던 그들의 목적과 배치되었기 때문입니다. 그것은 진정으로 예수님을 따른 것이 아니었습니다. 물론 몸은 예수님을 따랐지만, 그들이 실제로 따른 것은 자신들의 꿈, 자신들의 육신의 정욕에 불과했습니다.

오늘날도 그런 식으로 신앙생활을 하는 사람들이 부지기수(不知其數)로 많습니다. 자신의 꿈과 육신의 정욕을 위하여 모든 것을 버려두고 예수님을 따른다면 그것은 예수님을 따르는 것이 아닙니다. 만일 자신의 꿈과 육신의 정욕을 성취하기 위해서는 모든 것을 버려두고 예수님을 따라야 한다고 가르치는 사람이 있다면, 그는 분명 거짓 교사임이 틀림없습니다. 왜냐하면, 예수님은 자신의 꿈과 육신의 정욕을 버리는 자기 부인이 없이는 어느 누구도 예수님의 제자가 될 수 없다고 말씀하셨기 때문입니다. 주님은 지상의 왕국을 건설하시는 대신에 십자가에 돌아가셨습니다. 예수님은 자기 제자들에게 그 어디에서도 세상의 종말이 오기 전에 지상에서의 영광스러운 미래를 약속하시지 않았습니다.[122]

마 16:28은 예수님께서 영광 중에 재림하시는 것을 볼 제자들도 있었다는 뜻이었을까요?

마 16:28 진실로 너희에게 이르노니, 여기 선 사람 중에 죽기 전에 인자가 그 왕권을 가지고 오는 것을 볼 자들도 있느니라.

제자들은 모두 죽었고 아직도 예수님은 재림하시지 않았습니다. 이런 상황에서 예수님의 말씀이 거짓이 아니라면 무슨 뜻일까요? 마 17:1~8이 그것을 보여줍니다. 베드로와 야고보와 요한은 예수님의 영광을 보았습니다. 이 사건은 천년왕국 때 주님의 영광을 모든 사람이 볼 것을 예표 합니다.[123]

이 말씀은 주님께서 부활하셨을 때 그 시작이 나타났고, 성령을 보내시고 놀라운 기적을 행하게 하심으로써 더욱 충분히 보여주셨던 하늘의 영광을 의미합니다.[124] 많은 학자가 마 10:23, 16:28, 24:34, 26:64과 그 병행 구절로부터 예수님의 재림이 예루살렘의 멸망 전이나 멸망 후 즉시 일어날 것이라고 추론했으나, 그것이 부당한 이유는 성경 어디에도

---

122) 『개혁 교의학 4』, 799.
123) John Phillips, *Bible Explorer's Guide*, 한봉래 역 『말씀의 올바른 해석』 (서울: 전도출판사, 2000), 98.
124) *Comm.* Matthew 16:28, By the coming of the kingdom of God we are to understand the manifestation of heavenly glory, which Christ began to make at his resurrection, and which he afterwards made more fully by sending the Holy Spirit, and by the performance of miracles;

그런 말씀은 없을 뿐만 아니라 예수님께서 자신의 오심을 다양한 의미로 언급하셨으며, 요 14:18~24에서는 오순절 후에 성령으로 오실 것을 말씀하셨고, 또는 다른 해석자들에 의하면, 부활 후에 와서 잠깐 제자들에게 다시 보이게 될 것을 뜻했기 때문입니다.[125]

기도하면 산도 옮길 수 있을까요?

마 17:20 가라사대, 너희 믿음이 적은 연고니라. 진실로 너희에게 이르노니 너희가 만일 믿음이 한 겨자씨만큼만 있으면 이 산을 명하여 여기서 저기로 옮기라 하여도 옮길 것이요 또 너희가 못 할 것이 없으리라.

마 21:21 예수께서 대답하여 가라사대, 내가 진실로 너희에게 이르노니 만일 너희가 믿음이 있고 의심치 아니하면 이 무화과나무에 된 이런 일만 할 뿐 아니라 이 산더러 들려 바다에 던지라 하여도 될 것이요.

문자적으로 기도를 열심히 하면 산이 깎여서 신도시가 들어서든지 공단이 들어서든지 할까요? 그렇게 해석하고 간증하는 사람들도 실제로 있습니다. 물론 그런 일들이 있을 수 있습니다.

그러나 그것이 일반화시킬 수 있는 것일까요? 어떤 사람들은 하나님이 원하시면 얼마든지 그런 일이 일어날 수 있다고 말합니다. 맞습니다. 그러나 그것은 가정적인 경우입니다. 그래서 어떤 사람들은 산이 옮겨지거나 바다에 던져지는 일은 아니라고 하더라도 기도를 열심히 하면 기적이 일어난다는 뜻이라고 해석합니다. 그러면 열심히 기도했는데도 기적이 일어나지 않았다면 어떻게 된 것일까요? 겨자씨만큼도 믿음이 없어서 그럴까요? 물론 기도를 열심히 했는데 하나님께서 그 기도에 응답하셔서 기적이 일어날 수도 있습니다. 그러나 기도해도 기적은 아주 가끔 일어나는 것일 뿐 일상적으로 일어나지는 않습니다. 그 이유는 겨자씨만큼도 믿음이 없어서 그런 것이 아니라 기적은 일상적인 것이 아니기 때문이고, 하나님은 일상적인 방법으로 일하시는 경우가 대부분이기 때문입니다.

본문은 예수님께서 무화과나무를 마르게 하신 사건과 같은 의미로써 이스라엘에 대한 멸망과 심판에 대하여 말씀하신 것입니다. 성경은(욥 9:5, 사 40:4, 미 1:4, 렘 51:25, 암 9:13) 하나님께서 산을 옮기시고 평탄하게 하시며 산이 불타고 녹는다고 말씀하는데, 그것은 산

---

125) 『개혁 교의학 4』, 815.

이 상징하는 세력이나 권세를 하나님께서 심판하신다는 뜻입니다.[126] 또 산은 하나님의 임재를 나타내고(출 19:20, 신 11:29, 시 2:6, 76:2) 바다는 이방을 나타내기(사 23:11, 27:1, 60:5) 때문에 하나님의 임재가 이스라엘에서 이방으로 옮겨질 것을 뜻합니다.[127] 그러므로 본문은 단순히 추상적인 기도의 능력을 가르쳐준다기보다는 옛 이스라엘이 심판을 받고, 새 이스라엘이 세워지게 되는 믿음에 관한 말씀이라고 해석해야 합니다.[128]

예수님께서 세금을 내시는 데 있어서 매우 이적적인 방법을 사용하신 이유가 무엇일까요?

마 17:24~27

본문이 말하려는 것이 무엇일까요? 예수님의 전지전능하심을 보여주려는 것일까요? 아니면 세금을 내실 필요가 없지만, 굳이 세금을 내심으로써, 하나님 나라의 백성 된 신자가 이 세상에서 이중적인 시민으로 살아가는 동안에, 이 세상의 기본적인 상식과 질서를 따름으로써 불필요한 오해와 갈등을 불러일으키지 않아야 함을 가르치려는 것일까요? 또는 만물이 주님의 것이라는 것을 가르치려는 것일까요? 베드로가 어부였기 때문에 낚시를 던져 물고기를 통하여 필요한 돈을 구하게 배려하셨듯이, 주님은 우리의 직업이나 잘 하는 일을 통하여 문제를 해결하도록 배려하신다는 것을 보여주기 위함일까요?

본문에서 그 이유를 찾으면 마 17:27의 '저희가 오해하지 않도록' 하기 위함이라는 것을 알 수 있습니다. 그러나 단순히 오해를 받지 않기 위함이라고만 해석하기에는 부족해 보입니다. 왜냐하면, 예수님의 구속사역적 의미가 전혀 드러나지 않기 때문입니다.

여기에서 반 세겔은 성전의 관리와 보수를 위하여 성인 유대인들이 납부했던 성전세였기 때문에 오늘날 세금과는 성격이 다릅니다. 예수님은 그 성전세를 납부하지 않으셔도 되는 성전의 주인이십니다(마 17:25~26). 그런데도 성전세를 납부하신 이유는, 예수님은 율법의 요구를 따라 십자가에 돌아가심으로 하나님의 백성을 구원하시기 위해 성육신하셨기 때문입니다. 여기에서 이 사실을 간과하고 단순히 오해를 받지 않기 위함이라고만 해석하면 성경이 의도하고 있는 예수님의 구속사적 의미를 놓치게 됩니다.

또 예수님께서 성전세를 내시는 데 있어서 매우 이적적인 방법을 사용하신 이유는 무

---

126) 윤석준, 『한국 교회가 잘못 알고 있는 101가지 성경 이야기 (2)』, 246~247.
127) 윤석준, 『한국 교회가 잘못 알고 있는 101가지 성경 이야기 (2)』, 248~249.
128) 윤석준, 『한국 교회가 잘못 알고 있는 101가지 성경 이야기 (2)』, 251~252.

엇일까요? 예수님께서 전지하시다는 사실을 보여주심으로써 자신이 메시아이심을 드러 내시기 위함이었을까요? 그런 해석도 얼마든지 가능할 것입니다. 그러나 거기에 초점이 있을까요? 그보다는 이 사건이 예수님의 대속 사역과 관련된 사건으로 그 가치와 의미를 지니고 있음을 인상적으로 가르쳐주시기 위함이 아니었을까요?

땅에서 매면 하늘에서도 매일 것이요, 무엇이든지 땅에서 풀면 하늘에서도 풀리리라는 말씀이 땅에 있는 생명책에 대한 것일까요?

> 마 18:18 '진실로 너희에게 이르노니 무엇이든지 너희가 땅에서 매면 하늘에서도 매일 것이요 무엇이든지 땅에서 풀면 하늘에서도 풀리리라.'

땅에 있는 생명책에 대한 것이 아닙니다. 또는 고해성사의 근거 구절도 아닙니다. 본문의 앞 구절 마 18:15~17의 내용을 보면, 죄를 범한 사람에 대한 교회의 치리를 어떻게 해야 하는가에 관한 내용으로, 교회에서 하는 치리의 권위를 말씀하고 있다는 것을 알 수 있습니다. 교회가 정당하게 성경 말씀을 따라 행한 치리(권징)는 신적인 권위가 있습니다. 그러므로 교회의 정당한 치리를 가볍게 여기는 것은 잘못된 것입니다.

마 18:18의 매고 푸는 권세는 마 16:19과 차이가 있습니다. 마 16:19은 전도에 관한 것이지만, 마 18:18은 출교 규정에 관한 것으로, 교회는 출교시킨 사람들에 대하여 구속력이 있다는 말씀입니다.[129] 교회는 교회의 친교 속으로 받아들임으로써 사람을 푸는데, 그것은 교회는 그가 그리스도 예수 안에서 교회가 가진 연합에 참여케 하기 때문이고, 반면에 교회의 판결을 완고하게 멸시하거나 신자들의 투표로 정죄 된 것을 중요시하지 않는 사람은 하늘에서도 그대로 인정되는데, 그 이유는 신자들이 하나님의 말씀으로 사악한 자들을 정죄하기 때문입니다.[130]

하이델베르크 요리 문답 83~85번은 여기에 대하여 명확하고 구체적으로 문답하고 있습니다.

---

129) *Inst.*, 4. 11. 2: But they differ in this respect: the first passage is particularly concerned with the preaching which the ministers of the Word execute; the latter applies to the discipline of excommunication which is entrusted to the church.
130) *Inst.*, 4. 11. 2: It looses him whom it receives into communion, for it makes him a sharer of the unity which it has in Christ Jesus. Therefore, that no one may stubbornly despise the judgment of the church, or think it immaterial that he has been condemned by the vote of the believers, the Lord testifies that such judgment by believers is nothing but the proclamation of his own sentence, and that whatever they have done on earth is ratified in heaven. For they have the Word of God with which to condemn the perverse; they have the Word with which to receive the repentant into grace.

83. '천국의 열쇠란 무엇입니까?'

'거룩한 복음의 전파와 회개를 위해 시행되는 기독교 권징입니다. 천국의 문은 복음 전파와 권징을 통하여 신자들에게는 열리고 불신자들에게는 닫히는 것입니다.'

84. '어떻게 천국의 문이 복음 전파에 의하여 열리고 닫힙니까?'

'그것은 그리스도의 명령에 따라서 이루어집니다. 즉, 모든 신자가 참된 믿음으로 복음의 약속을 믿을 때 하나님께서 그리스도의 공로로 말미암아 그들의 모든 죄를 용서해 주신다는 것을 사람들에게 공적으로 선포하고 선언함으로써 천국의 문은 열리는 것입니다. 그러나 불신자들과 위선자들에게는 그들이 회개하지 않는 한 하나님의 진노와 영원한 저주를 받게 된다고 공적으로 선포하고 선언함으로써 천국의 문은 닫히는 것입니다. 금생과 내생에 대한 하나님의 심판은 이러한 복음 증언에 기초하고 있습니다.'

85. '어떻게 천국의 문이 기독교 권징에 의하여 닫히고 열립니까?'

'그것은 그리스도의 명령으로 이루어집니다. 즉, 누구든지 그리스도인이라고 자칭한다 할지라도 비기독교적인 교리를 믿고 비기독교적인 생활을 하고 교우들의 계속된 권면에도 불구하고 자신의 잘못과 사악함을 끝까지 고집하여 그 사실이 교회의 직임자들에게 알려지고 마침내 그들의 훈계마저 거부한다면, 그 직임자들은 그러한 자에게 성례 참여를 금지함으로써 성도의 교제에 참여하지 못하게 해야 합니다. 하나님께서도 그를 그리스도의 왕국에서 쫓아내실 것입니다. 만일 이러한 사람이 참다운 회개를 약속하고 그것을 실천해 보이면 그리스도와 그 교회의 일원으로 다시 받아들이게 됩니다.'

마 18:19~20은 합심하여 기도하면 응답하신다는 말씀일까요?

> **마 18:19** 진실로 다시 너희에게 이르노니 너희 중에 두 사람이 땅에서 합심하여 무엇이든지 구하면 하늘에 계신 내 아버지께서 저희를 위하여 이루게 하시리라.
> **20** 두세 사람이 내 이름으로 모인 곳에는 나도 그들 중에 있느니라.

'너희 중에 두 사람이 땅에서 합심하여 무엇이든지 구하면'의 뜻이 무엇일까요? '두 사람이 합심하여 무엇이든지 기도하면'이란 뜻일까요? '기도'라는 단어는 나오지 않지만 '구하면'이란 말이 '기도하면'이란 말일까요?

앞뒤 문맥을 살펴보면 아닙니다. 본문과 이어지는 앞의 내용은 권징의 절차에 관한 내용입니다. 그렇다면 구한다는 말이, 기도한다는 말이 아니라 권징에 대한 것이라는 것을 알 수 있습니다. 물론 우리가 권징 문제를 놓고 기도하는 것은 당연하고, 두세 사람이, 아니 혼자라도 신자가 예배하고 기도할 수 있고, 또 일상의 삶 가운데 하나님께서 함께 하십니다. 교회가 이 본문을 권징과 관련하여 가르치지 않고 너무 자주 기도나 예배와 관련하여 가르쳤기 때문에, 본문을 자꾸 권징이 아닌 기도나 예배와 관련하여 이해하고 있습니다. 그러나 본문이 그것을 말하려는 것은 아닙니다.

그러므로 본문은 이 땅에서 교회가 성경적 절차를 따라서 권징을 시행한다면 하나님께서 그대로 받아주신다는 것을 말씀합니다. 권징은 참된 교회의 3대 표지 중의 하나로 꼽을 만큼 중요하지만 여러 가지 이유로 오늘날 교회는 권징이 사라졌다고 해도 과언이 아닙니다. 그러나 교회의 권징은 하나님께서 받아주시고 시행하시기 때문에, 교회는 작은 자 하나라도 얻기 위하여 신실하게 권징을 행해야 하고 신자들은 교회의 성경적인 절차에 의한 권징을 존중해야 합니다.

하이델베르크 교리문답 83번은 천국의 문은 복음 전파와 권징을 통하여 신자들에게는 열리고 불신자들에게는 닫힌다고 답하고 있고, 또 85번에서도 권징이 천국을 닫는 도구임을 분명하게 선언합니다. 그리고 이 문답들의 각주 성경 구절들은 마 16:19과 마 18:15~18입니다.

어떤 증거가 증거로서 효력을 가지려면 두 사람 이상의 증인이 필요합니다. 따라서 두 사람이 땅에서 합심하여 무엇이든지 구한다는 말은 증거로서 효력을 가지고 하나님께 호소하는 것이므로 하나님께서 들어주신다는 뜻입니다. 마 18:19~20은 바로 그런 의미입니다.

어린아이(갓난아이)와 같이 받든다는 말은 순진함을 뜻할까요?

> 마 19:13 때에 사람들이 예수의 안수하고 기도하심을 바라고 어린아이들을 데리고 오매 제자들이 꾸짖거늘
> 14 예수께서 가라사대, 어린아이들을 용납하고 내게 오는 것을 금하지 말라. 천국이 이런 자의 것이니라 하시고
> 15 저희 위에 안수하시고 거기서 떠나시니라.

이렇게 해석하면 인간에게 구원의 근거를 두게 됩니다. 인간의 전적 부패와 무능, 구원의 전적 은혜에 대한 성경적 가르침과 위배됩니다(롬 3:10~12, 시 14:1~3). 태어날 때는 순수하지만 세상에 살면서 악해진다는 것은 유교적인 발상입니다. 어린아이(갓난아이)와 같이 받든다는 말은 순진함이 아니라 모든 것을 다른 사람에 의하여 공급받아야 하는 존재로서의 어린아이와 같이 받들어야 한다는 의미일 뿐입니다.

부자는 천국에 들어가는 것이 어렵고 가난한 자는 천국에 들어가는 것이 쉬울까요?

마 19:16~26

부자이고 관원이며 청년이고 율법을 철저하게 준수했던 사람이 가진 인간적인 조건들이 구원을 얻는 데 최상의 조건을 가진 것이 아니라 오히려 방해(불리한 조건들)가 될 수 있습니다. 그렇다고 돈 없고 권력 없고 건강 없고 늙은 것이 구원을 얻는 데 도움이 되는 것(유리한 조건들)도 아닙니다. 중요한 것은 자신의 인간적인 조건을 의지하느냐 하나님을 의지하느냐의 문제입니다. 물론 세속적인 조건이 부족할수록, 또는 가난할수록 구원을 얻는 데 도움이 되는 것은 아니지만, 오히려 하나님을 의지할 가능성이 클 수도 있고 그럴 경우라면 그것은 복이 될 수도 있습니다.

예수님의 의도는 자발적인 가난이나 무소유가 구원을 받는 데 있어서 더 유리하다는 것을 말씀하시려는 것이 아니었습니다. 예수님께서 욕심 많은 부자 청년에게 그의 전 재산을 가난한 자들에게 나눠주라고 말씀하신 것은, 그가 율법을 다 지켰다고 생각하는 것이 얼마나 잘못된 착각인지를 구체적으로 깨닫도록 각성시키시려는 것이었습니다. 그것은 결코 어렵고 가난한 자가 천국에 들어가는 것이 쉽다거나, 또는 모든 소유를 다 팔아 가난한 자들에게 나누어주는 것이 구원의 유리한 조건이 된다거나, 그렇게 하는 것이 온전해지는 조건이 된다는 것을 말씀하시려는 것이 아니었습니다.

예수님은 부자에 대하여 부정적으로 말씀하셨을까요?

마 19:23 예수께서 제자들에게 이르시되, 내가 진실로 너희에게 이르노니 부자는 천국에 들어가기가 어려우니라.
24 다시 너희에게 말하노니 '약대가 바늘귀로 들어가는 것이 부자가 하나님의 나라에 들어가기보다 쉬우니라' 하신대,
25 제자들이 듣고 심히 놀라 가로되 그런즉 누가 구원을 얻을 수 있으리이까?
26 예수께서 저희를 보시며 가라사대, 사람으로는 할 수 없으되 하나님으로서는 다 할 수 있느니라.

본문은 마 19:16~22의 끝에 나온 말씀입니다. 마 19:16~22에 등장하는 부자 청년은 영생에 대하여 관심이 많았고 계명들도 잘 지켰습니다. 그런 그에게 예수님은 '네가 온

전하고자 할진대 가서 네 소유를 팔아 가난한 자들을 주라. 그리하면 하늘에서 보화가 네게 있으리라. 그리고 와서 나를 좇으라.'라고 말씀하셨습니다. 그러자 그는 재물이 많으므로 이 말씀을 듣고 근심하며 돌아갔습니다. 이 사건에 이어서 예수님은 마 19:23~26의 말씀을 하셨습니다.

전 10:19은 돈은 범사에 응용된다고 말씀합니다. 돈이라든가 부자라든가 하는 것은 그 자체가 긍정적이거나 부정적인 것이 아닙니다. 그러므로 이 말씀은 부자에 대하여 부정적으로 말씀하신 것이라고 단정할 수는 없습니다. 예수님께서 말씀하시려는 것은 돈 때문에 예수님의 뜻을 따를 수 없는 것, 곧 예수님을 따를 수 없는 것에 대한 것입니다. 물론 재물이 많을수록 그만큼 그것을 포기하기가 어려울 것입니다. 재물이 많을수록 누리는 혜택들도 많고 더욱 편리하고 쉽고 할 수 있는 것도 더욱 많기 때문입니다. 그래도 주님의 뜻이라면 포기할 수 있어야 합니다. 그렇지 못하면 예수님을 포기할 수밖에 없기 때문입니다. 왜냐하면, 주님과 재물을 겸하여 섬길 수 없다고 주님께서 분명하게 가르쳐 주셨기 때문입니다. 부자에게 문제가 되는 것은 예수님보다 돈을 더 사랑하고, 신앙보다 돈을 더 사랑하는 것이지, 돈 자체가 나쁜 것은 아닙니다.

예수님을 따르기 위해 희생한 모든 것에 대하여 하나님께서 충분히 보상해주실까요?

마 19:27~30

물론 본문에는 그런 뜻이 담겨있습니다. 성경은 신자들에게 영생을 약속할 뿐만 아니라 각 사람에게 특별한 보상을 약속하고 있습니다.[131] 그러나 전후 문맥을 보면 본문을 그렇게만 해석할 수 없습니다. 본문은 부자 청년과 예수님과의 대화에(마 19:16~22) 이어지는 내용입니다. '네가 온전하고자 할진대 가서 네 소유를 팔아 가난한 자들을 주라. 그리하면 하늘에서 보화가 네게 있으리라. 그리고 와서 나를 좇으라.'라는 예수님의 말씀에 그 청년이 재물이 많으므로 이 말씀을 듣고 근심하며 간 사건에 대한, 베드로의 질문과 그에 대한 예수님의 대답입니다. 예수님은 이 청년과는 달리 모든 것을 버리고 주를 좇은 자들에게 당연히 넘치도록 보상해주신다고 말씀합니다.

---

131) *Inst.*, 3. 25. 10: For anyone who closely studies the Scriptures, they promise believers not only eternal life but a special reward for each.

그러나 그것이 다가 아니라고 경고하셨습니다. '먼저 된 자로서 나중 되고 나중 된 자로서 먼저 될 자가 많으니라.'라는 것입니다. 이 말씀에 대하여 예수님은 마 20:1~15에서 포도원 품꾼의 비유를 통해 설명하시고, 마 20:16에서 다시 반복해서 강조하여 말씀하셨습니다. 9시간 일한 품꾼이나 6시간 일한 품꾼이나 한 시간밖에 일하지 못한 품꾼에게 동일하게 한 데나리온을 준다는 것은 보상에 대한 일반적인 상식과는 거리가 멉니다. 그래서 종일 수고한 자가 그보다 덜 일한 자보다 더 보상을 받을 것이라는 기대에 어긋나자 불평을 합니다.

보상에 대한 지나친 관심은 우리의 눈을 주님께 고정하는 대신에 보상에 고정하게 함으로써 주님에게서 멀어지게 합니다.[132] 하나님은 넉넉하게 보상하십니다. 그러나 그것은 주님의 뜻대로 되는 것입니다. 우리의 관심이 보상에 집중되면 우리는 불평할 수 있고, 오히려 신앙으로부터 멀어질 수 있습니다. 우리에게는 '명령받은 것을 다 행한 후에', '우리는 무익한 종이라, 우리의 하여야 할 일을 한 것뿐이라.'라는 자세가 필요합니다(눅 17:10).

청함을 받은 것과 소명(부르심)은 동일한 단어(κλητός)이기 때문에 같은 의미일까요?

마 22:14 청함을 받은 자는 많되 택함을 입은 자는 적으니라

여기에서 사용된 청함(κλητός)은 바울이 사용한 부르심(κλητός, 롬 1:1, 6, 7, 8:28, 11:29, 갈 5:13 등)과 동일한 단어지만, 바울이 사용한 부르심은 그 자체가 신자가 되는 효력을 가지는 칭의의 의미이지만 복음서의 경우는 초청과 비슷한 뜻으로 보아야 합니다.[133] 공관복음서 기자들의 경우에는 많은 사람이 부름을 받았지만, 소수만 선택을 받고 있기 때문에(마 20:16, 22:14), 다른 신약성경 기자들의 용례라고 가정하고 같은 의미로 해석하면 잘못된 해석을 할 수 있습니다.[134] 물론 효과적인 부르심은 외적인 말씀을 통한 소명(청함)과 심지어 사물을 통한 소명(일반적 은혜에 의한 부르심)도 배제하지 않고 포함하는데, 이는 말씀과 성령을 통해, 외적으로 그리고 내적으로 설득을 통해 자연적 인간 안에 영적인 사람을 태어나도록 하기 위함입니다.[135]

132) Daniel M. Doriani, *Getting the Message*, 정옥배 역, 『해석, 성경과 삶의 의미를 찾다』 (서울: 성서유니온선교회, 2011), 59.
133) D. A. Carson, 78~79.
134) D. A. Carson, 79.
135) 『개혁 교의학 4』, 38.

하나님께서 외면적인 복음 선포를 통해 정죄 받을 사람들까지도 포함하여 모든 사람을 평등하게 자신에게로 부르시는 것은 일반적인 소명이므로, 청함을 받은 자 중에는 그리스도의 성결을 입지 않고 쫓겨나는 사람들이 있지만, 반면에 선택은 중생의 영이 수반되므로 택함을 받은 자들은 하나님의 나라에 유하게 됩니다.[136]

겉옷을 가지러 뒤로 돌이키지 말라는 말씀의 뜻이 무엇일까요?[137]

마 24:18 밭에 있는 자는 겉옷을 가지러 뒤로 돌이키지 말지어다.

본문은 예수님께서 마지막 심판 때 일어날 일들을 말씀하시면서 하신 말씀입니다. 무슨 뜻일까요? 오늘날에는 일반적으로 겉옷이 귀중품에 들어가지 않지만, 그 당시에는 귀중품이었습니다. 겉옷은 이불 대용으로 덮기도 했고, 장기간 여행을 갈 때는 낮에는 더위와 비를 막아 주고, 밤에는 노숙을 위한 슬리핑 백(sleeping bag) 역할을 했습니다. 당시에 농부들은 대부분 겉옷이 한 벌뿐이었기 때문에, 목숨이 경각에 달린 위기에서 마지막 수단으로 전당 잡히는 물건이기도 했습니다. 오늘날 우리가 생각하는 것보다 훨씬 큰 가치가 있었기 때문에 겉옷은 오늘날의 보석과 같은 귀중한 것이었습니다. 따라서 눅 22:36의 '이르시되 이제는 전대 있는 자는 가질 것이요 주머니도 그리하고 검 없는 자는 겉옷을 팔아 살지어다.'에서 '겉옷을 팔아'라는 말은 '비싼 귀중품을 팔아'라는 의미가 됩니다. 마 5:40의 '또 너를 송사하여 속옷을 가지고자 하는 자에게 겉옷까지도 가지게 하며'에서 '겉옷까지도'라는 말은 '비싼 귀중품까지도'란 뜻이 됩니다. 그러므로 마지막 심판 때는 아무리 귀한 것이라고 하더라도 그것을 포기해야 한다는 의미가 됩니다.

거짓 그리스도들과 거짓 선지자들이 큰 표적과 기사로 미혹할 때 택함을 받은 자들도 속을까요?

마 24:24 거짓 그리스도들과 거짓 선지자들이 일어나 큰 표적과 기사를 보이어 할 수만

---

136) *Inst.*, 3. 24. 8: There is the general call, by which God invites all equally to himself through the outward preaching of the word-even those to whom he holds it out as a savor of death [cf. II Cor. 2:16], and as the occasion for severer condemnation. ⋯ This phrase ought, I admit, to be understood as applying to those who enter the church on profession of faith but not clothed with Christ's sanctification. God will not forever bear such dishonors, even cancers, of his church but as their baseness deserves, will cast them out. ⋯ For this call is common also to the wicked, but the other bears with it the Spirit of regeneration [cf. Titus 3:5], the guarantee and seal of the inheritance to come [Eph. 1:13~14], with which our hearts are sealed [II Cor. 1:22] unto the day of the Lord.

137) 위 내용은 류모세, 『열린다 성경 (상)』 (서울: 두란노, 2011), 77~87에서 발췌하였음.

있으면 택하신 자들도 미혹하게 하리라

성경은 하나님의 계시 영역 밖에서도 비상한 능력이 작용하고 비범한 일들이 발생할 수 있다는 사실도 인정하지만(출 7:11, 22, 8:7, 18, 9:11, 마 24:24, 계 13:13~14), 기적 그 자체가 신빙성을 충분히 보증하지는 못한다는 것을 분명하게 지적하면서,[138] 그러한 것들은 '이는 너희 하나님 여호와께서 너희가 마음을 다하고 성품을 다하여 너희 하나님 여호와를 사랑하는 여부를 알려 하사 너희를 시험하심이니라.'라고 말씀합니다(신 13:1~3). 그렇다면 거짓 그리스도들과 거짓 선지자들이 큰 표적과 기사로 미혹하지만 선택받은 자들은 속지 않는다고 말할 수 있습니다. 그러나 모든 현혹에 속지 않는다고 일반화할 수는 없습니다. 아무리 많은 다른 사람들이 현혹되더라도, 선택받은 자들은 궁극적으로는 속지 않는다는 뜻이라고 보아야 합니다.[139] 예수님은 요 10:28~29에서 '내가 저희에게 영생을 주노니 영원히 멸망치 아니할 터이요 또 저희를 내 손에서 빼앗을 자가 없느니라. 저희를 주신 내 아버지는 만유보다 크시매 아무도 아버지 손에서 빼앗을 수 없느니라.'라고 분명하게 말씀하셨습니다. 롬 8:31~39에서는 하나님께서 우리를 위하시기 때문에 누구도 대적할 수 없고, 하나님께서 우리를 의롭다고 하셨기 때문에 누구도 능히 우리를 송사할 수 없으며, 그리스도 예수께서 우리를 위하여 죽으셨을 뿐만 아니라 살아나셨기 때문에 어느 누구도 정죄할 수 없고, 하나님께서 우리를 사랑하시므로 어느 것도 우리를 그 사랑 안에서 끊을 수 없다고 분명하게 선언했습니다.

우리는 사탄의 책략과 미혹을 분별하거나 저지할 힘이 없고, 경건한 자들이 가는 길은 위태롭고 미끄럽지만, 그런데도 안전한 것은 우리는 그리스도의 양 무리이기 때문에 하나님께서 지키시고 보호하십니다.[140] 우리 구원의 확실성은 우리 자신에게 있는 것이 아니라 하나님의 선택에 있습니다.[141]

---

138) 『개혁 교의학 1』, 458.

139) D. A. Carson, 152.

140) *Comm.* Matthew 24:24, And thus, however frail and slippery the condition of the godly may be, yet here is a firm footing on which they may stand; for it is not possible for them to fall away from salvation, to whom the Son of God is a faithful guardian. For they have not sufficient energy to resist the attacks of Satan, unless in consequence of their being the sheep of Christ, which none can pluck out of his hand(John 10:28).

141) *Comm.* Matthew 24:24, It must therefore be observed, that the permanency of our salvation does not depend on us, but on the secret election of God;

무화과나무의 비유는 이스라엘에 대한 비유일까요?

> 마 24:32 무화과나무의 비유를 배우라. 그 가지가 연하여지고 잎사귀를 내면 여름이 가까운 줄을 아나니
> 33 이와 같이 너희도 이 모든 일을 보거든 인자가 가까이 곧 문 앞에 이른 줄 알라.
> 34 내가 진실로 너희에게 말하노니 이 세대가 지나가기 전에 이 일이 다 이루리라.

메시아닉 쥬는 '무화과는 이스라엘이요, 여름은 그 해의 끝이요, 무화과나무 잎사귀는 이스라엘의 영적 회복의 시작을 알리는 것이요, 문 앞에 이르렀다는 것은 하나님의 나라가 임박했다.'라는 뜻으로 해석합니다. 세대주의자들은 무화과나무를 이스라엘로 비유하고, 그 가지가 연하여지고 잎사귀를 낸 것은 1948년 이스라엘의 독립을 비유하며, 그로부터 시작하여, 한 세대가 지나기 전에 예수님께서 재림한다고 주장했습니다.[142] 예수님께서 그런 뜻으로 말씀하셨을까요? 비유는 전하고자 하는 목적을 위해서 예를 들어 설명하는 것뿐입니다. 이스라엘의 독립에 대하여 말씀하시려는 의도는 전혀 없었고, 다만 주님 재림의 자연적인 징조를 무화과나무를 예로 들어서 설명하신 것입니다. 당시의 제자들에게 1948년에 일어날 이스라엘의 독립을 이런 비유로 말씀하셨다고 주장하는 것은 한 마디로 황당할 뿐입니다.

눅 21:29~31에 보면 예수님께서 '무화과나무와 모든 나무를 보라.'라고 하시며 비유로 말씀하셨습니다. 그렇다면 무화과나무가 이스라엘을 나타내기 위한 비유로 말씀하신 것이 아니라 무화과뿐 아니라 모든 나무의 싹이 나고 잎이 나면 여름이 온 것을 아는 것처럼, 주님께서 말씀하신 여러 가지 자연적인 징조를 보게 되면 주님의 재림이 가까이 온 줄을 알라는 뜻으로 말씀하셨다는 것을 알 수 있습니다.

열 처녀의 비유는 항상 깨어 있어야 한다는 뜻일까요?

마 25:1~13

영적으로 졸아서는 안 된다는 뜻일까요? 본문은 재림하시는 신랑 예수님을 고대했음에도 불구하고 슬기로운 처녀나 미련한 처녀나 모두 '다 졸며 잤다(마 25:5).'라고 지적합니다. 그들은 모두 영적 잠에 빠지는 신앙의 한계를 드러냈습니다. 그렇다면 '졸며 잔'

---

142) 이인규, 『평신도들이 혼동하기 쉬운 성경 50』 (파주: 카리스, 2014), 146.

그들은 모두 다 혼인 잔치에 들어갈 수 없어야 마땅합니다. 그런데 좀 이상한 것은 그중 일부는 혼인 잔치에 들어갔다는 사실입니다(마 25:10).

이 사실은 깨어 있음을 '구원의 증표'로까지 여기는 경건주의자들과 인간의 신앙적인 노력을 구원의 조건으로 간주하는 신인협동주의자들을 당황스럽게 합니다. 왜냐하면, 그들은 모두 깨어 있지 못한 것이 신앙의 승패를 좌우하고 구원에서 탈락할 수 있는 조건이라고 생각하기 때문입니다. 그러나 항상 깨어 있음이 신앙의 승패나 구원 여부를 좌우한다고 한다면 누가 감히 구원받을 수 있을까요? 겟세마네 동산에서 예수님의 제자들은 모두 졸며 자기를 거듭 반복했습니다. 아니 한 시 동안도 깨어 있지 못했습니다.

그렇다면 성경이 직접 가르쳐주는 대로 지혜로운 다섯 처녀가 혼인 잔치에 들어간 것은 항상 깨어 있음의 여부가 아니라 '기름 준비'의 여부였다는 것을 알 수 있습니다. 물론 항상 깨어 있는 것이 중요하고 필요합니다. 그러나 항상 깨어 있음보다 기름 준비가 더 중요합니다. 그러면 기름을 준비한다는 말의 뜻은 무엇일까요? 어떤 사람들은 기름 준비를 '선한 행위' 또는 '행함'이라고 주장합니다. 그러면 선한 행위나 행함이 부족하더라도 신랑이 더디 오지 않았더라면 잔치에 참여할 수 있었을까요? 구원받으려면 선한 행위나 행함이 어느 정도가 되어야 할까요? 이러한 주장은 행위 구원론이 되기 때문에 성경적으로 잘못된 것입니다.

신사도 운동을 하는 아이합의 마이크 비클은 '성령 충만한 기름 부음'이라고 해석하면서, 기름이 부족한 다섯 처녀는 성령 운동을 비판하는 보수적인 기독교인들이며, 기름을 준비한 다섯 처녀는 신사도 운동의 성령 운동을 지지하는 기름 부음 받은 신자들이라고 주장합니다.[143] 그러면 성령 충만은 사고팔 수 있고 여분으로 준비해야 할까요?

또 어떤 사람들은 혼인 잔치에의 참여 여부가 곧 구원 여부는 아니라며, '기름 준비'를 '믿음, 중생'과 연결짓는 것은 합당치 않다고 주장하기도 합니다. 그러나 이 비유는 천국에 대한 비유이고, 마 25:12의 말씀을 보면 예수님께서 '내가 너희를 알지 못한다.'라고 말씀하셨으니 혼인 잔치에의 참여 여부가 곧 구원 여부라는 것을 부정할 수 없습니다.

칼빈은 그런 세세한 부분을 가지고 씨름할 아무런 이유가 없으며, 등불, 그릇, 기름에 대하여 크게 재주를 부리는 것에 의미가 없다고 일축하면서, 미련한 처녀들과 슬기로운 처녀들의 차이를 분별력으로 해석했습니다.[144] 히 5:14은 신앙의 성숙을 '선악을 분별하

---

143) 이인규, 『평신도들이 혼동하기 쉬운 성경 50』, 286~287.

144) *Comm.* Matthew 25:2, But now he demands wisdom from all the children of God in general, that they may not, through inconsiderate rashness, expose themselves to be the prey of Satan.

는 것'으로, 롬 12:2은 신앙을 '하나님의 선하시고 기뻐하시고 온전하신 뜻이 무엇인지 분별하는 것'으로 가르쳐줍니다.

본문을 자세히 살펴보면(마 25:8) 미련한 처녀들도 기름을 준비했지만, 등에만 기름을 준비한 까닭에 오랜 시간이 지나자 부족하게 되었다는 것을 알 수 있습니다. 반면에 슬기로운 처녀들은 등에만 기름을 준비한 것이 아니라 시간이 오래 지나도 부족하지 않도록 그릇에도 기름을 준비했다는 사실을 알 수 있습니다(마 25:4). 그것은 분별력이라고 말할 수 있고 이 분별력은 신앙에서 나온 것이라고 말할 수 있습니다.

또 '미련한 처녀들은 자기의 마음을 믿고 하나님의 말씀을 믿지 않는 외식하는 자들'이었습니다.[145] 히 6:4~5의 지적처럼 한때는 하늘의 은사를 맛보고 성령에 참예 한 바 되고 하나님의 선한 말씀과 내세의 능력을 맛보았지만, 또 똑같이 주님의 재림을 고대할 수는 있지만, 외식하는 자들은 외면당할 것이 분명합니다. 마 7:21~23에서 예수님께서 지적하셨던 것과 같이 외적으로는 예수님을 구주와 주님으로 고백도 하고 주의 이름으로 선지자 노릇도 하며, 주의 이름으로 귀신을 쫓아내고 주의 이름으로 많은 권능을 행한다고 하더라도, 그것이 외식이라면 그는 불법을 행하는 것이므로 그런 자들은 주님께 외면당할 것이 분명합니다.

달란트 비유는 하나님께서 주신 재능을 잘 활용해야 한다는 말씀일까요?

마 25:14~30

물론 영어 '달란트'(talent)라는 말이 재능을 의미합니다. 하나님께서 주신 재능을 잘 활용하는 것은 마땅한 일입니다. 그러므로 달란트 비유는 하나님께서 주신 재능을 잘 활용해야 한다는 말씀이라고 해석해도 별 무리가 없을 듯합니다.

그러나 과연 본문이 그것을 말하려는 것일까요? 마 25:15에서 각각 재능대로 달란트를 주었다는 말은 있지만, 본문에서 재능을 잘 활용했다는 의미를 찾을 수는 없습니다. 본문은 다섯 달란트와 두 달란트 남긴 종은 주인이 시키는 대로 순종했지만, 한 달란트 받고 그대로 숨겨둔 종은 주인을 오해하고 있었고 그래서 불순종했다는 내용일 뿐입니다. 그렇다면 이 달란트 비유에 대한 해석으로 앞엣것이 바른 것일까요, 아니면 뒤엣것

145) 박윤선, 『성경주석 공관복음 (하)』 2판 (서울: 영음사, 1989), 734~735.

이 바른 것일까요? 달란트 비유는 천국에 대한 비유 가운데 나온 것입니다. 달란트 비유는 '그때 천국은 마치 등을 들고 신랑을 맞으러 나간 열 처녀와 같다 하리니'(15:1)라고 시작하는 열 처녀의 비유와 이어지는 비유로 '또'로 시작합니다. 달란트 비유도 천국에 대한 비유라면 뒤의 해석이 더 타당하지 않을까요? 주님 앞에 직책을 받은 자들에게 요구되는 것은 충성이며 이 충성은 주님께서 맡기신 대로만 순종하여 일하는 것입니다.[146]

구원과 마지막 심판의 기준은 구제일까요?

마 25:34~42

언뜻 보면 그렇게 볼 수도 있습니다. 물론 마지막 심판에서 고려되는 것은 사람들이 성취한 하나님 앞에 있는 책들에 기록된 모든 행위이며, 그것은 단지 행위들만이 아니라, 말들과 마음의 숨겨진 계획들까지도 포함합니다.[147] 그러나 만일 그렇다면 우리의 선행이 구원의 원인이라는 주장이 되기 때문에 잘못된 것입니다. 우리의 선행에 대한 보상이 약속되었을지라도 그것은 구원의 조건이 될 수 없고, 그것도 우리가 영생의 유일한 상속자이신 그리스도의 지체가 되었다는 사실 때문에 은혜로 받는 것에 불과합니다.[148] 마 25:37~39은 이 사실을 명확하게 설명합니다. 하나님 나라를 보상으로 받는 상급은 모든 노력과 수고를 훨씬 초월하고(마 5:46, 19:29, 20:1, 25:21~23, 눅 12:33), 그것은 의인들이 아니라 심령이 가난한 자들에게 주어지며(마 5:1, 9:13, 18:3, 11), 신자들 자신은 이것이 값없이 주어지는 것으로 여기고(마 25:37~39), 그들은 무익한 종으로 단지 마땅히 해야 할 일을 했을 뿐이며(눅 17:10), 보상은 하나님의 자유로운 처사이기 때문입니다.[149]

예수님께서 말씀하시려는 것은 단순한 구제나 선행 그 이상입니다. 그것은 하나님의 백성다움이라고 말할 수 있습니다. 그러면 하나님의 백성다움이란 무엇일까요? 그리스도인들을 그리스도의 몸 된 지체로 보았는가(취급, 대접했는가)입니다. 형제 중에 지극

---

146) 박윤선, 『성경주석 공관복음 (하)』 2판, 736.
147) 『개혁 교의학 4』, 830.
148) *Comm.* Matthew 25:35, But we have another reply to offer, which is still more clear; for we do not deny that a reward is promised to good works, but maintain that it is a reward of grace, because it depends on adoption. Paul boasts (2 Timothy 4:8) that a crown of righteousness is laid up for him; but whence did he derive that confidence but because he was a member of Christ, who alone is heir of the heavenly kingdom?
149) 『개혁 교의학 4』, 274.

296

히 작은 자 하나(소자 하나, one of the least of these my brothers and sisters)에게 한 것이 곧 예수님께 한 것이고, 하나님께 한 것이라는 마 25:40의 말씀이 바로 이 사실을 확인해줍니다. 그들이 아무리 수욕을 당하고 세상 보기에는 업신여김을 받아도, 예수님의 눈에는 그분 자신의 몸의 일부 못지않게 소중하기 때문입니다.[150]

진정한 그리스도인은 소자의 모습으로 존재하기 때문에 알아보지 못하고 무시할 가능성이 있지만, 진정한 그리스도인은 소자의 모습으로 존재하는 그리스도인들을 그리스도의 몸의 지체로서 알아봅니다.

세상에서 그리스도인의 모습이 소자일 수밖에 없는 이유가 무엇일까요? 그리스도인은 세상의 부귀영화로 사는 존재(소자에 대립되는 큰 자)가 아님을 나타내야 할, 곧 증거해야 할 사명이 있기 때문입니다. 그리스도인은 이 세상의 부귀영화가 아닌 하늘의 신령한 것을 목표로 사는 존재임을 나타내야 할, 곧 증거해야 할 사명이 있기 때문입니다. 그것은 하나님의 백성다움, 하나님의 백성으로서의 정체성이기 때문입니다. 그러므로 소자의 모습으로 존재하는 그리스도인들을 그리스도의 몸의 지체로서 알아보는 것은 마지막 심판의 기준이 됩니다.

떡이 그리스도의 상징이 되면서 동시에 그리스도의 몸의 일부가 될 수 있을까요?

마 26:26 저희가 먹을 때 예수께서 떡을 가지사 축복하시고 떼어 제자들을 주시며 가라사대, 받아먹으라, 이것이 내 몸이니라 하시고
27 또 잔을 가지사 사례하시고 저희에게 주시며 가라사대, 너희가 다 이것을 마시라.
28 이것은 죄 사함을 얻게 하려고 많은 사람을 위하여 흘리는바 나의 피 곧 언약의 피니라.

Caird는 εἰμί 동사의 용례를 정체, 속성, 이유, 유사 등으로 분류하면서, 키스가 사랑의 일부이기 때문에 실제로 사랑이란 뜻을 담고 있고 사랑의 상징이 되는 것과 같이, 떡이 그리스도의 상징이 되면서 동시에 그리스도의 몸의 일부가 될 수 있다고 주장하는데, 이는 단어의 의미론적 영역을 부당하게 제한하는 것입니다.[151] 'εἰμί'를 '본질이 변화되다.', '다른 것으로 변하다.'라는 뜻으로 해석하는 것은 그런 예가 없는 무리하고 심한 왜곡입니다.[152]

---

150) *Comm.* Matthew 25:40, And though his design was, to encourage those whose wealth and resources are abundant to relieve the poverty of brethren, yet it affords no ordinary consolation to the poor and distressed, that, though shame and contempt follow them in the eyes of the world, yet the Son of God holds them as dear as his own members.
151) 자세한 내용은 D. A. Carson, 70~74를 보시기 바람.

외형적 상징을 가리켜 그것이 본체라고 부르는 것은 환유법적 표현이기 때문에 외형적 상징이 곧 본체가 된다고 주장할 수는 없습니다.[153] 그것은 세례를 가리켜 중생의 씻음이라고 하거나, 광야에서 물을 냈던 반석을 그리스도라고 한 것이나, 비둘기를 가리켜 성령이라고 부른다고 하여 상징되는 본체가 상징물에 전이되었다고 말할 수 없는 것과 같습니다.[154] 그러므로 몸이라고 부르는 떡은 그리스도의 몸에 대한 상징이라고 말할 수 있습니다.

만일 떡이 그리스도의 상징이 되면서 동시에 그리스도의 몸의 일부가 될 수 있다고 주장한다면, 마 26:27은 어떻게 해석할 수 있을까요? 마 26:27에서는 포도주가 아니라 잔을 주시면서 그것을 마시라고 말씀하셨으니, 떡이 그리스도의 상징이 되면서 동시에 그리스도의 몸의 일부가 될 수 있다는 주장대로라면, 잔도 피로 변해야 마땅합니다.[155] 그러나 그렇게 해석하지는 않을 것입니다.

성찬론은 제물 개념의 적용이라는 잘못된 방향으로 변화함으로써 성직자의 직분에 대한 이해가 강화되어 성직자는 제사장으로, 성찬은 제사로 여겨지게 되어 화체설이 등장했습니다.[156] 1216년 제4차 라테란 공의회는 그리스도의 몸과 피는 성찬의 떡과 포도주의 모습 가운데 진실로 포함되었으며, 떡은 신적 능력으로 말미암아 몸으로 변하고 포도주는 피로 변한다고 결정했습니다.[157] 천주교의 경우는 성찬은 성례일 뿐만 아니라 참된 속죄 제사로써, 십자가에서 바쳐진 제사보다 풍성하지 못한 것이 아닌 것으로 받아들이기 때문에[158] 그들은 결국 예수 그리스도의 십자가 대속을 심하게 훼손하는 결과를 초래했습니다. 츠빙글리가 창 41:26, 요 10:9, 15:1의 '이다.'를 '의미한다.'로 해석했듯이,[159] 마 26:26~28에서도 떡이 예수님의 몸이란 표현이나 포도주가 예수님의 피란 표

---

152) *Inst.*, 4. 17. 20: Others, in interpreting the particle est as meaning "to be transubstantiated," take refuge in a more forced and violently distorted gloss. There is therefore no reason why they should pretend to be moved by reverence for words. For it is something unheard of in all nations and languages that the word est should be taken to mean "to be converted into something else."

153) *Comm.* Matthew 26:26, whenever an outward sign is said to be that which it represents, it is universally agreed to be an instance of metonymy.

154) *Comm.* Matthew 26:26, If baptism be called the laver of regeneration, (Titus in. 5;) if the rock, from which water flowed to the Fathers in the wilderness, be called Christ, (1 Corinthians 10:4;) if a dove be called the Holy Spirit, (John 1:32;) no man will question but the signs receive the name of the things which they represent.

155) *Comm.* Matthew 26:26, Besides, what will they say about the other symbol? For Christ does not say, This is my blood, but, THIS CUP is the new testament in my blood. According to their view, therefore, not only the wine, but also the materials of which the cup is composed, must be transubstantiated into blood.

156) 『개혁 교의학 4』, 649~650.

157) 『개혁 교의학 4』, 653.

158) 『개혁 교의학 4』, 654~655.

159) 『개혁 교의학 4』, 656.

현도 그렇게 해석하는 것이 훨씬 타당합니다. 성찬 가운데 그리스도께서 영적인 방식으로 현존한다는 것은 받아들여야 하지만, 떡과 포도주의 표시들 가운데 있는 그리스도의 모든 육체적, 지역적, 실제적 현존은 철저히 부정해야 합니다.[160]

여기에서 우리가 명심해야 할 것은, 영적인 행동과 그것의 상징을 잘못 혼동하지 말 것과 지상 내지는 지상적인 요소에서 그리스도를 구하지 말 것과 그리고 먹는다는 것은 성령의 숨은 능력으로 우리에게 불어 넣어 주시는 그리스도의 생명 이외에 다른 의미가 없다는 것을 분명히 하는 것입니다.[161]

범죄에 저항하는 모든 수단이나 범죄자에 대한 처벌, 전쟁, 사형제도는 거부해야 할까요?

마 26:52 이에 예수께서 이르시되, 네 검을 도로 집에 꽂으라. 검을 가지는 자는 다 검으로 망하느니라.

고후 10:3 우리가 육체에 있어 행하나 육체대로 싸우지 아니하노니
　　　 4 우리의 싸우는 병기는 육체에 속한 것이 아니요, 오직 하나님 앞에서 견고한 진을 파하는 강력이라.

분노, 증오, 복수욕, 모든 감정의 격발 없이 바르고 거리낌 없이 자신을 방어한다는 것은 불가능한 일이므로 칼을 멀리하라는 것은 성경의 일반적인 원칙이지만, 국가 법정이 인류의 공통된 원수에게 칼을 들게 하는 것까지 금한다고 해석하는 것은 잘못입니다.[162]

구약성경에는 사형에 해당하는 죄목이 살인(출 21:12~14), 임신한 여인을 죽게 하거나 태아를 죽게 함(출 21:22~25), 사람을 받는 소를 단속하지 않아 사람을 받아 죽게 된 경우(출 21:28~30), 유괴(출 21:16), 간음(민 22:25~29, 22:13~21, 레 20:13, 세 경우가 다름), 근친상간(레 20:11~12, 14), 동성애(레 20:13), 수간(레 20:15~16), 부모를

---

160) 『개혁 교의학 4』, 656~657.

161) *Comm.* Matthew 26:26, But there are three mistakes against which it is here necessary to be on our guard; first, not to confound the spiritual blessing with the sign; secondly, not to seek Christ on earth, or under earthly elements; thirdly, not to imagine any other kind of eating than that which draws into us the life of Christ by the secret power of the Spirit, and which we obtain by faith alone.

162) *Comm.* Matthew 26:52, So then, in order that a man may properly and lawfully defend himself, he must first lay aside excessive wrath, and hatred, and desire of revenge, and all irregular sallies of passion, that nothing tempestuous may mingle with the defense. As this is of rare occurrence, or rather, as it scarcely ever happens, Christ properly reminds his people of the general rule, that they should entirely abstain from using the sword. But there are fanatics who have foolishly misapplied this passage, so as to wrest the sword out of the hands of judges.

침(출 21:15), 부모를 저주함(출 21:17), 부모를 배신함(신 13:1~16), 법으로 방면된 자에게 원수 갚음(신 17:12), 거짓 증거와 안식일을 더럽힌 것(민 15:32), 거짓 예언(신 13:11) 등 무려 18가지나 있습니다.[163]

창 9:6은 '무릇 사람의 피를 흘리면 사람이 그 피를 흘릴 것이니라.'라고 말씀했고, 율법은 폐하여지지 않았으며(마 5:17), 롬 13:4은 사형집행에 대한 국가의 권위를 인정하고 있고, 행 25:11은 어떤 죄는 사형에 해당한다는 것을 인정하고 있습니다.[164]

베드로가 저주하며 맹세한 것은 예수님일까요?

마 26:74 저가 저주하며 맹세하여 가로되, 내가 그 사람을 알지 못하노라 하니 닭이 곧 울더라.

많은 사람이 베드로가 예수님을 부인했을 뿐만 아니라 저주까지 했다고 생각합니다. 그러나 전혀 그런 의미가 아닙니다. 베드로는 자신이 예수님을 누군지 모른다고 하면서 '만일 자신이 거짓말을 한다면 저주를 받아도 좋다.'라고 맹세한 것입니다.[165] 그는 자기가 그리스도를 안다면 하나님의 저주를 달게 받겠다는 마음에서 그런 말을 한 것이기 때문에, 이 말은 자신이 하나님의 구원과 관련이 있다면 당장 죽고 말겠다는 의미입니다.[166] 몇 가지 번역본들은 이 사실을 이해하기 쉽게 번역했습니다.

NIV: Then he began to call down curses on himself and he swore to them, "I don't know the man!" Immediately a rooster crowed.

현대인의 성경: 베드로는 만일 자기가 그런 사람이라면 저주를 받을 것이라고 맹세하면서 '나는 정말 그 사람을 모릅니다.' 하였다. 바로 그때 닭이 울었다.

공동번역: 그러자 베드로는 거짓말이라면 천벌이라도 받겠다고 맹세하면서 "나는 그 사람을 알지 못하오." 하고 잡아뗐다. 바로 그때 닭이 울었다.

---

163) 서춘웅, 『성경 난제 해설·신약』 재판 (서울: 크리스천 서적, 2007), 184.
164) 서춘웅, 『성경 난제 해설·신약』 재판, 184~185.
165) 송인규, 『성경 어떻게 적용할 것인가?』 (서울: 성서유니온선교회, 2001), 71.
166) *Comm.* Matthew 26:74, Not satisfied with swearing, he breaks out into cursing, by which he abandons his body and soul to destruction; for he prays that the curse of God may fall upon him, if he knows Christ. It is as much as if he had said, May I perish miserably, if I have any thing in common with the salvation of God!

예수님의 부활 현장에 왜 여인들만 갔을까요?[167]

마 28:1 안식일이 다하여가고 안식 후 첫날이 되려는 미명에 막달라 마리아와 다른 마리아가 무덤을 보려고 왔더니

열두 제자들은 어디로 도망간 것일까요? 여인들의 믿음이 열두 제자들보다 더 좋아서 그랬을까요? 열두 제자들은 평소에는 큰소리를 쳤지만, 결정적인 순간에는 모두 꽁무니를 뺐지만, 여자들은 평소에는 드러내지 않았지만 신실함과 담대함으로 주님을 묵묵히 따른 자들이었기 때문이었을까요? 아니면 남자들보다 더 감성적이어서 그랬을까요?

당시의 장례절차를 알면 그런 오해는 없을 것입니다. 사람이 죽으면 당일에 남자들은 시신을 무덤까지 운구하고, 전문적으로 곡하는 여인들과 피리 부는 사람들이 상여 행렬을 따릅니다. 시신이 무덤까지 운구되면 그다음부터는 여인들이 시신에 향유를 바르고 세마포로 싸서 시신을 안치하는데, 예수님의 경우는 안식일을 바로 앞둔 상황이라서 시신에 향품을 제대로 바를 경황이 없어서 그대로 시신을 안치한 것으로 보입니다. 따라서 여인들이 예수님 시신에 향품을 바르기 위하여 예수님께서 부활하신 새벽에 무덤에 간 것임을 알 수 있습니다(눅 16:1~3).

안수받은 사역자의 권위는 예수 그리스도의 권세가 일부 전이된 것일까요?

마 28:18 예수께서 나아와 일러 가라사대, 하늘과 땅의 모든 권세를 내게 주셨으니

예수 그리스도는 하나님으로부터 하늘과 땅의 모든 권세(권위)를 받으셨고 성령으로 그 권위를 안수를 통해 수여하시기 때문에, 예수 그리스도 안에 뿌리를 내리고 있는 안수 받은 사역자의 권위는 예수 그리스도의 권세가 일부 전이된 것일까요? 본문은 권세의 전이에 대해서는 전혀 말하고 있지 않으며, 권세의 일부가 전달되었다는 언급도 전혀 없으므로, 그렇게 해석할 수 없습니다.[168]

---

167) 아래 내용은 류모세, 『열린다 성경 (하)』 (서울: 두란노, 2011), 93~105에서 발췌하였음.
168) D. A. Carson, 154~155.

마가복음

막 1:1∼8은 세례 요한의 사역에 대하여 말하려는 것일까요?

막 1:1∼8

본문은 세례 요한에 대하여 말하려는 것이 아니라 예수님에 대하여 말하려 한다는 것을 알 수 있는데, 그것은 '하나님의 아들 예수 그리스도 복음의 시작이라.'라고 말씀하기 때문입니다.[169] 막 1:1∼16:20까지 관심의 초점은 예수님이지 세례 요한이나 다른 사람에게 있지 않으며, 세례 요한이 본문에서 가지는 가치는 오직 예수님이 누구신지를 보여주는 데에만 있으므로, 본문을 해석할 때 중요한 것은 마가는 왜 예수님을 말하면서 세례 요한의 이야기를 포함했을까를 보는 것입니다.[170]

그러면 마가가 세례 요한의 전도로부터 시작하는 이유는 무엇일까요? 그것은 율법과 선지자가 그와 더불어 끝나고 요한의 전도로 복음이 시작되기 때문에, 이 복음의 첫 사역자인 요한으로부터 시작하는 것은 당연합니다.[171]

성령세례는 특별한 사람들을 위한 부차적인 제2의 은혜일까요?

막 1:8 나는 너희에게 물로 세례를 주었거니와 그는 성령으로 너희에게 세례를 주시리라.

그리스도와 연합이 없는 구원은 있을 수 없으므로, 성령에 의한 그리스도와의 연합은 구원의 모든 교리에 있어서 중심이 되는 진리입니다. 성령에 의한 그리스도와의 연합은 일반적으로 성령세례라고 표현합니다.[172] 오순절 교파에서는 방언과 관련되는 경험으로 사용하고, 은사주의자들은 부차적인 은혜의 사역으로 간주하지만, 그것은 잘못된 것입니

---

169) Rover H. Stein, 192.
170) Rover H. Stein, 192∼193.
171) *Comm.* Mark 1:1∼6, Though what we have hitherto taken out of Matthew and Luke is a part of the Gospel, yet it is not without reason that Mark makes the beginning of the Gospel to be the preaching of John the Baptist. For the Law and the Prophets then came to an end, (John 1:17). "The Law and the Prophets were until John: since that time the kingdom of God is preached," (Luke 16:16). And with this agrees most fully the quotation which he makes from the Prophet Malachi, (3:1). ⋯ But before the Lord came to restore the Church, a forerunner or herald was to come, and announce that he was at hand. Hence we infer, that the abrogation of the Law, and the beginning of the Gospel, strictly speaking, took place when John began to preach. ⋯ But here Mark inquires, when the Gospel began to be published, and, therefore, properly begins with John, who was its first minister.
172) James Montgomery Boice, *Foundations of the Christian Faith.* 지상우 역, 『기독교 강요 교리설교 (하)』 (서울: 크리스천 다이제스트, 2005), 527, 이후로는 『기독교 강요 교리설교(하)』 등으로 표기함.

다.173) 왜냐하면, 그리스도인이라면 모두 그리스도의 몸의 지체들로 그리스도와 연합되는데, 성령세례는 바로 그것을 가리키는 말이기 때문입니다. 4복음서는 성령세례가 예수 그리스도의 사역이고, 그 대상은 그리스도인 중에 일부가 아니라 진정한 그리스도인들 모두에게 해당한다는 것을 분명하게 선언합니다.

> 마 3:11 나는 너희로 회개케 하려고 물로 세례를 주거니와 내 뒤에 오시는 이는 나보다 능력이 많으시니 나는 그의 신을 들기도 감당치 못하겠노라. 그는 성령과 불로 너희에게 세례를 주실 것이요

> 막 1:8 나는 너희에게 물로 세례를 주었거니와 그는 성령으로 너희에게 세례를 주시리라.

> 눅 3:16 요한이 모든 사람에게 대답하여 가로되, 나는 물로 너희에게 세례를 주거니와 나보다 능력이 많으신 이가 오시나니 나는 그 들메끈을 풀기도 감당치 못하겠노라. 그는 성령과 불로 너희에게 세례를 주실 것이요

> 요 1:33 나도 그를 알지 못하였으나 나를 보내어 물로 세례를 주라 하신 그이가 나에게 말씀하시되, 성령이 내려서 누구 위에든지 머무는 것을 보거든 그가 곧 성령으로 세례를 주는 이인 줄 알라 하셨기에

예수님도 행 1:5에서 '요한은 물로 세례를 베풀었으나 너희는 몇 날이 못 되어 성령으로 세례를 받으리라.'라고 친히 말씀하셨습니다.

그리스도인들 가운데 어떤 사람들은 성령세례를 받은 수준 높은 그리스도인들이 있고, 다른 사람들은 수준 낮은 그리스도인이라는 주장은 성경에는 없습니다. 바울도 고전 12:13에서 '우리가 유대인이나 헬라인이나 종이나 자유자나 다 한 성령으로 세례를 받아 한 몸이 되었고 또 다 한 성령을 마시게 하셨느니라.'라고 분명히 선언했습니다. 모든 그리스도인은 한 성령으로 세례를 받아 서로 지체로서 그리스도께 연합되었습니다. 그렇다면 성령세례를 그리스도인들을 나누고 구분하는 것으로 이해하는 것이 얼마나 성경과 거리가 먼 것인지 금방 알 수 있습니다. 성령세례는 모든 그리스도인에게 보편적이며 필수적입니다. 성령세례는 어떤 일부의 그리스도인들에게만 해당하는 부차적이고 특별

---

173) 『기독교 강요 교리설교 (하)』, 527.

한 경험이 아니라 처음 그리스도인이 될 시초에 모든 그리스도인이 반드시 그리고 보편적으로 경험하는 그리스도와의 연합 사건입니다.[174) 스토트도 성령세례는 그리스도와 연합된 모든 그리스도인에게 있어서 보편적인 축복인데 그 이유는 그리스도인이 되는 시초적인 축복이기 때문이라고 밝혔습니다.[175)

성경 어디에도 성령세례를 받으라고 명령하거나 권면한 적이 없는데, 그 이유도 그리스도인이 된 사람들은 이미 성령세례를 받았기 때문이고, 그것은 하나님의 은혜로운 작정에 의한 것이기 때문입니다.[176) 우리가 그리스도를 우리의 구주와 주님으로 고백하고 믿는다면 이미 성령세례를 받은 것입니다.

막 1:21~28은 예수 믿으면 축귀와 치병으로 고통에서 벗어난다는 뜻일까요?

막 1:21~28

그렇게 해석한다면 그것은 기복신앙입니다. 기복신앙이란 축귀나 치병을 하나님 나라가 임한(하나님 나라의 현재성) 신호(표적, sign)로 보지 않습니다. 신앙의 초점, 목표인 하나님 나라보다는 축귀나 치병 자체를 신앙의 초점이나 목표로 추구합니다. 축귀나 치병, 물질적 풍요를 하나님 나라와 대등한 가치로 보며 서로의 균형을 추구합니다. 소위 전인 구원의 차원(삼박자 구원)에서 다룹니다. 그러나 축귀나 치병, 물질적 풍요를 죄로부터의 구원과 대등한 가치로 보는 것은 전혀 성경적 근거가 없습니다. 전인 구원이나 삼박자 구원, full gospel의 개념은 성경에는 없는 것입니다.

본문은 축귀나 치병 자체에 초점이 있는 것이 아니라, 사탄을 쫓아내시는 권세의 소유자 예수 그리스도에 의하여 사탄의 통치가 하나님의 통치 때문에 축출됨(하나님 나라의 임재)을 보여줍니다.

---

174) 『기독교 강요 교리설교 (하)』, 528.
175) 『기독교 강요 교리설교 (하)』, 528~529.
176) 『기독교 강요 교리설교 (하)』, 530.

다른 사람들의 믿음으로 구원받을 수 있을까요?

막 2:1~12

이 말씀의 의미가 무엇일까요? 중풍 병자를 예수님께 데려온 네 친구의 믿음을 본받으라는 뜻일까요? 친구들의 믿음으로 구원받을 수 있다는 뜻일까요? 어떤 불가능해 보이는 상황도 믿음으로 극복하고 친구를 전도하라는 뜻일까요? 중풍 병자의 네 친구처럼 어려움을 겪고 있는 친구를 믿음으로 돌보라는 뜻일까요? 물론 친구를 믿음으로 전도해야 하고 믿음으로 도와야 합니다. 그러나 본문이 그것을 말하고 있을까요? 더구나 친구들의 믿음으로 구원받는 일이 있을 수 있을까요? 물론 다른 사람들의 기도나 권면이나 도움이 무용한 것은 아니며 혜택을 받는 것도 사실이지만 구원을 얻는 데까지는 미치지 못합니다.[177]

본문은 중풍 병자의 믿음에 대해서 말하지 않습니다. 그러면 그 친구들의 믿음 때문에 중풍 병자가 구원받았을까요? 만일 그렇다면 '내가 열심을 내면 내 친구나 내 가족을 구원할 수 있다.'라는 논리가 성립될 수 있습니다. 그렇다면 그것은 이단입니다.

그렇다면 이 말씀의 의미가 무엇일까요? 막 2:10에서 예수님은 '인자가 땅에서 죄를 사하는 권세가 있는 줄을 너희로 알게 하려 하노라.'라고 말씀하십니다. 본문의 의도는 죄를 사하는 권세가 예수님께 있는 줄을 알게 하려는 데 있을 뿐입니다. 죄를 사하는 권세는 오직 하나님께 있습니다. 그래서 예수님께서 중풍 병자를 향하여 '네 죄 사함을 받았느니라.'라고 말씀하실 때 서기관들이 '이 사람이 어찌 이렇게 말하는가? 참람하도다. 오직 하나님 한 분 외에는 누가 능히 죄를 사하겠느냐?'라는 반응을 보였습니다. 그렇습니다. 예수님은 죄를 사하는 권세를 가지신 하나님이십니다. 본문의 의도는 오직 여기에 있습니다.

안식일은 사람을 위하여 있다는 말씀이 사람이 안식일의 주인이라는 뜻일까요?

막 2:27 또 가라사대, 안식일은 사람을 위하여 있는 것이요 사람이 안식일을 위하여 있는 것이 아니니

---

177) *Comm.* Matthew 9:2, With regard to adults, on the other hand, who have no faith of their own, (whether they be strangers, or allied by blood,) the faith of others can have nothing more than an indirect influence in promoting the eternal salvation of their souls. As the prayers, by which we ask that God will turn unbelievers to repentance, are not without advantage, our faith is evidently of such advantage to them, that they do not arrive at salvation, till they have been made partakers of the same faith with us in answer to our prayers. But where there is a mutual agreement in faith, it is well known that they promote the salvation of each other.

28 이러므로 인자는 안식일에도 주인이니라.

안식일은 사람을 위하여 있지만 그렇다고 사람이 그 주인은 아닙니다. 하나님은 사람을 위하여 안식일을 제정하셨고 안식일이 인간에게 도움이 되도록 의도하셨지만,[178] 그렇다고 하더라도 안식일의 주인은 예수님이십니다. 안식일은 원칙상 하나님을 경배하는 일만 허용되었지만, 그런데도 인간에게 긍휼을 베푸는 일과 부득이한 일은 예외가 되었는데, 그 이유는 안식일은 인간을 속박하기 위한 것이 아니라 하나님의 방식으로 인간에게 복 주시기 위한 것이었기 때문입니다.[179]

자신의 믿음이 자신을 구원할 수 있을까요?

막 5:25~34

본문에서 말하려는 것이 무엇일까요? 12년 동안 혈루증을 앓았던 여인처럼 믿음으로 주님께 나아가면 불치병도 치료받을 수 있다는 것일까요? 막 5:34의 '예수께서 가라사대, 딸아, 네 믿음이 너를 구원하였으니 평안히 가라. 네 병에서 놓여 건강할지어다.'라는 말씀만 보면 그렇게 말할 수도 있을 것입니다. 물론 구원은 믿음에 연관되고, 자기를 부정하고 자기 십자가를 지는 것은 오직 믿음 안에서만 가능합니다.[180] 그러나 믿음이 자신의 공로나 의나 조건이 되어서 구원받는 것은 아닙니다. 믿음도 선택된 자들에게 주시는 하나님의 은혜이기 때문입니다.

그러면 본문 전체의 초점은 어디에 있을까요? 혈루증은 율법(레 15장)에 따르면 부정하고, 부정한 자가 접촉하는 것은 그것이 사람이든 물건이든 모두 부정하게 됩니다. 이 여인은 무려 12년 동안 부정한 자로 살아왔기 때문에, 모든 사람에게 기피의 대상이 되었고 하나님 앞에서도 부정한 자로 살았습니다. 그래서 이 여인은 육체적으로만 고통스러운 것이 아니라, 인간들 사이에서도 고통스럽고, 하나님 앞에서도 고통스러운 인생을 12년 동안 살아왔습니다.

이 여인이 예수님께 나아와 예수님의 옷에 손을 댑니다. 율법에 따르면 이제 예수님도

---

178) *Comm.* Mark 2:27, Is not this a foolish attempt to overturn the purpose of God, when they demand to the injury of men that observation of the Sabbath which he intended to be advantageous?

179) 박윤선, 『성경주석 공관복음 (상)』 2판, 244.

180) 『개혁 교의학 4』, 115.

부정해져야 하는데, 그 율법의 공식이 깨지고 부정한 여인으로 인하여 예수님께서 부정해진 것이 아니라 예수님으로 인하여 이 여인이 깨끗해졌습니다.[181] 율법에 의하면 부정한 것에 접촉하면 모든 것이 부정해지는 법이지만 예외가 있는데, 그것은 오직 하나님께 제사 드리는 제단만은 부정한 것이 접촉해도 부정해지지 않고 오히려 부정한 것이 거룩해졌고, 그것은 제단만이 아니라 성전 안의 다른 기물들도 마찬가지였습니다(출 30:26~29).[182] 출 29:37은 '네가 칠일 동안 단을 위하여 속죄하여 거룩하게 하라. 그리하면 지극히 거룩한 단이 되리니 무릇 단에 접촉하는 것이 거룩하리라.'라고 말씀했습니다. 그 이유가 무엇일까요? 어린양의 피 때문입니다. 제단도 성전 안의 모든 기구도 거룩한 것은, 또 거기에 접촉하는 부정한 것들이 거룩해지는 것은 오직 어린양의 피 때문입니다.

예수님은 이러한 어린양의 실체이시고 속죄의 근원이시기 때문에, 혈루증 여인이 접촉했어도 부정해지시는 대신에 부정한 여인을 거룩하게 하셨습니다.[183] 그러므로 우리는 이 본문을 통해 12년 동안 혈루증을 앓았던 여인의 믿음이 대단하니 본받아야 하겠다는 식으로 접근하지 말고, 예수 그리스도의 보혈로 말미암아 죄로 더러워진 우리를 정결하게 하시는 예수님을 바라보아야 합니다.[184]

예수님은 비정한 차별주의자이실까요?

> 막 7:26 그 여자는 헬라인이요 수로보니게 족속이라. 자기 딸에게서 귀신 쫓아 주시기를 간구하거늘
> 27 예수께서 이르시되, 자녀로 먼저 배불리 먹게 할지니 자녀의 떡을 취하여 개들에게 던짐이 마땅치 아니하니라.
> 28 여자가 대답하여 가로되, 주여 옳소이다 마는 상 아래의 개들도 아이들의 먹던 부스러기를 먹나이다.

유대인들은 이방인들을 개(주인이 없고 사나우며 쓰레기통을 뒤져 먹는 더러운 개)로 취급했는데, 본문에서 말하는 개는 이와는 달리 집에서 기르는 작은 개(κυνάριον, a little dog, a house dog)로서 주인의 상 밑에서 먹는 사랑스러운 애완용 개를 뜻합니다.[185] 빌

---

181) 윤석준, 『한국 교회가 잘못 알고 있는 101가지 성경 이야기 (1)』, 161.
182) 윤석준, 『한국 교회가 잘못 알고 있는 101가지 성경 이야기 (1)』, 161.
183) 윤석준, 『한국 교회가 잘못 알고 있는 101가지 성경 이야기 (1)』, 162.
184) 윤석준, 『한국 교회가 잘못 알고 있는 101가지 성경 이야기 (1)』, 162~163.
185) 서춘웅, 『성경 난제 해설·신약』 재판, 224~225.

3:2의 '개들을 삼가고 행악하는 자들을 삼가고 손할례당을 삼가라.'의 경우는 경멸하는 표현으로서 '개들'이란 단어를 사용했지만, 막 7:24~30(마 15:21~28)의 경우는 일반적이고 중립적인 의미로 '개'란 단어를 사용했습니다.[186]

그러므로 예수님은 이방 여인을 들개로 취급하신 것이 아니라, 다만 선택된 이스라엘 민족의 우선성을 말씀하신 것이기 때문에, 막 7:28에서 그 여인이 '주여 옳소이다 마는 상 아래의 개들도 아이들의 먹던 부스러기를 먹나이다.'라고 대답했던 것입니다. 그렇다면 예수님께서 이 여인의 청을 들어주시면서 먼저 그렇게 말씀하신 것은, 예수님께서 비정한 차별주의자였기 때문이 아니라, 이 여인을 더욱더 지속적이고 깊은 신앙으로 유도하시려고 그렇게 하신 것입니다.[187]

이혼과 재혼은 절대로 할 수 없을까요?

막 10:6~12

원칙적으로 그렇습니다. 부부의 서약을 한 자는 이 서약을 신앙적으로 지켜야 하고, 정욕이나 어떤 그릇된 마음에 의하여 이혼하고 싶은 유혹을 받을 때는 '내가 누구이기에 이 신성한 결합을 감히 파괴할 수 있겠는가?'라는 생각을 해야 합니다.[188] 그러나 마 5:32의 '누구든지 음행한 연고 없이 아내를 버리면'이란 단서를 보면 음행의 경우 이혼이 가능한 것으로 해석할 수 있습니다. 물론 음행은 이미 결혼에 대한 약속을 깬 행위이기 때문에, 이 경우에는 이혼이란 음행으로 깨진 결혼을 법적으로 처리하는 절차에 불과합니다. 또 구약성경에는 이혼을 허용하는 구절들이 있습니다(신 24:1~4). 고전 7:10~16에는 신앙 때문에 결혼 관계가 유지될 수 없는 경우에는 이혼이 가능하다고 말씀합니다. 그러나 여기에는 단서가 있습니다. 불신 배우자가 원하는 경우입니다. 그러나 그렇다고 하더라도 화합을 위해 힘써야 하고 불신 배우자라고 하더라도 함께 살기를 원한다면 이혼하지 말아야 합니다.

예수님은 '너희 마음의 완악함으로 인하여 아내 내어버림을 허락하였거니와 본래는

---

186) William W. Kline, Crag L. Blomberg, Robert L. Hubbard, Jr., 372.
187) 서춘웅, 『성경 난제 해설·신약』 재판, 223~225.
188) *Comm.* Matthew 19:6, But the object which Christ had directly in view was, that every man should sacredly observe the promise which he has given, and that those who are tempted, by wantonness or wicked dispositions, to divorce, may reflect thus with themselves: "Who, art thou that allowest thyself to burst asunder what God hath joined?"

그렇지 아니하니라.'라고(마 19:8) 말씀하셨습니다. 하나님은 이혼하는 것을 미워하십니다(말 2:16). 음행을 이혼의 단서 조건으로 말씀하신 예수님은 음행한 여자를 용서해 주셨습니다(요 8:11). 하나님은 호세아에게 거듭 음행을 범하는 창기 같은 고멜과 이혼하는 대신에 데려오라고 말씀하셨습니다.

예수님은 부자 청년을 다루는 식으로 모든 죄인을 다루실까요?

막 10:17~27

Walter J. Chantry는 예수님이 부자 청년을 다루는 식으로 모든 죄인을 대면하신다고 주장합니다.[189] 그럴까요? 이는 부당한 일반화의 오류입니다. 예수님의 접근방법은 다양하고 융통성이 있어서 니고데모를 대하신 방법과 수로보니게 여인을 대하신 방법은 부자 청년을 대하신 방법과 달랐습니다.[190]

예수님은 그것이 물질이든 명예든 권력이든 무엇이든지 간에, 육적인 욕망을 포기하지 않고는 계명을 진심으로 지킬 수도 없고 예수님을 진심으로 따를 수도 없다는 것을 말씀하신 것이지, 물질을 전부 포기하라는 말씀만은 아닙니다. 그 모든 것을 대표하여 물질을 언급하신 것입니다. 물질을 포기하지 못한다면, 가난을 이겨낼 각오가 되어 있지 않다면 욕심이 우리를 다스리고 있다는 사실이 분명합니다.[191] 예수님은 이 청년에게서 그것을 지적하신 것입니다.

막 10:18은 예수님은 선하지 않으며, 따라서 하나님이 아니시라는 뜻일까요?

막 10:18 예수께서 이르시되, 네가 어찌하여 나를 선하다 일컫느냐? 하나님 한 분 외에는 선한 이가 없느니라(눅 18:19).

이성주의자들이나 유니테리언은 이 말씀을 근거로 그런 주장을 합니다. 과연 그럴까요? 주님은 마치 '내가 하나님에게서 왔다는 사실을 네가 알지 못한다면 나를 선한 선생이라고 부르는 것은 잘못이다.'라고 말씀하신 것입니다.[192] 하나님의 선함은 하나님의

---

189) D. A. Carson, 148.
190) D. A. Carson, 148.
191) *Comm.* Matthew 19:22, for how comes it that he withdraws from the school of Christ, but because he finds it uneasy to be stripped of his riches? But if we are not prepared to endure poverty, it is manifest that covetousness reigns in us.

절대적 완전과 동일한 것이므로, 그런 의미에서 선한 이는 하나님 한 분밖에 없습니다.[193] 그러므로 예수님의 절대적 완전을 받아들이지 않는다면, 곧 예수님의 하나님 되심을 받아들이지 않는다면 절대적 의미에서 예수님을 선하다고 말할 수 없습니다. 그러므로 이 청년이 예수님을 하나님으로 바로 알고 선한 선생님이라고 했다면 옳았을 것이지만, 그는 예수님을 다만 훌륭한 사람으로 알고 그런 말을 했기 때문에 예수님은 그런 말이 잘못된 것이라고 지적하신 것입니다.[194]

많은 사람이 예수님을 위대한 도덕적 스승이거나 세계 4대 성인 정도로 알고 있습니다. 거기에 대하여 우리는 아니라고 말할 수 있습니다. 그런 식으로 예수님을 안다면 그 사람에게는 결코 구원이 있을 수 없습니다. 예수님은 이 말씀을 통하여 자신의 신성을 부인하신 것이 아니라 오히려 자신의 신성을 옹호하신 것입니다. 예수님께서 하나님이시라는 믿음이 없이 단지 선한 선생이라고 생각하는 것은 잘못된 것입니다.

예수님께서 받을 세례는 재림하여 세례를 받는다는 뜻일까요?

> 막 10:38 예수께서 가라사대, 너희 구하는 것을 너희가 알지 못하는도다. 너희가 나의 마시는 잔을 마시며 나의 받는 세례를 받을 수 있느냐?
> 39 저희가 말하되 할 수 있나이다. 예수께서 이르시되, 너희가 나의 마시는 잔을 마시며 나의 받는 세례를 받으려니와
> 40 내 좌우편에 앉는 것은 나의 줄 것이 아니라 누구를 위하여 예비되었든지 그들이 얻을 것이니라.

'하나님의 교회'는 눅 12:50과 막 10:38~39을 근거로 예수님은 이미 요단강에서 세례요한에게 세례를 받았는데 또 받을 세례가 있다는 것은 예수님께서 다시 육신을 입고 안상홍으로 와서 세례받을 것을 예언한 것이라고 주장합니다. 이들은 예수님께서 십자가에 달려 돌아가신 후에 어떻게 세례를 받을 수가 있느냐, 세례를 받으려면 다시 육신을 입고 세상에 오셔야 하는데, 그 예언대로 예수님은 안상홍으로 육신을 입고 재림해서 30세 때 안식교에서 세례를 받은 것이라고 주장합니다. 그러나 성경 어디에도 재림주가 이 세상에 와서 다시 세례를 받는다는 말은 없습니다. 그뿐만 아니라 예수님은 십자가로

---

192) *Comm.* Matthew 19:17, But Christ had no other intention than to maintain the truth of his doctrine; as if he had said, "Thou falsely callest me a good Master, unless thou acknowledgest that I have come from God."
193) 『개혁 교의학 2』, 262.
194) 박윤선, 『성경주석 공관복음 (하)』 2판, 662.

우리의 모든 죄를 온전히 대속하셨기 때문에 다시 성육신하셔서 세례를 받으실 필요가 없습니다.

본문은 야고보와 요한이 주님의 영광의 보좌에 하나는 좌편에 하나는 우편에 앉게 하여 달라고 예수님께 요청했을 때 '나의 마실 잔'과 '나의 받을 세례'를 받을 수 있느냐고 물으신 말씀입니다. 따라서 '나의 받을 잔, 나의 받을 세례'는 재림주가 받을 세례가 아니라 예수께서 받으셔야 할 고난의 십자가를 의미합니다. 그래서 현대어 성경에는 '내가 마셔야 할 쓴 잔, 내가 받을 고난의 세례'라고 번역했고, 공동번역에도 '내가 마셔야 할 잔, 내가 받아야 할 고난의 잔'이라고 번역했습니다. 이 본문 앞에 나오는 내용을 보면 예수님의 마실 잔과 예수님의 받을 세례는 예수님께서 예루살렘에서 당할 고난을 말씀하시는 것임을 확인할 수 있습니다(막 10:32~35).

눅 12:50에서도 '나의 받을 세례'라는 표현이 나오는데, 그 뜻도 재림주가 육신으로 와서 세례받을 것을 뜻하는 것이 아니라 십자가의 고난을 뜻합니다. '나의 받을 잔, 나의 받을 세례'는 예수님께서 받으셔야 할 고난의 십자가를 의미했기 때문에, 예수님께서 너희가 나의 받을 고난의 잔과 고난의 세례를 받을 수 있느냐고 반문하셨던 것입니다. 본문은 예수님께서 재림하셔서 다시 세례를 받으실 것이라고 해석할 여지가 전혀 없습니다. 예수님은, 그리스도와 함께 각자에게 정해 주신 고난을 겪고 죽은 자들만이 그리스도의 생명과 나라에 동참할 수 있다는 것을 말씀하신 것뿐입니다.[195]

예수님께서 아직 무화과의 때가 아닌데도 열매를 찾으신 이유가 무엇일까요?

막 11:13~14 막 11:20~23

무화과의 때가 아니면 열매가 맺힐 이유가 없는데 무화과의 때가 아님에도 불구하고 열매를 찾는다는 것은 이해하기 어렵습니다. 더구나 무화과의 때가 아닌데도 열매가 없다고 저주하셔서 무화과나무가 뿌리로부터 마르게 하신다는 것은 더더욱 이해하기 어렵습니다. 그래서 사람들은 이러한 예수님의 행위를 비난하기도 합니다.

그러면 예수님은 왜 상식적으로 이해하기 어려운 행동을 하셨을까요? 그것은 이러한

---

195) *Comm.* Matthew 20:22, The sum of the whole is, that for none but him who has fought lawfully is the crown prepared; and especially, that none will be a partaker of the life and the kingdom of Christ who has not previously shared in his sufferings and death.

행위를 통하여 무엇인가 분명한 뜻을 인상적으로 나타내시기 위함이 아니었을까요? 무화과는 통상적으로 이스라엘을 상징합니다. 이스라엘 백성은 '무화과' 하면 바로 이스라엘을 떠올릴 만큼 성경은 자주 이스라엘을 무화과로 비유합니다.

> 호 9:10 옛적에 내가 이스라엘 만나기를 광야에서 포도를 만남같이 하였으며 너희 열조 보기를 무화과나무에서 처음 맺힌 첫 열매를 봄같이 하였거늘, 저희가 바알브올에 가서 부끄러운 우상에게 몸을 드림으로 저희의 사랑하는 우상같이 가증하여졌도다.

> 렘 8:13 여호와께서 말씀하시되, 내가 그들을 진멸하리니 포도나무에 포도가 없을 것이며 무화과나무에 무화과가 없을 것이며 그 잎사귀가 마를 것이라. 내가 그들에게 준 것이 없어지리라 하셨나니

> 욜 1:12 포도나무가 시들었고 무화과나무가 말랐으며 석류나무와 대추나무와 사과나무 및 밭의 모든 나무가 다 시들었으니 이러므로 인간의 희락이 말랐도다.

> 눅 13:6 이에 비유로 말씀하시되, 한 사람이 포도원에 무화과나무를 심은 것이 있더니 와서 그 열매를 구하였으나 얻지 못한지라.
> 7 과수원 지기에게 이르되 내가 삼 년을 와서 이 무화과나무에 실과를 구하되 얻지 못하니 찍어버리라. 어찌 땅만 버리느냐?

> 마 24:32 무화과나무의 비유를 배우라. 그 가지가 연하여지고 잎사귀를 내면 여름이 가까운 줄을 아나니.

무화과나무는 열매 맺힌 후에야 잎이 무성한 법인데 이 무화과나무는 열매를 맺기도 전에 잎이 무성하여 마치 열매가 있는 듯 보이는데,[196] 그것은 겉으로는 열매가 있는 듯이 무성하지만 실제로는 열매가 없는 이스라엘의 외식을 보여주는 것과 같습니다. 그러므로 예수님께서 무화과나무의 열매가 없음을 저주하신 것은 곧 이스라엘의 열매 없음을 저주하신다는 것을 뜻합니다. 잎은 무성하지만, 열매가 없는 이스라엘에 대해 남은 것은 심판밖에 없습니다. 그것은 영적 이스라엘인 그리스도인에게도 마찬가지입니다.

---

196) 박윤선, 『성경주석 공관복음 (하)』 2판, 696.

백부장의 고백은 진정한 신앙고백이었을까요?

막 15:39 예수를 향하여 섰던 백부장이 그렇게 운명하심을 보고 가로되, 이 사람은 진실로 하나님의 아들이었도다 하더라

당시 아버지는 엄격함의 상징이었습니다. 당시에 어린아이들은 어머니의 치마폭에 싸여 응석받이로 자라다가 13세가 되어 성인이 되면 아버지로부터 엄격한 교육을 받았고, 채찍과 막대기로 혹독한 훈련을 받은 아들이 아버지에게 순종하는 것은 당연한 일이었습니다.[197]

히 5:8에 보면 '그가 아들이시더라도 받으신 고난으로 순종함을 배워서'라는 말은 예수님은 하나님의 아들이심에도 불구하고 받으신 고난으로 순종함을 배웠다는 뜻이 아니라, 예수님은 하나님의 아들이시기 때문에 받으신 고난으로 순종함을 배웠다는 뜻입니다.[198] 예수님은 하나님 아버지의 '빽(background)'으로 고난을 받지 않을 수도 있었지만 그런데도 기꺼이 고난을 받으신 것이 아니라, 진정으로 하나님의 아들이셨기 때문에 고난을 받으셨습니다. 다르게 말하면 예수님께서 하나님 아버지의 뜻대로 고난을 받으신 것은 그가 진정한 하나님의 아들이시라는 증거입니다.[199]

그렇다면 백부장의 고백은 그가 예수님을 하나님의 아들이라고 신앙을 고백하는 것이 아니라는 것을 알 수 있습니다. 백부장의 말은, 예수님께서 다른 죄수들처럼 자학하고 비난하며 발버둥 치고 저주하면서 고난에 저항하시는 대신에, 십자가 고난을 담담히 당하시는 것을 보니 예수님께서 하나님을 아버지라고 부르는 것이 참으로 정당하다는 뜻입니다.[200]

백부장의 고백은 온전한 회개에서 나온 고백이 아니라, 지진과 그 되는 일들을 보고 심히 두려운(마 27:54) 가운데 순간적으로 그리스도의 신성에 대한 선포자의 역할을 한 것이지, 예수님을 구주와 주님으로 고백한 것은 아니었습니다.[201]

---

197) 류모세, 『열린다 성경 (상)』, 210.
198) 류모세, 『열린다 성경 (상)』, 211~212.
199) 류모세, 『열린다 성경 (상)』, 212.
200) 류모세, 『열린다 성경 (상)』, 220.
201) *Comm.* Matthew 27:54, The words, he feared God, must not be so explained as if he had fully repented. It was only a sudden and transitory impulse, as it frequently happens, that men who are thoughtless and devoted to the world are struck with the fear of God, when he makes an alarming display of his power; but as they have no living root, indifference quickly follows, and puts an end to that feeling. The centurion had not undergone such a change as to dedicate himself to God for the remainder of his life, but was only for a moment the herald of the divinity of Christ.

누가복음

다윗의 위를 주신다는 뜻이 무엇일까요?

눅 1:32 저가 큰 자가 되고 지극히 높으신 이의 아들이라 일컬을 것이요 주 하나님께서 그
　　　　조상 다윗의 위를 저에게 주시리니
　　33 영원히 야곱의 집에서 왕 노릇 하실 것이며 그 나라가 무궁하리라.

'하나님의 교회'에서 주장하는 것처럼, '하나님께서 다윗의 위를 저에게 주시리니'라
고 했으니, 예수님은 이 땅에 오셔서 다윗이 40년간 왕위에 있었던 것처럼 40년간을 사
역해야 했는데 겨우 3년만 하셨으니, 종말의 때 다시 오실 예수님은 초림 예수님이 채우
지 못한 나머지 37년간을 복음 사역을 하시게 된다는 뜻일까요?

구약성경에 보면 다윗의 뒤를 이어 왕이 된 사람을 '다윗의 위'에 앉았다고 말합니다.
또 다윗의 뒤를 이어 왕이 된 사람들의 재위 기간이 각각 다르므로 '다윗의 위'라는 것
이 재위 기간을 말하는 것이 아니라 다윗이 앉았던 '왕위'를 계승한 것임을 알 수 있습
니다. 또 다윗의 이름이 메시아에 적용되었습니다(렘 30:9, 겔 34:24, 37:24, 호 3:5, 암
9:11). 그러므로 본문은 '다윗의 위'는 재위 기간 40년과 아무 관계도 없습니다. 더구나
예수님이 재림하셔서 다윗의 재위 기간 40년을 채워야 한다는 근거는 성경 어디에서도
찾을 수 없습니다.

눅 1:32~33은 예수님께서 큰 자가 되시고 지극히 높으신 이의 아들(divine origin)이
라 일컬음을 받으실 것이고, 하나님께서 예수님께 다윗의 왕위(메시아의 보좌)를 주심으
로 예수님께서 다윗의 가문에서 왕족으로 태어나 '다윗의 위'로 오시리라는 예언(삼하
7:13~16, 메시아에 대한 예언)이 성취될 것인데, 그 왕위는 37년간이 아니라 영원하며
그 나라가 무궁할 것이라고 말씀합니다.

**'자기 규례대로 회당에 들어가사'라는 뜻이 예수님께서도 안식일에 예배드리는
규례를 중요한 성례(聖禮) 중의 하나로 인정하셨다는 뜻일까요?**

눅 4:16 예수께서 그 자라나신 곳 나사렛에 이르사 안식일에 자기 규례대로 회당에 들어가
　　　　사 성경을 읽으려고 서시매

눅 4:16의 '자기 규례대로 회당에 들어가사'에서 '규례대로'라는 말은 'κατὰ τὸ εἰωθὸ
ς'의 번역으로 'according to the custom'이란 뜻입니다. 공동번역에서는 '자기 규례대로'
를 '늘 하시던 대로'로 번역하고 있습니다. 예수님은 아직 십자가의 죽으심과 부활을 통
한 신약의 교회를 세우시기 전이었기 때문에, 유대인으로서 유대인의 관습대로 회당에
들어가신 것입니다. 성경 어느 곳에도 예수님께서 안식일을 '거룩하게 지키고 기념'하셨
다는 기록은 없습니다.

또 만일 예수님께서 안식일을 지키셨으니 우리도 안식일을 지켜야 한다면 예수님께서
유대인의 규례대로 할례를 받고(눅 2:21), 율법의 모든 전례를 행하셨으니(눅 2:39) 우리
도 율법의 모든 전례를 지켜야 한다고 주장해야 합니다. 마 4:23에 보면 예수님은 안식
일을 지키시기 위해서가 아니라 복음을 전파하시기 위해 회당에 들어가셨습니다. 예수
님은 말씀을 전하시고 가르치시기 위하여 길가나 모퉁이에서만이 아니라 회당의 일상
관례도 이용하셨습니다.[202]

안식일을 지켜야 한다고 주장하는 사람들은, 마 12:8의 예수님께서 자신을 안식일의
주인이라고 말씀하신 것을 근거로 내세웁니다. 그러나 '인자는 안식일의 주인이니라.'라
는 말씀은, 제자들이 안식일에 밀밭 사이로 지나가면서 시장하여 이삭을 잘라 먹는 것을
본 바리새인들이 안식일에 하지 못할 일을 한다며 비난하는 상황에서 하신 말씀으로, 이
말씀의 의미는 예수님이 안식일의 주인으로 안식일을 주님이 원하시는 대로 행하실 수
있다는 뜻입니다. 마 12:5~6에서도 안식일에 제사장들이 성전 안에서 안식을 범하여도
죄가 없다는 말씀을 하시고 이어서 '성전보다 더 큰 이가 여기 있느니라.'라고 말씀하셨
습니다. 안식일에 제사장들이 성전 안에서 안식을 범하여도 죄가 없다면 제사장들과 비
교할 수 없을 만큼 크신 분, 성전보다 더 크신 예수님은 안식일의 주인으로서 원하시는
대로 행하실 수 있습니다.

'인자는 안식일의 주인이니라.'라는 말씀 속에는 예수님은 안식일의 권위를 넘어서는
분으로서, 구약의 안식일이 그림자라면(골 2:16~17), 우리에게 참되고 영원한 안식을
주시는 예수님은 안식일의 실체가 되신다는 의미도 포함하고 있습니다.

안식일을 지켜야 한다고 주장하는 사람들은 행 18:4과 행 17:2~3을 근거로 사도 바
울도 안식일을 지켰다고 주장합니다. 그러나 바울은 안식일을 지키기 위해 회당에 들어

---

202) *Comm.* Luke 4:16, He entered, according to his custom, into the synagogue. Hence we conclude, that not only did he
address the people in the open streets and highways, but, as far as he had opportunity, observed the usual order of the
church.

간 것이 아니라, 유대인들과 헬라인들에게 복음을 전하기 위해서 회당에 들어갔습니다. 단순히 안식일을 지키려고 회당에 들어갔다면 유대인들이 핍박하고 죽이려고 하지는 않았을 것입니다.

새것을 원하는 자가 없다는 뜻이 무엇일까요?

눅 5:39 묵은 포도주를 마시고 새것을 원하는 자가 없나니 이는, 묵은 것이 좋다 함이니라

묵은 것에 길들여 있는 사람들은 새것을 수용하지 못함을 개탄하는 말입니다. 그래서 공동번역은 "또 묵은 포도주를 마셔본 사람은 '묵은 것이 더 좋다.' 하면서 새것을 마시려 하지 않는다."라고 번역했고, 현대인의 성경은 "묵은 포도주를 마셔 본 사람은 새 포도주를 마시려 하지 않는다. 그들은 묵은 것이 더 좋다고 여기기 때문이다."라고 번역했습니다. 이 말씀은 예수님께서 유대주의에 오래 젖어 있는 자들의 비루한 고집을 탄식하신 것이며,[203] 바리새인들이 정도 이상으로 기성 관습에 무게를 두고 있는 것에 대한 경고입니다.[204]

눅 6:20의 가난한 자는 물질적으로 가난한 자를 뜻할까요?

눅 6:20 예수께서 눈을 들어 제자들을 보시고 가라사대, 가난한 자는 복이 있나니 하나님의 나라가 너희 것임이요

마 5:3에서는 심령이 가난한 자가 복이 있다고 했습니다. 그렇다면 서로 다른 내용을 말하는 것일까요? Gleason A. Archer, Jr.는 마태가 '심령이 가난한 자'(마 5:3)를 보전하고, 누가는 단순히 '가난한'을 보전한 이유를 설명하면서 산상수훈(마태)과 평지수훈(누가)이 서로 다른 강화이며 서로 다른 시기에 설교한 것이라는 결론을 내립니다.[205] 과연 그럴까요?

누가와 마태의 말은 동일한 뜻이 있으며, 여기에서 '가난한'이란 단어는 확실히 역경으로 고통을 받아 겸손하게 된 것을 말합니다.[206] 성경에서 가난한 자는 종종 경제적이라기보다 사회적 고난에 처한 자로서 하나님만 신뢰하는 자를 의미합니다(시 37:14,

---

203) 박윤선, 『성경주석 공관복음 (상)』 2판, 240.
204) *Comm.* Luke 5:39, I take it simply as a warning to the Pharisees not to attach undue importance to a received custom.
205) D. A. Carson, 163.
206) *Comm.* Matthew 5:3, But as the words of Luke and those of Matthew must have the same meaning, there can be no doubt that the appellation poor is here given to those who are pressed and afflicted by adversity.

40:17). 가난한 자와 심령이 가난한 자는 같은 의미의 다른 표현입니다. 만일 누가가 예수님의 말씀을 그대로 쓴 것이라면 마태는 '심령이'란 설명을 덧붙여서 기록한 것이라고 할 수 있습니다.

'손에 쟁기를 잡고 뒤를 돌아보는 자는 하나님의 나라에 합당치 않다.'라는 말씀의 뜻이 무엇일까요?

> 눅 9:62 예수께서 이르시되 손에 쟁기를 잡고 뒤를 돌아보는 자는 하나님의 나라에 합당치 아니하니라 하시니라

이 말씀의 뜻을 알려면 당시의 농경 사회에 대한 이해가 필요합니다. 유대인들은 얇은 토양을 조금만 파고 들어가면 석회암 바위가 나오는 땅에서 농사를 지었습니다. 그들은 비가 와서 딱딱한 토양이 부드러워야 쟁기질을 할 수 있었는데, 쟁기질은 흙을 고르는 작업이 아니라 돌을 파내는 격심한 노동이었습니다.[207] 거기에다 쟁기는 두 나뭇가지를 묶어서 만든 부실한 것이었습니다. 그런 상황에서 쟁기를 끄는 소가 엉뚱한 방향으로 가지 않도록 하기 위해서는 농부는 온 신경을 집중하여 몸을 최대한 앞으로 실어 쟁기가 땅에 박히도록 누르면서 한 손은 쟁기의 방향을 잡아야 했기 때문에, 쟁기질하면서 뒤를 돌아본다는 것은 도저히 있을 수 없는 일이었습니다.[208]

예수님의 제자가 되겠다는 사람은 예수님께 온 마음을 집중해야 합니다. 그렇지 않으면 신앙의 올바른 방향을 잃게 되어 하나님의 나라에 합당하지 않게 됩니다. 올바른 길에서 벗어날 정도로 이 세상의 업무에 얽매인 자들, 그리스도를 따르는 대신에 자신을 쓸모없게 만드는 일거리에 자신을 내던지는 자들은 뒤를 돌아보는 자들입니다.[209]

'아무에게도 문안하지 말라.'라는 말씀은 예절을 무시하라는 뜻일까요?

> 눅 10:4 전대나 주머니나 신을 가지지 말며 길에서 아무에게도 문안하지 말며

예수님께서 달리 칠십 인을 세우시고 친히 가시려는 각동 각처로 둘씩 앞서 보내시면

---

207) 류모세, 『열린다 성경 (하)』, 139.
208) 류모세, 『열린다 성경 (하)』, 139~140.
209) *Comm.* Luke 9:61, This is the true reason why Christ reproves him so severely: for, while he was professing in words that he would be a follower of Christ, he turned his back upon him, till he had despatched his worldly business.

서 길에서 아무에게도 문안하지 말라고 말씀하셨습니다. 그 의미가 무엇일까요? 언뜻 이해하기 어렵습니다. 아무에게도 문안하지 말라는 말씀 자체만을 보면 좀 무례하다는 생각조차 듭니다.

그러나 당시의 문화를 이해하면 그런 생각이 잘못이라는 것을 알 수 있습니다. 당시에는 지나는 길에서 아는 사람을 만나면, 문안할 때 고개를 숙이고 지나치는 정도가 아니라 적어도 30분 이상 안부를 물으며 대화를 하고, 목을 안고 입을 맞추는 것은 보통이었으며, 대화를 나눈 후 헤어질 때도 다시 양팔로 서로를 껴안고 이별을 고했습니다.[210] 오랜 시간 동안 인사를 하는 것이 그 당시의 일반적인 풍습이었기 때문에, 급하고 중요한 일이면 그렇게 하지 말아야 했습니다. 엘리사가 게하시에게 사람을 만나거든 인사하지 말고 엘리사의 지팡이를 수넴 여인의 죽은 아이 얼굴에 놓으라고 지시했던 이유도 그런 까닭이었습니다(왕하 4:29).[211]

그러므로 본문에서 '길에서 아무에게도 문안하지 말라.'는 말씀은, 예수님의 사자로서 급하고 막중한 임무를 가지고 파견되기 때문에, 길에서 만나는 사람들과 한가롭게 대화를 나눌 만한 여유가 없다는 뜻이 됩니다. 예수님은 제자들에게 무례한 자들이 되라고 말씀하시는 것이 아니라, 어떤 장애에도 눈길을 돌리지 말고 급히 서둘러 가라는 뜻으로 이렇게 말씀하신 것입니다.[212]

'이 집에서 저 집으로 옮기지 말라.'라는 뜻이 무엇일까요?

눅 10:5 어느 집에 들어가든지 먼저 말하되, 이 집이 평안할지어다 하라.
　　　 6 만일 평안을 받을 사람이 거기 있으면 너희 빈 평안이 그에게 머물 것이요 그렇지 않으면 너희에게로 돌아오리라.
　　　 7 그 집에 유하며 주는 것을 먹고 마시라. 일군이 그 삯을 얻는 것이 마땅하니라. 이 집에서 저 집으로 옮기지 말라.

이 말씀의 뜻이 무엇일까요? 당시에는 못 보던 사람이 마을이나 촌락에 나타나면, 마을 사람들이 한 사람씩 그 사람을 식사에 초대하여 극진하게 환대하는 것은 매우 엄격한 관

---

210) Barbara M. Bowen, *Strange Scriptures That Perplex Western Mind*, 김지찬 역, 『성경에 나타난 기이한 표현들』 2판 (서울: 생명의말씀사, 1996), 16~17.
211) Barbara M. Bowen, 17.
212) *Comm.* Luke 10:2, Christ does not intend that his disciples shall be so unkind as not to deign to salute persons whom they meet, but bids them hasten forward, so as to pass by every thing that would detain them.

습이었기 때문에, 그것을 어기는 사람이 있을 때는 마을 사람들이 심히 분개할 정도였습니다.[213] 나그네를 초대하여 후대하다 보면 많은 시간이 들게 되어 있었기 때문에, 이러한 풍습은 제자들의 파송 목적을 수행하는 데 상당한 방해를 줄 수밖에 없었습니다.

따라서 예수님은 그런 풍습으로 인하여 복음을 전하는 데 방해를 받지 않도록, 파송 받은 제자들은 적합한 집을 찾아서 그 한곳에 머물면서 주어진 사명을 감당하라고 말씀하신 것입니다.[214] 또 예수님은 평범하고 초라한 음식에도 만족해야 하지만, 부정하다고 생각되는 것을 먹어도 된다거나 검약을 규정하는 것은 아니며, 사명을 감당하는 동안에 삯을 받는 대신에 타인들이 대접해 주는 것으로 생활하는 것도 괜찮다고 허용하셨습니다.[215]

'하나님의 나라가 가까이 왔다.'라는 말이 무슨 뜻일까요?

> 눅 10:9 거기 있는 병자들을 고치고 또 말하기를 하나님의 나라가 너희에게 가까이 왔다 하라.
> 10 어느 동네에 들어가든지 너희를 영접지 아니하거든 그 거리로 나와서 말하되
> 11 너희 동네에서 우리 발에 묻은 먼지도 너희에게 떨어버리노라. 그러나 하나님의 나라가 가까이 온 줄을 알라 하라.

하나님의 나라가 아직은 임하지 않았으나 곧 임할 것이라는 뜻일까요? 우리말이나 영역본은 그런 뜻으로 번역되어 있습니다.

'가까이 왔다.'라는 말은 히브리어로 '카라브'인데 그 뜻은 아직 도착하지 않은 상태가 아니라 '지금 막 도착한 상태'를 뜻합니다.[216] '카라브'가 쓰인 다른 본문들을 보면 확인할 수 있습니다(왕하 16:12, 신 22:13~14, 창 20:4, 사 8:3).

만일 하나님의 나라가 아직은 임하지 않았으나 곧 임할 것이라는 뜻이라면, 눅 11:20의 '그러나 내가 만일 하나님의 손을 힘입어 귀신을 쫓아내는 것이면 하나님의 나라가 이미 너희에게 임하였느니라.'라는 말씀과는 모순될 수밖에 없습니다. 헬라적 사고에 익숙한 사람들에게는 영적인 개념의 천국을 눈과 귀와 같은 육신의 감각기관을 통하여 경험한다는 것이 매우 생소할 것이지만, 히브리적 사고에서는 하나님의 놀라운 기적을 경험하고 목도

---

213) Barbara M. Bowen, 19.
214) Barbara M. Bowen, 19.
215) *Comm.* Luke 10:7, By these words Christ not only enjoins them to be satisfied with ordinary and plain food, but allows them to eat at another man's table. ⋯ But nothing of this kind was intended, and it was not even his object to enjoin frugality, but merely to permit them to accept of a reward, by living, during this commission, at the expense of those by whom they were entertained.
216) 류모세, 『열린다 성경 난해구절 1』, 216.

했다면 그것은 곧 하나님 나라를 본 것이고, 그것은 하나님 나라가 임한 것입니다.[217]

선한 사마리아인의 비유는 선한 사마리아인처럼 자비를 베풀어야 한다는 뜻일까요?

눅 10:25~37

물론 그래야 하지만 예수님께서 말씀하시려는 뜻이 그것일까요? 어떤 율법 교사가 무엇을 하여야 영생을 얻을 수 있느냐고 질문했을 때, 예수님은 '네 마음을 다하며 목숨을 다하며 힘을 다하며 뜻을 다하여 주 너의 하나님을 사랑하고 또한 네 이웃을 네 몸과 같이 사랑하라.'라고 한 율법대로 행하라고 대답하셨습니다. 이 대답은 인간이 율법을 행함으로 영생을 얻을 수 있다거나, 인간이 자력으로 율법을 지킬 수 있다는 뜻이 아니라, 인간은 누구나 율법을 지킬 의무가 있다는 것을 뜻합니다.[218]

그러자 율법 교사가 '그러면 내 이웃이 누구입니까?'라고 물었습니다. 이 질문 속에는 자신의 처지에서 '누가 자신의 이웃이 될 만한가?'라는 뜻이 들어있습니다. 율법 교사의 관심은 '자기 기준에서 누가 이웃이 될 수 있는가?'였습니다. 그들은 자신들에게 필요한 사람 이외에는 아무도 이웃으로 받아들이지 않고 있었고, 그러한 행위는 율법을 잘못 적용하는 것이었기 때문에, 그것을 감추고 죄책에서 벗어나기 위하여 그런 질문을 했습니다.[219]

그러나 예수님은 '네가 가서 먼저 이웃이 되어주어야 한다.'라고 말씀하셨습니다. 이것이 바로 율법의 진정한 의미입니다. '내 이웃은 어느 정도의 수준이 되어야 하는가?'라고 물어서는 안 됩니다. 대신에 먼저 모든 사람에게, 심지어 강도 만난 사람에게까지 이웃이 되어야 합니다. 날마다 하나님을 섬기는 의식을 집행했던 종교지도자들은 율법의 진정한 정신을 버리고 겉으로만 율법을 철저히 지키는 자들이었습니다. 반면에 유대인들에게 천하게 취급받던 한 사마리아인은 자신을 그렇게 취급하는 유대인에게 자비를 베풂으로써 율법의 진정한 정신에 충실하게 행동했습니다. 예수님은 율법사의 질문과는 전혀 다르게 대답하심으로써 무엇이 율법의 진정한 뜻인지를 가르쳐 주셨습니다.[220] 율

---

217) 류모세, 『열린다 성경 난해구절 1』, 220.
218) 박윤선, 『성경주석 공관복음 (하)』 2판, 507.
219) *Comm.* Luke 10:29, So then, aware that the test of charity would prove unfavorable to him, he seeks concealment under the word neighbor, that he may not be discovered to be a transgressor of the Law. But we have already seen, that on this subject the Law was corrupted by the scribes, because they reckoned none to be their neighbors but those who were worthy of it. Hence, too, this principle was received among them, that we have a right to hate our enemies, (Matthew 5:43). For the only method to which hypocrites can resort for avoiding the condemnation of themselves, is to turn away as far as they are able, that their life may not be tried by the judgment of the Law.
220) 윤석준, 『한국 교회가 잘못 알고 있는 101가지 성경 이야기 (2)』, 160~161.

법은 결코 긍휼을 배제할 수 없습니다(마 9:13).

선한 사마리아인의 비유는 강도 만난 자가 고난을 겪은 것처럼 하나님의 집(예루살렘)을 떠나 세상(여리고)으로 나아가면 고난을 겪는다는 뜻일까요?

눅 10:30~36

칼빈은 여기에 대하여 대답을 받을만한 자격이 없다고 말하면서 그러한 풍유적 해석은 그리스도의 마음과는 동떨어진 잔소리꾼들의 조작이라고 일축했습니다.[221]

주님은 강도 만난 이유에 대하여 이 비유를 드신 것이 아니라, 강도 만난 자의 이웃이 될 것을 촉구하셨습니다. 진정으로 율법을 지킨다면 거기에는 반드시 자비를 베푸는 것이 내포되어야 한다고 말씀하셨습니다. 우리는 성경을 해석할 때 본문의 의도가 무엇인지를 먼저 살펴야 합니다.

선한 사마리아인의 비유는 인간에게 올바른 이성과 의지가 남아 있다는 근거 구절이 될 수 있을까요?

눅 10:30~37

이는 성경의 참뜻을 고려하지 않고 고안해 낸 해석입니다. 엡 2:5의 '허물로 죽은', 엡 5:14의 '잠자는 자들과 죽어서 묻힌 자들', 요 5:25의 '죽은 자들' 등의 성경 구절들을 보면 타락으로 인하여 인간의 이성도 예외 없이 부패하게 되었다는 것을 알 수 있습니다.[222] 죽은 시체에게 어떤 원인과 조건을 요구하는 것은 무의미합니다. 시체에 생명을

---

221) *Comm.* Luke 10:30, The allegory which is here contrived by the advocates of free will is too absurd to deserve refutation. ⋯ And, indeed, any one may see that the curiosity of certain men has led them to contrive these speculations, contrary to the intention of Christ.

222) *Inst.*, 2. 5. 19: They have nothing more constantly on their lips than Christ's parable of the traveler, whom thieves cast down half alive on the road [Luke 10:30]. I know that almost all writers commonly teach that the calamity of the human race is represented in the person of the traveler. From this our opponents take the argument that man is not so disfigured by the robbery of sin and the devil as not to retain some vestiges of his former good, inasmuch as he is said to have been left 'half alive.' For unless some portion of right reason and will remained, how could there be a 'half life'? First, suppose I do not want to accept their allegory. What, pray, will they do? For no doubt the fathers devised this interpretation without regard to the true meaning of the Lord's words. Allegories ought not to go beyond the limits set by the rule of Scripture, let alone suffice as the foundation for any doctrines. And I do not lack reasons, if I so please, to uproot this falsehood. The Word of God does not leave a 'half life' to man, but it teaches that he' has utterly died as far as the blessed life is concerned. Paul does not call the saints 'half alive' when he speaks of our redemption, 'Even when we were dead,⋯he made us alive' [Eph. 2:5]. He does not call upon the half alive to receive the illumination of Christ, but those who are asleep and

불어넣기 이전에는 어떤 요구도 전혀 쓸모가 없으므로, 모든 요구는 생명을 가진 이후의 문제, 구원 이후의 문제입니다.223)

하나님께 강청을 하면 들어주실까요?

눅 11:5~13

본문을 많은 사람이 그런 뜻으로 해석합니다. 그런 주장에 너무 익숙해져서 이런 해석이 바른 것인지 전혀 생각도 하지 못할 만큼 되었습니다. 눅 11:8에 '강청'이라는 말이 나오는 것 때문에 그렇다고 주장할 수도 있습니다.

'강청'이란 말은 ἀναίδεια에 대한 번역인데, 그 뜻이 영역본에는 개역 성경의 '강청'과 비슷한 뜻의 persistence(NASB), importunity(KJV)로만 번역되지 않고, '대담함'을 뜻하는 boldness(NIV)로도 번역된 것을 볼 수 있습니다. 어느 번역이 ἀναίδεια에 더 가까운 뜻일까는 당시의 상황을 보면 쉽게 판단할 수 있습니다.

손님이 왔을 때 손님을 대접하는 것은 당연한 것으로 여겨졌고, 손님 대접은 하나님의 명령이었으며(히 13:2), 직분자들에게 요구되는 중요한 덕목이었습니다(딤전 3:2, 딛 1:8). 더구나 외인이나 나그네도 아닌 친구를 대접하는 것은 두말할 필요도 없었습니다. 그렇다면 친구는 강청하는 대신에 대담하게 떡을 빌려달라고 요구할 수 있었습니다. 더구나 그 친구의 벗이 여행 중에 왔으나 먹일 것이 없어서 벗을 대접하려고 떡을 빌리러 왔다면, 대담하게 요구하는 것은 당연합니다.

또 조금만 성경 본문에 주의를 기울인다면 본문은 일상의 모든 것을 강청하면 하나님께서 들어주신다는 비유가 아니라 마땅히 구할 수 있는 성령을 구하는 것에 대한 비유인 것을 눅 11:13에서 확인할 수 있습니다.224) 성령을 구하는 데 들어주시지 않을 리가 없습니다. 눅 11:9~12에서도 역시 하나님은 구하는 자에게 좋은 것으로 주신다고 말씀하시지 강청을 해야 주신다는 의미는 없습니다.225)

---

    buried [Eph. 5:14]. In the same way the Lord himself says, 'The hour has come when the dead rise again at his voice' [John 5:25]. How shameless of them to oppose a slight allusion to so many clear statements!

223) 윤광원, 『존 칼빈의 자기부정의 렌즈로 본 신앙생활의 핵심』(파주: 한국학술정보, 2009), 109~110.

224) 윤석준, 『한국 교회가 잘못 알고 있는 101가지 성경 이야기 (2)』, 148.

225) 윤석준, 『한국 교회가 잘못 알고 있는 101가지 성경 이야기 (2)』, 153.

안에 있는 것으로 구제를 하면 모든 것이 깨끗하게 된다는 말씀의 뜻이 무엇일까요?

눅 11:39 주께서 이르시되, 너희 바리새인은 지금 잔과 대접의 겉은 깨끗이 하나 너희 속
인즉 탐욕과 악독함이 가득하도다.
40 어리석은 자들아, 밖을 만드신 이가 속도 만들지 아니하셨느냐?
41 오직 그 안에 있는 것으로 구제하라. 그리하면 모든 것이 너희에게 깨끗하리라.
42 화 있을진저 너희 바리새인이여, 너희가 박하와 운향과 모든 채소의 십일조를 드
리되 공의와 하나님께 대한 사랑은 버리는 도다. 그러나 이것도 행하고 저것도
버리지 아니하여야 할지니라.

마음에는 탐욕과 악독함이 가득하고 더러우면서도 손이나 몸의 다른 부분만 깨끗이
하는 것은, 내적이며 근본적인 실재는 간과하면서 종교의 외적 형식만을 중요시하는 것
이기 때문에, 마음을 보시는 하나님, 마음을 중심으로 하는 신앙과는 거리가 멉니다.

그러므로 마음은 탐욕과 악독으로 가득 차 있으면서도, 가진 것으로 구제하기만 하면
모든 것이 깨끗해진다는 잘못된 생각을 버리라고 말씀합니다. 이 말씀으로부터 구제가
우리의 죄를 씻어주는 속죄물이라고 천주교는 주장하는데, 그것은 어리석은 생각입니
다.226) 예수님은 우리의 죄사함을 얻기 위하여 지급해야 할 대가를 논하고 계신 것이 아
니기 때문입니다.227)

신앙의 외적인 형식을 지키는 것도 중요하고 필요하지만, 탐욕과 악독함이 가득한 마
음으로 신앙의 외적인 형식을 지키는 것은 무가치한 것입니다. 제단이 제물을 깨끗하게
하듯이 깨끗한 마음, 순결한 마음에서 하는 일은 그것이 구제이든 다른 선행이든 모든
것을 깨끗하게 합니다.228) 예수님은 외적인 것과 대조하여 내적인 것의 중요성을 강조
하셨으며, 구제할 때도 올바른 내적 자세가 중요하다는 것을 말씀하셨습니다. 229)

---

226) *Comm.* Luke 11:41, The inference which the Papists draw from these words, that alms are satisfactions, by which we are
cleansed from our sins, is too absurd to require a lengthened refutation.
227) *Comm.* Luke 11:41, Christ does not here inform us by what price we must purchase the forgiveness of sins, but says that
those persons eat their bread with cleanness, who bestow a part of it on the poor.
228) 서춘웅, 『성경 난제 해설·신약』 재판, 308.
229) 서춘웅, 『성경 난제 해설·신약』 재판, 309.

천국 잔치 비유에서 초청을 거절한 자들에게 주인이 화를 낸 것은 지나친 것일까요?

눅 14:15~24

초청받았던 사람들이 모두 사양합니다. 그것은 개인의 자유일 수 있는 데다, 나름대로 피치 못할 이유가 있었음에도 주인이 노하는 것처럼 보입니다. 피상적으로 보면 주인이 좀 심하지 않은가 생각할 수도 있습니다.

그러나 과연 그럴까요? 본문을 자세히 살펴보면 잔치에의 초청이 두 차례에 걸쳐서 이루어집니다. 당시 이스라엘을 포함한 중동지역에서는 주인이 통상 두 번 초청합니다. 첫 번째 초청에 응한 사람은 잔치할 시간에 다시 초청을 받게 되는데, 그때는 생사가 걸린 일이 아닌 이상 절대로 거절할 수 없었습니다. 그것은 주인에 대한 큰 모욕이었기 때문입니다. 그런데 본문에 보면 나름대로 사정은 있지만, 그것들이 모두 생사가 걸린 일은 아니었습니다. 더구나 모두 한결같이 두 번째 초청을 거부하는 것을 보면 그들 모두가 주인을 모욕하려고 고의로 처음부터 작정한 것이 틀림없으므로 주인이 분노하는 것은 절대 지나치지 않습니다.[230]

물질에 대한 욕심과 세상의 쾌락을 소중하게 여기고 천국의 유업을 가볍게 평가하는 자들은 이 세상의 것들이 그럴듯한 이유와 변명과 핑계가 되어 신앙에 장애가 됩니다. 불경건한 자들은 이 세상의 일들을 소중하게 여기고 하늘의 유업을 작게 평가하기 때문에, 그럴듯한 핑계들을 가지고 하나님의 은혜를 배격합니다.[231] 그것에 대하여 하나님께서 진노하시는 것은 마땅합니다.

예수님의 제자가 되려면 누구든지 자기의 모든 소유를 버려야 할까요?

눅 14:33 이와 같이 너희 중에 누구든지 자기의 모든 소유를 버리지 아니하면 능히 내 제자가 되지 못하리라.

눅 5:9~11의 베드로와 제자들에 대한 경우는 역사적인 전례로서 모든 그리스도인이 그렇게 해야 한다는 것은 아니라고 해석할 수 있습니다. 그러나 눅 14:33의 경우는 그렇

---

230) 김구원, 『성경, 어떻게 읽을 것인가』 (서울: 도서출판 복 있는 사람, 2013), 44.

231) *Comm.* Matthew 22:4, Besides, it deserves our attention, that ungodly men hold out fair pretences for rejecting the grace of God; as if their indolence might be excused, because they are entirely occupied with the affairs of the present life, and care little about a heavenly inheritance.

지 않습니다. 따라서 그리스도인이 되려면 누구든지 자기의 모든 소유를 버리지 아니하면 안 된다는 말씀으로 해석할 수 있습니다. 그렇다면 오늘날 그리스도인이 될 수 있는 사람이 얼마나 있을까요? 전임 사역자들조차도 그렇게 하기는 어려울 것입니다.

그러면 도대체 무슨 뜻으로 예수님께서 그렇게 말씀하신 것일까요? 당시의 문화적 상황에서는 제자가 된다는 것은 스승을 가까이 따라다니면서 함께 생활해야 하는 상황이었기 때문에, 모든 것을 포기하지 않을 수 없었습니다. 그러나 지금은 그때와는 상황이 전혀 다르므로 예수님을 가까이 따라다니면서 함께 생활하지 않아도 얼마든지 예수님의 제자로서 살 수 있습니다. 물론 전임 사역자가 되려면 직업을 포기해야 할 것입니다. 선교사로 해외에 나가려면 포기해야 할 것들이 많을 것입니다. 평범한 신앙생활도 역시 포기해야 할 것들은 많습니다.

'모든 것을 포기한다는 말은 우리 자신의 생활과 육신의 모든 요구 사항보다 그리스도에게 우선권을 두어 어느 것도 그들이 똑바로 가야 할 길을 방해받지 않도록 해야 한다는 뜻이고', '자신의 모든 재산을 말끔히 포기하는 최선의 길은, 어느 때든 모든 것을 포기하고 자유롭고 매이지 않는 사람으로서 주님께 자신을 전적으로 내어 맡길 각오를 갖추고 자신의 직업을 계속하며 온갖 장애를 극복하는 것이며', 따라서 이것은 '행위가 아니라 의도와 관련된 것'이라고 해석할 수 있습니다.[232]

그러나 모든 것을 포기한다는 말은 문자적으로 모든 재산을 바다에 던져 버리거나, 가족과 작별을 고하고 인간성을 포기하면서 수도원으로 들어가는, 수도원적 금욕주의의 삶을 사는 것을 의미하지 않습니다.

---

232) *Comm.* Luke 14:33, Those persons are said to forsake all who prefer Christ so greatly, both to their own life, and to all the wishes of the flesh, that nothing deters them from the right course. It would be absurd to insist on a literal interpretation of the phrase, as if no man were a disciple of Christ, till he threw into the sea all that he possessed, divorced his wife, and bade farewell to his children. Such idle dreams led foolish people to adopt a monastic life, as if those who intend to come to Christ must leave off humanity. Yet no man truly forsakes all that he possesses till he is prepared at every instant to leave all, gives himself free and unconstrained to the Lord, and, rising above every hindrance, pursues his calling.

'탕자의 비유'의 초점은 탕자의 회개에 있을까요?

눅 15:11~32

탕자를 영웅시해도 될까요? 예수님께서 이 비유를 든 의도가 무엇이었을까요? 탕자처럼 회개해야 한다는 것을 가르치시려는 것이 아니라, 아버지가 작은아들에게 허락한 사랑의 용서를 큰아들이 용납하지 않고 즐거워하지 않은 것처럼, 세리와 죄인을 향한 하나님의 사랑과 용서를 용납하지 않고 즐거워하지 않는 바리새인과 율법학자들을 깨우치시려는 데 그 의도가 있었습니다.[233]

예수님은 분별없는 행동에서 돌아서서 하나님의 은총을 향하여 돌아오는 모든 죄인을 탕자로 묘사하고, 또 용서를 구하는 아들을 용서할 뿐만 아니라 사랑으로서 보살펴 주는 아버지로 하나님을 비유하셨습니다. 그리고 바리새인과 서기관들을 향하여 '너희들은 언제나 하나님께 순종해 온 아들들이라고 생각하는데, 그런 그릇된 주장을 인정한다고 하더라도, 너희들의 형제가 방탕으로 보낸 생활을 회개할 때는 그렇게 오만하고 잔인하게 배척해서는 안 된다.'라고 책망하셨습니다.[234]

불의한 청지기에 대한 칭찬의 비유는 어떤 의도가 있을까요?

눅 16:1~8

이 비유는 그리스도인들을 매우 곤혹스럽게 합니다. 왜냐하면, 예수님께서 마치 부정직한 행동을 칭찬하시는 듯 오해할 수 있기 때문입니다. 그래서 어떤 사람들은 주인이 부당한 이자를 부과했을 것이라고 주장하면서, 이 청지기가 한 행위는 그런 정의를 위한 것이기 때문에 예수님께서 칭찬하신 것은 청지기의 정의로운 행동이라고 해석합니다.[235]

그러나 성경 어디에도 주인이 부당한 이자를 부여했다거나 청지기가 정의를 위해 그런 행동을 했다는 근거는 찾을 수 없습니다. 오히려 눅 16:8은 명확하게 이 청지기가 옳지 않았다는 것을 지적한 후, 이 청지기의 지혜로움 때문에 칭찬받았다고 설명하고 있습니다.

---

233) Rover H. Stein, 181.

234) *Comm.* Luke 15:25, And though they were utterly unworthy of this commendation, yet Christ, speaking according to their belief, attributes to them, by way of concession, their pretended holiness, as if it had been virtue; as if he had said, Though I were to grant to you what you falsely boast of, that you have always been obedient children to God, still you ought not so haughtily and cruelly to reject your brethren, when they repent of their wicked life.

235) William W. Kline, Crag L., 354.

본문은 죄에서 벗어나기 위한 도피의 방법을 가르쳐주고 있지 않습니다. 주인의 재산을 자기 멋대로 탕감해주는 행위를 주인이 칭찬한다는 것은 있을 수 없는 일입니다. 그렇다면 예수님께서 이 비유에서 의도하신 것이 무엇이었을까요? 불신자들은 일시적이고 잠정적인 이 세상에의 삶을 위해서도 멀리 바라보는 안목을 가지고 지혜롭게 행동합니다. 그렇다면 신자들은 더 멀리 영원을 바라보고 그에 걸맞도록 지혜롭게 행동해야 하는데, 오히려 영원한 축복의 소망을 등한히 하면서 무관심하고 게으르게 행동한다면, 세상 사람들보다 어리석은 것입니다.[236] 주님은 이것을 일깨워주시기를 원하셔서 이런 비유를 드신 것입니다.

'믿음을 더하소서.'라는 말의 의미가 무엇일까요?

눅 17:1~10

믿음을 더해 주셔서 '하루 일곱 번이라도 네게 죄를 얻고 일곱 번 네게 돌아와 내가 회개하노라 하거든 너는 용서하라.'라는 말씀을 순종할 수 있게 도와달라는 뜻일까요? 눅 17:6의 말씀을 보면, 그들이 이미 충분한 믿음을 가지고 있었다는 것을 짐작할 수 있습니다.[237] 또 이어서 마땅히 해야 할 일을 하는 종의 비유를 말씀하신 것을 보면(눅 17:7~10), 형제를 용서하는 것은 믿음을 더해야 할 수 있는 일이 아니라 단지 순종해야 할 일임을 알 수 있습니다.[238] 따라서 이 본문은 믿음을 위해 기도하라는 뜻으로 해석할 수 없으며, 오히려 경건한 말 뒤에 우리의 불순종을 숨기거나 핑계 대거나 변명하지 말라는 경고의 뜻으로 해석해야 합니다.[239]

---

236) *Comm.* Luke 16:8, Hence we infer, that our Lord does not intend to compare the wisdom of the Spirit to the wisdom of the flesh, (which could not have been done without pouring contempt on God himself,) but only to arouse believers to consider more attentively what belongs to the future life, and not to shut their eyes against the light of the Gospel, when they perceive that even the blind, amidst their darkness, see more clearly. And, indeed, the children of light ought to be more powerfully excited, when they behold the children of this world making provision against a distant period, for a life which is fading, and which passes in a moment.

237) Daniel M. Doriani, 57.

238) Daniel M. Doriani, 57.

239) Daniel M. Doriani, 57~58.

믿음은 양(量)의 문제일까요?

눅 17:5 사도들이 주께 여쭈오되, 우리에게 믿음을 더하소서 하니
      6 주께서 가라사대, 너희에게 겨자씨 한 알만한 믿음이 있었더라면 이 뽕나무더러
      뿌리가 뽑혀 바다에 심기우라 하였을 것이요 그것이 너희에게 순종하였으리라.

본문은 무엇을 뜻할까요? 제자들은 믿음의 양(量)을 더해달라고 예수님께 요구합니다 (We need more faith). 그러나 예수님의 대답은 어떻습니까? 예수님은 믿음은 양(量)의 문제가 아니라고 말씀합니다. 믿음은 양의 문제가 아니라 질의 문제입니다. 양과 질은 다른 차원입니다. 양과 질을 같은 차원으로 보면 곤란합니다. 이 비유의 요점은 신앙은 질적으로 취급될 것이지 양적으로 측량될 수 있는 것이 아니라는 것입니다.[240]

제논의 역설 중 아킬레우스와 거북이의 경주 이야기는 유명합니다. 제논은 아킬레우스는 자기 앞에 있는 거북이를 따라잡을 수 없다고 주장합니다. 왜냐하면, 거북이를 따라잡기 위해서 아킬레우스는 거북이가 있는 곳까지 가야 하는데, 그러는 사이에도 거북이는 조금이라도 앞으로 전진해있을 것이고, 아킬레우스는 다시 거북이가 도달해 있는 지점까지 가야 하고, 이런 일을 무한히 반복해야 하기 때문이라는 것입니다. 물론 잘못된 논리입니다. 이러한 논리는 시간과 공간의 차원을 구별하지 못한 잘못에서 나온 것입니다.

마찬가지로 믿음이 양(量)의 문제인지 질의 문제인지를 분별하지 못하면 제논의 논리와 같은 잘못을 범하게 됩니다.

10명의 문둥병자가 고침을 받은 사건은 무엇을 뜻할까요?

눅 17:11~19

본문은 무엇을 말하려는 것일까요? 문둥병자의 믿음을 말하려는 것일까요? 10명의 문둥병자 모두가 믿음과 상관없이 고침을 받았습니다. 그러면 은혜에 감사하는 사람이 되어야 한다는 말씀일까요? 물론 은혜에 감사하는 사람이 되어야 합니다. 예수님께 돌아와 감사한 것은 잘한 것입니다. 감사를 잊고 돌아간 9명의 행동은 분명 칭찬받을 일은 못됩니다. 이런 교훈이 본문에 담겨있지 않은 것은 아닙니다.

---

240) 박윤선, 『성경주석 공관복음 (하)』 2판, 636.

그러나 본문이 말하려는 의도가 그것일까요? 성경은 예수님께 돌아와 감사한 사람이 이방인이라는 것을 굳이 지적합니다. 그리고 오직 이방인인 그만 구원받았다고 말씀합니다. 10명 중 사마리아인 하나만 돌아와 감사하며 구원을 받았다는 지적을 통하여 메시아를 거부하는 이스라엘과 메시아를 받아들이는 이방인을 대조합니다. 사마리아인이 구원받은 것은 그의 믿음입니다(눅 17:19). 그것은 물론 그에게서 난 것이 아니라 비록 이방인이지만 하나님의 자녀의 수에 받아들여졌기 때문입니다.[241] 본문은 이러한 예수님의 구속사역에 초점이 있지 믿음으로 병을 고침 받았다는 데에 초점이 있지 않습니다.

'하나님의 나라는 너희 안에 있느니라.'라는 말씀의 뜻이 무엇일까요?

눅 17:20 바리새인들이 하나님의 나라가 어느 때에 임하나이까? 묻거늘 예수께서 대답하여 가라사대, 하나님의 나라는 볼 수 있게 임하는 것이 아니요
21 또 여기 있다 저기 있다고도 못하리니 하나님의 나라는 너희 안에 있느니라.

'하나님의 나라는 너희 마음 안에 있다.'라는 말씀일까요? 그렇게 해석하면 곤란한 일이 생깁니다. 여기에서 너희는 누구입니까? 눅 17:20에 보면 너희는 예수님을 믿지 않고 배척하는 바리새인들입니다. 그렇다면 하나님의 나라는 바리새인들의 마음 안에 있다는 말씀이 되기 때문에 그렇게 해석할 수 없습니다. '안에'라는 말은 ἐντὸς를 번역한 것인데, 그 뜻은 '~안에(εν, in)'가 아니라 '~가운데', '~중에(among)'의 뜻입니다.[242]

하나님의 나라가 이미 임재한 것은 사실이지만(마 12:28), 바리새인들의 마음에 임한 것이 아니라 바리새인들 가운데 임했다는 말로 일차적으로 예수님 자신을 암시합니다.[243]

'하나님의 나라는 볼 수 있게 임하는 것', 곧 육적이거나 지상적인 것이 아니라 내적이고 영적인 영혼의 갱생이기 때문에, 바리새인처럼 육신의 눈을 가지고 현세적이고 일시적인 하나님의 나라를 찾는 것은 잘못된 것입니다.[244]

---

241) *Comm.* Luke 17:19, Certainly not because he was cured of leprosy, (for this was likewise obtained by the rest,) but because he was admitted into the number of the children of God, and received from His hand a pledge of fatherly kindness.

242) 안유섭, 『원어로 여는 성경』 (서울: 도서출판 프리셉트, 1999), 156.

243) 안유섭, 『원어로 여는 성경』, 156.

244) *Comm.* Luke 17:20, He means, that they are greatly mistaken who seek with the eyes of the flesh the kingdom of God, which is in no respect carnal or earthly, for it is nothing else than the inward and spiritual renewal of the soul. From the nature of the kingdom itself he shows that they are altogether in the wrong, who look around here or there, in order to observe visible marks. ⋯ And thus he indirectly reproves the stupidity of the Pharisees, because they aimed at nothing but what was earthly and fading.

하나님은 끝까지 매달려 기도하면 들어주실까요?

눅 18:1~8

우리가 기도 응답을 받지 못하는 것은 끝까지 끈질기게 기도하지 못해서일까요? 물론 우리는 기도할 때 쉽게 포기해서는 안 될 것입니다. 끈질기게 기도할 필요가 있습니다. 그러나 하나님께서 원하시든 원하시지 않든, 고집을 피우면서 매달리는 것이 과연 신앙적인 것이며, 그렇게 하면 정말 응답을 받을까요? 본문에 등장하는 과부처럼 죽기 살기로 매달려서 끝까지 붙들고 늘어지면, 재판장이 귀찮아서라도 과부의 청을 들어준 것처럼, 하나님도 그렇게 하실까요?

눅 18:7에 보면 예수님의 비유에는 모든 일상에 관한 것들이 아니라, 하나님의 백성이 당하고 있는 억울한 원한에 대한 것으로 한정되어 있습니다.245) 눅 18:3에서도 과부가 '내 원수에 대한 나의 원한을 풀어주소서'라고 강청했고, 눅 18:8에서도 '내가 너희에게 이르노니 속히 그 원한을 풀어주시리라'라고 결론을 짓습니다.246) 이 비유는 떼쓰면서 끝까지 포기하지 않고 매달리면 하나님도 어쩔 수 없이 들어주신다는 말씀이 아니라, 하나님의 선택된 백성의 원한을 못 본 체하지 않으시고 갚아주신다는 말씀입니다.247) 진실하게 하나님의 말씀을 믿고 하나님 뜻대로 살고자 하는 자들은 신앙으로 인하여 이 세상에서 미움을 받고 손해를 보고 희생을 당하는 등 환란을 당합니다. 그것은 억울한 일입니다. 그것을 하나님께서 그냥 두실 리가 없습니다.

과부가 재판장에게 떼쓰면서 끝까지 포기하지 않고 매달린 것은 재판장이 불의하기 때문입니다. 불의하지 않다면 그렇게 할 필요가 없을 것입니다. 그러나 하나님은 불의한 분이 아니십니다. 그런 하나님이시기에 그렇게 할 필요가 없습니다. 불의한 재판장은 끝까지 포기하지 않고 매달리는 과부가 귀찮아서 그 간청을 들어주었지만, 하나님은 그렇지 않으십니다. 떼쓰면서 끝까지 포기하지 않고 매달리면 들어주시고 그렇지 않으면 들어주시지 않는 분이라고 생각한다면 그것은 잘못된 것입니다. 불의한 재판장이 끝까지 포기하지 않고 매달리는 과부가 귀찮아서 그 간청을 들어주었다는 것과 하나님께서 하나님의 선택된 백성의 원한을 풀어주시는 것은 전혀 상반된 것입니다. 끝까지 포기하지

---

245) 윤석준, 『한국 교회가 잘못 알고 있는 101가지 성경 이야기 (2)』, 141.
246) 윤석준, 『한국 교회가 잘못 알고 있는 101가지 성경 이야기 (2)』, 141.
247) 윤석준, 『한국 교회가 잘못 알고 있는 101가지 성경 이야기 (2)』, 141.

않고 매달리는 것과 전혀 상반된 것을 본문은 말씀하고 있습니다. 끝까지 매달려 기도해야 한다는 해석과는 완전히 반대되는 상황입니다.

본문은 끝까지 매달려 기도해야 한다는 비유가 아닙니다. 눅 18:1에서 분명히 밝히고 있듯이 본문은 '항상 기도하고 낙망치 말아야 할 것'(NASB: Now He was telling them a parable to show that at all times they ought to pray and not to lose heart,)에 대한 비유로 항상 기도해야 할 것과 낙망치 말아야 할 것을 말씀합니다.[248] 무엇이든지 달라고 떼를 쓰면 주신다는 약속이거나 안 주면 줄 때까지 끝까지 매달려야 한다는 충고가 아니라, 억울한 핍박이 불가피한 제자의 길이지만 낙망하여 포기하지 말고 하나님의 신실하심을 잊지 말고 끝까지 믿음을 포기하지 말라는 가르침입니다.[249] 주님의 가르침은 이 세상에서의 욕심을 채우기 위해 끝까지 매달리라는 부추김이 아니라, 그 반대로 오히려 제자다움의 정체성을 잃지 말라는 권고입니다.[250] 이 비유는 눅 18:8 하반절에서 '그러나 인자가 올 때 세상에서 믿음을 보겠느냐 하시니라.'라고 끝을 맺습니다. 그 믿음이 무엇일까요? 이 세상에서의 욕심을 채우기 위해 끝까지 매달리는 믿음일까요? 아니면 억울한 핍박이 불가피한 제자의 길이지만 낙망하여 포기하지 말고 하나님의 신실하심을 잊지 말고 끝까지 제자다움의 정체성을 잃지 않는 믿음일까요? 믿음에 대한 단 하나의 정당한 증거가 있다면, 그것은 욕망을 이루지 못하고 실망할 때도 낙심하지 않는 것이기 때문에 예수님은 기도의 지속성을 가르쳐주셨습니다.[251] 이기적인 욕심과 죄악된 욕망의 추구를 믿음으로 치부하는 성경 해석이 더 이상 발붙일 수 없는 풍토가 하루속히 조성되어야 합니다.

삭개오가 변화된 것은 자기 사랑의 감정 때문일까요?[252]

눅 19:1~10

삭개오가 자신이 누구에게 토색한 일이 있다면 변상할 뿐만 아니라 합법적인 재산까지 가난한 자들과 나누겠다고 경건한 결의를 한 것은, 모든 악으로부터 떠날 것을 요구

---

248) 윤석준, 『한국 교회가 잘못 알고 있는 101가지 성경 이야기 (2)』, 143.
249) 권연경, 『네가 읽는 것을 깨닫느뇨?』, 178.
250) 권연경, 『네가 읽는 것을 깨닫느뇨?』, 179.
251) *Comm.* Luke 18:1~8, But it is an undoubted evidence of our Faith, if we are disappointed of our wish, and yet do not lose courage. Most properly, therefore, does Christ recommend to his disciples to persevere in praying.
252) 아래 내용은 윤광원, 『존 칼빈의 자기부정의 렌즈로 본 신앙생활의 핵심』, 183~184에서 발췌하였음.

하시는 하나님의 뜻을 따라, 그가 이미 범한 죄를 청산하고 있는 것과 마찬가지로 장차 범할지도 모르는 자기의 악한 계교를 버리고 있다는 것을 보여줍니다.253) 그가 이렇게 변화된 원인이 무엇일까요? 번영신학에서 주장하는 것처럼 예수님께서 그에게 죄를 묻지 않으심으로 그가 자기 사랑의 감정을 갖게 되어서일까요?254) 아닙니다. 하나님의 은혜로 예수님을 인격적으로 만남으로써 자기를 부정하고 소유에서 나눔의 삶으로 변화되었기 때문입니다. 자기부정이 없이는 소유에서 나눔의 삶으로(마 19:16~22) 변화될 수 없습니다. 그러한 변화는 자존감이나 자기 사랑이나 이성적 사유를 통해서가 아니라 하나님의 은혜에 의한 믿음으로 가능합니다. 부자 청년 관원은 삭개오와 비교할 수 없을 만큼 영생의 문제에 대해서 깊이 생각하고 고민하였으며, 계명을 지키려고 애쓴 사람이며, 윤리적으로 적어도 삭개오보다는 훨씬 훌륭한 삶을 살았습니다. 그러나 그는 진정한 의미에서 변화되지 못하였으며, 자기부정이 없는 윤리적 삶, 곧 성경적 의미에서의 윤리적 삶을 살지도 못했습니다.

자기 사랑으로 환원될 수밖에 없는 하나님 사랑과 이웃 사랑은 결국은 영광의 신학, 또는 번영신학으로 갈 수밖에 없습니다. 하나님 사랑과 이웃 사랑은 자기 사랑에 대한 부정이기 때문에 자기부정이 없이는 불가능합니다. 자기 사랑은 인간의 본성입니다. 우리의 본성은 우리에게 너무 많은 당혹감과 실망을 안겨 주고, 우리가 정복하기에는 너무나도 넓고 힘든 영역이기 때문에, 어떤 다른 도덕적 활동 영역을 찾을 필요가 전혀 없습니다.255) 그러므로 인간의 본성이 더 큰 중요성을 지닌 종합 속에서 은총과 자연의 문제를 해결하려는 천주교의 신학은256) 비성경적인 영광의 신학으로 갈 수밖에 없었습니다.

이웃을 사랑한다는 것은 자기를 부정했다는 증거입니다. 인간은 본능만을 따라 전적으로 악으로 기우는 경향이 있으므로 이기적으로 자신의 욕심을 추구하게 되어 있습니다. 그러나 이웃을 사랑한다는 것은 이기적이지 않음을 의미하며, 하나님께 순종하여 우리의 삶을 하나님의 말씀에 따라 조정하려고 한다는 사실에 대한 확실한 표시이기 때문에, 자기를 부정했다는 증거입니다.257) 여기에서 유의해야 할 것은 이웃은 사랑할 자격

253) *Comm.* Luke 19:8, Thus Zaccheus is not only ready to give satisfaction, if he has taken any thing by fraud, but shares his lawful possessions with the poor; by which he shows that he is changed from a wolf not only into a sheep, but even into a shepherd. And while he corrects the faults which had been formerly committed, he renounces wicked practices for the future, as God demands from his people, first of all, that they abstain from doing any act of injury.

254) R. H. Suller, *Self-Love: The Dynamic Force of Success*, 남경삼 역, 『자기 사랑의 비결: 자애』(서울: 보이스사, 1996), 106.

255) Ronald S. Wallace, *Calvin's Doctrine of the Christian Life*, 나용화 역, 『칼빈의 기독교 생활원리』 3판 (서울: 기독교문서선교회, 1996), 81.

256) 최윤배, "로마 가톨릭교회와 바르트를 비판하는 칼빈주의자 베르까우어의 개혁신학", 「신학 논단」 37 (2004): 313.

257) John Calvin, 김동현 역, 『칼빈의 갈라디아서 강해 설교(하)』 2판 (서울: 서로사랑, 2010), 290.

이 없는 악과 시기가 가득하거나 거만하고 손해와 상처를 주는 사람까지를 포함한다는 것과 자기의 유익을 위하여 이웃을 사랑하는 것은 진정한 의미에서 이웃을 사랑한 것이 아니라 자기를 사랑한 것에 불과하다는 점입니다.[258]

'이제는 전대 있는 자는 가질 것이요 주머니도 그리하고 검 없는 자는 겉옷을 팔아 살지어다.'라는 말씀의 뜻이 무엇일까요?

눅 22:35~38

문자적으로 이해해도 될까요? 신앙생활을 위해서, 목회를 위해서 세속적인 준비를 해야 한다는 뜻일까요? 그렇다면 눅 22:35 말씀과 어울리지 않습니다. 전대와 주머니와 신도 없이 보내었을 때 부족한 것이 없었다면 굳이 그런 것들을 준비하라고 말씀하실 리가 없습니다. 또 눅 22:38에 12제자에게 겨우 검 둘로 족하다고 하시는 것도 이해하기 어렵습니다. 검 둘로 적의 공격을 어떻게 막을 수 있을까요? 이 말씀은 예수님께서 하신 말씀의 뜻을 제대로 알아듣지 못하는 제자들의 오해와 무지를 탄식하시면서 말을 그치자는 의미로 말씀하신 것입니다.[259] 또 눅 22:37에서 말씀하시는 것처럼 이제 예수님은 불법자의 동류로 여김을 받으시고 십자가에 돌아가시는 극심한 위기의 상황이기 때문에 철저하게 준비를 해야 합니다. 그러나 그것이 문자적으로 칼은 아닌 것이 분명한 것은 예수님께서 '네 검을 도로 집에 꽂으라. 검을 가지는 자는 다 검으로 망하느니라.'라고 (마 26:52) 분명히 말씀하셨기 때문입니다.

예수님의 십자가의 대속은 영적인 전투입니다. 신앙이란 영적인 전투입니다. 영적인 전투를 위해서는 이 세속적인 준비가 필요한 것이 아니라 영적인 준비가 필요합니다. 자주 십자가를 짊어져야 한다고 경고를 받았음에도 불구하고 강철로 만든 칼로 싸울 생각밖에 못 한 것은 참으로 수치스럽고 조잡한 오해와 무지를 드러낸 것입니다.[260]

더구나 마 28:18과 눅 22:38을 근거로 교황은 온 세상의 실제적인 주권자이며, 자기 마음대로 자신의 봉사자들과 대리자들인 지도자들과 왕들에게 세속 권세를 넘겨준다는, 천주교의 주장은 성경과는 무관하며 성경을 왜곡한 것입니다.[261]

258) John Calvin, 『칼빈의 갈라디아서 강해 설교(하)』, 291~292.
259) 박윤선, 『성경주석 공관복음 (하)』 2판 (서울: 영음사, 1989), 756~757.
260) *Comm.* Luke 22:38, It was truly shameful and stupid ignorance, that the disciples, after having been so often informed about bearing the cross, imagine that they must fight with swords of iron.
261) 『개혁 교의학 4』, 475~476.

'예루살렘의 딸들'은 누구일까요?

> 눅 23:27 또 백성과 그를 위하여 가슴을 치며 슬피 우는 여자의 큰 무리가 따라오는지라. 28 예수께서 돌이켜 그들을 향하여 가라사대, 예루살렘의 딸들아 나를 위하여 울지 말고 너희와 너희 자녀를 위하여 울라.

십자가를 지시고 골고다 언덕을 오르시는 주님을 따르던, '가슴을 치며 슬피 우는 여자의 큰 무리'일까요? 그들은 예루살렘에서 온 여인들이 아니라 갈릴리에서 온 여인들이었습니다.

'예루살렘의 딸들'이 무엇을 의미하는지 알려면 당시의 상황을 알아야 합니다. 이스라엘은 성벽으로 둘러싸인 중앙의 도시들과 그 주변의 시골 마을들로 구성되어 있었고, 중앙의 도시와 시골 마을은 어머니와 딸의 관계였기 때문에, 성벽으로 둘러싸인 중앙의 도시는 그 주변의 시골 마을들을 돌보는 어머니의 역할을 했습니다(mother city).[262] 중앙의 도시는 전체 주민의 10%에 해당하는 엘리트 계층인 성주와 성주를 지키는 호위대, 막대한 세금을 내는 부자 상인들, 성을 지키는 군인들, 제사장 그룹이 살았고, 90%에 해당하는 대다수 가난한 사람들은 성 밖에 살면서 전쟁이 나면 성안으로 들어가 보호를 받는 mother city의 딸들이었습니다.[263]

따라서 '예루살렘의 딸들'이란 예루살렘 성 주변에 사는 예루살렘 성의 보호를 받는 대다수의 가난한 사람들을 지칭하는 표현입니다.[264] 예수님은 자기 죽음을 슬퍼하여 울고 있는 예루살렘 주변 마을의 가난한 사람들을 향하여 예수님을 위하여 울지 말고 자신들과 그 자녀들을 위하여 울라고 말씀하십니다. '예루살렘의 딸'이란 표현은 슥 9:9의 메시아 예언에도 나옵니다.

> 슥 9:9 시온의 딸아, 크게 기뻐할지어다. 예루살렘의 딸아, 즐거이 부를지어다. 보라, 네 왕이 네게 임하나니 그는 공의로우며 구원을 베풀며 겸손하여서 나귀를 타나니, 나귀의 작은 것 곧 나귀 새끼니라.

---

262) 류모세, 『열린다 성경(하)』, 21.
263) 류모세, 『열린다 성경(하)』, 21~22.
264) 류모세, 『열린다 성경(하)』, 22.

요한복음

태초에 하나님과 함께 계신 말씀이 언어 또는 이성(理性)이나 계산(計算)을 뜻할까요?

요 1:1 태초에 말씀이 계시니라. 이 말씀이 하나님과 함께 계셨으니 이 말씀은 곧 하나님이시니라.
    2 그가 태초에 하나님과 함께 계셨고
    3 만물이 그로 말미암아 지은 바 되었으니 지은 것이 하나도 그가 없이는 된 것이 없느니라.
    4 그 안에 생명이 있었으니 이 생명은 사람들의 빛이라.

여기에서 말씀은 ὁ Λόγος를 번역한 것으로, 헬라어로는 이성(理性)이나 계산(計算)을 뜻합니다.[265] 그렇다면 이 말씀이 언어나 이성이나 계산일까요? 하나님께서 그 말씀 안에서, 그 말씀을 통해 자신을 계시하셨던 로고스는 인격이며 태초에 있었으며 창조자라고 성경은 증거합니다.[266]

예수님은 로고스로서 하나님 계시의 충만이며 완성입니다.[267] 하나님께서 영원부터 자신의 모든 충만함으로 로고스에게 자신을 전달하셨기 때문에, 그 로고스는 하나님의 절대적 계시로서 하나님을 완전하게 계시할 수 있었습니다.[268]

요 1:1~2은 분명히 말씀이 '태초에 계시고', '하나님과 함께 계셨고', '하나님'이시고, 요 1:3은 말씀은 '창조자'이시고, 요 1:4은 말씀 '안에 생명이 있었다.'라고 했으니, 이 말씀을 언어나 이성이나 계산이라고 해석할 수 없습니다. 물론 성경이 그리스도의 역사(役事)의 성질을 따라서 '능력'이라고도 하였고, '지혜'라고도 한 것처럼(고전 1:24), 그리스도의 계시하시는 역사(役事)를 말하기 위해 그리스도를 가리켜 '말씀(Λόγος)'이라고 말할 수는 있습니다.[269] 그러나 그리스도가 언어나 이성이나 계산이나 플라톤 철학의 이상(理想) 그 자체는 아닙니다.

---

265) *Comm.* John 1:1, It means, no doubt, definition, and reasoning, and calculation;
266) 『개혁 교의학 2』, 340.
267) 『개혁 교의학 1』, 456.
268) 『개혁 교의학 2』, 340.
269) 박윤선, 『성경주석 요한복음 (상)』 2판 (서울: 영음사, 1989), 65.

로고스는 '하나님의 말씀', 혹은 '객관적인 말씀'을 뜻하고, 레마는 '나의 것이 된 말씀', 혹은 '주관적인 말씀 또는 계시'를 뜻할까요?

요 1:1 태초에 말씀이 계시니라. 이 말씀이 하나님과 함께 계셨으니 이 말씀은 곧 하나님이 시니라.

성경에 사용된 '로고스'와 '레마'라는 단어를 찾아서 검토해 보면, 그런 주장이 과연 옳은지 확인할 수 있습니다. 마 4:4, 26:75, 눅 1:37, 롬 10:17, 엡 6:17, 히 11:3에서는 '레마'도 하나님의 말씀이란 뜻으로 사용되었고, 마 18:16, 12:36, 요 10:21, 행 6:11, 16:38에서는 '레마'가 일반적인 말의 뜻으로 사용되었으며, 마 5:37, 12:32, 28:15, 요 4:39, 고전 1:5, 14:9에서는 '로고스'가 예수님의 '말씀'에도 사용되었지만, 일반적인 말의 뜻으로도 사용되었고, 엡 5:6, 살전 2:5, 요삼 1:10에서는 '로고스'가 형용사와 함께 나쁜 의미의 말로도 사용되었으며, 마 12:36~37에서는 '레마'와 '로고스'가 동일하게 사람의 말로 사용되었고, 행 10:44에서는 '레마'와 '로고스'가 동일하게 선포된 말씀으로 사용되었습니다.[270] 따라서 로고스는 '하나님의 말씀', 혹은 '객관적인 말씀'을 뜻하고, 레마는 '나의 것이 된 말씀', 혹은 '주관적인 말씀 또는 계시'를 뜻한다고 주장할 수 없습니다. 살펴본 바와 같이 '로고스'와 '레마'는 구별되지 않고 의미와 용례에 큰 차이가 없기 때문입니다.

인간의 자유의지에 의한 선택과 결단으로 예수님을 믿을 수 있을까요?

요 1:12 영접하는 자 곧 그 이름을 믿는 자들에게는 하나님의 자녀가 되는 권세를 주셨으니

요 1:12 말씀은 그렇게 해석할 수 있을 것 같기도 합니다. 그러나 바로 다음 구절의 '이는 혈통으로나 육정으로나 사람의 뜻으로 나지 아니하고 오직 하나님에게서 난 자들이니라.'라는 말씀을 보면 그렇게 해석할 수 없습니다. 앞의 요 1:9~11에서도 예수님께서 세상을 지으셨고 세상에 계셨음에도 세상이 예수님을 알지 못했다고 지적합니다. 심지어 자기 백성조차도 영접하지 않았다고 말씀합니다.

고전 2:8은 '이 지혜는 이 세대의 관원이 하나도 알지 못하였나니 만일 알았다면 영광

---

270) 이인규, 『평신도들이 혼동하기 쉬운 성경 50』, 137~140.

의 주를 십자가에 못 박지 아니하였으리라.'라고 말씀합니다. 사 1:3~4은 '소는 그 임자를 알고 나귀는 주인의 구유를 알건마는 이스라엘은 알지 못하고 나의 백성은 깨닫지 못하는 도다 하셨도다. 슬프다 죄를 범한 나라요 허물진 백성이요 행악의 종자요 행위가 부패한 자식이로다. 그들이 여호와를 버리며 이스라엘의 거룩한 자를 만홀히 여겨 멀리하고 물러갔도다.'라고 탄식합니다.

신앙은 논리적으로 설명하고 정당성을 제시하며, 구체적으로 설명하고 증거를 대며 설득하고, 인정에 호소하여 선택하고 결단하게 할 수 있는 것이 아닙니다. 물론 우리가 예수님을 전할 때 보다 논리적으로 설명하고 그 정당성을 제대로 제시하며, 좀 더 구체적으로 설명을 하고 고고학적, 과학적, 역사적 증거들을 대어 설득하며, 어떤 경우에는 인정에 호소도 하고 사정도 하며 선택과 결단의 중요성을 역설할 필요도 있습니다.

그러나 성경은 '영접하는 자 곧 그 이름을 믿는 자들에게는 하나님의 자녀가 되는 권세를 주셨으니 이는 혈통으로나 육정으로나 사람의 뜻으로 나지 아니하고 오직 하나님에게서 난 자들이니라.'라고 분명하게 선언합니다(요 1:12~13). 성경은 우리가 예수님을 알고 믿게 된 것이 인간적인 어떤 것도 아님을 선언합니다. 우리가 예수님을 알고 믿어 하나님의 자녀가 된 것은 오직 하나님으로 말미암아 은혜로 된 것입니다. 인간의 자유의지에 의한 선택과 결단, 인간의 선행과 공로는 다소간 차이가 있을 수 있지만, 모든 인간은 본성상 동일하고 말씀에 대한 설교는 당연히 충분하지 않기 때문에, 구원의 사역은 주관적으로 그리고 객관적으로 전적으로 하나님께 돌려집니다(롬 9:16).[271]

요 1:12의 '영접하는 자'라는 말은 인간의 자유의지에 의한 선택과 결단을 나타내려는 의도의 표현이 아닙니다. 하나님의 자녀가 되는 것은 유대인이라는 혈통이 아니라는 것을 나타내려는 것입니다. 요 1:13의 '이는 혈통으로나 육정으로나 사람의 뜻으로 나지 아니하고 오직 하나님에게서 난 자들이니라.'라는 말씀이 그것을 뒷받침해 줍니다.

요 1:12의 '믿는 자들'도 믿음을 통해서, 적어도 자기가 원하면 선택하고 결단하여 하나님의 자녀가 되는 데까지 나아갈 수 있다는 뜻이 아니라, 요 1:13에서 분명히 밝히고 있는 대로 '오직 하나님에게서 난 자들', 곧 이미 하나님께서 낳은 자들이 믿는다는 뜻입니다.[272] 요 1:13은 중생이 부르심과 직접 연계되지 않고, 하나님께 속한 자들을 먼저

---

271) 『개혁 교의학 4』, 36~37.

272) *Comm.* John 1:12, The Evangelist declares that this power is given to those who already believe. Now it is certain that such persons are in reality the sons of God. They detract too much from the value of faith who say that, by believing, a man obtains nothing more than that he may become a son of God, if he chooses; for instead of present effect they put a power which is held in uncertainty and suspense. The contradiction appears still more glaring from what immediately follows. The

그리스도께 주시고 시간 속에서 하나님께서 그리스도께 인도하신다고 말씀합니다.[273) 그리스도께 와서 믿기 전에 그들은 이미 하나님께 속한 것인데(요 8:47), 그들을 성부께서 성자께 주신 것입니다(요 6:37, 39, 17:2, 9).[274]

하나님의 나라는 그 가치에 있어서 모든 것을 훨씬 초월하기 때문에 모든 보상의 개념은 소멸할 수밖에 없습니다(마 19:29, 20:13~15, 25:21, 막 10:30, 특히 눅 17:10).[275]

'하늘이 열리고 하나님의 사자들이 인자 위에 오르락내리락하는 것을 보리라.'라는 말씀의 뜻은 무엇일까요?

요 1:47~51

본문은 이해하기 어려운 내용이 많습니다. 왜 주님께서 나다나엘을 향하여 '참으로 이스라엘 사람'이라고 하셨는지, 왜 '그 속에 간사함이 없다.'라고 하셨는지, '네가 무화과나무 아래 있을 때 보았다.'라고 말씀하신 뜻이 무엇인지, 이 말씀에 왜 나다나엘이 예수님을 '하나님의 아들이시오, 이스라엘의 임금'이라고 했는지, 또 '이보다 더 큰 일을 보리라.'는 말씀의 뜻은 무엇이며, '하늘이 열리고 하나님의 사자들이 인자 위에 오르락내리락하는 것을 보게 된다.'라는 것은 무슨 의미인지 이해하기 어렵습니다.

이러한 문제는 성경적 용례를 통하여 해결해야 합니다. 그런데도 심리적으로 접근하는 경우가 허다합니다. 예를 들면 나다나엘이 종종 무화과나무 아래에서 혼자 시간을 가진 사람이었고, 그때 인생의 근본적인 문제를 가지고 씨름하였을 것이며, 그 결과 구원이 필요한 존재임을 알고 구원을 기다리며 기도한 사람이었는데, 주님께서 그런 나다나엘을 보고 알아주셨기 때문에 나다나엘은 예수님을 하나님의 아들이요 이스라엘의 임금으로 고백할 수 있었고, 그런 나다나엘에게 주님은 '하늘이 열리고 하나님의 사자들이 인자 위에 오르락내리락하는 것을 보리라.'라고 말씀하셨다는 것입니다.[276] 그런데 이러한 해석에는 성경적 근거가 희박합니다. 그럴듯하고 감동을 줄지는 모르지만, 나다나엘이 종종 무화과나무 아래에서 혼자 시간을 가진 사람이었다는 것이나, 그때 인생의 근본

Evangelist says that those who believe are already born of God. It is not therefore, a mere liberty of choice that is offered, since they obtain the privilege itself that is in question.

273) 『개혁 교의학 4』, 47.
274) 『개혁 교의학 4』, 48.
275) 『개혁 교의학 3』, 616.
276) 윤석준, 『한국 교회가 잘못 알고 있는 101가지 성경 이야기 (2)』, 234~235.

338

적인 문제를 가지고 씨름하였으리라는 것이나, 그 결과 구원이 필요한 존재임을 알고 구원을 기다리며 기도한 사람이었다는 것이나, 주님께서 그런 나다나엘을 보시고 알아주셨다는 것이나, 어느 하나도 성경적인 근거를 찾을 수 없습니다.[277] 하나의 상상과 가공의 이야기에 불과합니다.

나다나엘의 이야기는 야곱과 관련이 있습니다. 예수님께서 나다나엘을 처음 보셨을 때 '보라, 이는 참 이스라엘 사람이라 그 속에 간사한 것이 없도다.'라고 말씀하셨습니다. 야곱은 간사한 자였습니다. 이스라엘은 그런 야곱이 변화된 후의 이름입니다. 나다나엘이 '참 이스라엘 사람이라 그 속에 간사함이 없다.'라는 말씀은 바로 야곱의 두 모습을 대조시키면서 나다나엘이 참으로 이스라엘이라고 말씀하신 것입니다.[278] 또 '빌립이 너를 부르기 전에 네가 무화과나무 아래 있을 때 보았노라.'라는 말씀도 나다나엘이 참 이스라엘이라는 뜻인데, 그 이유는 왕상 4:25에서 확인할 수 있듯이 무화과나무 아래 있다는 것이 바로 그런 뜻이기 때문입니다.[279]

'진실로 진실로 너희에게 이르노니 하늘이 열리고 하나님의 사자들이 인자 위에 오르락내리락하는 것을 보리라.'라는 말씀도 창 28:11~12을 근거한 것입니다. 야곱은 하늘과 땅을 잇는 사닥다리에 하나님의 사자들이 그 위에서 오르락내리락하는 것을 꿈에서 보았습니다. 그러나 이제 나다나엘은 그보다 더 큰 것을 보게 되는 데, 그것은 하늘과 땅을 연결하는 참 사닥다리이신 예수님을 보게 된다는 것입니다.[280] 야곱의 꿈에 보였던 사다리 환상이 보여준 내용은 그리스도 안에서 성취되었습니다.[281] 박윤선도 신약 계시가 예수님께 임한 것을 뜻한다고 해석했습니다.[282]

예수님께서 물을 포도주로 변화시킨 표적의 의미는 무엇일까요?

요 2:1~11

본문은 잘 아는 대로 예수님께서 가나 혼인 잔칫집에서 포도주가 떨어진 어려운 상황

---

277) 윤석준, 『한국 교회가 잘못 알고 있는 101가지 성경 이야기 (2)』, 235~236.
278) 윤석준, 『한국 교회가 잘못 알고 있는 101가지 성경 이야기 (2)』, 236~237.
279) 윤석준, 『한국 교회가 잘못 알고 있는 101가지 성경 이야기 (2)』, 238~239.
280) 윤석준, 『한국 교회가 잘못 알고 있는 101가지 성경 이야기 (2)』, 237~238.
281) *Comm.* John 1:51, Nor have I any doubt that he alludes to the ladder which was exhibited to the patriarch Jacob in a dream, (Genesis 28:12) for what was prefigured by that vision is actually fulfilled in Christ.
282) 박윤선, 『성경주석 요한복음 (상)』 2판, 86.

에서 물을 포도주로 변화시키셔서 그 어려움을 해결해 주신 사건입니다. 이 사건이 보여주려는 것이 무엇일까요? 이웃에 문제가 있을 때 방관하지 말라거나, 예수님께 아뢰면 문제를 해결 받을 수 있다는 것일까요? 하인들처럼, 이해할 수 없는 내용이라고 하더라도 주님의 명령이라면 무조건 순종할 때 기적을 체험할 수 있다는 것을 가르쳐 주는 것일까요? 물론 그런 교훈들을 얻을 수는 있습니다.

그러나 예수님은 혼인 잔치에 포도주가 떨어졌다는 마리아의 말에 '여자여, 나와 무슨 상관이 있나이까? 내 때가 아직 이르지 못하였나이다.'라는 반응을 보이셨습니다. 물론 포도주 문제를 해결해 주셨지만, 그에 앞서 이렇게 말씀하신 것은 이 사건을 통하여 예수님께서 의도하신 것이 있다는 것을 보여줍니다. 그것이 무엇이었을까요?

마리아라는 모성적인 이름을 미신적으로 끌어올려, 하나님께 속한 것을 마리아에게 이전시키는 오류를 범치 않도록 사람들에게 경고함으로써, 예수님은 자기 어머니에게 바쳐진 영예가 하나님께 속한 자신의 영예를 흐리지 못하도록 하셨습니다.[283] 천주교가 마리아를 하늘의 여왕과 세상의 소망과 생명 그리고 구원의 여왕으로 받들어 그리스도의 자리에 앉힌 것을 보면, 예수님께서 가나 혼인 자리에서 왜 그런 말씀을 하셨는지 이해할 수 있습니다.[284]

또 예수님은 이 세상의 일들을 해결하시는 해결사로 오신 것이 아닙니다. 물론 인간이 겪는 온갖 문제들에 대하여 긍휼히 여기셔서 질병들을 치료하시고, 오병이어의 기적을 베푸시며 귀신도 내어쫓으셨습니다. 그러나 그것도 예수님의 구원사적 의미를 담고 있었습니다. 예수님은 물을 포도주로 변화시키시는 표적을 통하여 예수님의 대속으로 말미암아 맛보게 될 구원의 세계를 계시하셨습니다.

예수님은 육신의 어머니를 향하여 어머니라고 말하지 않고 '여자여'라고 말씀하셨습니다. 이는 히브리 사람의 말하는 습관이 아닙니다. 아들이 어머니를 보고 '어머니'라고 부르지 '여자여'라고 부르는 법은 없습니다. 물론 이 표현은 불손하거나 무례한 표현은 아닙니다. 그러면 무슨 의도로 예수님께서 자신의 어머니를 그렇게 부르신(호칭) 것일까요? 이것은 마치 이와 같습니다. 목사가 자기 어머니를 향하여 '어머니'라고 부르지 않

---

283) *Comm.* John 2:4, This saying of Christ openly and manifestly warns men to beware lest, by too superstitiously elevating the honor of the name of mother in the Virgin Mary, they transfer to her what belongs exclusively to God. Christ, therefore, addresses his mother in this manner, in order to lay down a perpetual and general instruction to all ages, that his divine glory must not be obscured by excessive honor paid to his mother.

284) *Comm.* John 2:4, How necessary this warning became, in consequence of the gross and disgraceful superstitions which followed afterwards, is too well known. For Mary has been constituted the Queen of Heaven, the Hope, the Life, and the Salvation of the world;

고 '000 집사님', 이렇게 부르는 것과 같습니다. 어떤 경우에 그렇게 부를까요? 어머니와 아들의 혈연관계를 떠나 목사와 성도와의 관계에서 부른 것입니다. 예수님은 지금 혈연관계를 떠나서 구세주와 주님 되시는 그리스도와 구원받아야 할 한 인간으로서의 마리아와의 관계를 요구하고 계십니다. 다음 말씀에서 이 사실은 더욱 확실해집니다. "나와 무슨 상관이 있나이까?" 예수님은 "이 혼인집에 포도주가 떨어진 것과 내가 무슨 상관이 있습니까?"라고 말씀하시는 대신에 "당신과 내가 무슨 상관이 있습니까?"라고 반문하셨습니다. 이 말씀은 '당신이 나와 무슨 관계가 있기에 이래라저래라 하느냐?'라는 뜻입니다. 그런 후에 예수님은 포도주 부족 문제를 해결해 주셨습니다.

만약에 예수님께서 "여자여, 나와 무슨 상관이 있나이까?", 이런 말씀(반응) 없이 포도주 부족 문제를 물을 포도주로 변화시키는 기적을 통해서 해결해 주셨다면, 이 사건은 단순히 하나의 기적, 예수님께서 초월적 능력을 갖추신, 즉 신성을 가지신 분이라는 것을 보여주는 표적(sign)으로 해석하면 됩니다. 물론 이 사건은 예수님께서 초자연적인 능력을 행하시는 신적 존재임, 이스라엘이 고대하던 그리스도이심을 보여주는 표적(sign)입니다. 물론 예수님은 물로 포도주를 만드심으로써 드러내 놓고 자신이 신적 존재이심을, 자신이 그리스도이심을 계시해 주셨습니다. 실로 예수님은 우리의 문제를 해결해 주시는 구세주 되신 예수님이시고, 초자연적 능력을 행하시는 하나님 되신 예수님이십니다.

그러나 오늘 본문은 그 이상의 깊은 뜻을 담고 있습니다. 그것이 무엇일까요? "내 때가 아직 이르지 못하였나이다." 바로 여기에 답이 있습니다. 예수님의 때가 무엇입니까?

요 7:30 저희가 예수를 잡고자 하나 손을 대는 자가 없으니 이는 그의 때가 아직 이르지 아니하였음이러라.

요 8:20 이 말씀은 성전에서 가르치실 때 연보 궤 앞에서 하셨으나 잡는 사람이 없으니 이는 그의 때가 아직 이르지 아니하였음이러라.

요 12:23 예수께서 대답하여 가라사대, 인자의 영광을 얻을 때가 왔도다.

요 12:27 지금 내 마음이 민망하니 무슨 말을 하리오? 아버지여, 나를 구원하여 이때를 면하게 하여 주옵소서. 그러나 내가 이를 위하여 이때 왔나이다.

요 16:32 보라, 너희가 다 각각 제 곳으로 흩어지고 나를 혼자 둘 때가 오나니 벌써 왔도다. 그러나 내가 혼자 있는 것이 아니라 아버지께서 나와 함께 계시느니라.

요 17:1 예수께서 이 말씀을 하시고 눈을 들어 하늘을 우러러 가라사대, 아버지여, 때가 이르 렀사오니 아들을 영화롭게 하사 아들로 아버지를 영화롭게 하옵소서.

예수님의 때는 모두 인간의 죄를 대신 지시고 십자가에 돌아가시는 그때를 뜻합니다. 그렇다면 물로 포도주를 만드신 기적은 어떤 표적, 어떤 sign입니까? 이 기적은 십자가 구속의 고난의 출발을 의미합니다. 우리의 죄를 대신 지시고 십자가를 향하여 나아가시는 고난의 출발을 의미합니다.

예수님은 우리의 죄를 대속하시기 위해서 이 세상에 오신 그리스도이십니다. 그것이 하나님의 뜻입니다. 예수님은 물을 포도주로 만드시는 기적을 통해서 이것을 말씀하시고자 하셨습니다. 그래서 굳이 이렇게 말씀하신 것입니다. "여자여, 나와 무슨 상관이 있나이까? 내 때가 아직 이르지 못하였나이다." 예수님은 마리아를 향하여 자신을 육신적, 혈육으로서의 아들이 아니라 인간의 죄를 대신 지시고 십자가에 돌아가시는 그리스도로서의 예수님을 보라고 요구하셨습니다.

예수님의 성전청결 사건은 타락한 성전제도의 개혁을 뜻할까요?

요 2:13~21

예수님께서 성전을 깨끗하게 하셔서 성전의 기능을 회복시키셨던 것같이 우리도 교회의 타락한 것들을 깨끗하게 하여 교회의 기능을 회복시켜야 한다는 것을 가르쳐 주는 것일까요? 물론 그런 의미가 전혀 없는 것은 아닐 것이지만 그것이 초점은 아닙니다.

예수님의 성전청결 사건을 이해하기 위해서는 먼저 성전 안에서 장사하는 것이 무엇이 문제인지 살펴보아야 할 것입니다. 성전에서 제사 드리기 위해 멀리서 오는 사람들에게, 제물의 준비나 헌금을 위한 환전의 편의를 제공하기 위해 장사하는 것이 무슨 잘못이 있을까요? 멀리서 예루살렘 성전까지 제물용 양이나 소나 비둘기를 운반하는 것은 매우 힘든 일입니다. 그런 어려움을 겪지 않고 손쉽게 구할 수 있는 편의를 제공하는 것이 무슨 잘못일까요? 또 이방의 화폐는 우상화되어 있는 인간의 모습이 그려져 있어서 성전세로 드릴 수 없기에, 그런 우상화되어 있는 인간의 모습이 그려져 있지 않은 유대 화폐로 손쉽게 바꿀 수 있도록 편의를 제공하는 것이 무슨 잘못일까요? 요즘 말로 표현하면 교회 생활 잘 하도록, 신앙생활 잘 하도록 돕는 거룩한 사업을 하는 것이 아닐까요? 그런데 무엇이 잘못일까요?

적어도 겉으로는 잘못된 것이 없고 오히려 백성들을 배려하는 처사처럼 보입니다. 그렇다면 예수님께서 그렇게 격분하신 것은 잘못된 것일까요? 예수님은 그들을 향하여 성전을 '장사하는 집으로 만들지 말라.'라고 말씀하셨습니다. 공관복음에 의하면 '강도의 소굴(굴혈)'로 만들었다고 말씀하셨습니다(마 21:13, 막 11:17, 눅 19:46). 이 지적은 이스라엘 최고의 종교기관인 산헤드린의 종교지도자들과 장사꾼들이 결탁이 되어 폭리로 제물 시장에서 나오는 막대한 이익금을 서로 챙겼다는 뜻입니다. 요세푸스의 기록에 의하면, 주후 66년을 기준으로, 유월절 행사에 사용된 양(羊)만 계산해도 약 256,000마리였다고 합니다.

예수님께서 성전을 청결케 하신 사건은 유대인들, 특히 대제사장들과 서기관들과 백성의 두목들(마 21:15, 막 11:18, 눅 19:47)의 비위를 건드렸습니다. 그들은 예수님께서 그런 일을 행하시는 표적이 무엇이냐고 물었습니다. 예수님께서 성전을 청결케 하신 사건이 무엇을 의미하느냐, 무엇을 보여주는 것이냐, 무엇을 계시해 주는 것이냐고 물었습니다. 예수님은 "너희가 이 성전을 헐라. 내가 사흘 동안에 일으키리라."라고 대답하셨습니다. 46년이란 장구한 세월 동안이나 지어 온 웅장한 성전을 헐면 3일 안에 세우겠다는 말씀은, 인간적으로 생각할 때 전혀 불가능한 일이었습니다. 그래서 유대인들이 어떻게 이런 일이 일어날 수 있겠느냐고 반문했습니다. 그러나 예수님은 건물로서의 성전을 말씀하신 것이 아니었습니다. 예수님께서 말씀하신 성전은 바로 자신의 몸을 의미했습니다. 제자들도 예수님께서 죽은 자 가운데서 살아나신 후에야 이 말씀을 깨달았습니다.

그렇다면 성전을 헌다는 것이 무슨 의미입니까? 장사하는 집이 되어버린 성전은 헐어버려야 할 심판의 대상이었습니다. 예수님은 헐어버려야 할 심판의 대상인 우리를 대신하여 돌아가신 것입니다. 예수님께서 한두 번 성전을 청결케 하신다고 지상에 세워진 성전이 다시 더럽혀지지 않고 청결이 유지될 수 있었다면 예수님께서 십자가에 돌아가실 이유가 없었을 것입니다. 인간은 구제 불능입니다. 하나님의 은혜가 아니면 방법이 없습니다. 예수님은 그것을 말씀하셨습니다. 심판받는 길밖에 다른 길이 전혀 보이지 않는 인간의 실상을 드러내신 것입니다. 이 심판으로부터 인간을 구원해낼 길은 오직 예수님께서 우리 대신 심판의 대상이 되셔서, 그 심판으로 말미암아 십자가에 돌아가시고, 다시 사셔서 깨끗한 새 성전이 되어주시는 것이었습니다.

예수님의 성전청결 사건에 대한 유대인들의 시비에 대한 예수님의 대답은(요 2:19~21), 단순히 당시의 타락한 성전제도의 개혁이 아니라 예수님 자신의 죽음과 부활을 통하여 거짓된 성전을 허무시고 참된 성전을 세우시겠다는 뜻으로 이 일을 하셨다는 것을 보여줍니다.[285]

인간의 지식으로 예수님이 어떤 분인지 알 수 있을까요?

요 3:1~5

바리새인 중에 니고데모라는 사람이 어느 날 밤에 예수님께 찾아와, 예수님께서 하나님에게서 오신 선생인 줄 안다고 말합니다. 여기에 대하여 예수님은 거듭나야 한다고 말씀합니다(요 3:3, 7). 그 말씀은 내적이고 영적인 변화를 경험하지 않고는 예수님이 어떤 분인지 알 수 없다는 뜻입니다.[286] 예수님의 이러한 지적은 니고데모의 질문을 통하여 밝게 드러납니다(요 3:4).

오늘날 많은 지성인이 니고데모와 같이 자기 나름대로 예수님에 관하여 많은 지식을 가지고 있으나 그중에는 거듭나지 못한 사람들이 많습니다. 그 지식은 이성에 의해서만 사실을 보는 그런 지식이며, 그런 지식은 어떤 것에 대해서 정보를 말해줄 수는 있지만, 그것의 당위성에 대해서는 말해줄 수 없습니다.[287]

이러한 문제 때문에 서구사회의 많은 사람이 이성을 버리고 대신 정서적인 경험을 통해 사실을 추구하려는 경향을 보이는데, 그러한 경향은 신비스러운 종교의식에 진지하게 참여함으로써 어떤 신과의 정서적인 결합을 기대하며, 그때 빛과 음악, 향 또는 어떤 약에 의해 그 결합이 촉진됩니다.[288] 이와 같은 방법은 마취요법, 동양종교의 재발견, 초월명상법, 인간 잠재력 운동, 정신계발과 같은 것으로 나타나는데, 이러한 방법은 그 경험이 지속적이지 못하고 일시적이기 때문에, 이러한 방법은 이성과 거리가 먼 것으로 이성을 통해 이해할 수 있는 영역에 대해서는 만족을 얻을 수 없습니다.[289]

---

285) 이승진, 『설교를 위한 성경 해석』 (서울: 기독교문서선교회, 2008), 221~223.
286) 『기독교 강요 교리설교 (상)』, 17.
287) 『기독교 강요 교리설교 (상)』, 18~19.
288) 『기독교 강요 교리설교 (상)』, 19.
289) 『기독교 강요 교리설교 (상)』, 20.

인간이 이성이나 정서적 경험을 통해 하나님을 아는 것은 하나님에 대한 인식이라고 말할 수 있는데, 하나님에 대한 인식(Awareness of God)은 하나님을 아는 것(Knowing God)과 구별됩니다.[290] 하나님에 대한 인식은 단순히 하나님이 계시고 그분이 우리가 복종하고 섬길 만한 분이라는 것을 아는 것이기 때문에, 하나님을 아는 자가 없다고 하더라도 하나님에 대한 인식은 본능적으로 주어졌습니다(롬 1:19).[291]

하나님은 자신에 대하여 알도록 이중적 계시를 주셨는데, 그 첫째는 자연 계시입니다. 자연인이 하나님을 인식하는 모든 것은 자연 속에 드러나 있습니다. 하나님의 영원하신 능력과 신성이 하나님께서 창조하신 만물 안에 계시 되어 있습니다. 인간들이 하나님 알기를 거절하고 섬기기를 거절하는 잘못은, 증거가 불충분한 데 있는 것이 아니라 하나님을 알지 않으려는 분별없는 고집 때문입니다.[292] 구약은 하나님의 자연 계시를 분명히 선언하고 있으며(시 19:1~4), 하나님의 자연 계시는, 만일 각 개인이 그것을 받아들이려고만 한다면, 누구라도 하나님의 존재와 능력을 확신하기에 충분합니다.[293] 롬 1:20은 '창세로부터 그의 보이지 아니하는 것들 곧 그의 영원하신 능력과 신성이 그 만드신 만물에 분명히 보여 알게 되나니 그러므로 저희가 핑계치 못할지니라.'라고 말씀합니다. 물론 이 말은 자연의 신비를 면밀히 살펴보면 비로소 하나님을 알 만한 충분한 증거를 찾을 수 있다는 뜻도 아니고, 하나님을 알 만한 것이 감추어져 있으므로 열심히 찾아야 알 수 있다는 말도 아니며, 마치 도로의 표지판처럼 누구라도 쉽고 평범하게 인식할 수 있듯이 아무리 부족하고 무지하고 미련하다고 하더라도 누구라도 변명할 수 없을 만큼 쉽게 하나님을 인식할 수 있다는 뜻입니다.[294] 그러므로 하나님을 인식하지 못한다는 변명은 있을 수 없습니다. 그러나 그것은 하나님에 대한 인식일 뿐 하나님을 아는 것은 오직 거듭난(중생한) 자가 성령의 역사로 하나님의 특별계시를 통하여 알 수 있을 뿐입니다.

---

290) 『기독교 강요 교리설교 (상)』, 31.
291) 『기독교 강요 교리설교 (상)』, 31.
292) 『기독교 강요 교리설교 (상)』, 32.
293) 『기독교 강요 교리설교 (상)』, 32.
294) 『기독교 강요 교리설교 (상)』, 33.

물과 성령으로 난다는 것은 무엇을 뜻할까요?

요 3:5 예수께서 대답하시되, 진실로 진실로 네게 이르노니 사람이 물과 성령으로 나지 아니하면 하나님 나라에 들어갈 수 없느니라.

'사람이 물과 성령으로 나지 아니하면'(ἐὰν μή τις γεννηθῇ ἐξ ὕδατος καὶ πνεύματος)에서 물과 성령을 Hugo Odeberg와 Morris의 견해를 따라 자연적 출생과 초자연적 출생 두 가지 출생으로 해석하는 것은 근거가 없으며, Linda L. Belleville의 연구 결과와 같이 오히려 하나님의 속성을 사람들에게 부여할 뿐만 아니라 동시에 정결케 하는 성령의 이중 사역(요 3:3~7, 겔 36:25~27)에 대한 언급으로 보아야 합니다.[295]

물과 성령으로 난다는 말은 바로 앞의 요 3:3에서 언급한 거듭난다는 말과 같은 뜻입니다. 또 거듭난다는 말은 문자적으로 두 번째 다시 태어나는 것이 아니라 위로부터 난다는 말입니다. 물과 성령으로 난다는 말을 두 가지로 나눌 수 있다고 생각할 수도 있지만, 요 3:8을 보면 물과 성령으로 난다는 말은 성령으로 난다는 말입니다. 요 3:5에서 물은 자연적 출생도 아니고 세례도 아니며, 위로부터 태어나는 것의 속성을 묘사한 것입니다.[296] 성령의 정결하게 하는 사역을 물로써 상징한 것입니다.[297]

성령이 언급될 때 그의 능력을 표현하기 위해 물이나 불이라는 말을 부언하는 것은 성경에 흔히 나타나는 화법이며, 그리스도께서 성령과 불로 세례를 주신다는 말씀에서도 성령과 불이 다른 것을 뜻하는 것이 아니라, 다만 우리 속에 역사하시는 성령의 능력이 어떤 것인가를 보여주기 위해 불이라는 말을 사용한 것과 같이, 물이라는 말도 같은 방식으로 사용한 것이기 때문에 물은 단순히 성령을 깨끗하게 하시고 소생케 하시는 역사를 뜻합니다.[298]

---

295) 자세한 내용은 D. A. Carson, 49~50을 보시기 바람.
296) 『개혁 교의학 4』, 43.
297) 『개혁 교의학 4』, 47.
298) *Comm.* John 3:5, Accordingly, he employed the words Spirit and water to mean the same thing, and this ought not to be regarded as a harsh or forced interpretation; for it is a frequent and common way of speaking in Scripture, when the Spirit is mentioned, to add the word Water or Fire, expressing his power. We sometimes meet with the statement, that it is Christ who baptizeth with the Holy Ghost and with fire, (Matthew 3:11; Luke 3:16,) where fire means nothing different from the Spirit, but only shows what is his efficacy in us. As to the word water being placed first, it is of little consequence; or rather, this mode of speaking flows more naturally than the other, because the metaphor is followed by a plain and direct statement, as if Christ had said that no man is a son of God until he has been renewed by water, and that this water is the Spirit who cleanseth us anew and who, by spreading his energy over us, imparts to us the rigor of the heavenly life, though by nature we are utterly dry. ⋯ By water, therefore, is meant nothing more than the inward purification and invigoration which is produced by the Holy Spirit.

육은 무엇을 가리킬까요?

요 3:6 육으로 난 것은 육이요 성령으로 난 것은 영이니

몸(신체)을 뜻할까요? 육욕적 또는 관능적인 부분을 말할까요? 천주교 신학자들이 육을 육욕적 또는 관능적이라고 부르는 부분에 국한한 것은 잘못된 것이며, 여기에서 육이란 몸만이 아니라 혼을 그리고 혼의 각 부분을 뜻합니다.[299] 본문이 육으로 난 육과 성령으로 난 영을 대조시키고 있는 것은 인간 본성 전체가 정죄 되어 있음을 전제로 합니다. 여기에서 육과 영은 땅의 것과 하늘의 것, 신적인 것과 피조적인 것, 아래의 것과 위의 것의 성경적인 개념의 대조를 취한 것이므로, 육은 영육 간에 하나님을 떠나 피조물로 향하는 인간의 죄로 기울어진 경향을 뜻합니다.[300]

타락한 본성 안에는 하나님의 은사가 일부 남아 있어서 하나님께 대한 내재적인 지식이 어느 정도 있다든가 선과 악을 분별할 수 있는 것이 우리 양심 안에 남아 있다는 것도 부정할 수 없습니다. 그러나 악에 감염되지 않은 깨끗하고 순수한 것은 우리 안에서 찾아볼 수 없게 되어 일부 남아 있는 하나님께 대한 내재적인 지식은 우상숭배와 각종 미신에 빠졌고, 양심 안에 남아 있는 선과 악에 대한 분별력은 왜곡되었습니다.[301]

독생자는 하나뿐인 아들을 뜻할까요?

요 3:16 하나님이 세상을 이처럼 사랑하사 독생자를 주셨으니 이는 저를 믿는 자마다 멸망치 않고 영생을 얻게 하려 하심이니라.

μονογενής(독생자)가 μόνος(하나뿐인)와 γεννάω(낳다)가 합쳐져 '독생한'이라고 생각할 수 있지만, 히 11:17에서는 이삭을 μονογενής라고 말하고 있는 것을 볼 수 있습니다. 아

---

[299] *Comm.* John 3:6, Besides, when Christ argues here, that men must be born again, because they are only flesh, he undoubtedly comprehends all mankind under the term flesh. By the flesh, therefore, is meant in this place not the body, but the soul also, and consequently every part of it.

[300] 『개혁 교의학 3』, 60.

[301] *Comm.* John 3:6, That we naturally possess some knowledge of God, that some distinction between good and evil is engraven on our conscience, that our faculties are sufficient for the maintenance of the present life, that - in short - we are in so many ways superior to the brute beasts, that is excellent in itself, so far as it proceeds from God; but in us all these things are completely polluted, in the same manner as the wine which has been wholly infected and corrupted by the offensive taste of the vessel loses the pleasantness of its good flavor, and acquires a bitter and pernicious taste. For such knowledge of God as now remains in men is nothing else than a frightful source of idolatry and of all superstitions; the judgment exercised in choosing and distinguishing things is partly blind and foolish, partly imperfect and confused; all the industry that we possess flows into vanity and trifles; and the will itself, with furious impetuosity, rushes headlong to what is evil.

브라함은 이삭뿐만 아니라 이스마엘의 아비이며, 그두라에게서 낳은 많은 자식이 있었기 때문에(창 25:1~2), μονογενής는 하나뿐인 아들이라기보다는 비길 데 없는 아들, 즉 아주 특별하고 가장 사랑하는 아들이란 뜻이 됩니다.302) 독생자를 주셨다는 말은 우리를 향한 하나님의 사랑의 열도(熱度, the fervor of the love of God)를 강조하기 위해 사용된 표현입니다.303)

하나님께서 일하시니 예수님도 일하신다는 말씀은 안식일에 일해도 된다는 뜻일까요?

요 5:16 그러므로 안식일에 이러한 일을 행하신다 하여 유대인들이 예수를 핍박하게 된 지라. 17 예수께서 저희에게 이르시되, 내 아버지께서 이제까지 일하시니 나도 일한다 하시매 18 유대인들이 이로 인하여 더욱 예수를 죽이고자 하니 이는 안식일만 범할 뿐 아니라 하나님을 자기의 친아버지라 하여 자기를 하나님과 동등으로 삼으심이러라.

예수님께서 베데스다라고 불리는 연못가의 한 행각에 누워있는 38년 된 병자를 고쳐 주셨는데, 그날이 명절인 동시에 안식일이었습니다. 유대인들은 39조 234장의 아주 까다롭고 어려운 안식일 규정들을 만들어 지키고 있었는데, 그중에 안식일에 자리를 들고 걸어가는 것은 이 규정을 어긴 행위였기 때문에 유대인들은 시비를 걸었습니다. 안식일 규정에는 나무에 올라가는 것, 짐승을 타는 것, 수영하는 것, 손뼉을 치는 것, 엉덩이를 치는 것, 춤을 추는 것까지도 금지사항으로 규정되어 있었기 때문에 유대인들이 이 일로 시비를 거는 것은 물론 당연했습니다.

그러면 그들이 무엇을 잘못했을까요? 외적으로 보면 아무 잘못도 범하지 않은 것처럼 보이고, 오히려 정당하고 바른 것같이 보입니다. 그러나 과연 그럴까요? 부여 금와왕의 부인(왕후)이 자기 소실이 아닌 주몽을 미워하여 제천의식인 영고에 불참한 주몽을 비난할 때, 금와왕이 "당신 말은 잘못된 것이 없지만, 당신 마음이 잘못되었다."라고 말한 것과 같습니다(드라마 '주몽'의 대사 중에서). 그들은 경건의 모양을 갖추고 열심히 마치 경건한 것처럼 사람들에게 보이려 애쓰지만, 실상 경건의 능력은 없는 사람들이었습니다. 그것은 곧 외식과 위선입니다. 그것은 하나님 중심이 아닌, 자기중심입니다. 비록 안식일

---

302) 자세한 내용은 D. A. Carson, 34를 보시기 바람.

303) *Comm.* John 3:16, The word only-begotten is emphatic, to magnify the fervor of the love of God towards us. For as men are not easily convinced that God loves them, in order to remove all doubt, he has expressly stated that we are so very dear to God that, on our account, he did not even spare his only-begotten Son.

이라고 하더라도 38년 동안 죄와 질병으로 고통당하던 삶에서 해방된 기쁨으로 자리를 들고 걸어가게 한 일은, 당연히 해야 할 일이고 다 함께 기뻐하고 축하해 주어야 할 일입니다. 조금만 생각해도 그 일은 하나님께서 책망하시거나 심판하실 일이 될 수 없습니다.

예수님은 그런 유대인들을 향하여 "내 아버지께서 이제까지 일하시니 나도 일한다."라고 대답하셨습니다. 그 말씀의 뜻은 안식일을 지키지 않아도 된다거나 안식일에 일해도 된다는 뜻이 아닙니다. 그렇게 해석한다면 그것은 자기중심적이라고 말할 수 있습니다. 예수님은 다만 신앙의 본질을 놓쳐버리고 자기중심적으로 신앙생활을 함으로써 외식과 위선에 빠진 잘못을 지적하신 것입니다. 신앙생활에서 중요한 것은 내가 무엇을 얼마나 많이 그리고 크게 행했느냐가 아니라, 하나님께서 진정으로 원하시는 뜻이 무엇인지를 알고 하나님의 마음을 가지는 것이 더 중요합니다. 그것과 상관없이 자기중심으로 한 일들은, 신앙의 외적인 형식이나 의식을 아무리 잘 지킨다고 하더라도, 그것은 신앙에 있어서 아무 의미가 없습니다.

예수님께서 '하나님께서 일하시니 자신도 일하신다.'라고 말씀하신 의도는 안식일에 일해도 된다는 데 있지 않고, 예수님의 신성과 관계가 됩니다.[304] 그것은 요 5:18의 유대인들의 반응에서도 확인할 수 있습니다. 왜냐하면, 예수님의 말씀은 유대인들이 이해한 바와 같이 '하나님을 자기의 친아버지라 하여 자기를 하나님과 동등으로 삼으심'이었기 때문입니다.

요 5:29은 행위 구원을 뜻할까요?

요 5:29 선한 일을 행한 자는 생명의 부활로, 악한 일을 행한 자는 심판의 부활로 나오리라.

마 19:17에서 예수님은 선한 이는 오직 하나님 한 분이시라고 말씀하셨습니다. 그 말씀은 하나님을 떠나서는 참된 선이 있을 수 없다는 뜻입니다. 본문의 선한 일은 바로 이런 의미에서 해석해야 합니다. 이런 의미에서 선한 일을 행한 자는 당연히 생명의 부활로 나옵니다. 본문에서 선한 일을 행한 자와 악한 일을 행한 자는 사실상 신자와 불신자에 대한 별칭이라고 말할 수 있습니다.[305]

천주교는 이 말씀에서 영생은 선행에 대한 보상이라고 유추하지만, 본문은 구원의 원

---

304) *Comm.* John 5:17, What he now claims for himself belongs to his Divinity,
305) 이상근, 『요한복음』 (서울: 예장총회교육부, 1970), 121.

인을 논하고 있는 것이 아니라 다만 택자와 버림받은 자를 구분하고 있을 뿐입니다.306) 물론 심판은 행위에 기초하지만, 그것이 구원이 행위에 기초한다는 뜻은 아닙니다. 진정으로 구원받은 사람은 그의 행위로 그 열매를 맺게 되어 있기 때문입니다.

예수님께서 자신에 대하여 증거하시면 그 증거는 참되지 아니할까요?

요 5:31 내가 만일 나를 위하여 증거하면 내 증거는 참되지 아니하되

문자적으로 그렇게 해석할 수도 있습니다. 그러나 그렇게 해석할 수 없는 것은 예수님께서 '내가 나를 위하여 증거하여도 내 증거가 참되니, 나는 내가 어디서 오며 어디로 가는 것을 앎이거니와 너희는 내가 어디서 오며 어디로 가는 것을 알지 못하느니라.'라고(요 8:14) 말씀하셨기 때문입니다.

그렇다면 이 말씀의 뜻은 무엇일까요? 법정에서는 두세 사람의 증인들에 의한 증거만이 참되다고 간주하였습니다(신 19:15). 따라서 예수님의 말씀은 자기 자신을 증거하는 것은 법정적으로는 참되다고 간주할 수 없다는 의미가 됩니다. 예수님은 요 5:32에서 '나를 위하여 증거하시는 이가 따로 있으니 나를 위하여 증거하시는 그 증거가 참인 줄 아노라.'라고 말씀하심으로써 하나님께서 예수님을 증거하시기 때문에 그 증거는 참되다고 말씀합니다. 이 세상에서 자기 자신을 올바로 증거하는 사람은 아무도 없으므로 예수님께서 이러한 인간의 수준으로 자신을 낮추시는 것이 부당하지만, 원수들을 설득시키기 위하여 자신의 권리를 보류하시고 그렇게 말씀하신 것입니다.307)

또한, 요 5:33~34에서 '너희가 요한에게 사람을 보내매 요한이 진리에 대하여 증거하였느니라. 그러나 나는 사람에게서 증거를 취하지 아니하노라. 다만 이 말을 하는 것은 너희로 구원을 얻게 하려 함이니라.'라고 말씀하심으로써 예수님께서는 법정적으로 참된 증거가 되기 위해 사람들에게서 증거를 취할 필요가 없음을 밝히셨습니다. 왜냐하면, 우리가 구원받는 것이 예수님에 대한 사람들의 증거에 좌우되는 것이 아니라 오직 예수님께 달려 있기 때문입니다.

---

306) *Comm.* John 5:29, The inference which the Papists draw from those passages - that eternal life is suspended on the merits of works - may be refuted without any difficulty. For Christ does not now treat of the cause of salvation, but merely distinguishes the elect from the reprobate by their own mark; and he does so in order to invite and exhort his own people to a holy and blameless life.

307) *Comm.* John 5:31, Now we know that what any man asserts about himself is not reckoned to be true and authentic, although in other respects he speak truth, because no man is a competent witness in his own cause. Though it would be unjust to reduce the Son of God to this rank, yet he prefers to surrender his right, that he may convince his enemies by the authority of God.

예수님께서 그리스도이신 증거는 무엇일까요?

요 5:36 내게는 요한의 증거보다 더 큰 증거가 있으니 아버지께서 내게 주사 이루게 하시
는 역사 곧 나의 하는 그 역사가 아버지께서 나를 보내신 것을 나를 위하여 증거
하는 것이요

예수님께서 기적들을 행하신 것일까요? 물론 예수님은 많은 기적을 행하셨습니다. 예수님께서 행하신 기적들은 예수님의 구세주 되신 표적임이 틀림없습니다. 비록 유대인들은 그 표적들을 보고도 믿지 않았지만, 예수님은 기적을 행하셨고, 그 기적들이 예수님께서 구세주이심을 보여주는 표적임에는 분명합니다. 그러나 그것이 예수님께서 구세주이심을 나타내는 결정적인 증거는 아닙니다.

그러면 무엇이 예수님께서 구세주이심을 나타내는 결정적인 증거가 될 수 있을까요? 예수님은 자기 뜻대로가 아니라 하나님의 뜻대로 행하신다는 사실과 예수님 자신이 아니라 하나님께서 예수님을 증거하신다는 사실로 예수님께서 그리스도이심을 증거하셨습니다. 예수님께서 행하신 기적들도 예수님의 구세주 되심을 증거하고, 세례자 요한이 예수님을 구세주로 증거한 것도 참되며, 성경도 예수님의 구세주 되심을 증거합니다(요 5:39). 그러나 이 모든 증거보다 더 참된 증거는 하나님의 증거입니다(요 5:31~32). 그러나 이 모든 증거보다 더 큰 증거는 예수님께서 아무것도 예수님 마음대로 하시지 않고 예수님을 보내신 하나님의 뜻대로 행하신 것입니다.

그런데도 예수님께서 하나님의 뜻대로 사신 것이 예수님의 구세주 되심의 증거라는 것에 대해서는 크게 생각하지 않는 경향이 있습니다. 그러나 오늘 본문은 오히려 이것이 더욱 크고 참된 증거라고 예수님께서 친히 말씀하셨습니다. 안식일에 38년 된 병자를 고치신 예수님을 향하여 왜 안식일에 해서는 안 되는 일을 했느냐고 시비하는 유대인들을 향하여 예수님은 '안식일을 지키라고 하신 하나님께서 안식일에 일하시니 나도 일하는 것이 당연하다.'라고 대답하셨습니다. 한 마디로 하나님께서 원하시기 때문에 그렇게 하셨다는 뜻입니다. 예수님은 자기의 뜻에 따라 그렇게 하신 것이 아니라 하나님께서 그렇게 하라고 보내셨기 때문에 그렇게 하셨다는 것입니다. 예수님은 아무것도 스스로 할 수 없고 자기를 보내신 하나님께서 시키시는 대로 하신다고 말씀하셨습니다. 자기 자신이 원하는 대로 하지 않고 자신을 보내신 하나님의 뜻대로 행하니 하나님께서 보내신 자, 구세주가 아니냐고 반문하십니다.

예수님은 사탄의 시험을 모두 하나님의 말씀으로, 곧 하나님의 뜻대로 물리치심으로 써(마 4:1~10) 자신이 그리스도이심을 보여주셨습니다. 예수님은 하나님의 뜻대로 십자가에 돌아가심으로써 자신이 구세주이심을 보여주셨습니다. 이것이 기독교가 다른 종교와 다른 본질적인 특징입니다.

우리가 예수님을 믿는다는 증거도 마찬가지입니다. 외적인 신앙고백이나 주의 이름으로 선지자 노릇을 하는 것이나 주의 이름으로 귀신을 쫓아내는 것이나 주의 이름으로 많은 권능을 행하는 것이 아니라, 다만 하나님의 뜻대로 행하는 것입니다(마 7:21~23). 이 것이 우리가 구원을 받았고 예수님을 믿는다는 가장 확실한 증거입니다.

예수님을 믿지 못하는 이유가 무엇일까요?

요 5:44 너희가 서로 영광을 취하고 유일하신 하나님에게서 오는 영광은 구하지 아니하니 어찌 나를 믿을 수 있느냐?

예수님께서 행하신 기적들은 예수님께서 구세주시라는 것을 증거하기에 충분합니다. 유대인들이 존경해 마지않았던 세례자 요한의 증거는 예수님께서 구세주시라는 것을 증거하기에 충분합니다. 예수님께서 자신의 원대로 하시지 않고 하나님 뜻대로 행하신 일 또한 예수님께서 구세주시라는 것을 증거하기에 충분합니다. 유대인들이 하나님의 말씀으로 믿고 연구하고 묵상하고 암송하면서 삶의 기준으로 삼았던 구약성경의 예언과 일치하는 예수님의 사역 등은 예수님께서 구세주시라는 것을 증거하기에 충분합니다. 그뿐만 아니라 하나님께서 직접 친히 증거하시기까지 하셨습니다(요 5:37~38, 마 3:16~17, 마 17:1~5, 요 12:27~28).

그런데 왜 못 믿을까요? 예수님께서 '너희가 서로 영광을 취하고 유일하신 하나님에게서 오는 영광은 구하지 아니하니 어찌 나를 믿을 수 있느냐?'라고 반문하십니다. 서로 자기의 영광을 얻으려고 했기 때문에 많은 증거에도 불구하고 예수님을 배척했습니다. 서로 자기의 욕심을 채우려고 했기 때문에 넘쳐나는 충분한 증거에도 불구하고 예수님을 배척했습니다. 그들은 자기들끼리 영광 받는 것을 기뻐했기 때문에 성경을 철저하게 연구했음에도 불구하고 성경이 증거하는 예수님을 배척했습니다.

사람들은 자진해서 엄청난 대가를 치르면서까지도 종교적 행위를 합니다. 그런데 문제가 무엇입니까? 자기만족, 자기영광, 자기욕망에 불과합니다. 아무리 대단한 대가를 치르고 열심을 다하며 수고를 아끼지 않는다고 하더라도, 인간의 종교적 욕망을 충족시키고 자신들의 영광을 구하는 것이라면 그것은 결국 하나님을 배척하게 되어 있습니다. 자신들이 영광을 얻을 수 있다고 판단이 되면 이렇게도 할 수 있고 저렇게도 할 수 있는 자들은 예수님을 믿을 수 없습니다. 정치적인 것이든 경제적인 것이든, 사교적인 것이든 종교적 만족이든 어떤 형태로든지, 얻는 유익이 있으므로 신앙생활 하는 사람들은 아무 유익도 없게 될 때 신앙을 버리게 됩니다. 세상의 영광에 대한 허영으로 마음이 들떠 있는 사람들에게는 믿음의 문이 닫혀 있고, 세상에서 무엇이 되고자 하는 자는 허영에 들떠 방황할 수밖에 없으므로 하나님을 향하여 움직일 수 없습니다.[308] 따라서 신앙생활에 있어서 가장 큰 싸움은 다름 아닌 자기영광, 자기욕심입니다. 이것을 포기해야 비로소 예수님 앞으로 나아올 수 있습니다.

오병이어의 표적은 그 의도가 무엇일까요?

요 6:1~15

오병이어의 도시락을 가져온 소년의 헌신을 가르치려는 것일까요? 그런 설교가 가장 많지는 않을까요? 그렇다면 참으로 안타까운 일이지만, 왜 그럴까요? 성도들의 헌신을 끌어내는 데 유용하기 때문이 아닐까요? 혹자는 그렇다면 좋은 것이 아니냐고 반문할 수도 있습니다. 그러나 적어도 성경의 의도를 떠난 해석은 죄악입니다.

오병이어의 표적 기사는 4복음서에 모두 나옵니다. 그런데 마태복음(14:17)이나 마가복음(6:38)이나 누가복음(9:13)에는 소년에 대한 언급이 전혀 없고 떡 다섯 개와 물고기 두 마리에 대한 언급만 있고, 오직 요한복음에만 소년이 등장하지만, 그렇다고 소년의 행위가 강조된 것은 없습니다.[309] 오병이어의 출처를 말하기 위하여 요 6:9의 전반절이 할애되었을 뿐이며, 오병이어의 표적 내내 예수님은 이 소년에 대하여 전혀 아무 말씀도 하지 않으셨습니다.[310] 그것이 무엇을 뜻할까요? 성경은 이 소년의 행위에 대하여 아무 관심도 없다는 것을 뜻합니다.

---

308) *Comm.* John 5:44, This is a remarkable passage, which teaches that the gate of faith is shut against all whose hearts are preoccupied by a vain desire of earthly glory. For he who wishes to be somebody in the world must become wandering and unsteady, so that he will have no inclination towards God.

309) 윤석준, 『한국 교회가 잘못 알고 있는 101가지 성경 이야기 (1)』, 111.

310) 윤석준, 『한국 교회가 잘못 알고 있는 101가지 성경 이야기 (1)』, 111~112.

그러면 이 본문의 의도는 무엇일까요? 요 6:22 이후를 보면 쉽고 분명하게 알 수 있습니다. 예수님은 이튿날 몰려온 사람들을 보시고 그들이 몰려온 까닭은 표적을 본 까닭이 아니라 떡을 먹고 배부른 까닭이라고 지적하셨습니다. 물론 몰려온 사람들이 표적을 생각하지 못한 것은 아닙니다. 예수님께서 이적을 행하심을 보고 예수님이 메시아가 아닐까 생각했습니다. 문제는 그 표적을 먹는 것, 이 세상에서 먹고사는 것으로 연결한 것이었습니다. 하나님 나라를 바라보지 않고 이 세상에서의 안락한 삶만 추구하는 사람들은 하나님의 기적이 다만 자신들의 배를 채우는 데 얼마나 유용하냐에 관심을 가집니다. 예수님은 그것을 지적하신 것입니다. 오병이어는 예수님이 어떤 분이신지를 보여주는 표적이었지만 사람들은 그것에는 관심도 없고 알지도 못했습니다.

예수님은 자신을 생명의 떡이라고 말씀하셨습니다(요 6:35, 51). 예수님께서 오병이어의 기적을 행하신 때는 하나님께서 이스라엘을 애굽으로부터 구원해주신 것을 기념하는 유월절 무렵이었습니다. 예수님은 우리를 죄에서 구원하시기 위하여, 십자가에 돌아가시기 위하여, 유월절 어린양으로 오셨습니다. 유월절을 앞두고 오병이어의 기적을 행하신 것은 바로 이 사실을 보여주시기 위함이었습니다.

그리고 예수님은 산에서 오병이어의 표적을 행하셨습니다. 그것은 모세가 시내산에 올라 하나님의 언약을 받은 것을 연상시킵니다. 그곳은 빈들이기도 했습니다(마 14:13). 그것은 광야를 연상시킵니다. 광야는 하나님의 은혜가 아니면 살 수 없는 곳입니다. 하나님은 만나와 메추라기로 그들을 먹이시고 구름기둥과 불기둥으로 지키시고 인도하셨습니다.

오병이어의 표적은 유월절과 모세의 시내산 경험과 이스라엘 백성의 광야 경험을 함께 연상시키는 사건입니다. 예수님은 오병이어 표적을 통하여 단지 우리의 먹고사는 문제의 해결자로서의 구세주가 아니라 그 이상의 구세주이심을 보여주시기를 원하셨습니다(요 6:26~55). 성경은 이 사건이 다만 일용할 양식에 관한 문제가 아니라 예수님께서 우리를 위하여 속죄양 되심, 그가 장차 우리를 위하여 십자가에 돌아가실 것에 대한 상징임을 밝히고 있습니다. 오병이어는 광야의 만나 사건의 재현입니다. 그리고 그 뜻은 신 8:3의 '또 너도 알지 못하며 네 열조도 알지 못하던 만나를 네게 먹이신 것은 사람이 떡으로만 사는 것이 아니요, 여호와의 입에서 나오는 모든 말씀으로 사는 줄을 너로 알게 하려 하심이니라.'와 동일하게, 요 6:27의 '썩는 양식을 위하여 일하지 말고 영생하도록 있는 양식을 위해서 하라.'라는 말씀으로 재현되었습니다.

‘내니 두려워 말라.’라는 예수님의 말씀의 뜻은 무엇일까요?

요 6:16 저물매 제자들이 바다에 내려가서

　　17 배를 타고 바다를 건너 가버나움으로 가는데 이미 어두웠고 예수는 아직 저희에게
　　　　오시지 아니하셨더니

　　18 큰바람이 불어 파도가 일어나더라.

　　19 제자들이 노를 저어 십여 리쯤 가다가 예수께서 바다 위로 걸어 배에 가까이 오심
　　　　을 보고 두려워하거늘

　　20 가라사대, 내니 두려워 말라 하신대

‘내니 두려워 말라.’는 ‘Ἐγώ εἰμι, μὴ φοβεῖσθε’를 번역한 것으로, ‘ἐγώ εἰμι’는 예수님
께서 즐겨 자신을 그렇게 표현하셨습니다.

　　요 4:25 여자가 가로되, 메시아 곧 그리스도라 하는 이가 오실 줄을 내가 아노니 그가 오시
　　면 모든 것을 우리에게 고하시리이다.

　　26 예수께서 이르시되, 네게 말하는 내가 그로라 하시니라.

　　요 13:19 지금부터 일이 이루기 전에 미리 너희에게 이름은, 일을 이룰 때 내가 그인 줄 너
　　희로 믿게 하려 함이로라.

이 표현은 하나님께서 모세에게 계시하신 하나님의 이름입니다.

　　출 3:14 하나님이 모세에게 이르시되, 나는 스스로 있는 자니라. 또 이르시되, 너는 이스라엘
　　자손에게 이같이 이르기를 스스로 있는 자가 나를 너희에게 보내셨다 하라.

예수님은 제자들에게 자신이 어떤 존재인지를 분명하게 말씀하셨습니다. ‘나는 세상
임금보다 크니 두려워 말라.’라고 말씀하셨습니다. 예수님은 자신이 하나님의 아들, 곧
하나님이니 두려워 말라고 말씀하신 것입니다.

어떻게 하여야 하나님의 일을 할 수 있을까요?

요 6:28 저희가 묻되, 우리가 어떻게 하여야 하나님의 일을 하오리이까?

29 예수께서 대답하여 가라사대, 하나님의 보내신 자를 믿는 것이 하나님의 일이니라 하시니

당시 유대인들은 바리새인처럼 종교의식을 본업으로 하는 사람들은 당연히 하나님의 일을 하지만, 그렇지 않은 사람들은 어떻게 하여야 하나님의 일을 할 수 있을까 난감했습니다. 지금 우리식으로 말하면 목사나 신학교 교수나 선교사는 당연히 하나님의 일을 하지만, 종일 직장에서 일하거나 아니면 종일 집에서 애 키우고 밥하고 빨래하고 청소하는 사람들은 무엇으로 어떻게 하나님의 일을 할 수 있을까 하는 문제입니다. 이러한 생각은 하나님의 일은 성경을 연구하거나 성경을 가르치고 설교하거나 전도하거나 교회의 일을 하는 것이라는 것을 전제합니다.

여기에 대하여 예수님은 하나님이 보내신 자를 믿는 것이 하나님의 일이라고 말씀하셨습니다. 설교하고 심방하며 전도하고 봉사하는 것은 하나님의 일이고, 집에서 밥하고 빨래하는 것과 직장에서 일하는 것과 학교에서 공부하는 것은 하나님의 일이 아니라고 구별하는 것은 잘못된 것입니다. 하나님의 일이냐 아니냐의 구별은 하는 일 자체가 아니라 믿음으로 했느냐 믿음과 상관없이 했느냐에 의해서 구별되어야 합니다. 설교하고 심방하며 전도하고 봉사하는 것도 믿음으로 하지 못하면 하나님의 일이 될 수 없지만, 집에서 밥하고 빨래하는 것과 직장에서 일하는 것과 학교에서 공부하는 것도 믿음으로 하면 하나님의 일이 됩니다.

내가 주인이 되어서 내 뜻, 내 욕심으로 하는 일이라면 그 일이 무슨 일이든지, 그 일이 아무리 세속적으로 위대하고 큰 희생을 했다 하더라도 그것은 다 하나님의 일이 아닙니다. 평생 노력한다고 하더라도 그리스도를 믿는 믿음이 생애를 지배하지 않는다면 헛된 일에 분주할 뿐입니다.[311] 그러나 아무리 하찮아 보이고 사소한 일이라도 하나님의 뜻에 따라 믿음으로 하는 일이라면, 그것은 헛되지 않으며 하나님의 일이 됩니다. 그러므로 무슨 명분 있는 특별한 일을 하려고 하지 말고, 자신이 처한 형편과 처지에 따라서 자신에게 주어진 일상의 사소한 일 속에서 하나님의 뜻을 추구해야 합니다. 왜냐하면, 그것이 하나님의 일이기 때문입니다.

---

311) *Comm.* John 6:29, This is a remarkable passage, showing that, though men torment themselves wretchedly throughout their whole life, still they lose their pains, if they have not faith in Christ as the rule of their life.

예수님께서 초막절에 올라가시되 비밀히 하신 이유가 무엇일까요?

요 7:1~10

예수님의 형제들이 예수님께 무슨 일을 하려면 자신을 세상에 알려야 되지 않겠느냐고 충고합니다. 예수님의 형제들이 예수님께 '자신을 세상에 나타내소서.'라고 충고하는 것은 인간적으로 매우 당연한 일입니다. 특별히 유대 모든 남자가 의무적으로 예루살렘으로 모이는 초막절이니 이런 절호의 기회에 자신을 나타내는 것이 좋지 않겠느냐고 충고하는 것은 세속적으로 틀리지 않았습니다.

그런데 성경은 여기에 대하여 '예수를 믿지 아니함이러라.'라고 판단합니다(요 7:5). 우리는 여기에서 세속적인 삶과 신앙생활은 전혀 다르다고 하는 것을 분명하게 짚고 넘어가야 합니다. 그것이 예수님께서 형제들의 충고를 거절하신 이유였습니다.

그런데 결과적으로는 예수님께서 예루살렘에 올라가셨습니다. 그 이유가 무엇일까요? 요한복음 2장에서도 이와 비슷한 경우가 나옵니다. 가나의 혼인 잔치에서 포도주가 떨어졌을 때 마리아가 예수님께 해결해달라고 부탁했을 때도, 예수님은 처음에는 거절하셨지만, 나중에는 결국 물로 포도주를 만드셨습니다. 왜 예수님은 처음에는 사람들의 요구를 거절하시다가 결국 사람들의 요구대로 행동하셨을까요?

광야에서 사탄이 예수님을 유혹할 때도, 마리아가 떨어진 포도주 문제를 해결해 달라고 부탁했을 때도, 예수님의 형제들이 초막절에 많은 사람이 모이는 예루살렘에 올라가 예수님 자신을 나타내라고 충고할 때도 예수님은 모두 거절하셨으나, 적어도 겉으로 보기에는, 그러나 결국은 그대로 하신 것같이 보입니다. 오병이어의 기적, 물로 포도주를 만드신 일, 초막절에 예루살렘에 올라가신 일 모두가 그렇게 보입니다. 그러나 사실은 전혀 다릅니다. 겉으로는 같아 보이는 행동이지만 그 동기와 이유와 의도와 목적은 전혀 다릅니다. 예수님은 인간의 일을 이루기 위한 인간의 욕구보다는 하나님의 일을 이루시기 위해 오신, 하나님의 종으로서의 삶에 충실하신 것입니다.

사탄의 시험도, 마리아의 요구도, 유대 군중들이 예수님을 임금 삼으려는 것도, 예수님 형제들의 충고도 모두 세속적인 필요와 욕망에 기인한 것입니다. 아무리 대단한 종교의식의 형태를 갖추었다고 하더라도, 감히 흉내를 낼 수 없을 만큼 열심과 희생을 다 한다고 할지라도, 거기에 자신을 나타내고 세속적인 욕망을 충족시키려는 목적과 의도가 있다면 그것은 한 마디로 '믿지 아니함이러라.'입니다. 가장 기독교적이고 가장 그럴듯한 성경적인 신앙의 탈을 쓰고도 그 속에서도 우리는 이 세상사는 동안 한순간도 방심할 수 없을 만큼, 항상 하나님 대신 '인간, 나'를 나타내려는 사탄의 유혹과 육체의 욕구와 세상의 충고를 받으며 삽니다. 하나님을 나타내려는 의도와 목적과 동기와 이유가 아니라면 그것이 아무리 멋있어 보이고 필요하고 중요해 보이더라도 과감하게 포기하는 것이 신앙입니다. 반면 하나님을 나타내려는 의도와 목적과 동기와 이유라면 모두가 반대하고 비난하고 오해하더라도 결단코 포기하지 말고 끝까지 밀고 나가는 것이 신앙입니다.

유대 종교지도자들이 예수님을 죽이려는 이유가 무엇이었을까요?

요 7:16~19

그들이 예수님을 죽이려 했던 이유는 예수님께서 율법을 어긴다는 것이었습니다. 무엇을 가지고 그렇게 판단했습니까? 예수님께서 안식일에 병자들을 고쳐주신 것을 가지고 그렇게 판단했습니다. 베다스다 연못가에 누워있었던 38년 된 병자를 고치신 것도 안식일이요(요 5:1~18), 소경의 눈을 뜨게 하신 것도 안식일이요(요 9:14), 오른손 마른 사람을 고쳐주신 것도 안식일입니다. 그런 까닭에 유대 종교지도자들은 당연히 예수님께서 안식일을 범한다고 판단할 수밖에 없었습니다.

그러나 예수님은, 율법을 폐하지 아니하려고 사람이 안식일에도 할례를 받는 일이 있다는 구체적인 예를 들면서, 안식일에 사람의 전신을 건전케 한 것으로 율법을 어겼다고 주장하는 것은 잘못이라고 분명하게 지적하셨습니다(요 7:22~23). 예수님은 또한 유대 종교지도자들의 판단과 행동에 대하여 그들이 오히려 율법을 지키는 자가 없다고 말씀하셨습니다(요 7:19).

그렇다면 유대 종교지도자들이 예수님께서 안식일을 어겼다고 몰아붙였던 의도가 무엇이었을까요? 겉으로 내세우는 이유와 명분은 의도와 다를 수 있습니다. 그들은 겉으로는 율법을 지키고 하나님을 경외하는 것을 이유와 명분으로 내세웠지만, 그들의 의도는 거기에 있는 것이 아니었습니다. 그들의 숨은 의도는 무엇이었습니까? 안식일을 어기고 하나님을 모독한다는 이유와 명분을 들어, 자신들의 입지를 점점 어렵게 만드는 예수님을 제거하려는 것이었습니다. 유대 지도자들이 율법을 지킨 것은 율법의 정신과는 무관하게 단순히 형식을 지키는 데 불과했기 때문에, 그 결과 사소한 것은 중요하게 여기고 실제로 중요한 것은 놓쳤습니다. 그들은 외모로 판단했고, 그것은 형식, 겉치레, 더 나아가 외식 또는 위선에 불과했습니다.

공정하고 진지하게 심사숙고하지 않고 피상적으로 눈에 보이는 외적인 형식에 따라 판단하면, 예수님께서 율법을 어기시고 하나님을 모독하신 것처럼 보였습니다. 그러나 율법을 솔직하게 직시하고 율법이 참으로 무엇을 요구하는지를 안다면 그렇게 판단할 수 없었습니다. 예수님은 자신이 행하시고 가르치신 것은 참되니, 그 속에 불의가 없다고 말씀하셨습니다. 그 이유가 무엇입니까? 자신의 영광이 아니라 하나님의 영광을 구하시기 때문이라고 말씀하셨습니다. 반대로 유대 종교지도자들은 율법을 자신의 영광을 위하여 쓸 줄밖에는 모르는 자들이었기 때문에 불의할 수밖에 없었고, 외적으로는 율법을 잘 지키는 것 같았지만 율법의 정신을 어겼기 때문에 결국은 율법을 어긴 것이었습니다.

예수님께서 자신을 '하나님과 하나다.', '하나님의 아들'이라고 하신 의미가 시 82:6의 '너희는 신들'이라는 말과 같은 뜻일까요?

요 10:30~36

유대인의 재판관들을 신들이라고 불렀다면 예수님이 하나님과 하나라든가 하나님의 아들이라고 하는 것도 잘못된 것이 아니라는 뜻일까요? 그렇다면 예수님은 재판관들(다른 사람들)과 별 차이가 없다는 말이 됩니다. 아니면 그리스도인들은 예수님처럼 될 수 있다는 말도 됩니다.

과연 그럴까요? 예수님께서 시 82:6을 인용하신 것은 유대 종교지도자들이 예수님을 사람으로만 보았기 때문이지, 그들이 참으로 신들이기 때문에 그렇게 말씀하신 것은 아닙니다.[312] 예수님은 다른 사람들과 마찬가지의 인간이시라는 것을 말씀하시기 위해서 시 82:6을 인용하신 것이 아니라, 자신이 하나님의 아들로서 참하나님 되신 사실을 저들로 깨닫게 하시려고 그렇게 말씀하신 것입니다.[313]

본문을 근거로 그리스도는 본체적으로는 하나님이 아니며 다만 일종의 부차적인 신성

312) 서춘웅, 『성경 난제 해설·신약』 재판, 383.
313) 서춘웅, 『성경 난제 해설·신약』 재판), 383.

(神性)을 소유하고 있을 뿐이라고 주장하는(아리안 학파) 것은 본문을 왜곡한 것입니다.[314] 왜냐하면, 그리스도께서는 자기 본체를 말씀하고 계신 것이 아니라, 그의 원수들의 비방과 중상을 논박하는 데 화제의 초점을 두고, 인간의 육신을 입고 행하신 그의 표적으로부터 우리가 알아보아야 할 그분의 신분을 두고 말씀하신 것이기 때문입니다.[315]

요 10:34은 인간이 신이 될 수 있다는 뜻일까요?

요 10:34 예수께서 이르시되 너희 율법에 기록된바 내가 너희를 신이라 하였노라 하지 아니하였느냐?

이 구절을 보면, 언뜻 '예수님께서 우리를 신이라 하셨다.'라는 것처럼 보입니다. 과연 그럴까요? 이 구절은 예수님께서 시 82:6을 인용하신 것입니다. 그러면 이 시편 구절을 인용하신 의도는 무엇이었을까요? 예수님께서 '나와 아버지는 하나이니라.'(요 10:30)라고 말씀하시자, 그 말씀을 신성모독이라고 받아들인 유대인들은 예수님을 돌로 치려고 했습니다. 그러자 예수님은 '율법에 무엇이라 기록되었느냐?'라고 반문하시면서 시 82:6의 말씀을 인용하신 것입니다.

시 82편은 재판관들이 자신들에게 주어진 막대한 신적인 권력을 가지고 가난한 자와 고아들을 돌보는 데 사용하지 않고 오히려 사리사욕에 눈이 먼 것에 대한 경고와 심판의 선언이었습니다. 예수님은 유대인들을 향해 너희가 '신'이라고 주변 사람들로부터 불림을 받는데 어찌하여 내가 아버지와 하나라고 한 말의 뜻을 알아듣지 못하고 나를 죽이려고 하느냐고 반문하셨습니다. 그렇다면 본문은 인간이 신이 될 수 있다는 뜻이 아니라, '신들'이라고 불리는 유대인들이 어찌 '참신'이신 예수님을 알아보지 못하느냐는 뜻이 됩니다.

'사랑'의 뜻이 무엇일까요?

요 11:3 이에 그 누이들이 예수께 사람을 보내어 가로되, 주여 보시옵소서. 사랑하시는 자

---

314) *Comm.* John 10:36, The Arians anciently tortured this passage to prove that Christ is not God by nature, but that he possesses a kind of borrowed Divinity.

315) *Comm.* John 10:36, But this error is easily refuted, for Christ does not now argue what he is in himself, but what we ought to acknowledge him to be, from his miracles in human flesh. For we can never comprehend his eternal Divinity, unless we embrace him as a Redeemer, so far as the Father hath exhibited him to us. Besides, we ought to remember what I have formerly suggested, that Christ does not, in this passage, explain fully and distinctly what he is, as he would have done among his disciples; but that he rather dwells on refuting the slander of his enemies.

가 병들었나이다 하니

요 13:1 유월절 전에 예수께서 자기가 세상을 떠나 아버지께로 돌아가실 때가 이른 줄 아시고 세상에 있는 자기 사람들을 사랑하시되 끝까지 사랑하시니라.

요 13:23 예수의 제자 중 하나 곧 그의 사랑하시는 자가 예수의 품에 의지하여 누웠는지라.

예수님께서 나사로를 사랑하셨고 자기 사람들을 사랑하시되 끝까지 사랑하셨으며 제자 중 하나를 사랑하셨는데, 성경은 그 '사랑'이라는 단어를 부자 청년에게도 사용했습니다(막 10:21). 그렇다면 동일한 단어를 사용했으니 같은 의미일까요? 부자 청년의 경우는 일반적인 의미에서 사랑이라고 말하기는 어렵고, '애석하게 여긴다.', '애처롭게 여긴다.'라는 정도의 뜻이 아닐까요?[316] 또 다른 경우를 보겠습니다.

마 19:19 네 부모를 공경하라, 네 이웃을 네 몸과 같이 사랑하라 하신 것이니라.

사 48:14 너희는 다 모여 들으라. 나 여호와의 사랑하는 자가 나의 뜻을 바벨론에 행하리니 그의 팔이 갈대아인에게 임할 것이라. 그들 중에 누가 이 일을 예언하였느뇨?

여기에서도 사랑이라는 동일한 단어를 사용했지만, 같은 의미는 아니라는 것을 쉽게 알 수 있습니다. 나사로를 사랑하시듯이 바벨론을 심판할 메대바사 왕국의 고레스 왕을 하나님께서 사랑하시거나, 우리가 이웃을 사랑해야 하듯이 사랑하신 것이 아니라, 이스라엘의 원수 바벨론을 멸망시키는 수고를 보고 그런 표현을 사용한 것입니다.[317] 성경은 자기 사랑에 대해서도 상반된 표현을 사용합니다.

엡 5:28 이와 같이 남편들도 자기 아내 사랑하기를 제 몸같이 할지니 자기 아내를 사랑하는 자는 자기를 사랑하는 것이라.

딤후 3:2 사람은 자기를 사랑하며 돈을 사랑하며 자긍하며 교만하며 훼방하며 부모를 거역하며 감사치 아니하며 거룩하지 아니하며

---

316) 박희천, 『손 더듬이 성경 해석학-성경이 성경을 해석한다』, 302.
317) 박희천, 『손 더듬이 성경 해석학-성경이 성경을 해석한다』, 303.

엡 5:28에서는 긍정적으로, 딤후 3:2에서는 부정적으로 말합니다. 같은 단어라고 하더라도 문맥에 따라서 전혀 다른 의미, 정반대의 의미로 사용되기도 합니다.

예수님께서 제자들의 발을 씻기신 것은 겸손하라는 뜻일까요?[318]

요 13:8~14

이 말씀은 많은 경우 예수님의 겸손이나 섬김, 봉사 정도로 해석합니다. 이 말씀이 예수님의 겸손이나 섬김, 봉사 정도를 말하는 것이라면, 요 13:9에서 예수님께서 베드로에게 '내가 너를 씻기지 아니하면 네가 나와 상관이 없느니라.'라고까지 말씀하실 수는 없습니다. 이 말씀은 예수님의 겸손이나 섬김, 봉사 정도보다 훨씬 크고 깊은 의미를 내포하고 있습니다. 예수님께서 베드로의 발을 씻기지 않는다면 예수님과 상관이 없다고 말씀하시자 베드로가 자기 발뿐만 아니라 손과 머리도 씻겨달라고 말합니다. 그러자 예수님은 이미 목욕한 자는 온몸이 깨끗하기 때문에 발만 씻으면 된다고 말씀합니다. 그리고 제자 중에는 목욕하지 않은 자, 온몸이 깨끗하지 않은 자가 있다고 말씀합니다. 그러므로 이 말씀은 예수님의 겸손이나 섬김, 봉사 정도보다 훨씬 크고 깊은 구원과 성화의 의미를 내포하고 있다고 보아야 합니다.

이 말씀을 이해하기 위해서는 구약의 제사에 대하여 이해할 필요가 있습니다. 구약시대의 성전을 보면 단에서 제사를 드리고 성소로 나아가는데, 그 사이에 세숫대야가 있었습니다. 성소는 거룩하신 하나님께서 임재하신 곳이기 때문에 제물로 깨끗해진 자들만이 들어갈 수 있었습니다. 그래서 제단에서 제물이 될 짐승에게 죄를 전가하고 짐승이 대신하여 죽음으로써 깨끗하게 된 후에야 성소에 들어갈 수 있었습니다. 그런데, 그 사이에 세숫대야가 있었습니다. 분명히 대속으로 정결하게 되었음에도 세숫대야가 놓여 있었고 그곳에서 또 씻어야 했습니다. 예수님께서 말씀하신 대로 온몸이 이미 깨끗해졌다고 하더라도 발을 씻지 않으면 안 된다는 뜻입니다.

예수님께서 십자가 대속으로 우리를 구원하셨습니다. 그 결과 신분적으로는 거룩한 자가 되었습니다. 그러나 수준적으로는 성결을 위하여 씻는 일이 필요합니다. 예수님은 우리를 사랑하사 신분적으로 우리를 거룩한 자가 되게 하시려고 십자가에 돌아가셨을

---

318) 윤광원, 『존 칼빈의 자기부정의 렌즈로 본 신앙생활의 핵심』, 28~29, 이 문제에 대한 상세한 내용은 이 책 26~31을 참조하시기 바람.

뿐만 아니라 우리를 수준적으로도 성결케 하시기 위하여 우리의 삶에 개입하시고 도우시고 인도하십니다. 그것을 성경은 '세상에 있는 자기 사람들을 사랑하시되 끝까지 사랑하시니라.'라고 말씀합니다(요 13:1). 예수님은 우리를 위하여 십자가에 돌아가신 이상 예수님께서 우리를 성결케 하시기까지 사랑으로 돌보시고 이끄십니다. 물로 씻는다는 것이 무엇을 의미하는지 성경은 이렇게 묘사합니다.

> 엡 5:22 아내들이여! 자기 남편에게 복종하기를 주께 하듯 하라.
> 23 이는 남편이 아내의 머리 됨이 그리스도께서 교회의 머리 됨과 같음이니 그가 친히 몸의 구주시니라.
> 24 그러나 교회가 그리스도에게 하듯 아내들도 범사에 그 남편에게 복종할지니라.
> 25 남편들아! 아내 사랑하기를 그리스도께서 교회를 사랑하시고 위하여 자신을 주심같이 하라.
> 26 이는 곧 물로 씻어 말씀으로 깨끗하게 하사 거룩하게 하시고
> 27 자기 앞에 영광스러운 교회로 세우사 티나 주름 잡힌 것이나 이런 것들이 없이 거룩하고 흠이 없게 하려 하심이니라.

물로 씻는다는 말은 말씀으로 씻는다는 말입니다. 모든 신자는 구원을 얻은 이후에 말씀으로 성결케 됩니다. 성경을 볼 때 내가 누구이며, 내가 지금 겪고 있는 일이 무슨 의미가 있으며, 어떻게 살아야 하는가를 알 수 있습니다. 우리로 성결한 자리로, 분별케 하고 결심케 하며 인내하도록 인도하는 것은 오직 말씀밖에 없습니다. 선택의 기준, 분별의 기준, 우리가 가는 길의 빛이고 등은 오직 말씀뿐입니다. 따라서 말씀에 귀를 기울이지 않으면 넓은 길, 대다수 사람이 가는 사망의 길로 가게 되어 있습니다. 오직 말씀에 귀를 기울일 때만이 찾는 사람들이 적은 좁고 협착한 길을 갈 수 있습니다.

본문을 윤리적 의미로 해석하게 되면 천주교의 해석과 유사하게 됩니다. 그러나 본문은 분명하게 예수님께서 베푸시는 중생(성화)의 은혜, 그리스도를 따르는 자들을 점차 그리고 계속 육신의 욕망으로부터 완전히 구원하는 갱신의 신학적 의미로 해석해야 합니다.319) 예수 그리스도의 비판을 면치 못했던 바리새인들이나 서기관들, 율법학자들은 신앙생활을 윤리적 의미로 받아들인 대표적인 사람들입니다. 예수 그리스도께서 그들을

---

319) *Comm.* John 13:9, But here too he goes wrong through thoughtlessness, in treating, as a thing of no value, the benefit which he had already received; for he speaks as if he had not yet obtained any pardon of sins, or any sanctification by the Holy Spirit. On this account, Christ justly reproves him, for he recalls to his recollection what he had formerly bestowed on him; at the same time, reminding all his disciples in the person of one man, that, while they remembered the grace which they had received, they should consider what they still needed for the future.

호되게 책망하신 이유는 그들의 윤리적 부패성 때문만이 아니라 그 근저에 자리 잡은 문제였는데, 그것은 진리를 버리고 신앙을 윤리적 의미로 받아들인 결과 자신의 행위를 공로화한 죄악 때문이었습니다.

근심하지 않아도 되는 이유는 무엇일까요?

요 14:1 너희는 마음에 근심하지 말라. 하나님을 믿으니 또 나를 믿으라.
　　　 2 내 아버지 집에 거할 곳이 많도다. 그렇지 않으면 너희에게 일렀으리라. 내가 너희를 위하여 처소를 예비하러 가노니
　　　 3 가서 너희를 위하여 처소를 예비하면 내가 다시 와서 너희를 내게로 영접하여 나 있는 곳에 너희도 있게 하리라.

예수님께서 제자들의 기대와는 달리 세상을 정복하시고 왕으로 등극하실 것이 아니라 팔리신다고 말씀하시며(요 13:21), 또 제자들을 떠나신다고 말씀하십니다(요 13:33, 36). 그뿐만 아니라 베드로조차 3번이나 부인할 만큼 예수님께서 매우 불리한 상황 가운데 처하신다고 말씀하십니다(요 13:38). 그렇다면 3년 동안 세속적인 큰 기대를 품고 예수님만 의지하고 따랐던 제자들로서는 근심하지 않을 수 없었습니다. 그런데 근심하지 않을 수 있다고 말씀하십니다.

제자들이 근심했던 이유, 우리가 근심하는 이유가 무엇입니까? 우리의 걱정은 거할 곳에 관한 것입니다. 거할 곳이란 단지 집만을 말하는 것이 아니라 이 세상에 기댈 수 있는 것, 의지할 수 있는 것을 뜻합니다. 우리가 근심하고 걱정하는 것은 우리가 기댈 수 있는 것, 의지할 수 있는 것을 잃을까 봐서 하는 것입니다.

예수님이 이에 대한 명쾌한 답을 주셨습니다. 천국에 우리의 거할 곳이 많다고 말씀하셨습니다. 예수님께서 그것을 예비하러 가신다고 말씀하셨습니다. 그러니 근심할 필요가 없다는 것입니다. 예수님을 믿는다는 것은 만왕의 왕, 주권자 되신 예수님께서 우리의 거할 곳, 기댈 수 있는 모든 것의 근원이 되신다는 것을 믿는 것이기도 합니다. 그 믿음이 있다면 근심할 필요가 없습니다.

예수님께서 '내가 곧 길이요 진리요 생명'이라고 말씀하신 뜻이 무엇일까요?

요 14:6 예수께서 가라사대. 내가 곧 길이요 진리요 생명이니 나로 말미암지 않고는 아버지

께로 올 자가 없느니라.

　예수님께서 어떤 도(道)를 제시해 주시고 인간이 그 도(道)를 깨우치고 갈고닦아서 하나님께 갈 수 있다는 뜻일까요? 그렇게 오해하는 사람들은 무엇을 위해서, 그것을 어떻게, 왜 해야 하는가를 가르쳐 주기만 하면 그것을 인간이 할 수 있다고 생각합니다. 오늘날 복음주의라고 하는 신학 또는 신앙의 흐름은 다분히 그런 경향을 띱니다. 물론 그 전에 펠라기우스주의나 반(半)펠라기우스주의나 아르미니우스주의도 정도가 조금 다르기는 하지만 같은 경향이었고, 그 흐름은 지금도 이어져 오고 있고 복음주의는 그런 흐름의 일종이라고 할 수 있습니다. 물론 이런 흐름이 사람들의 자존심을 세워주고 열심을 불러일으킬 수 있습니다. 사람들의 마음을 상하지 않게 할 수도 있습니다. 그 길은 넓은 길이기 때문에 인기가 있고 사람들이 좋아하지만, 그러나 그것은 성경적이지 않습니다.

　성경은 인간을 무능한 죄인으로 봅니다. 죄에 종노릇하는 노예로 봅니다. 아니 아예 죽은 시체로 취급합니다. 그 말은 무엇을 가르쳐 주고 설명해 준다고 해서 가르쳐 주고 설명해 준 것을 이해하거나, 또는 그렇게 살 수 있는 존재가 아니라는 뜻입니다. 거듭나지 않으면, 중생하지 않으면, 새로운 피조물로 태어나지 않으면 구원에 관한 어떤 것도 할 수 없는 존재라는 것이 성경의 선언입니다. 예수님께서 자신을 가리켜 하나님께로 가는 유일한 길이요 진리요 생명이라고 말씀하신 뜻이 바로 그것입니다. 예수님께서 어떤 도(道)를 제시해 주시고 우리가 그 도(道)를 깨우치고 갈고닦아서 하나님께 갈 수 있다는 뜻과는 정반대입니다. 예수님께서 어떤 도(道)를 제시해 주시고 우리가 그 도(道)를 깨우치고 갈고닦아서 하나님께 갈 수 있다는 생각을 하는 사람은 세상에 속한 사람입니다. 그것은 세상 사람들의 생각과 똑같습니다. 이것을 분별해야 합니다.

　우리는 이 세상에 살지만, 이 세상, 이 세상 사람들과 전혀 다른 생각, 다른 목적, 다른 방법, 다른 원리를 따라 사는 사람들입니다. 성경에서 말하는 신앙이란 예수님의 가르침을 열심히 배우고 깨우쳐서 그것을 선택하고 결단하여 부지런히 갈고닦아 어떤 높은 경지에 이르러 드디어 하나님께 나아갈 수 있게 되는 것이 아닙니다. 성경에서 말하는 신앙이란 예수님을 자신의 구주와 주님으로 따르는 것입니다. 예수님이 하나님께로 가는 유일한 길이고 생명이고 진리란 말은 바로 그런 뜻입니다. 그래서 주님은 '아무든지 나를 따라오려거든 자기를 부인하고 날마다 제 십자가를 지고 나를 좇을 것이니라.' (눅 9:23)라고 말씀하셨습니다.

예수님을 믿는 자는 예수님께서 하신 일도 할 뿐만 아니라 이보다 큰 것도 할 것이라는 말씀의 뜻이 무엇일까요?

요 14:12 내가 진실로 진실로 너희에게 이르노니 나를 믿는 자는 나의 하는 일을 저도 할 것이요 또한 이보다 큰 것도 하리니 이는 내가 아버지께로 감이니라.

예수님께서 귀신을 내쫓으시고 각종 불치병자들을 고치시며, 바다를 잠잠하게 하시고 오병이어의 기적을 행하시며, 물을 포도주로 만드시고 죽은 나사로도 살리신 일을 하셨는데, 이제 예수님의 제자들은 이런 일도 할 뿐만 아니라 그보다 더 큰 일도 한다는 뜻일까요? 물론 예수님께서 행하신 앞의 열거한 일들 가운데서 병자를 위하여 기도했더니 나았다든가 귀신을 내쫓았다는 간증쯤은 쉽게 듣고 또 많은 사람이 경험도 했을 것이지만 예수님 정도는 안 됩니다. 더구나 그보다 더 큰 일을 한다는 것은 말도 안 됩니다. 그렇다면 무언가 앞뒤가 맞지 않습니다.

물론 예수님께서 귀신을 내쫓으시고 각종 불치병자들을 고치시며, 바다를 잠잠하게 하시고 오병이어의 기적을 행하시며, 물을 포도주로 만드시고 죽은 나사로도 살리신 그런 일을 하셨습니다. 그러나 그것이 그 자체를 위하여 예수님께서 이 세상에 오시지 않았습니다. 만일 예수님께서 행하신 기적들 그 자체가 예수님께서 오신 목적이라면 예수님께서 십자가에 돌아가시는 것은 어불성설(語不成說)입니다. 나사로는 다시 죽지 않았어야 하며 질병에 다시는 걸리지 말았어야 합니다.

예수님께서 하신 일도 할 뿐만 아니라 이보다 큰 것도 할 것이라는 말씀은 공약(空約, void promise)이 아니라 공약(公約, public pledge)입니다. 예수님의 공약(公約)대로 우리 믿는 자들은 예수님께서 하신 일도 할 뿐만 아니라 그보다 더 큰 일도 할 수 있습니다. 그러면 그 일, 그보다 더 큰 일은 무엇일까요? 그것은 예수님의 승천에 뒤이어 세상의 놀라운 회심 사건이 일어나서 예수님께서 인간들 가운데 살고 계시던 때보다 더 강력하게 예수님의 신성이 드러나는 것을 뜻하는 것이 아닐까요?[320]

예수님의 이름으로 무엇이든지 구하면 시행하신다는 뜻이 무엇일까요?

요 14:13 너희가 내 이름으로 무엇을 구하든지 내가 시행하리니 이는 아버지가 아들로 인

---

320) *Comm.* John 14:12, Now the ascension of Christ was soon afterwards followed by a wonderful conversion of the world, in which the Divinity of Christ was more powerfully displayed than while he dwelt among men.

하여 영광을 얻으시게 하려 함이라.

14 내 이름으로 무엇이든지 내게 구하면 내가 시행하리라.

예수님의 이름을 걸면 무엇이든지 시행하신다는 뜻일까요? 아닙니다. 무엇이든지 '예수님의 이름으로' 제한되지 않으면 안 된다는 말씀입니다. '무엇이든지'에 핵심이 있는 것이 아니라 '예수님의 이름으로'에 핵심이 있습니다. 예수님은 우리에게 자신의 손을 펼치시면서 우리가 쓸데없이 다른 중보자들을 찾는 데 헛된 노력을 기울이지 말도록 권고하고 계십니다.[321]

예수님의 이름으로 구한다는 말은 예수님의 권위, 혹은 예수님의 공로에 의지하여, 그의 뜻대로 구하는 것입니다.[322] 기독교인이라면 누구나 한 번쯤은, 아니 수도 없이 경험하는 것이 있는데, 기도하면 들어주신다는 말씀을 의지하여 기도했는데, 그것도 열심과 진심으로 기도했는데 안 들어주셨다는 사실입니다. 그것은 예수님이 나의 구주와 주님이 되시니 내가 사는 이 세상의 상황과 환경과 조건이 내가 원하는 대로 바뀌고 개선되며, 편하고 누리는 쪽으로 변화시켜달라고 기도했기 때문입니다. 우리는 늘 하나님 없이도 살 만큼, 하나님께 구하지 않아도 될 만큼 소유하기를 원하고 그것을 하나님께 요구합니다. 우리는 끊임없이 영적인 영역의 것들을 세속적인 영역에서 필요한 것들을 만들어내는 것으로 사용하려고 합니다. 성경 말씀을 근거로 내 신앙을 세우는 것이 아니라 내 생각을 근거로 성경을 해석하고, 하나님의 뜻이 아니라 내가 필요하고 원하는 것을 얻기 위하여 성경의 약속들을 끌어다 사용하려고 합니다.

신자의 싸움이란 이 세상에서 어떻게 내 필요와 소원을 이루느냐의 싸움도 아니고, 이 세상에서 어떻게 성공하고 승리하느냐의 싸움도 아닙니다. 신자가 확인하고 힘을 내야 하는 것은 영적인 문제이지 이 세상의 물질세계에 대한 것이 아닙니다.

기도는 우리의 소원과 필요와 욕심을 채우는 수단이 아닙니다. 그러므로 이제는 환경을 변화시켜주시고 내가 원하는 것을 달라고 기도하는 것이 아니라, 내가 처한 환경과 내가 원하는 것이 되지 않는 상황에서 하나님의 뜻을 구하고 그 가운데 어떻게 사는 것이 하나님께 영광이 될 것인가를 생각해야 합니다. 신앙이란 내가 원하는 어떤 것을 얻어내기 위하여 하나님을 수단과 방법으로 동원하는 것이 아닙니다. 신앙이란 그와는 반

---

321) *Comm.* John 14:14, And if one passage has not sufficient weight with us, let us know that, when Christ repeats, a second time, that we must pray to the Father in his name, he lays his hand on us, as it were, that we may not lose our pains by fruitlessly seeking other intercessors.
322) 박윤선, 『성경주석 요한복음 (하)』 2판 (서울: 영음사, 1989), 437.

대로 하나님의 뜻을 구하고 하나님을 신뢰하며 사랑하여 하나님께서 원하시는 삶을 사는 것입니다.

다른 보혜사가 누구일까요?[323]

요 14:16 내가 아버지께 구하겠으니 그가 또 다른 보혜사를 너희에게 주사 영원토록 너희와 함께 있게 하시리니
  17 저는 진리의 영이라 세상은 능히 저를 받지 못하나니 이는 저를 보지도 못하고 알지도 못함이라. 그러나 너희는 저를 아나니 저는 너희와 함께 거하심이요 또 너희 속에 계시겠음이라.

예수님께서 승천하시기 전 제자들에게 다른 보혜사를 보내 주시겠다고 약속하셨고 그 약속은 오순절 다락방에 성령께서 강림하심으로 이루어졌습니다. 그러나 이단의 교주들은 예수님께서 보내 주시겠다고 약속하신 다른 보혜사가 바로 자신들이라고 주장합니다 (이슬람의 마호메트, 에덴 성회의 이영수, 새빛등대교회의 김풍일, 신천지교회의 이만희, '하나님의 교회'의 안상홍 등).

보혜사란 말은 παράκλητος를 번역한 말로 Strong's Concordance에 의하면 (a) an advocate, intercessor, (b) a consoler, comforter, helper, (c) Paraclete 등의 의미로 사용됩니다. 성경은 예수님을 보혜사라고 말씀합니다(요일 2:1). 그렇다면 다른 보혜사는 보혜사이신 예수님의 역할을 하는 분을 지칭하는 것으로 볼 수 있고, 그분은 바로 성령님이심을 알 수 있습니다. '보혜사'란 명칭은 그리스도와 성령 모두에게 적용되는데, 그 이유는 두 분의 임무가 그분들의 보호를 통해서 그리스도인들을 권면하고 인도하시기 때문입니다.[324] 성경은 다른 보혜사를 영, 진리의 영, 성령이라고 말씀합니다(요 14:17, 14:26). 다른 보혜사이신 성령님은 육의 반대 개념인 영이시고, 우리와 영원히 함께 계시며, 진리의 영이시며, 세상은 저를 보지도 못하고 알지도 못하고 받지도 못하지만, 그리스도인은 알며 그 안에 거하시기 때문에(요 14:16~17), 다른 보혜사는 이단의 교주들처럼 육체를 가진 인간이 될 수 없습니다. 예수님께서 약속하신 다른 보혜사는 오순절에 임하신 성령님이십니다.[325]

---

323) 아래 내용 중 일부는 진용식, "안상홍 증인회의 보혜사 교리", 월간 <교회와 신앙> www.amennews.com 2001년 12월호에서 발췌하였습니다.

324) *Comm.* John 14:16, The word Comforter is here applied both to Christ and to the Spirit, and justly; for it is an office which belongs equally to both of them, to comfort and exhort us, and to guard us by their protection.

325) 박윤선, 『성경주석 요한복음 (하)』 2판, 439.

이단 교주들은 요일 2:1을 근거로 예수님께서 우리의 대언자 곧 보혜사이시니 보혜사는 육신을 입고 와야 한다고 주장하지만, 그것은 예수님께서 육신을 입고 세상에 계실 때가 아니라 예수님께서 부활 승천하신 후 하늘에서 중보 사역을 하시는 것을 뜻합니다. 요일 2:1은 예수님의 '중보자' 역할을 강조하기 위하여 '대언자'[326]로 번역한 것이므로, 요일 2:1을 인용해서 다른 보혜사가 육신을 입어야 한다고 주장하는 것은 잘못된 것입니다.

예수님께서 다른 보혜사를 보내 주시겠다고 약속하실 때 그 약속을 받는 첫 대상은 당시의 제자들이었습니다. 요 16:4~7의 약속을 제자들은 기다렸고 그 약속대로 다른 보혜사 성령님은 오순절 다락방에 모여 있던 제자들에게 강림하셨습니다. 다른 보혜사이신 성령님은 한 번도 인간의 모습으로 육신을 입고 나타나지 않으셨습니다. 다른 보혜사는 인간일 수 없습니다. 그러므로 육신을 입은 사람이 자신을 다른 보혜사라고 주장하는 것은 참람한 일이며 마귀의 역사가 분명합니다.

신앙생활을 하다가 열매가 없으면 버림받을까요?

요 15:1~6

언뜻 보면 예수 믿다가 열매가 신통치 않으면 버림받는다는 뜻같이 보입니다. 성경은 배교가 가능한 것처럼 말하기도 합니다(고전 10:12, 갈 5:4, 딤전 1:1920, 4:1). 그래서 이 본문들을 근거로 펠라기우스파, 천주교, 소시누스파, 항변파, 메노파, 퀘이커파, 감리교 등과 심지어 루터파조차도 받은 은혜를 전적으로 상실할 가능성을 가르쳤습니다.[327] 반면에 아우구스티누스는 성도의 견인을 고백했지만, 그는 중생과 믿음의 은혜는 그 자체로는 상실될 수 있으며, 그 은혜가 지속해서 존속하기 위해서는 여기에 외부로부터 두 번째 은혜인 견인의 은혜가 반드시 첨가되어야 한다고 생각했습니다.[328] 그러나 성경의 가르침은 그와는 다릅니다. 중생과 믿음은 스스로 상실될 수 없는 성격의 은혜이기 때문에, 소명, 칭의, 영화의 유익들은 상호 분리될 수 없으며, 신자들을 향하여 주시는 권고와 위협과 경고는 견인이 삶 가운데 실현되는 수단이지 배교나 버림받음을 의미하는 것

---

326) 이단들은 '대언자'가 성도들의 입장을 변호하는 παράκλητος라는 것을 모르기 때문에 하나님의 말씀을 대언하는 자로 해석하는데 그것은 무지의 소치이고 심각한 왜곡임.

327) 『개혁 교의학 4』, 314.

328) 『개혁 교의학 4』, 314~315.

이 아니므로 그로부터 은혜의 전적인 상실을 추론하는 것은 매우 잘못된 것입니다.[329]

우리가 명심해야 할 것은 하나의 이야기를 할 때 그 초점이 어디 있는가를 놓치고 한 문장이나 한 단어에 제한하면 정반대로 이해할 수 있습니다. 구약성경은 하나님께서 누누이 이스라엘의 죄악 앞에서 그들을 없애버리시겠다고 말씀하셨지만 그렇게 하시지 않았습니다. 오늘 본문도 그런 차원에서 해석해야 합니다.

요 15:2에서 '과실을 맺지 아니하는 가지는 아버지께서 이를 제해 버리신다.'라는 말씀은 사람 보기에는 교회 안에 있지만 실제로는 그렇지 않은 외식자들은 하나님의 섭리와 권능에 의해서 제외된다는 뜻이고,[330] '무릇 과실을 맺는 가지는 더 과실을 맺게 하려 하여 이를 깨끗하게 하신다.'는 말씀은 우리의 육신은 필요 없는 해로운 것들로 가득하고 그 분야에서는 비옥하며 하나님의 손에 의하여 깨끗하게 되지 않는다면 이 모든 것이 한없이 뻗어 나가고 말기 때문에 열매를 더 풍성하게 맺기 위하여 전지를 받아야 한다는 뜻입니다.[331]

요 15:2 상반절의 말씀은 요 15:6에서 반복됩니다. 이 말씀은 선택받은 자들이라도 열매가 없으면 버림받는다는 뜻이 아니라, 이 세상에는 잠시 그럴듯하게 잎이 무성하며 또 풀잎이 만발하지만, 정작 열매를 맺어야 할 때 열매를 맺지 못하는 위선자들이 많다는 것을 경고하는 말씀입니다.[332]

고전 3:10~15은 요 15:2 하반절의 뜻이 무엇인지를 잘 설명해 줍니다. 예수님을 인생의 기초로 삼은 사람들은 모두 구원받은 자들입니다. 그러나 그 인생을 금이나 은이나 보석으로, 곧 불에 타지 않을 영적인 것으로 세우느냐 아니면 나무나 풀이나 짚으로, 곧 불에 탈 세속적인 것으로 세우느냐에 따라 그 결과는 달라집니다. 불에 타지 않을 영적인 것으로 세우면 그것은 영원히 남을 것이지만 불에 탈 세속적인 것으로 세우면 한순간에 사라질 것입니다.

---

329) 『개혁 교의학 4』, 315.

330) 박윤선, 『성경주석 요한복음 (하)』 2판), 456.

331) *Comm.* John 15:2, He speaks of pruning or cleansing, because our flesh abounds in superfluities and destructive vices, and is too fertile in producing them, and because they grow and multiply without end, if we are not cleansed or pruned by the hand of God. When he says that vines are pruned, that they may yield more abundant fruit, he shows what ought to be the progress of believers in the course of true religion?

332) *Comm.* John 15:6, Not that it ever happens that any one of the elect is dried up, but because there are many hypocrites who, in outward appearance, flourish and are green for a time, but who afterwards, when they ought to yield fruit, show the very opposite of that which the Lord expects and demands from his people.

신앙생활의 과실(열매)이 전도의 열매일까요?

요 15:8 너희가 과실을 많이 맺으면 내 아버지께서 영광을 받으실 것이요 너희가 내 제자
　　　가 되리라

　　요 15:8의 앞뒤를 보면 열매를 맺는 문제가 그리스도 안에 거하느냐와 말씀이 우리
안에 거하느냐의 문제, 곧 열매는 우리가 그리스도 안에 거하고 있느냐, 말씀이 우리
안에 거하고 있느냐의 결과라는 것입니다. 우리가 그리스도 안에 거하지 않으면 절대
로 열매를 맺을 수 없지만, 그리스도 안에 거하면 열매를 맺습니다. 그리스도 안에 거
한다는 말은 처음 예수를 믿고 신자가 되는 차원이 아니라 신자 된 자가 예수님을 주
인으로 섬기는 성화에서 필요한 자기 확인입니다. 계 3:20은 이 사실을 잘 드러냅니
다. 물론 전도할 때 이 구절을 사용하지만, 계 3:20은 마음의 문을 열고 예수님을 믿으
라는 뜻이 아니라, 예수님을 믿지만, 아직도 그 마음에 예수님을 주인으로 모시지 못
하고 자기가 주인 노릇 하는 신자들을 향한 말씀입니다. 예수를 믿기는 믿는데 하나
님께서 원하시고 요구하시는 그런 수준에는 전혀 미치지 못하고 있는 신자들을 향하
여 하시는 말씀입니다. 그러므로 예수의 제자들이 성취해야 할 신앙의 열매 가운데
첫 번째는 자기 부인과 십자가를 지는 일입니다.[333]
　　신앙이란 우리가 그리스도 안에 거하고, 말씀이 우리 안에 거하며, 그리스도를 주인
으로 따르고, 성령의 인도하심을 따르는 것입니다. 갈 5:22에 나오는 성령의 열매는
사랑, 희락, 화평, 오래 참음, 자비, 양선, 충성, 온유, 절제인데 모두 성품에 관한 것이
지 그 가운데 어느 하나도 무슨 업적 같은 것은 없습니다. 선지자 노릇 하고 귀신을
내어쫓고 많은 능력을 행하고 화려하게 건물 짓고 사람을 많이 모으고 거창하게 행사
를 치르는 그런 것들과는 아무 상관이 없습니다.
　　선지자 노릇 하고 귀신을 내어쫓고 많은 능력을 행했다고 하더라도 성령의 열매가
없다면, 화려하게 건물 짓고 사람을 많이 모으고 거창하게 행사를 치른다고 하더라도
성령의 열매가 없다면 그것은 육체의 열매입니다. 고전 3:11~15에 의하면 성령의 열
매가 아닌 것들은 나무나 풀이나 짚과 같아서 불같은 시험 앞에서 다 무가치할 뿐만
아니라 도리어 해가 됩니다. 그래서 하나님은 우리에게서 육체의 열매가 아니라 성령
의 열매를 맺도록 우리에게 선지자 노릇 하는 것을 원하지 않으실 수도 있고 귀신을

---

333) 『개혁 교의학 4』, 273.

내어쫓는 것을 원하지 않으실 수도 있으며, 많은 능력 행하는 것을 원하지 않으실 수도 있고 화려하게 건물 짓고 사람을 많이 모으고 거창하게 행사를 치르는 것을 막으실 수도 있습니다. 도리어 우리를 낮아지게 하시고 망하게 하실 수도 있으며, 자기를 부정하며 십자가를 지게 하십니다.

성령께서 하시는 일이 무엇일까요?

요 16:13 그러하나 진리의 성령이 오시면 그가 너희를 모든 진리 가운데로 인도하시리니 그가 자의로 말하지 않고 오직 듣는 것을 말씀하시며 장래 일을 너희에게 알리시리라.
14 그가 내 영광을 나타내리니 내 것을 가지고 너희에게 알리겠음이니라.

성령께서 하시는 일이 영적인 힘을 불어넣거나 병을 고치거나 방언을 하게 하거나 더 나은 영적 단계에 이르게 하는 일들일까요? 물론 그런 부분이 없는 것은 아닙니다. 그러나 그것이 성령께서 하시는 주된 일은 아닙니다.

예수님은 성령께서 하시는 일에 대하여 직접 말씀해주셨습니다. 그것보다 더 분명한 가르침은 없습니다. 요 16:13에 의하면 성령님은 '진리 가운데로 인도하시는 일'을 하십니다. 왜냐하면(γὰρ) 성령은 자의로 말씀하시지 않고 오직 듣는 것을 말씀하시기 때문입니다(οὐ γὰρ λαλήσει ἀφ' ἑαυτοῦ, ἀλλ' ὅσα ἀκούει λαλήσει, for he shall not speak of himself; but whatsoever he shall hear, that shall he speak:). 성령께서 자의로 말씀하시지 않고 오직 듣는 것을 말씀하신다는 것은 진리 가운데로 인도하신다는 확증입니다. 왜냐하면, 하나님은 진리의 원천이요 하나님을 떠나서는 아무것도 확실하거나 본질적인 것은 없기 때문입니다.[334]

성령님은 그리스도께서 이미 우리에게 말씀하신 것으로 우리를 진리 가운데로 인도하십니다. 요 16:14에서도 예수님은 성령께서 자의적으로 말씀하시는 것이 아니라 예수님의 것을 가지고 우리에게 알리시겠다고 말씀하셨습니다. 이 말씀은 오늘날 성령 운동을 하는 사람들이 성령께서 직접 하시는 말씀을 들으려고 하는 것과는 정반대인 것을 확인할 수 있습니다. 예수 그리스도의 중재를 거치지 않고 직접 성령의 말씀(음성, 계시)을

---

334) *Comm.* John 16:13, This is a confirmation of the clause, He will lead you into all truth. We know that God is the fountain of truth, and that out of Him there is nothing that is firm or sure;

듣겠다는 것은 직통 계시를 주장하는 것이나 다름없습니다.335) 만일 성령을 통하여 직통 계시가 이루어진다면 성경은 필요가 없습니다. 기도만 열심히 하고 성령의 음성에만 귀를 기울이면 성령께서 직접 인도해 주실 것이기 때문입니다. 성령 운동에 치중하는 사람들은 대체로 성경 말씀보다는 기도를 훨씬 강조하면서 직접 성령의 말씀(음성, 계시)을 들으려고 합니다. 그러나 그것은 예수님의 말씀에 의하면 잘못된 것입니다. 성경 말씀을 제쳐 놓는 것은 어느 경우에도 그것은 잘못된 것입니다. 왜냐하면, 성령은 자의로 (독자적으로) 말씀하시지 않고 오직 듣는 것을 말씀하시기 때문입니다.

'조금 있으면 너희가 나를 보지 못하겠고 또 조금 있으면 나를 보리라.'라는 뜻이 무엇일까요?

요 16:16~22

이 말씀은 예수님께서 십자가에서 돌아가신 후 부활하시어 승천하시므로 그를 볼 수 없게 되지만 성령께서 그를 대신하여 오실 것을 가리키는 말씀입니다.336) 예수님은 성령의 임재를 통하여 다시 오실 것을 선언하셨습니다.337) 성령을 통하여 그가 제자들 가운데 거하실 때 그들이 그를 보는 것으로 말씀하시는 것이 모순처럼 들릴 수 있지만, 육신의 눈으로는 안 보이지만 그의 임재는 신앙의 체험을 통해서 알려지고 있으므로 모순된 것이 아닙니다.338) '나를 보리라.'라는 말씀은, 신자들이 육안으로 예수님을 본다는 뜻이 아니고 영적으로 그를 보리라는 뜻이기 때문입니다.339)

'하나가 되게 하려 함'이 교회의 일치와 통합을 뜻할까요?

요 17:23 곧 내가 저희 안에, 아버지께서 내 안에 계셔 저희로 온전함을 이루어, 하나가 되게 하려 함은 아버지께서 나를 보내신 것과 또 나를 사랑하심같이 저희도 사랑하신 것을 세상으로 알게 하려 함이로소이다.

---

335) 윤석준, 『한국 교회가 잘못 알고 있는 101가지 성경 이야기 (2)』, 337~338.
336) 박윤선, 『성경주석 요한복음 (하)』 2판, 487.
337) *Comm.* John 16:16, Next, he promises what will, compensate them for his absence, and he even testifies that he will quickly be restored to them, after he has been removed, but in another manner, that is, by the presence of the Holy Spirit.
338) *Comm.* John 16:16, Nor ought we to think it strange when he says that he is seen, when he dwells in the disciples by the Spirit; for, though he is not seen with the bodily eyes, yet his presence is known by the undoubted experience of faith.
339) 박윤선, 『성경주석 요한복음 (하)』 2판, 468.

성도들이 하나가 되는 것은 필요하고 중요합니다. 하나님께서 모든 신자의 아버지이 시며 그리스도께서는 그들 모든 신자의 머리이시라는 것을 진정으로 확신한다면, 신자 들은 형제애로 연합하지 않을 수 없고 또 그들의 은혜를 나누지 않을 수도 없습니다. 교 회가 하나 되지 못하고 분열되어 서로 싸우는 것은 절대 바람직하지 않습니다.[340]

그러나 교파나 교단마다 그들 나름의 신학이 있으므로 그것을 무시하고 단지 외형적 인 일치와 통합을 이루는 것은 잘못된 것입니다. 왜냐하면, 거기에는 필연적으로 비성경 적인 교리와도 타협하지 않으면 안 되기 때문입니다. 성경적인 신학을 고수하는 교회들 이 비성경적인 교리와 타협하지 않고 자유주의 신학을 고수하는 교회들과 하나가 되는 것은 불가능합니다. 심하면 종교 다원주의로까지 나아갈 위험성이 있습니다. 신학이 일 치하지 않는 가운데 외형적인 일치와 통합을 이루는 것이 과연 바람직한가, 진정한 일치 와 통합이 가능한가에 대하여 깊이 생각한다면, 섣부르게 외형적인 일치와 통합이 마치 하나님의 뜻인 것처럼 주장할 수는 없을 것입니다.

더구나 본문은 교회의 외형적인 일치와 통합을 말하고 있지 않습니다. 하나님과 예수 님이 일체로 계시고, 또 예수님과 신자들이 일체로 있어야 할 것을 가리킵니다.[341] 예수 님께서 성부 하나님과 온전히 하나가 되어서 하나님의 뜻을 수행하시고 그 안에 거하시 듯이, 성도들도 하나님 안에 거하면서 교회의 지체로서 나름대로 다양한 특성을 지닌 가 운데 통일성을 따라 온전하게 장성할 것을 권고하는 말씀입니다.[342] 그러므로 이 본문 을 교회의 외형적 일치와 통합의 근거 구절로 사용하는 것은 잘못입니다.

하나님께서 예수님을 보내신 것과 예수님께서 우리를 보내신 것은 같은 것일까요?

요 20:21 예수께서 또 가라사대, 너희에게 평강이 있을지어다. 아버지께서 나를 보내신 것 같이 나도 너희를 보내노라.

예수님께서 하나님의 사도이신 것같이 그리스도도 자기 제자들이 사명을 감당하도록 보 내심으로써 예수님의 사도로 만드셨다고 해석하는 것은 요한의 의도와는 다릅니다. 그 이 유는 본문이 '아버지께서 나를 보내신 것(ἀπέσταλκέν)같이 나도 너희를 보내노라(πέμπω).'라

---

340) *Inst.*, 4. 1. 3: If truly convinced that God is the common Father of all and Christ the common Head, being united in brotherly love, they cannot but share their benefits with one another.
341) 박윤선, 『성경주석 요한복음 (하)』 2판, 509.
342) 강병도 편, 『카리스 종합주석 제11권 요한복음 15~21장』 (서울: 기독지혜사, 2006), 205.

고 분명하게 구별하고 있기 때문입니다(εἶπεν οὖν αὐτοῖς ὁ Ἰησοῦς πάλιν Εἰρήνη ὑμῖν · καθὼς ἀπέσταλκέν με ὁ Πατήρ, κἀγὼ πέμπω ὑμᾶς.).[343]

예수님은 하나님께서 그리스도만 누리도록 하신 최상의 가르치는 직무를 포기할 정도로 자신의 자리를 제자들에게 양보하지는 않고 있습니다.[344] 그리스도께서는 자신이 세상 죄를 속죄하고 의를 획득하도록 아버지의 보냄을 받은 식으로 사도들을 파송하고 있지 않기 때문에, 여기에서 예수님은 자신에게 특유한 것을 두고 언급하는 것이 아니라 사역자들과 목사들을 임명해서 교회를 다스리도록 하고 있을 뿐입니다.[345] 예수님은 자신만이 전체 권력을 소유하시고 그들은 맡은바 사역 이외의 것에 대해서는 아무런 권리 주장도 하지 않는다는 조건 아래에서 임명하여 파송하시는 것입니다.[346]

요 20:23은 예수님께서 교황이나 사제들에게 사죄권을 주셨다는 뜻일까요?[347]

요 20:23 너희가 뉘 죄든지 사하면 사하여질 것이요 뉘 죄든지 그대로 두면 그대로 있으리라 하시니라.

이 말씀은 마 16:19의 '내가 천국 열쇠를 네게 주리니 네가 땅에서 무엇이든지 매면 하늘에서도 매일 것이요 네가 땅에서 무엇이든지 풀면 하늘에서도 풀리리라 하시고'와 마 18:18의 '진실로 너희에게 이르노니 무엇이든지 너희가 땅에서 매면 하늘에서도 매일 것이요 무엇이든지 땅에서 풀면 하늘에서도 풀리리라.'라는 말씀과 연관되어 있습니다.

사죄권은 오직 예수님께만 있습니다(막 2:5~7, 눅 7:48~49). 사도들에게 죄를 용서하라고 명령하신 것은 그리스도의 사죄권을 양도한 것이 아니라 그리스도의 이름으로 사죄를 선언하라는 뜻입니다.[348] 사죄는 한 개인이나 성직자나 교회가 할 수 있는 것이 아닙니다. 다만 복음을 받아들이고 예수님을 구주와 주님으로 믿는 자들에게 사죄의 은

---

343) 자세한 내용은 D. A. Carson, 155~156을 보시기 바람.

344) *Comm.* John 20:21, But he does not substitute them in his room, in such a manner as to resign to them the highest authority as a teacher, which the Father intended to be vested in him alone.

345) *Comm.* John 20:21, for Christ does not send his Apostles to atone for sins, and to procure justification, as he was sent by the Father. Accordingly, he makes no allusion in this passage to anything which is peculiar to himself, but only appoints ministers and pastors to govern the Church;

346) *Comm.* John 20:21, and on this condition, that he alone keeps possession of the whole power, while they claim nothing for themselves but the ministry.

347) 마 16:16~18, 16:19, 18:18의 해석을 참고하시기 바람.

348) *Comm.* John 20:23, While Christ enjoins the Apostles to forgive sins, he does not convey to them what is peculiar to himself. It belongs to him to forgive sins. This honor, so far as it belongs peculiarly to himself, he does not surrender to the Apostles, but enjoins them, in his name, to proclaim the forgiveness of sins, that through their agency he may reconcile men to God. In short, properly speaking, it is he alone who forgives sins through his apostles and ministers.

총을 알릴 권리가 그리스도인과 교회에 주어졌고, 반대로 복음을 거부하고 예수님을 구주와 주님으로 믿지 않는 자들에게는 사죄의 은총이 없음을 선언할 수 있습니다.[349] 천주교는 이 구절을 자신들의 면죄와 연결해, 그리스도께서는 사도들을 통해 죄를 용서받도록 하셨기 때문에, 사제의 귀에다 죄를 고백하기 전에는 용서받을 생각을 하지 말라는 어처구니없는 주장을 합니다.[350]

요 21:3은 베드로가 영원히 물고기를 잡으러 가겠다는 뜻일까요?

요 21:3 시몬 베드로가 나는 물고기 잡으러 가노라 하매 저희가 우리도 함께 가겠다 하고 나가서 배에 올랐으나 이 밤에 아무것도 잡지 못하였더니

Wuest는 "나는 물고기를 잡으러 가노라(Ὑπάγω)."의 동사와 동사의 현재 시제에 근거하여 베드로가 영원히 자신의 고기 잡는 직업으로 돌아가고 있다고 주장하지만, 이는 옛날의 비교적 모호한 주석들에 근거한 것으로 주요 문법이나 사전 중에서 이를 지지하는 것은 없습니다.[351]

ἀγαπάω와 φιλέω의 의미를 구분하여 해석할 수 있을까요?

요 21:15 저희가 조반 먹은 후에 예수께서 시몬 베드로에게 이르시되, 요한의 아들 시몬아! 네가 이 사람들보다 나를 더 사랑하느냐? 하시니 가로되, 주여 그러하외다. 내가 주를 사랑하는 줄 주께서 아시나이다. 가라사대, 내 어린양을 먹이라 하시고

　　16 또 두 번째 가라사대, 요한의 아들 시몬아! 네가 나를 사랑하느냐 하시니 가로되, 주여 그러하외다. 내가 주를 사랑하는 줄 주께서 아시나이다. 가라사대, 내 양을 치라 하시고

　　17 세 번째 가라사대, 요한의 아들 시몬아! 네가 나를 사랑하느냐 하시니 주께서 세 번째 네가 나를 사랑하느냐 하시므로 베드로가 근심하여 가로되, 주여 모든 것을 아시오매 내가 주를 사랑하는 줄을 주께서 아시나이다. 예수께서 가라사대, 내 양

---

349) 서춘웅, 『성경 난제 해설·신약』 재판, 410.

350) *Comm.* John 20:23, Most absurdly do the Papists, on the other hand, torture this passage, to support their magical absolutions. If any person do not confess his sins in the ear of the priest, he has no right, in their opinion, to expect forgiveness; for Christ intended that sins should be forgiven through the Apostles, and they cannot absolve without having examined the matter; therefore, confession is necessary. Such is their beautiful argument. But they fall into a strange blunder, when they pass by the most important point of the matter; namely, that this right was granted to the Apostles, in order to maintain the credit of the Gospel, which they had been commissioned to preach.

351) D. A. Carson, 156.

을 먹이라.

둘 사이는 정확하게 일치하지도 않지만, 상당 부분 겹칩니다. 삼하 13:15에서는 암논이 이복 누이 다말을 강간한 행위에 대하여 ἀγάπη를 사용했고, 딤후 4:10에서는 데마가 이 세상을 '사랑하여'에 ἀγαπάω를 사용했고, 요 3:35과 요 5:20은 아버지께서 아들을 '사랑하사'에 모두 φιλέω를 사용했습니다.[352]

William Hendriksen은 그의 주석에서 유다가 예수님께 키스했을 때 φιλέω라는 동사가 사용되었고 ἀγαπάω는 그런 상황에서는 결코 사용된 적이 없다는 이유를 들어 둘은 완전한 동의어는 아니며, 약간의 다른 의미론적 진의를 유지하고 있다고 결론을 내리고 있지만, 만약 단어의 의미론적 전체 범위를 근거로 특정 동의성의 문제를 문맥적으로 결정한다면, 실제로 어떤 문맥에서든 동의어가 될 수 있는 것은 없습니다.[353]

요 21:15의 양(sheep)과 요 21:17의 양(lamb), 요 21:15의 먹이라(to feed)와 요 21:16~17의 치라(to shepherd)도 어떤 차이가 있다는 것을 보일 수 있지만, 이 문맥에서 그렇게 변한 기본적인 신학적 혹은 구문론적 근거를 찾기는 어려운 것과 같이 '사랑하다.'에 해당하는 두 단어도 마찬가지입니다.[354]

그리스도인들은 모두 자신이 원하지 않는 곳으로 갈 준비를 해야 할까요?

요 21:18 내가 진실로 진실로 네게 이르노니 젊어서는 네가 스스로 띠 띠고 원하는 곳으로 다녔거니와 늙어서는 네 팔을 벌리리니 남이 네게 띠 띠우고 원치 아니하는 곳으로 데려가리라.
　　　19 이 말씀을 하심은 베드로가 어떠한 죽음으로 하나님께 영광을 돌릴 것을 가리키심이러라. 이 말씀을 하시고 베드로에게 이르시되 나를 따르라 하시니

예수님은 베드로에게 원치 아니하는 곳으로 데려감을 당할 것이라고 말씀하셨습니다. 물론 그 뜻은 요 21:19이 설명하고 있는 대로 베드로가 자연사하지 않고 누군가에 의하여 핍박을 받아 순교할 것이라는 뜻입니다.

그러면 이 말씀을 어떻게 적용해야 할까요? 그리스도인은 누구나 핍박을 받고 죽음에

---

352) D. A. Carson, 35~36.
353) 자세한 내용은 D. A. Carson, 57~65을 보시기 바람.
354) D. A. Carson, 65~66.

이를 것이기 때문에 그것을 각오하고 대비해야 할까요? 요 21:21~22의 말씀을 보면, 요 21:18~19의 말씀은 요한에게는 적용되지 않고 베드로에게만 적용된다는 것을 알 수 있습니다. 그렇다면 요 21:18~19의 말씀을 모든 그리스도인에게 그대로 적용하여 일반화할 필요는 없다는 것을 알 수 있습니다.[355]

물론 그리스도인은 자신이 원하는 삶을 사는 것이 아니라 하나님의 뜻에 따라 살아야 합니다. 그러나 우리가 결코 자발적으로 기꺼이 하나님을 순종하지 못합니다.[356] 그래서 남이 나에게 띠를 띠우고 내가 원하지 않는 곳으로 데려감을 당하는 상황이 될 수밖에 없습니다. 그러나 베드로의 삶을 일반화하여 모든 그리스도인이 자연사하지 않고 누군가에 의하여 핍박을 받아 순교할 것을 각오하거나 대비해야 한다고 해석할 수는 없습니다.

사도행전

사도의 뜻이 무엇일까요?

행 1:2 그의 택하신 사도들에게 성령으로 명하시고 승천하신 날까지의 일을 기록하였노라.

ἀπόστολος(사도)가 ἀποστέλλω(내가 보낸다)와 어원이 같지만 ἀπόστολος가 신약성경에서 명사로 사용될 때는 '보냄을 받은 사람'이 아니라 '보낸 사람'에 강조점이 있으며, 신약성경에서 실제 용례는 하나같이 '특별한 사자', '특별한 대표'라는 뜻이지 보냄을 받은 사람이란 뜻을 담고 있지 않습니다.[357] 모든 단어는 어근이 있고 이 어근의 형태나 구성과 밀접한 관계가 있는 의미를 담고 있다고 전제하는데, 그러면 이와 같은 오류가 생길 수 있습니다.[358]

---

355) William W. Kline, Crag L. Blomberg, Robert L. Hubbard, Jr., 784.
356) *Comm.* John 21:18, But this must be understood as referring to the contest between the flesh and the Spirit, which believers feel within themselves; for we never obey God in a manner so free and unrestrained as not to be drawn, as it were, by ropes, in an opposite direction, by the world and the flesh.
357) D. A. Carson, 33~34.
358) 자세한 내용은 D. A. Carson, 30~38을 보시기 바람.

성령은 불같이 뜨거운 것일까요?

행 2:1 오순절 날이 이미 이르매 저희가 다 같이 한곳에 모였더니

2 홀연히 하늘로부터 급하고 강한 바람 같은 소리가 있어 저희 앉은 온 집에 가득하며

3 불의 혀같이 갈라지는 것이 저희에게 보여 각 사람 위에 임하여 있더니

4 저희가 다 성령의 충만함을 받고 성령이 말하게 하심을 따라 다른 방언으로 말하기를 시작하니라.

그래서 성령이 임하면 내적으로 뜨겁게 된다고 설교도 하고 간증도 합니다. D. L. 무디의 경험이나 평양 대부흥 운동에 관한 기록에서도 그런 사실을 확인할 수 있고, 빈야드 운동의 경우에는 홀리 랩(Holy laugh)을 말하기도 하며, 알파코스라는 프로그램의 경우에는 금이빨로 변한다는 주장도 있습니다.[359] 이런 것들이 과연 성령의 역사, 성령이 임한 현상일까요?

이런 주장을 하는 사람들은 행 2:1~4을 그 근거로 제시하지만, 그 구절들에서는 성령을 불같이 뜨거운 것으로 해석할 수 있는 아무런 단서도 없습니다. 물론 불의 혀같이 갈라지는 것들이 보였다는 구절이 있지만, 그것이 성령을 불같이 뜨거운 것으로 해석할 수 있는 단서를 주지는 않습니다. 만일 이 본문으로 성령의 임함을 말하려면 하늘로부터 급하고 강한 바람 같은 소리가 나고 불꽃이 타오르는 형상(불의 혀같이 갈라지는 것)이 눈으로 보여야 하는데, 누구도 이런 경험을 하거나 이런 주장을 하는 사람은 없습니다.[360]

인간은 하나님의 은사를 인식하는 데 너무도 둔감하므로, 하나님께서는 인간의 모든 감각을 일깨워주시기 위하여, 성령의 강림을 하늘로부터 급하고 강한 바람 같은 소리가 나고 불꽃이 타오르는 형상(불의 혀같이 갈라지는 것)이 눈에 보이도록 역사하신 것입니다.[361] 그러나 이것은 모든 그리스도인에게 일반적인 것이 아니라 그 당시 오순절에 있었던 단회적인 사건입니다. 그런데도 그런 현상이 오늘날에도 일어난다고 주장하는 것은 성경적인 근거가 전혀 없습니다. 물론 그런 주장을 하는 사람들은 그런 현상을 어떤 내면적인 것으로 해석을 하지만, 성경은 그런 내면적인 것이 아니라 실제로 귀에 들리고 눈에 보이는 가시적인 현상으로 나타났다는 것을 명확하게 말씀합니다.[362] 그런데도 그

---

359) 윤석준, 『한국 교회가 잘못 알고 있는 101가지 성경 이야기 (2)』, 328~329.

360) 윤석준, 『한국 교회가 잘못 알고 있는 101가지 성경 이야기 (2)』, 330.

361) *Comm.* Acts 2:2, It was requisite that the gift should be visible, that the bodily sense might the more stir up the disciples. For such is our slothfulness to consider the gifts of God, that unless he awake all our senses, his power shall pass away unknown.

362) 윤석준, 『한국 교회가 잘못 알고 있는 101가지 성경 이야기 (2)』, 331.

것을 내면적인 것으로 주관화시켜버린다면 그것은 성경을 왜곡시키는 것이며 성경을 부인하는 자들입니다. 물론 성령이 임하면 내면적으로 마음이 불같이 뜨거워지는 일이 있을 수 있지만, 그것을 사도행전 2장의 경험이라고 주장하는 것은 잘못된 것입니다.[363]

방언은 신비한 하늘의 언어일까요, 아니면 외국어일까요?

행 2:1~11

한국 교회에는 방언하는 사람들이 상당히 많습니다. 순복음교회뿐만 아니라, 교파를 초월하여 대부분의 교회에서 방언하는 사람들이 있습니다. 그 가운데 배우지 않은 외국어 방언은 거의 찾아볼 수 없고, 거의 대부분은 말이 아니라 알아들을 수 없는 이상한 소리입니다.

그러면 성경이 말하는 방언이 알아들을 수 없는 이상한 소리일까요? 사도행전 2장에 나오는 방언은 여러 지방에서 온 사람들이 모두 자기의 언어로 알아들었기 때문에 분명히 제자들이 배운 적이 없는 외국어였다는 것을 알 수 있습니다.

그래서 알아들을 수 없는 이상한 소리를 방언이라고 주장하는 사람들은 고린도전서 14장의 방언을 그 근거로 제시합니다. 과연 그럴까요? 고린도전서에서 언급하고 있는 방언은 고전 14:21에 의하면 율법에 기록된 방언, 곧 사 28:11에 기록된 방언으로 분명히 외국어입니다. 고린도전서는 교회 안에 있는 방언이 사 28:11의 말씀이 성취된 것이라고 성경은 분명하게 말씀합니다. 사 28:11의 말씀은 이스라엘이 하나님을 멸시하였기 때문에 주변 민족들로부터 침략을 당하여 그들 이방 민족의 언어인 방언으로 듣게 될 것이라는 뜻입니다.[364] 방언이란 복음 전도자들이 언어의 상이성 때문에 복음을 전파하는 일에 지장을 받지 않고 의사전달에 불편함이 없도록 하나님께서 은사로 주신 외국말입니다.[365]

---

363) 윤석준, 『한국 교회가 잘못 알고 있는 101가지 성경 이야기 (2)』, 332.
364) 윤석준, 『한국 교회가 잘못 알고 있는 101가지 성경 이야기 (2)』, 347~348.
365) *Comm.* 1 Corinthians 14:22, Taking it in a general way, the meaning will be "Tongues, in so far as they are given for a sign - that is, for a miracle - are appointed not properly for believers, but for unbelievers." The advantages derived from tongues were various. They provided against necessity - that diversity of tongues might not prevent the Apostles from disseminating the gospel over the whole world: there was, consequently, no nation with which they could not hold fellowship. They served also to move or terrify unbelievers by the sight of a miracle - for the design of this miracle, equally with others, was to prepare those who were yet at a distance from Christ for rendering obedience to him. Believers, who had already devoted themselves to his doctrine, did not stand so much in need of such preparation.

오순절 성령강림은 회심과 중생 이후에 제2차적인 은혜로서 성령세례를 뜻할까요?

행 2:1~13

본문은 오순절 성령강림 사건을 기록하고 있습니다. 성령강림에 대한 기록은 행 8:14~17, 9:17~18, 10:44~46, 19:1~7에도 계속 나옵니다. 표현은 조금씩 다르지만 (행 8:14~17; 성령을 받음, 행 9:17~18; 성령으로 충만하게 하심, 행 10:44~46; 성령 부어주심, 행 19:1~7; 성령이 임하심) 같은 내용으로 보입니다. 그러면 본문의 뜻은 무엇일까요? 제2차적인 은혜로서 성령세례를 받으면 방언을 하고 봉사와 증거 활동을 위한 능력을 받는다는 뜻일까요?

고전 12:13은 성령세례에 대하여 '우리가 유대인이나 헬라인이나 종이나 자유자나 다 한 성령으로 세례를 받아 한 몸이 되었고 또 다 한 성령을 마시게 하셨느니라.'라고 말씀합니다. 우리는 회심과 중생 즉시 그리스도의 몸의 지체가 되는데, 이에 대하여 고전 12:13은 그리스도의 몸의 지체가 되는 것은 누구든지 한 성령으로 세례를 받을 때 일어나는 일이라고 선언합니다. 또 고전 12:3은 '그러므로 내가 너희에게 알게 하노니 하나님의 영으로 말하는 자는 누구든지 예수를 저주할 자라 하지 않고 또 성령으로 아니 하고는 누구든지 예수를 주시라 할 수 없느니라.'라고 말씀합니다.

그렇다면 성령으로 세례를 받을 때 회심과 중생은 일어나고, 회심과 중생은 성령으로 세례를 받는 것과 분리되지 않는다는 사실을 알 수 있습니다. 그렇다면 사도행전의 경우들은 어떻게 된 것일까요? 행 1:5에 의하면 성령세례는 오순절에 처음으로 일어났습니다. 비록 제자들에게는 이미 회심과 중생이 일어났지만(마 16:16~18, 눅 10:20, 요 13:10, 15:3) 성령세례는 오순절에 받았습니다. 행 8:14~17, 9:17~18, 10:44~46, 19:1~7의 경우는 오순절 이후의 일로 성령으로 세례를 받는 것이 중생과 동시에 일어났습니다.

물론 행 8:14~17의 경우는 적어도 외적으로는 회심과 중생 후에 성령으로 세례를 받는 일이 일어났습니다. 그러면 이 경우는 왜 다를까요? 성령세례 받기 전에 그들이 믿었다는 것이 진정한 회심이 아닐 수도 있습니다. 또는 사마리아인과 유대인 사이에는 해묵은 갈등이 있었기 때문에, 예루살렘교회가 사마리아 그리스도인들을 용납하여 갈등을 해결할 수 있을 때까지 성령세례를 늦추었을 수도 있습니다.[366]

행 9:17~18의 경우도 문제를 제기할 수 있지만, 사울은 다메섹 도상이 아니라 다메섹에 있는 유대인의 집에서 사흘을 머무른 후에 회심한 것으로 볼 수 있으므로, 회심과 성령세례가 동시에 이루어졌다고 말할 수 있습니다.[367]

예수님께서 부활과 승천으로 새로운 신분이 되셨을까요?

행 2:36 그런즉 이스라엘 온 집이 정녕 알지니 너희가 십자가에 못 박은 이 예수를 하나님이 주와 그리스도가 되게 하셨느니라 하니라.

눅 2:11은 '오늘날 다윗의 동네에 너희를 위하여 구주가 나셨으니 곧 그리스도 주시니라.'라고 증거했습니다. 예수님은 부활과 승천으로 새로운 신분을 얻으신 것이 아니라, 부활과 승천으로 말미암아 예수님께서 우리의 주와 그리스도가 되심을 깨닫고 확인하게 되었다는 뜻입니다. 행 2:37에서 지적하고 있듯이 유대인들과 예루살렘에 사는 사람들이 베드로의 설교를 듣고 마음에 찔렸다는 사실은, 비로소 예수님께서 주와 그리스도가 되심을 깨닫게 되었다는 사실을 뒷받침합니다.

본문은 이스라엘 온 집이 그리스도가 오실 것을 고백하고 있었음에도, 그들의 무지로 인하여 미워하고 치욕적으로 다루었던 예수님을 이스라엘 온 집의 하나님으로 인정하지 않으면 안 된다는 것을 그런 식으로 표현한 것입니다.[368] 특별히 그들이 그리스도를 참으로 신뢰하며, 의심할 여지가 없는 확실한 것까지도 쉽게 의심하는 일체의 의심을 깨끗이 제거하기 위하여 '정녕(ἀσφαλῶς)'이란 단어를 사용했습니다.[369]

기독교인은 재산을 공동으로 소유해야 할까요?

행 2:44 믿는 사람이 다 함께 있어 모든 물건을 서로 통용하고
　　　45 또 재산과 소유를 팔아 각 사람의 필요를 따라 나눠 주고

---

366) 이 문제는 John R. Stott의 *Baptism and Fullness: The Work of Holy Spirit Today*, 2nd ed., 15를 보시기 바람.

367) 송인규, 『성경 어떻게 적용할 것인가?』, 102~108.

368) *Comm.* Acts 2:36, The house of Israel did confess that Christ should come which was promised; yet did they not know Who it was. Therefore, Peter concludeth, that Jesus: whom they had so spitefully handled, yea, whose name they did so greatly detest: is he whom they ought to acknowledge to be their Lord, and whom they ought to reverence.

369) *Comm.* Acts 2:36, And he saith ἀσφαλῶς, or for a surety, not only that they may repose their sure confidence and trust in Christ, but that he may take away all occasion of doubting from those which do oftentimes willingly doubt even of matters which are certain and sure.

행 4:32~35에서도 믿는 무리가 모든 물건을 공유했다는 내용이 또 나옵니다. 이 말씀의 의도는 무엇일까요? 이 말씀은 공산주의 또는 사회주의를 지지하는 말씀일까요? 본문은 모든 믿는 사람들은 어느 한 사람도 그 어느 것도 자기의 것이라고 하지 않았다고 증거합니다. 그렇다면 기독교인이 되고자 하는 사람들은 재산을 공동 소유해야 할까요? 행 5:4은 그에 대하여 반박할 수 있는 말씀입니다.

> 땅이 그대로 있을 때는 네 땅이 아니며 판 후에도 네 임의로 할 수가 없더냐? 어찌하여 이 일을 네 마음에 두었느냐? 사람에게 거짓말한 것이 아니요, 하나님께로다.

그러나 호세 P. 미란다는 그것은 기독교인이 되기 전의 교회 밖의 상황이고 기독교인이 되면 사유재산제도를 버려야 한다고 주장하면서, '아나니아와 삽비라가 기독교인이 되기 위해서 재산을 다 팔아 공동의 소유로 바치는 것처럼 거짓을 행하다가 처벌받은 것'이라고 주장합니다.[370]

과연 그럴까요? 성경 어디에도 기독교인이 되려면 사유재산제도를 포기해야 한다고 명시적으로 말씀한 적이 없습니다. 아나니아와 삽비라 사건이 주는 교훈은 기독교인이 되려면 사유재산제도를 포기해야 한다는 말씀이 아니라, 성령을 속이지 말라는 데 그 교훈의 초점이 있습니다. 행 2:44~45, 4:32~35의 경우는 역사적 전례이지 일반화할 수 있는 것은 아닙니다.[371]

그러므로 재산을 공유하는 일이 없다면 교회가 없다는 재세례파나, 개인적인 소유물을 아무것도 가지지 않았기 때문에 사도들의 규율을 지키고 있다는 수도사들의 주장은 받아들일 수 없으며, 초대교회의 성도들이 모든 소유를 통용한 것은 가난한 사람들이 각각 그 요구에 따라서 구제되어야 했다는 점에서 한정되어야만 합니다.[372]

---

370) 호세 P. 미란다, 정혁현 역, 『성서의 공유사상-전통적 성경 해석에 대한 비판-』 (서울: 사계절, 1987), 27.
371) 송인규, 『성경 어떻게 적용할 것인가?』, 101.
372) *Comm.* Acts 2:44, as in this age the Anabaptists have raged, because they thought there was no Church unless all men's goods were put and gathered together, as it were, in one heap, that they might all one with another take thereof. Wherefore, we must in this point beware of two extremes. ⋯ For this community or participation together must be restrained unto the circumstance which ensueth immediately; to wit, that the poor might be relieved as every man had need. ⋯ And the impudency of the monks was ridiculous, who did profess that they did observe the apostles' rule, because they call nothing their own; and yet, nevertheless, they neither sell any thing, neither yet do they pass for any man's poverty; but they stuff their idle bellies with the blood of the poor, neither do they regard any other thing in their having of things common, save only that they may be well filled and daintily, although all the whole world be hungry.

행 5:32은 순종은 성령을 주시는 조건이라는 뜻일까요?

행 5:32 우리는 이 일에 증인이요 하나님이 자기를 순종하는 사람들에게 주신 성령도 그러
하니라 하더라.

또는 순종하는 사람들에게 성령을 주신다는 뜻일까요? 아니면 성령을 받기 위해서는
순종해야 한다는 뜻일까요? 우선 본문에서 말하려는 것이 무엇인지 살펴보아야 합니다.
영어 번역본을 보면 더 명확합니다.

> NASB: And we are witnesses of these things; and so is the Holy Spirit, whom God has
> given to those who obey Him.

본문이 말하려는 것은 앞의 내용, 곧 예수님께서 구주시라는 것에 대하여 사도들과 성
령께서 증인이시라는 것입니다. 성령을 받거나 성령 충만을 받는 방법을 말하려는 의도
는 전혀 없습니다. 물론 성령에 대하여 설명하면서 이 성령은 하나님께서 순종하는 자들
에게 주신 것이라고 설명합니다. 행 5:29에 의하면 하나님께서 순종하는 자들은, 복음을
전하지 말라는 사람들의 말이 아니라 하나님의 뜻대로 복음을 전한 자들입니다. 물론 하
나님은 순종하는 자들에게 성령을 주십니다. 그러나 하나님께 순종하는 것이 성령을 받
는 조건이거나 방법은 아닙니다.

구제는 전도의 수단이나 대사회적 직무일까요?

행 6:1~6

초대교회는 구제를 위하여 일곱 집사를 세웠습니다. 구제는 예나 지금이나 강조됩니
다. 오늘날 많은 교회가 노인 대학, 목욕 봉사, 소년 소녀 가장 돕기, 노숙자 무료식사
제공, 개발도상국 어린이 후원 등을 합니다.

그런데 왜 구제를 할까요? 가장 흔한 것은 전도, 또는 교회 성장의 도구로 합니다. 물
론 그렇게라도 구제하는 것이 좋은 것이 아니냐고 주장할 수도 있지만, 받는 처지에서
생각해 보면 그것은 결코 유쾌할 수가 없습니다. 구제가 전도나 교회 부흥을 위한 미끼
가 되어서는 안 됩니다. 전도는 직접 전해야 하고, 구제는 아무 조건 없이 구원받은 사

람이 다른 사람들에게 사랑을 나누는 차원에서 이루어져야 합니다.[373]

어떤 교회들은 복음을 전하는 것보다는 복지적 측면에 교회의 본질, 교회의 정체성을 두고 구제에 열심을 다합니다. 물론 구제는 필요하고 중요하지만, 교회의 본질을 영혼 구원에 두지 않고 세상 사람들의 가난과 질병을 위해 일하는 것에 두는 것은 궁극적으로는 복음을 파괴하는 결과를 초래할 것입니다.[374] 행 6:2의 '하나님의 말씀을 제쳐 놓고 공궤를 일삼는 것이 마땅치 아니하니'라는 말씀은 이에 대한 지적입니다. 복음의 본질은 가난과 질병으로부터의 구원이 아니라 죄로부터의 구원이기 때문입니다.

여기에서 우리는 먼저 짚고 넘어가야 할 질문이 있습니다. 구제는 믿지 않는 자들을 향한 것일까요, 아니면 교회 안의 가난한 자들을 향한 것일까요? 구제를 전도의 도구로 여기거나 대사회적 직무로 생각하는 교회들은 대부분 구제의 대상을 교회 밖의 믿지 않는 자들을 향하고 있습니다.[375] 과연 성경도 그렇게 말씀하고 있을까요?

행 6:1~6에 보면 초대교회가 구제에 매우 열심이었던 것을 알 수 있는데, 그 대상이 교회 안의 신자들이었습니다. 사도들이 구제하는 일로 그들의 가장 중요한 직무인 기도하는 일과 말씀 전하는 일이 지장을 받을 정도였습니다. 그래서 집사들을 세워서 그 일을 맡겼습니다. 사도 이외에 교회에서 처음 생겨난 직분이 집사 제도인데 그 직무는 구제를 전담하는 것이었습니다. 물론 그 대상은 교회 안의 신자들에 대한 것이었습니다.

신약성경에서 언급되는 헌금은 가난한 신자들을 구제하기 위한 연보였습니다. 행 2:44~45나 행 4:32~35에 나타난 모든 물건을 서로 통용하고 재산과 소유를 팔아 각 사람의 필요에 따라 나누어 주었으며 그 결과 핍절한 사람이 없었다는 것은 교회 안의 신자들을 향한 구제가 얼마나 잘 이루어졌는지를 알 수 있습니다.[376]

고후 8:13~15은 '이는 다른 사람들은 평안하게 하고 너희는 곤고하게 하려는 것이 아니요 평균케 하려 함이니 이제 너희의 유여한 것으로 저희 부족한 것을 보충함은 후에 저희 유여한 것으로 너희 부족한 것을 보충하여 평균하게 하려 함이라. 기록한 것같이 많이 거둔 자도 남지 아니하였고 적게 거둔 자도 모자라지 아니하였느니라.'라고 말씀합니다. 헌금의 이유가 많이 가진 자의 것에서 덜어서 적게 가진 자의 부족한 것을 보충함으로 균등하게 하려는 데 있다는 것입니다.[377] 이 근거는 만나의 분배 때 주어진 출

373) 윤석준, 『한국 교회가 잘못 알고 있는 101가지 성경 이야기 (2)』, 273.
374) 윤석준, 『한국 교회가 잘못 알고 있는 101가지 성경 이야기 (2)』, 274.
375) 윤석준, 『한국 교회가 잘못 알고 있는 101가지 성경 이야기 (2)』, 274.
376) 윤석준, 『한국 교회가 잘못 알고 있는 101가지 성경 이야기 (2)』, 278.
377) 윤석준, 『한국 교회가 잘못 알고 있는 101가지 성경 이야기 (2)』, 280.

16:18의 말씀에 두고 있습니다. 교회가 가난한 성도들을 돌아보는 대신에, 전도의 미끼나 교회 성장의 수단으로, 또는 대사회적 직무에서 교회의 정체성을 찾으려는 이유로 구제를 한다면, 그것은 성경적으로 바르다고 말할 수 없습니다.[378]

스데반을 돌로 쳐서 죽일 때 증인들이 옷을 벗어 사울의 발 앞에 둔 것은 무엇을 뜻할까요?

행 7:58 성 밖에 내치고 돌로 칠 새, 증인들이 옷을 벗어 사울이라 하는 청년의 발 앞에 두니라.

사도행전 7장은 대제사장과 산헤드린 공회원 앞에서 행한 스데반의 설교와 그로 인한 죽음을 기록하고 있습니다. 그때 증인들이 옷을 벗어 사울의 발아래 두었습니다. 그 의미가 무엇이었을까요?

겉옷은 그 사람의 사회적 신분과 권위를 나타냈습니다. 요나단은 자기가 입었던 겉옷을 벗어 다윗에게 줌으로써 다윗을 왕으로 받아들였고(삼상 18:3~4), 바울은 예수 그리스도를 믿음으로 새로운 신분이 주어진 그리스도인들의 변화를 새로운 겉옷을 입은 것으로 묘사했으며(롬 13:11~14, 갈 3:27, 엡 4:22~24, 골 3:9~10), 엘리야는 엘리사에게 자신의 겉옷을 남김으로써 선지자로서의 모든 권위와 영감을 엘리사에게 물려주었습니다.[379] 예수님께서 유월절을 앞두고 예루살렘에 들어오실 때 군중들이 자기들의 겉옷을 길에 펴면서 열렬히 환영한 것은 자신들의 권위를 내려놓고 예수님의 권위에 순종하겠다는 의미였습니다(막 11:8~10).[380]

그렇다면 스데반을 돌로 쳐서 죽일 때 증인들이 옷을 벗어 사울의 발 앞에 두었다는 말은 단순히 옷을 맡겼다는 의미가 아니라, 사울에게 자신들의 권위를 맡기고 순종하였다는 뜻이 되기 때문에, 사울은 스데반이 돌에 맞아 죽을 때 단순히 방관하고 구경한 것이 아니라 적극적으로 가담했거나 주동했다는 것을 알 수 있습니다.[381]

---

378) 윤석준, 『한국 교회가 잘못 알고 있는 101가지 성경 이야기 (2)』, 282.
379) 류모세, 『열린다 성경 (상)』, 93~95.
380) 류모세, 『열린다 성경 (상)』, 98.
381) 류모세, 『열린다 성경 (상)』, 99.

성령은 인격이실까요, 능력일까요?

행 8:9~25

성령님은 제3위의 하나님으로 인격을 가지고 계십니다. 그러나 그런데도 많은 사람은 성령님을 단순히 어떤 능력으로 생각합니다. 그것은 비성경적이고 이교적입니다. 행 8:9~25에 나오는 시몬은 성령님을 인격이 아닌 능력으로 오해했던 대표적인 사람입니다. 베드로와 요한이 사마리아로 와서 믿는 자들에게 안수할 때 성령 받는 것을 보고 돈을 주면서 그 권능을 사겠다고 제안한(행 8:18~19) 것을 보면 그것을 확인할 수 있습니다. 여기에 대하여 베드로는 '네가 하나님의 선물을 돈 주고 살 줄로 생각하였으니 네 은과 네가 함께 망할지어다.'라고 단호하게 책망했습니다.

성령님은 우리의 구원을 적용하는 일, 곧 우리를 성화시키는 일을 행하시는 인격을 가지신 제3위의 하나님이십니다. 성령님은 돈으로 사고팔 수 있는 능력도 아니고, 사람이 임의로 주고받을 수 있는 어떤 것이 결코 아닙니다. '성령을 받으라.'라고 인간이 임의로 어떻게 할 수 있는 존재가 아닙니다. 성령님은 신성의 인격이시며 지식과 감정과 의지를 소유하신 인격이십니다. 성령님은 사람들을 아시고 선택하시며 보내시고 사용하시며(행 13:1~5), 심판하시고 진리 가운데로 인도하시며 장래 일을 알리십니다(요 16:8~13). 성경은 성령님께서 성부와 성자와 동등하신 분이라고 증거합니다(마 28:19, 고후 13:13, 벧전 1:2). 예수님은 성령님의 인격을 모독하는 것은 사하심을 받을 수 없을 만큼 큰 죄라고 분명하게 경고하셨습니다(마 13:31~32).

성령님은 신성의 인격을 가지신 하나님이십니다. 예수님은 성령님을 '또 다른 보혜사'라고 말씀합니다(요 14:16). 여기에서 '또 다른'이란 말은 헬라어로 'ἑτέρως'가 아니라 'ἄλλος'인데, 'ἑτέρως'는 '전적으로 다른 것'(another of a different quality)을 뜻하지만 'ἄλλος'는 '첫 번째의 것과 똑같은 다른 것'(another of the same kind; another of a similar type)을 의미합니다.[382] 예수님은 성령님이 신성에 있어서 예수님과 똑같은 신성의 인격을 가지신 분이라고 소개합니다. 성경은 성령님께서 하나님의 속성을 가지신 분으로 분명히 증거합니다. 성령님은 전지하시고(요 16:12~13, 고전 2:10~11), 전능하시며(눅 1:35), 동시에 어디든지 계시고(시 139:7~10), 성부 성자 하나님과 함께 창조에 참여하

---

382) 『기독교 강요 교리설교 (하)』, 503.

신 분이십니다(욥 33:4).[383] 행 5:3~4에서는 성령을 속이는 것이 곧 하나님을 속이는 것이라고 증거했으며, 사 6:8~10의 주(하나님)가 행 28:25~27에서는 성령이시라고 말씀했습니다.[384] 성령님은 인격을 지니신 분이실 뿐만 아니라 하나님이십니다. 성령님은 우리의 구원을 우리의 삶에 적용하셔서 우리의 인격과 삶을 변화시키시는 하나님, 곧 우리를 성화시키시는 하나님이십니다.

설교하고 세례를 베푸는 것이 집사의 직무가 될 수 있을까요?

행 8:26~40

행 6:1~6에 선출된 일곱 집사 중 둘이 회중을 대상으로 설교하고 세례를 베풀었으니 설교하고 세례를 베푸는 것은 집사의 역할이라고 볼 수 있으며, 집사 중에는 여자 집사도 있으니(딤전 3:11) 여자 집사도 설교하고 세례를 베푸는 것은 당연할까요?

두 명의 집사가 설교하고 세례를 베풀었다는 것이 곧 집사의 역할이라고 주장하는 것은 부적절한 삼단논법에 불과합니다.[385] 여자 집사도 설교하고 세례를 베푸는 것이 당연하다고 주장하는 것은 여자 목사의 정당성을 주장하려는 의도가 담겨있는데, 몇몇 집사가 설교하고 세례를 베풀었다는 것이 곧 집사들은 모두 그렇게 할 권위가 주어졌다는 것을 보증하지는 못하며, 또 성경은 분명히 설교하고 세례를 베푸는 것은 장로(목사, 감독)의 역할이며(딤전 3:1~7, 딛 1:5~9), 남자의 역할이라고 말씀합니다(고전 14:33~36, 딤전 2:11~15).[386]

행 12:5~10, 행 16:22~26은 교회가 합심하여 간절히 기도하면 하나님께서 그 기도를 들어주신다는 뜻일까요?

행 12:5~10 행 16:22~26

베드로의 경우처럼 교회의 지도자나 성도가 옥에 갇혔을지라도 교회가 그를 위하여 간절히 기도하면 하나님께서 감옥에서 나오게 하신다는 뜻일까요? 또, 행 16:22~26 말

---

383) 『기독교 강요 교리설교 (하)』, 504.
384) 『기독교 강요 교리설교 (하)』, 504.
385) D. A. Carson, 126.
386) D. A. Carson, 126~127.

씀의 뜻은 무엇일까요? 바울과 실라의 경우처럼 감옥에 갇혔다고 하더라도 기도하고 하나님을 찬미하면 하나님께서 감옥에서 나오게 하신다는 뜻일까요? 때로는 복음을 전하다가 갇힌 성도들을 하나님께서 감옥에서 나오게 하십니다. 꼭 복음을 전하다가 갇힌 경우가 아니라도 때로는 하나님께서 감옥에서 나오게 하십니다.

그러나 그것을 일반화할 수는 없습니다. 하나님의 기적은 하나님께서 원하시면 얼마든지 일어납니다. 그러나 그것을 어느 경우에나 똑같이 일어나는 것으로 일반화하는 것은 잘못된 것입니다. 역사적 전례가 있다고 그것이 동일하게 누구에게나 일어난다고 일반화하거나 누구에게나 적용하는 것은 잘못된 것입니다. 옥에 갇혔던 바울과 실라, 베드로가 원하고 추구했던 것은 감옥에서 나오는 것 자체가 아니라 오직 살든지 죽든지 자신을 통하여 그리스도가 존귀하게 되는 것이었고(빌 1:20~21), 오직 그리스도의 고난에 참예하는 것으로 즐거워하는 것이었습니다.

옥에서 풀려난 베드로를 보고 성도들이 놀란 이유는 기도 응답을 믿지 못했기 때문이었을까요?

> 행 12:15 저희가 말하되, 네가 미쳤다 하나 계집아이는 힘써 말하되, 참말이라 하니 저희가 말하되, 그러면 그의 천사라 하더라.

많은 사람은 본문을 '베드로가 옥에 갇히자 베드로가 풀려나기를 위해서 간절히 기도했으나 막상 기도가 응답되었음에도 믿지 못했다.'라고 해석합니다. 초대교회 성도들을 간절히 기도해 놓고 믿지 못하는 사람들로 격하시키면서, 우리는 그렇게 해서는 안 된다는 교훈을 얻자고 말합니다. 과연 그럴까요? 행 12:5에 보면 성도들이 무엇을 기도했는지 그 내용이 나오지 않습니다. 베드로가 풀려나기를 위하여 간절히 기도했다는 것은 성경에는 없는 내용입니다. 당연히 베드로가 풀려나기를 위하여 간절히 기도했을 것이라는 우리 생각을 집어넣은 것입니다.

초대교회 성도들이 과연 그것을 위해 기도했을까요? 행 4:1~30을 보면 그것을 알 수 있습니다. 베드로와 요한이 감옥에 갇혔습니다. 이튿날 관원과 장로와 서기관들과 대제사장들과 그 문중이 다 참예한 가운데서 심문을 받을 때, 베드로와 요한은 기탄없이 예수 그리스도를 전했습니다. 그리고 옥에 가둘 만한 혐의를 찾을 수 없어서 예수의 이름으로 말하지도 말고 가르치지도 말라고 엄하게 경계하고 위협한 후에 놓아주었습니다.

이 사실을 그 동류들에게 전하자 성도들은 하나님께 기도했습니다. 무어라고 기도했습니까? '베드로와 요한이 옥에서 풀려나게 해주시니 감사합니다.', 이렇게 기도했습니까? 아닙니다. 베드로와 요한에게 일어난 일을 시 2:1~2이 이루어진 것으로 고백하면서, 그런 상황 가운데서도 포기하거나 타협하거나 도망치지 말고 더욱 담대하게 하나님의 말씀을 전할 수 있게 해주시기를 기도했습니다. 그렇다면 행 12:15의 경우도 마찬가지가 아니었을까요?387)

성도들이 그런 반응을 보인 것은 믿음 없이 기도한 것이 아니라, 베드로가 살거나 죽거나 끝까지 그리스도께 영광을 돌릴 것과 성도들이 어떤 상황에서도 흩어지지 않기를 기도했는데, 그 기도를 능가하는 은혜를 하나님께서 베풀어 주신 결과 때문에 그런 반응을 보인 것입니다.388)

'자주(자색 옷감) 장사' 루디아는 어떤 신분이었을까요?

행 16:13 안식일에 우리가 기도처가 있는가 하여 문밖 강가에 나가, 거기 앉아서 모인 여자들에게 말하더니
　　　14 두아디라성의 자주 장사로서 하나님을 공경하는 루디아라 하는 한 여자가 들었는데 주께서 그 마음을 열어 바울의 말을 청종하게 하신 지라.

자주색 염료는 '뿔고둥(murex snail)'으로 불리는 달팽이의 하부 기관지선(hypo bronchial gland)을 극히 소량 채취하여 얻었는데, 50㎠의 천을 자주색으로 염색하려면 1만 마리의 뿔고둥을 잡아야 했고, 또 뿔고둥은 두로가 위치한 지중해 해변에서만 잡혔습니다.389) 따라서 자색 옷감은 매우 귀했기 때문에, 자주색은 왕족이나 귀족 등 최상위 3%의 상류층을 위한 색깔이었습니다.390) 따라서 루디아가 자주 장사였다는 것은 최고의 상류층을 위한 값비싼 옷감을 파는 상당한 재력가였다는 뜻이 됩니다.

뿔고둥의 자색 염료는 한 번 물들면 탈색하는 것이 거의 불가능할 정도로 염색 효과

---

387) 윤석준, 『한국 교회가 잘못 알고 있는 101가지 성경 이야기 (1)』, 291~293.
388) *Comm.* Acts 12:15, Whereas they think that the maid is mad, which telleth them that Peter was come; we gather by this, that they did not hope or look for Peter's deliverance, and yet we will not say that they prayed without faith; because they looked for some other success, to with that Peter being armed with power from heaven, should be ready, whether it were by life or death, to glorify God, that the flock being terrified with the violent invasion of wolves might not be scattered abroad, that those that were weak might not faint, that the Lord would put away that whirlwind of persecution. But in that the Lord granteth them more than they hoped for, he surpasseth their desires with his infinite goodness.
389) 류모세, 『열린다 성경 (상)』, 47.
390) 류모세, 『열린다 성경 (상)』, 48~50.

가 탁월했기 때문에, 이사야 선지자는 우리의 죄를 사해주시는 하나님의 놀라운 능력을 한 번 물들이면 빠지지 않는 자색 염료와 비교해서 설명했습니다.[391]

사 1:18 여호와께서 말씀하시되, 오라! 우리가 서로 변론하자. 너희 죄가 주홍 같을지라도 눈과 같이 희어질 것이요, 진홍같이 붉을지라도 양털같이 되리라.

믿음은 의지의 선택과 결단일까요?

행 16:31 가로되, 주 예수를 믿으라! 그리하면 너와 네 집이 구원을 얻으리라 하고

안 믿을 수도 있는데 믿어야 한다는 의미일까요? 물론 보편구원론자이든지 개혁주의자이든지 동일하게 복음을 전할 때는 '주 예수를 믿으라! 그리하면 너와 네 집이 구원을 얻으리라.'라고 말하기 때문에 그런 의미로 이해될 수도 있습니다. 그러나 여기에는 양보할 수 없는 중요한 차이점이 있습니다. 보편구원론자들은 그리스도는 오직 구원의 가능성만을 획득했고, 이 구원이 실제로 어떤 사람의 소유가 되는 것은 그 사람 자신에게 달려 있으며, 그들에게 있어서 믿음은 가능한 구원을 실제적 구원으로 만드는 하나의 조건과 공로가 되고, 그 구원은 죽을 때까지 불확실한 상태에 둘 수밖에 없습니다.[392] 그러나 개혁주의자들은 그리스도께서 전체적이고 완전하며 실제적인 구원을 획득하셨다는 것을 믿기 때문에, 믿음은 공로나 조건이 될 수 없고, 인간 자신들의 입장에 근거한 것보다 훨씬 안전하고 확실한 구원을 보장받을 수 있습니다.[393]

믿음을 방법이나 조건, 노력, 선행, 공로 등 인간적 근거로 설명한다면 하나님 은혜의 은혜 됨(은혜의 완전성)을 훼손합니다. 무엇이든지 인간이 가진 것으로는 믿는 데 있어서 어떤 면으로든지 전혀 유익하거나 유리한 것이 없습니다. 구원은 세상이 줄 수 있는 어떤 것이나, 인간이 가질 수 있고 가지고 있는 그 어떤 것으로도 얻을 수 없습니다. 믿음이란 오직 하나님의 방법, 하나님께만 근거가 있는 것이고, 하나님의 선물, 하나님의 전적인 은혜입니다. 따라서 '믿으라.'는 말은 믿음은 구원의 선행 조건이 아니라, 자신에게는 구원을 위한 어떤 근거도 없음을 인정하라는 의미입니다.

---

391) 류모세, 『열린다 성경 (상)』, 48.
392) 『개혁 교의학 4』, 28.
393) 『개혁 교의학 4』, 28.

'성령의 감동으로'란 무슨 뜻일까요?

행 21:4 제자들을 찾아 거기서 이레를 머물더니 그 제자들이 성령의 감동으로 바울더러 예
루살렘에 들어가지 말라 하더라
　　5 이 여러 날을 지난 후 우리가 떠나갈 새 저희가 다 그 처자와 함께 성문 밖까지
전송하거늘 우리가 바닷가에서 무릎을 꿇어 기도하고
　　6 서로 작별한 후 우리는 배에 오르고 저희는 집으로 돌아가니라.

제자들이 성령의 감동으로 바울더러 예루살렘에 들어가지 말라고 만류합니다. 그렇다면
바울은 어떻게 해야 합니까? 예루살렘에 들어가지 말아야 할까요? 그런데 바울은 예루살
렘에 들어갑니다. 그렇다면 바울은 성령의 감동을 거부한 것일까요? 또는 살전 5:19의 '성
령을 소멸치 말라.'라는 말씀을 거역한 것일까요? 아니면, 엡 4:30의 '성령을 근심하게 하
지 말라.'라는 명령을 어긴 것일까요? 만일 그렇다면 문제가 심각해집니다. 그러면 '성령
의 감동으로'란 무슨 뜻일까요? 행 20:22~23을 보면 이 문제는 쉽게 해결됩니다.

행 20:22 보라! 이제 나는 심령에 매임을 받아 예루살렘으로 가는데 저기서 무슨 일을 만날
는지 알지 못하노라.
　　23 오직 성령이 각 성에서 내게 증거하여 결박과 환난이 나를 기다린다 하시나
　　24 나의 달려갈 길과 주 예수께 받은 사명 곧 하나님의 은혜의 복음 증거하는 일을 마치려
함에는 나의 생명을 조금도 귀한 것으로 여기지 아니하노라.

그러므로 여기에 '성령의 감동으로'란 말은 바울더러 예루살렘으로 가지 말라는 것이 아
니라, 예루살렘에 가면 거기서 결박과 환난이 기다린다는 사실을 알려주는 감동입니다.[394]
그래서 바울은 '나의 달려갈 길과 주 예수께 받은 사명 곧 하나님의 은혜의 복음 증거하는
일을 마치려 함에는 나의 생명을 조금도 귀한 것으로 여기지 아니하노라.'라는 각오로 예루
살렘으로 올라갔습니다. 이러한 사실은 행 21:10~15에서도 확인할 수 있습니다.

행 21:10 여러 날 있더니 한 선지자 아가보라 하는 이가 유대로부터 내려와
　　11 우리에게 와서 바울의 띠를 가져다가 자기 수족을 잡아매고 말하기를 성령이 말씀하시되,
예루살렘에서 유대인들이 이같이 이 띠 임자를 결박하여 이방인의 손에 넘겨주리라 하거늘

---

394) 박희천, 『손 더듬이 성경 해석학-성경이 성경을 해석한다』, 146~147.

12 우리가 그 말을 듣고 그곳 사람들로 더불어 바울에게 예루살렘으로 올라가지 말라 권하니

13 바울이 대답하되, 너희가 어찌하여 울어 내 마음을 상하게 하느냐 나는 주 예수의 이름을 위하여 결박 받을 뿐 아니라 예루살렘에서 죽을 것도 각오하였노라 하니

14 저가 권함을 받지 아니하므로 우리가 주의 뜻대로 이루어지이다 하고 그쳤노라.

15 이 여러 날 후에 행장을 준비하여 예루살렘으로 올라갈 새

제자들은 성령의 감동으로 바울이 예루살렘에 올라가면 그에게 무슨 일이 일어날 것인가를 알았지만, 그러나 그것이 동시에 바울의 부름이 무엇을 요구하며 무엇이 이로운지를 알지 못했는데, 그것은 그들이 받은 은사의 수단으로써는 도저히 그 정도까지는 미칠 수 없었기 때문입니다.[395] 한편 바울로 하여금 오랫동안 숙고함으로써 보다 나은 준비를 체험하는 데 이르도록 하고, 그 예언에 따라 서글픈 결과를 미리 들으면서도 기꺼이 고난을 주저하지 않고 겪도록 하기 위함이었습니다.[396]

'가시채를 뒷발질하기가 네게 고생이니라.'란 말씀의 뜻이 무엇일까요?

행 26:14 우리가 다 땅에 엎드러지매 내가 소리를 들으니 히브리 방언으로 이르되, 사울아, 사울아, 네가 어찌하여 나를 핍박하느냐? 가시채를 뒷발질하기가 네게 고생이니라.

팔레스타인의 농부들은 손에 긴 막대기를 들고 다니는데, 그 막대기 한쪽 끝에는 금속 송곳이나 바늘이 달려 있고, 다른 편에는 보습을 청소할 때 사용하는 납작한 쇳조각이 달려 있습니다.[397] 젊은 수소는 일하기 싫으면 걷어차는 버릇이 있는데, 농부는 그런 소가 다시는 그런 짓을 하지 못하도록 뒷발질을 할 때 가시채를 차게 합니다.[398] 바울은 하나님의 계획에 대해 발길질을 함으로 고통만 당할 뿐이었습니다. 주님은 그것을 지적하셨습니다.

---

395) *Comm.* Acts 21:4, The Lord showed to these brethren, of whom Luke maketh mention, what should come to pass; yet, nevertheless, they know not what is expedient, and what Paul's calling doth require, because the measure of their gift doth not reach so far.

396) *Comm.* Acts 21:4, And the Lord would have his servant admonished of purpose, partly, that through long meditation, he might be better furnished and prepared to suffer whatsoever should come, partly that his constancy might more plainly appear, when as being certified by prophecies of the doleful event, he doth, notwithstanding, wittingly and willingly, make haste to endure whatsoever things shall befall him.

397) Barbara M. Bowen, 82~83.

398) Barbara M. Bowen, 83.

로마서

예수님은 부활이 조건이 되어 그 결과 하나님의 아들로 인정되셨을까요?

롬 1:4 성결의 영으로는 죽은 가운데서 부활하여 능력으로 하나님의 아들로 인정되셨으니 곧 우리 주 예수 그리스도시니라.

예수님께서 이전에는 하나님의 아들로 인정받지 못하시다가, 그의 부활로 말미암아 비로소 하나님의 아들로 인정되셨을까요? 그리스도는 영원부터 하나님의 영광의 광채와 그 본체의 형상으로 태어나셨고(히 1:2~3), 그리스도께서 부활하심으로 이 사실이 강력하게 증명되었습니다(행 13:33, 롬 1:4). 그리스도는 그의 초자연적인 출생이나, 윤리적 우월성이나, 요 10:34~36과 행 13:32~33과 롬 1:4에 근거한 그리스도의 중보자직과 부활을 통하여 비로소 아들이 되신 것이 아니라 본성상 영원부터 하나님의 아들이십니다.[399]

본래부터 그는 하나님의 아들이셨지만(요 1:18, 빌 2:6~8), 부활을 통해 하나님의 아들 됨이 '선언(확증)되었다(ὁρισθέντος, having been declared).'라는 것을 다른 번역본들은 분명하게 보여줍니다.

> NASB: who was declared the Son of God with power by the resurrection from the dead, according to the Spirit of holiness, Jesus Christ our Lord,

> KJB: And declared [to be] the Son of God with power, according to the spirit of holiness, by the resurrection from the dead:

> ISV: and was declared by the resurrection from the dead to be the powerful Son of God according to the spirit of holiness—Jesus the Messiah, our Lord.

> ASV: who was declared to be the Son of God with power, according to the spirit of holiness, by the resurrection from the dead; even Jesus Christ our Lord,

> NIV: and who through the Spirit of holiness was declared with power to be the Son of

---

399) 『개혁 교의학 2』, 341~342.

God by his resurrection from the dead: Jesus Christ our Lord.

개역 개정: 성결의 영으로는 죽은 자들 가운데서 부활하사 능력으로 하나님의 아들로 선포되셨으니 곧 우리 주 예수 그리스도시니라.

공동번역: 거룩한 신성으로 말하면 죽은 자들 가운데서 부활하심으로써 하느님의 권능을 나타내어 하느님의 아들로 확인되신 분입니다. 그분이 곧 우리 주 예수 그리스도이십니다.

예수님은 태초부터 하나님이셨고(요 1:1~14), 탄생하시기 전부터 하나님이심을 성경은 증거했으며(사 7:14, 마 1:23), 세례를 받으실 때와 높은 산 또는 산(소위 '변화산')에서도 하나님의 아들로 증거를 받으셨습니다(마 3:17, 막 1:11, 마 17:5, 막 9:7, 눅 9:35). 심지어 귀신들도 예수님을 하나님의 아들로 알아보았습니다(마 8:29, 막 3:11, 5:7, 눅 4:41). 그런데도 그리스도께서 부활하심으로써 하나님의 아들로 인정되셨다고 말한 것은, 성육신으로 낮아지신(비하) 그리스도께서 부활로 높아지신(승귀) 것을 알리려 함이었습니다.

'무슨 신령한 은사'는 초자연적이고 신비한 어떤 것으로 인간이 나누어줄 수 있을까요?

롬 1:11 내가 너희 보기를 심히 원하는 것은 무슨 신령한 은사를 너희에게 나눠 주어 너희를 견고케 하려 함이니

예언, 방언, 신유 같은 것을 말할까요? 헬라어 본문을 보면 그런 의미를 찾을 수 없습니다. '무슨 신령한 은사'를 영역본들은 'some spiritual gift'로, 공동번역과 현대인의 성경은 '영적인 축복'으로 번역했습니다. 그러면 'some spiritual gift', '영적인 축복'은 구체적으로 무엇을 말할까요? 롬 1:11 이후의 문맥을 보면 롬 1:15에서 그것이 바로 '복음'이라는 것을 확인할 수 있습니다. 롬 1:15은 바울이 로마에 가고자 했던 소원에 대해 결론을 짓고 있는데, 그것은 그들에게도 복음을 전하는 것이었습니다. 그들은 이미 신자들인데 왜 복음을 전한다고 말하는지 의아해할 수도 있지만, 롬 1:11에 의하면 그들은 견고하지 못했고, 롬 1:13에 의하면 아직 신앙의 열매가 맺히지 않았습니다. 따라서 바울은 그들을 만나서 복음을 제대로 전하고 가르쳐서 견고하게 세우며, 열매를 맺게 하기를 심히 원했습니다. 롬 1:11은 그런 바울의 심정을 표현한 것입니다. 그러므로 바울이 로마교회 성도들에게 나눠주기를 원했던 '무슨 신령한 은사'는 신비한 어떤 것도 아니고, 예언, 방언, 신유 같은 은사도 아니며, '복음'이었습니다.

신사도 운동에서는 바울이 신령한 은사를 성도들에게 나누어준다고 했는데, 그 나누어 준다는 말이 'impart'라는 것을 근거로 'impartation', 곧 안수를 통하여 성령님의 능력, 은사를 전이시킬 수 있다고 주장합니다.[400] 그것은 이미 성경에서 정죄된 것으로 시몬에게서 그 예를 찾을 수 있습니다(행 8:17~20). 성령님의 능력, 은사는 사람이 안수하여 나누어줄 수 있는 것이 아니라 하나님께서 원하시는 자들에게 은혜로 나누어주십니다(고전 12:11). 인간이 다른 인간에게 초자연적이고 신비한 어떤 은사들을 나눠줄 수 있다고 생각하는 것 자체가 성경적으로 근거가 없고 용납될 수 없습니다. 모든 은사를 나눠주는 분배자는 모든 것을 그리스도에게서 취하는 성령이며(요 16:13~14, 엡 4:7), 성령은 자기 뜻에 따라 각 사람에게 은사들을 나눠주되 믿음의 정도와 교회 안에서 차지하는 자리와 부름을 받은 사역에 따라 나누어 주기 때문에(롬 12:3, 6, 고후 10:13, 엡 4:7, 벧전 4:10), 각각의 은사는 '성령의 나타남'입니다(고전 12:7).[401]

롬 1:15은 한 번 중생한 자의 중생이 영속될 수 없다는 뜻일까요?

롬 1:15 그러므로 나는 할 수 있는 대로 로마에 있는 너희에게도 복음 전하기를 원하노라.

바르트(K. Barth)는 로마의 신자들이 복음을 듣고 순종한 경험이 있으나 다시 새로이 복음을 듣고 순종할 필요가 얼마든지 있다고 주장했는데, 그것은 성도의 궁극적인 구원의 교리에 위반되고, 성경의 가르침(요 5:24, 6:47, 10:28~29, 눅 10:20, 롬 8:35~39, 11:29, 엡 4:30, 빌 1:6, 3:20, 살후 3:3, 히 10:14, 벧전 1:5, 계 3:5, 13:8, 20:12, 21, 21:27, 시 138:8, 렘 31:3, 32:40)에 맞지 않습니다.[402] 본문은 로마에 있는 신자들에게 하나님의 말씀을 가르쳐서 신앙을 더욱 견고하게 세우겠다는 뜻이지, 한번 참으로 중생한 신자의 영속적인 효과를 부정하는 의미는 없습니다.[403]

---

400) 이인규, 『평신도들이 혼동하기 쉬운 성경 50』, 364.
401) 『개혁 교의학 4』, 353.
402) 박윤선, 『성경주석 로마서』 2판 (서울: 영음사, 1989), 52.
403) 박윤선, 『성경주석 로마서』 2판, 52.

복음을 부끄러워하지 않는다는 말이 담대하게 전도한다는 뜻일까요?

롬 1:16 내가 복음을 부끄러워하지 아니하노니 이 복음은 모든 믿는 자에게 구원을 주시는 하나님의 능력이 됨이라. 첫째는 유대인에게요 또한 헬라인에게로다.

복음을 전할 때 사람들을 부끄러워하지 않고 담대하게 복음을 전한다는 뜻일까요? 복음 전하는 것을 부끄러워하지 말라는 뜻일까요? 성경은 분명히 복음 전하는 것을 부끄러워하지 않는다고 말씀하지 않고 복음을 부끄러워하지 않는다고 말씀합니다. 왜냐하면, 복음은 모든 믿는 자에게 구원을 주시는 하나님의 능력이 되기 때문입니다.

> 고전 1:23 우리는 십자가에 못 박힌 그리스도를 전하니 유대인에게는 거리끼는 것이요 이방인에게는 미련한 것이로되
> 24 오직 부르심을 입은 자들에게는 유대인이나 헬라인이나 그리스도는 하나님의 능력이요 하나님의 지혜니라.

십자가에 죽는 방식으로 믿는 자들을 구원하시는 이 복음은 유대인에게는 거리끼는 것이요 이방인에게는 미련한 것이지만, 믿는 자들에게는 하나님의 능력이요 하나님의 지혜입니다. 그런데도 오늘날 한국 교회 안에는 십자가에 죽는 방식으로 믿는 자들을 구원하시는 이 복음을 거리끼고 미련하게 여기고 있습니다. 그래서 전도를 한다고 하면서도 십자가에 죽는 방식으로 믿는 자들을 구원하시는 이 복음을 전하는 대신에 기복적인 내용을 전합니다. 그것은 복음을 전하는 것이 아닙니다.

사람들을 부끄러워하지 않고 전도하지만, 그런 식으로 전도하는 것은 사실은 복음을 부끄러워하는 것입니다. 교회 안에서도 십자가에 죽는 방식으로 믿는 자들을 구원하시는 이 복음을 선포하는 대신에, 인간들이 원하고 좋아하는 세속적인 성공담이나 심리적인 위로나 각종 행사나 오락이나 개그 같은 설교들과 프로그램들로 사람들을 끌어들이고 붙잡아두는데, 사실은 이것이 복음을 부끄러워하는 것입니다.

바울이 자신은 복음을 부끄러워하지 않는다고 선언한 것은 복음이 세상 사람들에게는 치욕적인 것이라는 것을 암시합니다.[404] 바울이 이 말을 하는 것은 세상 사람들이 복음을 치욕적인 것으로 여긴다고 하더라도, 로마교회 성도들은 그것으로 인하여 복음을 과소평

---

404) *Comm.* Romans 1:16, He indeed intimates that it was contemptible in the eyes of the world; and he does this by saying, that he was not ashamed of it.

가하지 않고, 그리스도의 십자가 치욕을 그들이 견디도록 준비시키기 위함이었습니다.405)

'이 복음은 모든 믿는 자에게 구원을 주시는 하나님의 능력(δύναμις)이 됨이라.' 에서 능력은 다이너마이트와 같은 뜻일까요?

롬 1:16 내가 복음을 부끄러워하지 아니하노니 이 복음은 모든 믿는 자에게 구원을 주시는 하나님의 능력이 됨이라. 첫째는 유대인에게요 또한 헬라인에게로다.

바울이 이 단어를 사용할 때 19세기에 만들어 낸 다이너마이트를 미리 알고 그런 단어를 사용했을 리 만무합니다.406) 후대의 단어 용법으로 그보다 시대적으로 앞선 단어를 사용할 때 이와 같은 의미론적 시대착오를 하게 됩니다.407) 또 어떤 것을 폭발시켜 갈기갈기 찢어 놓고 구덩이를 만들며 무엇인가를 파괴하기도 하는 다이너마이트라는 단어를, 죽은 자 가운데서 살리는 능력으로나(엡 1:18~20), 예수 그리스도를 닮아가며 사는 사람으로 만들어 가는 능력으로 사용하는 것은 적절하지 못합니다.408)

'믿음으로 믿음에 이르게'란 말씀의 뜻이 무엇일까요?

롬 1:17 복음에는 하나님의 의가 나타나서 믿음으로 믿음에 이르게 하나니 기록된바 오직 의인은 믿음으로 말미암아 살리라 함과 같으니라.

'믿음으로'는 하나님의 신실하심이고 '믿음에'는 인간의 믿음일까요(K. Barth)? '믿음으로'와 '믿음에'를 하나님과 신자에게 각각 구분하는 것은 자연스럽지 않고 이 두 표현은 둘 다 신자와 관련된 것입니다.409) 본 절이 의미하는 것은 구원의 기초인 하나님의 의가 복음에만 나타나기 때문에 복음 이외의 다른 곳에서는 구원을 얻을 수 없다는 뜻입니다.410) 누구든지 그리스도를 믿는 자는 '믿음으로 말미암아'(롬 3:22, 25, 30, 갈 2:16, 3:26, 엡 2:8, 빌 3:9, 딤후 3:15), '믿음에 기초하여'(롬 1:17, 3:30, 5:1, 9:30, 32,

---

405) *Comm.* Romans 1:16, And thus he prepares them for bearing the reproach of the cross of Christ, lest they should esteem the gospel of less value by finding it exposed to the scoffs and reproaches of the ungodly;
406) D. A. Carson, 38.
407) D. A. Carson, 38.
408) D. A. Carson, 39.
409) 박윤선, 『성경주석 로마서』 2판, 55.
410) *Comm.* Romans 1:17, He therefore intimates, that we cannot obtain salvation otherwise than from the gospel, since nowhere else does God reveal to us his righteousness, which alone delivers us from perdition.

10:6, 갈 3:8, 24), '믿음으로'(롬 3:28) 의롭게 됩니다.411)

'믿음으로'란 말은 하나님의 의는 믿음으로 받아들여진다는 뜻이고, 여기에 '믿음에'라는 말을 덧붙인 것은 우리의 믿음이 진보하고 우리의 지식이 향상됨에 따라, 하나님의 의가 우리 안에 증가하며, 그것을 우리가 소유한 것이 다소 확실해지기 때문입니다.412)

진노는 하나님의 성품에 어울리지 않을까요?

롬 1:18 하나님의 진노가 불의로 진리를 막는 사람들의 모든 경건치 않음과 불의에 대하여 하늘로 쫓아 나타나나니

하나님은 우리의 구원자이십니다. 하나님께서 우리의 구원자시라는 사실은 우리가 우리 스스로 해결할 수 없는 큰 죄를 지었다는 것과 그로 인하여 하나님의 심판적 진노 아래 놓였다는 것을 전제합니다. 이 말은 우리가 구원자 되시는 하나님을 아는 것은, 우리가 죄인이며 그로 인해 하나님의 진노로 심판을 받을 수밖에 없다는 것을 알 때 비로소 깨닫게 된다는 뜻입니다.413)

대부분의 현대 그리스도인은 우리의 죄와 하나님의 진노, 하나님의 심판에 대한 성경의 증거를 거북하게 여기며, 진노는 하나님께 어울리지 않는다고 생각합니다. 왜 이런 현상이 생겼을까요? 우리가 듣는 설교는 대부분 하나님의 사랑을 주제로 하고 있고, 대다수의 신앙 서적은 시험과 좌절과 슬픔과 어려움에 부딪혔을 때 도와주시는 하나님의 능력을 고백하고 감사하는 내용이며, 복음 전파자들도 하나님의 사랑과 은혜, 우리 삶에 대한 하나님의 계획을 강조하기 때문일 것입니다.414) 우리의 죄나 그에 대한 하나님의 진노나 심판에 대해서 침묵하기 때문에, 우리의 죄나 그에 대한 하나님의 진노나 심판에 대해서는 거의 들어보거나 읽을 수가 없습니다. 그러나 성경은 우리의 죄와 하나님의 진노와 심판에 대하여 침묵하지 않는데, 그 이유는 복음은 사실 '회개하라는 하나님의 명령'이기 때문입니다(행 17:30).415)

---

411) 『개혁 교의학 4』, 214.
412) *Comm.* Romans 1:17, But instead of the expression he used before, "to every one who believeth," he says now, from faith; for righteousness is offered by the gospel, and is received by faith. And he adds, to faith: for as our faith makes progress, and as it advances in knowledge, so the righteousness of God increases in us at the same time, and the possession of it is in a manner confirmed.
413) 『기독교 강요 교리설교 (상)』, 322.
414) 『기독교 강요 교리설교 (상)』, 323.
415) 『기독교 강요 교리설교 (상)』, 323.

하나님께서 죄에 대하여 진노하신다는 개념은 어느 시대에나 인기가 없었음에도 선지자들과 사도들, 그리고 옛 선생들은 반드시 이것에 대해 분명하게 밝혔던 이유는 그것이 성경적이기 때문입니다.416) 그러나 하나님의 진노는 하나님의 성품에 어울리지 않는다고 생각하거나 잘못된 것으로 생각하는 이유는, 바로 자신이 죄인인 것을 인정하기 싫고, 그래서 그 죄에 대한 하나님의 진노와 심판을 받아들이고 싶지 않기 때문입니다.417)

구약성경에서는 하나님 자신과 관련된 것으로서 진노를 표현하기 위해 20개 이상의 단어가 사용되었고, 우리가 주의를 기울여 볼 만한 중요한 구절도 거의 600개 이상이나 있습니다.418) 하나님은 율법을 주시면서 율법을 어기는 것에 대한 하나님의 진노를 말씀하셨습니다(출 22:22~24). 하나님은 이스라엘 백성이 금송아지를 만들어 놓고 그것을 향하여 제사를 드린 것에 대하여 진노하셨습니다(출 32:10~12). 하나님의 진노는 하나님의 거룩하신 성품이 죄에 대하여 나타내시는 마땅한 반응으로 죄와 악에 대하여 일관성 있게 그리고 단호한 거부를 나타냅니다.419)

하나님의 진노는 욥의 친구들의 어리석고 교만한 충고에 대해서(욥 42:7), 소돔과 고모라와 다른 성읍들의 우상숭배에 대하여(신 29:23~28), 다른 신들을 섬기며 그것에 절하는 것에 대하여(신 11:16~17), 하나님을 배반하는 모든 자에게 나타났습니다(스 8:22).420)

하나님의 진노는 하나님의 본성의 일면이고, 그 진노 그 자체로 끝나지 않고 정의를 실현하는 심판이 따르기 때문에 언제나 사법적인 요소가 따르지만, 이 세상에서는 정의가 완전히 실현될 수 없으므로 하나님의 심판은 종말론적입니다.421)

신약성경은 '장차 다가올 진노'에 대하여 말씀하고 있고(롬 2:5, 살전 1:10), 신약성경 곳곳에서는 지금은 하나님의 은혜 가운데 살고 있다는 인식이 나타나 있지만, 하나님의 진노가 그쳤다거나 미래의 심판 때도 진노하지 않으실 것이라고 말씀하지 않습니다.422) 주님은 지옥에 대해서도 자주 말씀하셨고, 죄의 결과와 경건치 않은 자들에 대한 하나님의 정의롭고도 확실한 결과가 어떠할지도 경고하셨습니다.423)

로마서 1장은 죄의 결과로 나타난 현상들인 이해력이 어두워지는 것, 신앙심이 타락

---

416) 『기독교 강요 교리설교 (상)』, 323.
417) 『기독교 강요 교리설교 (상)』, 323.
418) 『기독교 강요 교리설교 (상)』, 324.
419) 『기독교 강요 교리설교 (상)』, 325.
420) 『기독교 강요 교리설교 (상)』, 325.
421) 『기독교 강요 교리설교 (상)』, 326.
422) 『기독교 강요 교리설교 (상)』, 328.
423) 『기독교 강요 교리설교 (상)』, 328.

하고 그에 상응하여 인격도 타락하는 일, 성(性)의 왜곡행위들, 거짓과 시기와 미움과 살인과 분쟁, 부모에 불순종하는 일 등을 열거하면서 그것이 하나님의 진노로써 역사상의 모든 시기와 모든 장소에서 계속 드러나고 있음을 증거합니다.[424]

하나님의 진노는 하나님께 맞지 않는 비열하고 보복적이고 잔인한 어떤 행위가 아니라, 오히려 하나님의 완전하심 가운데 일부이며 너무도 고귀하고 올바르며 너무도 완전한 것으로, 하나님의 진노는 악을 적대하는 일에 있어서 일관적이고 사법적이며 인간이 스스로 죄를 지어 초래한 것으로 하나님께서 경고하신 것입니다.[425]

우리는 죄에 대한 하나님의 진노를 인정해야 합니다. 그 이유는 우리의 죄와 우리의 죄에 대한 하나님의 진노와 심판, 우리의 죄를 대속하신 예수 그리스도의 십자가를 인정하고 받아들일 때, 우리는 비로소 하나님께서 우리의 구원자가 되심도 알 수 있기 때문입니다.[426]

자연 계시를 이성적으로 신중하게 살펴봄으로써 하나님과 그분의 계시를 알 수 있을까요?[427]

롬 1:19 이는 하나님을 알 만한 것이 저희 속에 보임이라 하나님께서 이를 저희에게 보이셨느니라.
20 창세로부터 그의 보이지 아니하는 것들 곧 그의 영원하신 능력과 신성이 그 만드신 만물에 분명히 보여 알게 되나니 그러므로 저희가 핑계치 못할지니라.

이성을 통하여 하나님에 관한 지식을 얻고자 하는 현대신학은 일반계시와 특별계시를 구별하는 것이 마치 하나님께서 그리스도인의 하나님만 되시고 불신자들의 하나님은 안 되시는 것처럼 제한하는 것으로, 다르게 말하면 마치 하나님의 주권을 그리스도인들에게만 국한해 하나님을 제한하는 죄를 범하기라도 하는 것처럼 비판합니다.

자연계시를 이성적으로 신중하게 살펴봄으로써 인간이 하나님과 그의 계시를 알 수 있다는 주장은, 믿음 또는 믿음의 눈을 통해, 그리고 성령의 내적 조명에 의해서만 이해되는 신앙의 세계를 인간의 자연적 이성과 혼동하는 위험성이 있습니다.[428] 일반계시를 강

---

424) 『기독교 강요 교리설교 (상)』, 329.
425) 『기독교 강요 교리설교 (상)』, 330.
426) 『기독교 강요 교리설교 (상)』, 331.
427) 아래 내용의 일부는 윤광원, 『존 칼빈의 자기부정의 렌즈로 본 신앙생활의 핵심』, 121~123에서 발췌하였음.
428) 문석호, 『기독교 신앙의 의미 이해』 (서울: 기독교문서선교회, 1999), 65.

조하는 신학자들은 롬 1:19이나 시편 여러 구절을 근거로 일반계시로도 하나님과 그의 계시를 알 수 있다고 주장합니다. 그러나 그러한 구절들이 강조하는 바는 인간의 이성적 식별력으로 하나님과 그의 계시를 알 수 있다는 것이 아니라, 하나님의 일반계시가 너무도 명백하여 그 누구도 자신의 불신앙과 불경건함에 대하여 핑계할 수 없다는 것을 역설적으로 강조하고 있을 뿐입니다. 일반계시로 말미암아 모든 사람에게 알려진 것은 하나님의 신성(롬 1:20), 피조물 위에 뛰어난, 절대적, 신적 능력의 존재와 본질로서의 특별계시와 긴밀한 관계를 맺지만, 본질에서는 구원의 계시인 특별계시와는 다릅니다.[429]

하나님을 아는 것은 인간의 이성과 의지로는 불가능하고 성경의 안내를 받음으로써만 가능합니다. 그러나 인간은 신자를 포함하여 모두가 죄에 기울어지고 완악한 존재이기 때문에 하나님께서 성경을 통하여 자신을 말씀하시지만, 인간은 듣지 않거나 자기 마음대로 듣습니다. 그러므로 인간이 성경을 통하여 하나님의 말씀을 듣고 하나님을 알게 되는 것은 성령의 역사가 없이는 불가능합니다. 인간이 이성과 의지로 성경을 알려고 한다고 해서 성경을 통하여 하나님을 알 수 있는 것은 아닙니다. 오직 성령의 역사로 성경을 통하여 하나님의 말씀을 들음에 의해서만 가능합니다. 왜냐하면, 하나님에 대한 올바른 지식은 인간의 이해력을 훨씬 넘어서는 지혜이기 때문에, 성령의 역사가 없이는 불가능합니다.[430] 모든 이성적 사고보다 탁월한 성령의 증거가 있을 때, 성령께서 인간의 마음에 들어오셔서 성경을 해석해 주고 가르쳐 줄 때, 인간은 비로소 성경을 자명하고 확실한 것으로 받아들이고 그 성경을 통하여 하나님을 알 수 있습니다.[431] 성령의 역사가 있을 때 성경은 인간이 구원에 이르게 하는 하나님의 능력이 될 뿐만 아니라, 하나님을 온전하게 알 수 있는 가장 효과적인 원천이 될 수 있습니다.

동성애는 부자연스럽지만 죄는 아닐까요?

롬 1:26 이로 인하여 하나님께서 저희를 부끄러운 욕심에 내어 버려두셨으니 곧 저희 여인들도 순리대로 쓸 것을 바꾸어 역리로 쓰며
　　　 27 이와 같이 남자들도 순리대로 여인 쓰기를 버리고 서로 향하여 음욕이 불일 듯하매 남자가 남자로 더불어 부끄러운 일을 행하여 저희의 그릇됨에 상당한 보응을

---

429) 『개혁 교의학 1』, 464~465.
430) *Comm.* Hebrews 8:11, For the right knowledge of God is a wisdom which far surpasses the comprehension of man's understanding; therefore, to attain it no one is able except through the secret revelation of the Spirit.
431) *Inst.*, Introduction ix.

그 자신에 받았느니라.

어떤 사람들은 '역리로'라는 말을 '부자연스러운'으로 해석하면서 바울은 동성애를 단지 자연스럽지 못하다고 지적했을 뿐 죄라고는 말하지 않았다고 주장하면서, 더 나아가 그 말이 사회학적으로 자연스럽지 못하다는 점을 지적하면서 생물학적으로는 동성애를 인정하고 있다고 주장합니다.[432] 과연 그럴까요?

하나님께서 인간을 남자와 여자로 만드시고 생육하고 번성하여 땅에 충만하라고 말씀하셨기 때문에(창 1:27~28), 동성애는 이러한 명령(창조질서)을 거스르는 죄입니다. 하나님은 남자와 여자를 창조하신 후 남자는 부모를 떠나 그 아내와 연합하여 둘이 한 몸을 이루어 생육하도록 하셨기 때문에(창 2:24), 동성애는 결혼과 가정, 생육과 관련하여 명백하게 하나님의 뜻에 어긋납니다.

소돔과 고모라가 멸망한 중요한 이유는 동성애라는 죄였고(창 19:1~11), 동성애는 가증하다고 성경이 분명하게 선언했으며(레 18:22, 20:13), 동성애자는 하나님의 나라를 유업으로 받을 수 없다고 말씀하셨습니다(고전 6:9). 본문의 '부끄러운 욕심', '음욕', '부끄러운 일', '그릇됨'이라는 표현은 동성애가 분명히 죄라는 것을 지적하는 것이며, '역리로'라는 말도 보기가 좀 어색한 정도가 아니라 '정상적이지 않고 역겨운 것'을 뜻하는 말로 윤리적으로나 종교적으로나 생물학적으로나 잘못된 것이라는 비판의 의미가 담겨있습니다.[433] 바울이 말한 '더러움'을 '의식적인 더러움'으로 바꾸거나, '역리로 쓰며'를 '평범하지 않은 것'이나 '개인적인 성향에 어긋나는 것'으로 바꿀 수 없습니다.[434] 본문은 본성에 따른 성행위가 아니라 본성을 거스른(παρὰ φύσιν) 성행위에 대하여 '불결함'과 '부끄러움'과 '그릇됨'의 결과로 나타났다고 말씀합니다.[435] 그러므로 본문을 동성애를 정당화하는 구절로 사용하는 것은 잘못된 것입니다.

롬 2:1은 시간과 공간 안에 존재하는 것은 거룩한 것이 전혀 없어서 정죄하는 자가 자신의 죄에 대하여 핑계할 수 없다는 뜻일까요(K. Barth)?

롬 2:1 그러므로 남을 판단하는 사람아 무론 누구든지 네가 핑계치 못할 것은 남을 판단하

---

432) 강병도 편, 『카리스 종합주석 제15권 로마서 1~8장』 (서울: 기독지혜사, 2007), 132.
433) 강병도 편, 『카리스 종합주석 제15권 로마서 1~8장』, 133.
434) Kevin DeYoung, *What Does the Bible Really Teach about Homosexuality?* 조계광 역, 『성경이 동성애에 답하다』 (서울: 지평서원, 2016), 75.
435) 강병도 편, 『카리스 종합주석 제15권 로마서 1~8장』, 132.

는 것으로 네가 너를 정죄함이니 판단하는 네가 같은 일을 행함이니라.

남을 정죄하는 자가 자신의 죄에 대하여 핑계할 수 없는 것은 종교 윤리적 견지에서 자신도 죄인이기 때문입니다.[436] 남을 정죄하는 자가 핑계할 수 없는 것은 하나님의 심판을 알고 있으면서도 율법을 범했기 때문입니다.[437]

헬라어의 관사를 영어식으로 이해해도 될까요?
롬 2:12~29

R. C. H. Renski는, 헬라어 관사의 유무 여부에 기대어 영어에 상응하는 패턴을 세운다거나 관사가 있는 명사를 특정한 의미와 관련해, 관사가 붙은 율법(ὁ νόμος)은 모세법을 가리키고 관사가 없는 율법(νόμος)은 율법의 원리를 가리킨다고 주장했습니다.[438]

그러나 헬라어는 영어와는 달리 부정관사가 없고 헬라어의 정관사는 영어의 정관사나 혹은 부정관사의 용례와는 판이하게 다르므로, 관사의 유무 여부에 의존하여 어떤 결론을 도출하는 것에 주의해야 합니다.[439] 헬라어 관사의 기본 용례는 다음 표와 같고 (a)와 (d), (b)와 (c)는 놀랄 정도로 개념 교차가 있기 때문입니다.[440]

	용례 1	용례 2
관사	(a) 한정적	(c) 일반적인
무관사	(b) 비한정적 - 즉, 정성(定性)의	(d) 비일반적인(개별적인)

---

436) 박윤선, 『성경주석 로마서』 2판, 81.
437) *Comm.* Romans 2:1, Now the inference is too simple and plain for any one to wonder how the Apostle derived his argument; for he makes them inexcusable, because they themselves knew the judgment of God, and yet transgressed the law; as though he said, "Though thou consented not to the vices of others, and seemest to be avowedly even an enemy and a reprover of vices; yet as thou art not free from them, if thou really examinest thyself, thou canst not bring forward any defense."
438) D. A. Carson, 105.
439) 자세한 내용은 D. A. Carson, 103~105을 참고하시기 바람.
440) D. A. Carson, 104~105.

유대인들이 소유한 것이 모세였든지, 세례 요한이었든지, 혹은 황폐한 인생 속에 있는 도덕적 정조였든지 더 깊은 지각으로 인도하는 비유적 가능성을 가졌을까요(K. Barth)?

롬 3:1 그런즉 유대인의 나음이 무엇이며 할례의 유익이 무엇이뇨?
  2 범사에 많으니 첫째는 저희가 하나님의 말씀을 맡았음이니라.

물론 할례에 근거한 유대인의 자랑이 그릇되었다는 것은 아주 분명하지만, 하나님께서 정해 주신 구별을 부인하고 무효화시키는 것은 모순됩니다.[441] 따라서 '할례의 유익이 무엇이뇨?'라고 반문하면서 유대인의 나음이 무엇보다도 먼저 하나님의 말씀을 맡은 것이라고 선언합니다. 본문은 할례의 유익이 단순히 표적에 있는 것이 아니고, 그것의 가치가 하나님의 말씀에서 얻어진다고 지적합니다. 이 말은 하나님의 말씀을 제쳐 놓으면 아무것도 나은 것이 없게 된다는 뜻이 됩니다. 그러나 그렇다고 하더라도 하나님의 말씀으로서의 율법이든 세상 도덕이든 차이가 없다는 식의 해석은 지나친 것입니다. 왜냐하면, 하나님의 말씀으로서의 율법은 분명하게 세상 도덕과는 차이가 나는 구약 계시의 독특성을 가지고 있기 때문입니다.[442]

하나님의 의를 드러내기 위해서 불의를 행해도 될까요?

롬 3:5 그러나 우리 불의가 하나님의 의를 드러나게 하면 무슨 말 하리오? 내가 사람의 말하는 대로 말하노니 진노를 내리시는 하나님이 불의하시냐?
  6 결코 그렇지 아니하니라. 만일 그러하면 하나님께서 어찌 세상을 심판하시리오?
  7 그러나 나의 거짓말로 하나님의 참되심이 더 풍성하여 그의 영광이 되었으면 어찌 나도 죄인처럼 심판을 받으리오?
  8 또는 그러면 선을 이루기 위하여 악을 행하자 하지 않겠느냐? [어떤 이들이 이렇게 비방하여 우리가 이런 말을 한다고 하니] 저희가 정죄 받는 것이 옳으니라.

신천지는 롬 3:7을 근거로 교회를 위하여 거짓말을 할 수 있고, 거짓말을 하여도 영광이 되며 심판을 받지 않는다고 가르치면서, 그런 거짓말을 '모략'이라고 말합니다.[443]

---

441) *Comm.* Romans 3:1, It was indeed evident, that it was a foolish glorying in which the Jews on this account indulged; yet still a doubt remained as to the design of circumcision; for the Lord would not have appointed it had not some benefit been intended.
442) 박윤선, 『성경주석 로마서』 2판, 112~113.
443) 이인규, 『평신도들이 혼동하기 쉬운 성경 50』, 66.

과연 그럴까요?

개역 성경은 번역에서 원문 성경에 따라 부호나 점을 표시하지 않았기 때문에 주의하여 읽지 않으면 오해할 수 있는 부분도 많은 데, 본문도 그 가운데 하나입니다. 이러한 문제는 다른 한글 번역 성경이나 영어 성경을 보면 쉽게 해결할 수 있습니다.

현대인의 성경: 또 어떤 사람들은 '나의 거짓말로 하나님의 진리가 더욱 드러나서 그분께 영광이 되었다면 왜 내가 죄인 취급을 받아야 하느냐?'고 주장하고 있습니다.

새 번역: 다음과 같이 반박하는 사람도 있을 것입니다. "나의 거짓됨 때문에 하나님의 참되심이 더욱 분명하게 드러나서 하나님께 영광이 돌아간다면, 왜 나도 역시 여전히 죄인으로 판정을 받습니까?"

공동번역: 또 "나의 허위가 오히려 하느님의 진실을 더욱 드러내고 하느님의 영광에 보탬이 된다면 왜 내가 죄인으로 단정을 받아야 하느냐?" 하고 물을 수도 있겠습니다.

NIV: Someone might argue, "If my falsehood enhances God's truthfulness and so increases his glory, why am I still condemned as a sinner?"

NLT: "But," someone might still argue, "how can God condemn me as a sinner if my dishonesty highlights his truthfulness and brings him more glory?"

위 번역본들을 살펴보면 롬 3:7은 교회를 위하여 거짓말을 할 수 있고, 거짓말을 하여도 영광이 되며 심판을 받지 않는다는 말씀이 아니라는 것을 분명하게 알 수 있습니다. 왜냐하면, 그 내용은 바울이 한 말이 아니라 어떤 사람들이 비방하는 내용이기 때문입니다. 롬 3:8 하반절에도 '어떤 이들이 이렇게 비방하여 우리가 이런 말을 한다고 하니'라고 설명이 덧붙여 있습니다. 그리고 롬 3:7의 비방에 대하여 롬 3:8 끝에서 '저희가 정죄 받는 것이 옳으니라.'라고 분명하게 말씀합니다.

거짓말은 십계명에도 분명하게 금지되었고, 거짓말은 하나님께서 미워하시는 것입니다(잠 12:22). 성경은 일관되게 거짓말을 금하고 있습니다(레 19:11, 잠언 12:22, 엡 4:25). 거짓말이나 다른 사람을 속이는 것은 일반적으로 악한 것이며 금해야 할 것입니다.

물론 예외적인 경우가 없는 것은 아닙니다. 출 1:15~21에 나오는 히브리 산파 십브라와 부아의 경우를 들 수 있는데, 그들이 거짓말을 한 것은 출 1:17에 의하면 그들이 세상의 왕보다도 하나님을 더 두려워했기 때문입니다(출 1:17). 출 1:21은 그들이 '하나님을 경외하였으므로 하나님이 그들의 집을 왕성케 하신 지라.'라고 증거합니다. 이런 경우는 심판의 대상이 될 수 없습니다. 라합의 경우도 마찬가지입니다(수 2:4~6). 성경은 라합이 거짓말하고 이스라엘 정탐꾼을 숨겨준 행위에 대해서 믿음의 행위로 설명합니다(히 11:31, 약 2:25). 신앙적인 이유와 목적이 있다면 그 거짓말은 예외가 될 수 있습니다. 세상에서도 덕목 간에 충돌이 일어나서 그중에 하나만 취해야 할 경우는 더 나은 것을 택할 수밖에 없습니다. 거짓말을 하는 것은 잘못이지만, 원칙적인 행동이 하나님의 뜻에 일치한 것은 선에 뒤섞여 있는 악이 악으로 전가되지 않습니다.[444]

신천지는 빌 1:18을 근거로, 바울도 참이든 거짓이든 무슨 방법으로든지 전도만 되면 기뻐한다고 했으니, 거짓말을 해도 된다고 주장합니다. 언뜻 보면 바울은 투기와 분쟁으로 하든, 순전치 못하게 다툼으로 하든, 무슨 방도로 하든지 전도만 하면 된다고 말하는 것 같습니다. 수단 방법 가리지 않고 사람들을 모으는 사람들이나 이단들에게는 좋아할 만한 말처럼 들리지만, 신실한 그리스도인들에게는 매우 충격적입니다. 그러면 과연 바울이 전도를 위해서는 무슨 짓을 해도 괜찮다고 말하고 있는 것일까요? 아닙니다. 바울이 기뻐하는 것은 그리스도가 전파되는 것이지 전도를 위해서는 무슨 짓을 해도 괜찮다는 뜻은 결코 아닙니다. 바울은 비록 투기와 분쟁으로, 또는 다툼으로 하더라도 그리스도만 제대로 전파된다면 기뻐할 수 있다는 것을 말하고 있을 뿐입니다.

더구나 바울은 갈 1:9에서 '우리가 전에 말하였거니와 내가 지금 다시 말하노니 만일 누구든지 너희의 받은 것 외에 다른 복음을 전하면 저주를 받을지어다.'라고 말씀했으니, 다른 복음을 전하는 이단들은 저주를 받아 마땅합니다.

---

444) *Comm.* Joshua 2:6, Rahab also does wrong when she falsely declares that the messengers were gone, and yet the principal action was agreeable to God, because the bad mixed up with the good was not imputed.

아브라함의 신앙은 역사적 사건이 아니고 모든 역사에 선재하는 원역사적 사건일까요(K. Barth)?

> 롬 4:9 그런즉 이 행복이 할례자에게뇨 혹 무할례자에게도뇨? 대저 우리가 말하기를 아브라함에게는 그 믿음을 의로 여기셨다 하노라.
> 10 그런즉 이를 어떻게 여기셨느뇨? 할례시냐 무할례시냐 할례시가 아니라 무할례시니라.

본문은 칭의의 시기를 원역사의 표준으로 논하지 않고 단순히 일반 역사의 개념에 따라 말씀하는 것으로, 아브라함이 칭의를 얻은 것은 역사적 사실로서의 할례 사건보다 앞서 있다는 것을 강조할 뿐입니다.[445]

아담이 장차 오실 자(예수 그리스도)의 표상(모형)이란 재림주도 아담처럼 아내가 있어야 한다는 뜻일까요?[446]

> 롬 5:14 그러나 아담으로부터 모세까지 아담의 범죄와 같은 죄를 짓지 아니한 자들 위에도 사망이 왕 노릇 하였나니 아담은 오실 자의 표상이라.

'하나님의 교회'는 아담이 오실 자의 표상이라고 했으니 오실 자 재림주도 아담처럼 아내가 있어야 한다고 주장합니다. 그들은 또 인간은 여자를 통하여 궁극적인 생명을 얻기 때문에 영적 생명도 여성 하나님인 장길자를 통하여 영생을 얻게 된다고 주장합니다. 과연 그럴까요? 하나님께서 인간을 하나님의 형상대로 만드셨다는 뜻이 남자와 여자의 모습이란 성경적 근거는 어느 곳에서도 찾을 수 없습니다.

아담이 장차 오실 자(예수 그리스도)의 표상(모형)이란 아담이 옛 시대의 시조인 것처럼 그리스도도 새 시대의 시조이시고, 아담의 범죄가 모든 사람에게 영향을 미치듯이 그리스도의 의도 모든 사람에게 그 영향을 미치기 때문에 그런 면에서 아담은 그리스도의 표상이란 뜻입니다(롬 5:15~21). 한 사람이 많은 사람을 대신하는 원리에 있어서, 아담은 그리스도의 표상이라는 뜻으로 하나님께서 이미 오래전에 첫 사람 아담에게서 그리스도의 속죄 원칙을 예표하셨다는 말씀입니다.[447] 이 구절은 한 사람으로 말미암아 죄

---

445) 박윤선, 『성경주석 로마서』 2판), 144.
446) 창 1:26~27의 해석을 참고하시기 바람.
447) 박윤선, 『성경주석 로마서』 2판), 175.

가 세상에 들어오고, 사망이 죄로 말미암아 들어온 것처럼, 한 사람으로 말미암아 의가 회복되고, 그리고 생명이 의로 말미암아 회복되었다는 것을 말씀하려는 것이지, 하나님의 형상에 대하여 말씀하려는 의도는 전혀 없습니다.[448] 그러므로 아담이 오실 자의 표상이라는 말씀을 오실 자 재림주도 아담처럼 아내가 있어야 한다고 주장하는 것은 잘못된 것입니다.

아담 한 사람의 순종치 아니함으로 모든 사람이 아니라 많은 사람이 죄인이 되었을까요?

> 롬 5:19 한 사람의 순종치 아니함으로 많은 사람이 죄인 된 것같이 한 사람의 순종하심으로 많은 사람이 의인이 되리라.

롬 5:19을 보면 그렇게 해석할 위험성이 있습니다. 만일 그렇게 해석한다면 상당수는 죄인이 되었지만, 일부는 죄인이 되지 않았다는 주장이 가능합니다. 그렇다면 모든 사람이 아담의 원죄를 소유하고 있다는 성경적 원죄론과 모순이 됩니다. 롬 3:9은 '유대인이나 헬라인이나 다 죄 아래 있다고 우리가 이미 선언하였느니라.'라고 말씀했고, 롬 3:23은 '모든 사람이 죄를 범하였으매 하나님의 영광에 이르지 못하더니'라고 말씀했으며, 롬 5:12은 '이러므로 한 사람으로 말미암아 죄가 세상에 들어오고 죄로 말미암아 사망이 왔나니 이와 같이 모든 사람이 죄를 지었으므로 사망이 모든 사람에게 이르렀느니라.'라고 선언했습니다. 그렇다면 '많은 사람'은 '모든 사람'이라고 해석해야 맞습니다.

그런데 문제는 '한 사람의 순종하심으로 많은 사람이 의인이 되리라.'라는 말씀도 그렇게 해석할 수 있는가 하는 것입니다. 만일 그렇게 해석한다면 만인구원론이 될 것입니다. 그러나 고전 15:22~23은 '아담 안에서 모든 사람이 죽은 것같이 그리스도 안에서 모든 사람이 삶을 얻으리라. 그러나 각각 자기 차례대로 되니 먼저는 첫 열매인 그리스도요 다음에는 그리스도 강림하실 때에 그에게 붙은 자요.'라고 분명하게 선언합니다. 아담 안에서 모든 사람이 죽은 것같이 그리스도 안에서 모든 사람이 삶을 얻지만, 그 모든 사람은 '그리스도 강림하실 때에 그에게 붙은 자'로 제한되어 있습니다. 롬 5:19은 멸망 받는 자와 구원받는 자의 수를 대조하려는 의도는 없습니다. 여기에서 대조하려는 것은 아담으로

---

448) *Comm.* Romans 5:14, You are then to take the meaning as though it was said, "as by one man sin entered into the whole world, and death through sin, so by one man righteousness returned, and life through righteousness."

말미암는 멸망시키는 세력과 그리스도로 말미암는 구원의 능력을 대조하려는 것뿐입니다.

영적인 사람은 인간의 의지를 통하여 이성에 복종할까요?[449)

롬 8:5~9

영적인 사람이란 인간 자신의 의지를 통하여 이성에 복종하는 것이 아니라 하나님께서 그의 영으로 다스리는 사람들입니다.[450) 인간의 이성이 신앙을 받기 전에는 본성이 전적으로 타락되어 깨달음이 없었지만,[451) 신앙으로 구속된 이성은 성령으로 회복된 신앙하는 이성이기 때문에 성경과 충돌하지 않고 성경의 진리를 이해하게 됩니다. 그러나 구속된 이성도 성경의 도움을 받을 때만 진리를 바르게 인식하게 됩니다.[452) 따라서 성경은 이성의 안내자요 권위이기 때문에, 성경의 안내가 없이는 인간의 이성은 즉시 혼란에 빠질 수밖에 없고,[453) 중생한 자라고 할지라도 성경의 제자가 되지 않고서는 올바르고 건전한 교리에 대하여 심지어 추호의 감각도 얻을 수 없습니다.[454)

부패한 이성은 말할 것도 없거니와 중생으로 회복된 이성과 창조된 당시의 이성조차도 본질에서 한계를 가지고 있습니다. 왜냐하면, 하나님은 하나님이시며, 인간은 인간으로서 시간과 공간 안에서 창조됨으로 인한 본질적 제한성은 인간이 불가피하게 하나님과 인간 사이에 분명한 선을 유지하도록 만들기 때문입니다.[455) 비록 인간이 하나님의 형상으로 창조되었고, 그것으로 인하여 인간의 감정과 이성과 의지가 하나님과 인격적으로 교제할 수 있도록 만들어졌지만, 그런데도 인간은 하나님과 동등하지 않고 양적으

---

449) 아래 내용은 윤광원, 『존 칼빈의 자기부정의 렌즈로 본 신앙생활의 핵심』, 113~115에서 발췌하였음.
450) 롬 8:9, "만일 너희 속에 하나님의 영이 거하시면 너희가 육신에 있지 아니하고 영에 있나니 누구든지 그리스도의 영이 없으면 그리스도의 사람이 아니라."
    Comm. Romans 8:9, But this passage shows, that what Paul has hitherto meant by the Spirit, is not the mind or understanding(which is called the superior part of the soul by the advocates of freewill) but a celestial gift; for he shows that those are spiritual, not such as obey reason through their own will, but such as God rules by his Spirit.
451) *Inst.*, 2. 3. 2: Because this could not be proved unless it rested upon the ruin and destruction of our nature, he put forward these testimonies which prove our nature utterly lost.
452) *Inst.*, 1. 6. 1: Just as old or bleary-eyed men and those with weak vision, if you thrust before them a most beautiful volume, even if they recognize it to be some sort of writing, yet can scarcely construe two words, but with the aid of spectacles will begin to read distinctly; so Scripture, gathering up the otherwise confused knowledge of God in our minds, having dispersed our dullness, clearly shows us the true God.
453) *Inst.*, 1. 14. 1: For just as eyes, when dimmed with age or weakness or by some other defect, unless aided by spectacles, discern nothing distinctly; so, such is our feebleness, unless Scripture guides us in seeking God, we are immediately confused.
454) *Inst.*, 1. 6. 2: Now, in order that true religion may shine upon us, we ought to hold that it must take its beginning from heavenly doctrine and that no one can get even the slightest taste of right and sound doctrine unless he be a pupil of Scripture.
455) 이정석, "칼빈의 이성관". 『국제신학』 제2권 (2000): 134.

로나 질적으로 하나님과는 차별된 존재에 불과합니다. 따라서 중생한 이성이라고 하더라도 완전한 것은 아니므로 진리의 평가자가 될 수 없으며 항상 성경의 계시에 복속되어야 합니다.[456]

하나님은 어떠한 상황 가운데서도 좋은 결과를 약속하셨을까요?

롬 8:28 우리가 알거니와 하나님을 사랑하는 자 곧 그 뜻대로 부르심을 입은 자들에게는 모든 것이 합력하여 선을 이루느니라.

모든 일이 선한 것은 아닙니다. 이 구절의 문맥을 보면(롬 8:29~39), 하나님은 비록 그의 자녀들이 크게 고통을 당할 때라도 그들을 위한 자신의 구원을 이루실 것이며, 그것이 바로 선하다는 뜻이기 때문입니다.[457] NIV는 'And we know that in all things God works for the good of those who love him, who have been called according to his purpose.'라고 보다 정확하게 번역했습니다. 본문은 다만 성도들에게 일어나는 모든 일이 그들의 구원을 위한 것이라는 사실을 말씀하려는 것입니다.[458]

아우구스티누스는 성도들의 죄마저도 하나님의 특별하신 섭리로 말미암아 그들에게 해를 끼치는 대신에 오히려 그들의 구원을 이루는 데 이바지한다고 해석했는데, 그 자체는 사실이지만, 고난의 문제를 다루고 있는 본문과는 관련이 없습니다.[459]

롬 8:29~30은 예지 예정론의 근거가 될 수 있을까요?

롬 8:29 하나님이 미리 아신 자들로 또한 그 아들의 형상을 본받게 하려고 미리 정하셨으니 이는 그로 많은 형제 중에서 맏아들이 되게 하려 하심이니라.
30 또 미리 정하신 그들을 또한 부르시고 부르신 그들을 또한 의롭다 하시고 의롭다 하신 그들을 또한 영화롭게 하셨느니라.

롬 8:29~30은 하나님의 선택과 부르심이 우리의 뜻이 아니라 하나님의 뜻임을 분명

---

456) 박형룡, 『교의신학: 서론』 전집 1권 (서울: 한국기독교교육연구원, 1983), 169~170.
457) William W. Kline, Crag L. Blomberg, Robert L. Hubbard, Jr., 323.
458) *Comm.* Romans 8:28, For it is certain that the order is thus pointed out, that we may know that it proceeds from the gratuitous adoption of God, as from the first cause, that all things happen to the saints for their salvation.
459) *Comm.* Romans 8:28, For though what Augustine says is true, that even the sins of the saints are, through the guiding providence of God, so far from doing harm to them, that, on the contrary, they serve to advance their salvation; yet this belongs not to this passage, the subject of which is the cross.

하게 밝힙니다. 하나님은 우리를 미리 아셨고 미리 정하셨으며, 정하신 자들을 부르시고 부르신 자들을 의롭다 하시며 의롭다 하신 자들을 영화롭게 하십니다. 구원의 전 과정이 하나님에 의하여 이루어집니다.

그런데 어떤 사람들은 다른 사람들에 비하여 복음에 더 잘 반응하고, 그럼으로써 성령께 더욱 순종하게 되리라는 것을 미리 아셨기 때문에 그것을 근거로 택하셨다는 주장을 합니다. 이러한 주장은 모든 정교회, 천주교, 루터파, 항변파, 재세례파, 감리교를 비롯한 기독교회가 보편적으로 받아들이지만, 그러나 그것은 성경적으로나 신학적으로 받아들일 수 없습니다. 그 이유는 첫째, 성경은 신앙과 불신앙, 구원과 멸망이 단지 하나님의 예지일 뿐만 아니라 역사의 실현에 선행하는 하나님의 자기 결정인 하나님의 의지와 작정의 대상이기도 함을 명백하고 선명하게 가르치기 때문이고, 둘째, 신앙은 자연인에게서 나올 수 없고, 하나님 은혜의 선물이며, 따라서 선택에 선행하는 것이 아니라 이를 전제하고, 그 열매와 결과라는 것이 성경의 가르침이기 때문이며, 셋째, 구원은 객관적 의미와 주관적 의미 모두에 있어서 오로지 하나님의 사역이라는 사실을 모든 경험이 만장일치로 주장하기 때문이고, 넷째, 하나님의 예지의 성격은 그 대상을 미리 절대적으로 확실하게 아는 것이며, 그래서 그 예지는 예정과 같은 것이기 때문입니다.[460]

하나님께서는 전지하신 분이시기 때문에 미리 다 아십니다. 그러나 어떤 사람들은 다른 사람들에 비하여 복음에 더 잘 반응하고, 그럼으로써 성령께 더욱 순종하게 되리라는 것을 미리 아셨기 때문에 그것을 근거로 선택하셨다고 주장하는 것은, 인간의 전적 부패를 부정하는 것으로서, 어떤 인간들 속에는 선한 어떤 것이 있다고 전제하기 때문에, 이러한 주장은 구원이 결국 인간에게 달렸다고 주장함으로써 하나님의 절대 주권을 부정하거나 약화시킵니다.

하나님께서 미리 아셨다는 말은 하나님께서 어떤 사람들의 행동, 즉 그들이 회개하고 믿을 것을 미리 아셨다는 뜻이 아닙니다. 물론 하나님은 다 아십니다. 그러나 하나님께서 미리 아시는 것은 하나님께서 앞으로 일어날 일에 대한 계획을 세우셨기 때문입니다. 하나님의 사역은 영원부터 영원까지이고, 하나님의 모든 작정은 하나님의 절대 주권에 속하며, 어떤 것과의 협의나 어떤 것의 반응도 초월하는 모든 만물에 대한 하나님의 확고한 생각과 확정된 작정에 따라 이루어집니다.[461] 구원도 마찬가지입니다. 행 13:48도

460) 『개혁 교의학 2』, 470.
461) 『개혁 교의학 2』, 424~427.

영생에 적합하다든지 주관적으로 그런 성향의 자들이 아니라 영생에 작정된 자들은 다 믿는다고 분명하게 말씀합니다.[462]

그러므로 하나님께서 미리 아셨기 때문에 그것을 근거로 택하셨다는 주장을 하는 것은 성경의 순서를 뒤집는 것입니다. 하나님은 선택하시고 부르시는데, 그 부르심은 효과적일 수도 있고 그렇지 않을 수도 있는 인간의 부름과는 달리, 실현되지 않을 가능성이 전혀 없는 효과적인 부르심입니다. 여기에서 '미리 아심'이란 미리부터 사랑하여 돌아보심을 의미할 뿐이고(시 1:6, 호 13:5, 암 3:2),[463] 하나님의 예지는 단순히 미리 아는 것 이상으로써, 하나님께서 언제나 자기의 자녀들을 버림받은 자들과 구별하여 선택하신 것을 의미합니다.[464] 롬 8:29~30과 롬 9:15~18은 그 사실을 분명하게 선언합니다.

'귀히 쓸 그릇', '천히 쓸 그릇', '진노의 그릇', '긍휼의 그릇'의 뜻이 무엇일까요?

> 롬 9:21 토기장이가 진흙 한 덩이로 하나는 귀히 쓸 그릇을, 하나는 천히 쓸 그릇을 만드는 권이 없느냐?
> 22 만일 하나님이 그 진노를 보이시고 그 능력을 알게 하고자 하사 멸하기로 준비된 진노의 그릇을 오래 참으심으로 관용하시고
> 23 또한 영광 받기로 예비하신바 긍휼의 그릇에 대하여 그 영광의 부요함을 알게 하고자 하셨을지라도 무슨 말 하리오?

'귀히 쓸 그릇'이란 이방인이나 지친 나그네의 갈증을 시원한 물로 풀어주는 데 사용하는 그릇으로, 이 그릇은 손잡이가 두 개 달려 있고 모양도 꽤 아름답습니다.[465] 반면에 '천히 쓸 그릇'이란 겉으로 보아서는 '귀히 쓸 그릇'과 별 차이가 없어 보이지만 이 그릇은 집안에만 있고 귀히 쓰는 그릇의 물이 더러워지면 이 그릇에 붓기 때문에, 이 그릇은 안쪽에 끈적끈적한 이끼 같은 것이 끼고 악취를 풍기게 되어 마침내는 뒤뜰에 내어놓고 쓰레기를 담는 그릇으로 사용하는데, 그 그릇은 이제 가증한 그릇(사 65:4)이라고 부릅니다.[466]

그러면 '진노의 그릇'은 무엇일까요? 토기장이는, 화로에 들어가서 열을 견디지 못하

---

462) 『개혁 교의학 2』, 427.
463) 박윤선, 『성경주석 로마서』 2판, 244.
464) *Comm.* Romans 8:29, But the foreknowledge of God, which Paul mentions, is not a bare prescience, as some unwise persons absurdly imagine, but the adoption by which he had always distinguished his children from the reprobate.
465) Barbara M. Bowen, 153.
466) Barbara M. Bowen, 154.

여 갈라진 그릇들을 쌓아 놓는데, 이 그릇이 바로 '진노의 그릇'입니다.[467] 토기장이는 그런 그릇을 바로 버리지 않고 곤충의 피를 빼서 만든 '파수카'라는 접착제에 토기 가루를 섞어서 잘 접합을 한 후 화로에 구워내는 작업을 여러 번 하는데 이것이 '진노의 그릇을 오래 참으심으로 관용한다.'라는 뜻입니다.[468] 그렇게 여러 번 작업해도 어찌할 수 없는 그릇들이 나오는데 그런 그릇은 버릴 수밖에 없습니다.

또 '긍휼의 그릇'은 무엇일까요? 시골 사람들은 여행자들을 위해 손을 씻을 조그만 물그릇 하나를 준비하는 데 이 그릇이 바로 남을 돕는다는 뜻의 '긍휼의 그릇' 입니다.[469]

이외에도 성경에는 다른 종류의 그릇이 나옵니다. '깨끗한 그릇'이란 말이 나오는데(사 66:20), 그것은 귀히 쓰는 그릇이 오래 사용하여 더러워진 부분을 벗겨내고 다시 화로에 구워낸 그릇으로 안이나 밖에서 다시 쓸 수 있는 그릇을 말합니다.[470] '택하신 그릇'이란 말도 나오는데(엡 1:4), 그것은 토기장이가 자신의 명예를 걸고 선물용으로 선택한 그릇을 말합니다.[471] 또 '거룩한 그릇'이라는 말도 나오는데(사 52:11), 이는 정결하고 하나님의 전에 들어갈 수 있는 사람만이 만질 수 있는 그릇을 말합니다.[472]

입으로 시인한다는 말이 무슨 뜻일까요?

롬 10:10 사람이 마음으로 믿어 의에 이르고 입으로 시인하여 구원에 이르느니라.

'예수님을 구주와 주님으로 믿습니다.'라고 말하는 것을 뜻할까요? 그런 뜻으로 이해하는 사람들은 평소에 신앙 생활하지 않던 가족이나 친지들이 임종을 앞두고 있을 때 이 고백을 받아내려고 무진 애를 씁니다. 전도하려는 열심과 간절함은 물론 가상하지만, 그러나 죽음 앞에서 정신이 온전하지 않을 수도 있는 상황인데 그런 고백을 했다고 구원을 받을까요? 그런 고백이 무슨 보험을 드는 심정으로 할 수도 있고 무속적인 의미로 그렇게 할 수도 있습니다. 그러나 성경은 이렇게 말씀합니다.

마 7:21 나더러 주여! 주여! 하는 자마다 천국에 다 들어갈 것이 아니요, 다만 하늘에 계신

---

467) Barbara M. Bowen, 155.
468) Barbara M. Bowen, 155.
469) Barbara M. Bowen, 155.
470) Barbara M. Bowen, 156.
471) Barbara M. Bowen, 156.
472) Barbara M. Bowen, 157.

내 아버지의 뜻대로 행하는 자라야 들어가리라.

그렇다면 롬 10:10에서 입으로 시인한다는 뜻은 단지 입으로 예수님을 믿는다고 말하는 외적인 형식이 아니라, 자신의 신앙을 행위로 고백하는 것을 뜻합니다. 참된 믿음은 믿음의 고백을 그 열매로 맺게 되어 있고, 따라서 입으로 시인한다는 말은 마음으로 믿는다는 말과 같습니다.473) 그것은 야고보서에서도 확인할 수 있습니다.

약 2:14 내 형제들아 만일 사람이 믿음이 있노라 하고 행함이 없으면 무슨 이익이 있으리오? 그 믿음이 능히 자기를 구원하겠느냐?

믿음이 있다고 말로 표현(고백)한다고 하더라도 행함이 없다면, 곧 자신의 신앙을 행위로 고백하는 것이 없다면 그 믿음은 헛것입니다.

남은 자가 누구일까요?

롬 11:4 저에게 하신 대답이 무엇이뇨? 내가 나를 위하여 바알에게 무릎을 꿇지 아니한 사람 칠천을 남겨 두었다 하셨으니
  5 그런즉 이와 같이 이제도 은혜로 택하심을 따라 남은 자가 있느니라.
  6 만일 은혜로 된 것이면 행위로 말미암지 않음이니 그렇지 않으면 은혜가 은혜 되지 못하느니라.
  7 그런즉 어떠하뇨? 이스라엘이 구하는 그것을 얻지 못하고 오직 택하심을 입은 자가 얻었고 그 남은 자들은 완악하여졌느니라.

롬 11:5의 남은 자와 롬 11:7의 남은 자들은 각각 다릅니다. 롬 11:5의 남은 자($\lambda\epsilon\tilde{\iota}\mu\mu\alpha$, a remnant)는 그 앞의 수식어를 통하여 '은혜로 택하심을 받은 자'임을 알 수 있고, 롬 11:7의 남은 자들($\lambda o\iota\pi o\acute{\iota}$, the rest)은 역시 그 앞의 문맥을 보면 '택하심을 입은 자'를 제외한 나머지를 뜻한다는 것을 알 수 있습니다.474)

---

473) *Comm.* Romans 10:10, And surely, he who is justified has already obtained salvation: hence he no less believes with the heart unto salvation, than with the mouth makes a confession. ⋯ You see that he has made this distinction, - that he refers the cause of justification to faith, - and that he then shows what is necessary to complete salvation; for no one can believe with the heart without confessing with the mouth: it is indeed a necessary consequence, but not that which assigns salvation to confession.

474) 박희천, 『손 더듬이 성경 해석학-성경이 성경을 해석한다』, 318~319.

'동정'하였다는 말의 뜻이 무엇일까요?

롬 15:26 이는 마케도니아와 아가야 사람들이 예루살렘 성도 중 가난한 자들을 위하여 기
쁘게 얼마를 동정하였음이라.

불쌍히 여겼다는 뜻일까요? 개역 개정은 '연보', 공동번역은 '같은 교우로서 정을 나
누려고', 새 번역은 '구제금을 마련하였기'라고 번역했습니다. NIV, KJV, NASB 등은
'a contribution'이란 단어로 번역했습니다.

헬라어로는 κοινωνίαν으로 기본형은 κοινωνία입니다. κοινωνία는 우리말로는 여러 가지
로 번역합니다. 행 2:42에서는 교제('저희가 사도의 가르침을 받아 서로 교제하며 떡을
떼며 기도하기를 전혀 힘쓰니라.'), 고후 13:13에서는 교통('주 예수 그리스도의 은혜와
하나님의 사랑과 성령의 교통하심이 너희 무리와 함께 있을지어다.'), 빌 3:10에서는 참
예함('내가 그리스도와 그 부활의 권능과 그 고난에 참예함을 알려 하여 그의 죽으심을
본받아'), 히 13:16에서는 나눠주기('오직 선을 행함과 서로 나눠주기를 잊지 말라. 이
같은 제사는 하나님이 기뻐하시느니라.'), 요일 1:3에서는 사귐('우리가 보고 들은 바를
너희에게도 전함은 너희로 우리와 사귐이 있게 하려 함이니 우리의 사귐은 아버지와 그
아들 예수 그리스도와 함께함이라.')으로 번역했습니다.[475]

'κοινωνία'란 말은 형제들의 곤경을 돕는 데 있어서 품어야 할 마음 자세를 가장 적합
하게 표현한 것이라고 볼 수 있는데, 그것은 우리는 그리스도의 몸 된 교회의 지체로서
서로 연합되어 있다면 당연히 다른 지체 상호 간의 관심을 불러일으키기 때문입니다.[476]

고린도 전후서

거룩하지 않은 교회를 향하여 '그리스도 예수 안에서 거룩하여지고'라고 말하는
이유는 무엇일까요?

고전 1:2 고린도에 있는 하나님의 교회 곧 그리스도 예수 안에서 거룩하여지고 성도라 부르

---

475) 송인규, 『성경 어떻게 적용할 것인가?』, 84~85.

476) *Comm.* Romans 15:25, The word communication, which is here employed, ought to be noticed; for it well expresses the feeling, by which it behooves us to succor the wants of our brethren, even because there is to be a common and mutual regard on account of the unity of the body.

심을 입은 자들과 또 각처에서 우리의 주 곧 저희와 우리의 주 되신 예수 그리스
도의 이름을 부르는 모든 자에게

구약성경에서 거룩은 다양한 율법 가운데 묘사되고 규정된 하나님의 백성에 대한 하
나님과의 관계와 하나님께 대한 이스라엘 백성의 관계를 뜻했고, 신약성경에서도 이런
관계의 의미를 보존하고 있으며, 신자들은 부르심을 통하여 하나님과 특별한 관계를 맺
고 '택하신 족속, 왕 같은 제사장, 거룩한 나라, 그의 소유된 백성'이기 때문에 '성도들'
이라고 불립니다.[477]

보수주의 신학에서는 성화는 점진적인 성결을 뜻하는 것으로 보지만, 바울은 거룩하
지 않은 교회를 향하여 '그리스도 예수 안에서 거룩하여지고'(ἡγιασμένοις ἐν Χριστῷ Ἰησ
οῦ)라고 말함으로써 성화가 신자의 회심 때 하나님을 향하여 한 개인이 마음을 정하는
첫 시점임을 뜻하고 있습니다.[478] 성화는 그리스도의 지체로서 그리스도께 접붙임을 받
을 때 일어나는 현상입니다.[479]

'전도의 미련한 것으로'란 무엇을 뜻할까요?

> 고전 1:21 하나님의 지혜에 있어서는 이 세상이 자기 지혜로 하나님을 알지 못하는 고로
> 하나님께서 전도의 미련한 것으로 믿는 자들을 구원하시기를 기뻐하셨도다.

'전도라는 미련한 방법으로'일까요? 아닙니다. 전파의 내용, 곧 십자가에 못 박히신
그리스도를 뜻합니다.[480] 고전 1:23의 '우리는 십자가에 못 박힌 그리스도를 전하니 유
대인에게는 거리끼는 것이요 이방인에게는 미련한 것이로되'라는 말씀을 통해 확인할
수 있습니다. NASB 번역본은 이를 분명하게 보여줍니다.

> For since in the wisdom of God the world through its wisdom did not come to know God,
> God was well-pleased through the foolishness of the message preached to save those who believe.

---

477) 『개혁 교의학 4』, 295~296.
478) 자세한 내용은 D. A. Carson, 54~55를 보시기 바람.
479) *Comm.* 1 Corinthians 1:2, As, however, this is effected when we are engrafted into the body of Christ, apart from whom
there is nothing but pollution, and as it is also by Christ, and not from any other source that the Spirit is conferred, it is
with good reason that he says that we are sanctified in Christ, inasmuch as it is by Him that we cleave to God, and in
Him become new creatures.
480) 송인규, 『성경 어떻게 적용할 것인가?』, 71.

하나님은 우리를 구원하시되 세상 사람들이 기대하는 것과는 전혀 다른 십자가의 방법으로 하시기 때문에 세상 사람들에게는 미련하게 보입니다.[481]

롬 1:16에서 복음을 부끄러워하지 않는다는 말이, 복음을 전할 때 사람들을 부끄러워하지 않고 담대하게 복음을 전한다는 뜻이 아니라, 십자가에 죽는 방식으로 우리를 구원하시는 복음을 부끄러워하지 않는다는 말씀과 마찬가지로, 여기에서도 전도라는 방식이 세상 사람들에게 미련하게 보인다는 것이 아니라, 십자가에 못 박힌 그리스도를 전하는 것이 미련하게 보인다는 뜻입니다.[482]

바울이 아덴에서 철학적으로 접근하는 오류를 범했기 때문에 고린도에서는 예수 그리스도와 그의 십자가에 못 박히신 것 이외에는 아무것도 알지 않기로 작정했을까요?

고전 2:2 내가 너희 중에서 예수 그리스도와 그의 십자가에 못 박히신 것 외에는 아무것도 알지 아니하기로 작정하였음이라.

바울이 아덴에서 청중들에게 성경적으로 접근하지 않고 철학적으로 접근하는 오류를 범했기 때문에 아덴 다음에 방문한 고린도에서는 예수 그리스도와 그의 십자가에 못 박히신 것 이외에는 아무것도 알지 않기로 작정했다고 주장하는 것은, 비록 두 사건이 지리적으로나 시간적으로 서로 관계가 있다고 하더라도, 이는 바울의 설교와 누가의 의도를 심각하게 오해한 것이며 서로 다른 두 개의 문헌에서 가져온 정보들을 아무런 증거도 없이 인과관계로 연결한 오류입니다.[483] 바울의 아덴 설교가 예수 그리스도의 십자가의 복음을 위반한 것도 아니며, 그곳에서도 예수님의 부활을 전했기 때문입니다(행 17:18).[484]

육에 속한 자(a natural man)는 어떤 사람을 뜻할까요?

고전 2:14 육에 속한 사람은 하나님의 성령의 일을 받지 아니하나니 저희에게는 미련하게 보임이요 또 깨닫지도 못하나니 이런 일은 영적으로라야 분별함이니라.

---

481) 박윤선, 『성경주석 고린도전서』 4판 (서울: 영음사, 1991), 23.
482) 롬 1:16에 대한 해석을 참고하시기 바람.
483) D. A. Carson, 179.
484) 박윤선, 『성경주석 고린도전서』 4판, 35.

하나님의 성령의 일을 받아들이지 않는 사람입니다. 왜냐하면, 육에 속한 사람은 하나님의 성령의 일이 미련하게 보이고 또 깨닫지도 못하기 때문입니다. 그렇다면 육에 속한 사람은 깨닫는 것이 감성적인 것에 국한된 거듭나지 않은 자연인, 곧 불신자가 분명합니다.[485] 그러나 그것이 비열한 욕망에 사로잡혀 있거나 감각적인 것을 추구하는 사람을 뜻하는 것은 아니며, 다만 성령의 조명에 의하여 인도함을 받는 신령한 사람과 대조되는 인간적인 능력만을 가지고 있는 사람을 뜻합니다.[486]

그러면 육신에 속한 자(men of flesh)는 어떤 사람을 뜻할까요? 고전 3:1~3에 의하면 그리스도 안에서 어린아이들 같은 사람을 뜻합니다. 아직 밥으로 먹이지 못하고 젖으로 먹일 수밖에 없을 만큼 신앙적으로 유치한 상태에 있는 사람을 뜻합니다. 아직도 시기와 분쟁이 있는, 세상 사람들처럼 사는 사람을 의미합니다.

고전 3:14~15은 연옥설의 근거가 될 수 있을까요?

고전 3:14 만일 누구든지 그 위에 세운 공력이 그대로 있으면 상을 받고
15 누구든지 공력이 불타면 해를 받으리니 그러나 자기는 구원을 얻되 불 가운데서 얻은 것 같으리라.

천주교에서는 하나님께 용서받은 죄인들이 구원을 받기 위해서는 자신들의 죄 때문에 일시적으로 연옥에서 고통을 받아야 한다고 주장합니다. 그들은 하나님께 용서를 받은 죄인들이 하나님의 공의를 만족시켜 드리고 구원을 받기 위하여 이 불 속을 통과하여야 한다고 주장합니다.[487] 과연 그럴까요?

성경은 연옥에 대하여 어디에도 말하지 않습니다. 그리고 불은 시험의 불이지 연옥에서 고통을 받아 정화되는 불이 아닙니다. 또 본문은 상급의 문제를 다루고 있을 뿐입니다. 신자의 행위가 불같은 시험을 통과할 때 가치 없는 것들은 다 타버리게 될 것이지만

---

485) 박윤선, 『성경주석 고린도전서』 4판, 39.

486) *Comm.* 1 Corinthians 2:14, By the animal man he does not mean (as is commonly thought) the man that is given up to gross lusts, or, as they say, to his own sensuality, but any man that is endowed with nothing more than the faculties of nature. This appears from the corresponding term, for he draws a comparison between the animal man and the spiritual. As the latter denotes the man whose understanding is regulated by the illumination of the Spirit of God, there can be no doubt that the former denotes the man that is left in a purely natural condition, as they speak.

487) *Comm.* 1 Corinthians 3:15, It remains, that we give an answer in passing to the Papists, who endeavor from this passage to prop up Purgatory. "The sinners whom God forgives, pass through the fire, that they may be saved." Hence they in this way suffer punishment in the presence of God, so as to afford satisfaction to his justice I pass over their endless fictions in reference to the measure of punishment, and the means of redemption from them, but I ask, who they are that pass through the fire?

가치 있는 것들은 남게 될 것입니다. 그리고 그 결과에 따라서 상급을 받을 수도 있고 받지 못할 수도 있습니다. 예수님은 우리의 죄를 대신하여 십자가에 돌아가실 때 분명히 "다 이루었다."라고 말씀하셨고(요 19:30), 우리를 영원히 온전케 하셨습니다(히 10:14).

그런데도 죄인들이 구원을 받기 위하여 자신들의 죄 때문에 일시적으로 연옥에서 고통을 받아야 한다고 주장한다면, 그리스도의 대속의 온전하고 영원함을 부정하는 것입니다. 또한, 성경이 분명하게 밝히고 있는 진리의 말씀을 거부하는 것입니다.

우리의 몸(육체)이 하나님의 성전일까요?

고전 3:16 너희가 하나님의 성전인 것과 하나님의 성령이 너희 안에 거하시는 것을 알지 못하느뇨?

많은 사람이 그렇게 해석합니다. 그래서 술을 마시고 담배를 피우는 것은 몸을 더럽게 하는 것이고 그것은 곧 성전을 더럽게 하는 것이라고 말합니다. 그렇다면 콜레스테롤이 많은 음식을 먹는 것도 마찬가지일 것입니다. 사고를 당해 다치거나 질병에 걸려 몸 일부가 망가졌다면 그것은 성전을 훼손한 것이 될 것입니다. 과연 그럴까요?

주님은 먹고 마시는 것이 사람을 더럽게 하는 것이 아니라고 말씀하셨습니다(마 15:17~20). 성경은 먹고 마시는 것이 사람을 더럽게 하는 것이 아니라고 누차 가르쳤습니다(행 10:15, 고전 8:8, 10:25~26, 롬 14:6~20). 우리가 하나님의 성전이라는 말은 우리의 전인격이 하나님께서 거하시는 임재의 장소라는 뜻입니다.

그러므로 우리는 우리의 생각과 마음과 행위가 하나님께서 거하실 만한 거룩한 모습이 되도록 살펴야 합니다. 그렇다고 우리의 몸을 건강하게 잘 유지하고 보존하며 가꾸는 일을 하지 않아도 된다거나 소홀히 여겨도 괜찮다는 말은 결코 아닙니다.

'만물이 다 너희 것임이라.'라는 말씀이 종교 다원주의를 지지하는 근거 구절이 될 수 있을까요?

고전 3:21 그런즉 누구든지 사람을 자랑하지 말라. 만물이 다 너희 것임이라.
　　　　22 바울이나 아볼로나 게바나 세계나 생명이나 사망이나 지금 것이나 장래 것이나 다 너희의 것이요
　　　　23 너희는 그리스도의 것이요 그리스도는 하나님의 것이니라.

급진적인 종교 다원주의를 열렬히 변호하는 Hans Urs von Balthasar는 자신의 주장을 틀에 맞추어 배열하기 위해 다음과 같은 삼단논법을 동원합니다.

(a) 바울은 모든 것이 너희의 것이며 너희는 그리스도의 것이요 그리스도는 하나님의 것이라고 말한다.

(b) '모든 것'은 예외 없이 모든 것을 포함한다.

(c) 따라서 모든 종교는 그리스도께 속한다.

그는 하나님의 구원하시는 소유권과 하나님의 섭리적인 소유권을 혼동하고 있으며, 전제 (b)는 사실과 다른 잘못된 것이기 때문에 그의 주장은 잘못된 것입니다.[488]

본문은 종교 다원주의를 주장할 근거가 결코 될 수 없습니다. 본문이 말하려는 것은 다만 바울이나 아볼로나 게바와 같은 인물들이나, 세계나 생명이나 사망이나 지금 것이나 장래 것이나 자랑할 것이 못 된다는 것입니다. 왜냐하면, 그 모든 것들이 다 그리스도인들의 것이고, 그리스도인들은 그리스도의 것이며, 그리스도는 하나님의 것이기 때문입니다.

'일꾼'(ὑπηρέτας)이란 말이 사공 또는 보조사공이나 가장 낮은 자리에 앉아 노를 젓는 사람을 뜻할까요?

고전 4:1 사람이 마땅히 우리를 그리스도의 일군이요 하나님의 비밀을 맡은 자로 여길지어다.

어떤 사람들은 일꾼은 'ὑπηρέτας'를 번역한 말인데 'ὑπηρέτας'는 '~의 밑에'라는 전치사 'ὑπό'와 '노를 젓다'라는 뜻의 'ἐρέσσω'가 결합된 단어이기 때문에 일꾼은 사공이라고 주장하기도 하고, 더 나아가 사공 아래에 있는 보조 사공, 심지어 삼단 노가 있는 갤리선의 가장 낮은 자리에 앉아 노를 젓는 사람이라는 주장까지 합니다.[489]

이러한 주장은 루(Louw)가 말한 대로 butterfly의 뜻을 butter와 fly로부터 끌어낸다거나 pineapple을 pine과 apple로부터 끌어내는 것과 같이 이상한 일입니다.[490] 고전 작품이나 신약성경에서 '일꾼'(ὑπηρέτας)이란 말이 사공 또는 보조사공이나 가장 낮은 자리

---

488) 자세한 내용은 D. A. Carson, 131~132를 보시기 바람.
489) 자세한 내용은 D. A. Carson, 31~33을 보시기 바람.
490) Louw, *Semantics of New Testament Greek*, 27, D. A. 카슨, 33에서 재인용 하였음.

에 앉아 노를 젓는 사람의 뜻으로 사용된 적이 없으며,[491] 신약에서는 ‘διάκονος’와 거의 구분하지 않습니다.[492]

어두움에 감춰진 것들과 마음의 뜻은 성경의 비밀일까요?

고전 4:5 그러므로 때가 이르기 전 곧 주께서 오시기까지 아무것도 판단치 말라. 그가 어두움에 감춰진 것들을 드러내고 마음의 뜻을 나타내시리니 그때 각 사람에게 하나님으로부터 칭찬이 있으리라.

본문은 재림 때에 주님께서 오셔서 주의 일꾼들이 얼마나 충성스럽게 일하였는가에 대하여 드러내시고, 어떤 사람은 칭찬을 또 어떤 사람은 판단을 받게 된다는 뜻입니다. 그래서 이 본문에 나오는 ‘판단’도 말씀을 판단한다는 것이 아니라 그 일한 것과 마음에 숨은 일들을 판단하신다는 뜻입니다.

그래서 바로 그 앞에 고전 4:3~4에는 ‘너희에게나 다른 사람에게나 판단 받는 것이 내게는 매우 작은 일이라 나도 나를 판단치 아니하노니 내가 자책할 아무것도 깨닫지 못하나 그러나 이로 인하여 의롭다 함을 얻지 못하노라. 다만 나를 판단하실 이는 주시니라.’라고 되어있습니다.

성경은 문맥을 따라 살펴보는 것이 매우 중요합니다. 따라서 본문을 문맥을 따라 살펴볼 때, ‘감춰진 것’과 ‘판단’은 이단들이 말하는 말씀에 대한 비밀이나 유월절과 전혀 상관이 없음을 알 수 있습니다. 주님 재림 때에는 주님을 위해서 일한 것들을 판단 받고 마음에 감추어졌던 것들이 드러나게 될 것입니다. 어두움에 감춰진 것들이란 밖으로 알려지지 않은 행위들과 다른 사람들이 볼 수 없는 숨겨져 있는 행동의 원리들까지도 포함합니다. 마음의 뜻은 계획이나 결심, 의도 등을 뜻합니다. 주님께서 재림하시는 그날에 인간의 숨겨진 행위와 감추어진 동기들이 밝게 드러날 것입니다. 어떻게 그것을 알 수 있을까요? 고전 4:3~4 말씀의 결론이 ‘그러므로’로 연결되어 있어서 고전 4:3~4을 보면 뜻이 더욱 확실해집니다. 인간은 겉으로 나타난 것은 볼 줄 알지만, 숨은 것들과 마음의 뜻은 잘 알 수 없으므로 주님 오시기까지 판단을 유보해야 합니다.[493]

---

491) Strong's Greek 5257 ὑπηρέτης, 20 Occurrences. ὑπηρέται-9 Occ. ὑπηρέταις-1 Occ. ὑπηρέτας-3 Occ. ὑπηρέτη-2 Occ. ὑπηρέτην-2 Occ. ὑπηρετῶν-3 Occ. (Matthew 5:25, Mark 14:54, 14:65, Luke 1:2, 4:20, John 7:32, 7:45, 7:46, 18:3, 18:12, 18:18, 18:22, 18:36, 19:6, Acts 5:22, 5:26, 13:5, 26:16, 1 Corinthians 4:1)
492) D. A. Carson, 32.
493) 박윤선, 『성경주석 고린도전서』 4판, 58.

사탄에게 내어 준다는 뜻이 무엇일까요?

고전 5:4 주 예수의 이름으로 너희가 내 영과 함께 모여서 우리 주 예수의 능력으로
　　　 5 이런 자를 사탄에게 내어주었으니 이는 육신은 멸하고 영은 주 예수의 날에 구원
　　　 얻게 하려 함이라.

　어떤 사람들은 아비의 아내를 취한 음행은 로마법을 어긴 것이므로 교회가 로마의 관리에게 그 음행자를 내어주어 로마법으로 그를 처벌하게 된 것을 가리킨다고 해석하지만, 이럴 경우 로마의 관원이 사탄이라는 말이 되므로 곤란할 뿐만 아니라, 바울은 교회 안에서의 문제를 세상 법정으로 끌고 나가기를 원치 않았습니다(고전 6:6).[494]

　그렇다면 사탄에게 내어준다는 말은 교회에서의 추방이나 제명 또는 출교를 의미하는 것으로 보아야 합니다.[495] 그것은 파문을 설명하는 아주 적절한 방법입니다.[496] 고전 5:2의 '너희 중에서 물리치지 아니하였느냐?', 고전 5:6~8의 '묵은 누룩을 내어버리라.', 고전 5:13의 '이 악한 사람은 너희 중에서 내어 쫓으라.' 등을 보면 그것을 확인할 수 있습니다. 그러므로 사탄에게 내어준다는 말은 교회의 교제에서 범죄자를 제외한다는 뜻임을 알 수 있습니다.

　그러나 사탄에게 내어준다는 말이 완전히 사탄에게 내어준 바 된 것이라거나 영원히 사탄의 노예가 된 것을 의미하는 것은 아니며, 그 형벌이 일시적인 것이기 때문에, 이 형벌로 인하여 영혼은 오히려 회개하여 구원을 받을 수도 있다는 뜻으로 해석할 수 있습니다.[497]

　본문에서 권징을 받아야 할 사람은 교인으로서 아버지의 아내(서모)와 간통을 한 경우인데, 그 음행이 단회적인 것으로 끝난 것이 아니라 지속적인 행위였습니다(동사가 현재 부정사형).[498] 이런 음행은 이방인 중에라도 없는 것으로 레 18:8이 분명하게 금하고 있고, 랍비적인 전통에 따르면 돌로 쳐 죽여야 했으며, 이런 음행은 당시 로마법에서도 분명하게 금지하고 있는 범법 행위였습니다.[499]

---

494) 서춘웅, 『성경 난제 해설·신약』 재판, 541.
495) 서춘웅, 『성경 난제 해설·신약』 재판, 541.
496) *Comm.* 1 Corinthians 5:5, For delivering over to Satan is an appropriate expression for denoting excommunication;
497) *Comm.* 1 Corinthians 5:5, The clause that follows, for the destruction of the flesh, is made use of for the purpose of softening; for Paul's meaning is not that the person who is chastised is given over to Satan to be utterly ruined, or so as to be given up to the devil in perpetual bondage, but that it is a temporary condemnation, and not only so, but of such a nature as will be salutary. For as the salvation equally with the condemnation of the spirit is eternal, he takes the condemnation of the flesh as meaning temporal condemnation. "We will condemn him in this world for a time, that the Lord may preserve him in his kingdom."
498) 서춘웅, 『성경 난제 해설·신약』 재판, 540.
499) 서춘웅, 『성경 난제 해설·신약』 재판, 540.

본문은 교회의 권징에 대한 말씀인데, 현대교회는 사실상 권징이 사라진 지 오래되었습니다. 권징을 하면 그 권징의 대상이 교회를 옮겨 쉽게 다른 교회로 가버리고 그것을 통제할 수 없기 때문입니다. 묻지도 따지지도 않고 사람들을 받아들이는 것이 현대교회의 현실이 되었습니다. 다른 교회로 옮길까봐 전전긍긍하거나 묻지도 따지지도 않고 사람들을 받아들이는 것은 교회이기를 포기하는 것과 같습니다. 교회에서 물의를 일으키고 다른 교회로 옮겨도 쌍수를 들어 환영할 뿐만 아니라, 심지어 직분까지 맡기는 교회들을 보는 것은 이제 전혀 이상하게 느껴지지 않는 시대가 되었습니다. 그러나 진정한 교회는 하나님의 말씀의 성실한 선포와 성례의 시행뿐만 아니라 권징이 성실하게 시행되어야 합니다.

신약의 성도들도 유월절을 지켜야 할까요?

고전 5:1∼8

이스라엘에게만 주셨던 규례들(할례, 제사, 결례, 절기)이 폐지될 때 유월절도 함께 폐지되었습니다(엡 2:11∼18, 골 2:14∼16). 유월절은 '유대인의 명절'입니다(요 6:4). 유월절의 어린양은 '세상 죄를 지고 가는 하나님의 어린양'(요 1:29)이신 예수님의 모형과 그림자가 되기 때문에 예수님의 십자가 대속 이후에는 유월절을 지킬 필요가 없습니다. 예수님은 십자가의 고난을 당하시기 전에 제자들과 함께 유월절 식사를 하시면서 떡과 잔(포도주)을 제자들에게 주시며 먹고 마시게 하시고, 이것을 행하여 예수님을 기념하라고 하셨습니다. 그 후로는 그리스도인들은 죄 사함을 얻게 하려고 예수님의 피로 세우신 새 언약(마 26:28, 눅 22:20)을 믿으며 유월절 대신에 '주의 만찬'을 행하면서 예수님의 대속의 구원을 기념합니다. 유월절은 구약의 다른 절기들이 폐하여진 것처럼 폐하여졌기(갈 4:10∼11, 엡 2:14∼16, 골 2:14∼17) 때문에, 그리스도인들은 예수님의 십자가 구속을 기념하여 지금까지 '주의 만찬'(성찬)으로 행해 왔으며, 유월절 날짜와 상관없이 1년에 한 번만이 아니라 횟수도 다양하게 행합니다.

고전 5:1∼8은 고린도교회 안의 음행 문제를 지적하는 말씀으로 적은 누룩이 온 덩어리에 퍼지듯이 교회 안의 음행 문제를 그대로 두면 그 죄악이 온 교회에 퍼지게 될 것을 상기시키며, 이러한 음행을 행한 자를 교회에서 징계할 것을 권하는 말씀입니다. 여기에서 누룩은 죄악을 상징하는 것으로 '묵은 누룩을 내어 버리라.'라는 것은 과거의 죄의 습성을 버려야 한다는 뜻입니다. 이것은 마치 이스라엘 백성들이 애굽에서 구속받은(출 15:13) 것을 기념하는 절기인 유월절에 누룩을 제하고 누룩이 없는 무교병을 먹어야 했듯이(출 12:15), 유월절 어린양이 되시는 그리스도의 희생으로 구속받은 신약의 성도들은 모든 죄악을 버리고 순전함과 진실함을 가져야 한다는 말씀입니다. 고전 5:8의 '우리가 명절을 지키되'라는 말씀은 문자적으로 유월절을 지켜야 한다는 뜻이 아니라 상징적으로 또는 영적인 의미로 해석해야 합니다.

본문은 고린도교회의 음행에 대해 경고하는 말씀이며, 구약의 유월절에 누룩 없는 무교병을 먹었듯이, 그리스도인은 매일의 삶에서 죄악의 누룩을 회개함으로 내어버리고 거룩함의 열매를 맺고 살라는 의미와 함께, 영적 유월절 의식인 성만찬을 통해 죄악의 누룩을 버리고 거룩한 삶을 추구해야 함을 권고한 말씀으로 해석해야 합니다.

그리스도께서는 매일의 희생으로 드려지는 것이 아니라 단 한 번으로 영원히 유효하므로, 우리는 유월절을 계속 지키거나 미사를 드릴 것이 아니라, 우리의 전 생애를 통하여 영적인 명절을 지켜야 합니다.[500)]

불의한 자들이 누구일까요?

고전 6:1 너희 중에 누가 다른 이로 더불어 일이 있는데 구태여 불의한 자들 앞에서 송사하고 성도 앞에서 하지 아니하느냐?

뇌물을 받고 공정하지 못하게 재판을 하는 부패한 재판관들일까요? 이 구절에서는 '불의한 자들'이 '성도'와 대조를 이루고 있습니다. 따라서 불의한 자들은 성도가 아닌 불신자들을 뜻합니다. 고전 6:6에 보면 '형제가 형제로 더불어 송사할뿐더러 믿지 아니하는 자들 앞에서 하느냐?'라고 되어 있으니, 불의한 자들은 믿음의 형제가 아닌 믿지 아니하는 자들을 뜻합니다.

그러면 믿는 재판관 앞에서 송사한다면 괜찮다는 말일까요? 고전 6:2~4을 보면 그런 뜻이 아닙니다. 재판관이 성도냐 아니냐는 상관없습니다. 성도 간의 분쟁이 있으면 교회 안에서 신앙으로 해결할 일이지 교회 밖의 세상 재판정으로 그 문제를 끌고 가지 말라는 말씀입니다.

---

500) *Comm.* 1 Corinthians 5:8, For Paul does not teach that Christ is offered daily, but that the sacrifice having been offered up once for all, it remains that the spiritual feast be celebrated during our whole life.

그러므로 불의한 자들 앞에서, 또는 믿지 아니하는 자들 앞에서 송사한다는 것은 세상 법정 앞에서 송사한다는 뜻입니다. 오늘날 교회분쟁이 많고 그 문제를 교회 안에서 해결하지 못하고 세상 법정으로 끌고 가는 일이 비일비재합니다. 교회에서, 노회에서, 심지어 총회에서까지 그렇습니다. 그것은 성경적으로 잘못된 것이며 참으로 책망받을 부끄러운 일입니다.

세상 법정 앞에서 송사하는 것이 성경적으로 잘못된 것이며 참으로 책망받을 부끄러운 일인 이유는, 첫째는 불신자들에게 조소를 받음으로 복음에 오명을 입히고, 그리스도의 이름에 손상을 끼치며, 둘째는 불신자들의 세상 법정의 판결에 복종할 때, 그것은 피고인 우리들의 형제를 멸시하는 것이기 때문입니다.[501] 물론 이 말씀이 자신의 정당한 권리를 보호받기 위하여 불가피하게 세상 법정에 소송하는 것을 정죄하는 것은 아니지만, 다른 해결책이 있음에도 불구하고 세상 법정에 고소하는 것은 잘못된 것입니다.[502]

남자가 여자를 가까이 아니함이 좋다는 뜻이 무엇일까요?

고전 7:1~37

독신을 장려한다는 말일까요? 고전 7:1, 8, 25~26, 32~34, 36~37, 38, 40을 보면 그렇게 해석해도 크게 무리가 없을 것으로 보입니다. 결혼하는 것이 죄를 짓는 것은 아니지만 결혼하면 육신에 고난이 있을 것이기 때문에, 아끼는 차원에서 결혼하지 않는 것이 좋겠다고 말씀합니다(고전 7:28). 또 결혼은 절제할 수 없는 경우 정욕을 합당하게 처리하기 위한 부득이한 방편으로 해야 하는 것처럼 해석해도 될 것 같은 표현을 사용하고 있습니다(고전 7:3~4, 5, 9). 세상일이 아니라 주의 일을 염려하고, 배우자를 기쁘게 하기보다 하나님을 기쁘시게 하며, 몸과 영을 다 거룩하게 하려고 결혼하지 않는 것이 좋다는 식으로 말씀합니다(고전 7:32~34). 결혼하는 것이 죄는 아니고(고전 7:28),

---

501) *Comm.* 1 Corinthians 6:1, If the reason is asked, I have already said, that it is because disgrace is brought upon the gospel, and the name of Christ is held up as it were to the scoffings of the ungodly. For the ungodly, at the instigation of Satan, are always eagerly on the watch for opportunities of finding occasion of calumny against the doctrine of godliness. Now believers, when they make them parties in their disputes, seem as though they did on set purpose furnish them with a handle for reviling. A second reason may be added — that we treat our brethren disdainfully, when we of our own accord subject them to the decisions of unbelievers.

502) *Comm.* 1 Corinthians 6:1, I answer, that Paul does not here condemn those who from necessity have a cause before unbelieving judges, as when a person is summoned to a court; but those who, of their own accord, bring their brethren into this situation, and harass them, as it were, through means of unbelievers, while it is in their power to employ another remedy. It is wrong, therefore, to institute of one's own accord a law-suit against brethren before unbelieving judges.

결혼하느냐 하지 않느냐의 문제는 은사와 부르심의 문제이며(고전 7:7, 17~24), 결혼하는 것도 잘하는 것이지만 결혼하지 않는 것이 더 잘하는 것이라고 말씀합니다(고전 7:38). 전반적으로 바울은 결혼을 장려하지는 않는 것같이 보입니다.

그러나 그것은 창 2:18의 '사람이 독처하는 것이 좋지 못하니'라는 말씀과 어긋납니다. 바울이 그것을 몰랐을 리가 없습니다. 또한, 바울의 편지 내용 중에 먼저 기록된 성경 말씀들과 어긋나는 부분이 있다면 성경으로 포함할 수 없었을 것입니다. 그렇다면 바울이 그렇게 말한 어떤 의도가 있었으리라는 것은 쉽게 알 수 있습니다. 그것이 무엇이었을까요?

칼빈은 제롬이 여자를 가까이 아니함이 '좋다.'라는 말을 여자를 가까이하는 것이 '나쁘다.'라고 해석한 것에 대하여 잘못된 것이라고 지적하면서, '좋다.'라는 말이 그런 의미로 사용된 것이 아니라 다만 결혼한 사람이 가지고 있는 모든 고통, 괴로움, 책임들을 생각해 볼 때 무엇이 유익한가를 보여준 것뿐이라고 설명합니다.[503]

바울은 결혼해야 하느냐 하지 말아야 하느냐에 초점을 맞추어서 말하고 있지 않습니다. 어떻게 하는 것이 주의 일을 염려하고, 하나님을 기쁘시게 하며, 몸과 영을 다 거룩하게 하는 데 유익하고 자유로울 수 있느냐에 초점을 맞추어서 말하고 있습니다. 이혼 문제도 똑같은 차원에서 말하고 있습니다. 결혼한다고 신앙생활을 잘할 수 없다거나, 독신으로 살면 신앙생활을 더 잘할 수 있다거나, 불신 배우자와 이혼하지 않으면 신앙생활을 잘할 수 없다거나, 불신 배우자와 이혼하면 신앙생활을 더 잘할 수 있는 것은 아닙니다. 그 반대일 수도 있습니다. 중요한 것은 결혼하든지 독신으로 살든지, 이혼하든지 그대로 살든지 하나님의 부르심과 주신 은사에 따라 하나님의 영광을 구하는 것입니다.

고전 8:5은 다신론을 지지하는 근거가 될 수 있을까요?

고전 8:5 비록 하늘에나 땅에나 신이라 칭하는 자가 있어 많은 신과 많은 주가 있으나
　　　6 그러나 우리에게는 한 하나님 곧 아버지가 계시니 만물이 그에게서 났고 우리도 그를 위하며 또한 한 주 예수 그리스도께서 계시니 만물이 그로 말미암고 우리도 그로 말미암았느니라.

---

503) *Comm.* 1 Corinthians 7:1, The inference then which he draws is this "It is good not to touch a woman: it is therefore wrong to do so." Paul, however, does not make use of the word good here in such a signification as to be opposed to what is evil or vicious, but simply points out what is expedient on account of there being so many troubles, vexations, and anxieties that are incident to married persons.

이 말씀은 실제로 많은 신과 많은 주가 있다는 뜻일까요? 이어지는 고전 8:6에 의하면 그렇지 않음을 알 수 있습니다. 비록 사람들이 신적인 존재로 여긴다고 하더라도 그 모든 것은 하나님으로 말미암은 피조물에 불과합니다. 공동번역은 '남들은 하느님도 많고 주님도 많아서 소위 신이라는 것들이 하늘에도 있고 땅에도 있다고들 하지만'으로, 현대인의 성경은 '사람들은 하늘과 땅에 많은 신과 주가 있다고 합니다.'로 번역함으로써 바울이 아니라 다른 사람들이 많은 신과 많은 주가 있다고 생각한다는 점을 분명히 말하고 있습니다. '신이라 칭하는 자가 있다.'라는 말은, 세상이 알기를 여러 신이 있다고 하는 것을 말합니다.[504] 그러므로 본문은 다신론을 지지하는 것이 아니라 그것을 부정하고, 오직 유일하신 한 분 하나님을 선언하고 있습니다.

다수를 하나님이 기뻐하지 아니하신다는 뜻이 무엇일까요?

고전 10:5 그러나 저희의 다수를 하나님이 기뻐하지 아니하신 고로 저희가 광야에서 멸망을 받았느니라.

하나님은 소수를 기뻐하신다는 뜻일까요? 만일 그렇다면 소수는 '의'가 되고 다수는 '죄'가 된다는 뜻이 될 것입니다. 그럴까요? 하나님은 의인을 기뻐하시고 죄인을 기뻐하지 않으시지만, 소수 자체를 기뻐하시고 다수 자체를 미워하시는 것은 아닙니다. 성경에서는 소수는 의고 다수는 죄란 근거를 찾을 수 없습니다. 물론 남은 자는 소수입니다. 그렇다고 무조건 소수가 옳고 다수가 잘못된 것이라고 말하지는 않습니다. 다수 자체가 죄는 아닙니다. 고전 10:6의 '그런 일은 우리의 거울이 되어 우리에게 저희가 악을 즐겨한 것같이 즐기는 자가 되지 않게 하려 함이니'라는 말씀을 보면 고전 10:5의 다수는 다수 자체가 아니라 악을 즐기는 다수라는 것을 알 수 있습니다.[505] 하나님은 사람의 수효에 따라가시는 분이 아니시고 하나님의 뜻대로 참되게 움직이는 자들과 동행하시기 때문에, 다수라도 악을 즐기는 자들은 기뻐하지 아니하십니다.[506]

---

504) 박윤선, 『성경주석 고린도전서』 4판, 117.
505) 박희천, 『손 더듬이 성경 해석학-성경이 성경을 해석한다』, 151.
506) 박윤선, 『성경주석 고린도전서』 4판, 146.

어떤 특정한 방식으로, 곧 성경이 요구하는 방식으로 살라고 요구하는 것은 잘못된 것일까요?

고전 11:1 내가 그리스도를 본받는 자 된 것같이 너희는 나를 본받는 자 되라.

Castelli는 바울과 같은 강력한 인물이 다른 사람들에게 자신을 모방하라고 촉구한다면, 그것은 항상 하나의 권력 행사가 되어 사람들을 인사이더와 아웃사이더, 체제 순응주의자와 비순응주의자로 나누게 된다고 주장합니다.[507] 과연 옳은 주장일까요? 이러한 주장은 하나님께서 다른 여러 방식이 아닌 어떤 특정한 방식으로 살라고 요구할 의사가 전혀 없는 분이라고 전제하는 것이 되기 때문에 잘못된 것입니다.[508]

물론 세상 사람들은 악한 본을 따르려는 경향이 있고, 큰 영향력이 있는 사람들을 그대로 모방하려고 하며, 성도들도 무모하게 다른 성도들의 모든 행위를 모방하려고 하는데, 그것은 잘못된 것이기 때문에, 바울의 이 교훈은 더욱 신중하게 지켜야 합니다.[509] 그러나 그들이 그리스도의 모본을 따른다면 우리는 오직 그들을 따라야 할 이유가 됩니다.[510]

그리스도인은 다른 여러 방식이 아닌 어떤 특정한 방식으로, 곧 성경이 요구하는 방식으로 살아야 합니다. 그것이 신앙입니다. 성경이 가르치는 어떤 특정한 방식이 아닌 다른 여러 방식에 따라 산다면 그것은 신앙이 아닙니다.

머리(κεφαλὴ)의 뜻이 무엇일까요?

고전 11:2~16

머리(κεφαλὴ)의 뜻을 Berkeley나 Alvera Mickelsen은 표준 고전어 사전에 근거하여 원천, 근원이라고 주장하지만, 표준 신약성경과 헬레니즘 헬라어 사전에는 그런 뜻이 없으며, 모든 경우 권위를 암시하는 '머리 됨'의 개념이 한결같이 잘 들어맞거나 더 낫습니다.[511]

---

507) D. A. Carson, 174.

508) D. A. Carson, 175.

509) *Comm.* 1 Corinthians 11:1, The world is also, of its own accord, inclined to a misdirected imitation, and, after the manner of apes, strive to copy whatever they see done by persons of great influence. We see, however how many evils have been introduced into the Church by this absurd desire of imitating all the actions of the saints, without exception. Let us, therefore, maintain so much the more carefully this doctrine of Paul

510) *Comm.* 1 Corinthians 11:1, that we are to follow men, provided they take Christ as their grand model, that the examples of the saints may not tend to lead us away from Christ, but rather to direct us to him.

'여자의 머리는 남자'라는 말은 남성 우월주의를 뜻할까요?

고전 11:3 그러나 나는 너희가 알기를 원하노니 각 남자의 머리는 그리스도요 여자의 머리
는 남자요 그리스도의 머리는 하나님이시라.

고전 11:11~12에서는 '그러나 주 안에는 남자 없이 여자만 있지 않고 여자 없이 남
자만 있지 아니하니라. 여자가 남자에게서 난 것같이 남자도 여자로 말미암아 났으나 모
든 것이 하나님에게서 났느니라.'라고 말씀함으로써 고전 11:3이 남성 우월주의를 지지
하는 뜻이 아님을 알 수 있습니다. 갈 3:28도 '너희는 유대인이나 헬라인이나 종이나 자
주자나 남자나 여자 없이 다 그리스도 예수 안에서 하나이니라.'라고 말씀합니다. 영적
으로는 유대인이나 헬라인이나 종이나 자주자나 남자나 여자나 차이가 없습니다.

그러나 일상적인 생활에서는 당시 사회문화적 상황에서 나타나는 시민적 계급이나 남
녀의 차이를 부정할 수는 없었습니다.512) 또한, 그 차이를 없애기 위하여 투쟁하는 것이
아니라 그대로 지내는 것이 신앙적이라고 말씀합니다(고전 7:17~24).

여자는 머리에 수건을 쓰고 기도나 예언을 해야 할까요?

고전 11:2~15

천주교나 몇몇 이단 종파들이 그렇게 합니다. 과연 그럴까요? 수건 문제는 유전을 말
하기 때문에 잘못된 것입니다. 고전 11:2은 그것을 확인시켜 줍니다. 유전이라는 말은
하나님의 계명이 아니라는 뜻입니다. 유전(παράδοσις)이란 전통, 관습, 풍습 등에 해당하
는 말로, 시대와 상황이 바뀌어도 변할 수 없는 하나님의 계명과 달리, 시대와 문화에
따라서 국가마다 민족마다 달라지는 것이기 때문에 꼭 지켜야 할 규례는 아닙니다. 그러
므로 유전에 관한 문제인 수건을 쓰는 문제를 교리로 만들어 하나님의 말씀을 곡해하는
것은 유전으로 계명을 어기는 꼴이 됩니다. 하나님의 계명은 언제나 지켜야 할 규례이지
만 유전은 꼭 지켜야 하는 것은 아닙니다. 바울 당시의 유전 중의 하나인 서로 입맞춤으
로 인사하는 것을(고전 16:20) 하나님의 계명으로 여겨 한국에서 그대로 행한다면 많은

---

511) 자세한 내용은 D. A. Carson, 42~44를 보시기 바람.
512) *Comm.* 1 Corinthians 11:3, In the meantime, however, he does not disturb civil order or honorary distinctions, which
cannot be dispensed with in ordinary life.

오해와 혼란이 야기될 것입니다.

수건을 쓰는 문제와 같은 유전이나 형식, 또는 의식은 구원의 조건이거나 신앙의 중요한 문제가 되지 않습니다. 갈 2:16은 '사람이 의롭게 되는 것은 율법의 행위에서 난 것이 아니요 오직 예수 그리스도를 믿음으로 말미암는 줄 아는 고로 우리도 그리스도 예수를 믿나니 이는 우리가 율법의 행위에서가 아니고 그리스도를 믿음으로써 의롭다 함을 얻으려 함이라. 율법의 행위로서는 의롭다 함을 얻을 육체가 없느니라.'라고 말씀합니다.

고전 11:2~14:40은 예배 시 질서에 관한 내용으로서, 오늘 본문은 부녀자들이 예배 시 머리에 수건을 쓰는 유전을 지킨 것에 대하여 칭찬하면서 그것은 하나님에 대한 경건과 남편에 대한 부덕(婦德)의 표시임을 설명합니다. 반대로 남자가 머리에 무엇을 쓰고 기도나 예언하는 것은 그 머리를 욕되게 하는 것이라고 말씀합니다. 그것은 문자적으로 보면 남자는 예배 시(기도하거나 예언할 때)에는 아무것도 써서는 안 된다는 말이지만, 본문의 참된 뜻은 공적 예배 시 그리스도의 권위를 무시하는 행위를 해서는 안 된다는 뜻입니다. 머리에 무엇을 쓴다는 것은 그리스도의 권위가 아닌 다른 어떤 권위 아래 있다는 표시이기 때문입니다.

여자가 머리에 쓴 것을 벗고 기도나 예언하는 것은 그 머리를 욕되게 하는 것이란 말의 뜻은 문자적으로 보면 여자는 예배 시(기도하거나 예언할 때)에는 반드시 수건을 써야 한다는 뜻입니다. 당시 헬라나 유대에서는 긴 머리는 우아한 장식이자 권위와 명예의 상징으로 머리에 무엇을 쓰는 것은 긴 머리와 동일시되었기 때문입니다. 반면 머리를 짧게 자르는 경우는 애통이나 슬픔의 표시, 또는 간음죄를 범했을 때, 매춘부의 경우로 수치를 상징했기 때문에, 예배 시에 머리에 수건을 쓰지 않는 것은 남편을 업신여기며, 다른 남자의 시선을 끌기 위한 일로 간주하였고, 더 나아가 하나님, 그리스도, 남자, 여자로 이어지는 하나님의 창조질서에 위배되는 것이었습니다. 그러나 오늘날은 수건이 그런 의미(표시, 상징)를 가지지 않기 때문에 수건을 쓰는 의미와 중요성을 그대로 따를 필요는 없습니다.

자기를 살피는 것은 성찬 참여의 전제조건을 뜻할까요?

고전 11:28 사람이 자기를 살피고 그 후에야 이 떡을 먹고 이 잔을 마실지니 우리말 성경들은 자기를 살피는 것이 성찬 전에 먼저 있어야 하는, 성찬에 참여할 조건처럼 번역했습니다.

개역 개정: 사람이 자기를 살피고 그 후에야 이 떡을 먹고 이 잔을 마실지니

공동번역: 각 사람은 자신을 살피고 나서 그 빵을 먹고 그 잔을 마셔야 합니다.

새 번역: 그러니 각 사람은 자기를 살펴야 합니다. 그런 다음에 그 빵을 먹고, 그 잔을 마셔야 합니다.

현대인의 성경: 따라서 여러분은 자신을 살핀 후에 그 빵을 먹고 그 잔을 마셔야 합니다.

영어 번역본들도 그렇게 번역한 경우가 많습니다.

NIV: A man ought to examine himself before he eats of the bread and drinks of the cup.

ISV: A person must examine himself and then eat the bread and drink from the cup,

이러한 번역은 헬라어 본문의 'οὕτως'를 '그 후에야', '(살피고) 나서', '그런 다음에', '(살핀) 후에', 'before', 'then' 등으로 번역한 것입니다. 그러나 그것은 'οὕτως'를 오역한 것입니다. Strong's Concordance와 NAS Exhaustive Concordance는 'οὕτως'가 'in this way', 'thus'의 뜻이며, Strong's Concordance는 'thus', 'so', 'in this manner'로 사용된다고 설명하고 있습니다. 또 HCSB는 'in this way'로, NASB는 'in so doing'으로 번역했습니다. 'οὕτως'가 요 3:14, 요 5:11, 롬 6:11에서도 '이와 같이'로 번역한 것을 확인할 수 있습니다. 'οὕτως'는 둘 사이에 존재하는 본질적 동질성을 나타내는 단어입니다. 따라서 본문은 사람이 자기를 살피고 문제가 없는 것으로 확인이 되면 그 후에야 성찬에 참여해야 한다는 말씀이 아니라, 성찬에 참여하되 자신을 살피는 태도로 성찬에 참여하라는 말씀으로 성찬에 참여할 때의 올바른 태도에 관한 것입니다.[513]

바울 서신서에서 성찬의 금지는 출교와 사실상 동일한 개념으로써 교회에 머물면서 성

---

513) 권연경, 『네가 읽는 것을 깨닫느뇨?』, 264.

찬을 금지당하는 경우는 없었다는 당시의 상황을 고려해 보아도, 자기를 살피는 것이 성찬 참여의 전제조건이라고 해석하는 것은 잘못된 것입니다.514) 만일 자기를 살피는 것이 성찬 참여의 전제조건이라면, 양심에 민감한 사람들은 자주 성찬에 참여하기 어려워질 것이고, 양심이 무딘 사람들은 늘 편한 마음으로 성찬에 참여하는 모순이 발생할 것이며, 더구나 무조건적인 은혜 앞에 어떤 전제조건을 붙인다는 것도 이상한 일입니다.515)

더욱 큰 은사와 제일 좋은 길은 무엇일까요?

고전 12:31 너희는 더욱 큰 은사를 사모하라 내가 또한 제일 좋은 길을 너희에게 보이리라. (NASB: But earnestly desire the greater gifts. And I show you a still more excellent way)

더욱 큰 은사가 무엇일까요? '더욱 큰 은사 = 제일 좋은 길 = 사랑'이라는 등식으로 이해해야 할까요?516) 그렇지 않습니다. '더욱 큰 은사'는 단수 χάρισμα가 아니라 복수 χαρίσματα이기 때문에 더욱 큰 은사는 사랑이 아니라 앞에서 언급한 중요한 은사들을 지칭하며 제일 좋은 길도 아닙니다.517) 바울은 고린도교회 교인들이 무엇보다도 먼저 그들을 확고하게 세우는 데 가장 효과적인 은사들을 소중하게 여기고 또 그것들을 갈망하도록 격려하고 있습니다.518)

헬라어 성경을 충실히 번역한 NASB를 보면 은사는 'gifts'라고 복수로 되어 있고, 가장 좋은 길은 'a way'라고 단수로 되어 있습니다(But earnestly desire the greater gifts. And I show you a still more excellent way.). 이 두 단어는 수의 일치라는 문법적 원리상 같은 것을 가리킬 수 없습니다. NASB를 보면 gifts 다음에 마침표가 있습니다. 실제로 헬라어 성경도 고전 12:31 중간에 마침표가 있습니다(ζηλοῦτε δὲ τὰ χαρίσματα τὰ μείζονα. Καὶ ἔτι καθ᾽ ὑπερβολὴν ὁδὸν ὑμῖν δείκνυμι.). 따라서 이 말씀에서 더욱 큰 은사는 앞에서 언급했던 성령의 은사들을 가리키는 것입니다. 고전 12:31의 첫 문장은 앞의 단락을 결론짓는 말씀이라고 볼 수 있습니다. 한편 고전 12:31의 후반절은 그다음 단락을

---

514) 권연경, 『네가 읽는 것을 깨닫느뇨?』, 265.
515) 권연경, 『네가 읽는 것을 깨닫느뇨?』, 267.
516) 송인규, 『성경 어떻게 적용할 것인가?』, 72.
517) 송인규, 『성경 어떻게 적용할 것인가?』, 72.
518) *Comm.* 1 Corinthians 12:31, for Paul exhorts the Corinthians to esteem and desire those gifts especially, which are most conducive to edification.

시작하는 말씀이라고 볼 수 있습니다. 그렇다면 가장 좋은 길은 무엇을 가리킬까요? 그것은 당연히 13장에서 언급할 사랑을 가리키는 것입니다.

사랑은 가장 큰 은사가 아니라 은사들을 시행하는 가장 좋은 길입니다. 사랑은 여러 은사가 이루어야 할 사역의 목표입니다.[519] 놀라운 은사들이 사랑과 관계가 있을 때 비로소 그 참된 가치를 가질 수 있습니다.[520] 더구나 가장 큰 은사(최상급)가 아니라 더욱 큰 은사(비교급)를 사모하라고 말씀하기 때문에 사랑은 가장 큰 은사라는 말은 성립될 수 없습니다.[521] 그렇다면 고전 12:31은 이해하기 쉽게 '너희는 이 은사 중에서 더욱 큰 은사를 사모하라. 그리하면 내가 또한 제일 좋은 길을 너희에게 보이리라.'라고 의역할 수 있습니다.[522] 그렇다면 더욱 큰 은사는 사랑이 아니라 은사 중의 어떤 은사가 될 것입니다. 그 은사가 무엇일까요? 은사 중에 중요하게 여겨지는 은사들은 대개 말씀에 관련된 은사라는 것은 고전 12장에서 확인할 수 있습니다.[523]

이 단락의 앞뒤에는 은사에 대한 말씀이 나옵니다. 12장은 여러 다양한 은사들을 다루고, 14장은 그중에서 예언과 방언을 주로 비교하여 다룹니다. 그런데 그 둘 사이에 있는 13장은 '사랑'을 주로 다룹니다. 그렇다면 이런 문맥 속에서 이 단락이 전하는 메시지는 무엇일까요? 바울은 은사를 설명하다가 그 은사를 사용하는 내적 동기에 대하여 말하고 있습니다. 바울이 말하고 있는 모든 것은 그들이 서로를 일으켜 세우는 데 관심을 가지고, 그 일에 가장 효과적인 일들을 열심히 구하면서 그 일들에 헌신하기를 바란다는 것이었습니다.[524]

고린도교회는 은사가 풍성한 교회였지만 교회가 늘 시끄러웠습니다. 자신이 선호하는 지도자를 따라 파벌을 형성하고 있었고, 은사 문제로 시기하며 질투하고 있었습니다. 그토록 풍성한 은사를 받은 성도들이 왜 이렇게 많은 갈등을 일으키고 있었을까요? 그 이유는 은사를 사용하는 동기가 잘못되었기 때문이었습니다. 고린도교회 성도들은 은사를 자기 과시용으로 사용했기 때문에, 그 결과 교회가 늘 시끄러웠습니다. 은사를 사용하는 내적 동기는 언제나 사랑이어야 합니다. 형제와 자매를 사랑하는 마음으로 은사를 사용

---

519) 박윤선, 『성경주석 고린도전서』 4판, 182.
520) *Comm.* 1 Corinthians 13:1~3, It is also not to be wondered, if gifts, otherwise excellent, come to have their true value only when they are made subservient to love.
521) 윤석준, 『한국 교회가 잘못 알고 있는 101가지 성경 이야기 (1)』, 92~93.
522) 윤석준, 『한국 교회가 잘못 알고 있는 101가지 성경 이야기 (1)』, 93.
523) 윤석준, 『한국 교회가 잘못 알고 있는 101가지 성경 이야기 (1)』, 93.
524) *Comm.* 1 Corinthians 12:31, but simply recommends to them a desire to promote edification, that they may apply themselves the more diligently to those things that are most conducive to edification.

하면 그 은사는 교회를 살리는 역할을 하지만, 그런 사랑이 없이 자기 과시용으로 은사를 사용하면 교회는 시끄러워집니다. 그러므로 누구든지 사랑으로 은사를 사용해야 합니다. 모든 은사가 사랑을 이루는 데 사용되지 못한다면 존재의 의의가 없습니다.[525]

고린도전서 13장을 통하여 바울이 말하고자 하는 것은 '은사와 열매의 균형'입니다. 12장과 14장에서 다루는 방언이나 예언 등이 은사라면 13장에서 다루는 사랑은 열매입니다(갈 5:22~23). 바울은 지금 고린도교회 성도들에게 성령의 열매와 성령 은사의 균형을 잘 이루라고 권고하고 있습니다. 진정으로 성령 충만한 사람은 은사와 열매의 균형을 이룬 사람이기 때문입니다.

고전 13장은 '사랑으로 형성되는 믿음'에 대한 성경적 근거일까요?[526]

고전 13:2 내가 예언하는 능이 있어 모든 비밀과 모든 지식을 알고 또 산을 옮길 만한 모든 믿음이 있을지라도 사랑이 없으면 내가 아무것도 아니요

본문은 사랑이 없으면 믿음은 아무것도 아니라는 말씀일까요? 사랑은 믿음보다 더 위대하다거나 사랑이 믿음의 원인이라는 말씀일까요? 물론 고전 13:13은 '그런즉 믿음, 소망, 사랑, 이 세 가지는 항상 있을 것인데 그중에 제일은 사랑이라.'라고 말씀합니다. 그러나 그 뜻이 사랑이 믿음의 원인이라는 뜻은 아닙니다. 여기에서 믿음은 '산을 옮길 만한 모든 믿음'이란 표현에서 알 수 있듯이 이적에 대한 것으로 제한되어 있습니다.[527] 또 사랑은 믿음의 결과이며, 또한 그 결과는 틀림없이 그 원인보다 더 낫지 못합니다.[528] 우리가 거듭난 것도, 영생을 얻고 하나님의 자녀가 된 것도, 이웃을 사랑하는 것도, 세상을 이김도 모두 믿음으로 말미암아 이루어진 것입니다.

천주교의 사랑의 교리는 전체적으로 자기중심적으로 남용되어 그 결과 윤리화와 행복주의를 양산했습니다.[529] 그들은 '또 산을 옮길 만한 모든 믿음이 있을지라도 사랑이 없

525) 박윤선, 『성경주석 고린도전서』 4판, 182.
526) 아래 내용은 윤광원, 『존 칼빈의 자기부정의 렌즈로 본 신앙생활의 핵심』, 180~183에서 발췌하였음.
527) *Comm.* 1 Corinthians 13:2, That faith, of which he speaks, is special, as is evident from the clause that is immediately added - so that I remove mountains. ⋯ Paul, however, as I have already stated, is his own interpreter, by restricting faith, here, to miracles. It is what Chrysostom calls the "faith of miracles," and what we term a "special faith," because it does not apprehend a whole Christ, but simply his power in working miracles; and hence it may sometimes exist in a man without the Spirit of sanctification, as it did in Judas.
528) *Comm.* 1 Corinthians 13:13, Nay, even love itself, according to the testimony of the same Apostle, (1 Thessalonians 1:3) is an effect of faith.
529) Anders Nygren, *Agape and Eros*, 고구경 역, 『아가페와 에로스』 (서울: 크리스천 다이제스트, 1998), 738.

으면 내가 아무것도 아니요.'(고전 13:2)라는 성경을 근거로[530] 사랑의 교리를 강조하여 사랑을 본질적으로 인간적 성취의 관점으로부터 고찰했습니다. 그러나 그러한 근거는 성경 본문의 의도를 왜곡한 것입니다. 성경의 의도는 그들과는 다릅니다. 은사들은 교회의 덕을 세우기 위하여 주어졌으므로 이러한 목적에 기여하지 못한다면 그 도덕적인 능력을 상실하고 말기 때문에, 모든 은사는 그 자체로는 아무리 좋은 것이라 할지라도 사랑을 세우지 않는다면 아무것도 아닌 것으로 간주해야 한다는 의미입니다.[531]

천주교의 '사랑으로 형성되는 믿음'(*fides caritate formata*)은 '오직 믿음으로 구원받는 신앙'만 위협하는 것이 아니라 기독교적 사랑의 순수성까지 위협합니다.[532] 천주교의 '사랑으로 형성되는 믿음'에서의 사랑은 인간 자신의 자기 의로서 하나님 사랑과 이웃 사랑을 모두 자기 사랑으로 환원시킵니다. 자기 의로서의 사랑은 사랑을 아무리 강조하더라도 결국은 자기 사랑으로 환원될 수밖에 없습니다. 아우구스티누스는 '네 이웃을 네 몸과 같이 사랑하라.'라는 계명에 자기 사랑의 계명이 암시되어 있다고 주장했습니다. 로버트 슐러(Robert Harold Shuller) 또한 '네 이웃을 네 몸과 같이 사랑하라.'라는 계명을 통하여 예수 그리스도께서 자기 사랑이 하나님을 사랑하는 길임을 얼마나 놀랄 만큼 깊이 깨닫고 계신가를 알 수 있다고 주장하면서 자기 사랑이 곧 구원이라고 주장했습니다.[533]

그러나 마틴 루터(Martin Luther)는 요 12:25에서 '사랑한다는 것은 자기 자신을 미워하는 것과 동일하다.'라는 근본 원리를 발견함으로써, 사랑의 계명이 모든 종류의 자기 사랑에 대한 거부와 정죄를 포함하고 있다고 보았는데,[534] 이는 바른 판단입니다. 자기 사랑에 근거한 이웃 사랑은 스스로 더 높은 것을 향하여 올라가는 자기 자존감 안에서 만족스러운 동기를 부여받고, 하나님 사랑도 자신의 모든 결핍과 필요를 만족시킨다는 확신을 견고한 토대로 삼습니다.[535] 그러므로 루터의 주장대로 정당화될 수 있는 자기 사랑은 없습니다.[536]

이 계명은 자기 자신을 먼저 사랑하고 다음으로 이웃을 사랑하라는 뜻이 아니며, 사람

---

530) *Inst.*, 3. 2. 9: They are accustomed to urge Paul's words: "If anyone has all faith so as to remove mountains, but has not love, he is nothing" [I Cor. 13:2 p.]. By this they would de-form faith by depriving it of love.
531) *Inst.*, 3. 2. 9: All such gifts, however excellent they may be in themselves, are still to be considered as nothing unless they serve love. For they were given for the edification of the church, and unless they contribute to this they lose their grace.
532) Nygren, 771.
533) Robert Harold Shuller, *Self-Love: The Dynamic Force of Success*, 남경삼 역, 『자기 사랑의 비결: 자애』 (서울: 보이스사, 1996), 21~22.
534) Nygren, 765.
535) Nygren, 224.
536) Nygren, 764.

은 자기 자신을 지나치게 사랑하는 경향이 있어서, 오히려 자기 자신에 대하여 덜 집착하면 할수록 이웃을 더 사랑하게 된다는 것을 뜻합니다.[537] 니그렌의 지적처럼, 자기 사랑에 토대하여 하나님과 이웃을 사랑한다는 것은 고도로 세련된 자기 이익과 자기 추구의 에로스적인 사랑에 불과합니다.[538] 전적으로 부패한 인간의 본성은 하나님을 대적하여 맹목적인 자기 사랑과[539] 육체의 일에 탐닉함을[540] 그 특징으로 하는데, 그것이 바로 죄이며, 이것에서 나오는 모든 인간의 행위들이 바로 죄의 열매들입니다.[541] 기독교의 사랑은 자기 이익과 자기 추구의 사랑이 아닌 아가페의 사랑이기 때문에 어떤 종류의 자기 사랑도 정당하다고 인정하지 않으며, 나아가 자기 사랑을 죄로 간주하여 부정하며, 개혁해야 할 주요 대적으로 여깁니다.[542]

신앙생활은 자기부정으로 특징 지워지며, 자기부정은 곧 우리의 본성인 세상으로 향한 욕망의 죽임이며, 자기 사랑으로 표현되는 육으로부터 일어나는 모든 욕망과 충동들을 단연코 거부하는 것,[543] 곧 그것은 우선 자만이나 교만이나 허식을 절대로 용인하지 않을 뿐만 아니라, 다음에는 탐욕이나 욕망이나 방탕이나 나약이나 그 밖에 우리의 이기심이 빚어내는 죄악들을 전혀 허용하지 않는 것입니다.[544] 리처드(Lucien Joseph Richard)도 자기부정을 통하여 자기 사랑을 제거한 사람만이 하나님과 이웃을 사랑할 수 있다고 바르게 해석했습니다.[545]

---

537) 칼빈, 『칼빈의 갈라디아서 강해 설교(하)』, 292.
538) Nygren, 22, 225.
539) *Inst.*, 2. 1. 2: For, since blind self-love is innate in all mortals, they are most freely persuaded that nothing inheres in themselves that deserves to be considered hateful.
540) *Inst.*, 2. 1. 8: Then comes the second consideration: that this perversity never ceases in us, but continually bears new fruits-the works of the flesh that we have already described-just as a burning furnace gives forth flame and sparks, or water ceaselessly bubbles up from a spring.
541) *Inst.*, 2. 1. 8: The works that come forth from it-such as adulteries, fornications, thefts, hatreds, murders, carousings-he accordingly calls "fruits of sin" [Gal. 5:19~21], although they are also commonly called "sins" in Scripture, and even by Paul himself.
542) Nygren, 22, 224~25.
543) 김은수, "John Calvin의 '신앙생활의 원리'에 따른 사회경제 윤리와 사상에 대한 소고", 『역사신학논총』 13 (2007): 19.
544) *Inst.*, 3. 7. 2: When it has once taken possession of their hearts, it leaves no place at all first either to pride, or arrogance, or ostentation; then either to avarice, or desire, or lasciviousness, or effeminacy, or to other evils that our self-love spawns {cf. II Tim. 3:2~5].
545) Lucien Joseph Richard, *The Spirituality of John Calvin* (Atlanta, Georgia: John Knox Press, 1974), 124.

방언은 그 자체에 내재된 특성으로 인하여 스스로 그친 것일까요?

고전 13:8 사랑은 언제까지든지 떨어지지 아니하나 예언도 폐하고 방언도 그치고 지식도 폐하리라.[546]

몇몇 저자들은 '예언도 폐하고(καταργηθήσονται) 방언도 그치고(παύσονται) 지식도 폐하리라(καταργηθήσεται).'에서 '그치고(παύσονται)'만 중간태이기 때문에 방언은 폐해질(수동태) 필요가 없는데, 그 이유는 그 자체에 내재된 특성으로 인하여 스스로 그칠 것을 암시하기 때문이라고 주장합니다.[547] 따라서 방언은 정경이 완성될 때까지만 유용한 역할을 했고, 그 이후로는 방언은 본질적으로 안 쓰였거나 그쳤으며, 오늘날 방언의 은사는 더 이상 유효하지 않다고 주장합니다.[548] 그러나 중간태가 재귀적이든지 혹은 주어가 스스로 행동하는 것임을 암시한다고 전제하는 것은 잘못입니다.[549] 예를 들면 눅 8:24의 경우 바람과 성난 파도가 그 자체에 내재된 특성 때문에 잔잔해졌다(ἐπαύσαντο)는 의미를 찾을 수 없다는 것과 행 21:32의 경우 폭도들이 바울 치기를 그친(ἐπαύσαντο) 것이 군사들을 보고 그만둔 것이지 어떤 내적 압박 때문에 그만둔 것은 아니었다는 것을 알 수 있습니다.[550]

'특별히 예언하려고 하라.'라는 말씀의 뜻이 무엇일까요?

고전 14:1 사랑을 따라 구하라. 신령한 것을 사모하되 특별히 예언하려고 하라.

장래 일을 미리 알아서 말하라는 뜻일까요? 그렇게 이해하는 사람들이 많습니다. 그렇게 해석하고 간증하기도 합니다. 그러나 신 18:10~12은 전혀 다르게 말씀합니다.

그 아들이나 딸을 불 가운데로 지나게 하는 자나 복술자나 길흉을 말하는 자나 요술하는 자나 무당이나 진언자나 신접자나 박수나 초혼자를 너희 중에 용납하지 말라. 무릇 이런 일을 행하는 자는 여호와께서 가증히 여기시나니 이런 가증한 일로 인하여 너의 하나님 여호와께서 그들을 네 앞에서 쫓아내시느니라.

---

546) ἡ ἀγάπη οὐδέποτε πίπτει εἴτε δὲ προφητεῖαι καταργηθήσονται εἴτε γλῶσσαι παύσονται εἴτε γνῶσις καταργηθήσεται
547) D. A. Carson, 99.
548) D. A. Carson, 99.
549) D. A. Carson, 99.
550) D. A. Carson, 100.

복술자, 길흉을 말하는 자, 요술하는 자, 무당, 진언자, 신접자, 박수, 초혼자는 모두 장래 일을 미리 말하는 것과 관련된 사람들로서 용납되어서는 안 되며 하나님께서 가증하게 여기시는 사람들입니다.

그렇다면 고린도전서에서 말하는 예언이 장래 일을 미리 말하는 것이 아니라는 것을 알 수 있습니다. 킷텔 단권 신약 원어 신학 사전에서도 '예언'은 언어학적(헬라어 본래의 의미)으로 '선포'이며, 예언은 계시에 의존한다고 설명하고 있습니다.[551] 국어사전조차도 예언의 의미를 일반적인 의미인 '장래 일을 미리 말하는 것'과 기독교적 의미인 '신탁을 받은 사람이 하나님으로부터 계시된 진리를 전하는 일 또는 그런 말'이라고 구분하여 설명하고 있습니다. 물론 하나님의 계시가 미래에 관한 것일 때는 예언이 미래를 포함하지만, 고린도전서의 '예언을 하려고 하라.'라는 말씀은 결코 '앞날을 내다보아야 한다.'라는 의미가 아니라, '하나님의 계시(말씀)를 대언하고 선포하라.'라는 의미입니다.[552] 예언하다(προφητεύω)라는 말이 성경에 사용된 의미는 고전 11:4, 24, 31, 14:1, 4~41에서는 '전달된 계시를 말하다.', '메시지를 선포하다.'라는 뜻이고, 고전 14:3, 24, 31, 계 11:3, 10에서는 '가르치다.', '권고하다.', '위로하다.'라는 뜻이고, 마 7:22, 행 21:9에서는 '선지자로서 하나님의 계시를 선포하다.'라는 뜻입니다.[553] 그러므로 소위 용하다는 기도원 원장들, 또는 일부 잘못된 목사들이나 직분자들이 말하는 '미래를 알려주는 그런 예언'은 가증한 것이며 용납해서는 안 될 것입니다.[554]

방언은 '그 영으로 비밀을 말한다.'라는 뜻이 무엇일까요?

> 고전 14:2 방언을 말하는 자는 사람에게 하지 아니하고 하나님께 하나니 이는 알아듣는 자가 없고 그 영으로 비밀을 말함이니라.

우선 '그 영으로'가 무슨 뜻일까요? 성령일까요? 그렇다면 '그 영으로'라는 말은 '육적으로'와 반대되는 의미인 '영적으로'라는 뜻이 될 것입니다. 또 그런 뜻이라면 방언으로 말하는 것이 그렇지 않은 것보다 신앙적으로 수준이 높은 것이라는 의미가 될 것입니다. 더 나아가 '방언을 말하는 것'을 '방언으로 기도하는 것'이라고 주장하는 사람들의

551) Gerbard Kittel and Gerbard Friedrich edited. *Theological Dictionary of New Testament* 번역위원회 역 『신약성서 신학 사전』(서울: 요단출판사, 1986), 1060, 1071.
552) 윤석준, 『한국 교회가 잘못 알고 있는 101가지 성경 이야기 (2)』, 364~365.
553) 윤석준, 『한국 교회가 잘못 알고 있는 101가지 성경 이야기 (2)』, 364.
554) 윤석준, 『한국 교회가 잘못 알고 있는 101가지 성경 이야기 (2)』, 366~367.

처지에서 보면 방언으로 기도를 하는 것이 그렇지 않은 것보다 신앙적으로 수준이 높은 것이라는 의미가 될 것입니다. 과연 그럴까요?

NIV는 '그 영으로'를 'with his spirit'으로, NASB는 'in his spirit'로 번역했는데, 그렇다면 고전 12:3의 '하나님의 영으로'나 '성령으로'와 대조적인 '인간의 영으로'란 뜻이 됩니다. 물론 성경 번역이나 신학자들 사이에는 '그 영으로'를 'in the Spirit'로 해석하기도 하고, 'in his spirit'로 해석하되 성령으로 거듭난 영으로 해석하기도 합니다. 그러나 고린도전서의 의도 가운데 하나가 방언의 은사를 심하게 오용하고 왜곡한 것에 대한, 또는 거짓 방언에 대한 책망과 교정이라는 전체 문맥에서 방언에 관한 내용을 해석한다면 '그 영으로'를 'in the Spirit'이 아니라, 'in his spirit'로 해석하는 것이 타당합니다.

'비밀을 말한다.'라는 말도 좋은 의미, 곧 하나님에게서 온 탁월한 계시로 받아들일 수 없고, 오히려 나쁜 의미, 곧 이해 불가능하고 나쁜 영향을 주며, 수수께끼 같은 말, 아무도 알아들을 수 없는 말로 해석하는 것이 타당합니다.555)

그렇다면 여기에서 말하는 방언은 성령의 은사가 아니라는 것을 알 수 있습니다. 성령으로 하는 방언이 아니라 '성령으로'와 대조적인 '인간의 영으로' 하는 방언이라면 그것은 거짓 방언임이 틀림없습니다. 더구나 방언은 성령으로 비밀을 하나님께 말하는 것이라고 해석해버린다면 그것은 성경 어디에서도 용납할 수 없는 비성경적인 주장이 될 것입니다. 왜냐하면, 인간이 사람들이 이해할 수 없는 신비한 언어로 하나님께 비밀을 말한다는 개념이 성경 어디에도 없기 때문입니다. 성경의 어떤 위대한 인물도 그런 적이 없고 성경이 그런 것을 말한 적도 없기 때문입니다. 그러므로 본문은 방언을 말하는 사람들이 인간의 영으로 알아들을 수 없는 수수께끼 같은 이상한 말로 하나님께 말하는데, 그것은 아무 의미가 없다는 것을 지적한 것에 불과합니다.

고전 4:11에서 바울은 '그러므로 내가 그 소리의 뜻을 알지 못하면 내가 말하는 자에게 야만이 되고 말하는 자도 내게 야만이 되리니'라고 말합니다. '야만(βάρβαρος)'이란 단어는 헬라인과 다른 민족들 혹은 헬라어를 말하는 사람과 말하지 못하는 사람들을 단순 대조하고 있는 것이 아니라, 문명화된 헬라인들이 상대적으로 비문명화된 사람들을 가리키던 경멸적인 의미의 단어였습니다. 그렇다면 바울이 알아들을 수가 없는 방언에

---

555) *Comm.* 1 Corinthians 14:2, He speaketh in the Spirit — that is, "by a spiritual gift, (for in this way I interpret it along with Chrysostom.) He speaketh mysteries and hidden things, and things, therefore, that are of no profit." Chrysostom understands mysteries here in a good sense, as meaning — special revelations from God. I understand the term, however, in a bad sense, as meaning — dark sayings, that are obscure and involved, as if he had said, "He speaks what no one understands."

대하여 경멸하고 있다는 것을 알 수 있습니다. 성경은 알아들을 수가 없는 방언에 대하여 결코 긍정적이지 않습니다. 고전 14:11은 뜻을 알 수 없는 비언어적 형태의 소리로 사용되는 허위 방언을 분명하게 부정합니다.

방언은 영으로 하는 '기도'일까요?

> 고전 14:14 내가 만일 방언으로 기도하면 나의 영이 기도하거니와 나의 마음은 열매를 맺히지 못하리라.

'방언으로 기도한다.'라는 말은 오직 한 곳, 고전 14:14뿐입니다. 막 16:17, 행 2:4, 2:6, 2:8, 10:46, 고전 12:10, 12:28, 12:30, 13:1, 13:8, 14:2, 14:4, 14:5, 14:6, 14:13, 14:18, 14:19, 14:21, 14:22, 14:23, 14:26, 14:27, 14:39은 방언을 기도(pray in a tongue)가 아니라 외국어로 말하는(speaks in a tongue) 것임을 나타냅니다.

만일 방언이 기도이고, 고전 14:2을 방언이 성령으로 비밀을 하나님께 말하는 것이라고 해석한다면 방언은 통역이 필요 없을 것입니다. 그런데 성경은 방언할 때는 반드시 통역이 필요하다고 말씀합니다(고전 14:5, 14:13, 14:27~28). 그렇다면 방언은 기도가 아니라 외국어라고 해석하는 것이 타당합니다.

방언이 기도라면 두 사람이나 많아야 세 사람이 차례를 따라서 하라는 명령은 지극히 개인적이고 독립적인 기도에 어울릴 수 없습니다. 특별히 통역이 없는 상황에서는 할 수 없는 기도라는 것은 있을 수 없습니다. 또 예수님께서 가르쳐 주신 기도는 골방에서 드리는 은밀한 것이었는데(마 6:6), 기도를 통역한다면 그것도 이상한 일입니다. 기도는 통역할 필요가 없는데 방언은 반드시 통역이 있어야 한다면, 방언은 기도가 아닙니다. 방언의 은사가 방언 기도라고 생각한 것은 고린도교회의 오류일 뿐입니다(고전 14:14).

바울은 고전 14:14에서 '내가 만일 방언으로 기도하면'이라고 가정법을 사용하여 방언에 대하여 말합니다. 직설법이 아니라 가정법을 사용한 이유가 무엇일까요? 바울이 방언으로 기도한 적이 없었기 때문입니다. 그러면 고전 14:18의 '내가 너희 모든 사람보다 방언을 더 말하므로 하나님께 감사하노라.'라는 말씀은 무슨 뜻일까요? 방언으로 기도한 것이 아니라 외국인에게 방언으로 말한 것입니다.

그래서 바울은 고전 14:14에서 '내가 만일 방언으로 기도하면 나의 영이 기도하거니와 나의 마음은 열매를 맺히지 못하리라.'라고 말합니다. 이 말의 뜻이 무엇일까요? 방언으로 기도하면 자신의 영으로 기도하는 것이기 때문에 무슨 뜻인지 알지 못하지만, 영이신 하나님께 더 깊고 수준 높은 기도를 할 수 있다는 뜻일까요? 과연 그럴 수 있을까요? 자신의 영이 기도한 것을 자신이 알지 못한다는 말은 있을 수 없습니다. 이것은 성경적으로 용납할 수 없는 이교적인 사상에 불과합니다. 고전 14:15은 바울이 영으로도 기도하고(방언 기도?) 마음으로도 기도하며(일반적인 기도?), 영으로도 찬미하고(방언으로 찬미?) 마음으로도 찬미한다(일반적인 찬미?)는 뜻이 아니라, 철저하게 기도든 찬미든 영과 마음이 분리되지 않는다는 뜻입니다. 자신도 알지 못하는 소리로 기도하고 찬미한다는 것은 성경 안에서는 있을 수 없는 일입니다. 성령의 역사로 자신도 모르는 말로 기도한다는 것도 있을 수 없는 일이고, 기도란 자기 생각과 소원을 하나님께 아뢰는 것인데 그것도 모르고 기도한다는 것도 있을 수 없는 일입니다.556) 그것은 영과 마음이 분리될 수 있다고 생각하는 이방 종교나 영지주의에서나 가능한 주장입니다.

더구나 이런 기도를 통역한다는 것은 모순된 것입니다. 인간이 이해할 수 없이 수준이 높고 영으로 비밀을 말하는 것이라면 통역은 불가능하고, 통역해서도 안 된다는 말이 성립되기 때문에, 통역한다거나 통역을 해야 한다는 말은 성립될 수 없습니다. 또 통역해야 한다면 왜 방언으로 기도를 해야 하는지도 의문입니다. 그렇다면 방언으로 기도하고 그것을 통역하는 것들은 모두 거짓이라는 것이 확실합니다.

'방언은 믿는 자들을 위하지 않고 믿지 아니하는 자들을 위하는 표적'이란 뜻이 무엇일까요?

고전 14:21 율법에 기록된바 주께서 가라사대, 내가 다른 방언하는 자와 다른 입술로 이 백성에게 말할지라도 저희가 오히려 듣지 아니하리라 하였으니
22 그러므로 방언은 믿는 자들을 위하지 않고 믿지 아니하는 자들을 위하는 표적이나, 예언은 믿지 아니하는 자들을 위하지 않고 믿는 자들을 위함이니

방언은 믿지 않는 자들을 위한 은사이기 때문에 믿지 않는 자들에게 방언을 말함으로써 신적 간섭의 특징이 두드러지게 나타나서 하나님의 존재와 초월성이 잘 증거된다는 의미일까요?

---

556) *Comm.* 1 Corinthians 14:14, But here a new question arises; for it is not credible (at least we nowhere read of it) that any spoke under the influence of the Spirit in a language that was to themselves unknown. … Let us take notice, that Paul reckons it a great fault if the mind is not occupied in prayer. And no wonder; for what else do we in prayer, but pour out our thoughts and desires before God?

본문은 사 28:11~13을 인용한 것입니다. 그 의도가 무엇일까요? 이스라엘의 불순종으로 인하여 하나님께서 제사장들과 선지자들이 여기서 조금, 저기서 조금 한 구절, 한 낱말들을 단순히 짜깁기하여 하나님의 말씀을 왜곡하게 버려두셨습니다. 그 결과 이스라엘 백성은 성경의 본뜻을 알 수 없게 되어 실족할 수밖에 없었습니다. 하나님은 불순종하는 이스라엘 백성에 대한 진노와 형벌로써 앗수르의 침략을 받고 알아들을 수 없는 앗수르의 방언을 듣게 하셨습니다.

그러므로 본문은 불순종하는 자들, 곧 방언을 포함한 은사들을 교회의 유익을 위하여 사용하는 대신에 자신을 드러내는 자기증명용으로 사용하는 자들과 불신자들에게는 방언이 은혜가 아닌 하나님의 진노의 표현이요 형벌로써 주어진다는 것을 말씀하고 있습니다. 방언이 '믿지 아니하는 자들을 위하는 표적'이라는 말은 방언하는 결과가 그 듣는 사람들의 불신앙을 고쳐주지 못하고 그냥 믿지 않는 자들로 남아 있도록 하는 것뿐이라는 뜻입니다.[557]

고전 14:34에서 율법(νόμος)의 뜻이 무엇일까요?

고전 14:34 모든 성도의 교회에서 함과 같이 여자는 교회에서 잠잠하라. 저희의 말하는 것을 허락함이 없나니 율법에 이른 것같이 오직 복종할 것이요
35 만일 무엇을 배우려거든 집에서 자기 남편에게 물을지니 여자가 교회에서 말하는 것은 부끄러운 것임이라.
36 하나님의 말씀이 너희로부터 난 것이냐 또는 너희에게만 임한 것이냐?

W. C. Kaiser는 율법(νόμος)의 뜻을 모세의 법이 아니라 바울이 반대해 온 랍비의 규범, 즉 랍비적인 해석이라고 주장했고, C. E. B. Cranfield는 모세의 법이나 모세의 언약이 아닌 율법주의(롬 3:21)라고 주장했습니다.[558]

그럴까요? 바울이 다른 곳에서 그런 뜻으로 사용한 적이 없습니다.[559] 본문의 원리는 의심할 여지 없이 바울이 고전 11:8~9, 딤전 2:13에서 언급한 창 2:20b~24입니다.[560]

---

557) 박윤선, 『성경주석 고린도전서』 4판, 219.
558) 자세한 내용은 D. A. Carson, 44~45를 보시기 바람.
559) D. A. Carson, 47.
560) D. A. Carson, 48.

'여자는 교회에서 잠잠하라.'라는 말씀의 뜻이 무엇일까요?

고전 14:34 모든 성도의 교회에서 함과 같이 여자는 교회에서 잠잠하라. 저희의 말하는 것을 허락함이 없나니 율법에 이른 것같이 오직 복종할 것이요

35 만일 무엇을 배우려거든 집에서 자기 남편에게 물을지니 여자가 교회에서 말하는 것은 부끄러운 것임이라.

36 하나님의 말씀이 너희로부터 난 것이냐 또는 너희에게만 임한 것이냐?

여자는 교회에서 잠잠해야 한다는 뜻이 크게 소리 내어 기도하거나 간증을 하거나 어떤 상황에서도 말을 해서는 안 된다는 뜻일까요? 그렇게 해석한다면, 어떤 상황에서는 여자들도 교회에서 기도와 예언을 해도 된다는 고전 11:2~15과 상충하고, 선택적인 증거 사용에 근거한 주장에 그칩니다.[561]

고전 15:17은 예수님의 십자가 대속만으로는 구원받을 수 없다는 뜻일까요?

고전 15:17 그리스도께서 다시 사신 것이 없으면 너희의 믿음도 헛되고 너희가 여전히 죄 가운데 있을 것이요

우리의 죄에 대한 하나님의 진노가 예수님의 수난과 죽음으로 만족되었고, 죄 사함의 대가가 충분히 지급되었으며, 죄에 부어질 거룩한 저주가 남김없이 부어졌고, 하나님의 완전한 의가 충족되었습니다. 그러므로 본문의 뜻은 이러한 사실이 부활로서 공적으로 명백하고 확실하게 드러났다는 뜻입니다. 부활이 우리의 죄를 위해 치러진 대가라는 뜻이(부활 구원론, 춘천 한마음교회 김성로) 아니라, 오히려 예수님의 죽음이 죄에 대한 충분한 대가였음을 부활이 입증한다는 뜻이며, 고난과 죽음으로 성취하고자 하신 목적이 완수되었음을 입증한다는 뜻입니다.[562]

죽은 자들을 위한 세례가 정당할까요?

고전 15:29 만일 죽은 자들이 도무지 다시 살지 못하면 죽은 자들을 위하여 세례받는 자들이 무엇을 하겠느냐? 어찌하여 저희를 위하여 세례를 받느뇨?

---

561) D. A. Carson, 125.
562) John Piper, *The Passion of Jesus Christ*, 『더 패션 오브 지저스 크라이스트』 (서울: 규장, 2004), 33.

2~3세기에 마르시온파나 몬타너스파 등 이단에서 죽은 자들을 위한 세례가 시행되었는데, 바울은 여기에서 이러한 사실을 말하는 것일 뿐 죽은 자의 세례가 정당하다는 것을 말하려는 것이 아닙니다.563)

죽은 자를 위하여 세례를 받는 것은 타락이며 매우 잘못된 미신에 불과합니다.564) 바울은 부활이 없다면 죽은 자를 위하여 세례를 받는 것이 무슨 의미가 있느냐고 반문함으로써 부활을 위한 자신의 논증을 뒷받침하려고 한 것입니다. 부활을 부정하면서 죽은 자를 위하여 세례를 받는다는 것은 앞뒤가 맞지 않기 때문입니다.

고전 16:2은 주일에 일하고 안식일을 지켰다는 뜻일까요?

고전 16:2 매 주일 첫날에 너희 각 사람이 이를 얻은 대로 저축하여 두어서 내가 갈 때 연보를 하지 않게 하라.

이러한 해석은 안식일을 지켜야 한다고 주장하는 자들이 초대교회 성도들이 주일에 일했고 그러므로 안식일을 지켰다는 것을 주장하기 위한 것입니다. 그런 해석이 잘못되었다는 것은 다른 번역본들을 보면 쉽게 확인할 수 있습니다. 공동번역은 '내가 여러분에게 간 다음에야 비로소 헌금하느라고 서두르지 말고 여러분은 일요일마다 각각 자기 형편에 따라 얼마씩을 미리 저축해 두십시오.'라고 번역했고, 현대어 성경은 '여러분도 한 주간 동안 얻은 수입의 얼마를 별도로 떼어서 매 주일 첫날 헌금을 해주십시오. 그래서 내가 그곳에 닿은 뒤에야 한꺼번에 헌금을 모으느라 애쓰는 일이 없도록 해주십시오. 그 액수는 주께서 여러분을 도와주셔서 얻은 수입에 따라 정하십시오.'라고 번역했습니다.

본문을, 일요일에 예배드린 것이 아니라 오히려 이익금을 얻기 위해 첫날에 일했다고 해석하는 것은 억지입니다. 고린도교회는 매 주일 예배 때에 정기적으로 드리는 헌금과 함께 구제를 위한 특별헌금도 한 것으로 볼 수 있습니다. 고전 16:1을 보면 고린도교회뿐만 아니라 갈라디아교회들도 이와 같았다는 것을 알 수 있습니다. 고린도교회뿐만 아니라 갈라디아교회들을 포함한 초대교회 대부분이 주일에 모여 하나님을 예배하고 헌금을 드렸다는 것을 알 수 있습니다.

---

563) 서춘웅, 『성경 난제 해설·신약』 재판, 592.
564) *Comm.* 1 Corinthians 15:29, Is it, I pray you, a likely thing that the Apostle would bring forward in the shape of an argument a sacrilege by which baptism was polluted, and converted into a mere magical abuse, and yet not say even one word in condemnation of the fault?

고전 16:2의 뜻은 한 주간 동안 얻은 수입의 얼마를 별도로 떼어서 매 주일 첫날 헌금을 하여 모아두어서, 바울이 그곳에 닿은 뒤에야 한꺼번에 헌금을 모으느라 애쓰는 일이 없게 하라는 것입니다. 본문을 통하여 우리는 초대교회 때부터 주일에 모여 예배하고 헌금하며 주일을 지켰다는 것을 알 수 있습니다.

불신자와 멍에를 같이 하지 말라는 말씀의 뜻은 불신자와 교제하지 말라는 뜻일까요?

고후 6:14 너희는 믿지 않는 자와 멍에를 같이하지 말라.

우리는 신자뿐만 아니라 불신자들과 함께 가족으로 살고 있고 이웃해서 살고 있으며, 한 직장에서 함께 일을 하는가 하면 그들을 상대해서 사업을 하기도 합니다. 깊은 산속의 기도원이나 수도원에 들어가 신자들끼리 공동생활을 하지 않는 한, 이 세상에서 불신자와 교제하지 않고 살 방법은 없습니다. 고전 5:9~10은 음행하는 자들과 사귀지 말 것을 권면한 후, 그들과 전혀 사귀지 않으려면 세상 밖으로 나가야 할 것이라고 하여 이러한 오해의 소지를 배제했습니다.

여기에서 말하고 있는 것은 불경건의 멍에, 그리스도인들이 합법적으로 참여할 수 없는 행위들에 참여하는 것을 금하는 것이지, 불신자들과 전적으로 모든 관계와 교제를 끊으라는 뜻은 아닙니다.[565] 그리스도 안에서 새로운 피조물이 된 신자는 과거의 모든 관계도 새로워져야 하고, 불신자와 구별되어야 합니다. 그것은 멍에를 같이하지 않는 것입니다. 신 22:10은 두 마리의 짐승, 예컨대 소와 나귀를 동시에 나란히 멍에를 메워 밭을 가는 것을 금했고, 또 레 19:19은 동물의 다른 종류와의 교접을 금했습니다.[566] 그렇다면 불신자와 신자의 결혼(고전 7:12~15), 불신자의 집에 들어가서 우상의 제물을 먹는 것(고전 10:27), 예배에 불신자가 참여했을 때 방언으로 말하는 것(고전 14:23), 그리고 불신자 앞에서 다른 신자를 법적으로 고소하는 일을 '멍에를 같이하는 것'으로(고전 6:5) 볼 수 있습니다.[567] 이러한 일은 신자로서 금해야 합니다.

우리는 불신자들과 함께 일할 수도 있고 사업을 할 수도 있지만, 멍에를 메는 것과 같

---

565) *Comm.* 2 Corinthians 6:14, For one sun shines upon us, we eat of the same bread, we breathe the same air, and we cannot altogether refrain from intercourse with them; but Paul speaks of the yoke of impiety, that is, of participation in works, in which Christians cannot lawfully have fellowship.
566) 서춘웅, 『성경 난제 해설·신약』 재판, 605.
567) 서춘웅, 『성경 난제 해설·신약』 재판, 605.

은 깊은 교제, 밀접한 교제, 그리고 하나 되어 신앙과 생활에 악영향을 주는 교제는 금해야 합니다.568) 인생의 목표와 방향이 같은 사람들이 멍에를 같이해야 합니다. 인생의 목표와 방향이 전혀 다른 두 사람이 멍에를 같이한다면 서로 자신의 목표와 방향을 향하여 끌고 가려고 할 것입니다. 그렇다면 서로 힘들 뿐만 아니라 각각 자신의 목표와 방향으로 나아가는 것이 어려울 것입니다. 마음속으로는 미신적인 습관을 부인하더라도 거기에 대하여 강경한 자세를 취하지 않고 멍에를 같이한다면 우리는 그것에 의하여 오염될 수 있습니다.569)

예수 그리스도의 가난은 단순히 우리의 물질적 부요를 위하심일까요?

고후 8:9 우리 주 예수 그리스도의 은혜를 너희가 알거니와 부요하신 자로서 너희를 위하여 가난하게 되심은 그의 가난함으로 인하여 너희로 부요케 하려 하심이니라.

여기에서 '가난'이 단순히 물질적 가난을, '부요'가 단순히 물질적 부요를 뜻할까요? 그리스도께서 우리를 위해 가난하게 되셨기 때문에 이제 우리는 이 육신의 삶 속에서 가난과 불행의 저주에서 해방되었고 따라서 부자가 되는 것은 하나님의 뜻일까요?

고후 8:1∼15의 문맥에 따라 해석하면 그런 황당한 해석은 나올 수 없습니다. 사도 바울은 핍절한 가운데서도 형제 예루살렘교회를 위하여 풍성한 연보를 하였던 마케도니아 교회 공동체의 아름다운 이야기를 고린도교회 교인들에게 들려주고 있습니다. 이 문맥에서 보면 예수 그리스도께서 가난하게 되심과 마케도니아교회 교인들의 가난하게 됨이 대비되고 있으며, 예수 그리스도의 가난하게 되심으로 우리가 부요하게 됨과 마케도니아교회 교인들이 가난하게 됨으로 핍절한 예루살렘교회가 부요하게 됨이 대비되고 있다는 것을 알 수 있습니다.

예수 그리스도께서 하늘 영광의 보좌를 버리시고 성육신(成肉身)하셔서 십자가에 죽으심을 예수 그리스도의 가난하게 되심으로 표현하고, 그로 인하여 죄인들인 우리를 의롭게 만드셔서 우리들의 신분을 하나님 자녀의 신분이 되게 하신 것을 우리가 부요하게 된 것으로 표현하고 있습니다.

그러므로 예수 그리스도의 가난하게 되심(예수 그리스도의 비하), 즉 성육신으로 우리

---

568) 서춘웅, 『성경 난제 해설·신약』 재판, 605.
569) *Comm.* 2 Corinthians 6:14, Hence, too, we infer, that even those that do not in their hearts approve of superstitions are, nevertheless, polluted by dissimulation if they do not openly and ingenuously stand aloof from them.

들이 소유하게 된 부요는 물질적인 부요가 아니라 영적인 부요이며 믿음의 부요입니다. 마케도니아교회 교인들은 극심한 가난 가운데서도 핍절한 형제 예루살렘교회를 위하여 풍성한 연보를 드렸기 때문에 자신들은 사실 물질적으로는 더욱 가난해졌지만, 그들은 가난하게 됨으로써 오히려 핍절한 형제 예루살렘교회를 부요하게 만들었다는 사실을 알 수가 있습니다.

본문의 의도는 다른 사람들을 부요하게 하는 풍성한 구제, 교회 공동체(하나님 나라와 의)를 부요하게 하는 삶, 다른 사람들의 유익을 넘치도록 구하는 삶을 살도록 하기 위함 이지 자신의 욕망, 물질적 풍요에 대한 욕망을 채워주신다는 약속을 말하려 함이 결코 아닙니다. 예수님께서 몸소 가난을 거룩하게 하신 것은 신자들이 더 이상 가난으로부터 움츠러들지 않도록 하시려는 뜻이며, 그분의 가난으로 우리를 부요하게 하신 것은 우리 가 우리 형제들을 위하여 우리의 풍요함을 떼어주는 것을 어렵지 않게 하려는 뜻에서였 습니다.[570]

갈라디아서

사람이 예수 그리스도처럼 될 수 있을까요?

갈 2:20 내가 그리스도와 함께 십자가에 못 박혔나니 그런즉 이제는 내가 산 것이 아니요 오직 내 안에 그리스도께서 사신 것이라. 이제 내가 육체 가운데 사는 것은 나를 사랑하사 나를 위하여 자기 몸을 버리신 하나님의 아들을 믿는 믿음 안에서 사는 것이라.

'오직 내 안에 그리스도께서 사신다.'라는 구절을 잘못 이해한 것입니다. 마치 인간의 인격과 자아는 죽어 완전히 없어지고 그리스도만이 계셔서, 인간 자신이 그리스도가 될 수 있는 것처럼 생각한다면 잘못된 것입니다.

'내가 죽었다.'와 '내 안에 그리스도께서 사신다.'라는 의미는 인간의 인격이나 자아가 없어지는 것을 말하는 게 아니라, 하나님의 공의를 만족시키기 위한 예수 그리스도의 죽

---

570) *Comm.* 2 Corinthians 8:9, Hence he has consecrated poverty in his own person, that believers may no longer regard it with horror. By his poverty he has enriched us all for this purpose — that we may not feel it hard to take from our abundance what we may lay out upon our brethren.

음에 내 죽음이 포함됐다는 것을 뜻합니다.[571] 그것은 그리스도께서 우리의 머리가 되시고 우리는 머리 되신 그리스도와 연합된 삶을 산다는 의미입니다.[572]

그리스도 안에서 남녀의 구별이 없다는 말씀은 남녀역할에 구별이 없다는 뜻일까요?

갈 3:28 너희는 유대인이나 헬라인이나 종이나 자주자나 남자나 여자 없이 다 그리스도 예수 안에서 하나이니라.

본문은 그것을 말하려고 하지 않습니다. 다만 칭의에 있어서 그렇다는 뜻입니다. 칭의에 있어서 남녀 어느 쪽도 특별히 더 우위에 있거나 유리하지 않습니다. 그것은 유대인이거나 헬라인이거나, 종이나 자주자나 어느 쪽도 특별히 더 우위에 있거나 유리하지 않다는 말입니다. 우리의 구원은 율법으로 말미암지 않고 오직 그리스도로 말미암는다는 점에서, 민족이나 신분이나 남녀의 구분이 없이 하나입니다.[573]

그러나 이 말이 남녀의 역할에 있어서 동일하다는 뜻은 아닙니다. 고전 14:33~36과 딤전 2:11~15에서는 남녀의 역할을 구별하고 있어서 남녀가 어떤 점에서 같다고 하여 모든 점에서 같다고 판단하는 것은 잘못입니다. 신약성경은 남녀가 똑같이 가질 수 있는 예언의 은사와(행 2:17, 21:9, 고전 11:2~16), 남자들만이 실행할 수 있는, 교회가 인정하는 가르침의 권위를 구분하고 있습니다(벧전 3:7).[574]

'위에 있는 예루살렘', '우리 어머니'는 누구(무엇)를 의미할까요?

갈 4:24 이것은 비유니 이 여자들은 두 언약이라. 하나는 시내산에서 종을 낳은 자니 곧 하가라.
　　25 이 하가는 아라비아에 있는 시내산으로 지금 있는 예루살렘과 같은 데니 저가 그 자녀들로 더불어 종노릇하고
　　26 오직 위에 있는 예루살렘은 자유자니 곧 우리 어머니라.

---

571) 박윤선, 『성경주석 바울서신』 2판 (서울: 영음사, 1989), 35.
572) Anthony A. Hoekema, *Saved by Grace*, 류호준 역, 『개혁주의 구원론』 (서울: 기독교문서선교회, 2003), 101, 110, 322.
573) *Comm.* Galatians 3:28, Ye are one: the distinction is now removed. The apostle's object is to shew that the grace of adoption, and the hope of salvation, do not depend on the law, but are contained in Christ alone, who therefore is all. Greek is here put, as usual, for Gentile, and one department for the whole class.
574) D. A. Carson, 123~124.

'하나님의 교회'에서는 장길자라고 주장합니다. 과연 그럴까요? 성경은 '종의 어머니'인 하갈과 '자유자의 어머니'인 사라를 두 언약으로 비교합니다(우의법, 풍유법, 알레고리). 이는 시내산에서 '첫 언약'(히 8:7)을 세울 때 주어진 '율법'은, 마치 하갈이 종을 낳은 것처럼 우리를 종이 되게 하고, 예수님이 '새 언약'을(눅 22:20) 세우심으로 주신 '복음'은 사라가 자유자를 낳은 것처럼 우리를 자유자가 되게 한다는 뜻입니다. 이는 '지금 있는 예루살렘'으로 상징되는 유대교에 속해 있으면 율법의 종이 되지만, '위에 있는 예루살렘'으로 상징되는 신약의 교회에 속하면 복음에 의한 자유자가 된다는 뜻입니다. 갈 5:1의 '그리스도께서 우리로 자유롭게 하려고 자유를 주셨으니 그러므로 굳세게 서서 다시는 종의 멍에를 메지 말라.'라는 말씀은 하갈과 사라의 비유의 의미를 잘 해석해 줍니다.

갈 4:24~26의 하갈과 사라의 비유는 안식일이나 유월절과 같은 구약의 절기들을 지켜야 한다고 주장함으로써, 종(율법)의 멍에를 메게 하는 율법적 이단들을 경계하게 하는 말씀입니다. '위에 있는 예루살렘'은 천상의 '새 예루살렘'을 상징하며 예수 그리스도께서 통치하시는 영적 예루살렘입니다. '우리 어머니'는 곧 예수 그리스도께서 통치하시는 영적 예루살렘(복음에 의해 세워지는 신약의 교회)을 뜻합니다. '위에 있는 예루살렘'도, '우리 어머니'도 어떤 개인을 의미하지 않고 참된 교회를 뜻합니다. 따라서 '위에 있는 예루살렘'이나 '우리 어머니'가 '장길자'와 같은 어떤 특정의 여인이라고 주장하는 것은 성경적으로 일고의 가치도 없습니다.

'짐을 서로 지라.'라는 말씀과 '각각 자기의 짐을 질 것이니라.'라는 말씀은 서로 모순될까요?

갈 6:1 형제들아! 사람이 만일 무슨 죄를 범한 일이 드러나거든 신령한 너희는 온유한 심령으로 그러한 자를 바로잡고 너 자신을 돌아보아 너도 시험을 받을까 두려워하라.
2 너희가 짐을 서로 지라. 그리하여 그리스도의 법을 성취하라.
3 만일 누가 아무것도 되지 못하고 된 줄로 생각하면 스스로 속임이니라.
4 각각 자기의 일을 살피라. 그리하면 자랑할 것이 자기에게만 있고 남에게는 있지 아니하리니,
5 각각 자기의 짐을 질 것이니라.

서로 모순되는 듯합니다. 어떻게 된 것일까요? 갈 6:2의 짐은 짐꾼이 운반하는 무거운

짐(βάρος, burdens)이고, 갈 6:5의 짐(φορτίον, load)은 누구라도 손으로 들 수 있는 가벼운 짐을 뜻합니다. 짐꾼은 보통 사람들로서는 질 수 없는 무겁고 큰 물건을 등에 지고 목적지까지 나르다가 너무 힘들어서 쉬고 싶을 때면 주변의 다른 사람들이 그 짐을 등으로 받쳐주어 잠시라도 쉴 수 있었습니다. 그리스도인은 언제라도 다른 사람의 무거운 짐을 등으로 받쳐주어 잠시라도 쉴 수 있도록 해주어야 합니다. 그러나 자기 혼자도 충분히 질 수 있는 짐은 남에게 맡겨서는 안 됩니다.[575]

갈 6:2의 짐은 갈 6:1의 문맥에서 보면 죄의 짐인 것을 알 수 있습니다. 그리스도인은 다른 형제가 죄를 범했을 때 내버려 두거나 눈 감아 주는 것이 아니라 그 죄의 짐에서 벗어나서 회복되고 교정되도록 일으키고 바로 세워주어야 합니다.[576] 한편 갈 6:5은 타인의 죄를 보고 자신은 된 줄로 여기는 착각과 오만과 나태에 빠지지 말고, 우리 각자가 자기 자신의 생애를 하나님 앞에서 결산해야 한다는 것을 알고, 자기를 살펴서 각각 자기의 짐, 곧 책임을 다해야 한다고 말씀합니다.[577]

에베소서

하나님의 예정은 인간의 의지가 자유롭지 못하다는 뜻일까요?

엡 1:3 찬송하리로다. 하나님 곧 우리 주 예수 그리스도의 아버지께서 그리스도 안에서 하늘에 속한 모든 신령한 복으로 우리에게 복 주시되

　4 곧 창세 전에 그리스도 안에서 우리를 택하사 우리로 사랑 안에서 그 앞에 거룩하고 흠이 없게 하시려고

　5 그 기쁘신 뜻대로 우리를 예정하사 예수 그리스도로 말미암아 자기의 아들들이 되게 하셨으니

그러한 생각은 결정론으로 일종의 운명론이기 때문에 비성경적인 세계관입니다. 하나

---

575) 위 내용은 Barbara M. Bowen, 83~84에서 발췌하였음.

576) *Comm.* Galatians 6:2, We must not indulge or overlook the sins by which our brethren are pressed down, but relieve them, ⋯ But as the apostle had immediately before exhorted us to restore a brother, the manner in which Christians are required to bear one another's burdens cannot be mistaken.

577) *Comm.* Galatians 6:5, To destroy sloth and pride, he brings before us the judgment of God, in which every individual for himself, and without a comparison with others, will give an account of his life. ⋯ because there every one will bear his own burden, and none will stand acquitted by others from their own sins.

님은 인간에게 선악과를 따 먹을 수도 있고 그렇지 않을 수도 있을 만큼 자유로운 존재로 지으셨습니다. 한 마디로 하나님을 배반할 자유까지도 주셨습니다. 인간을 로봇이나 기계로 지으신 것이 아니었습니다. 그래서 초대교회 시대 대부분의 신학자는 비성경적인 그리스 로마의 결정론을 극복하는 데 온 힘을 기울였고, 크리소스톰, 오리겐, 제롬 등 초대 교부들도 그런 태도를 보였는데, 그 결과는 인간의 능력을 높이 평가하는 비성경적인 태도에 빠지게 되어, 인간의 죄와 죄의식이 실제로 얼마나 뿌리 깊은지를 망각하게 했습니다.[578]

펠라기우스는 우리의 의지가 자유롭지 못하다면 우리에게 책임을 지울 수 없다고 생각했기 때문에, 우리의 의지는 죄에 넘겨지도록 속박되었다기보다는, 실제로는 중립적이어서 어떤 순간 또는 상황이 주어질 때 의지는 의사대로 선을 택하여 선을 행할 수 있다고 주장했을 뿐만 아니라, 이에 그치지 않고 아담의 죄는 오직 그 자신에게만 영향을 끼쳤고, 아담 이후에 태어난 사람들은 타락하기 이전에 있었던 중립의 상태로 태어난다고 주장했습니다.[579] 그는 또 인간이 원하기만 한다면 그리스도께서 행하신 일과 성령의 초자연적인 역사 없이도 충분히 죄를 짓지 않고 살 수 있다고 주장했으며, 이러한 주장은 죄가 미치는 범위를 크게 제한시켰고, 구원에 있어서 하나님께서 값없이 주시는 은혜가 절대적으로 필요하다는 것을 부인했으며, 구원을 최종적으로 결정하는 것은 개인의 의지에 달려 있다는 데까지 나아갔습니다.[580]

히포의 아우구스티누스는 펠라기우스의 이러한 주장에 반대하여 인간의 의지는 속박되었다고 열렬히 주장하면서, 그는 유전적으로 타락이 전해져서 그 결과 개인은 죄를 범하는 일을 그칠 수 없고 하나님을 선택할 수도 없으며, 인간의 의지가 죄의 노예가 되었기 때문에 의를 행할 아무 힘도 없게 되어 하나님께 나아오는 일을 자유롭게 할 수 없다고 주장했습니다.[581] 그는 구원은 선행(先行)하는 은혜나 부분적인 은혜 즉 죄인이 그 자신의 노력을 보탤 수 있는 은혜가 아니라 처음부터 끝까지 온전히 은혜로써만 이루어진다는, 구원에 있어서 하나님의 은혜의 절대성을 주장했는데, 그 이유는 그렇지 않다면 구원은 하나님께 전적으로 속할 수도 없고, 하나님의 영예가 실추될 뿐만 아니라 대신에 인간에게는 자랑할 여지가 생기기 때문이었습니다.[582]

---

578) 『기독교 강요 교리설교 (상)』, 269~270.
579) 『기독교 강요 교리설교 (상)』, 270.
580) 『기독교 강요 교리설교 (상)』, 270.
581) 『기독교 강요 교리설교 (상)』, 271.
582) 『기독교 강요 교리설교 (상)』, 271.

교회는 이러한 아우구스티누스의 주장을 지지하게 되었지만, 중세기 동안 점차 펠라기우스의 견해로 돌아갔고, 그 후 종교개혁 시대에 똑같은 논쟁이 되풀이되었습니다. 에라스무스는 펠라기우스가 제시했던 이유와 흡사한 이유에서 의지는 자유롭다고 주장하였고 루터는 의지의 자유를 부인했습니다.[583] 칼빈과 쯔빙글리, 부처 등 종교개혁의 지도적 위치에 있었던 종교개혁자들은 모두 루터와 같은 확신을 했습니다. 그러나 천주교는 종교개혁에 대한 반응으로써 트렌트 종교회의에서 반(半)펠라기우스적 태도를 보여, 믿는 일에서는 값없이 주시는 하나님의 은혜와 인간의 의지가 협력한다고 결정했고, 그 후 화란에서는 알미니우스와 좀 더 급진적인 알미니우스주의자들이 여러 가지 다른 형태로 펠라기우스의 견해를 부활시켰으며, 오늘날 대부분의 교파에 속한 기독교인들과 신학적 유산들은 바로 여기에 가깝습니다.[584]

그러면 과연 어떤 태도가 성경적으로 옳을까요? 조나단 에드워드는 루터나 칼빈과 똑같은 견해를 가지고 있었습니다. 그런데도 그는 흥미롭게도 마틴 루터의 '노예 의지론'과 같은 제목을 붙이지 않고 '의지의 자유'라는 제목으로 이 문제를 다루었습니다.[585] 조나단 에드워드는 책임의 문제를 '자연적 무능력'과 '도덕적 무능력'을 구별하여 다루었습니다.[586] 아더 핑크는 이 차이를 왕상 14:4('여로보암의 아내가 그대로 하여 일어나 실로로 가서 아히야의 집에 이르니 아히야는 나이로 인하여 눈이 어두워 보지 못하더라.')과 욘 1:13('그러나 그 사람들이 힘써 노를 저어 배를 육지에 돌리고자 하다가 바다가 그들을 향하여 점점 더 흉용하므로 능히 못한지라.')의 경우는 자연적 무능력으로, 창 37:4('그 형들이 아비가 형제들보다 그를 사랑함을 보고 그를 미워하여 그에게 언사가 불평하였더라.')는 영적 또는 도덕적 무능력으로 구별하고, 자연적 무능력의 경우에는 죄가 없지만, 영적 또는 도덕적 무능력의 경우에는 죄가 있다고 설명했습니다.[587]

우리의 의지가 노예화되어 있음을 이해하는 것은 매우 중요한데, 그 이유는 그것을 이해할 때에만 비로소 죄인인 인간은 자신의 상태가 지극히 절망적이며 이에 반하여 하나님의 은혜가 참으로 절대적으로 필요하다는 것을 깨닫게 되기 때문입니다.[588] 우리가 계속하여 자신의 영적인 힘을 믿으려 한다면 자신의 처지에 대하여 심각하게 염려하는 일은

---

583) 『기독교 강요 교리설교 (상)』, 271.
584) 『기독교 강요 교리설교 (상)』, 272.
585) 『기독교 강요 교리설교 (상)』, 273.
586) 『기독교 강요 교리설교 (상)』, 275.
587) 『기독교 강요 교리설교 (상)』, 275~276.
588) 『기독교 강요 교리설교 (상)』, 279.

절대 일어나지 않을 것이며, 예수 그리스도를 믿을 필요가 있다는 것을 알게 될지는 모르겠으나 그 일이 얼마나 급박한지는 결코 깨닫지 못할 것입니다.[589] 실컷 자기 마음대로 살다가 죽을 때쯤 되어서 믿으면 될 것으로 생각할 수도 있고, 아무 때든지 자신이 믿고 싶을 때 자신의 의지대로 믿을 수 있다고 생각할 수도 있는데, 그것은 성경을 몰라도 너무 모르는 무지의 소치입니다.[590] 인간은 죄 가운데 죽었기 때문에 우리의 의지대로 믿을 수도 있고 믿지 않을 수도 있는 것이 아니라, 오직 하나님께서 은혜를 베푸시지 않으면 믿을 수 없습니다. 하나님의 은혜로써 이루어지는 초자연적이고 전적으로 값없이 행해주시는 역사가 없이는 아무 소망도 없습니다. 우리가 믿게 된 것은 다만 하나님의 은혜로써 이루어지는 초자연적이고 전적으로 값없이 행해주시는 역사가 있었기 때문입니다.

믿음은 성령의 인치심보다 선행하며, 후속할 수 없을까요(John Murray의 엡 1:13 주석)?

엡 1:13 그 안에서 너희도 진리의 말씀 곧 너희 구원의 복음을 듣고 그 안에서 또한 믿어 약속의 성령으로 인치심을 받았으니

만일 그렇다면 성령을 받은 후 믿음을 갖게 된다는 고전 2:12과 모순됩니다.[591] 엡 1:13에서 바울이 염두에 두었던 것은 신학적 명제가 아니라 신앙을 고백한 후('믿어') 세례를 받은('성령의 인치심') 교회의 구체적 상황으로, 엡 1:13은 교회에서 실행되는 구원의 외적 표지에 관한 것이지, 신자의 내면에서 일어나는 변화의 순서는 아닙니다.[592]

인간의 행위는 더 이상 신앙의 어떠한 위치도 차지하지 못할까요?

엡 2:8 너희가 그 은혜로 인하여 믿음으로 말미암아 구원을 얻었나니 이것이 너희에게서 난 것이 아니요, 하나님의 선물이라.
    9 행위에서 난 것이 아니니 이는 누구든지 자랑치 못하게 함이니라.
    10 우리는 그의 만드신 바라. 그리스도 예수 안에서 선한 일을 위하여 지으심을 받은 자니 이 일은 하나님이 전에 예비하사 우리로 그 가운데서 행하게 하심이니라.

---

589) 『기독교 강요 교리설교 (상)』, 279.
590) 『기독교 강요 교리설교 (상)』, 279.
591) 김구원, 『성경, 어떻게 읽을 것인가?』, 303.
592) 김구원, 『성경, 어떻게 읽을 것인가?』, 303.

칭의는 선한 행위들이나 인간의 선택과 결단, 노력 등에 의존하지 않고, 오직 믿음으로 인한 하나님의 은혜로 말미암는 오직 하나님의 행위이며, 각 개인에게 일어나는 내적인 변화와는 전적으로 상관이 없습니다.[593] 그렇다면 행위들은 신앙과 아무 관련도 없는 것일까요?

여기에 대하여 천주교와 개신교는 가장 근본적으로 충돌합니다. 천주교는 칭의는 분명히 믿음으로 인한 하나님의 은혜로 말미암은 것이지만, 우리 안의 선행으로 말미암아 우리를 의롭게 하신다는 의미에서 칭의에 행위가 개입된다고 주장하지만, 개신교는 오직 그리스도를 믿음으로 말미암아 의롭게 된다고 믿습니다.[594] 물론 믿음은 선행이 반드시 따른다고 믿습니다. 이것을 도식으로 표현하면 다음과 같습니다.

(천주교) 믿음 + 행위들 → 칭의
(개신교) 믿음 → 칭의 + 행위들

믿음으로 말미암아 구원받는 것이지 행위로 말미암아 구원받는 것은 아니라고 분명하게 선언하는 엡 2:8~10에 의하면, 행위가 우리의 칭의에 어느 정도 역할을 한다는 천주교의 주장이 들어설 여지가 전혀 없습니다.

다른 한편으로, 바울은 칭의에 있어서 행위들의 역할을 부인하자마자 즉시로 행위에 대하여 다시 말하면서, 하나님께서는 우리를 선한 일을 위하여 만드셨다고 분명하게 선언함으로써, 만일 어떤 행위가 없다면 의롭게 되지 않았으리라는 것을 강력하게 시사합니다.[595] 하나님께서 우리로 선한 일을 하도록 지으셨다면, 우리가 구원받기 위해서 선한 행위가 필요한 것은 아니라고 하더라도, 분명 구원받은 사람은 선한 일을 해야 합니다. 그렇다면 성화를 배제한 칭의, 삶의 변화가 따르지 않는 구원은 기독교 신앙 안에서 설 자리가 없습니다.[596] 예수님은 분명하고 명확하게 말씀하셨습니다.

눅 9:23 또 무리에게 이르시되 아무든지 나를 따라오려거든 자기를 부인하고 날마다 제 십자가를 지고 나를 좇을 것이니라.

---

593) 『기독교 강요 교리설교 (하)』, 567.
594) 『기독교 강요 교리설교 (하)』, 567~568.
595) 『기독교 강요 교리설교 (하)』, 569.
596) 『기독교 강요 교리설교 (하)』, 570.

눅 6:46 너희는 나를 불러, 주여! 주여! 하면서도 어찌하여 나의 말하는 것을 행치 아니하느냐?

47 내게 나아와 내 말을 듣고 행하는 자마다 누구와 같은 것을 너희에게 보이리라.

48 집을 짓되 깊이 파고 주초를 반석 위에 놓은 사람과 같으니 큰물이 나서 탁류가 그 집에 부딪히되 잘 지은 연고로 능히 요동케 못 하였거니와

49 듣고 행치 아니하는 자는 주초 없이 흙 위에 집 지은 사람과 같으니 탁류가 부딪히매 집이 곧 무너져 파괴됨이 심하니라 하시니라.

마 10:22 또 너희가 내 이름으로 인하여 모든 사람에게 미움을 받을 것이나 나중까지 견디는 자는 구원을 얻으리라.

예수님의 말씀에서 변화된 삶을 주장하시는 것을 발견하는 것은 그리 어렵지 않습니다. 예수님은 구원받은 사람은 반드시 선한 일을 행해야만 하고, 삶이 끝날 때까지 선한 일을 계속해야 하며, 더구나 그 선한 일이 다른 사람들을 훨씬 능가해야 한다고 말씀합니다(마 5:20).[597]

오늘날도 사도와 선지자가 있을까요?

엡 4:11 그가 혹은 사도로, 혹은 선지자로, 혹은 복음 전하는 자로, 혹은 목사와 교사로 주셨으니

신사도 운동을 하는 사람들은 오늘날 복음 전하는 자와 목사와 교사가 있다면 사도와 선지자도 있는 것이 당연하며, 고전 12:28을 인용하여 사도와 선지자가 직분은 아니지만, 은사라고 주장합니다. 과연 그럴까요?

사도가 직분인 것은 성경이 분명하게 증거합니다. 눅 6:13의 '밝으매 그 제자들을 부르사 그중에서 열둘을 택하여 사도라 칭하셨으니'에서 '택하여', 행 1:26의 '제비 뽑아 맛디아를 얻으니 저가 열한 사도의 수에 가입하니라.'에서 '뽑아', 롬 1:1의 '예수 그리스도의 종 바울은 사도로 부르심을 받아 하나님의 복음을 위하여 택정함을 입었으니'에서 '부르심'과 '택정함' 등은 사도가 은사 이전에 직분이라는 것을 보여줍니다.

그런데 그 사도와 선지자의 직분이 오늘날도 존재해야 하는 지속적인 직분일까요? 엡 2:20은 '너희는 사도들과 선지자들의 터 위에 세우심을 입은 자라 그리스도 예수께서 친

---

597) 『기독교 강요 교리설교 (하)』, 571.

히 모퉁이 돌이 되셨느니라.'라고 말씀합니다. 터라는 말은 θεμέλιος을 번역한 말로 a foundation stone이란 뜻입니다. 예수님은 모퉁이 돌이시고 사도들과 선지자들은 터, 곧 기초가 되어 교회가 세워졌습니다. 이 터 위에 다시 터를 닦을 필요가 없습니다. 그렇다면 초대교회 이후의 사도들이나 선지자들은 거짓이라는 것을 알 수 있습니다(고후 11:13, 계 2:2). 피터 와그너의 국제사도연맹의 12사도는 예수님의 부르심이나 택정함을 받은 자들이 아니라, 피터 와그너가 임명한 사도들이기 때문에 사도일 수 없습니다.[598] 또한, 이미 사도들과 선지자들의 터 위에 교회가 세워졌음에도 불구하고, 오늘날도 사도가 존재한다는 것은 그 터를 부정하고 다시 닦겠다는 것이므로 그것은 거짓 사도임이 틀림없습니다. 사도들이나 선지자들은 하나님께서 자신의 교회를 위해서 일시적으로 사용하신 직책입니다.[599]

성경 66권은 최종적이고 완전하며 충분한 하나님의 계시이기 때문에 더 이상 선지자나 사도가 필요 없습니다. 선지자나 사도는 성경 66권이 완성되기 전에 하나님의 계시를 위한 도구로 필요했으나, 이제는 더 이상 필요하지 않습니다. 성경 66권 이외의 다른 계시, 다른 복음은 없습니다(갈 1:6~9). 성경 66권이 최종적이고 완전하며 충분한 하나님의 계시임을 부정하고, 그 위에 다른 계시를 말하거나 그런 직분을 주장하거나 인정하는 것은 분명히 성경에 어긋나는 거짓입니다.

성령 충만과 성령세례는 같은 것일까요?

> 엡 5:18 술 취하지 말라. 이는 방탕한 것이니 오직 성령의 충만을 받으라.
> 19 시와 찬미와 신령한 노래들로 서로 화답하며 너희의 마음으로 주께 노래하며 찬송하며
> 20 범사에 우리 주 예수 그리스도의 이름으로 항상 아버지 하나님께 감사하며
> 21 그리스도를 경외함으로 피차 복종하라.

또 외적인 행위나 품성과는 상관없이 주관적인 체험일까요? 에베소서는 '성령의 충만을 받으라.'라고 명령합니다. 성경에서 성령세례에 대해서는 단 한 곳도 받으라고 명령한 곳이 없지만, 성령 충만은 받으라고 명령합니다.[600]

---

598) 이인규, 『평신도들이 혼동하기 쉬운 성경 50』, 182.

599) *Comm.* Ephesians 4:11, Apostles, Evangelists, and Prophets were bestowed on the church for a limited time only, except in those cases where religion has fallen into decay, and evangelists are raised up in an extraordinary manner, to restore the pure doctrine which had been lost.

여기에서 우리는 성령세례와 성령 충만이 다르다는 것을 알 수 있습니다. 성령세례는 우리의 의지나 노력과는 상관없이 하나님께서 일방적으로 주시는 것으로, 처음 믿을 때 받게 되는 단회적인 일입니다. 구원받은 사람은 구원과 마찬가지로 은혜로 성령세례를 받게 되므로 성령세례를 받는 것은 전적으로 수동적이지만, 반면에 성령 충만을 받는 것은 능동적입니다.[601]

엡 5:18~21은 '술 취하지 말고 성령의 충만을 받으라.'라는 명령에 다른 내용이 분사 구로 연결되어 있는데, 그 이유는 '성령의 충만을 받으라.'를 설명하기 위한 부대 구문이기 때문입니다. 따라서 본문은 '시와 찬미와 신령한 노래들로 서로 화답함으로써 성령의 충만을 받으라. 너희의 마음으로 주께 노래하며 찬송함으로써 성령의 충만을 받으라. 범사에 우리 주 예수 그리스도의 이름으로 항상 아버지 하나님께 감사함으로써 성령의 충만을 받으라. 그리스도를 경외함으로 피차 복종함으로써 성령의 충만을 받으라.'로 풀이할 수 있습니다.[602] 여기에서 성령충만은 내적인 어떤 느낌, 주관으로 충만한 어떤 것이 아니라 자세와 행실로 나타나는, 외형적으로 드러나는 것임을 알 수 있습니다.[603] 이러한 성령 충만은 지속적이고 반복적으로 받아야 합니다. '성령의 충만을 받으라.'라는 말이 헬라어 문법상 '지속적, 반복적 현상'을 나타내는 현재형으로 표현된 것은 이것을 확인시켜 줍니다.[604]

빌립보서

무슨 방도로 하든지 전도만 하면 될까요?

빌 1:15 어떤 이들은 투기와 분쟁으로, 어떤 이들은 착한 뜻으로 그리스도를 전파하나니
16 이들은 내가 복음을 변명하기 위하여 세우심을 받은 줄 알고 사랑으로 하나
17 저들은 나의 매임에 괴로움을 더하게 할 줄로 생각하여 순전치 못하게 다툼으로 그리스도를 전파하느니라.
18 그러면 무엇이뇨, 외모로 하나 참으로 하나 무슨 방도로 하든지 전파되는 것은 그

---

600) 윤석준, 『한국 교회가 잘못 알고 있는 101가지 성경 이야기 (2)』, 408.
601) 윤석준, 『한국 교회가 잘못 알고 있는 101가지 성경 이야기 (2)』, 408.
602) 윤석준, 『한국 교회가 잘못 알고 있는 101가지 성경 이야기 (2)』, 409.
603) 윤석준, 『한국 교회가 잘못 알고 있는 101가지 성경 이야기 (2)』, 409~410.
604) 윤석준, 『한국 교회가 잘못 알고 있는 101가지 성경 이야기 (2)』, 408.

리스도니 이로써 내가 기뻐하고 또한 기뻐하리라.

언뜻 보면 바울은 투기와 분쟁으로 하든, 순전치 못하게 다툼으로 하든, 무슨 방도로 하든지 전도만 하면 된다고 말하는 것 같습니다. 수단 방법 가리지 않고 사람들을 모으는 사람들이나 이단들에게는 좋아할 말이지만, 신실한 그리스도인들에게는 매우 충격적입니다.

과연 바울이 전도를 위해서는 무슨 짓을 해도 괜찮다고 말하고 있는 것일까요? 아닙니다. 바울이 기뻐하는 것은 그리스도가 전파되는 것이지 전도를 위해서는 무슨 짓을 해도 괜찮다는 뜻은 결코 아닙니다. 바울은 비록 투기와 분쟁으로, 또는 다툼으로 하더라도 그리스도만 제대로 전파된다면 기뻐할 수 있다는 것을 말하고 있습니다.

우리는 하나님께서 악한 자를 통하여 선한 일을 이루실 때 기뻐해야 하지만, 그러나 그들은 우리에게 사역자로 보냄을 받은 자도 아니고 그리스도의 합법적인 사역자도 아니라는 것을 간파하지 않으면 안 됩니다.[605]

'구원을 이루라.'라는 말씀은 구원의 상실 가능성을 전제로 한 것일까요?

빌 2:12 그러므로 나의 사랑하는 자들아! 너희가 나 있을 때뿐 아니라 더욱 지금 나 없을 때도 항상 복종하여 두렵고 떨림으로 너희 구원을 이루라.

히 9:12은 염소나 송아지의 피가 아닌 예수 그리스도 피로 단번에 우리의 영원한 구원이 이루어졌다고 선언합니다. 이렇게 이루어진 속죄는 다시는 죗값을 요구하지 않습니다. 우리의 구원은 그리스도의 피로 세운 영원한 언약이기 때문에 어떤 경우에도 좌절될 수가 없습니다. 만일 어떤 이유로든지 다시 죄책을 요구받는다면, 그리스도의 속죄의 '단회성'과 '영원성'이 부정됩니다.

예수님은 '내가 저희에게 영생을 주노니 영원히 멸망치 아니할 터요 또 저희를 내 손에서 빼앗을 자가 없느니라(요 10:28).', '내게 주신 아버지의 이름으로 저희를 보전하와 지키었나이다. 그중에 하나도 멸망치 않고 오직 멸망의 자식뿐이오니(요 17:11~12)'라고 분명하게 말씀하셨습니다.

---

605) *Comm.* Philippians 1:18, We ought, therefore, to rejoice if God accomplishes anything that is good by means of wicked persons; but they ought not on that account to be either placed by us in the ministry, or looked upon as Christ's lawful ministers.

천주교는 '구원'이라는 말에서는 영생을 유출해 내고, '이루라.'는 말에서는 자유의지를 유출해 내어 '너희 구원을 이루라.'라는 말씀을 하나님과 사람에게 공통으로 적용되는 말씀으로 해석하지만, 구원은 구원의 전 과정을 의미하기 때문에 하나님께서 자기의 자유 선택에 따라 정하신 모든 것들을 완성하기까지를 포함합니다.606) 바울은 여기서 우리 능력의 한계가 어디까지인가를 말하려고 하는 것이 아니라, 단지 하나님께서 우리 안에 역사하실 때 우리가 아무 할 일도 없이 버려두시는 것이 아니라, 자신의 은밀한 자극을 통해서 우리가 자극을 받아 기쁨으로 일하도록 하는 방법을 사용하신다는 사실을 가르쳐 주고자 했습니다.607)

'하나님이 이것도 너희에게 나타내시리라.'라는 말씀이 특별계시일까요?

빌 3:15 그러므로 누구든지 우리 온전히 이룬 자들은 이렇게 생각할지니 만일 무슨 일에 너희가 달리 생각하면 하나님이 이것도 너희에게 나타내시리라.

'하나님이 이것도 너희에게 나타내시리라(τοῦτο ὁ Θεὸς ὑμῖν ἀποκαλύψει)'에서 ἀποκαλύψει를 특별계시로 해석하는 것은 잘못입니다.608) 다음 성경들은 이것을 잘 번역했습니다.

현대인의 성경: 하나님은 그것도 분명하게 바로 가르쳐 주실 것입니다.

새 번역: 하나님께서는 그것도 여러분에게 드러내실 것입니다.

공동번역: 하느님께서는 그것까지도 분명히 가르쳐주실 것입니다.

NIV: that too God will make clear to you.

---

606) *Comm.* Philippians 2:13, Inasmuch, then, as the work is ascribed to God and man in common, they assign the half to each. In short, from the word work they derive free-will; from the term salvation they derive the merit of eternal life. I answer, that salvation is taken to mean the entire course of our calling, and that this term includes all things, by which God accomplishes that perfection, to which he has predestinated us by his gracious choice.

607) *Comm.* Philippians 2:13, The word which he employs properly signifies - to continue until the end; but we must keep in mind what I have said, that Paul does not reason here as to how far our ability extends, but simply teaches that God acts in us in such a manner, that he, at the same time, does not allow us to be inactive, but exercises us diligently, after having stirred us up by a secret influence.

608) D. A. Carson, 55.

그리스도 안에서 우리는 모든 것을 할 수 있을까요?

빌 4:13 내게 능력 주시는 자 안에서 내가 모든 것을 할 수 있느니라.

여기에서 모든 것은 문맥으로 볼 때 문자대로 모든 것을 뜻한다고 볼 수 없습니다. 또 신자들이 해야 하는 모든 일이나 혹은 그들이 행하도록 하나님께서 베푸신 모든 일에서 그리스도께서 신자들에게 힘을 주신다는 뜻이라고 해석하는 것도 성경적으로 틀린 말은 아니지만, 본문의 뜻이라고 볼 수는 없습니다. 이 문맥에서 모든 것은 가난이나 배고픔이나 풍부함이나 궁핍함 중에도 자족하는 삶을 사는 것을 뜻합니다(빌 4:10~12).[609] 바울이 '모든 것'이라고 말한 것은 자기의 소명에 속한 범주 안에 있는 것만을 의미합니다.[610] '모든 것'은 바울이 맡은 직책에 관하여 필요한 것입니다.[611] 바울은 경제적인 상황과 관계없이 자족할 수 있다는 것을 고백하고 있습니다.[612]

본문은 신자란 무엇이든지 할 수 있다는 것을 가르치는 대신에, 어떤 상황과 조건 속에서도 그것으로 인하여 넘어지지 않고 자족할 수 있다는 것을 가르칩니다. 소위 믿음의 위력에 관한 말씀이 아니라, 그리스도 안에서 자족하는 삶에 대한 고백입니다.[613] 자신의 연약함 속에 하나님의 능력이 드러나고(고후 12:9), 십자가의 행보를 통해 복음의 능력이 더욱 강력하게 나타나는 것처럼(고전 4:9~21), 경제적 상황과는 관계없이 그리스도 안에서 자족함을 말하는 바울의 고백은, 역설적인 의미에서 그리스도의 능력이 무엇인지를 분명하게 보여줍니다.[614] 이는 하박국 선지자에게 주신 믿음의 고백과도 일치합니다.

> **합 3:17** 비록 무화과나무가 무성치 못하며 포도나무에 열매가 없으며 감람나무에 소출이 없으며 밭에 식물이 없으며 우리에 양이 없으며 외양간에 소가 없을지라도
>
> **18** 나는 여호와로 인하여 즐거워하며 나의 구원의 하나님으로 인하여 기뻐하리로다.

---

609) D. A. Carson, 154.
610) *Comm.* Philippians 4:13, When he says all things, he means merely those things which belong to his calling.
611) 박윤선, 『성경주석 바울서신』 4판, 269.
612) William W. Kline, Crag L. Blomberg, Robert L. Hubbard, Jr., 771.
613) 권연경, 『네가 읽는 것을 깨닫느뇨?』, 142.
614) 권연경, 『네가 읽는 것을 깨닫느뇨?』, 143.

골로새서

골 1:19~20은 만인 구원론(보편구원론)을 지지하는 근거 구절이 될 수 있을까요?

골 1:19 아버지께서는 모든 충만으로 예수 안에 거하게 하시고
   20 그의 십자가의 피로 화평을 이루사, 만물 곧 땅에 있는 것들이나 하늘에 있는 것들을 그로 말미암아 자기와 화목하게 되기를 기뻐하심이라.

하나님께서 만물과 화목하게 되시기를 기뻐하신다면, 예수님께서 만인을 구원하시기 위하여 십자가에 돌아가신 것이 될까요? 만일 그렇다면 회개와 신앙도 필요 없을 것이고, 의와 불의나 선과 악의 구별도 필요 없을 것이며, 심판과 지옥도 필요 없을 것이고, 성경이 심판과 지옥에 대하여 말하는 것은 무의미할 것입니다.

그러나 예수님은 분명히 심판이 있으며 영벌과 영생으로 나뉘게 될 것이라고 말씀하셨고(마 25:31~46), '선한 일을 행한 자는 생명의 부활로, 악한 일을 행한 자는 심판의 부활로 나오리라.'라고 말씀하셨습니다(요 5:29). 심판은 분명히 있으며, 그때 모든 사람이 그 심판을 통과하여 구원받는 것은 결코 아닙니다(롬 1:18~2:16, 14:10, 고후 5:10, 살후 1:5~10). 이 말씀은 악한 자들에게는 적용되지 않습니다.

그러므로 본문은 믿음으로 구원받은 자들, 곧 하나님과 화목하게 된 자들만이 아니라, 만물과 불신자와 마귀까지도 하나님의 뜻과 목적에 복종한다는 뜻이며, 빌 2:10~11의 '하늘에 있는 자들과 땅에 있는 자들과 땅 아래 있는 자들로 모든 무릎을 예수의 이름에 꿇게 하시고 모든 입으로 예수 그리스도를 주라 시인하여 하나님 아버지께 영광을 돌리게 하셨느니라.'라는 말씀과 같은 의미입니다.[615]

그리스도의 대속의 사역은 불충분할까요?

골 1:24 내가 이제 너희를 위하여 받는 괴로움을 기뻐하고 그리스도의 남은 고난을 그의 몸 된 교회를 위하여 내 육체에 채우노라.

예수님의 십자가 고난으로는 우리를 구원하는 데 부족하여 신자가 그 남은 부분을 채워야 한다는 뜻일까요? 구원을 위하여 신자가 보충해야 할 부분이 있다는 뜻일까요?

---

615) 서춘웅, 『성경 난제 해설 · 신약』 재판, 656.

그렇다면 골 1:14의 '그 아들 안에서 우리가 구속 곧 죄 사함을 얻었도다.'라는 말씀과 골 2:13의 '또 너희의 범죄와 육체의 무할례로 죽었던 너희를 하나님이 그와 함께 살리시고 우리에게 모든 죄를 사하시고'라는 말씀과 모순됩니다. 그리스도의 십자가의 죽으심을 통한 칭의와 화해는 단번에 완성된 사건으로 거기에 누구도 어떤 것도 더할 수 없고(갈 4:1~7, 고전 1:21~30, 엡 1:7, 13~14, 히 9:12), 그리스도의 구속 사역을 위한 고난은 우리의 구원을 가져온 유일하고 반복할 수 없는 사실입니다.[616]

그렇다면 바울이 그리스도의 남은 고난을 자신의 육체에 채운다는 말은 무슨 뜻일까요? 신자가 신앙으로 인하여 받는 고난은 결코 그리스도의 구속 사역을 위한 고난이 될 수 없으므로 그리스도의 남은 고난은 그리스도를 따르는 제자로서 받아야 할 고난입니다. 신자는 아직도 그리스도를 위해 더 견디어야 할 고난이 남아 있고, 그 고난은 그리스도의 몸 된 교회의 지체이기 때문에 겪어야 하는 고난이므로, 그리스도의 남은 고난이란 표현을 사용할 수 있습니다.[617]

천주교는 마치 바울이 그리스도의 고난이 사람들을 구속하기에 충분하다는 것을 부인하고 있는 것처럼, 바울의 고난이 사람들의 죄를 속량해 줄 수 있다고 단정하는 것처럼 곡해합니다.[618] 그러나 바울의 고난이 아무리 가치가 있는 것이라고 하더라도 그것은 예수님의 십자가 위의 고난처럼 대속의 가치를 가지는 것은 아닙니다.[619]

전파하여 권하고 가르치는 것은 어떤 관계일까요?

골 1:28 우리가 그를 전파하여 각 사람을 권하고 모든 지혜로 각 사람을 가르침은 각 사람을 그리스도 안에서 완전한 자로 세우려 함이니
    29 이를 위하여 나도 내 속에서 능력으로 역사하시는 이의 역사를 따라 힘을 다하여 수고하노라.

우리말 성경은 '전파한다.', '권한다.', '가르친다.'를 특별한 구분 없이 번역했습니다. 그러나 NASB는 '전파한다.'는 직설법 동사로, '권한다.'와 '가르친다.'는 분사로 번역했

---

616) 서춘웅, 『성경 난제 해설·신약』 재판, 657.
617) 서춘웅, 『성경 난제 해설·신약』 재판, 659.
618) *Comm.* Colossians 1:24, Nor are they ashamed to wrest this passage, with the view of supporting so execrable a blasphemy, as if Paul here affirmed that his sufferings are of avail for expiating the sins of men. They urge in their support the term ὑστερήματα, (things wanting,) as if Paul meant to say, that the sufferings which Christ has endured for the redemption of men were insufficient.
619) 박윤선, 『성경주석 바울서신』 4판, 303.

습니다. 이것도 역시 원문의 품사를 그대로 살려서 번역한 것입니다.

> We proclaim Him, admonishing every man and teaching every man with all wisdom, so that we may present every man complete in Christ. For this purpose also I labor, striving according to His power, which mightily works within me.

전파한다는 말이 주동사라는 점을 생각하면, 우리가 해야 할 일 가운데 가장 중요한 일은 전파하는 것임을 알 수 있습니다. 그런데 그리스도를 전파할 때는 반드시 권하고 가르치는 일을 병행해야 합니다. 잘 권하고 가르치면서 전파해야 비로소 바르게 성장할 수 있습니다.

그렇다면 우리가 각 사람을 권하고 가르치면서 그리스도를 전파하는 목적은 무엇입니까? 그것은 바로 각 사람을 그리스도 안에서 완전한 자로 세우는 것입니다. 바울은 지금 이것을 위하여 그의 안에서 능력으로 역사하시는 이를 따라 힘을 다하여 수고하고 있다고 말합니다.

철학은 멀리해야 할까요?

골 2:8 누가 철학과 헛된 속임수로 너희를 노략질할까 주의하라. 이것이 사람의 유전과 세상의 초등 학문을 좇음이요 그리스도를 좇음이 아니니라.

바울은 철학을 정죄한 것일까요? 골 2:8 하반절은 이 철학이 어떤 것인지 설명하고 있습니다. 이 철학은 그리스도를 좇지 않고 사람의 유전과 세상의 초등 학문을 좇는 철학을 의미합니다.

> Greek NT(Nestle 1904): Βλέπετε μή τις ὑμᾶς ἔσται ὁ συλαγωγῶν διὰ τῆς φιλοσοφίας καὶ κενῆς ἀπάτης κατὰ τὴν παράδοσιν τῶν ἀνθρώπων, κατὰ τὰ στοιχεῖα τοῦ κόσμου καὶ οὐ κατὰ Χριστόν ·

> NASB: See to it that no one takes you captive through philosophy and empty deception, according to the tradition of men, according to the elementary principles of the world, rather than according to Christ.

따라서 바울이 경계한 철학은 유대주의나 이교도의 사상을 따르는 철학, 곧 사람의 유전과 세상의 초등 학문을 좇는 철학을 의미합니다. 그것은 골로새교회에 침입했던 거짓 교훈으로 에센파의 유대주의였거나 그노시스파의 영지주의였을 것입니다.620)

바울이 철학이라는 말 속에서 정죄하고 있는 것은 사람의 머리에서 나오는 모든 거짓 교훈들이지 철학은 아닙니다.621) 이단 사상으로부터 기독교의 진리를 변증하고 보존하기 위하여 사용된 철학은 멀리해야 할 것이 아니라 적극적으로 활용해야 할 신학의 도구입니다.

안식일은 구약의 율법적인 의미나 방법이 폐해진 것이지 그 날짜를 지키는 것은 남아 있을까요?

골 2:14 우리를 거스르고 우리를 대적하는 의문에 쓴 증서를 도말 하시고 제하여 버리사 십자가에 못 박으시고

15 정사와 권세를 벗어버려 밝게 드러내시고 십자가로 승리하셨느니라.

16 그러므로 먹고 마시는 것과 절기나 월삭이나 안식일로 인하여 누구든지 너희를 폄론하지 못하게 하라.

17 이것들은 장래 일의 그림자이나 몸은 그리스도의 것이니라.

골 2:14~17에 보면 안식일은 분명히 폐한 바 되었습니다. 안식일은 먹고 마시는 것(정결규례), 절기, 월삭과 함께 십자가에서 폐한 바 되었기 때문에 더 이상 폄론치 못하게 하라고 말씀합니다. 만일 날짜가 폐한 것이 아니라 구약의 율법적인 의미나 방법이 폐한 것이기 때문에 그 날짜를 지켜야 한다면, 절기나 월삭도 그 날짜를 지켜야 합니다. 물론 구약의 절기 중의 일부를 지키거나 월삭을 지키는 사람들도 있습니다. 그러나 그런 주장을 하는 사람들조차도 그렇게 하지는 않습니다.

출 31:13에 보면 안식일은 유대인의 표징으로 유대인에게만 주어졌습니다. 창 17:11~13에 보면 하나님과 유대인 사이 언약의 표징으로 할례를 행하게 하셨습니다. 만일 안식일을 지켜야 한다고 주장한다면 할례도 행해야 할 것입니다. 그러나 안식일은 지켜야 한다고 주장하면서도 그들은 할례를 행하지 않습니다. 이스라엘 자손 대대로 주어졌던 할례나(창 17:9) 제사장 제도나(출 40:15) 제사제도(민 15:14~15)나 안

---

620) 박윤선, 『성경주석 바울서신』 4판, 316.

621) *Comm.* Colossians 2:8, Paul has merely condemned all spurious doctrines which come forth from man's head, whatever appearance of reason they may have.

식일은 유대인이 아닌 우리가 지킬 필요가 없습니다.

골 2:14~17은 분명히 하나님께서 우리를 거스르고 대적하는 의식법을 예수님의 십자가를 통하여 도말 하시고 제하여 버리셨으므로, 장래 일의 그림자에 지나지 않는 먹고 마시는 것과 절기나 월삭이나 안식일 같은 것들로 인하여 폄론하지 못하게 하라고 명령 하셨습니다.

데살로니가 전후서

'능력'이란 기적을 뜻할까요?

살전 1:5 이는 우리 복음이 말로만 너희에게 이른 것이 아니라 오직 능력과 성령과 큰 확신으로 된 것이니 우리가 너희 가운데서 너희를 위하여 어떠한 사람이 된 것은 너희 아는 바와 같으니라.

그 의미는 어떤 외적인 기적을 뜻할까요? 물론 성경에는 많은 기적이 등장하고, 그 결과 예수님을 믿는 일들이 일어났다는 것을 확인할 수 있습니다. 그러나 여기에서는 능력이란 말이 단수로 쓰였기 때문에 이적을 가리킨 것이 아니고 성령으로 말미암아 오는 영력, 우리의 생각과 삶을 변화시키는, 곧 우리를 변화시키는 성령의 내적 능력을 뜻합니다.[622]

고전 2:4~5에서 바울은 '내 말과 내 전도함이 지혜의 권하는 말로 하지 아니하고 다만 성령의 나타남과 능력으로 하여 너희 믿음이 사람의 지혜에 있지 아니하고 다만 하나님의 능력에 있게 하려 하였노라.'라고 말씀합니다. 살전 1:5에서도 고전 2:4~5과 마찬가지로 능력을 말(speech)과 대조시키고 있으므로, 이 능력은 기적이 아니라 가르침의 영적인 능력입니다.[623] '능력과 성령'이란 말은 '성령의 능력 안에서'란 뜻이고, 성령은 능력을 설명하는 형식으로 덧붙여진 것입니다.[624]

---

622) 박윤선, 『성경주석 바울서신』 4판, 400.
623) *Comm.* 1 Thessalonians 1:4, By the term power some understand miracles. I extend it farther, as referring to spiritual energy of doctrine. For, as we had occasion to see in the First Epistle to the Corinthians, Paul places it in contrast with speech - the voice of God, as it were, living and conjoined with effect, as opposed to an empty and dead eloquence of men.
624) *Comm.* 1 Thessalonians 1:4, When he says, in power, and in the Holy Spirit, it is, in my opinion, as if he had said-in the power of the Holy Spirit, so that the latter term is added as explanatory of the former.

복음 전파의 말에는 성령의 역사가 있어야 합니다. 왜냐하면, 복음을 아무리 감동적이고 설득력 있게 전한다고 하더라도, 성령의 감동시키는 능력이 없다면 믿음을 갖도록 이끌지는 못하기 때문입니다. 하나님의 말씀은 성령과 결코 분리할 수 없습니다. 복음은 말로만이 아니라 능력과 성령, 곧 성령의 능력 안에서 전해져야 하고 성령의 역사로 큰 확신 가운데 전해져야 합니다. 그렇게 복음이 전해질 때 삶이 변하고 사람이 변합니다. 그리고 그것은 그들이 하나님의 선택을 받았다는 증거이기도 합니다. 하나님의 선택의 결과가 복음 전파에 의하여 효과적인 부르심과 구원에 이르게 하는 믿음이 있게 하기 때문입니다.

'하나님을 힘입어'란 말의 뜻이 무엇일까요?

> 살전 2:2 너희 아는 바와 같이 우리가 먼저 빌립보에서 고난과 능욕을 당하였으나 우리 하나님을 힘입어 많은 싸움 중에 하나님의 복음을 너희에게 말하였노라.

'하나님을 힘입어'란 말은 직역하면 '우리 하나님 안에서'(ἐν τῷ Θεῷ) 입니다. NASB, KJV, ESV, NAS 등도 'in our God'로 직역했습니다. 여기 '안에서(ἐν)'란 말은 원인 또는 이유를 나타내는 전치사입니다. 복음의 놀라운 결과는 바울 일행의 성향이나 지혜나 교육이나 노력이 그 원인이 될 수 없었습니다. 바울 일행이 모진 고난과 능욕 가운데서도 좌절하거나 포기하지 않고 담대하게 복음을 전할 수 있었던 것은, 그들 자신에게 그 원인이 있었던 것이 아니라 하나님께 있었습니다. 나에게 어떤 원인이나 이유가 있는 것이 아니라, 하나님께 이유와 원인이 있다는 믿음을 가질 때 우리는 담대해질 수 있습니다.

살전 4:13~18은 휴거의 시기에 대하여 말씀하고 있을까요?

살전 4:13~18

본문은 대환란 전 휴거를 가르칠까요, 아니면 대환란 후 휴거를 가르칠까요? 그렇게 묻는 것은 의미가 없습니다. 왜냐하면, 그것은 본문의 관심(의도)과 전혀 상관이 없기 때문입니다.[625]

세대주의자들은 대환란 전에 예수님께서 재림하셔서 성도들을 공중으로 끌어올려 7년 동안 연회를 가지시고, 그동안에 땅에서는 대환란이 있다고 주장하지만, 살후 2:8에서는 적그리스도의 활동이 있고 난(환란) 후, 주님께서 오신다고 말씀하고 있고, 계 13:5~8에서는 적그리스도의 핍박을 말씀하고 있으며, 계 13:9~10은 주님께서 재림하실 때 적그리스도가 패망할 것을 말씀합니다.[626]

신자들에게는 예수님 재림의 날이 도적같이 임하지 못할까요?

살전 5:1 형제들아! 때와 시기에 관하여는 너희에게 쓸 것이 없음은
2 주의 날이 밤에 도적같이 이를 줄을 너희 자신이 자세히 앎이라.
3 저희가 평안하다, 안전하다 할 그때 잉태된 여자에게 해산 고통이 이름과 같이 멸망이 홀연히 저희에게 이르리니 결단코 피하지 못하리라.
4 형제들아! 너희는 어두움에 있지 아니하매 그날이 도적같이 너희에게 임하지 못하리니.

성경은 분명히 주의 날이 도적같이 이른다고 말씀했습니다(마 24:36, 행 1:7, 계 3:3, 살전 5:2). 주의 날이 도적같이 이른다는 말은 그리스도 재림의 날이 예상 밖으로 갑자기 올 것이란 뜻이고, 그 말은 눈에 보이는 징조와는 반대된다는 뜻이므로, 그 시간을 징조와 불길한 전조에 따라 판단하는 것이 어리석다는 것을 알 수 있습니다.[627] 그런데도 이단들은 눈에 보이는 징조를 통하여 그리스도 재림의 날을 알 수 있다고 주장합니다. 그들은 살전 5:4의 말씀이 그 근거라고 주장합니다. 과연 그럴까요?

만일 그렇다면 살전 5:4의 말씀은 살전 5:2의 '주의 날이 밤에 도적같이 이를 줄을 너희 자신이 자세히 앎이라.'는 말씀과 모순이 되기 때문에 그렇게 주장할 수 없습니다. 여기에 대하여 이단들은, 세상 사람들은 주의 날이 도적같이 임하지만, 신자들에게는 그날이 도적같이 임하지 못한다고 주장합니다. 그러나 그것은 성경을 제대로 보지 못한 것입니다. 살전 5:4과 마찬가지로 살전 5:1~2도 분명히 '형제들아'라고 신자들을 향하여 한 말씀임을 확인할 수 있기 때문입니다.

---

625) D. A. Carson, 141.
626) 박윤선, 『성경주석 바울서신』 4판, 450.
627) *Comm.* 1 Thessalonians 5:2, It is, that the day of Christ will come suddenly and unexpectedly, so as to take unbelievers by surprise, as a thief does those that are asleep. This, however, is opposed to evident tokens, which might portend afar off his coming to the world. Hence it were foolish to wish to determine the time precisely from presages or prodigies.

그러면 왜 살전 5:2에서는 주의 날이 도적같이 이른다고 말씀하고, 살전 5:4은 그날이 도적같이 너희에게 임하지 못한다고 말씀했을까요? 개역 성경의 번역으로 보면 그렇게 오해할 수 있지만, 원문이나 다른 번역을 보면 그런 오해는 쉽게 풀립니다. 살전 5:2의 '이른다.'라는 말과 살전 5:4의 '임한다.'라는 말은 같은 뜻이 아닙니다. 살전 5:2의 '이른다.'라는 말은 'ἔρχομαι'을 번역한 것으로 'come'의 뜻이지만, 살전 5:4의 '임한다.'라는 말은 'καταλαμβάνω'의 번역으로 'overtake'의 뜻입니다. 다른 번역본들을 보면 이를 확인할 수 있습니다.

NASB: 2 For you yourselves know full well that the day of the Lord will come just

4 But you, brethren, are not in darkness, that the day would overtake you like a thief;

KJV: 2 For yourselves know perfectly that the day of the Lord so cometh as a thief in the night.

4 But ye, brethren, are not in darkness, that that day should overtake you as a thief.

현대인의 성경: 2 주님의 날이 밤중에 도둑같이 온다는 것을 여러분이 잘 알기 때문입니다.

4 형제 여러분, 그러나 여러분은 어두움 가운데 있지 않기 때문에 그날이 여러분에게 도둑처럼 닥치지는 않을 것입니다.

새 번역: 2 주님의 날이 밤에 도둑처럼 온다는 것을, 여러분은 자세히 알고 있습니다.

4 그러나 형제자매 여러분, 여러분은 어둠 속에 있지 아니하므로, 그날이 여러분에게 도둑과 같이 덮치지는 않을 것입니다.

공동번역: 2 주님의 날이 마치 밤중의 도둑같이 온다는 것을 여러분이 잘 알고 있기 때문입니다.

4 그러나 교우 여러분, 여러분은 암흑 속에서 살고 있지 않기 때문에 여러분에게는 그날이 도둑처럼 덮치지는 않을 것입니다.

예언을 멸시치 말라는 말의 뜻이 무엇일까요?

살전 5:20 예언을 멸시치 말고

예언이 무엇일까요? 예언이란 장래 일을 점치는 은사를 말하는 것이 아니라 성경 해석을 뜻하는데, 그 이유는 예언자, 곧 선지자란 미래를 점치는 자가 아니라 하나님의 뜻을 해석하는 사람이기 때문입니다.[628]

살전 5:20 말씀은 은사주의자들이 매우 좋아하는 말씀입니다. 그들은 성령 운동을 한다고 하면서 직통 계시를 주장합니다. 성령 운동을 하는 사람들 가운데 많은 사람은 신사도 운동을 하는 사람들이기도 합니다. 그들은 성령의 은밀한 계시를 받았다면서 성경과 전혀 상관도 없는 허황된 이야기들을 주장합니다. 성령 운동을 하는 사람들, 직통 계시를 주장하는 사람들, 신사도 운동을 하는 사람들의 공통된 특징은 예언한답시고 성경과 상관없거나 성경과 반대되는 주장을 하면서 성경을 엉터리로 해석합니다. 그것은 성경 자체를 멸시하는 것입니다. 그것은 예언을 중요시한다고 하면서 사실은 예언을 멸시하는 것입니다.

성령은 무엇보다도 교리를 통해서 우리를 깨우쳐 주시므로, 이 교리를 극구 부정하고 직통 계시를 말한다면 그는 성령을 소멸하는 자요,[629] 예언을 멸시하는 사람입니다. 교리는 오랜 세월을 통하여 성경에 철저히 근거하여 정리되고 체계화되어 공교회를 통하여 고백한 것이기 때문에, 만일 그런 교리를 무시하면서 성경에 근거도 없는 직통 계시를 주장한다면 그것은 분명히 잘못된 것입니다.

예언을 멸시하지 말라는 말씀은 이미 주어진 66권의 성경을 성령의 감동과 조명을 통하여 바르게 해석하라는 말씀입니다. 이것을 떠난 것은 그것이 아무리 대단하고 많은 사람이 따르고 인기가 있어도 그것은 사실은 예언을 멸시하는 것입니다. 우리는 성경의 완전성과 충분성을 믿습니다. 우리는 완성된 성경을 가지고 있습니다. 거기에 다른 무엇을 덧붙일 필요가 없습니다. 거기에 덧붙이는 예언이라는 것은 존재하지 않습니다. 그러므로 성경에 덧붙이는 어떤 예언을 말하는 사람이 있다면 경계해야 합니다. 구약의 선지자

---

628) *Comm.* 1 Thessalonians 5:20, By the term prophecy, however, I do not understand the gift of foretelling the future, but as in 1 Corinthians 14:3, the science of interpreting Scripture, so that a prophet is an interpreter of the will of God.

629) *Comm.* 1 Thessalonians 5:20, This sentence is appropriately added to the preceding one, for as the Spirit of God illuminates us chiefly by doctrine, those who give not teaching its proper place, do, so far as in them lies, quench the Spirit, for we must always consider in what manner or by what means God designs to communicate himself to us.

들이나 신약의 베드로나 바울과 같은 사도들과 같은 수준의 예언자들은 더 이상 존재하지 않습니다. 만일 있다면 성경은 계속 추가되어야 할 것입니다.

신약성경이 기록될 당시에는 성령의 감동을 받아서 미래에 일어날 일들을 예언하는 일들이 있었습니다(행 11:27~28, 행 21:8~11). 이러한 예언들을 덮어놓고 무시하거나 멸시하는 것은 잘못된 것이었습니다. 그러나 지금은 그때와는 다릅니다. 성경이 이미 완성되었고 충분하기 때문입니다. 우리는 다만 성령의 감동과 조명을 따라 성경 말씀을 바르게 해석하는 그 모든 것에 대하여 존중해야 합니다.

살전 5:22에서 악은 모든 모양이라도 버리라는 뜻이 무엇일까요?

살전 5:22 악은 모든 모양이라도 버리라.

'악의 모양'이란 어떤 가르침의 오류가 아직 밝혀지지 않아서 그것을 배척할 수는 없지만, 그래도 어딘지 모르게 거기에 독이 숨겨져 있을 것 같은 공포심이 작용하는 그러한 상황을 두고 말하는 것입니다.630) 가르침의 오류가 아직 밝혀지지 않아서 배척할 수는 없지만, 속임수에 대한 공포심이 있거나 마음에 자꾸 의심이 들 경우에는 피해야 합니다.631)

성령 운동을 하는 사람들, 직통 계시를 주장하는 사람들, 신사도 운동을 하는 사람들의 가르침 가운데는 그 오류가 아직 밝혀지지 않아서 배척할 수는 없지만, 속임수에 대한 공포심이 있거나 마음에 자꾸 의심이 들고 미심쩍은 경우가 많습니다. 그런 가르침들은 피해야 합니다.

교회나 기독교 단체들이 하는 일 중에는 어떤 정치적인 목적이 의심되거나 어떤 개인의 욕심을 위한, 한 개인 또는 집단의 왕국을 세우려는 것이 아닌지 불분명한 경우가 허다합니다. 물론 아직 구체적이고 분명하게 밝혀지지는 않았지만 그런 의심을 떨칠 수 없고 미심쩍은 경우들이 있습니다. 아직 구체적이고 분명하게 밝혀지지는 않았기 때문에 배척하기는 어렵습니다. 이럴 때 우리는 피해야 합니다. 그렇지 않으면 악에 동조하는

---

630) *Comm.* 1 Thessalonians 5:22, In the first place, the phrase appearance of evil, or evil appearance, I understand to mean-when falsity of doctrine has not yet been discovered in such a manner, that it can on good grounds be rejected; but at the same time an unhappy suspicion is left upon the mind, and fears are entertained, lest there should be some poison lurking.

631) *Comm.* 1 Thessalonians 5:22, When, on the other hand, there is any fear of false doctrine, or when the mind is involved in doubt, it is proper in that case to retreat, or to suspend our step, as they say, lest we should receive anything with a doubtful and perplexed conscience.

꼴이 되고 맙니다.

원문에는(ἀπὸ παντὸς εἴδους πονηροῦ ἀπέχεσθε.) ἀπό(~으로부터)로 시작하는데, ἀπό는 소유격 명사와 결합하여 '기원'이나 '근거'란 뜻을 나타내기 때문에, 겉으로 나타나는 악한 모양 너머에 있는 영적 본질을 분별하여 참 예언을 가릴 줄 아는 지혜를 가져야 한다는 뜻으로 해석할 수 있습니다.[632] 우리는 늘 겉으로 드러나는 것들이 하나님에게서 온 것인지 인간이나 사탄에게서 온 것인지를 세심하게 분별하도록 해야 합니다. 천주교, 정교회, 이슬람교, 신천지, 하나님의 교회, 여호와증인, 말일예수그리스도교회(모르몬교)를 비롯한 이단 사이비에 빠지는 이유가 무엇입니까? 겉으로 드러나는 것들이 하나님에게서 온 것인지 인간이나 사탄에게서 온 것인지를 세심하게 분별하지 않기 때문입니다. 우리는 더 이상 그런 어리석은 자들이 되지 않기 위하여 성령의 감동과 조명을 받고, 하나님의 말씀인 성경을 무엇보다도 소중하게 여기며, 모든 것을 바르게 분별하도록 힘쓰고 애써야 합니다.

살전 5:23은 인간이 영과 혼과 몸으로 구성되어 있다는 뜻일까요?

살전 5:23 평강의 하나님이 친히 너희로 온전히 거룩하게 하시고 또 너희 온 영과 혼과 몸이 우리 주 예수 그리스도 강림하실 때 흠 없게 보전되기를 원하노라.

인간이 세 부분(영과 혼과 몸)으로 이루어졌는지 두 부분(영혼과 몸)으로 이루어졌는지를 논쟁하지만, 본문이 그것을 말하려는 것은 아닙니다. '영과 혼과 몸(spirit, soul, body)'이란 말은 앞의 '온전히'라는 말을 구체적으로 표현한 것으로 전인(全人)을 의미합니다. 그러므로 여기에서 삼분법과 이분법에 대해 논쟁할 필요는 없습니다. 마 10:28에서는 몸과 영혼, 고후 7:1에서는 육과 영으로 나누고 있으며 성경은 종종 영과 혼을 동의어로 사용하기도 합니다(눅 1:46~47).

여기에서 영과 혼은 영혼의 두 방면을 말하는 것으로 영은 종교 윤리적 작용을 맡았고 혼은 일반 지각의 작용을 맡았다고 할 수 있습니다.[633] 인간을 몸과 혼으로 구성되어 있다고 본다면 혼은 인간의 몸속에 거하는 불멸의 영혼을 지칭하지만, 혼은 이해와 의지의 두 가지 기능이 있으므로 혼의 능력과 특성을 표현하고자 할 때는 혼이란 영혼의 반

---

632) 강병도 편, 『카리스 종합주석 제21권 데살로니가 전후서』, 382.
633) 박윤선, 『성경주석 바울서신』 4판, 470.

대되는 면인 정(情)의 자리를 의미하기 때문에, 영혼은 이성 내지는 지력을, 혼은 의지와 모든 정을 지칭하는 데 사용됩니다.[634]

하나님께서 불의한 자들을 유혹하셔서 거짓 것을 믿게 하신 후에 심판하실까요?

살후 2:11 이러므로 하나님이 유혹을 저의 가운데 역사하게 하사 거짓 것을 믿게 하심은
12 진리를 믿지 않고 불의를 좋아하는 모든 자로 심판을 받게 하려 하심이니라.

하나님은 사랑과 긍휼히 풍성하신 분이시므로 그렇게 하신다는 것은 있을 수 없습니다. 그렇다면 본문의 뜻은 무엇일까요? 앞의 구절들을 보면 하나님께서 그렇게 하신 이유가 무엇인지 알 수 있습니다.

살후 2:11은 살후 2:9~10의 결과입니다. 거짓의 아비인 사탄의 거짓 역사가 먼저 멸망하는 자들에게 임하는데, 멸망하는 자들은 그 속에 진리가 없으므로 진리에 서지 못하고 사탄의 욕심대로 행합니다(요 8:44). 여기에 대하여 하나님께서 사탄의 거짓 역사를 막지 않으시고 허용하시는 것으로 표현한 이유는, 사탄까지도 하나님께서 다스리시기 때문에 그렇게 표현한 것입니다. 바로의 경우도 그가 마음을 강퍅하게 했을 때 하나님께서 그렇게 하셨다고 표현한 것을 볼 수 있습니다(출 7:14, 8:15, 32, 9:7, 12). 그러나 그 책임이 하나님께 있다고 할 수는 없습니다. 사람들이 마음에 하나님 두기를 싫어하기 때문에 하나님께서 그들을 그 상실한 마음에 내어 버려두사 합당치 못한 일을 하게 하신 것입니다(롬 1:27).

그 대표적인 예가 천주교인데, 그들의 가증스러움과 얼토당토않은 미신의 거대함과 수치스러움, 일반상식을 벗어난 주장들을 보고 많은 사람이 경탄하는 것은 하나님께서 인간들의 눈을 멀게 하시고 미련하게 하셨기 때문입니다.[635]

---

634) *Comm.* 1 Thessalonians 5:23, It is, that the day of Christ will come suddenly and unexpectedly, so as to take unbelievers by surprise, as a thief does those that are asleep. This, however, is opposed to evident tokens, which might portend afar off his coming to the world. Hence it were foolish to wish to determine the time precisely from presages or prodigies.

635) *Comm.* 2 Thessalonians 2:11, And assuredly we have a notable specimen of this in the Papacy. No words can express how monstrous a sink of errors there is there, how gross and shameful an absurdity of superstitions there is, and what delusions at variance with common sense. None that have even a moderate taste of sound doctrine, can think of such monstrous things without the greatest horror. How, then, could the whole world be lost in astonishment at them, were it not that men have been struck with blindness by the Lord, and converted, as it were, into stumps?

디모데 전후서

딤전 2:4은 만인 구원설을 지지할까요?

딤전 2:4 하나님은 모든 사람이 구원을 받으며 진리를 아는 데 이르기를 원하시느니라.
　　　 5 하나님은 한 분이시오, 또 하나님과 사람 사이에 중보도 한 분이시니 곧 사람이신 그리스도 예수라.
　　　 6 그가 모든 사람을 위하여 자기를 속전으로 주셨으니 기약이 이르면 증거할 것이라.

하나님께서 모든 사람이 구원받으며 진리를 아는 데 이르기를 원하신다면, 또 예수 그리스도께서 모든 사람을 위하여 자기를 속전으로 주셨다면, 결국 모든 사람을 구원하실 것이라고 말할 수 있을까요? 여기 '모든 사람'이란 말이 인간 전부를 말하는 것이 아니라 다수를 가리킵니다.636) '모든 사람'(πάντας ἀνθρώπους)이란 말의 '사람'이란 헬라 원어는 관사를 가지지 않았는데, 이렇게 관사가 없는 명사 앞에 '모든'이란 형용사가 있는 경우에는 그 문구는 계수(計數)한 '모든'을 의미하지 않고 총괄적으로 말하는 것이며 '원하는 모든'을 뜻합니다.637) 그러므로 여기에서 '모든'은 계수적(計數的)으로 모든 사람이 아니라 지상의 어떤 민족이나 어떤 계층도 구원을 받고 진리를 아는 데서 제외되지 않는다는 뜻입니다.638) 성경은 하나님의 택하신 백성만을 구원하신다고 분명하게 선언합니다.

요 17:9 내가 저희를 위하여 비옵나니 내가 비옵는 것은 세상을 위함이 아니요, 내게 주신 자들을 위함이니이다. 저희는 아버지의 것이로소이다.

요 17:6 세상 중에서 내게 주신 사람들에게 내가 아버지의 이름을 나타내었나이다. 저희는 아버지의 것이었는데 내게 주셨으며 저희는 아버지의 말씀을 지키었나이다.

마 1:21 아들을 낳으리니 이름을 예수라 하라. 이는 그가 자기 백성을 저희 죄에서 구원할 자이심이라 하니라.

---

636) 박윤선, 『성경주석 바울서신』 4판, 531~532.
637) 박윤선, 『성경주석 바울서신』 4판, 532.
638) *Comm.* 1 Timothy 2:4, Hence we see the childish folly of those who represent this passage to be opposed to predestination. … But I say nothing on that subject, because it has nothing to do with this passage; for the Apostle simply means, that there is no people and no rank in the world that is excluded from salvation; because God wishes that the gospel should be proclaimed to all without exception. Now the preaching of the gospel gives life; and hence he justly concludes that God invites all equally to partake salvation. But the present discourse relates to classes of men, and not to individual persons; for his sole object is, to include in this number princes and foreign nations.

예수님은 하나님께서 구원하시기로 예정하신 자들만을 위해 십자가에 돌아가셨습니다(제한 속죄). 하나님은 지상의 어떤 민족이나 어떤 계층도 차별 없이 모두 구원하시기를 원하시지만, 모든 사람을 구원하시는 것은 아닙니다.

여목사 제도와 여장로 제도는 성경적일까요?

딤전 2:12 여자의 가르치는 것과 남자를 주관하는 것을 허락지 아니하노니 오직 종용할지니라.
  13 이는 아담이 먼저 지음을 받고 하와가 그 후며
  14 아담이 꾀임을 보지 아니하고 여자가 꾀임을 보아 죄에 빠졌음이니라.

문자적으로 보면 성경적이지 않습니다. 이 말씀은 고전 14:34의 '모든 성도의 교회에서 함과 같이 여자는 교회에서 잠잠하라. 저희의 말하는 것을 허락함이 없나니 율법에 이른 것같이 오직 복종할 것이요.'라는 말씀과 딛 2:5의 '근신하며 순전하며 집안일을 하며 선하며 자기 남편에게 복종하게 하라. 이는 하나님의 말씀이 훼방을 받지 않게 하려 함이니라.'라는 말씀과 같은 맥락에 있습니다. 적어도 이 본문들에서는 여성의 성직제도를 금하고 있습니다.

그러면 그 이유가 무엇일까요? 여성의 성직제도를 주장하는 사람들은 성경은 그 시대의 상황에서만 국한된다고 주장합니다. 그러므로 지금은 그때와는 다른 상황이기 때문에 여성의 성직제는 아무 문제가 없다고 말합니다. 그럴까요? 본문은 그 이유를 다르게 설명합니다. 딤전 2:12에 이어지는 딤전 2:13~14을 보면 '이는 아담이 먼저 지음을 받고 하와가 그 후며 아담이 꾀임을 보지 아니하고 여자가 꾀임을 보아 죄에 빠졌음이니라.'라고 분명하게 밝히고 있습니다.

여성의 성직제도를 금하고 있는 본문은 당시의 시대적 또는 문화적 상황이 아니라 인간의 창조와 타락에 관한 성경적 근거가 있습니다. 그러나 만일 성경의 절대 권위를 인정하지 않거나, 적어도 디모데전서를 바울의 서신으로 받아들이지 않는다면, 또는 창세기의 인간 창조와 타락에 관한 내용을 실제 사실이 아니라고 부정한다면, 여성의 목사 또는 장로 안수 금지에 관한 주장은 그 기초를 잃을 것입니다. 반면 적어도 성경의 절대 권위를 인정하고 디모데전서를 바울의 서신으로 받아들이며, 창세기의 인간 창조와 타락에 관한 내용을 실제 사실이라고 믿는다면 여성의 목사 또는 장로 안수는 허용할 수 없습니다.

여성의 성직제도를 주장하는 사람들은 드보라와 그 밖의 하나님께서 과거에 백성을 다스리도록 지명하신 여자들의 경우를 들면서 이 원칙에 도전하지만, 그것은 하나님께서 모든 법을 초월하여 비상하게 행하신 특이한 예외이지 일반적인 것은 아닙니다.639)

딤전 5:12의 처음 믿음은 무엇일까요?

딤전 5:11 젊은 과부는 거절하라. 이는 정욕으로 그리스도를 배반할 때 시집가고자 함이니 12 처음 믿음을 저버렸으므로 심판을 받느니라.

복음의 교리나 주관적 확신 또는 은혜일까요? 아니면 참과부로서 명부에 올릴 때 다시는 결혼하지 않겠다고 한 서약(딤전 5:9)을 뜻할까요?640)

참과부로서 명부에 올릴 때 다시는 결혼하지 않겠다고 한 서약을 어기는 것은 그 기본 신앙까지 버릴 위험성에 빠지기 쉬우므로 그렇게 해석할 수 있고, 그 이유가 옳은 것은 딤전 5:15의 말씀이 지지하기 때문입니다.641)

딤전 5:12의 '심판을 받는다.'라는 뜻이 '비난을 받는다.'라는 의미보다 더 심각한 의미, 곧 영원한 죽음에 대한 정죄로 해석한다면, '처음 믿음'이 참과부로서 명부에 올릴 때 다시는 결혼하지 않겠다고 한 서약을 어기는 것으로 해석하는 것은 지나치기 때문에, 세례받을 때 받아들인 기독교 신앙을 완전히 배척한 것으로 해석해야 합니다.642)

---

639) *Comm.* 1 Timothy 2:12, If any one bring forward, by way of objection, Deborah (Judges 4:4) and others of the same class, of whom we read that they were at one time appointed by the commend of God to govern the people, the answer is easy. Extraordinary acts done by God do not overturn the ordinary rules of government, by which he intended that we should be bound. Accordingly, if women at one time held the office of prophets and teachers, and that too when they were supernaturally called to it by the Spirit of God, He who is above all law might do this; but, being a peculiar case, this is not opposed to the constant and ordinary system of government.

640) 송인규, 『성경 어떻게 적용할 것인가?』, 80.

641) 박윤선, 『성경주석 바울서신』 4판, 576.

642) *Comm.* 1 Timothy 5:12, "To have condemnation," is interpreted by some as signifying "to deserve reproof." But I take it to be a statement of greater severity, that Paul terrifies them by the damnation of eternal death; as if he reproved them by saying that that excellent order, which ought rather to have united them to Christ, was the very ground of their condemnation. And the reason is added, that they entirely "revolt from the faith "of baptism and from Christianity. I am aware that there are some who interpret it differently; that is, that they break the pledge which they gave to the Church by marrying, having formerly promised that they would live unmarried till death. This is exceedingly absurd. Besides, why should he call it their first faith? Accordingly, Paul rises to greater vehemence against them, and magnifies the enormity of the offense, by saying that not only would they bring disgrace on Christ and his Church by departing from the condition to which they had agreed, but they likewise broke their "first faith "by wicked revolt.

바울이 의탁한 것은 무엇일까요?

딤후 1:12 이로 인하여 내가 또 이 고난을 받되 부끄러워하지 아니함은 나의 의뢰한 자를 내가 알고 또한 나의 의탁한 것을 그날까지 저가 능히 지키실 줄을 확신함이라.

성경에 보면 하나님께 의탁한다고 할 때 모두 자기 영혼을 하나님께 의탁한다고 한 것을 알 수 있습니다.[643]

시 31:5 내가 나의 영을 주의 손에 부탁하나이다. 진리의 하나님 여호와여, 나를 구속하셨나이다.

눅 23:46 예수께서 큰 소리로 불러 가라사대, 아버지여 내 영혼을 아버지 손에 부탁하나이다 하고 이 말씀을 하신 후 운명하시다.

행 7:59 저희가 돌로 스데반을 치니 스데반이 부르짖어 가로되, 주 예수여 내 영혼을 받으시 옵소서 하고

벧전 4:19 그러므로 하나님의 뜻대로 고난을 받는 자들은 또한 선을 행하는 가운데 그 영혼을 미쁘신 조물주께 부탁할지어다.

'나의 의탁한 것'은 '나의 생명 혹은 영혼'을 의미합니다.[644] 물건을 보관소에 안전하게 보관하도록 맡기는 경우와 마찬가지로 영생을 하나님께 의탁한 것, 구원을 자기 자신에게 의존하는 것이 아니라 하나님의 손에 맡긴 것입니다.[645]

아시아에 있는 모든 사람이 바울을 버렸다는 말의 뜻이 무엇일까요?

딤후 1:15 아시아에 있는 모든 사람이 나를 버린 이 일을 네가 아나니, 그중에 부겔로와 허모게네가 있느니라.

---

643) 박희천, 『손 더듬이 성경 해석학-성경이 성경을 해석한다』, 227.
644) 박윤선, 『성경주석 바울서신』 4판, 614.
645) *Comm.* 2 Timothy 1:12, Observe that he employs this phrase to denote eternal life; for hence we conclude, that our salvation is in the hand of God, in the same manner as there are in the hand of a depository those things which we deliver to him to keep, relying on his fidelity. If our salvation depended on ourselves, to how many dangers would it be continually exposed? But now it is well that, having been committed to such a guardian, it is out of all danger.

아시아에 있는 모든 그리스도인이 배교했다는 뜻일까요? 물론 그런 뜻은 아니지만, 신자들이 바울로부터 떠나게 할 정도로 현혹하는 잘못된 가르침이나 악습들이 매우 많았고 거기에 속아 넘어갔다는 것을 뜻합니다.646)

히브리서

예수님은 완전하지 않으셨기 때문에 고난으로 말미암아 온전케 되셨을까요?

히 2:10 만물이 인하고 만물이 말미암은 자에게는 많은 아들을 이끌어 영광에 들어가게 하시는 일에 저희 구원의 주를 고난으로 말미암아 온전케 하심이 합당하도다.

예수님께서 신성에 있어서나 인성에 있어서나 온전하시며 무죄하십니다(히 4:15, 고후 5:21, 벧전 2:22). 그러면 본문은 왜 예수님께서 고난으로 말미암아 온전케 되셨다고 말씀할까요? 온전케 하다는 말은 τελειῶσαι를 번역한 것인데, 그 기본형인 τελειόω의 용법은 Strong's Concordance에 의하면 다음과 같습니다.

   (a) as a course, a race, or the like: I complete, finish
   (b) as of time or prediction: I accomplish,
   (c) I make perfect; pass: I am perfected.

그렇다면 본문은 예수님께서 온전하지 못하셨는데 고난을 통하여 온전해지셨다는 뜻이 아니라, 인간과 동일한 고난을 경험함으로써 인간을 구원하기 위한 완전한 조건을 구비하셨다는 뜻으로 해석할 수 있습니다.647)

예수님께서 고난을 통해 온전하게 되셨다는 말씀은 예수님께서 고난으로 말미암아 여러 가지 결점을 하나씩 벗어버렸다는 뜻이 아니라, 우리를 구원하시기 위해 반드시 지니셔야 했던 완전한 의를 점차 성취해 가셨다는 의미이며, 마 3:15의 '우리가 이와 같이 하여 모든 의를 이루는 것이 합당하니라.'라는 예수님의 말씀과 같은 맥락입니다.648)

---

646) D. A. Carson, 151.
647) 강병도 편, 『카리스 종합주석 제23권 히브리서 1~13장』 (서울: 기독지혜사, 2007), 140.
648) John Piper, *The Passion of Jesus Christ*, 『더 패션 오브 지저스 크라이스트』 (서울: 규장, 2004), 29~30.

예수님은 본래 온전하신 분이시기 때문에 온전함이 요구되실 수 없지만, 본문이 그렇게 표현한 것은 예수님의 인격을 가리키는 것이 아니라 그분이 이루시는 특별한 직무를 가리키는 것으로써, 중보자로서 직무적으로 우리를 구원하시기 위하여 그렇게 되셨다는 뜻입니다.649)

우리는 여기에서 히브리서 기자가 왜 이런 식의 표현을 했는지 짐작할 수 있습니다. 그것은 하나님의 백성들이 온갖 고난으로 단련되고 온 생애가 십자가의 삶이 되는 그리스도인들에게, 그리스도께서 고난을 받으신 것이 신자들에게 영광스러운 일이라는 것을 보여주기 위함임을 알 수 있습니다.650)

구원받은 사람이 그 구원을 잃을 수도 있을까요?

히 6:4 한 번 비췸을 얻고 하늘의 은사를 맛보고 성령에 참예한 바 되고
　　 5 하나님의 선한 말씀과 내세의 능력을 맛보고
　　 6 타락한 자들은 다시 새롭게 하여 회개케 할 수 없나니 이는 자기가 하나님의 아들을 다시 십자가에 못 박아 현저히 욕을 보임이라.

기존 교회에 다니다가 이단으로 넘어간 사람들은 다시 새롭게 하여 회개케 할 수 없다는 뜻일까요? 이 구절은 칼빈주의자들과 알미니안들 사이에서 수 세기 동안 가장 맹렬한 신학적 논쟁을 불러일으킨 구절입니다. 알미니안들은 이 구절을 근거로 진실된 그리스도인들도 죄를 짓고 은혜에서 떨어져 영원토록 구원을 잃을 수도 있다고 주장합니다. 참된 하나님의 자녀들도 그리스도께 등을 돌림으로써 얼마든지 멸망한다고 주장합니다. 과연 그럴까요?

히브리서 2장에서부터 계속해서 말씀하시는 문맥을 보면 하나님이 이스라엘 백성을 택하셔서 그들을 애굽에서 건져 내시고 하나님의 크신 능력으로 인도하셨음에도 불구하고, 즉 그들이 하나님의 능력을 보고 경험했음에도, 하나님을 믿지 아니함으로(히 3:19) 안식에 들어가지 못했다는 것을 말씀하고 있습니다. 구원받은 사람이 잘못해서 구원을 상실할 수 있다는 얘기가 아니라, 믿지 않았기 때문에 구원받지 못했다는 것을 설명하는

---

649) Arthur W. Pink, *An Exposition of Hebrews*, 서문강 역, 『히브리서 강해 Ⅰ』 (서울: 청교도 신앙사, 1994),157.

650) *Comm.* Hebrews 2:10, His object is, to make Christ's humiliation to appear glorious to the godly; … for his will is to exercise them with various trials, so that they may spend their whole life under the cross. It was hence necessary that Christ, as the first-begotten, should by the cross be inaugurated into his supremacy, since that is the common lot and condition of all.

말씀입니다. 따라서 히 6:4~6의 말씀은 구원을 받은 자가 구원을 상실할 수 있다는 사실을 말씀하고자 하는 내용이 아니라, 이스라엘 백성들처럼 하늘의 은사를 맛보고도 믿지 못하는 자들의 결국을 말씀하는 내용입니다.

영적인 은혜를 받은 자라도 하나님의 자녀로 택함 받지 못했을 때는 타락할 수 있지만, 하나님의 자녀는 진정한 중생의 은혜를 받은 후에 아주 타락하는 법이 없으며, 이는 성경이 분명하게 말씀합니다(눅 22:3, 요 6:39, 40, 10:28).651) 효과적인 하나님의 부르심과 성령으로 인도된 자들은 그의 아들들이며, 그리스도를 그들에게 주신 하나님은 모든 것보다 크시기 때문에 구원받은 자들을 돌보시며 지키시는 일에 실패가 있을 수 없습니다.652)

성경은 진정으로 구원받은 사람, 중생한 사람은 하나님의 자녀로서 결코 타락할 수 없다고 분명하게 가르칩니다(요 6:39~40, 10:28~29, 17:11~12, 롬 8:29~39, 빌 1:6, 살후 3:3, 벧전 1:4~5). 그렇다면 본문의 타락한 자들은 중생하지 않은 자들, 구원받지 못한 자들이라고 보아야 합니다. 신자들 가운데는 한 밭에 알곡과 가라지가 함께 있는 것같이 거짓 신자도 함께 있습니다. 그들 중에는 '한 번 비췸을 얻고 하늘의 은사를 맛보고 성령에 참예한바 되고 하나님의 선한 말씀과 내세의 능력을 맛본' 사람들도 있습니다. 그런데도 타락한다는 것은 배교한다는 뜻입니다. 배교는 신앙을 거절하는 것보다 더 악합니다. 모르고 거절하는 것보다 알고 체험한 것을 부인하기 때문입니다. 그러므로 다시 회개케 할 수 없습니다.

그러면 교회에 다니다가 이단으로 넘어간 사람들은 다시 새롭게 하여 회개케 할 수 없을까요? 이 경우는 두 가지로 나눌 수 있을 것입니다. 이단으로 넘어간 대부분의 사람들은 성경의 가르침에 대하여 무지한 경우인데 그런 경우는 성경 말씀을 바르고 정확하게 가르쳐서 다시 돌아올 수 있도록 해야 합니다. 그러나 그렇지 않은 경우라면 다시 돌아올 가망은 없습니다.

그런데 문제는 성경의 가르침을 확실하게 알고 성령에 참예했던 자가 배교할 수 있는가 하는 것입니다. 그래서 본문은 가정적인 경고이거나, 진정으로 거듭나지 못한, 택함 받지 못한 자들에 대한 것으로 보아야 합니다. 진정한 성도들이 배교에 대하여 경계하도록

---

651) 박윤선, 『성경주석 히브리서』 (서울: 영음사, 1989), 60~61.

652) *Comm.* Hebrews 6:4, Now there arises from this a new question, as to how it can be that one who has once arrived at this point can afterwards fall away. The Lord calls only the elect effectively, and Paul bears witness(Rom,8:14) that those who are led by Holy Spirit are truly His sons, and he teaches us that it is sure pledge of adoption if Crist has made a man a partaker of His Spirit. Moreover the elect are outwith the danger of mortal lapse, for the Father who gave them to Christ the son to be kept by Him is greater than all, Christ promises (Jhon 17:12) that He will care for them all, so that none perishes.

미리 위험을 제시하고 그들을 경고해야 합니다.[653] 본문이 말하고자 하는 진정한 의도는 구원을 잃어버릴 수 있다는 가능성을 언급하거나 타락한 자들에게 구원의 탈락을 언급하면서 겁을 주는 것이 아니라 성숙한 신앙에 대한 하나의 도전장을 던지는 것입니다.

멜기세덱의 반차를 좇는 별다른 한 제사장이 누구일까요?[654]

히 7:1~28

'하나님의 교회'는 창 14:17~20과 히 7:11~17을 인용하여 안상홍이 성경에서 말하는 멜기세덱의 예언된 자라고 주장하는데, 그 이유는 멜기세덱은 족보가 없다고 했는데 예수님은 족보가 성경에 나와 있으니 멜기세덱의 예언은 예수 그리스도를 말하는 것이 아니라 안상홍을 가리킨다는 것입니다. 그러면 안상홍도 족보가 있는데 어떻게 그런 주장이 성립될 수 있을까요? 그는 자신의 족보가 없다는 말은 부모가 불신자이기 때문이라고 주장합니다. 부모가 불신자라는 것을 족보가 없고 어미나 아비가 없다는 의미로 해석하는 것은 전혀 성경적인 근거가 없고 억지입니다.

예수님께서 멜기세덱의 예언된 자인 이유는 예수님께서 대제사장으로(히 7:13~15) 속죄 사역을 하셨기 때문입니다(히 2:17). 안상홍이 멜기세덱의 예언된 자라면 안상홍이 제사장이 되어야 하고 그가 속죄 사역을 해야 했지만, 그는 제사장이 된 적도 없고 더구나 속죄 사역을 이룬 적이 없습니다. 물론 그는 자신이 유월절을 지키라고 가르쳤으니 그것이 속죄 사역을 이룬 것이라고 주장하지만, 유월절은 멜기세덱의 사역과 관계없는 절기입니다. 멜기세덱이 떡과 포도주를 가지고 아브라함을 맞았는데 여기에서 떡과 포도주가 바로 유월절이라고 주장하지만, 그것은 성경적 근거가 없습니다. 멜기세덱 당시는 아직 유월절의 절기가 있지도 않았습니다.

히 7:11~17은 레위 계통의 제사 직분(율법)으로는 온전함을 얻을 수 없으므로 아론의 반차를 좇지 않고 멜기세덱의 반차(은혜)를 좇는 별다른 한 제사장을 세워야 했고, 이 제사장은 육체에 상관된 계명의 법을 좇지 아니하고 오직 무궁한 생명의 능력을 좇아 된

---

653) *Comm.* Hebrews 6:4, If any one asks why the Apostle makes mention here of such apostasy while he is addressing believers, who were far off from a perfidy so heinous; to this I answer, that the danger was pointed out by him in time, that they might be on their guard.

654) 아래 내용의 일부는 진용식, "안상홍이 멜기세덱의 예언된 자인가?", 월간 <교회와 신앙> www.amennews.com 1998년 8월호에서 발췌하였음.

것이기 때문에 영원히 멜기세덱의 반차를 좇는 제사장입니다. 이 제사장은 멜기세덱의 대제사장의 직을 자기 십자가의 속죄를 통하여 이루신 예수님이십니다(히 7:20~25).

예배당을 성전, 예배당 건축을 성전건축, 예배실을 대성전, 소성전, 솔로몬성전 등으로 불러도 괜찮을까요?

히 8:5 저희가 섬기는 것은 하늘에 있는 것의 모형과 그림자라. 모세가 장막을 지으려 할 때 지시하심을 얻음과 같으니 가라사대, 삼가 모든 것을 산에서 네게 보이던 본을 좇아 지으라 하셨느니라.

아닙니다. 그게 무슨 큰 문제일까 생각할 수도 있지만, 그것은 심각한 문제가 있습니다. 왜냐하면, 그것은 따지고 보면 예수 그리스도의 구속 사역을 무시하고 부정하는 의미가 있기 때문입니다. 물론 그런 의도를 가지고 그렇게 하는 사람은 거의 없을 것입니다. 그러나 그것은 마치 지금도 구약의 절기나 음식 규례를 지키고 동물 제사를 드려야 한다는 것과 별반 다르지 않습니다. 구약의 절기나 음식 규례를 지키고 동물 제사를 드려야 한다고 주장한다면, 그것은 예수님의 구속 사역을 부정하는 것이 되듯이 예배당을 성전이라고 부르는 것도 마찬가지입니다.

구약의 성막은 '하늘에 있는 것의 모형과 그림자'입니다. 히 9:9~10에 의하면 하늘에 있는 것의 모형인 성막은 개혁될 때까지 맡겨둔 현재까지의 비유입니다. 성막은 그리스도의 구속 사역으로 성취될 때까지 모형과 그림자로서 의미가 있습니다. 예배당은 예배와 교육과 교제를 위한 건물일 뿐 결코 성막 또는 성전이 될 수 없습니다.

예수님께서 두 번째 나타나신다는 말은 초림 때와 같이 아기로 태어나서 육신을 입고 재림하신다는 뜻일까요?

히 9:28 이와 같이 그리스도도 많은 사람의 죄를 담당하시려고 단번에 드리신 바 되셨고 구원에 이르게 하려고 죄와 상관없이 자기를 바라는 자들에게 두 번째 나타나시리라.

'하나님의 교회'를 비롯한 이단들은 그렇게 해석합니다. 그 이유는 영은 보이지 않는 것이기 때문에 '나타난다.'라는 말은 영이 아니라 육에 해당하기 때문이라고 주장합니다. 그들은 또 재림과 강림이라는 용어를 구분하여 사용하면서, 영광 가운데 오시는 모습은 강림이고, 초림 때처럼 아기로 태어나서 육신을 입고 오는 것을 재림이라고 주장합니다. 과연 그럴까요?

성경에 '나타난다.'라는 말이 육신을 입고 온다는 뜻으로 사용되었다고 말할 수 있는 근거는 없습니다. 막 9:4에 보면 엘리야가 모세와 함께 예수님의 제자들에게 나타났는데, 모세와 엘리야가 육신을 입고 아기로 태어났다고 해석할 수는 없습니다. 또 눅 1:11에는 주의 사자(천사)가 나타났는데 주의 사자가 육신을 입고 아기로 태어났다고 해석할 수 없습니다. '나타난다.'라는 말은 육신을 입고 아기로 태어나는 문제와 전혀 관계가 없는 말입니다.

또 재림과 강림의 용어를 구분하는 것도 성경적으로 아무런 근거도 찾을 수 없습니다. 골 3:4에 보면 우리 생명이신 그리스도께서 나타나실 그때 우리도 그와 함께 영광 중에 나타나리라고 말씀합니다. 이것은 분명히 그리스도의 재림에 대한 말씀인데, '하나님의 교회'의 주장대로 해석하려면 해석할 수가 없습니다. '나타나실 때'는 재림에 해당하고 '영광 중에'는 강림에 해당한다면, 골 3:4은 '영광 중에 나타나리라.'라고 했으니 재림과 강림을 구분할 수가 없습니다.

히 9:28은 그리스도께서 많은 사람의 죄를 담당하시려고 단번에 속죄 제물(히 9:26)이 되셨고, 이제 구원에 이르게 하려고 죄와 상관없이 예수님을 바라는 자들에게 두 번째 나타나실 것을 말씀하고 있는데, 그것은 물론 예수님께서 재림하신다는 뜻입니다.

히 10:14은 신자의 완전을 지지하는 근거가 될 수 있을까요?

히 10:14 저가 한 제물로 거룩하게 된 자들을 영원히 온전케 하셨느니라.

기독교 역사 가운데는 늘 그런 주장을 한 사람들이 있었습니다. 과연 그럴까요? 자신을 완전한 사람이라고 주장한다면, 요일 1:10에서 지적한 대로 그것은 하나님을 거짓말하는 자로 만드는 것입니다.

여기에서 온전케 하셨다는 말의 뜻은 하나님께 나아가는 데 전혀 하자가 없게 되었다는 의미입니다.[655] 여기에서 온전하다는 말은 도덕적인 잘못에서 자유하다는 뜻이 아니라 완전하게 용서받았다는 의미입니다. 죄를 지을 때마다 날마다 드려야 하는 구약의 제

---

[655] 박윤선, 『성경주석 히브리서』, 143.

사와는 달리 예수 그리스도께서는 십자가로 단번에 영원한 제사를 드리셨기 때문에 다시 제사를 드릴 필요가 없습니다. 그 말은 우리의 죄가 다 용서받았다는 뜻이고 따라서 속죄가 완성되었다는 말입니다. 그 속죄는 완전하기 때문에 구원받은 자들을 영원히 온전케 하신 것입니다.

히 11:1은 믿음이란 자기가 소원하는 것이 이루어질 것을 믿는다는 뜻일까요?

히 11:1 믿음은 바라는 것들의 실상이요 보지 못하는 것들의 증거니

그렇다면 우리는 자기가 원하는 바가 꼭 이루어질 것으로 생각하고 기도해야 할 것입니다. 과연 그럴까요? 우리는 우리의 소원을 말하는 대신에 하나님의 기뻐하시는 뜻을 구해야 합니다. 아벨, 에녹, 노아, 아브라함, 사라, 이삭, 야곱, 요셉, 모세 중에 누가 믿음으로 자기 소원을 성취했습니까? 히 11장에 등장하는 믿음의 선진들은 자기 소원을 성취한 인물들이 아닙니다.

본문은 믿음에 관하여 정의하거나 믿음의 본질 전체에 관하여 말하지 않고, 그 가운데 믿음이 언제나 인내와 결합하고 있다는 것을 말합니다.[656] 믿음은 '바라는 것들의 실상'이라고 했는데, '바라는 것'이란 지금 우리의 손안에 있는 것이 아니라 아직 숨겨져 있는 것, 적어도 그것의 획득이 연기되어 있는 것이기 때문에, 믿음이란 이미 나타난 일들에 의한 것이 아니라 앞으로 올 일들에 대한 기대에 따라 바라는 것(소망, 롬 8:24)을 인내를 가지고 기다려야 합니다.[657] 사도는 '믿음은 바라는 것들의 실상이요 보지 못하는 것들의 증거'라고 말하는데, '실상'은 사물을 보이게 하는 것이며 보통은 우리의 감각에 속하는 것에 적용되기 때문에 '보지 못하는 것들'과는 외관상 서로 모순되지만 믿음에 관해서는 완전히 일치하는 이유는 하나님의 영은 숨겨진 것들을 보여주기 때문입니다.[658]

---

656) *Comm.* Hebrews 11:1, It is hence also evident, that greatly mistaken are they who think that an exact definition of faith is given here; for the Apostle does not speak here of the whole of what faith is, but selects that part of it which was suitable to his purpose, even that it has patience ever connected with it.

657) *Comm.* Hebrews 11:1, He calls faith the hypostasis, the substance of things hoped for. We indeed know that what we hope for is not what we have as it were in hand, but what is as yet hid from us, or at least the enjoyment of which is delayed to another time. The Apostle now teaches us the same thing with what we find in Romans 8:24; where it is said that what is hoped for is not seen, and hence the inference is drawn, that it is to be waited for in patience. So the Apostle here reminds us, that faith regards not present things, but such as are waited for.

658) *Comm.* Hebrews 11:1, The same view is to be taken of the second clause, when he calls faith the evidence or demonstration of things not seen; for demonstration makes things to appear or to be seen; and it is commonly applied to what is subject to our senses. Then these two things, though apparently inconsistent, do yet perfectly harmonize when we speak of faith; for the Spirit of God shows to us hidden things, the knowledge of which cannot reach our senses:

히 11장에 등장하는 믿음의 선진들은 보이지 않는 하나님의 말씀을 보이는 것보다 더 확실하게 믿어서 그것이 삶으로 나타났습니다. 믿음이란 보이지 않는 것이 실체화된 것입니다. 하나님께서는 우리에게 믿음을 요구하시는데, 그 믿음은 자신의 소원을 충족시키는 수단이 아니라, 보이지 아니하는 것을 보이는 삶으로 입증해 내는 것입니다. 히 11:1의 의미는 바로 그것입니다.

'쓴 뿌리'란 말이 인간의 내면에 어떤 악의 뿌리 또는 죄의 근본과 같은 잠재의식이 자리를 잡고 있다는 뜻일까요?

히 12:15 너희는 돌아보아 하나님 은혜에 이르지 못하는 자가 있는가 두려워하고 또 쓴 뿌리가 나서 괴롭게 하고, 많은 사람이 이로 말미암아 더러움을 입을까 두려워하고
16 음행하는 자와 혹 한 그릇 식물을 위하여 장자의 명분을 판, 에서와 같이 망령된 자가 있을까 두려워하라.
17 너희의 아는 바와 같이 저가 그 후에 축복을 기업으로 받으려고 눈물을 흘리며 구하되 버린 바가 되어 회개할 기회를 얻지 못하였느니라.

특히 내적치유 단체에서 주로 사용하는 '쓴 뿌리'라는 개념은, 과거의 상처나 원한이 치유되지 않고 남아 있어서 현재에도 영향을 미친다는 용어로 사용하고 있습니다.[659] 두 날개와 G12 등은 종이에 과거의 상처나 약점, 질병을 모두 기록하여 그것을 불에 태움으로써 쓴 뿌리를 치유할 수 있다고 주장하고 있고, 어떤 단체는 '우리를 묶고 있는 쓴 뿌리가 모두 뽑히라.'라는 대적 기도와 선포 기도를 함으로써 귀신이 묶고 있는 우리의 영혼이 자유롭게 되어 치유를 받을 수 있다고 주장하기도 합니다.[660] 과연 그럴까요?

성경에서 '쓴 뿌리'라는 용어는 그러한 의미가 아닙니다. '쓴 뿌리'는 어느 개인의 과거 상처, 혹은 악의 뿌리나 죄의 근본을 뜻하는 의미가 아니라, 공동체에서 나타날 수 있는 우상숭배자 또는 배교자를 말합니다.[661] 히브리서 본문은 구약의 신명기를 인용한 것이며, 신 29:18~19도 이스라엘 공동체 안에 나타날 수 있는 배교자, 또는 우상 숭배자를 독초와 쑥의 뿌리로 비유한 것입니다.[662]

---

659) 이인규, 『평신도들이 혼동하기 쉬운 성경 50』, 71.
660) 이인규, 『평신도들이 혼동하기 쉬운 성경 50』, 72.
661) 이인규, 『평신도들이 혼동하기 쉬운 성경 50』, 72.
662) 이인규, 『평신도들이 혼동하기 쉬운 성경 50』, 73.

신 29:18 너희 중에 남자나 여자나 가족이나 지파나 오늘날 그 마음이 우리 하나님 여호와를 떠나서 그 모든 민족의 신들에게 가서 섬길까 염려하며 독초와 쑥의 뿌리가 너희 중에 생겨서 19 이 저주의 말을 듣고도 심중에 스스로 위로하여 이르기를 내가 내 마음을 강팍하게 하여 젖은 것과 마른 것을 멸할지라도 평안하리라 할까 염려함이라.

'쓴 뿌리'는 쓰고 독이 있는 열매를 내는 것으로서, 신명기에서는 우상숭배와 연관되고 있으며, 히 12:15~17은 신 29:18~19을 인용하여 완고한 기질로 인해서 생겨나는 불신앙과 배교가 수신자들의 공동체에 팽배해지지 않도록 조심할 것을 경고한 것입니다.663) '쓴 뿌리'는 인간 내면에 존재하는 과거의 상처, 악의 뿌리나 죄의 근원과 같은 것을 의미하지 않고, 공동체에 나타나는 배교자 혹은 우상숭배를 하는 사람들을 비유한 것입니다.664)

쓴 뿌리가 상속되므로 그것을 치유하여야 한다는 이상한 가계저주론이나 혈통유전설과 같은 잘못된 주장을 앞세워 '내적치유'를 하여야 한다고 주장하는 사람도 있으며, 심지어는 '쓴 뿌리'를 원죄로 해석하는 사람들도 있고, 인간의 육체에 남아 있는 사탄의 거처로 비유하여 육체와 영혼을 분리하는 주장을 하는 사람들도 있는데 이 모두는 잘못된 것입니다.665)

'쓴 뿌리'는 구약시대에 이스라엘 가운데 잠재하여 하나님의 백성을 비밀리 유인해서 우상과 다른 신을 따르게 한 악인을 가리킵니다(신 29:18).666) 모세는 율법을 공포한 후에 하나님의 백성들 가운데서 어떠한 독초와 쓴 뿌리도 생기지 않도록 하라고 말하면서, 그 후에 모세는 자기가 말하고자 한 것을 설명하여 '아무도 형벌을 받지 않기를 바라는 소망 때문에, 꾀임을 받아 그 자신의 영혼을 죄 속에 버려두거나 술 취한 자가 자신의 갈증을 자극하기에 익숙해 있듯이, 자신의 사악한 욕망을 자극하여 하나님의 심판을 가져오는 일이 없도록 하라.'라고 권면했습니다.667)

---

663) 이인규, 『평신도들이 혼동하기 쉬운 성경 50』, 73~74.
664) 이인규, 『평신도들이 혼동하기 쉬운 성경 50』, 74.
665) 이인규, 『평신도들이 혼동하기 쉬운 성경 50』, 75.
666) 박윤선, 『성경주석 히브리서』, 220~221.
667) *Comm.* Hebrews 12:15, I doubt not but that he refers to a passage written by Moses in Deuteronomy 29:18; for after having promulgated the Law, Moses exhorted the people to beware, lest any root germinating should bear gall and wormwood among them. He afterwards explained what he meant, that is, lest any one, felicitating himself in sin, and like the drunken who are wont to excite thirst, stimulating sinful desires, should bring on a contempt of God through the alluring of hope of impunity.

야고보서

행함으로 의롭다 하심을 얻을 수 있을까요?

약 2:21 우리 조상 아브라함이 그 아들 이삭을 제단에 드릴 때 행함으로 의롭다 하심을 받은 것이 아니냐?
　　 22 네가 보거니와 믿음이 그의 행함과 함께 일하고 행함으로 믿음이 온전케 되었느니라.

약 2:21은 그렇게 말씀하는 것 같습니다. 오직 믿음으로 의롭다 하심을 얻는다는 로마서의 말씀을 완전히 부인하는 것 같습니다. 그렇다면 오직 믿음으로 의롭다 하심을 얻는다는 로마서의 말씀과 어떻게 조화를 이룰 수 있을까요? 약 2:22은 그 답을 줍니다. 아브라함이 행함으로 의롭다 하심을 받았다는 의미를 설명합니다. 믿음이 그의 행함과 함께 일하고 행함으로 믿음이 온전케 되었다고 설명합니다. 그 말은 참된 믿음은 마땅히 행함이라는 열매가 동반된다는 뜻입니다. 믿음과 행위는 분리되지 않습니다. 행위와 분리된 믿음은 참된 믿음이 아닙니다.

약 2:21에 의하면 "아브라함이 행함으로 의롭다 함을 얻은 것이 아니냐?"라고 반문합니다. 여기에 대하여 궤변가들은 칭의의 일부가 행위에 의존한다고 해석하지만, 야고보는 선행이 칭의의 근원이나 방법이 된다는 것을 강조하는 것이 아니라, 단지 선행은 신앙과 불가분의 관계가 있다는 단 한 가지 요점을 강조하고 있습니다.[668] 야고보는 여기에서 구원의 확신에 대한 위치를 말하려고 하지 않고, 다만 신실하다고 고백하는 사람들은 자신의 믿음의 진실성을 행위로 입증하는 것이 마땅하다는 것을 말하려는 것입니다.[669]

그리스도인은 부자가 되면 안 될까요?

약 5:1 들으라, 부한 자들아! 너희에게 임할 고생으로 인하여 울고 통곡하라!

예수님은 이 세상에서 부로 인하여 받는 위로가 저주가 될 것이라고 경고하셨습니다

---

668) *Comm.* James 2:21, We have already said that James does not speak here of the cause of justification, or of the manner how men obtain righteousness, and this is plain to every one; but that his object was only to shew that good works are always connected with faith; and, therefore, since he declares that Abraham was justified by works, he is speaking of the proof he gave of his justification.

669) *Comm.* James 2:21, But James has quite another thing in view, even to shew that he who professes that he has faith, must prove the reality of his faith by his works.

(눅 6:24). 또 부자가 천국에 들어가는 것이 약대가 바늘귀로 들어가는 것보다 더 어려울 것이라고도 말씀하셨습니다(마 19:23~24). 이런 말씀들을 보면 그렇게 생각할 수도 있습니다. 그러나 약 5:1 이후의 구절들을 보면 이 부한 자들이 어떤 사람들인지를 알 수 있습니다.

> 약 5:2 너희 재물은 썩었고 너희 옷은 좀먹었으며
> 3 너희 금과 은은 녹이 슬었으니 이 녹이 너희에게 증거가 되며 불같이 너희 살을 먹으리라. 너희가 말세에 재물을 쌓았도다.
> 4 보라, 너희 밭에 추수한 품꾼에게 주지 아니한 삯이 소리 지르며 추수한 자의 우는 소리가 만군의 주의 귀에 들렸느니라.
> 5 너희가 땅에서 사치하고 연락하여 도살의 날에 너희 마음을 살지게 하였도다.
> 6 너희가 옳은 자를 정죄하였도다. 또 죽였도다. 그는 너희에게 대항하지 아니하였느니라.

이 부자는 품꾼에게 삯을 주지 않고 불의하게 재물을 모으며, 땅에 쌓아두고 사치하며, 연락하는 데 사용하는 사람입니다. 그러므로 하나님의 심판을 받는 것은 당연합니다. 그리스도인은 불의한 방법으로 재물을 모으거나 재물을 땅에 쌓아두거나 사치하고 연락하는 데 사용해서는 안 됩니다. 참된 신자라면 그렇게 할 수 없는 것은, 그것은 하나님의 말씀에 어긋나기 때문입니다. 야고보는 믿음의 사람들을 향하여 불의한 부자들의 비참한 멸망을 주의 깊게 보고 그들의 번영을 부러워하지 말라고 말씀합니다.[670]

믿음의 기도 또는 의인의 간구는 질병을 낫게 하는 원인이나 조건이 될 수 있을까요?

> 약 5:14 너희 중에 병든 자가 있느냐? 저는 교회의 장로들을 청할 것이요, 그들은 주의 이름으로 기름을 바르며 위하여 기도할지니라.
> 15 믿음의 기도는 병든 자를 구원하리니 주께서 저를 일으키시리라. 혹시 죄를 범하였을지라도 사하심을 얻으리라.
> 16 이러므로 너희 죄를 서로 고하며 병 낫기를 위하여 서로 기도하라. 의인의 간구는 역사하는 힘이 많으니라.

---

670) *Comm.* James 5:1, He, therefore, does not address them in order to invite them to repentance; but, on the contrary, he has a regard to the faithful, that they, hearing of the miserable and of the rich, might not envy their fortune, and also that knowing that God would be the avenger of the wrongs they suffered, they might with a calm and resigned mind bear them.

본문은 병든 자를 낫게 하는 기도의 조건을 말할까요? 교회의 장로가 주의 이름으로 기름을 바르며 위하여 기도하면 나을까요? 믿음의 기도는 죄를 범하였을지라도 사하심을 얻게 할까요? 질병은 죄로 말미암고 질병의 치료는 죄 사함을 의미할까요? 죄를 서로 고하며 병 낫기를 위하여 서로 기도하면 나을까요? 그것이 병을 낫게 하는 조건들이 될까요?

본문은 교회의 장로들이 주의 이름으로 기름을 바르며 위하여 믿음으로 기도하되 죄를 서로 고하며 병 낫기를 위하여 서로 기도하는 것이 병을 낫게 하는 기도의 조건처럼 보입니다. 성도가 자신의 질병 치료를 위하여 신자들의 대표인 장로(목사)에게 기도를 부탁하는 것은 당연합니다. 기름은 당시에 약으로 널리 사용되었기 때문에, 기도만 할 수도 있지만 약을 사용하는 것도 잘못된 것은 아닙니다.

질병은 근본적으로는 인간의 죄로 인한 타락으로 말미암았지만, 인간의 모든 질병의 원인이 모두 죄로 말미암은 것도 아닙니다. 만일 그 질병이 죄로 말미암은 것이라면 죄를 고백하는 것이 필요하고, 그런 경우에 하나님께서 고쳐주신다면 그 질병의 원인이 되었던 죄를 사해주시는 것은 당연합니다. 또 기도할 때 믿음으로 하는 것은 물론 필요합니다. 의인의 간구는 역사하는 힘이 많은 것도 사실입니다.

그러나 분명한 것은 질병의 치유는 인간이 어떤 조건을 갖추어서 이루어내는 것이 절대로 아닙니다. 그런 조건들을 다 갖추어서 기도했다고 하더라도 언제나 질병이 치유되는 것도 아닙니다. 그것이 믿음으로 기도하지 않아서라든지 병자의 죄 때문이라고 말할 수는 없습니다. 오직 그것은 하나님의 뜻이고 신비입니다. 어떤 인간적인 조건들을 제시하고 그 조건들을 서로 연결하는 것은 조심해야 할 일입니다. 하나님의 일하심과 은혜는 그것을 뛰어넘기 때문입니다.

병든 자가 있을 경우 치유의 은혜를 멸시하거나 소홀히 하지 않고 그 은혜를 누리도록 해야 하지만, 모두가 치유되는 것이 아니라 주님께서 필요하다고 여기시는 때에 한해서 이 은혜가 허락되었다는 것과 기름을 바르는 것도 무분별하게 하는 것이 아니라 나을 가망이 확실히 있는 경우에 한정되어야 한다는 것을 알아야 합니다.[671]

---

671) *Comm.* James 5:14, It is, indeed, certain that they were not all healed; but the Lord granted this favor as often and as far as he knew it would be expedient; nor is it probable that the oil was indiscriminately applied, but only when there was some hope of restoration. For, together with the power there was given also discretion to the ministers, lest they should by abuse profane the symbol. The design of James was no other than to commend the grace of God which the faithful might then enjoy, lest the benefit of it should be lost through contempt or neglect.

베드로 전후서

구원이 신앙생활의 목표일까요?

벧전 1:9 믿음의 결국 곧 영혼의 구원을 받음이라.

우리가 예배하고 헌금하고 성경 말씀대로 살려고 힘쓰는 모든 것들이 구원을 받기 위한 행위일까요? 롬 5:9~10, 10:9, 13:11, 고전 3:15, 15:2, 7:10 등도 벧전 1:9과 마찬가지로 구원을 장래의 사건으로 말씀합니다.

한편 롬 8:24은 '우리가 구원을 얻었으매'라고 말씀하고, 엡 2:5과 8에서도 각각 '은혜로 구원을 얻은 것이라.', '너희가 그 은혜로 인하여 구원을 얻었나니'라고 말씀합니다.

죽은 시체와 같이 영적으로 어떤 반응도 할 수 없었던 우리가 은혜로 구원받음으로써 영적으로 살아나게 되었고, 그 결과로 우리는 하나님의 말씀에 반응을 보이며 신앙생활을 합니다. 그렇다면 이러한 사실이 본문과 모순될까요? 성경이 서로 모순된 사실을 기록했다고 생각할 수는 없습니다.

그렇다면 이미 받은 구원과 장래에 받을 구원은 어떻게 다른 것일까요? '믿음의 결국 곧 영혼의 구원'은 '보상'이라는 말과 동일합니다.672) 믿음의 결과로 주어지는 보상은 예수 그리스도께서 재림하실 때 받을 것인데 그것은 썩지 않고 더럽지 않고 쇠하지 아니하는 기업이며, 없어질 금보다 귀한 칭찬과 영광과 존귀입니다(벧전 1:4, 7). 하나님은 우리를 거듭나게 하사 이런 산 소망이 있게 하셨습니다(벧전 1:3). 그래서 벧전 1:13에서 '그러므로 너희 마음의 허리를 동이고 근신하여 예수 그리스도가 나타나실 때 너희에게 가져올 은혜를 온전히 바랄지어다.'라고 말씀합니다. 본문은 앞뒤 문맥으로 보나 성경의 전체적인 흐름으로 보나 결코 구원이 신앙생활의 목표라는 의미로 해석할 수 없습니다.

예수님은 육신의 몸으로는 부활하지 않으시고 영으로만 부활하셨을까요?

벧전 3:18 그리스도께서도 한번 죄를 위하여 죽으사 의인으로서 불의한 자를 대신하셨으니 이는 우리를 하나님 앞으로 인도하려 하심이라. 육체로는 죽임을 당하시고 영으로는 살리심을 받으셨으니

---

672) *Comm.* 1 Peter 1:9, We may also take the end for reward; but the meaning would be the same.

예수님은 제자들에게 친히 자신의 부활하신 몸을 보여주시면서 '내 손과 발을 보고 나인 줄 알라. 또 나를 만져보라. 영은 살과 뼈가 없되, 너희 보는 바와 같이 나는 있느니라.'라고 말씀하셨습니다(눅 24:39). 그래도 믿지 못하는 제자들이 있었기 때문에 생선을 잡수시므로 자신이 몸으로 부활하신 것을 확인시켜 주셨습니다(눅 24:40~43).

그렇다면 '영으로는 살리심을 받으셨다.'라는 말은 무슨 뜻일까요? 육체는 겉 사람을 의미하고, 영은 하나님의 능력을 의미합니다.673) NIV, NLT, KJV, CSB, ISV 등은 '육체로는'을 'in the body' 또는 'in the flesh', '영으로'는 'in the Spirit'으로 번역했습니다. 예수님은 인간으로는 죽임을 당하시고, 그 안에 계시는 성령님의 능력으로 말미암아 부활하셨습니다.674) 그리스도께서는 비록 육체의 연약함으로 고난을 받으시기는 했지만, 성령의 능력으로 다시 일어나셨습니다.675) 그러므로 본문은 예수님께서 육신의 몸으로는 부활하지 않으시고 영으로만 부활하셨다는 근거 구절이 될 수 없습니다.

예수님께서 지옥에 가셔서 노아 시대에 순종치 않음으로 지옥에 떨어진 영들에게 전도하셨을까요?

벧전 3:19 저가 또한 영으로 옥에 있는 영들에게 전파하시니라.
20 그들은 전에 노아의 날 방주 예비할 동안 하나님이 오래 참고 기다리실 때 순종치 아니하던 자들이라. 방주에서 물로 말미암아 구원을 얻은 자가 몇 명뿐이니 겨우 여덟 명이라.

천주교 신학자들과 루터교 신학자들 가운데 그런 주장을 하는 사람들이 있습니다. 그러나 전도한다는 말은 'εὐαγγελίζω'인데, 여기에서 사용한 전파한다는 말은 선포한다는 뜻의 'κηρύσσω'를 사용했기 때문에, 예수님께서 영으로 지옥에 떨어진 영들에게 전도하셨다는 뜻으로 해석할 수 없습니다. 그러므로 예수님께서 지옥에 있는 영들에게 구원을 받도록 전도를 하신 것이 아니라, 예수님께서 십자가에서 대속의 사역을 완수하심으로써 승리하신 것을 그들에게 선포하신 것으로 보아야 합니다.

그러면 본문이 의도하고 있는 것은 무엇일까요? 노아가 불신자들로 둘러싸여 있었고 그를 따르는 자들이 거의 없었음에도 믿음의 정도를 벗어나지 않은 것처럼, 우리도 많은

---

673) *Comm.* 1 Peter 3:18, Flesh here means the outward man; and Spirit means the divine power, by which Christ emerged from death a conqueror.
674) 박윤선, 『성경주석 공동서신』 2판 (서울: 영음사, 1989), 159.
675) *Comm.* 1 Peter 3:18, for though he suffered through the weakness of the flesh, he yet rose again through the power of the Spirit.

불신자로 언제나 둘러싸여 있다고 하더라도, 두려워하지 말고 믿음의 정도를 벗어나지 말아야 한다는 것을 가르쳐주기 위함입니다.[676)

이미 죽은 자도 복음을 듣고 구원받을 가능성이 있을까요?

벧전 4:5 저희가 산 자와 죽은 자 심판하기를 예비하신 자에게 직고하리라.
6 이를 위하여 죽은 자들에게도 복음이 전파되었으니 이는 육체로는 사람처럼 심판을 받으나 영으로는 하나님처럼 살게 하려 함이니라.

이 말씀은 그리스도께서 죽은 자들에게도 구속주로 나타나셨으며, 구원이 복음으로 말미암아 그들에게도 계시되었다는 뜻입니다.[677) '말일(末日)에 심판이 있을 것을 위하여 죽은 사람들에게도 그들이 살았을 때 이미 복음이 전파되었다.'라는 뜻이기 때문에, 이미 죽은 자에게도 복음을 듣고 구원받을 가능성이 있다고 해석할 수는 없습니다.[678) 죽음 후에는 구원의 기회가 다시 주어지지 않고 다만 심판이 있을 뿐입니다(히 9:27). 죽은 후에, 이미 정해진 천국과 지옥을 다시 되돌릴 수 없습니다(눅 16:19~31).

'신의 성품에 참예하는 자가 된다.'라는 말씀이 인간이 신이 될 수 있다는 뜻일까요?

벧후 1:4 이로써 그 보배롭고 지극히 큰 약속을 우리에게 주사 이 약속으로 말미암아 너희로 정욕으로 인하여 세상에서 썩어질 것을 피하여 신의 성품에 참예하는 자가 되게 하려 하셨으니

힌두교나 모르몬교, 헬라 철학뿐만 아니라 이단 중에는 이 구절을 근거로 그런 주장을 하기도 하는데 이 구절이 과연 그런 뜻일까요? 이 말씀은 신자가 거듭남과 성화를 통하여 하나님의 형상대로 회복됨을 뜻합니다.[679) 인간이 신이 된다는 뜻이 아니라, 하나님을 닮아가는 것, 성화, 또는 거룩함과 의로운 하나님의 형상이 우리 안에 회복되는 것을

---

676) *Comm.* 1 Peter 3:19, The sum of what is said is this, that the world has always been full of unbelievers, but that the godly ought not to be terrified by their vast number; for though Noah was surrounded on every side by the ungodly, and had very few as his friends, he was not yet drawn aside from the right course of his faith.

677) *Comm.* 1 Peter 4:6, but the meaning is almost the same, that is, that Christ had been made known as a redeemer to the dead, or that salvation had been made known to them by the gospel.

678) 박윤선, 『성경주석 공동서신』 2판, 166.

679) 박윤선, 『성경주석 공동서신』 2판, 195.

뜻합니다.[680]

우리의 신앙고백이 선한 양심과 정직한 삶으로 그 열매를 맺게 함으로써 우리가 참으로 하나님의 선택받은 자이며 헛되이 부르심을 받지 않았다는 것을 입증할 수 있을까요?

벧후 1:10 그러므로 형제들아! 더욱 힘써 너희 부르심과 택하심을 굳게 하라. 너희가 이것을 행한즉 언제든지 실족지 아니하리라.

우리의 구원의 기초가 우리 자신에게 있지 않고, 그 동기와 원인이 모두 확실하게 하나님께 있습니다.[681] 그리스도인이 인간 자기 자신을 바라볼 때는 불안하고 참으로 절망할 수밖에 없습니다.[682] 구원의 유일한 이유는 하나님께서 자비로운 사랑으로 사랑하셨기 때문입니다.[683] 다만 선행으로써 자기의 부르심을 확증한 자들은 그들을 뒷받침해 주시는 하나님의 은혜가 확고한 터가 되므로 실족할 수 없습니다.[684]

천주교의 주장처럼 성경은 한 개인이 아니라 교회가 해석해야 할까요?

벧후 1:20 먼저 알 것은 경의 모든 예언은 사사로이 풀 것이 아니니
21 예언은 언제든지 사람의 뜻으로 낸 것이 아니요, 오직 성령의 감동하심을 입은 사람들이 하나님께 받아 말한 것임이니라.

물론 개개인이 성경을 해석할 경우 각각 다르게 해석할 위험성이 있는 것은 사실입니다. 그러나 본문이 그런 뜻일까요? 또 일부 개신교 학자들은 어떤 예언도 다른 구절들과 동떨어져 해석될 수 없다는 주장을 뒷받침하기 위해 이 구절을 사용합니다. 물론 어떤

---

680) *Comm.* 2 Peter 1:4, But we, disregarding empty speculations, ought to be satisfied with this one thing,- that the image of God in holiness and righteousness is restored to us for this end, that we may at length be partakers of eternal life and glory as far as it will be necessary for our complete felicity.

681) *Comm.* 2 Peter 1:10, Thus the certainty of our salvation by no means depends on us, as doubtless the cause of it is beyond our limits.

682) *Comm.* 1 Corinthians 1:9, In fine, when the Christian looks to himself he finds only occasion for trembling, or rather for despair; but having been called into the fellowship of Christ, he ought, in so far as assurance of salvation is concerned, to think of himself no otherwise than as a member of Christ, so as to reckon all Christ's benefits his own.

683) *Comm.* 2 Thessalonians 2:13, He calls them beloved of the Lord, for this reason, that they may the better consider that the sole reason why they are exempted from the almost universal overthrow of the world, was because God exercised towards them unmerited love.

684) *Comm.* 2 Peter 1:10, But the explanation is obvious; for his purpose was only to shew that hypocrites have in them nothing real or solid, and that, on the contrary, they who prove their calling sure by good works, are free from the danger of falling, because sure and sufficient is the grace of God by which they are supported.

예언도 다른 구절들과 동떨어져 해석되어서는 안 됩니다. 과연 본문이 그런 뜻일까요?

벧후 1:21의 '예언은 언제든지 사람의 뜻으로 낸 것이 아니요, 오직 성령의 감동하심을 입은 사람들이 하나님께 받아 말한 것임이니라.'라는 말씀을 보면, 벧후 1:20은 예언의 해석에 관한 것이 아니라 예언의 신적 기원을 말하고 있음을 알 수 있습니다.685) 벧후 1:21은 γὰρ로 연결되어 있습니다. 영역본들은 γὰρ를 살려서 For(for)로 연결하고 있는 것을 볼 수 있습니다(NIV, KJV, NASB 등). 벧후 1:20의 '사사로이'는 벧후 1:21의 '사람의 뜻으로'와 병행을 이루고, 벧후 1:21은 예언의 기원을 성령이라고 말씀하며, 벧후 1:20의 개인적이고 사적이며, 자기중심적인 영감과 상태는 벧후 1:21 하나님의 감동하심을 입은 사람들과 서로 대조를 이루기 때문에, 성경의 예언은 사사롭고 개인적인 영감에 따라 난 것이 아니라, 성령의 감동에 따라 되었다는 것을 알 수 있습니다.686)

베드로는 '사사로운 해석'에 관하여 말할 때 개개인이 혼자서 성경을 해석하는 것을 금하는 것이 아니라, 자기 자신의 사사로운 것을 성경에 끌어들이는 것을 불경스러운 것이라고 말한 것입니다.687) 오늘날 많은 목회자와 성도들이 자신들의 필요나 자신들이 원하는 주장을 위하여 성경을 끌어들이는 경우가 허다합니다. 성경은 바로 그것을 가리켜 성경을 사사로이 푼다고 지적합니다. 그것은 사악한 것입니다.

요한 서신

예수 그리스도의 피가 우리를 깨끗하게 한다는 말씀이 무슨 뜻일까요?

요일 1:7 저가 빛 가운데 계신 것같이 우리도 빛 가운데 행하면 우리가 서로 사귐이 있고
그 아들 예수의 피가 우리를 모든 죄에서 깨끗하게 하실 것이요

이 구절을 피가 불순 세포를 걸러내는 정화작용을 한다는, 과학적 발견을 동원하여 설명할 수 있을까요?688) 예수 그리스도의 피가 우리를 깨끗하게 한다는 말씀은 피가 불순

---

685) Bernard Ramm, *Protestant Biblical Interpretation*, 정득실 역 『성경 해석학』 (서울: 생명의말씀사, 1999), 355.
686) Bernard Ramm, 355.
687) *Comm.* 2 Peter 1:20, for Peter calls interpretation private, not that of every individual, in order to prohibit each one to interpret; but he shews that whatever men bring of their own is profane. Were, then, the whole world unanimous, and were the minds of all men united together, still what would proceed from them, would be private or their own; for the word is here set in opposition to divine revelation; so that the faithful, inwardly illuminated by the Holy Spirit, acknowledge nothing but what God says in his word.

세포를 걸러내는 정화작용을 한다는 것에는 아무 관심이 없고, 다만 예수 그리스도의 십자가 대속의 피가 우리를 죄로부터 깨끗하게 한다는 뜻입니다.

예수 그리스도의 대속의 피는 우리를 모든 죄에서 용서받게 합니다. 그러나 천주교는 마치 그리스도의 보혈이 부족한 것처럼, 사죄가 부분적으로는 그리스도의 피와 순교자의 공로로 이루어지고, 또 일부는 죄인들이 선행을 쌓음으로 자신의 속죄를 이루는 인간의 공로로 이루어진다고 주장합니다.689) 이러한 주장은 그리스도의 피가 우리를 전적으로 정결케 하는 것이 아니라, 일부 도움을 줄 뿐이라는 뜻이 되므로 '예수의 피가 우리를 모든 죄에서 깨끗하게 하실 것이요.'라는 말씀과 모순됩니다.690)

죄는 공개 자백해야 할까요?

요일 1:8 만일 우리가 죄 없다 하면 스스로 속이고 또 진리가 우리 속에 있지 아니할 것이요
9 만일 우리가 우리 죄를 자백하면 저는 미쁘시고 의로우사 우리 죄를 사하시며 모든 불의에서 우리를 깨끗게 하실 것이요.

본문은 죄에 대한 잘못된 견해를 가지고 자기들은 '죄가 없다. 죄를 짓지 않았다, 죄와 상관없이 완전하다.'라고 주장하는 것에(요일 1:8) 대한 대답입니다. 요일 1:5~9은 사람들이 자기의 죄를 시인(ὁμολογέω)하면 하나님께서는 죄를 용서해 주시고 그분과 사귐 속에 들어오게 하신다는 말씀입니다. 죄를 자백한다는 말은 하나님 앞에서 우리가 본성상으로 죄인이라는 사실뿐만 아니라, 우리의 행동으로도 우리가 죄인이라는 것을 인정하는 것을 의미합니다. 우리는 하나님 앞에서 누구나 죄인이며, 여전히 죄를 짓는 존재라는 그것을 시인해야 합니다. '이 자백은 하나님께 행해지는 것이기 때문에 자백하는 사람의 마음의 신실함을 요구합니다.'691)

여기에서 자백은 사람과 관련된 것이 아니라, 하나님과 관련되었음을 알 수 있는 것은

---

688) D. A. Carson, 40.

689) *Comm.* 1 John 1:7, for as though the blood of Christ were not sufficient, they add, as a subsidy to it, the blood and merits of martyrs. At the same time, this blasphemy advances much further among us; for as they say that their keys, by which they hold as shut up the remission of sins, open a treasure made up partly of the blood and merits of martyrs, and partly of the worlds of supererogation,

690) *Comm.* 1 John 1:7, by which any sinner may redeem himself, no remission of sins remains for them but what is derogatory to the blood of Christ; for if their doctrine stands, the blood of Christ does not cleanse us, but comes in, as it were, as a partial aid. Thus consciences are held in suspense, which the Apostle here bids to rely on the blood of Christ.

691) *Comm.* 1 John 1:9, But this confession, as it is made to God, must be in sincerity; and the heart cannot speak to God without newness of life.

'저는 미쁘시고 의로우사 우리 죄를 사하시며 모든 불의에서 우리를 깨끗게 하실 것이요.'라는 말씀에서도 확인할 수 있습니다.

신자에게는 인간 스승의 가르침이 필요 없을까요?

요일 2:27 너희는 주께 받은바 기름 부음이 너희 안에 거하나니 아무도 너희를 가르칠 필요가 없고 오직 그의 기름 부음이 모든 것을 너희에게 가르치며 또 참되고 거짓이 없으니 너희를 가르치신 그대로 주 안에 거하라.

본문의 '아무도 너희를 가르칠 필요가 없다.'라는 말씀은 신자에게는 인간 스승의 가르침이 필요 없다는 뜻일까요? 신자들은 거룩하신 자에게서 기름 부음을 받고 모든 것을 알기 때문에(요일 2:20) 사람들의 가르침이 필요 없을까요? 기름 부음을 받았다는 말은 성령을 받았다는 말입니다. 성령을 받을 때 예수님을 구주와 주님으로 고백하게 되고 그 성령께서 내주하셔서(롬 8:9, 요일 4:13) 모든 것을 기억나게 하시므로(요 14:26) 사람들의 가르침이 필요 없을까요?

하나님의 말씀인 성경이 우리 안에 있고 성령께서 진리 가운데로 인도하신다면 새로운 교훈이나 스승이 따로 필요한 것은 아닙니다. 그러나 인간 스승이 필요 없다는 뜻은 아닙니다. 광신적인 사람들은 이 본문을 근거로 성직자들의 필요성을 제거하려고 하지만 그것은 잘못된 것입니다. 사도 요한의 의도는 믿는 사람들이 성령의 가르침을 받아 사도 요한이 그들에게 제시한 것을 이미 알고 있으므로, 그들이 아무것도 배우지 못한 것처럼 새삼스럽게 또 배울 필요가 없다는 것을 말하려는 것입니다. 성령께서는 우리가 거짓된 자들에게 속지 않고, 또 의심으로 인하여 망설이거나 혼란에 빠져 당황하지 않도록 하려고 우리를 그의 판단력과 분별력으로 잘 다스려 주신다는 말씀입니다.[692]

본문은 적그리스도 혹은 미혹하는 거짓 교사들을 경계하는 문맥에서 나온 말씀입니다. 거짓 교사가 아니라도 인간 스승은 완전하지 않기 때문에 항상 실수할 가능성이 있습니다. 그러므로 성경 말씀과 성령의 인도하심으로 인간 스승의 가르침조차도 분별해야 합니다. 그러나 우리는 모두 부족하고 무지한 부분들이 많습니다. 따라서 성경을 하

---

692) *Comm.* 1 John 2:27, Absurdly, then, do fanatical men lay hold on this passage, in order to exclude from the Church the use of the outward ministry. He says that the faithful, taught by the Spirit, already understood what he delivered to them, so that they had no need to learn things unknown to them. ⋯ When he adds, and is no lie, he points out another office of the Spirit, even that he endues us with judgment and discernment, lest we should be deceived by lies, lest we should hesitate and be perplexed, lest we should vacillate as in doubtful things.

나님의 말씀으로 믿고 성령의 인도하심에 충실하게 따를 뿐만 아니라, 전문적으로 성경과 신학을 오랜 세월 동안 체계적으로 연구한 유능한 지도자나 교사들이 있다면 그들에게 배우는 것은 필요하고 중요합니다.

요일 3:9은 성도는 죄를 범할 수 없다는 뜻일까요?

요일 3:9 하나님에게서 난 자마다 죄를 짓지 아니하나니 이는 하나님의 씨가 그의 속에 거함이요 저도 죄를 범하지 못하는 것은 하나님에게서 났음이라.
(NIV: No one who is born of God will continue to sin, because God's seed remains in him; he cannot go on sinning, because he has been born of God.)

만일 요한이 그런 주장을 했다면 같은 성경인 요일 1:8에서 '만일 우리가 죄 없다 하면 스스로 속이고 또 진리가 우리 속에 있지 아니할 것이요.'라고 말할 수 없습니다. 또 요일 1:10에서 '만일 우리가 죄를 범하지 아니하였다 하면 하나님을 거짓말하는 자로 만드는 것이니 또한 그의 말씀이 우리 속에 있지 아니하니라.'라고도 말할 수 없습니다. 같은 성경에서 상반된 주장을 할 이유가 전혀 없기 때문입니다.

요일 3:9에서 죄를 짓는다는 동사는 현재형 부정사로 계속적이거나 반복적인 행동을 함축합니다. NIV는 이러한 의미를 잘 살려서 'No one who is born of God will continue to sin,'라고 번역했습니다. 현대인의 성경도 '하나님의 자녀들은 계속해서 죄를 짓지 않습니다.'라고 번역했습니다. 중생한 성도는 전혀 죄를 짓지 않을 수는 없지만, 그러나 같은 죄를 계속해서 상습적으로 범할 수는 없습니다.

어떤 광신적인 사람들은 믿는 사람들은 죄를 범할 수 없다는 미명 아래, 믿는 사람들에게는 모든 것이 다 합법적이기 때문에 원하는 대로 무분별하게 행동해도 된다고 주장합니다. 그러나 사도 요한의 뜻은, 하나님께서 선지자들을 따라 믿는 사람들의 마음속에 하나님의 법을 새겨주셨기 때문에, 죄를 범할 수 없다고 말한 것입니다(렘 31:33).[693]

---

693) *Comm.* 1 John 3:9, There are also those who are doubly frantic, who hold, under this pretense, that, everything is lawful to the faithful, that is, because John says that they cannot sin. They then maintain that we may follow indiscriminately whatever our inclinations may lead us to. Thus they take the liberty to commit adultery, to steal, and to murder, because there can be no sin where God's Spirit reigns. But far otherwise is the meaning of the Apostle; for he denies that the faithful sin for this reason, because God has engraven his law on their hearts, according to what the Prophet says (Jeremiah 31:33.)

형제를 사랑하는 그 행위가 구원의 원인이 될 수 있을까요?

요일 3:14 우리가 형제를 사랑함으로 사망에서 옮겨 생명으로 들어간 줄을 알거니와 사랑치 아니하는 자는 사망에 거하느니라.

본문은 형제를 사랑하는 그 사랑 자체의 행위가 구원의 원인이라는 말씀일까요? 사랑이 성령의 특별한 열매인 것처럼, 사랑은 또한 중생의 확실한 상징임이 틀림없지만, 그것은 단지 구원의 상징이지 구원의 원인은 아닙니다. 사랑이 우리의 구원을 더욱 확증하여 줌으로, 구원의 확신이 행위에 있다는 그럴듯한 논증이 성립될 수 있다고 생각할 수도 있습니다. 그러나 믿음은 하나님의 은혜의 모든 조력을 받음으로 확고하게 될지라도 믿음은 오직 하나님의 자비에 언제나 기초합니다.[694] 비록 모든 사람이 자신의 행위로부터 자신의 신앙에 대한 증거를 갖지만, 신앙이 행위들에 근거 되는 것은 아니며, 행위들은 표징으로서 첨가된 후속적 증거들에 불과합니다.[695] 만일 구원의 확신을 얻기 위하여 자신의 행위에 의존하고 행위를 신뢰한다면 이는 표징과 근거를 혼동하는 것입니다.

요일 3:18은 사랑에서 구원의 확신을 찾아야 한다는 뜻일까요?

요일 3:18 자녀들아, 우리가 말과 혀로만 사랑하지 말고 오직 행함과 진실함으로 하자. 19 이로써 우리가 진리에 속한 줄을 알고 또 우리 마음을 주 앞에서 굳세게 하리로다.

우리가 이웃을 사랑하면 우리가 진리이신 하나님께 속한 것과 또 진리가 우리 속에 거하는 것을 알 수 있지만, 그러나 그것이 우리가 사랑에서 구원의 확신을 찾아야 한다는 뜻은 아닙니다.[696] 사랑의 행위는 구원을 확신하는 근거가 아니라 믿음을 강화해 주는 표징이며 수단에 불과하기 때문입니다.[697]

여기서 니젤은 칼빈이 실천적 삼단논법에 반대한 경고로 해석했습니다.[698] 우리의 구

---

694) *Comm.* 1 John 3:14, But when the Apostle says, that it is known by love that we have passed into life, he does not mean that man is his own deliverer, as though he could by loving the brethren rescue himself from death, and procure life for himself; for he does not here treat of the cause of salvation, but as love is the special fruit of the Spirit, it is also a sure symbol of regeneration. Then the Apostle draws an argument from the sign, and not from the cause.

695) 이양호, 『칼빈 : 생애와 사상』 (서울: 한국신학연구소, 1997), 153.

696) *Comm.* 1 John 3:19, If we, in truth, love our neighbors, we have an evidence that we are born of God, who is truth, or that the truth of God dwells in us. But we must ever remember, that we have not from love the knowledge which the Apostle mentions, as though we were to seek from it the certainty of salvation. And doubtless we know not otherwise that we are the children of God, than as he seals his free adoption on our hearts by his own Spirit., and as we receive by faith the sure pledge of it offered in Christ.

697) 김종희, "칼빈의 예정론에 나타난 실천적 삼단논법", 『한국기독교신학논총』 21집 (2001): 64.

원에 대한 보장을 찾는다고 그 경륜을 꼬치꼬치 캐는 것은 우리의 본분이 아니므로 우리는 선택에 대한 징조 내지는 표적을 보여주는 것으로 만족해야 합니다.[699] 믿음이란 선한 양심을 떠나서는 존재할 수 없지만, 그렇다고 구원의 확신이 선한 양심에서 오거나 그것에 의하여 좌우되는 것은 아닙니다. 그러므로 사랑은 종속적 의미가 있는 하나의 보조물이며 조력의 역할을 하고, 우리의 믿음을 지탱하게 하는 것이지, 그것 자체가 기본적 근거는 아닙니다.[700]

요일 4:8은 하나님을 아는 유일한 방법은 사랑의 관계라는 뜻일까요?

요일 4:8 사랑하지 아니하는 자는 하나님을 알지 못하나니 이는 하나님은 사랑이심이라.

Thomas H. Groome은 진정으로 하나님을 아는 유일한 방법은 사랑의 관계를 통해서라고 결론짓고 있습니다.[701] 과연 그럴까요? 이 구절은 하나님을 아는 유일한 방법에 대하여 말하고 있는 것이 아니므로 이런 결론은 그 구절의 결과로 나올 수 없습니다.[702]

요삼 1:2은 영혼이 잘 되면 건강하고 물질적으로 번영한다는 뜻일까요?

요삼 1:2 사랑하는 자여, 네 영혼이 잘 됨같이 네가 범사에 잘되고 강건하기를 내가 간구하노라.

이 말씀은 물질적 번영이 하나님의 뜻이라는 근거 구절이 될 수 있을까요(오순절 계통)? 그렇다면 막 10:17~22은 어떻게 해석해야 할까요? 예수님은 막 10:23에서 '재물이 있는 자는 하나님의 나라에 들어가기가 심히 어렵다.'(NASB: How hard it will be for those who are wealthy to enter the kingdom of God!)라고 말씀하셨습니다. 이어서 또 반복해서 '하나님의 나라에 들어가기가 어떻게 어려운지 약대가 바늘귀로 나가는 것이 부자가 하나님의 나라에 들어가기보다 쉽다.'((NASB: Children, how hard it is to enter the kingdom of God! It is easier for a camel to go through the eye of a needle than for a rich man to enter the kingdom of God.)라고 말씀하셨습니다. 눅 12:15에서

---

698) Wilhelm Niesel, *The Theology of Calvin.* 기독교학술연구원 역. 『칼빈의 신학사상』 (서울: 기독교문화사, 1997), 176~177.
699) *Comm.* 2 Thessalonians 2:13, But as it is not for us to penetrate into God's secret counsel, to seek there assurance of our salvation, he specifies signs or tokens of election, which should suffice us for the assurance of it.
700) *Comm.* 1 John 3:19, Then love is accessory or an inferior aid, a prop to our faith, not a foundation on which it rests.
701) D. A. Carson, 156~157.
702) D. A. Carson, 157.

예수님은 사람의 생명이 그 소유의 넉넉한 데 있지 않다고 말씀하셨습니다.

이 말씀은 외부적인 평탄함이나 번영과 같은 세속적인 일의 형통을 가리키지 않을 뿐만 아니라, 그 잘된다는 것이 재앙을 당하는 일일 수도 있습니다.[703] 이 말씀이 물질적 복 또는 현세적 형통을 의미한다고 생각하여 신자들의 부자 됨, 권세 잡음, 장수함 등을 강조하는 것은 기복 사상입니다.[704]

유다서

지극히 거룩한 믿음 위에 자기를 건축하는 것과 성령으로 기도하는 것과 하나님의 사랑 안에서 자기를 지키는 것과 영생에 이르도록 우리 주 예수 그리스도의 긍휼을 기다리라는 것은 어떤 관계일까요?

유 1:20 사랑하는 자들아, 너희는 너희의 지극히 거룩한 믿음 위에 자기를 건축하며 성령으로 기도하며
　　 21 하나님의 사랑 안에서 자기를 지키며 영생에 이르도록 우리 주 예수 그리스도의 긍휼을 기다리라.

우리말 성경은 '세우라(건축하라), 기도하라, 지키라, 기다리라'라는 네 개의 동사를 순서대로 나열하여 번역했습니다. 얼핏 보면 모든 동사가 명령법인 것 같기도 하고, 마지막에 있는 '기다리라'라는 동사만 명령법인 것 같기도 합니다. NASB는 유 1:21에 있는, '지키라(keep).'만 명령법으로 번역하였고 나머지 세 개의 동사는 모두 분사로 번역하였습니다. NASB가 원문을 정확하게 번역한 것입니다.

ὑμεῖς δέ, ἀγαπητοί, ἐποικοδομοῦντες ἑαυτοὺς τῇ ἁγιωτάτῃ ὑμῶν πίστει, ἐν Πνεύματι Ἁγίῳ προσευχόμενοι, ἑαυτοὺς ἐν ἀγάπῃ Θεοῦ τηρήσατε, προσδεχόμενοι τὸ ἔλεος τοῦ Κυρίου ἡμῶν Ἰησοῦ Χριστοῦ εἰς ζωὴν αἰώνιον.

But you, beloved, building yourselves up on your most holy faith, praying in the Holy Spirit, keep yourselves in the love of God, waiting anxiously for the mercy of our Lord Jesus

---

703) 박윤선, 『성경주석 공동서신』 2판, 319.
704) 박윤선, 『성경주석 공동서신』 2판, 320.

Christ to eternal life.

그렇다면 이런 차이점은 어떤 의미상의 차이를 가져올까요? 본문이 독자들에게 말하고자 하는 핵심적인 내용은 명령법으로 표현된 '지키라.'라는 동사에 담겨있습니다. 본문은 지금 독자들에게 하나님의 사랑 안에서 자신을 지키라고 권면하고 있습니다. 그렇다면 나머지 세 개의 분사는 어떤 역할을 하고 있을까요? 나머지 세 개의 분사는 하나님의 사랑 안에서 자신을 지키려는 방법들을 표현한 것이므로, 하나님의 사랑 안에서 자신을 지키려면 거룩한 믿음 위에 자신을 세우고, 성령으로 기도하며, 우리 주 예수 그리스도의 긍휼을 기다려야 한다는 뜻이 됩니다.

분사구문을 살필 때는 항상 주동사와 분사를 구분한 후에 주동사와 분사의 관계를 살펴야 합니다. 분사가 주동사를 수식할 때는 목적, 결과, 이유, 조건, 양보, 수단, 양식, 부대 상황 등 다양한 기능을 합니다. 먼저 주동사와 분사를 구분한 후에 문맥을 잘 살피면 문장 속에서 분사가 어떤 역할을 하는지 알 수 있습니다. 분사구문을 바르게 이해하지 못하면 본문의 핵심적인 논지에서 벗어나는 해석을 할 수 있습니다. 분사구문을 이해하지 못하면 단순하게 네 동사를 나열하여 네 개의 대지로 해석할 수 있습니다. 그러나 분사구문을 바르게 해석한다면 자신을 지키라는 핵심 명령과 자신을 지키기 위한 세 가지 방법으로 구분하여 해석할 것입니다.

요한계시록

예수님께서 구름을 타고 오신다는 말은 육신으로 태어나시거나 영으로 오신다는 뜻일까요?

계 1:7 볼지어다. 구름을 타고 오시리라. 각인의 눈이 그를 보겠고 그를 찌른 자들도 볼 터이요 땅에 있는 모든 족속이 그로 인하여 애곡하리니, 그러하리라. 아멘.

통일 교회나 '하나님의 교회'를 비롯한 많은 이단은 구름을 육신으로 해석하고, 신천지는 영으로 해석하여 그런 주장을 합니다. 그들은 히 12:1, 유 1:12 등을 그 근거 구절로 제시합니다. 그러나 히 12:1의 '이러므로 우리에게 구름같이 둘러싼 허다한 증인들이 있으니 모든 무거운 것과 얽매이기 쉬운 죄를 벗어버리고 인내로써 우리 앞에 당한 경주를 경주하며'에서 '구름'은 '허다한'을 은유한 표현이지 육신이나 영으로 해석할 수 없습니다. 또 유 1:12의 '저희는 기탄없이 너희와 함께 먹으니 너희 애찬의 암초요, 자기 몸만 기르는 목자요, 바람에 불려 가는 물 없는 구름이요, 죽고 또 죽어 뿌리까지 뽑힌 열매 없는 가을 나무요.'에서 '물 없는 구름'은 광풍에 밀려가는 구름으로 빗방울을 뿌릴 것 같으면서도 그냥 지나치고 마는 헛된 구름을 뜻하기 때문에,705) 여기에서 구름을 육신이나 영으로 해석할 근거를 찾는다는 것은 불가능한 일입니다.

성경에서 구름은 어떤 때는 하나님의 영광으로(출 16:10 겔 10:4), 어떤 때는 인간의 죄와 허물로(사 44:22), 어떤 때는 환란과 고난으로(사 5:30, 습 1:15) 비유되고 있지만, 구름=육체, 구름=인간, 구름=영, 이런 식으로 해석할 수는 없습니다. 더구나 계 1:7에서 '구름=인간', 또는 '구름=영'이라는 등식으로 해석하는 것은 불가능합니다.

만일 구름을 인간의 육신으로 해석한다면 눅 9:33~36의 '이 말할 즈음에 구름이 와서 저희를 덮는지라. 구름으로 들어갈 때 저희가 무서워하더니 구름 속에서 소리가 나서 가로되 이는 나의 아들 곧 택함을 받은 자니 너희는 저의 말을 들으라 하고 소리가 그치매 오직 예수만 보이시더라.'라는 말씀은, 어떤 육신이 와서 제자들을 덮었고, 제자들이 어떤 육신으로 들어갔으며, 그때 어떤 육신 속에서 소리가 났다는 말이 됩니다. 또 예수님께서 승천하실 때 '이 말씀을 마치시고 저희 보는 데서 올리워 가시니 구름이 저를 가려 보이지 않게 하더라.'(행 1:9)라고 했는데, 여기에서도 '구름이 가리웠다.'라는 말이 '어떤 육신이 가리웠다.'라는 뜻으로 해석해야 하는데 그것이 어떻게 가능한 해석이 될 수 있을까요? 또 살전 4:17의 '그 후에 우리 살아남은 자도 저희와 함께 구름 속으로 끌어올려 공중에서 주를 영접하게 하시리니 그리하여 우리가 항상 주와 함께 있으리라.'라는 말씀도 예수님의 재림 시에 '살아있는 자가 육체 속으로 끌어올리운다.'라는 뜻으로 해석해야 하는데 과연 그런 해석이 가능할까요?

'구름을 타고'에서 '타고'는 'μετά'의 번역으로 전치사 'with'의 뜻이므로 구름과 '더불어', 구름과 '함께'라는 뜻이며, 구름은 하나님의 영광스러운 임재의 상징이기(민 9:15~22) 때문에, 계 1:7의 뜻은(단 7:13, 슥 12:10) 예수님께서 재림하실 때 영광 가운데 큰 능력과 권능으로 오실 것이며 따라서 모든 족속, 모든 사람이 그 광경을 보게 될

---

705) *Comm.* Jude 1:12, these unprincipled men, though promising much, were yet barren within and empty, like clouds driven by stormy winds, which give hope of rain, but soon vanish into nothing.

것이란 말씀입니다. 다시 오시는 주님은 종의 형체로 다시 오시는 것이 아니라, 큰 권세와 자기 영광과 하나님 아버지의 영광 가운데 만왕의 왕과 만주의 주로서 자신들의 천사들에 둘러싸여 오시기 때문에, 구약적인 언어로 마치 승리의 마차를 타고 오듯이 하늘 구름을 타고 다시 오시리라고 말씀합니다.706)

주의 날은 안식일을 의미할까요?

계 1:10 주의 날에 내가 성령에 감동하여 내 뒤에서 나는 나팔 소리 같은 큰 음성을 들으니

안식일을 지켜야 한다고 주장하는 사람들은 하나님께서 안식일 즉 일곱째 날인 토요일을 '나의 안식일'이라고 하셨고(겔 20:12), 예수님께서도 '나는 안식일의 주인'이라고 (막 2:28) 말씀하셨기 때문에, 주의 날이란 안식일을 가리켜 말씀하신 것이 분명하다고 주장합니다. 과연 그럴까요?

사 13:6의 '여호와의 날이 가까웠으니 전능자에게서 멸망이 임할 것'이라는 말씀과 욜 1:15의 '여호와의 날이 가까웠나니 곧 멸망같이 전능자에게로서 이르리로다.'라는 말씀과 욜 2:31~32의 '여호와의 크고 두려운 날이 이르기 전에 해가 어두워지고 달이 핏빛같이 변하려니와 누구든지 여호와의 이름을 부르는 자는 구원을 얻으리니'라는 말씀들을 보면 구약에서의 '주의 날'은 하나님의 심판의 날이면서 한편으로는 구원의 날이기도 합니다.

물론 사 58:13의 '만일 안식일에 네 발을 금하여 내 성일에 오락을 하지 아니하고 안식일을 일컬어 즐거운 날이라 여호와의 성일을 존귀한 날이라 하여 이를 존귀하게 여기고 네 길로 행치 아니하며 네 오락을 구하지 아니하며 사사로운 말을 하지 아니하면'이라는 말씀을 보면 '주의 날'은 안식일과도 관계가 있는 것이 분명합니다.

그러나 신약시대에는 의문(儀文)에 속한 안식일은 폐지되었고(골 2:14~17), 예수님의 부활을 통해 완성하신 인간의 구원 사역을 기념하여 안식 후 첫날인 일요일을 '주의 날'로(계 1:10) 변경시켜 주셨습니다. 행 20:7, 고전 16:2, 계 1:10 등은 초대교회가 주일에 예배를 드렸다는 것을 분명하게 보여줍니다. 그러므로 주의 날은 문자적으로 '주께 속한 날'로 안식 후 첫날(막 16:2, 눅 24:1, 요 20:19, 행 20:7), 또는 매 주일 첫날(고전 16:2)과 같은 뜻이며 그리스도의 부활을 기념하는 안식일 다음 날인 주일이 분명합니다.

---

706) 『개혁 교의학 4』, 819.

계 2:10은 임직자에게 '맡긴 직분에 충성하라.'라고 당부하는 말씀일까요?

계 2:10 네가 장차 받을 고난을 두려워 말라. 볼지어다. 마귀가 장차 너희 가운데서 몇 사람을 옥에 던져 시험을 받게 하리니 너희가 십 일 동안 환난을 받으리라. 네가 죽도록 충성하라. 그리하면 내가 생명의 면류관을 네게 주리라.

문맥을 보면 그런 상황이 아님을 금방 알 수 있습니다. 직분을 맡기는 상황이 아니라 환난의 상황입니다. 그렇다면 환난의 상황에서 충성하라는 말은 환란 중에도 직분을 잘 감당하라는 뜻일까요? 원문은 죽기까지 신실하라는 뜻입니다(γίνου πιστὸς ἄχρι θανάτου,).[707] 영역본들도(NASB, KJV, HCSB, NIV) 'Be faithful until death,'로 번역했습니다. 환난과 궁핍, 자칭 유대인이라 하는 자들의 훼방으로 신앙을 지키기가 매우 어려운 상황 가운데 있는 성도들을 향하여 핍박에 대하여 타협하거나 굴복하지 말고 순교하기까지 순종하라, 곧 죽기까지 믿음을 지키라는 뜻으로 한 말씀입니다. 그러므로 충성하라는 말씀은 교회에서 맡긴 일을 열심히 하라는 뜻이 아니라 죽음의 상황에서도 끝까지 주님을 부인하지 말고 신앙을 지키라는 뜻입니다.

μάρτυς를 순교자로 해석해도 될까요?

계 2:13 네가 어디 사는 것을 내가 아노니 거기는 사탄의 위가 있는 데라. 네가 내 이름을 굳게 잡아서 내 충성된 증인 안디바가 너희 가운데 곧 사탄의 거하는 곳에서 죽임을 당할 때도 나를 믿는 믿음을 저버리지 아니하였도다.
Οἶδα ποῦ κατοικεῖς · ὅπου ὁ θρόνος τοῦ Σατανᾶ · καὶ κρατεῖς τὸ ὄνομά μου, καὶ οὐκ ἠρνήσω τὴν πίστιν μου καὶ ἐν ταῖς ἡμέραις Ἀντιπᾶς ὁ μάρτυς μου ὁ πιστός μου, ὃς ἀπεκτάνθη παρ' ὑμῖν, ὅπου ὁ Σατανᾶς κατοικεῖ.

계 11:7 저희가 그 증거를 마칠 때 무저갱으로부터 올라오는 짐승이 저희로 더불어 전쟁을 일으켜 저희를 이기고 저희를 죽일 터인즉
καὶ ὅταν τελέσωσιν τὴν μαρτυρίαν αὐτῶν, τὸ θηρίον τὸ ἀναβαῖνον ἐκ τῆς ἀβύσσου ποιήσει μετ' αὐτῶν πόλεμον καὶ νικήσει αὐτοὺς καὶ ἀποκτενεῖ αὐτούς.

---

707) Strong's Concordance; Definition: faithful, reliable, Usage: trustworthy, faithful, believing.; NASB Translation; believe (2), believer (4), believers (5), believing (1), faithful (44), faithful one (1), faithfully (1), sure (1), trustworthy (7), who believe (1).

μάρτυς는 현재의 영어 단어 martyr(순교자)의 어원입니다. 그렇다면 성경에서 μάρτυς를 순교자로 해석해도 될까요? 그것은 무리(無理)라고 할 수 있는데, 그 이유는 언어의 의미 발전과정에서 성경이 기록될 당시에는 증인, 증언으로 사용된 것으로 보이기 때문입니다.708) 계 2:13과 11:7은 이를 분명하게 보여줍니다.

새 이름이 재림주의 이름일까요?709)

계 2:17 귀 있는 자는 성령이 교회들에 하시는 말씀을 들을지어다. 이기는 그에게는 내가 감추었던 만나를 주고 또 흰 돌을 줄 터인데, 그 돌 위에 새 이름을 기록한 것이 있나니, 받는 자 밖에는 그 이름을 알 사람이 없느니라.

이단 중에는 이단의 교주를 재림주로 만들기 위해 계 2:17의 새 이름이 재림주의 이름이라고 해석합니다. '하나님의 교회'의 경우, 새 이름이 바로 '안상홍'이라고 주장합니다. 그러나 그것은 전혀 성경에 근거가 없는 주장입니다.

요한계시록에는 새 이름이 계 2:17과 3:12에 나오는데, 계 2:17의 새 이름은 구원받은 자에게 주는 새로운 이름을 뜻합니다. 일곱 교회에 보내는 편지에는 각각 이기는 자에게 주는 약속이 있는데, 에베소교회에 보내는 편지에는 이기는 자에게 생명 나무의 과실을 먹게 하겠다고 하였고(계 2:7), 서머나 교회에 보내는 편지에는 이기는 자에게 둘째 사망의 해를 받지 않도록 해주겠다고 약속하였으며(계 2:11), 버가모 교회에는 이기는 자에게 감춰진 만나와 새 이름이 기록된 흰 돌을 주겠다고(계 2:17) 했기 때문에, 계 2:17의 새 이름은 재림주의 이름이 아니라 구원받은 성도의 새 이름이라고 해석하는 것이 맞습니다. 만일 계 2:17의 새 이름을 재림주의 이름이라고 해석하면 예수님께서 재림주에게 새 이름을 준다는 말이 되므로 모순됩니다.

계 3:12의 새 이름도 이기는 자는 하나님의 성전의 기둥이 되게 하겠다는 약속으로, 하나님의 성전의 기둥이 되었을 때, 거기에다(이기는 자의 몸에) 하나님의 이름과 새 예루살렘의 이름과 예수님의 새 이름을 기록하겠다는 약속입니다. 이 약속은 구원받은 자들이 천국에 올라가서 받을 보상이기 때문에, 지금 이 땅에서 그런 이름을 받는다는 것은 성경과 맞지 않습니다.

---

708) 자세한 내용은 D. A. Carson, 41~42를 보시기 바람.
709) 아래 내용 중 일부는 진용식, "안상홍 증인회 연속분석 12", 월간 <교회와 신앙> www.amennews.com 1999년 1월호에서 발췌하였음.

계 2:26의 '이기는 자'와 '지키는 자'는 다른 사람을 뜻할까요?

계 2:26 이기는 자와 끝까지 내 일을 지키는 그에게 만국을 다스리는 권세를 주리니
    Καὶ ὁ νικῶν καὶ ὁ τηρῶν ἄχρι τέλους τὰ ἔργα μου, δώσω αὐτῷ ἐξουσί
    αν ἐπὶ τῶν ἐθνῶν,

이기는 자와 지키는 자(καὶ ὁ νικῶν καὶ ὁ τηρῶν)는 그랜빌 샤프 법칙에[710] 의하면 이기는 자와 지키는 자 둘 다 관사가 있어서, 이기는 자와 지키는 자는 다른 사람이라고 할 수 있으나, 문맥상 그렇게 해석하는 것은 무리(無理)입니다.[711]

계 3:15~16은 차가운 신앙을 갖든지 아니면 뜨거운 신앙을 가지라는 뜻일까요?

계 3:14 라오디게아 교회의 사자에게 편지하기를 아멘이시오, 충성되고 참된 증인이시오, 하나님의 창조의 근본이신 이가 가라사대.
    15 내가 네 행위를 아노니 네가 차지도 아니하고 덥지도 아니하도다. 네가 차든지 덥든지 하기를 원하노라.
    16 네가 이같이 미지근하여 덥지도 아니하고 차지도 아니하니 내 입에서 너를 토하여 내치리라.
    17 네가 말하기를 나는 부자라 부요하여 부족한 것이 없다 하나 네 곤고한 것과 가련한 것과 가난한 것과 눈먼 것과 벌거벗은 것을 알지 못하도다.

또 차가운 신앙은 지적인 신앙을 뜻하고 뜨거운 신앙은 열정적인 신앙을 뜻할까요? 아니면 무기력한 그리스도인이 되는 것보다 차라리 그리스도를 강력하게 반대하는 것이 더 낫다는 뜻일까요?

본문은 고고학적 연구로부터 통찰력을 얻는 것이 필요합니다. 당시 라오디게아 주변에는 유명한 두 가지 물이 있었는데 그 하나는 히에라폴리스 옆에 있는 뜨거운 온천수였고 또 하나는 골로새 지방 옆에 있는 시원한 물이었는데, 히에라폴리스의 온천수는 치료 효과가 있었고 골로새의 시원한 물은 마시는 물로 유용하였으나, 라오디게아의 송수관으로 흘러들어오는 물은 미지근하여 쓸모가 없었습니다.[712]

---

710) 두 명사가 καί로 연결된 경우, 둘 다 관사가 있으면 다른 사물이나 사람을 뜻하고, 첫째 것에만 관사가 있으면 동일한 사물이나 인물을 뜻한다는 법칙.
711) 자세한 내용은 D. A. Carson, 106~108을 보시기 바람.
712) William W. Kline, Crag L., 348.

‘미지근하다.’라는 말은 신앙적으로 되지도 못하면서 된 줄로 아는 가증한 행위와 태도를 가리키는데,[713] 그것은 계 3:17에서 ‘네가 말하기를 나는 부자라 부요하여 부족한 것이 없다 하나 네 곤고한 것과 가련한 것과 가난한 것과 눈먼 것과 벌거벗은 것을 알지 못하도다.’라는 말씀에서 그것을 확인할 수 있습니다. 이러한 영적 상태를 미지근한 물로 비유하여 토해 버리고 싶다고 말씀하심으로써, 인간의 외식과 교만에 대한 하나님의 거부반응을 표현한 것입니다.[714]

인간의 결단이 구원을 좌우할까요?

> 계 3:20 볼지어다. 내가 문밖에 서서 두드리노니 누구든지 내 음성을 듣고 문을 열면 내가 그에게로 들어가 그로 더불어 먹고 그는 나로 더불어 먹으리라.

본문은 전도할 때 가장 흔하게 사용하는 구절 중의 하나입니다. 마치 인간의 선택과 결단이 구원을 좌우라도 하는 것같이 ‘주님께서 마음의 문을 두드리고 계시니 이제 마음의 문을 열고 예수님을 영접하십시오.’라고 전도 대상자를 재촉합니다. 심지어 ‘문의 손잡이는 밖에는 없고 안에만 있습니다. 안에서 문을 열지 않으면 예수님도 들어가실 수 없습니다. 예수님께서 밖에서 기다리고 계십니다. 제발 마음 문을 여십시오.’, 이렇게 설교하는 사람들도 있습니다.[715]

그런 전도나 설교가 감동적이고 설득력이 있을 수는 있으나, 이런 식의 해석은 구원은 하나님께 달려있는 것이 아니라 인간에게 달려있다는 뜻으로 들립니다. 하나님께서 아무리 원하셔도 인간이 거부하면 하나님도 어쩔 수 없는 것같이 느껴집니다. 과연 그럴까요?

그런 식의 성경 해석은 안타깝게도 아우구스티누스에게 이단으로 정죄 받은 펠라기우스주의나, 도르트회의에서 이단으로 정죄 받은 아르미니우스주의의 주장과 같습니다. 그러나 성경은 우리의 구원이 전적으로 하나님께 달려 있다고 말씀합니다.

그러면 이 구절의 뜻은 무엇일까요? 앞의 문맥을 보면 금방 알 수 있는데, 앞의 내용을 보면 라오디게아 교회를 책망하며 회개를 촉구하면서 나온 말씀입니다. 계 3:20은 믿지 않는 사람들에게 주님을 영접하라는 배경이 아니라, 믿는 자에게 죄를 범한 상황에서 회개를 촉구하는 배경입니다. 이 말씀의 대상은 전도 대상자가 아니라 죄 있는 신

713) 박윤선, 『성경주석 요한계시록』 2판 (서울: 영음사, 1989), 101.
714) 박윤선, 『성경주석 요한계시록』 2판, 101.
715) 윤석준, 『한국 교회가 잘못 알고 있는 101가지 성경 이야기 (1)』, 104.

자들입니다.716)

계 3:20 후반부는 '문을 열면 내가 그에게로 들어가 그로 더불어 먹고 그는 나로 더불어 먹으리라.'라고 말씀합니다. 주님과 더불어 먹는다는 말씀이 무슨 뜻일까요? 성찬을 의미합니다. 그러므로 본문은 현재 성찬이 이루어지지 않고 있는 상태, 곧 주님과의 교제가 단절된 상태에 있는 신자들을 향하여 이제 회개하고 성찬에 참여할 수 있기를, 곧 주님과의 교제가 회복되기를 촉구하는 말씀입니다.717)

하나님의 거룩(의)을 인간의 의와 비교할 수 있을까요?

> 계 4:8 네 생물이 각각 여섯 날개가 있고 그 안과 주위에 눈이 가득하더라. 그들이 밤낮 쉬지 않고 이르기를 거룩하다, 거룩하다, 거룩하다, 주 하나님, 곧 전능하신 이여! 전에도 계셨고, 이제도 계시고, 장차 오실 자라 하고

성경은 '하나님만이 거룩하시다.'라고 말씀합니다(출 15:11, 사 6:3). 예수님은 우리에게 하나님께서 거룩히 여김을 받도록 기도하라고 가르쳐 주셨습니다(마 6:9). 그러면 하나님의 거룩함, 하나님의 의를 인간의 의를 다루는 똑같은 범주에 놓을 수 있을까요? 성경은 그런 생각을 하나님의 의를 복종치 않는다고 말씀합니다(롬 10:3). 롬 10:3은 하나님의 의와 인간의 의를 분명하게 구별합니다. 인간이 가질 수 있는 모든 의를 다 모은다고 하더라도 그것은 여전히 하나님의 의에 도달할 수 없는데, 그 이유는 하나님의 의는 인간이 생각하는 윤리적인 차원의 의를 초월한 신성을 뜻하기 때문입니다.718)

사람들은 자신들의 주권에 대한 욕망 때문에 하나님의 주권을 달갑지 않게 여기는 것처럼 하나님의 거룩함에 대해서도 달갑지 않게 여기는데, 그 이유는 죄인으로서 인간은 거룩하신 하나님 앞에 마주 선다는 것이 유쾌하지 않으며, 위협을 느끼기 때문입니다.719) 하나님은 경건하지 못한 자들과 공존하실 수 없고, 경건하지 못한 자들과 죄를 깨끗이 제거하지 못한 자들을 멸하실 수밖에 없기 때문에(사 6:1~5, 합 3:15~16, 눅 5:8, 계 1:17), 인간들은 하나님께 나아가지 않으려 합니다.720)

하나님은 예수 그리스도를 통하여 경건치 않은 우리를 경건하게 하셔서 그분과 함께

---

716) 박윤선, 『성경주석 요한계시록』 2판, 101.
717) 윤석준, 『한국 교회가 잘못 알고 있는 101가지 성경 이야기 (1)』, 107.
718) 『기독교 강요 교리설교 (상)』, 159.
719) 『기독교 강요 교리설교 (상)』, 163~164.
720) 『기독교 강요 교리설교 (상)』, 165~166.

하실 수 있도록 하셨습니다.[721] 광야에 세워진 성막은 거룩하신 하나님과 죄악된 인간의 구별과 분리를 분명하게 나타냈지만, 그런데도 하나님께 나아갈 수 있는 길이 있었는데, 그것은 죄 없는 희생제물에 인간의 죄를 전가하는 방법이었습니다.[722] 그러나 그것은 완전한 것도 아니었고 영원한 것도 아니었으며, 단지 예표였으며, 오직 진정한 속죄는 하나님의 완전한 어린양 예수님뿐이기 때문에 우리는 예수님을 통하여 거룩하신 하나님 앞에 나아갈 수 있게 되었습니다.[723]

요한계시록은 인봉된 책이고, 인을 떼는 것은 요한계시록을 해석하는 것일까요?

계 5:1 내가 보매, 보좌에 앉으신 이의 오른손에 책이 있으니 안팎으로 썼고, 일곱 인으로 봉하였더라.
　　2 또 보매, 힘 있는 천사가 큰 음성으로 외치기를, 누가 책을 펴며 그 인을 떼기에 합당하냐 하니
　　3 하늘 위에나 땅 위에나 땅 아래에 능히 책을 펴거나 보거나 할 이가 없더라.
　　4 이 책을 펴거나 보거나 하기에 합당한 자가 보이지 않기로 내가 크게 울었더니
　　5 장로 중의 하나가 내게 말하되, 울지 말라. 유대 지파의 사자 다윗의 뿌리가 이기었으니 이 책과 그 일곱 인을 떼시리라 하더라.

요한계시록은 인봉된 책이 아닙니다. 이단들은 요한계시록은 인봉된 책이므로 아무나 해석할 수 없다고 주장하는데, 그 이유는 그들의 교주만이 뗄 수 있고 그래서 그들의 교주가 '재림주'라고 주장하기 위함입니다. 또 본문의 보좌에 앉으신 이의 오른손에 있는 인봉된 책이 요한계시록이라거나 성경이라는 근거도 없습니다. 성경 어디를 보아도 이 책이 요한계시록 또는 성경이라고 말하지 않기 때문입니다.

더구나 사도 요한이 계시를 받아 요한계시록을 기록할 때 천사가 '또 내게 말하되 이 책의 예언의 말씀을 인봉하지 말라, 때가 가까우니라.'(계 22:10)라고 말한 것을 보면 요한계시록이 인봉된 책이 아니라는 것을 분명하게 알 수 있습니다. 따라서 요한계시록을 해석했기 때문에 인을 떼는 자라는 주장은 성립될 수 없습니다.

또 계 5:5에서 인을 떼는 자는 '유다 지파의 사자 다윗의 뿌리'라고 분명히 말씀했기 때문에 인을 떼는 자는 유다 지파 다윗의 자손인 예수 그리스도입니다. 또 계 5:6~7에

---

721) 『기독교 강요 교리설교 (상)』, 166.
722) 『기독교 강요 교리설교 (상)』, 166.
723) 『기독교 강요 교리설교 (상)』, 167.

서도 인 떼는 자는 분명히 어린양이라고 말씀했고, 어린양은 물론 속죄양으로 돌아가신 예수 그리스도를 뜻합니다. 그래서 분명하게 계 5:9은 '새 노래를 노래하여 가로되, 책을 가지시고 그 인봉을 떼기에 합당하시도다. 일찍 죽임을 당하사 각 족속과 방언과 백성과 나라 가운데서 사람들을 피로 사서 하나님께 드리시고'라고 인봉을 떼기에 합당하신 분이 속죄양으로 돌아가신 예수 그리스도이심을 증거합니다.

또 인을 떼는 것은 이단들이 주장하듯이 성경을 해석하는 것을 뜻하지 않습니다. 고대의 왕들이 조서를 내릴 때는 어인을 찍어 봉하여 그 조서를 수신자에게 보내는데(에 8:10, 단 6:8), 그 조서는 아무나 인을 뗄 수 없고 그 조서를 받아 실행할 사람만이 인을 뗄 수 있었습니다. 그러므로 인을 뗀다는 말은 계시의 의미가 있을 뿐만 아니라 계시의 내용대로 집행하는 것을 의미합니다.[724] 본문의 보좌에 앉으신 이의 오른손에 있는 책은 요한계시록이 아니라 세상 나라를 주관하시는 하나님 섭리의 책인데, 이 책의 인봉을 뗄 수 있는 분은 오직 세상 나라의 역사와 인간의 생사화복을 주관하시는 예수 그리스도밖에는 없습니다. 그래서 예수님께서 그 인을 떼실 때마다 하나님께서 섭리하신 역사가 이루어집니다. 인을 뗀다는 말은 세상을 주관하시는 하나님의 역사를 이룬다는 뜻이지 요한계시록을 해석한다는 뜻과는 전혀 상관이 없습니다.

인 맞은 자들이 십사만 사천이라는 말씀은 무엇을 뜻할까요?

계 7:4 내가 인 맞은 자의 수를 들으니 이스라엘 자손의 각 지파 중에서 인 맞은 자들이 십사만 사천이니

계 14:1 또 내가 보니, 보라 어린양이 시온산에 섰고, 그와 함께 십사만 사천이 섰는데, 그 이마에 어린양의 이름과 그 아버지의 이름을 쓴 것이 있도다.

이 말씀을 바르게 이해하려면 요한계시록 전체의 구조를 잘 살펴보아야 합니다. 요한계시록의 본론 부분에는 세 종류의 심판, 곧 인 심판, 나팔 심판, 대접 심판이 나옵니다. 세 종류의 심판은 각각 일곱 차례씩 벌어집니다. 이 말씀은 그중에서 여섯 번째의 인 심판과 일곱 번째의 인 심판 사이에 나옵니다.

왜 인 심판을 다루다가 중간에 갑자기 144,000과 셀 수 없는 무리를 다룰까요? 심판

---

724) 박윤선, 『성경주석 요한계시록』 2판, 138.

에 관한 내용을 계속 다루면 독자들은 두려운 마음을 가질 것이고, 그런 두려움은 '저토록 무서운 심판이 벌어진다면 그때 우리 그리스도인들은 어떻게 될 것일까?'라는 의문을 가질 수밖에 없습니다. 그래서 요한계시록 6장의 마지막은 그토록 무서운 심판이 벌어진다면 과연 누가 그 앞에 설 수 있겠느냐는 반문('누가 능히 서리오?')으로 끝납니다. 요한계시록 7장은 그런 반문에 대한 하나님의 대답입니다.

그렇다면 요한계시록 7장을 통해 하나님은 우리에게 어떤 메시지를 던지고 있을까요? 요한계시록 7장에는 144,000과 셀 수 없는 무리, 두 그룹이 나옵니다. 어떤 이들은 144,000과 셀 수 없는 무리를 서로 다른 그룹으로 오해합니다. 그러나 144,000과 셀 수 없는 무리는 서로 다른 사람들이 아니라 이 두 그룹은 같은 사람들을 가리킵니다.[725] 144,000은 민족적인 배경에서 지상의 교회를 표현한 것이고, 셀 수 없는 무리는 우주적인 배경에서 하늘의 교회를 가리키는 것입니다. 결국, 144,000과 셀 수 없는 무리는 같은 교회를 다른 관점으로 바라보고 있는 것입니다. 따라서 144,000이 곧 셀 수 없는 무리입니다. 이들은 결국 이마에 하나님의 인을 받은 자, 곧 구원받은 자들입니다. 그러므로 요한계시록 7장이 우리에게 제시하는 메시지는 분명합니다. 그것은 바로 하나님께서는 이런 무서운 심판 가운데서도 하나님의 백성들을 철저하게 보호하고 지키신다는 사실입니다.

666은 베리칩일까요?

계 13:16 저가 모든 자 곧 작은 자나 큰 자나 부자나 빈궁한 자나 자유한 자나 종들로 그 오른손이나 이마에 표를 받게 하고
17 누구든지 이 표를 가진 자 외에는 매매를 못 하게 하니 이 표는 곧 짐승의 이름이나 그 이름의 수라.
18 지혜가 여기 있으니 총명 있는 자는 그 짐승의 수를 세어 보라. 그 수는 사람의 수니 육백육십육이니라.

666은 계 13:18에서 '짐승의 수'인데 그것은 '사람의 수'라고 되어 있고 그 앞 절인 계 13:17에서는 666이 짐승의 이름이나 그 이름의 수라고 되어 있으므로, 666은 짐승의 이름을 수로 표현한 숫자라는 뜻입니다. 요한계시록이 기록될 당시 사용했던 헬라어와 히브리어는 각 알파벳마다 숫자가 부여되어 있었기 때문에, 누구의 이름이든지 수로 표

---

725) 박윤선, 『성경주석 요한계시록』 2판, 175.

현할 수 있었습니다. 그것을 '게마트리아'(암호표기법, gematria)라고 불렀습니다. 요한계시록에 나오는 짐승이 네로 황제라는 주장이 있었는데, 그 이유는 헬라어로 된 네로 황제 이름을 히브리어로 음역해서 히브리어로 된 철자의 수를 합했더니 666이 나왔기 때문입니다.

성경은 하나님의 자녀 혹은 하나님의 백성이라는 뜻으로 '하나님의 인을 받았다.'라고 표현합니다(계 7:3~4, 9:4, 14:1, 계 22:4). 물론 하나님의 인을 받았다는 말이 오른손이나 이마에 도장을 받거나 표를 받는 것이 아니라는 것쯤은 알 수 있습니다. 예수를 믿고 성령을 받으면 이마에 예수 혹은 하나님이라는 이름이 실제로 낙인된다고 생각하는 사람은 없을 것입니다. 하나님의 소유인 하나님의 자녀가 되었다는 상징적인 표현이라고 해석하는 것이 자연스럽습니다. 마찬가지로 짐승의 표를 받는다는 것도 오른손이나 이마에 표를 받는 것이 아니라는 것쯤은 알 수 있습니다. 짐승의 표를 받았다는 것은 사탄의 영, 미혹의 영을 받은 것을 의미합니다. 만약 짐승의 표를 받는 것이 베리칩이나 바코드라고 해석을 한다면, 하나님의 인을 받은 자녀도 어떤 베리칩이나 바코드 같은 것을 오른손이나 이마에 받는 것이라고 해석해야 할 것입니다. 그러나 과연 A. D. 90년경에 사도 요한이 밧모섬에서 2,000년 후에 있게 될 바코드나 베리칩을 염두에 두고 요한계시록을 썼다고 생각할 수 있을까요? 그럴 수는 없습니다. 그렇다면 본문의 뜻은 실제로 오른손이나 이마에 베리칩이나 바코드와 같은 666이란 표시를 받는다는 뜻으로 해석할 수 없습니다. 하나님의 인을 받는다는 것은 어떤 문자적인 표나 도장을 받는 것이 아니라, 곧 내면적인 믿음과 성령의 보증을 뜻하는 것과 마찬가지로, 짐승의 표를 받는다는 것도 어느 물질적인 표가 아니라 내면적으로 짐승을 숭배하는 것과 짐승의 영에 사로잡힌 상태를 의미한다고 해석하는 것이 마땅합니다.

그러면 짐승이 어떤 존재일까요? 본문은 짐승을 사람이라고 말하고 있습니다. 계 13:2~4에 의하면 짐승은 용에게서 권세를 받았고, 계 12:9에 의하면 용은 마귀 또는 사탄입니다. 그렇다면 짐승은 사탄에게서 권세를 받은 인간이라는 것을 알 수 있습니다. 계 13:7~10에 의하면 죽임을 당한 어린양의 생명책에 창세 이후로 이름이 기록되지 못하고 이 땅에 사는 자들은 다 그 짐승에게 경배하리라고 말씀합니다.

그렇다면 짐승의 이름의 표를 이마나 오른손에 받는다는 것은 짐승에게 속했다는 뜻이고, 짐승을 숭배한다는 말입니다. 당시의 배경으로 보면 로마 황제를 숭배한다는 뜻으로 해석할 수도 있습니다. 당시의 그리스도인들에게는 황제를 숭배할 것인가, 하나님을 예배할 것인가가 가장 큰 문제였습니다. 왜냐하면, 황제숭배를 거부하면 로마 제국이 가져다줄 수 있는 경제적인 이익과 사회적인 이익을 받을 수 없었고 죽임을 당할 수도 있었기 때문이었습니다. 계 13:9~10은 적당히 타협하고 사는 대신에, 사로잡힐 자는 사로잡혀 갈 것이요 칼에 죽을 자는 마땅히 칼에 죽을 것이라고 말씀합니다.

계 21:9~10에서 신부, 어린양의 아내, 하나님으로부터 하늘에서 내려오는 거룩한 성 예루살렘은 무엇을 뜻할까요(마 25:1~12, 막 2:19~20, 요 3:29, 고후 11:2, 엡 5:25~27)?

> 계 21:9 일곱 대접을 가지고 마지막 일곱 재앙을 담은 일곱 천사 중 하나가 나아와서 내게 말하여 가로되, 이리 오라, 내가 신부 곧 어린양의 아내를 네게 보이리라 하고
> 10 성령으로 나를 데리고 크고 높은 산으로 올라가 하나님으로부터 하늘에서 내려오는 거룩한 성 예루살렘을 보이니

'하나님의 교회'는 안상홍의 아내 장길자라고 주장합니다. 그들은 갈 4:26의 '오직 위에 있는 예루살렘은 자유자니 곧 우리 어머니라.'에서 '어머니'가 '장길자'이고, 계 21:9의 '일곱 대접을 가지고 마지막 일곱 재앙을 담은 일곱 천사 중 하나가 나아와서 내게 말하여 가로되 이리 오라. 내가 신부 곧 어린양의 아내를 네게 보이리라 하고'에서 어린양의 아내인 신부가 장길자이며, 계 22:17의 '성령과 신부가 말씀하시기를 오라 하시는도다. 듣는 자도 오라 할 것이요 목마른 자도 올 것이요 또 원하는 자는 값없이 생명수를 받으라 하시더라.'에서 성령과 신부가 말했다고 했는데, 성령은 안상홍이며 신부는 장길자라고 주장합니다.

그들의 주장은 성경에 전혀 근거가 없습니다. 신약성경에 나타난 하나님의 신부, 어린양의 아내, 하늘에서 내려오는 예루살렘은 모두 '교회'를 뜻하기 때문입니다.

생명책이 신도 명부(교적부)일까요?

> 계 21:27 무엇이든지 속된 것이나 가증한 일 또는 거짓말하는 자는 결코 그리로 들어오지 못하되 오직 어린양의 생명책에 기록된 자들뿐이라.

이단 중의 일부는 생명책이라는 명부를 만들어 놓고 그 명부에 이름이 올라가야 구원

을 받을 수 있다고 주장합니다. 그들에게 생명책은 하늘에 있는 것이지 땅에 있는 것이 아니라고 반박하면, 이들은 하늘에 있는 것은 다 땅에 모형이 있어야 하므로 땅에도 생명책이 있어야 한다고 주장하면서, 마 18:18 '진실로 너희에게 이르노니 무엇이든지 너희가 땅에서 매면 하늘에서도 매일 것이요 무엇이든지 땅에서 풀면 하늘에서도 풀리리라.'라는 구절을 인용합니다. 그들은 자기들이 만든 생명책에 이름이 기록되어야 하늘의 생명책에 기록되는 것이며 그래야 구원받을 수 있다고 주장합니다.

그러나 그러한 주장은 성경적인 근거가 전혀 없습니다. 정상적인 교회라면 교인명부(교적부)가 성경에 있는 생명책이라고 주장하지는 않습니다. 교적부에 이름이 올랐다고 그가 구원받은 사람이라고 단정할 수는 없기 때문입니다. 물론 성경을 바르게 믿고 신앙생활하는 사람의 이름이 교적부에 기록되어 있다면 생명책에 기록되어 있을 것입니다. 한편 교회 교적부에 이름이 적혀 있지 않다고 하더라도 예외적으로 생명책에는 기록되어 있을 수도 있습니다.

계 20:12은 생명책이 이 땅의 어떤 목사나 이단 교주 앞이 아니라 하나님의 보좌 앞에 있다고 분명하게 증거하며, 예수님께서도 '너희 이름이 하늘에 기록된 것으로 기뻐하라.'라고 말씀하셨습니다(눅 10:20). 그렇다면 생명책은 하늘에 있고, 하나님의 보좌 앞에 있습니다.

계 21:27은 무엇이든지 속된 것이나 가증한 일이나 거짓말하는 자는 새 예루살렘 성에 들어올 수 없고, 다만(오직) 어린양의 생명책에 기록된 자들만 들어갈 수 있다고 말씀합니다. 이 생명책은 이 세상의 어떤 사람이 기록하는 것이 아니라 어린양 되신 예수 그리스도께서 기록하십니다(시 69:28, 계 3:5, 21:27). 이 생명책은 하늘에 있고, 창세 이후로(계 3:8, 17:8) 구원받은 자들이(이기는 자, 모든 그리스도인, 눅 10:20, 빌 4:3, 계 3:5) 기록되어 있습니다.

참고문헌

1. 국내 서적

강병도 편. 『카리스 종합주석』 구약 제1권~제58권, 신약 제1권~제27권. 서울: 기독지혜사, 2003~2016.

강성열, 오덕호, 정기철. 『설교자를 위한 성서 해석학 입문』 서울: 대한기독교서회, 2002.

권성수. 『성경 해석학 (1)』 서울: 총신대학출판부, 1991.

권연경. 『네가 읽는 것을 깨닫느뇨?』 서울: SFC출판부, 2008.

김구원. 『성경, 어떻게 읽을 것인가?』 서울: 도서출판 복 있는 사람, 2013.

김상훈. 『해석 매뉴얼-성경해석법의 이론과 실제』 개정판. 서울: 그리심, 2006.

김서택. 『복 있는 사람』 서울: 예찬사, 2003.

김지찬. 『언어의 직공이 되라-건전한 성경해석의 비결』 서울: 생명의말씀사, 2003.

류모세. 『열린다 성경(상)』 서울: 두란노, 2011.

_____. 『열린다 성경(하)』 서울: 두란노, 2011.

_____. 『열린다 성경난해구절 1』 서울: 규장, 2014.

문석호. 『기독교 신앙의 의미 이해』 서울: 기독교문서선교회, 1999.

문희석. 『구약 석의 방법론』 서울: 대한기독교출판사, 1999.

박영선. 『성화의 신비』 서울: 도서출판 세움, 2006.

박영희. 『신약 석의의 방법과 실제』 서울: 총신대학출판부, 1991.

박윤선. 『성경 신학』 서울: 영음사, 2001.

_____. 『성경주석 창세기』~『성경주석 요한계시록』(36권 전권) 2판. 서울: 영음사, 1987~1989.

박종칠. 『구속사적 성경해석』 서울: 기독교문서선교회, 1989.

_____. 『구속사적 구약성경 해석』 서울: 개혁주의신행협회, 1988.

박형용. 『성경해석의 원리』 서울: 도서출판 엠마오, 1997.

박형룡. 『조직신학 4권』 서울: 개혁주의출판사, 2017.

_____. 『교의 신학: 서론』 전집 1권. 서울: 한국기독교교육연구원, 1983.

박희천. 『손 더듬이 성경 해석학-성경이 성경을 해석한다』 서울: 요단출판사, 1997.

서철원. 『교의 신학 2』 서울: 쿰란출판사, 2018.

서춘웅. 『성경난제해설 · 구약』 3판. 서울: 크리스천 서적, 2008.

_____. 『성경난제해설 · 신약』 재판. 서울: 크리스천 서적, 2007.

소재열. 『성경해석과 강해 설교』 서울: 도서출판 말씀사역, 1994.

송인규. 『성경 어떻게 적용할 것인가?』 서울: 성서유니온선교회, 2001.

안상호. 『성경 속으로』 안양: 대장간, 2001.

안명준. 『칼빈의 성경 해석학』 서울: 기독교문서선교회, 1997.

_____. 『칼빈 해석학과 신학의 유산』 서울: 기독교문서선교회, 2009.

안유섭. 『원어로 여는 성경』 서울: 도서출판 프리셉트, 1999.

윤광원. 『존 칼빈의 자기부정의 렌즈로 본 신앙생활의 핵심』 파주: 한국학술정보, 2009.

윤석준. 『한국교회가 잘못 알고 있는 101가지 성경 이야기(1)』 서울: 부흥과 개혁사, 2010.

_____. 『한국교회가 잘못 알고 있는 101가지 성경 이야기(2)』 서울: 부흥과 개혁사, 2011.

윤성태. 『성경 해석학』 서울: 쿰란출판사, 2008.

이근호. 『신학에 대한 질문과 답변』 서울: 대장간, 2008.

이문장. 『한국인을 위한 성경연구』 서울: 이레서원, 2007.

이상근. 『요한복음』 서울: 예장총회교육부, 1970.

이승진. 『설교를 위한 성경해석』 서울: 기독교문서선교회, 2008.

이양호. 『칼빈: 생애와 사상』 서울: 한국신학연구소, 1997.

이인규. 『평신도들이 혼동하기 쉬운 성경 50』 파주: 카리스, 2014.

장재일. 『밥하면서 보는~복음서의 유대적 배경』 서울: 쿰란출판사, 2011.

_____. 『목사님~밥하고 설교하세요』 서울: 쿰란출판사, 2011.

_____. 『히브리적 관점으로 다시 보는 마태복음(1~13장)』 서울: 쿰란출판사, 2011.

징흥길. 『본문 중심의 성경 읽기』 서울: 도서출판 한국성서학, 2010.

최봉기. 『해석학과 실천』 대전: 침례신학대학출판부, 1989.

최의원. 『새 즈믄 우리말 구약 정경』 서울: 도서출판 신앙과 지성, 2005.

한제호. 『성경의 해석과 설교(중)』 서울: 진리의 깃발, 2001.

_____. 『성경의 해석과 설교』 서울: 진리의 깃발, 1995.

황창기. 『성경 신학이란 무엇인가?』 서울: 기독교문서선교회, 1988.

교문사 편. 『기독교 대백과사전 10권』 서울: 기독교문사, 1996.

2. 외국 서적

Baker, D. L. *Baker's Dictionary of Theology*. Grand Rapids: Baker, 1969.

Calvin, John. *Institution of the Christian Religion*. ed. John T. McNeil. trans. Ford Lewis Battles. Vol. 1. Library of Christian Classics. Philadelphia: The Westminster Press, 1960.

_____. *Institution of the Christian Religion*. ed. John T. McNeil. trans. Ford Lewis Battles. Vol. 2. Library of Christian Classics. Philadelphia: The Westminster Press, 1960.

_____. *Commentary on Deuteronomy. The Ages Digital Library Commentary*. Books for the Ages, AGES Software, 1998.

_____. *Commentary on Exodus. The Ages Digital Library Commentary*. Books for the Ages, AGES Software, 1998.

_____. *Commentary on Genesis. The Ages Digital Library Commentary*. Books for the Ages, AGES Software, 1998.

_____. *Commentary on Joshua. The Ages Digital Library Commentary*. Books for the Ages, AGES Software, 1998.

_____. *Commentary on Leviticus. The Ages Digital Library Commentary*. Books for the Ages, AGES Software, 1998.

_____. *Commentary on Numbers. The Ages Digital Library Commentary*. Books for the Ages, AGES Software, 1998.

_____. *Commentary on the Acts of the Apostles. The Ages Digital Library Commentary*. Books for the Ages, AGES Software, 1998.

_____. *Commentary on the Epistle of Colossians. The Ages Digital Library Commentary*. Books for the Ages, AGES Software, 1998.

_____. *Commentary on the Epistle of James. The Ages Digital Library Commentary*. Books for the Ages, AGES Software, 1998.

_____. *Commentary on the Epistle of Jude. The Ages Digital Library Commentary*. Books for the Ages, AGES Software, 1998.

_____. *Commentary on the Epistle of Paul the Apostle to the Hebrews. The Ages Digital Library Commentary*. Books for the Ages, AGES Software, 1998.

_____. *Commentary on the First Epistle to the Corinthians. The Ages Digital Library Commentary*. Books for the Ages, AGES Software, 1998.

_____. *Commentary on the Epistle to the Galatians. The Ages Digital Library Commentary*. Books for the Ages, AGES Software, 1998.

_____. *Commentary on the Epistle to the Ephesians. The Ages Digital Library Commentary*. Books for the Ages, AGES Software, 1998.

_____. *Commentary on the Epistle to the Philippians. The Ages Digital Library Commentary*. Books for the Ages, AGES Software, 1998.

_____. *Commentary on the Epistle to the Romans. The Ages Digital Library Commentary*. Books for the Ages, AGES Software, 1998.

_____. *Commentary on the Gospel According to Matthew. The Ages Digital Library Commentary*. Books for the Ages, AGES Software, 1998.

_____. *Commentary on the Gospel According to Mark. The Ages Digital Library Commentary*. Books for the Ages, AGES Software, 1998.

_____. *Commentary on the Gospel According to John. The Ages Digital Library Commentary*. Books for the Ages, AGES Software, 1998.

_____. *Commentary on the Gospel According to Luke. The Ages Digital Library Commentary*. Books for the Ages, AGES Software, 1998.

_____. *Commentary on the First Epistle of John. The Ages Digital Library Commentary*. Books for the Ages, AGES Software, 1998.

_____. *Commentary on the First Epistle of Peter. The Ages Digital Library Commentary*. Books for the Ages, AGES Software, 1998.

_____. *Commentary on the First Epistle to the Thessalonians. The Ages Digital Library Commentary*. Books for the Ages, AGES Software, 1998.

_____. *Commentary on the First Epistle of Timothy. The Ages Digital Library Commentary*. Books for the Ages, AGES Software, 1998.

_____. *Commentary on the Prophet Amos. The Ages Digital Library Commentary*. Books for the Ages, AGES Software, 1998.

_____. *Commentary on the Prophet Daniel. The Ages Digital Library Commentary*. Books for the Ages, AGES Software, 1998.

_____. *Commentary on the Prophet Ezekiel. The Ages Digital Library Commentary*. Books for the Ages, AGES Software, 1998.

_____. *Commentary on the Prophet Hosea. Vol. 1. The Ages Digital Library Commentary*. Books for the Ages, AGES Software, 1998.

_____. *Commentary on the Prophet Isaiah. Vol. 1. The Ages Digital Library Commentary*. Books for the Ages, AGES Software, 1998.

_____. *Commentary on the Prophet Isaiah. Vol. 2. The Ages Digital Library Commentary.* Books for the Ages, AGES Software, 1998.

_____. *Commentary on the Prophet Jeremiah. The Ages Digital Library Commentary.* Books for the Ages, AGES Software, 1998.

_____. *Commentary on the Prophet Joel. The Ages Digital Library Commentary.* Books for the Ages, AGES Software, 1998.

_____. *Commentary on the Prophet Jonah. The Ages Digital Library Commentary.* Books for the Ages, AGES Software, 1998.

_____. *Commentary on the Prophet Malachi. The Ages Digital Library Commentary.* Books for the Ages, AGES Software, 1998.

_____. *Commentary on the Psalms. Vol. 1. The Ages Digital Library Commentary.* Books for the Ages, AGES Software, 1998.

_____. *Commentary on the Psalms. Vol. 2. The Ages Digital Library Commentary.* Books for the Ages, AGES Software, 1998.

_____. *Commentary on the Second Epistle to the Corinthians. The Ages Digital Library Commentary.* Books for the Ages, AGES Software, 1998.

_____. *Commentary on the Second Epistle of Peter. The Ages Digital Library Commentary.* Books for the Ages, AGES Software, 1998.

_____. *Commentary on the Second Epistle to the Thessalonians. The Ages Digital Library Commentary.* Books for the Ages, AGES Software, 1998.

_____. *Commentary on the Second Epistle of Timothy. The Ages Digital Library Commentary.* Books for the Ages, AGES Software, 1998.

Gundry, Robert H. Matthew: *A Commentary on His Literary and Theological Art.* Grand Rapids: Eerdmans, 1982.

Richard, Lucien Joseph. *The Spirituality of John Calvin.* Atlanta, Georgia: John Knox Press, 1974.

3. 번역 서적

Baker, D. L. *Two Testaments One Bible.* 오광만 역. 『구속사적 성경 해석학』 서울: 엠마오, 1991.

Bavinck, Herman. *Gereformeerde Dogmatiek 1.* 박태현 역. 『개혁 교의학 1』 서울: 부흥과 개혁사, 2014.

_____. *Gereformeerde Dogmatiek 2.* 박태현 역. 『개혁 교의학 2』 서울: 부흥과 개혁사, 2014.

_____. *Gereformeerde Dogmatiek 3.* 박태현 역. 『개혁 교의학 3』 서울: 부흥과 개혁사, 2013.

_____. *Gereformeerde Dogmatiek 4.* 박태현 역. 『개혁 교의학 4』 서울: 부흥과 개혁사, 2013.

Berkhof, L. *Principles of Biblical Interpretation.* 윤종호, 송종섭 역. 『성경 해석학』 개역판. 서울: 개혁주의신행협회, 1992.

Boice, James Montgomery. *Foundations of the Christian Faith.* 지상우 역. 『기독교 강요 교리설교 (상)』 서울: 크리스천 다이제스트, 2005.

_____. *Foundations of the Christian Faith.* 지상우 역. 『기독교 강요 교리설교(하)』 서울: 크리스천 다이제스트, 2005.

Bowen, Barbara M. *Strange Scriptures That Perplex Western Mind.* 김지찬 역. 『성경에 나타난 기

이한 표현들』 2판. 서울: 생명의말씀사, 1996.

Bruce, F. F. *The Hard Sayings of Jesus*. 정명섭 역.『예수의 난해한 말씀들』서울: 요단출판사, 1993.

Calvin, John. 존 칼빈 성경주석 출판위원회 편역.『성경주해』(20권 전권) 2판. 서울: (주) 성서원, 2003.

_____. *Institution of the Christian Religion (1559)*. trans. Ford Lewis Battles. 성서서원 편집부 편 저.『신학인을 위한 새 영한 기독교 강요』(상, 중, 하 전권) 서울: 성서서원, 2005.

_____. 김동현 역.『칼빈의 갈라디아서 강해 설교(하)』2판. 서울: 서로사랑, 2010.

Carson, D. A. *Exegetical Fallacies*. 박대영 역.『성경해석의 오류』서울: 성서유니온선교회, 2002.

_____. *Biblical Interpretation and the Church*. 김의원 역.『성경해석과 교회』서울: 기독교문서선 교회, 1991.

Conn, Harvie M. *Inerrancy and Hermeneutic*. 정광욱 역.『성경 무오와 해석학』서울: 엠마오, 1994.

DeYoung, Kevin. *What Does the Bible Really Teach about Homosexuality?* 조계광 역.『성경이 동 성애에 답하다』서울: 지평서원, 2016.

Doriani, Daniel M. *Getting the Message*. 정옥배 역.『해석, 성경과 삶의 의미를 찾다』서울: 성서유 니온선교회, 2011.

Dunnett, Walter M. *An Outline of New Testament Survey*. 배제민 역.『신약성서의 올바른 이해』 중판. 서울: 보이스사, 1992.

Duvall, J. Scott & Hays, J. Danial. *Grasping God's Word*. 류호영 역.『성경해석』서울: 성서유니 온, 2009.

Fee, Gordon D. *New Testament Exegesis*. 장동수 역.『신약성경 해석 방법론』서울: 크리스천출판 사, 2003.

Goldsworthy, Graeme. *Gospel-Centred Hermeneutics*. 배종열 역.『복음 중심 해석학(해석학의 성경 적 신학적 기초와 원리)』서울: 기독교문서선교회, 2010.

Hartill, J. Edwin. *Principle of Biblical Hermeneutics*. 이주영 역.『성경 해석학의 원리』서울: 성광 문화사, 1986.

Hayes, John H. & Holladay, Carl R. *Biblical Exegesis*. 김근수 역.『성경 주석학』중판. 서울: 도서 출판 나단, 1991.

Hasel, Gerhard F. *Old Testament Theology: Basic Issues in the Current Debate*. 김정우 역.『구약 신학: 현대 논쟁의 기본 이슈들』서울: 도서출판 엠마오, 2005.

Hendricks, Howard G. & Hendricks, William D. *Living by the Bible*. 정현 역.『삶을 변화시키는 성경연구』개정판. 서울: 도서출판 디모데, 2014.

Hodgkin, A. M. *Christ In All The Scriptures*. 유정우 역.『모든 성경이 증거 하는 그리스도』3판. 서울: 기독교문사, 1996.

Hoekema, Anthony A. *Saved by Grace*. 류호준 역.『개혁주의 구원론』서울: 기독교문서선교회, 2003.

Kaiser, Jr, Walter C. *Hard Sayings of the old Testament*. 김지찬 역.『구약난제해설』서울: 생명의 말씀사, 1992.

Kittel, Gerbard & Friedrich, Gerbard. edited. *Theological Dictionary of New Testament*. 번역위원 회 역.『신약성서 신학 사전』서울: 요단출판사, 1986

Kline, Meredith G. *The Structure of Biblical Authority*. 김의원 역.『성경의 권위의 구조』중판. 서 울: 크리스천 다이제스트, 1998.

Kline, William W., Blomberg Crag L., Hubbard, Jr, Robert L. *Introduction to Biblical Interpretation*. 류호영 역.『성경 해석학 총론』서울: 생명의말씀사, 2005.

Longman Ⅲ, Tremper. *Making Sense of the old Testament.* 김은호 역.『구약성경의 이해』서울: 기독교문서선교회, 2004.

Lindsell, Harold. *The Battle for the Bible.* 김덕연 역.『교회와 성경 무오성』2판. 서울: 기독교문서선교회, 1990.

McKim, Donald K. edited. *Historical Hand Book of Major Biblical Interpreters.* 강규성, 장광수 역.『성경 해석자 사전』서울: 기독교문서선교회, 2003.

Mickelsen, A. Berkeley. *Interpreting The Bible.* 김인환 역.『성경 해석학』중판. 고양: 크리스천 다이제스트, 2001

Miranda, Jose Porfirio. 정혁현 역.『성서의 공유사상-전통적 성경해석에 대한 비판-』서울: 사계절, 1987.

Niesel, Wilhelm. *The Theology of Calvin.* 기독교학술연구원 역.『칼빈의 신학 사상』서울: 기독교문화사, 1997.

Nygren, Anders. *Agape and Eros.* 고구경 역.『아가페와 에로스』서울: 크리스천 다이제스트, 1998.

Ohmann, H. M. 교회문제연구소 역.『구속사적 관점에서 조명한 성경 해석학』서울: 도서출판 엠마오, 1991.

Patte, Daniel. *What is Structural Exegsis?* 이승식 역.『구조주의적 성서해석이란 무엇인가?』5판. 서울: 한국신학연구소 2001.

Phillips, John. *Bible Explorer's Guide.* 한봉래 역.『말씀의 올바른 해석』서울: 전도출판사, 2000.

Pink, Arthur W. *An Exposition of Hebrews 1.* 서문강 역.『히브리서 강해 Ⅰ』(서울: 청교도신앙사, 1994.

piper, John. *The Passion of Jesus Christ.*『더 패션 오브 지저스 크라이스트』서울: 규장, 2004.

Ramm, Bernard. *Protestant Biblical Interpretation.* 정득실 역.『성경 해석학』서울: 생명의말씀사, 1999.

Shuller, Robert Harold. *Self-Love: The Dynamic Force of Success.* 남경삼 역.『자기 사랑의 비결: 자애』서울: 보이스사, 1996.

Silva, Mose. *Has the Church Misread the Bible?* 심상법 역.『교회는 성경을 오석해 왔는가?』개정판. 서울: 솔로몬, 2004.

Sire, James W. *Scripture Twisting.* 박우석 역.『비뚤어진 성경해석』서울: 생명의말씀사, 1983.

Stein, Rover H. *A Basic Guide to Interpreting the Bible.* 배성진 역.『성경 해석학』서울: 기독교문서선교회, 2011.

Sterrett, T. Norton. *How to understand your Bible.* 편집부 역.『성경해석의 원리』개정초판. 서울: 성서유니온선교회, 1999.

Sttot, John. *Understanding the Bible.* 최낙재 역.『성경연구 입문』개정판. 서울: 성서유니온, 2001.

Stuart, Douglas & Fee, Gordon D. *Old And New Testament Exegesis.* 김의원 역.『성경해석방법론』7판. 서울: 기독교문서선교회, 1995.

Tenney, Merrill C. *Galatians: The Charter of Christian Liberty.* 김근수 역.『갈라디아서 해석-성경 해석에 대한 방법론』재판. 서울: 기독교문서선교회, 1995.

Thiselton, Anthony C. *The Two Horizons.* 권성수, 문석호 역.『두 지평』서울: 총신대학출판부, 1998.

Torrey, Reuben Archer. *Difficulties in the Bible.* 나채운 역.『성경의 난제 해석』서울: 성지출판사, 1989.

Vanhoozer, Kevin J. *Theological Interpretation of the Old Testament.* 조승희 역.『구약의 신학적

해석』 서울: 기독교문서선교회, 2011.

_____. *Theological Interpretation of the New Testament.* 이상규 역.『신약의 신학적 해석』 서울: 기독교문서선교회, 2011.

Wallace, Ronald S. *Calvin's Doctrine of the Christian Life.* 나용화 역.『칼빈의 기독교 생활원리』 3판 서울: 기독교문서선교회, 1996.

Wiskerke, J. R. *Purim: Outlines on Esther.* 고재수 역.『그래도 하나님은 승리하신다』 서울: SFC, 2000.

야규 노조무. 김원태 역.『성서로 푼 성서 해석학』 안양: 도서출판 갈릴리, 2000.

4. 논문 및 기타

김은수. "John Calvin의 '신앙생활의 원리'에 따른 사회경제 윤리와 사상에 대한 소고",『역사신학 논총』 13집(2007): 19.

김종희. "칼빈의 예정론에 나타난 실천적 삼단논법",『한국기독교 신학 논총』 21집(2001): 64.

이정석. "칼빈의 이성관",『국제신학』 제2권(2000): 134.

최윤배. "로마 가톨릭교회와 바르트를 비판하는 칼빈주의자 베르까우어의 개혁신학",『신학 논단』 37집(2004): 313.

박종환. "소금이 맛을 잃는다?",『감리교와 제자훈련』 2008.11.06.
http://blog.daum.net/mcdna/8359705

조덕영. "창조주 하나님도 잘 모르는 일이 있나요?",『크리스천 투데이』 2018.12.12.,
http://www.christiantoday.co.kr/news/318383

진용식. "과연 정통 삼위일체관인가?(2)",『교회와 신앙』 2019.01.22.,
http://www.amennews.com/news/articleView.html?idxno=16706

진용식. "다니엘 7:25의 때와 법의 변개가 안식일 변경 예언인가?",『교회와 신앙』 2001.08.01,
http://www.amennews.com/news/articleView.html?idxno=250

진용식. "안상홍 증인회의 보혜사 교리",『교회와 신앙』 www.amennews.com 2001.12.01.,
http://www.amennews.com/news/articleList.html

진용식. "안상홍이 멜기세덱의 예언된 자인가?",『교회와 신앙』 www.amennews.com 1998.0 8.01,
http://www.amennews.com/news/articleView.html?idxno=243

진용식. "안상홍 증인회 연속분석 12",『교회와 신앙』 www.amennews.com 1999.01.01.,
http://www.amennews.com/news/articleView.html?idxno=247

강혜진. "존 파이퍼 목사가 말하는 '도박을 해서는 안 되는 이유' 7가지",『크리스천 투데이』 2016.01.07, http://www.christiantoday.co.kr/news/288242

Strong's Concordance, https://biblehub.com/
NAS Exhaustive Concordance, https://biblehub.com/

윤광원

학력
공주사범대학(B. Ed.) 졸업
평택대학교 신학대학원(M. Div.) 졸업
개혁신학연구원(M. Div.) 졸업
합동신학대학원대학교 목회대학원 수료
Cambridge World University(D. Min.) 졸업
평택대학교 신학전문대학원(Th. D.) 졸업

경력
평택고등학교 등 교사(사회, 윤리·도덕, 철학)
평택대학교, 피어선신학연구원, 화성총회신학원 외래교수(조직신학, 칼빈신학, 기독교철학, 기독교윤리, 비교종교학, 초대교회사)
현) 대한예수교장로회(합동, 총신대학교) 영성교회 담임목사

저서
『哲學: 討論學習을 爲한 教授-學習案』
『존 칼빈의 자기부정의 렌즈로 본 신앙생활의 핵심』
『칼빈신학과 한국신학』(공저)
『칼빈신학 2009』(공저)

안 보면 영원히 손해 볼

성경 해석
바로잡기
500

초판인쇄 2019년 10월 25일
초판발행 2019년 10월 25일

지은이 윤광원
펴낸이 채종준
펴낸곳 한국학술정보㈜
주소 경기도 파주시 회동길 230(문발동)
전화 031) 908-3181(대표)
팩스 031) 908-3189
홈페이지 http://ebook.kstudy.com
전자우편 출판사업부 publish@kstudy.com
등록 제일산-115호(2000. 6. 19)

ISBN 978-89-268-9670-9 93230